ANALECTA BIBLICA
INVESTIGATIONES SCIENTIFICAE IN RES BIBLICAS

113

CARLOS ZESATI ESTRADA

HEBREOS 5,7-8

Estudio histórico-exegético

EDITRICE PONTIFICIO ISTITUTO BIBLICO – ROMA 1990

Vidimus et approbamus ad normam Statutorum

Pontificii Instituti Biblici de Urbe
Romae, die 25 mensis iulii anni 1985

R. P. A. VANHOYE, S.J.
R. P. P. PROULX, S.J.

BS
2775.2
.Z47
1990

ISBN 88-7653-113-0

EDITRICE PONTIFICIA UNIVERSITÀ GREGORIANA
EDITRICE PONTIFICIO ISTITUTO BIBLICO
Piazza della Pilotta, 35 - 00187 Roma

INDICE GENERAL

ABREVIATURAS

1. Libros de la Biblia

Gn	Génesis	Am	Amós
Ex	Exodo	Abd	Abdías
Lv	Levítico	Jon	Jonás
Nm	Números	Miq	Miqueas
Dt	Deuteronomio	Nah	Nahún
Jos	Josué	Hab	Habacuc
Jue	Jueces	Sof	Sofonías
Rut	Rut	Ag	Ageo
1-2 Sm	1-2 Samuel	Zac	Zacarías
1-2 Re	1-2 Reyes	Mal	Malaquías
1-2 Cr	1-2 Crónicas	Mt	Mateo
Esd	Esdras	Mc	Marcos
Neh	Nehemías	Lc	Lucas
Tob	Tobías	Jn	Juan
Jdt	Judit	Hch	Hechos de los Apóstoles
Est	Ester	Rom	Romanos
1-2 Mac	1-2 Macabeos	1-2 Cor	1-2 Corintios
Job	Job	Gál	Gálatas
Sal	Salmos	Ef	Efesios
Prov	Proverbios	Flp	Filipenses
Qo	Qohelet o Eclesiastés	Col	Colosenses
Cant	Cantar de los Cantares	1-2 Tes	1-2 Tesalonicenses
Sab	Sabiduría	1-2 Tim	1-2 Timoteo
Sir	Sirácida o Eclesiástico	Tit	Tito
Is	Isaías	Flm	Filemón
Jr	Jeremías	Hb	Hebreos
Lam	Lamentaciones	Sant	Santiago
Bar	Baruc	1-2 Pe	1-2 Pedro
Ez	Ezequiel	1-3 Jn	1-3 Juan
Dn	Daniel	Jds	Judas
Os	Oseas	Ap	Apocalipsis
Jl	Joel		

2. Apócrifos

Bar sir	Baruc sirio	*Test Gad*	Testamento de Gad
3-4 Esd	3-4 Esdras	*Test Jos*	Testamento de José
3-4 Mac	3-4 Macabeos	*Test Leví*	Testamento de Leví
Ps Sal	Salmos de Salomón		

3. Escritos de Qumrán

1 Q H	Himnos

4. Literatura rabínica

Ber	Berakhot	*MekEx*	Mekilta del Exodo
Er	'Erubin	*GnR*	Génesis rabba
San	Sanhedrin	*ExR*	Exodo rabba
Shab	Shabbat	*DtR*	Deuteronomio rabba
Tam	Tamid	*SDt*	Sifre Deuteronomio

5. Literatura cristiana primitiva

Barn	Epistula Barnabae	*Herm*	Hermas
Athan	Athanasius Alexandrinus	*— Mand*	Mandata
— EpJov	Epistula ad Jovianum	*— Sim*	Similitudines
Chrysost	Joannes Chrysostomus	*— Vis*	Visiones
— Hom 1-34 in Heb	Homiliae in Heb	*Ign*	Ignatius Antiochenus
— Ep 85	Epistula 85	*— Magn*	Epistula ad Magnesios
— Ep Innoc 1	Epistula ad Innocentium	*— Pol*	Epistula ad Polycarpum
ClemAlex	Clemens Alexandrinus	*— Sm*	Epistula ad Smyrnaeos
— Strom	Stromata	*Just*	Justinus Martyr
1 Clem	Ep. Clementis ad Corinthios	*— Apol*	Apologia
Did	Didache XII Apostolorum	*— Dial*	Dialogus cum Tryphone Iudaeo
Diogn	Epistula ad Diognetum	*MPol*	Martyrium Polycarpi
GregNaz	Gregorius Nazianzenus	*Pol*	Polycarpus Smyrnensis
— Ep	Epistulae	*— Phil*	Epistula ad Philippenses
— Or	Orationes		

6. Papiros e inscripciones

BGU Ägyptische Urkunden aus den königlichen Museen zu Berlin, 9 vols., Berlin 1895-1937. Griechische Urkunden.

DittSyll Sylloge Inscriptionum Graecarum, ed. W. Dittenberger, Lipsiae, 3 vols., 1898-1901²; 4 vols., 1915-1924³.

PFay Fayûm Towns and their Papyri, ed. B. F. Grenfell - A. S. Hunt, London 1900.

PFlor Papiri Fiorentini, ed. G. Vitelli - D. Comparetti, 3 vols., 1906-1915.

PHermopol Corpus Papyrorum Hermopolitanorum, en Studien zur Palaeographie und Papyruskunde, ed. C. Wessely, Leipzig 1905.

PLeipzig Griechische Urkunden der Papyrussammlung zu Leipzig, ed. L. Mitteis, Leipzig 1906.

POxyr The Oxyrhyncus Papyri, ed. B. P. Grenfell - A. S. Hunt, London 1898-1941.

PPar Paris papyri, en Notices et Extraits des Manuscrits Grecs de la Bibliothèque Impériale 18, 2, ed. W. Brunet de Presle, Paris 1865.

PPetr The Flinders Petrie Papyri, ed. J. P. Mahaffy - J. G. Smyly, 3 vols., Dublin, 1891-1905.

PTebt The Tebtunis Papyri, ed. B. P. Grenfell - A. S. Hunt, London 1922-1938.

PreisigkeSb F. Preisigke, Sammelbuch griechischer Urkunden aus Ägypten, 5 vols., Berlin 1915-1950.

UPZ Urkunden der Ptolomäerzeit, ed. U. Wilcken, Berlin-Leipzig 1922-1937.

7. Autores y obras de la antigüedad clásica

AchillTat	Achilles Tatius	CPG	Corpus Paroemiographo-
Aelian	Claudius Aelianus		rum Graecorum, ed.
— Fr	Fragmentum		E. L. von Leutsch -
— NatAn	De Natura Animalium		F. G. Schneidewin
AelArist	Aelius Aristides	Curtius	Quintus Curtius Rufus
— Or	Orationes	— HistAlex	Historia Alexandrina
Aeschin	Aeschines	Democr	Democritus
— Ctesiph	Contra Ctesiphontem	Demosth	Demosthenes
— FalsLegat	De Falsa Legatione	— ProCor	Pro Corona
— Tim	In Timarchum	— FalsLegat	De Falsa Legatione
Aeschyl	Aeschylus	— InMid	In Midiam
— Ag	Agamemnon	— C Aristocr	Contra Aristocratem
— Choeph	Choephori	— C Timocr	Contra Timocratem
— Eum	Eumenides	— AdvMacart	Adversus Macartatum
— Fr	Fragmenta	— CorTrierarch	De Corona Trierarchiae
— Prom	Prometheus Vinctus	— C Conon	Contra Cononem
— Suppl	Supplices	— C Neaeram	Contra Neaeram
Aesop	Aesopus	— DeclamAmat	Declamatio Amatoria
Alcman	Alcmanus	DiodS	Diodorus Siculus
Andoc	Andocides	DiogL	Diogenes Laertius
AntLyrGr	Anthologia lyrica graeca,	Diogenian	Diogenianus
	ed. Diehl	DionHal	Dionysius Halicarnassensis
Antiph	Antipho	— AntRom	Antiquitates Romanae
Apostol	Apostolius	Epict	Epictetus
Appian	Appianus	— Diss	Dissertationes
— HistRom	Historia Romana	— Ench	Enchiridion
Aristoph	Aristophanes	Eur	Euripides
— Ach	Acharnenses	— Alc	Alcestis
— Av	Aves	— HercFur	Hercules Furens
— Eq	Equites	— Hipp	Hippolytus
— Lys	Lysistrata	— IphAul	Iphigenia Aulidensis
— Pax	Pax	— IphTaur	Iphigenia Taurica
— Pl	Plutus	— Or	Orestes
— Vesp	Vespae	— Phoen	Phoenissae
Aristot	Aristoteles	— Suppl	Supplices
— Eth Eud	Ethica Eudemia	— Tro	Troiades
— EthNic	Ethica Nicomachea	EusthThessal	Eusthasius Thessalonicensis
— Fr	Fragmenta	— Comm in Il	Commentarii in Homeri
— Pol	Politica		Iliadem
— Rhet	Rhetorica	— Comm in Od	Commentarii in Homeri
— Virt et Vit	De Virtutibus et Vitiis		Odysseam
Arrian	Arrianus	GregCypr	Gregorius Cyprius
— An	Anabasis	Harp	Harpocration
Caes	Caius Iulius Caesar	Hdt	Herodotus
— BellCiv	De bello civili	— Hist	Historiae
Chrys	Chrysippus	Heliodor	Heliodorus
Cic	Marcus Tullius Cicero	— Aeth	Aethiopica
— Nat Deor	De Natura Deorum	Herodian	Herodianus
— Tusc	Tusculanae Disputationes	— Hist	Historiae
— Leg	De Legibus	Hes	Hesiodus
— Off	De Officiis	— Op	Opera et Dies

— *Theog*	Theogonia	— *Prob*	Quod omnis probus liber
Hesych	Hesychius	— *Flacc*	In Flaccum
Hom	Homerus	— *Legat*	Legatio ad Caium
— *Il*	Ilias	*Phot*	Photius
— *Od*	Odyssea	— *Lex*	Lexicon
Isid	Isidorus Hispalensis	*Pind*	Pindarus
— *Etym*	Etymologiae	— *Isthm*	Isthmia
Isocr	Isocrates	— *Nem*	Nemea
— *DePace*	De Pace	— *Fr*	Fragmenta
— *AdDemon*	Ad Demonicum	*Plat*	Plato
Jos	Josephus	— *Ap*	Apologia
— *Ant*	Antiquitates Judaicae	— *Charm*	Charmides
— *Ap*	Contra Apionem	— *Def*	Definitiones
— *Bell*	Bellum Judaicum	— *Ep*	Epistulae
Lib	Libanius	— *Euthyd*	Euthydemus
— *Or*	Orationes	— *Gorg*	Gorgias
Liv	Titus Livius	— *Ion*	Ion
— *AUC*	Ab Urbe Condita	— *Leg*	Leges
Longus	Longus	— *Phaed*	Phaedo
— *Daphnis et Chloe*	Daphnis et Chloe	— *Polit*	Politicus
		— *Prot*	Protagoras
Luc	Lucianus	— *Resp*	Respublica
— *Tim*	Timon	— *Soph*	Sophista
— *Amor*	Amores	— *Symp*	Symposion
Macar	Macarius	*Plot*	Plotinus
MantissProv	Mantissa Proverbiorum	— *Enn*	Enneades
Menand	Menander	*Plut*	Plutarchus
— *Mon*	Monosticha	— *Aem*	Aemilius
Moeris	Moeris	— *Apophth*	Apophthegmata
Onos	Onosander	— *Brut*	Brutus
Ovid	Publius Ovidius Naso	— *Caes*	Caesar
— *Ex Ponto*	Epistulae ex Ponto	— *Cam*	Camillus
Philo	Filón	— *CGracch*	Caius Gracchus
— *Opif*	De opificio mundi	— *Coriol*	Coriolanus
— *Leg 1,2,3*	Legum allegoriae	— *DefOrac*	De Defectu Oraculorum
— *Cher*	De Cherubim	— *FabMax*	Fabius Maximus
— *Sacrif*	De sacrificiis Abelis et Caini	— *GenSocr*	De Genio Socratis
		— *Marc*	Marcus
— *Deter*	Quod deterius potiori insidiari soleat	— *Nic*	Nicias
		— *Num*	Numa
— *Gig*	De gigantibus	— *Pericl*	Pericles
— *Migr*	De migratione Abrahami	— *Pomp*	Pompeius
— *Her*	Quis rerum div. heres sit	— *PraecGerRei*	Praecepta Gerendae Reipublicae
— *Congr*	De congressu eruditionis		
— *Fug*	De fuga et inventione	— *QuaestConv*	Quaestiones Convivales
— *Mutat*	De mutatione nominum	— *SerNumVind*	De sera numinis vindicta
— *Somn 1,2*	De somniis	— *StoicRep*	De Stoicorum Repugnantiis
— *Abr*	De Abrahamo		
— *Jos*	De Josepho	— *Thes*	Theseus
— *Mos 1,2*	De vita Mosis	*Polyb*	Polybius
— *Spec 1,2,3,4*	De specialibus legibus	*Porphyr*	Porphyrius
— *Virt*	De virtutibus	— *Abst*	De Abstinentia
— *Praem*	De praemiis et poenis	*Soph*	Sophocles

— *Ant*	Antigona	*Themist*	Themistius
— *El*	Electra	— *Or*	Oratio
— *Fr*	Fragmenta	*Theophr*	Theophrastus
— *OedCol*	Oedipus Coloneus	— *Char*	Characteres
— *OedTyr*	Oedipus Tyrannus	*Thuc*	Thucydides
— *Trach*	Trachiniae	*Vergil*	P. Vergilius Maro
Sotad	Sotades Comicus	— *Aen*	Aeneis
Stat	Statius	*Xenoph*	Xenophon
— *Theb*	Thebais	— *An*	Anabasis
Stob	Johannes Stobaeus	— *Cyrop*	Cyropaedia
— *Ecl*	Eclogae	— *Hier*	Hiero
Suid	Suidas	— *Mem*	Memorabilia Socratis
Terent	Terentius	*Zen*	Zeno
— *And*	Andria	*Zenob*	Zenobius

8. Colecciones y revistas*

AAAboH Acta Academiae Aboensis. Ser. A. Humaniora 1, 1920 - 13, 1940; 14, 1947 -
AAWLM.G Abhandlungen der Akademie der Wissenschaften und der Literatur in Mainz. Geistes und sozialwissenschaftliche Klasse; 1950 -
ACO Acta conciliorum oecumenicorum. Berlin 1914 -
AKG Arbeiten zur Kirchengeschichte. Berlin y otros lugares. 1, 1927 -
ALGHL Arbeiten zur Literatur und Geschichte des hellenistischen Judentums, Leiden 1, 1968 -
AnBib Analecta biblica. Roma 1, 1952 -
AncB Anchor Bible. Garden City, New York; 1, 1964 -
AnGr Analecta Gregoriana. Roma 1, 1930 -
Ang Angelicum. Periodicum internationale de re philosophica et theologica, Roma 1, 1924 -
Angelos Angelos. Archiv für neutestamentliche Zeitgeschichte und Kulturkunde. Leipzig 1, 1925 - 4, 1932.
ASeign Assemblées du Seigneur, Bruge 1, 1962 -
BAC Biblioteca de autores cristianos, Madrid 1947 -
BeO Bibbia e Oriente. Milano y otros lugares. 1, 1959 -
BFChTh Beiträge zur Forderung christlicher Theologie, Güterslohe (1 Reihe) 1, 1897 -
BGBE Beiträge zur Geschichte der biblischen Exegese, Tübingen 2, 1959 -
BHS Biblia Hebraica Stutgartensia, Stuttgart 1968 -
Bib Biblica. Commentarii periodici ad rem biblicam scientifice investigandam. Roma 1, 1920 -
BiblThom Bibliothèque Thomiste. Paris y otros lugares 1, 1921 -
BiJer La Bible de Jérusalem.
BiLe Bibel und Leben. Düsseldorf 1, 1960 -
BiLi Bibel und Liturgie, Klosterneuburg b. Wien 1, 1926 - 15, 1940/41 - 16, 1949 -
BNTC Black's New Testament commentaries, London 1957 -
BTH Bibliothèque de Théologie historique, Paris 1, 1904 -
BU Biblische Untersuchungen, Regensburg 1, 1967 -
BVC Bible et vie chrétienne, Paris 1, 1953 -

---

* Cf. S. Schwertner, *Internationales Abkürzungsverzeichnis für Theologie und Grenzgebiete. Zeitschriften, Serien, Lexika, Quellenwerke mit bibliographischen Angaben.* Berlin-New York 1974.

ByZ	Byzantinische Zeitschrift, Leipzig y otros lugares 1, 1892 -
BWANT	Beiträge zur Wissenschaft vom Alten und Neuen Testament, Stuttgart y otros lugares 37 (= 3, Ser, 1), 1926 - 52 (= 3, Ser, 16), 1931; 53 (= 4, Ser, 1), 1930 - 80 (= 4, Ser, 28), 1941; 81 (= 5, Ser, 1), 1960 -
BZNW	Beiträge zur Zeitschrift für die neutestamentliche Wissenschaft, Berlin y otros lugares 1, 1923 -
CChr.SL	Corpus Christianorum, Turnholt, Series Latina 1, 1953 -
CeB	Century Bible, London.
CFr	Collectanea Franciscana. Roma y otros lugares 1, 1931 -
CMech	Collectanea Mechlinensia. Mechlin y otros lugares 16, 1927 -
CNT(N)	Commentaire du Nouveau Testament. Neuchâtel 1949 -
CPT	Cambridge Patristic Texts. Cambridge 1, 1899 -
CR	Corpus Reformatorum
CRDSB	Colgate-Rochester Divinity School Bulletin. Rochester, New York 1, 1928 -
CrozQ	Crozer Quarterly. Philadelphia, Pa.
CSCP	Cornell Studies in Classical Philology. Ithaca, New York 1, 1887 -
CSEL	Corpus scriptorum ecclesiasticorum Latinorum. Wien 1, 1866 -
CSS	Cursus Scripturae Sacrae. Paris 1, 1886 -
DB(H)	Dictionary of the Bible. Ed. James Hastings.
DBS	Dictionnaire de la Bible. Supplément. Paris 1, 1928 -
DThC	Dictionnaire de Théologie Catholique.
DT P	Divus Thomas. Commentarium de philosophia et theologia. Piacenza 1, 1880 - 6, 1900; 7 (= 2 Ser. 1) 1900 - 12 (= 2. Ser. 6) 1905; 27 (= 3. Ser. 1) 1924 -
DtPfrBl	Deutsches Pfarrerblatt. Stuttgart y otros lugares 1, 1897 -
EeV	Esprit et Vie. Langres 1, 1969 -
EHNT	Exegetisches Handbuch zum Neuen Testament. Münster 1911 -
ET	Expository Times. Edinburgh y otros lugares 1, 1889 -
EtB	Etudes bibliques. Paris 1903 -
ETB	Evangelische Theologische Bibliothek. Leipzig
ExpB	Expositor's Bible. London y otros lugares, 49 vols., 1892-1900.
EzNT	Erläuterungen zum Neuen Testament. Stuttgart 1, 1908 - 7, 1916.
FGNK	Forschungen zur Geschichte des neutestamentlichen Kanons und der altchristlichen Literatur. Leipzig y otros lugares 1, 1881 - 10, 1929.
FlorPatr	Florilegium patristicum. Bonn y otros lugares 1, 1904 - 44, 1941.
FRLANT	Forschungen zur Religion und Literatur des Alten und Neuen Testaments. Göttingen 1, 1903 - 18, 1930; NS 1, 1913 - 52, 1959; 71 (= NS 53), 1959 -
GCS	Die griechischen christlichen Schriftsteller der ersten drei Jahrhunderte. Berlin 1, 1897 -
Gr	Gregorianum. Commentarii de re theologica et philosophica. Roma 1, 1920 -
HBK	Herders Bibelkommentar. Die Heilige Schrift für das Leben erklärt. Freiburg i.Br. 1935 -
HC	Hand-Commentar zum Neuen Testament. Freiburg i.Br. 1889 -
Hermes	Hermes. Zeitschrift für klassische Philologie. Wiesbaden 1, 1866 - 79, 1944; 80, 1952 -
HLF	Histoire littéraire de la France. Paris 1, 1733 -
HNT	Handbuch zum Neuen Testament. Tübingen 1907 -
HSem	Horae Semiticae. London 1, 1903 - 11, 1916.
HSNT	Die Heilige Schrift des Neuen Testaments. Ed. F. Tillmann. Bonn 1, 1931 -
ICC	International Critical Commentary (on the Holy Scriptures of the Old and New Testaments). Edinburgh 1895 -
IntB	Interpreter's Bible. New York y otros lugares 1, 1952 - 12, 1957.

Interp   Interpretation. A Journal of Bible and Theology. Richmond, Virginia 1,
                1947 -
JBC   Jerome Biblical Commentary, London y otros lugares 1 - 2, 1968.
JBL   Journal of Biblical Literature. Philadelphia 9, 1889 -
KEH.NT   Kurzgefasstes exegetisches Handbuch zum Neuen Testament. Leipzig 1,
                1838 - 17, 1862.
KEK   Kritisch-exegetischer Kommentar über das Neue Testament. Fundado por
                H. A. W. Meyer. Göttingen 1832 -
KK   Kurzgefasster Kommentar zu den heiligen Schriften Altes und Neuen
                Testamentes. H. Strack - O. Zöckler, München y otros lugares 1886-1898.
KNT   Kommentar zum Neuen Testament. Ed. T. Zahn. Leipzig y otros lugares 1 -
                18, 1903 - 1926.
LeDiv   Lectio divina. Paris 1, 1946 -
LV(L)   Lumière et Vie. Revue de formation doctrinale chrétienne. Lyon 1, 1951 -
Mansi   Sacrorum conciliorum nova et amplissima collectio, Ed. J. D. Mansi y otros.
                Firenze 1, 1759 - 53, 1827.
MBP   Maxima bibliotheca veterum patrum et antiquorum scriptorum ecclesiastico-
                rum. Lyon 1 - 27, 1677.
MNTC   Moffatt New Testament Commentary, London 1928 -
MThS   Münchener theologische Studien. München 1, 1950 -
NewTestCom   New Testament Commentary. London y otros lugares 1883
NGWG   Nachrichten (1884-1893: von) der Gesellschaft der Wissenschaften
                (1884-1893: zu) in Göttingen. Berlin 1884-1893; 1894 -
NIC   New International Commentary on the New Testament. Grand Rapids,
                Mich.
NPB   Nova patrum bibliotheca. Ed. A. Mai y otros. Roma 1, 1852 - 10, 1905.
NRTh   Nouvelle revue théologique. Museum Lessianum. Section théologique.
                Louvain y otros lugares 1, 1869 -
NT   Novum Testamentum. An International Quarterly for New Testament and
                Related Studies. Leiden 1, 1956 -
NTA   Neutestamentliche Abhandlungen. Münster 1, 1909 - 21, 1961; NS 1, 1965 -
NTD   Das Neue Testament Deutsch. Neues Göttinger Bibelwerk. Göttingen 1932 -
NTS   New Testament Studies. An International Journal publ. under the auspices
                of Studiorum Novi Testamenti Societas. Cambridge y otros lugares 1954 -
ParSpV   Parola, Spirito e Vita. Quaderni di lettura biblica. Bologna 1981 -
PG   Patrologiae cursus completus. Ed. J. P. Migne. Paris. Series Graeca 1, 1857 -
                167, 1866.
PL   Patrologiae cursus completus. Ed. J. P. Migne, Paris. Series Latina 1. ser. 1,
                1841 - 79, 1849; 2. ser. 80, 1850 - 217, 1855.
PVTG   Pseudoepigrapha veteris testamenti. Graece. Leiden 1, 1964 -
RdQ   Revue de Qumrân. Paris 1, 1958 -
RevSR   Revue des sciences religieuses. Faculté catholique de théologie, Strassbourg
                y otros lugares 1, 1921 - 20, 1940; 21, 1947
RHE   Revue d'histoire ecclésiastique, Louvain 1, 1900.
RNT   Regensburger Neues Testament. Ed. A. Wikenhauser y O. Kuss, Regens-
                burg, 1956 -
RSR   Recherche de science religieuse. Paris 1, 1910 - 30.3.1940; 33, 1946 -
RThAM   Recherches de théologie ancienne et mediévale. Louvain 1, 1929 - 12, 1940;
                13, 1946 -
RThom   Revue thomiste. Bruges y otros lugares 1, 1893 - 23 (= NS 1) 1918 -
SBAW.PPH   Sitzungsberichte der Bayerischen Akademie der Wissenschaften in München.
                München 1860-1870. Philosophisch-philologisch und historische Klasse 1,
                1871 - 28, 1897; NS 1, 1898 -

SB(PC)   Sainte bible. Texte latin et traduction française d'après les textes originaux
            avec un commentaire exégétique et théologique, publ. sous la dir. générale
            de L. Pirot et continuée par A. Clamer. Paris 1-12, 1939-1952.
SB(T)   Sacra biblia. Volgata latina e traduzione italiana dei testi originali con note
            critiche e commenti. Torino 1947 -
SC   Sources chrétiennes. Paris 1, 1941 -
SE   Sacris erudiri. Jaarboek voor godsdienstwetenschappen. Steenbrugis y otros
            lugares 1, 1948 -
SEA   Svensk exegetisk årsbok. Lund y otros lugares 1, 1936 -
SET   Semana española de teología (Madrid) 1, 9141 -
SHR   Studies in the History of Religions. Leiden 1, 1954 -
SN   Studia neotestamentaria. Paris y otros lugares 1, 1962 -
SNT   Die Schriften des Neuen Testaments neu übersetzt. Göttingen 1, 1905 - 2,
            1906; 1, 1907 - 2, 1908^2; 1, 1917 - 4, 1920^3.
SPAW.PH   Sitzungsberichte der preussischen Akademie der Wissenschaften. Berlin
            1882-1921. Philosophisch-historische Klasse 1922-1938.
SPCIC   Studiorum Paulinorum congressus internationalis catholicus, 1, 1961 -
SSL   Spicilegium Sacrum Lovaniense. Louvain 1, 1922 -
StD   Studies and Documents. London y otros lugares 1, 1934 -
StPat   Studia Patavina. Rivista di filosofia e teologia. Padova 1, 1954 -
StPB   Studia post-biblica. Leiden 1, 1959 -
StT   Studi e testi. Biblioteca Apostolica Vaticana. Città del Vaticano 1, 1900 -
StUNT   Studien zur Umwelt des Neuen Testaments. Göttingen 1, 1962 -
SVNC   Scriptorum veterum nova collectio e vaticanis codicibus edita ab A. Maio.
            Roma 1, 1825 - 10, 1938.
SvTK   Svensk teologisk kvartalskrift. Lund 1, 1925 -
TBC   Torch Bible Commentaries. London y otros lugares, 1948 -
TeDi   Témoins de Dieu. Paris 1, 1942 - 16, 1958.
Test   Testimonia. Schriften der altchristlichen Kirche, Düsseldorf 1, 1960 -
ThBl   Theologische Blätter, Leipzig 1, 1922 - 21, 1942.
THBW.NT   Theologisch-homiletisches Bibelwerk. Bielefeld 1860-1884.
ThR   Theologische Rundschau. Tübingen 1, 1897 - 20, 1917; NS 1, 1929 - 16,
            1944; 17, 1948/49 -
ThStKr   Theologische Studien und Kritiken. Zeitschrift für das gesamte Gebiet der
            Theologie. Hamburg y otros lugares 1, 1828 - 109, 1941/42.
ThWNT   Theologisches Wörterbuch zum Neuen Testament. Ed. G. Kittel y otros.
            Stuttgart 1, 1933 -
ThZ   Theologische Zeitschrift. Theologische Fakultät der Universität Basel, Basel
            1, 1945.
TNTC   Tyndale New Testament Commentaries. London 1960 -
Trad   Tradition. A journal of orthodox Jewish thought. New York 1, 1958 -
TU   Texte und Untersuchungen zur Geschichte der altchristlichen Literatur.
            Berlin y otros lugares 1, 1882 - 16 (NS 1) 1897; 31 (= 3, ser 1) 1907 - 46
            (= 4. ser 1) 1928 - 55 (= 4. ser 10), 1943; 56 (= 5. ser 1) 1951 - 71 (= 5.
            ser 16), 1958; 72, 1961 -
VD   Verbum Domini. Commentarii de re biblica. Roma 1, 1921 - 24, 1944; 25,
            1947 -
VSal   Verbum salutis. Paris.
WA   Luther Martin: Werke. Kritische Gesamtausgabe («Weimarer Ausgabe»).
            Weimar 1, 1883 -
WB   Die Welt der Bibel. Kleine Kommentare zur Heiligen Schrift. Düsseldorf,
            1958 - 1, 1963 -
WC   Westminster commentaries. London 1903 -

WWKL   Wetzer und Welte's Kirchenlexikon oder Encyklopädie der katholischen
          Theologie und ihrer Hilfswissenschaften. Freiburg i.Br. 1, 1882 - 12,
          1901[2].
ZKTh   Zeitschrift für katholische Theologie. Wien y otros lugares 1, 1876/77 - 67,
          1-2, 1943; 69, 1947 -
ZNW   Zeitschrift für die neutestamentliche Wissenschaft (21, 1922-) und die Kunde
          der älteren Kirche. Berlin y otros lugares, 1, 1900 - 41, 1942; 42, 1949 -
ZThK   Zeitschrift für Theologie und Kirche. Tübingen y otros lugares, 1, 1891 - 27,
          1917; 28 (= NS 1), 1920 - 46 (= NS 19) 1938; 47, 1950 -

INTRODUCCION

1. Importancia de Hb 5,7-8

Los comentadores de la Epístola a los Hebreos reconocen unánimamente la importancia capital de Hb 5,7-8 para la cristología y la soteriología.

Para los Padres griegos constituyó este texto un baluarte principalmente contra el apolinarismo. Es el pasaje del Nuevo Testamento que subraya más enérgicamente la plena humanidad de Cristo; la demostración más clara del lugar que ocupa la vida humana de Jesús, especialmente su pasión, en la cristología de Hebreos.

No hay el menor signo de docetismo. Jesús aparece verdaderamente hombre, «probado en todo a semejanza nuestra, fuera del pecado» (Hb 4,15). Con rasgos punzantes se traza un cuadro impresionante de la terrible prueba sufrida por Cristo en el momento dramático de su pasión. Y en su descripción el autor va más allá de los relatos evangélicos. Cristo es presentado en su vida terrena, en el abajamiento y la debilidad, sujeto al dolor y a la muerte: «en los días de su carne». En la angustia ante la inminencia de la pasión, dirige «al que puede salvarlo de la muerte», una oración intensa, que constituye una ofrenda: «habiendo ofrecido oraciones y súplicas con gran clamor y lágrimas»; su oración es escuchada; Cristo aprende, en la escuela del sufrimiento, la lección de la obediencia.

Hb 5,7-8 da un relieve excepcional a la oración de Cristo, que es presentada en un contexto sacerdotal como una ofrenda. Destaca particularmente el aspecto interno del sacrificio de Cristo: obediencia amorosa al Padre, actitud sacerdotal interior.

Este pasaje permite, tal vez mejor que ningún otro, comprender la pasión de Cristo. Es clave para una honda inteligencia del misterio de nuestra redención. Con toda razón, la liturgia católica coloca esta perícopa en el corazón del drama pascual.

Nuestro texto, finalmente, es muy esclarecedor para la vida cristiana.

2. Dificultad del texto

No obstante su riqueza doctrinal, estos dos versos, a primera vista claros, están cargados de problemas literarios, teológicos y exegéticos. Su misteriosa profundidad ha dado mucho quehacer a los exégetas de todos los tiempos. Todos los comentaristas han reconocido siempre la dificultad del pasaje.

Las dificultades surgen sobre el texto en su conjunto (sentido fundamental, relación con el contexto, construcción) y sobre cada una de sus partes. La palabra σάρξ, ¿indica simplemente la naturaleza humana de Cristo o la naturaleza humana en su condición de fragilidad? El cuadro de la oración de Cristo sorprende y choca. Aquel que había predicho su pasión con todos sus detalles de ignominia, que aceptaba con amor el mandato paterno de entregar libremente su vida (Jn 10,17), ¿cómo puede ahora suplicar ser librado de la muerte? Aquel cuyas plegarias aparecen siempre iluminadas por apacible serenidad, penetradas de inmensa confianza filial hacia su Padre, ¿cómo puede ahora, en la angustia, lanzar gritos y derramar lágrimas? La expresión σῴζειν ἐκ θανάτου, ¿significa «preservar de la muerte» o «librar de la muerte ya ocurrida»?

Más sorprendente y difícil se presenta la frase final del v. 7: εἰσακουσθεὶς ἀπὸ τῆς εὐλαβείας. Su sentido exacto ha sido siempre muy discutido. Es la vieja «crux interpretum». Cada una de las palabras de esta frase ofrece dificultad. La afirmación de que la oración de Cristo por ser salvado de la muerte «fue escuchada» —εἰσακουσθείς— parece estar en abierta contradicción con los acontecimientos históricos y los relatos evangélicos de la pasión. Los términos ἀπό y εὐλάβεια son además ambiguos y por eso mismo susceptibles de diversas explicaciones: ἀπό = separación, causalidad, tiempo; εὐλάβεια = angustia, temor de Dios, piedad.

También el v. 8 ha suscitado importantes cuestiones desde la época patrística. Aquel que no ignoraba nada y que desde el primer instante de su vida reveló una total obediencia (Hb 10,5-9) al Padre, ¿cómo puede ahora aprender la más característica de sus virtudes? ¿Cómo puede decirse que es libre el que aprende la obediencia sólo bajo el látigo del sufrimiento?

3. Utilidad de nuestro estudio

Para tratar de resolver las cuestiones planteadas por Hb 5,7-8, se ha escrito mucho. La masa de comentarios y estudios publicados, principalmente en nuestro siglo, sobre este esquivo y fascinante texto, es asombrosa y significativa. La gran variedad de interpretaciones propuestas demuestra la seriedad de los problemas que suscita. Los comentadores han aguzado su ingenio, han hecho intentos desesperados. Se ha recurrido a la crítica textual, a la filología, a la estructura, a la historia de las formas y de las tradiciones. Las opiniones están muy lejos de ser acordes. Y, sobre ciertos puntos, varias de las soluciones propuestas no pueden ser consideradas como definitivas.

No podemos, sin embargo, limitarnos a decir con algunos intérpretes antiguos: «Sobre este argumento un amplio discurso sería extremamente necio» (Teodoreto, Ad Hebraeos, PG 82, 712), y modernos: «Caminamos aquí en medio del misterio ... La plena significación ... es aún el secreto de

Jesús. Nosotros sólo podemos permanecer en un silencio maravillado»
(Cotton, 645). Por el contrario, debemos continuar el esfuerzo de interpretación mantenido durante siglos.

Creemos que podría ser útil, para la mejor comprensión de este texto, un análisis, lo más completo posible, de la interpretación dada a estos
dos versículos desde la época patrística hasta nuestros días. No existe
hasta ahora ninguna monografía sobre este tema. Nuestra investigación
quiere cumplir con esta tarea.

En el capítulo inicial examinaremos primeramente el contexto histórico de nuestro pasaje: ¿hay en él una alusión a un hecho particular de la
vida de Jesús? Estudiaremos luego el texto desde el punto de vista de la
tradición literaria: ¿de dónde procede la singular formulación empleada
por el autor de Hebreos en su descripción dramática de la oración de
Cristo?

En el segundo capítulo nos esforzaremos por descubrir la orientación
fundamental del pasaje: ¿cuál es la verdadera intención del autor?, ¿qué es
lo que realmente pretende demostrar?

El tercer capítulo intentará dar respuesta a la pregunta: la oración de
Cristo, descrita por el autor de Hebreos como una ofrenda, ¿reviste un
carácter sacerdotal y sacrificial?

El capítulo cuarto estará consagrado a examinar el objeto de la oración de Cristo: la fórmula utilizada en Hb 5,7 para designar a Dios, ¿puede ser interpretada legítimamente como una indicación del objeto de la
súplica?

Dedicaremos el capítulo quinto al estudio de la frase εἰσακουσθεὶς
ἀπὸ τῆς εὐλαβείας tan discutida por los exégetas, y trataremos de determinar su sentido genuino.

Por último, en el capítulo conclusivo, nos ocuparemos de las dificultades suscitadas por el v. 8 en cuanto a estructura y significación.

Nuestro estudio pretende ser a la vez histórico y exegético. A lo largo de todo su desarrollo nos empeñaremos no sólo por dar cuenta, lo
más cabalmente que nos sea posible, de la historia de la exégesis de nuestro pasaje, sino, al mismo tiempo, por valorar las diversas opiniones, y
aportar nuestra contribución a una más clara y exacta inteligencia del
texto.

CAPITULO PRIMERO

Contexto histórico y origen de la formulación

I. Contexto histórico

Es generalmente reconocido por los exégetas que el autor de la Epístola a los Hebreos manifiesta un especial interés por el Jesús histórico; posee una clara imagen, un conocimiento amplio y exacto acerca de la vida y de las enseñanzas de Jesús; no descuida los detalles de la vida terrestre del Salvador o de sus experiencias íntimas.[1] Moffatt, Robinson, Manson, Cotton subrayan, a propósito de Hb 5,7-8, la impresión profunda que el Jesús histórico debió haber producido sobre el escritor y el lugar preeminente que la vida de Jesús ocupa en la cristología de Hebreos.[2]

Las alusiones a los hechos del Salvador son numerosas e identificables. Es ésta una de las características de Hebreos. «Hb contiene más referencias implícitas a la vida histórica de Jesús de Nazareth que todo el corpus paulino».[3] Jesús es una persona real e histórica, cuya humanidad es singularmente acentuada. Participó de la carne y de la sangre (2,14). Fue hecho en todo semejante a nosotros (2,17). No se avergüenza de llamar a los hombres sus hermanos (2,12). Es judío por su origen, surgido de la tribu de Judá (7,14). Su vida se sitúa en un pasado próximo (1,2: «en la extremidad de los días presentes»); sólo media una generación de cristianos entre Jesús y el autor de Hebreos (2,3).

Apareció como un predicador (1,2; 2,3; λαλεῖν), a la manera de los profetas (1,1). Tuvo oyentes que transmitieron sus palabras (2,3). Fue sometido a pesadas pruebas (2,18; 4,15). Soportó la oposición de parte de los pecadores (12,3). Sobrellevó el oprobio (11,26; 13,13). El sufrimiento le arrancó una intensa oración con fuertes gritos y lágrimas, y su dolor fue aún más profundo, porque conocía al que podía salvarlo de la muerte (5,7). Pero se sometió libremente a la voluntad divina (5,8; 10,5-10). Se ofreció a sí mismo en sacrificio (5,7; 8,3; 9,14.28; 10,12: προσφορά), y soportó la cruz (12,2; cf 6,6), fuera de la puerta de Jerusalén (13,12). El sufrimiento fue el medio querido por Dios para llevar a Jesús a la perfec-

---

[1] Cf. RIEHM, 315-317; F. DIBELIUS, 14-18; MICHEL, *Hebräer*[5], 346; HOSKYNS-DAVEY, 172-175; SPICQ, *Hébreux*, 1, 92-95; LUCK, 194; F.F. BRUCE, 98; FEUILLET, 177-178.
[2] MOFFATT, 65; ROBINSON, 61; MANSON, 110-111; COTTON, 644.
[3] SPICQ, *Hébreux*, 1, 94, n. 1; cf. HOSKYNS-DAVEY, 172; FEUILLET, 177.

ción (2,10; 5,9). Cristo resucitó (13,20), fue exaltado a la diestra de Dios (1,2: «heredero»; 6,20: entrada en el interior del velo; 9,24: «entró en el cielo mismo»; 4,14: «ha atravesado los cielos»; 7,26: «llegó a ser más elevado que los cielos»; 1,3; 8,1; 10,12; 12,2: sesión celeste) y vendrá de nuevo (9,28; 10,37).

El autor de Hebreos atribuye, pues, una notable atención a la historia de Jesús. Hay que notar, sin embargo, que su interés no es, en primer término, histórico, sino prevalentemente teológico. No quiere ofrecer un mero relato de los acontecimientos históricos, sino que los profundiza teológicamente, desde el punto de vista de su concepción sobre el Sumo Sacerdocio de Cristo.

De diferente manera opinan otros. El autor de la Epístola a los Hebreos no tiene ningun interés histórico en la vida de Jesús, sino absolutamente teológico. Todo lo que presenta de la vida de Cristo es aducido sólo porque interesa teológicamente. Todo lo que dice sobre la igualdad de Jesús con sus hermanos, sobre su perfección por el sufrimiento, e.d. sobre la historia íntima de Jesús es teología.[4] La epístola ofrece una imagen muy poco clara del Jesús hombre.

Nuestro autor no tuvo conocimiento concreto de varios aspectos de la vida de Cristo. Habla de las pruebas de Jesús (2,18; 4,15), pero no de su tentación en el desierto; de sus opositores (12,3), pero no de los adversarios de sus discursos ni de sus acusadores ante Pilato; de su muerte vergonzosa (12,2; 13,12-13), pero no de la tradición de la pasión. Nada dice de la purificación del Templo, de sus milagros. Las supuestas alusiones al bautismo o a la transfiguración (1,5), al desgarramiento del velo del Templo (6,19; 10,20) son muy poco claras. Por otra parte, los rasgos que el autor aduce de la vida histórica de Jesús son bastante exiguos.[5] Los datos que pueden alegarse como prueba de un conocimiento concreto del autor de Hebreos sobre la vida de Jesús y sobre la tradición evangélica son reducidos por Grässer y Buchanan a tres: procedencia de Judá (7,14), alusión a Getsemaní (5,7), muerte fuera de la puerta (13,12);[6] por Ménégoz, a dos: origen de la tribu de Judá (7,14), alusión a Getsemaní (5,7);[7] por Harnack y Boman, a uno: 5,7-8.[8]

Sin embargo, no parece ser exacta esta opinión. Los contactos de la Epístola a los Hebreos con los evangelios canónicos se revelan numerosos, aunque no tan concretos y precisos, que se pueda demostrar una dependencia inmediata de ellos.[9]

---

[4]   BÜCHSEL, Die Christologie, 36-37; SCHILLE, 102; GRÄSSER, Der historische Jesus, 82. 79. 90.
[5]   WINDISCH, 26-27; BÜCHSEL, Die Christologie, 31; SCHIERSE, Verheissung, 54; GRÄSSER, Der historische Jesus, 68-69.
[6]   GRÄSSER, Der historische Jesus, 73. 88; BUCHANAN, 98.
[7]   MÉNÉGOZ, 77-78.
[8]   VON HARNACK, 62; BOMAN, 261.
[9]   Cf. SCHAEFER, 149; MICHEL, Hebräer[5], ibid.; SPICQ, Hébreux, 1, 92.

En el presente capítulo enfocaremos esta cuestión a Hb 5,7-8. Examinaremos, en primer lugar, el contexto histórico de este pasaje. ¿Qué relación guarda la descripción hecha por el autor en los v. 7-8 con los acontecimientos de la vida de Jesús? ¿Hace alusión a una situación concreta? ¿A qué hecho se refiere? ¿Dónde tuvo lugar esa oración dramática de Cristo? ¿Cuándo ofreció al Padre esta oración? ¿Cuál es su «Sitz im Leben»? Estudiaremos después el texto, desde el prisma de la historia de las tradiciones. ¿Cómo se puede compaginar lo que aquí se lee con lo que dicen los evangelios? ¿Qué relación hay entre la descripción de Hb 5,7-8 y la narración evangélica de la pasión? ¿Cuál es el origen de su formulación? Dos preguntas muy antiguas que han traído de cabeza a los exégetas desde los comienzos del cristianismo hasta nuestros días.

A. Referencia a Getsemaní

La mayor parte de los intérpretes de la Epístola a los Hebreos consideran Hb 5,7 como una alusión a la oración de Jesús en el Huerto de los Olivos:

— Exclusivamente: Orígenes, Crisóstomo, Teodoreto de Ciro, Focio, Eutimio, Alcuino, Rábano Mauro, Claudio de Turín, Aimon d'Auxerre, Bruno el Cartujo, Glosa interlineal, Herveo de Bourg-Dieu, Pedro Lombardo, Pedro de Tarentasia, Beza, Brenz, Belarmino, Ribera, Escalígero, Cameron, Grocio, Whitby, Bengel, Carpzov, Wettstein, Ernesti, Böhme, Kuinoel, Bloomfield, Wette, Tholuck, Ebrard, Bisping, von Hofmann, Lünemann, Riehm, Maier, Alford, Reuss, Zill, Kay, Holtzheuer, Keil, B. Weiss, Kähler, Schaefer, Zahn, Seeberg, A. B. Bruce, Van Steenkiste, Huyghe, Peake, Dods, Riggenbach, Windisch (?), Rohr, Graf, Moffatt, Robinson, Keulenaer, Michel, Strathmann, Schrenk, Médebielle, Bonsirven, Lenski, Teodorico, Jeremias, Kuss, Héring, Strobel, W. Michaelis, Neil, Purdy, Omark, Cullmann, Hewitt, Dodd, Grässer, Leonardi, Montefiore, Lescow, Bourgin, Feuillet, Hughes, Rinaldi.[10]

---

[10] Orígenes, *In Ps 68*, ed. Pitra 3,86; Crisóstomo, *Ad Hebraeos*, PG 63, 69; Teodoreto de Ciro, *Ad Hebraeos*, PG 82, 712-713; Focio, 643; Eutimio, 373; Alcuino, PL 100, 1054; Rábano Mauro, PL 112, 744; Claudio de Turin, PL 134, 756; Aimon d'Auxerre, PL 117, 856; Bruno el Cartujo, 448; Glosa interlineal, 843-844; Herveo de Bourg-Dieu, *Ad Hebraeos*, PL 181, 1556; Pedro Lombardo, PL 192, 437; Pedro de Tarentasia, 196; Beza, 349; Brenz, 277; Belarmino, 275; Ribera, 205-206; Escaligero, 1344; Cameron, 1345; Grocio, 864-865; Whitby, 902-903; Bengel, 919-920; Carpzov, 231; Wettstein, 401; Ernesti, 394; Böhme, 228; Kuinoel, 159; Bloomfield, 488; Wette, 169; Tholuck, 248; Ebrard, 121. 123; Bisping, 122; von Hofmann, *Hebräer*, 217; Lünemann, 175; Riehm, 316; Maier, 155; Alford, 95; Reuss, 52; Zill, 224; Kay, 52; Holtzheuer, 84; Keil, 133-135; B. Weiss, *Hebräer*, 136-137; Kähler, 11; Schaefer, 151; Zahn, *Einleitung*, 160; Seeberg, 55; A.B. Bruce, *Hebrews*, 498-499; Van Steenkiste, 532; Huyghe, 120-122; Peake, 134; Dods, 288; Riggenbach, *Hebräer*, 130-131; Windisch, 25-27. 43-44 (?); Rohr, 25; Graf, 106; Moffatt, 65-66; Robinson, 60-64; Keulenaer, 404; Michel, *Hebräer*⁷,

— No exclusivamente: Para la lista de estos autores, cf. p. 21.

Entre los comentadores griegos, la referencia de nuestro texto a Getsemaní es afirmada explícitamente por Orígenes, Cirilo de Alejandría, Teodoreto, Eutimio y Focio. Orígenes es el primero que refiere el pasaje, con toda claridad, a la agonía del huerto. Aunque Cristo es el verdadero Hijo de Dios, en su agonía ora intensamente, dos y tres veces presenta su oración al Padre. Ora con clamor, con lágrimas, con sudor, con flujo de sangre, con un ángel que lo fortalece, consuela y alienta (Lc 22,42-44). Al decir el autor de Hebreos que esta oración fue hecha «con clamor poderoso», completa lo que fue pasado por alto por los evangelistas.[11] El autor «habla —escribe Teodoreto— de la oración que Cristo hizo, cuando dijo: 'Padre mío, si es posible, pase de mí este cáliz'» (Mt 26,39).[12] También Cirilo de Alejandría identifica la situación de Cristo presentada por los evangelistas (Mt 26,38-39) con la descrita en Hb 5,7.[13] Esta oración que Cristo, como hombre, dirigió al Padre, para que la muerte fuera apartada de él, se realizó, según Eutimio, «cuando, entrando en agonía, como el Evangelista ha dicho, oraba con más insistencia» (Lc 22,44).[14] Y Focio, tratando del objeto de la oración de Cristo, hace referencia a Lc 22,42. En la misma oración en que Cristo pide ser salvado de la muerte, dice: «Pero no se haga mi voluntad, sino la tuya». Esta doble oración la ve insinuada (αἰνιττόμενος) en el texto en la expresión δεήσεις τε καὶ ἱκετηρίας.[15] Juan Crisóstomo, como Orígenes, señala que nuestro texto añade algunos elementos que no se encuentran en la tradición evangélica: «En ningún lugar el Evangelio dice que Cristo haya llorado en su oración o que haya gritado» (οὐδαμοῦ τοῦτο τὸ Εὐαγγέλιόν φησιν, οὐδ' ὅτι ἐδάκρυσεν εὐχόμενος, οὐδ' ὅτι κραυγὴν ἀφῆκεν).[16] Un exégeta renacentista, extrañado por esta afirmación, comenta: «No sé cómo Crisóstomo pueda afirmar aquí que en el Evangelio no se lee que Cristo haya orado con clamor poderoso, pues qué otra cosa fue decir con clamor poderoso: 'En tus manos encomiendo mi espíritu', sino orar, dirigiéndose al Padre y suplicándole».[17] Pero, seguramente, Crisóstomo se está refiriendo únicamente al relato evangélico de la agonía de Getsemaní.

220-221. 223. 225; STRATHMANN. 100; SCHRENK, 281; MÉDEBIELLE, 310-311; BONSIRVEN, 221-224; LENSKI, 161-162; TEODORICO, 101; JEREMIAS, 109; KUSS, 73-74; HÉRING, 53; STROBEL, Die Psalmengrundlage, 257. 260. 263; W. MICHAELIS, πάσχω, 916; NEIL, 63; PURDY, 644; OMARK, 40-43; CULLMANN, Die Christologie, 95-96; Immortalité, 30; HEWITT, 97; DODD, 70-71; GRÄSSER, Hebräerbrief, 189; Der historische Jesus, 73. 77. 88; LEONARDI, 179; MONTEFIORE, 97-98; LESCOW, 238; BOURGIN, 18; FEUILLET, 176-185; HUGHES, 182; RINALDI, 16.

[11] ORÍGENES, ibid.
[12] TEODORETO DE CIRO, PG 82, 712-713.
[13] CIRILO DE ALEIANDRÍA, PG 75, 1324; Pusey, De recta fide, 392-393; SC 97, 440.
[14] EUTIMIO, 373.
[15] FOCIO, 643.
[16] CRISÓSTOMO, Ad Hebraeos, PG 63, 69.
[17] LUIS DE TENA, 216.

Nada dicen los evangelios acerca del fuerte grito y de las lágrimas de Jesús durante su agonía de Getsemaní. Pero esto no es una dificultad insuperable. Eutimio ofrece una doble explicación:

1. El «clamor poderoso» y las «lágrimas» de Jesús derivan de los evangelios mismos: «Los Evangelistas no escribieron claramente acerca de esto. Pero lo indican por la agonía y la oración insistente» (Ἐμφαίνονται δὲ καὶ ταῦτα διὰ τῆς ἀγωνίας καὶ τῆς ἐκτηνοῦς προσευχῆς, cf Lc 22,44).

2. Ambos elementos aparecen en las circunstancias de Getsemaní del todo verosímiles: «Probablemente (εἰκός) él entonces gritó fuertemente y lloró, según la ley de la naturaleza humana que así suplica en las grandes circunstancias» (νόμῳ φύσεως ἀνθρωπίνης, οὕτως ἱκετευούσης ἐν ταῖς μεγάλαις περιστάσεσιν).[18]

Los comentaristas latinos medievales de la época carolingia (s. VIII-IX), Alcuino, Rábano Mauro, Claudio de Turín, Aimon d'Auxerre, Sedulio relacionan las «oraciones y súplicas» de que habla nuestro pasaje, particularmente a la petición de Cristo: «Padre, si es posible, pase de mí este cáliz, pero no sea como yo quiero, sino como quieras tú» (Mt 26,39; Mc 14,35, Lc 22,42).[19] Aimon, además, a las palabras: «Mi alma está triste hasta la muerte» (Mt 26,38; Mc 14,34).[20] En los siglos X-XV, Bruno, Glosa interlineal, Herveo, Lombardo, Tomás de Aquino, Dionisio el Cartujo refieren el texto más bien a Lc 22,44. Cristo ofreció estas súplicas, cuando, ya inminente la pasión, «sumido en angustia, oraba con más insistencia, y su sudor se hizo como gotas de sangre, que caían en tierra».[21] Hugo de S. Caro (quien hace derivar «supplicationes» de «sub-plicare»: doblar las rodillas, prosternarse), Tomás de Aquino y Pedro de Tarentasia entienden «súplicas» acerca del cuerpo, a diferencia de «preces» del corazón, y señalan también Mt 26,39: «Cayó sobre su rostro, orando» y Lc 22,41: «Puesto de rodillas, oraba».[22] Las «súplicas» expresan la actitud humilde de Cristo en su oración: «'supplicationes' vero dicuntur quantum ad humilitatem orantis, sicut genuflexiones».[23] La referencia a Getsemaní es evidente.

---

[18] EUTIMIO, ibid.
[19] ALCUINO, PL 100, 1054; RÁBANO MAURO, PL 112, 744; CLAUDIO DE TURÍN, PL 134, 756; AIMON D'AUXERRE, PL 117, 856; SEDULIO, PL 103, 258.
[20] AIMON D'AUXERRE, ibid.
[21] BRUNO EL CARTUJO, 448; GLOSA INTERLINEAL, 843-844; HERVEO DE BOURG-DIEU, Ad Hebraeos, PL 181, 1566; PEDRO LOMBARDO, PL 192, 437; TOMÁS DE AQUINO, Ad Hebraeos, 392; DIONISIO EL CARTUJO, 490.
[22] HUGO DE SAN CARO, 248; TOMÁS DE AQUINO, Ad Hebraeos, 391; PEDRO DE TARENTASIA, 196.
[23] TOMÁS DE AQUINO, ibid.

«Clamor poderoso» es entendido de doble manera: 1. Interno («cordis»): vehemente y eficaz,[24] cuando «sumido en angustia, oraba con más insistencia» (Lc 22,44).[25] Pues «la devoción del corazón tiene la fuerza de un clamor». Por eso, aunque Moisés callaba, el Señor le dijo: «¿Por qué sigues clamando a mí?» (Ex 14,15).[26] 2. Externo («oris»): en alta voz, cuando dice: «Padre, si es posible ...» (Mc 14,35 par.).[27]

Sobre las «lágrimas», después de citar libremente a Crisóstomo: «En ningún lugar del evangelio se encuentra que Cristo haya llorado en su pasión»,[28] argumentan: 1. Por la autoridad misma del Apóstol. Esto lo sabemos por este evangelio de Pablo, en el cual no menos hay que creer. Si él lo dice, debe tenerse absolutamente como cierto.[29] 2. «Muchas cosas hizo Cristo, que no fueron escritas» (Jn 21,25).[30] 3. «Si se dice que Cristo lloró por Lázaro y por la destrucción de Jerusalén, compadeciendo siempre la desgracia humana, con mayor razón («multo magis») se debe decir que lloró, para sanar, con su perfecta obediencia, la culpa del género humano».[31] 4. «Debe creerse que en aquella intensa oración derramó lágrimas, ya que también fluyeron de su cuerpo gotas de sangre, en vez de sudor» (Lc 22,44).[32] Bernardo, en el sermón 3 para el Domingo de Ramos, dice: «'Puesto en agonía, oraba más largamente'. En donde parece también haber llorado, no sólo con los ojos, sino con todos sus miembros, para que todo su cuerpo, que es la Iglesia, fuera lavado con las lágrimas de todo su cuerpo».[33] 5. Hugo de S. Caro observa, a propósito de la Glosa de Pedro Lombardo: «No determina dónde o cuándo el Señor lloró. Pero como afirma que lo anteriormente descrito sucedió, cuando Cristo estuvo sumido en angustia (Lc 22,44), parece decir igualmente que entonces Cristo lloró».[34]

---

[24] BRUNO EL CARTUJO, ibid.: «Maxima intentione»; GLOSA INTERLINEAL, ibid.: «cum intentione efficacissima»; PEDRO LOMBARDO, ibid.; HUGO DE SAN CARO, ibid.; PEDRO DE TARENTASIA, ibid.; TOMÁS DE AQUINO, Ad Hebraeos, 392; HERVEO DE BOURG-DIEU, ibid.: «vehementissima et efficacissima»; DIONISIO EL CARTUJO, ibid.: «fervida intentione».

[25] GLOSA INTERLINEAL, ibid.: «ut quando prolixius orabat»; HERVEO DE BOURG-DIEU, ibid.: PEDRO LOMBARDO, ibid.; HUGO DE SAN CARO, ibid.; TOMÁS DE AQUINO, ibid.; PEDRO DE TARENTASIA, ibid.

[26] HUGO DE SAN CARO, ibid.; cf. Escuela de Abelardo, 727.

[27] SEDULIO, ibid.; DIONISIO EL CARTUJO, ibid.

[28] BRUNO EL CARTUJO, ibid.: «alibi non invenitur eadem hora lacrymasse Christum»; GLOSA INTERLINEAL, ibid.: «hoc non legitur in Evangelio»; PEDRO LOMBARDO, ibid.; HUGO DE SAN CARO, ibid.; TOMÁS DE AQUINO, ibid.; DIONISIO EL CARTUJO, ibid.

[29] BRUNO EL CARTUJO, ibid.; PEDRO LOMBARDO, ibid.; HUGO DE SAN CARO, ibid.; PEDRO DE TARENTASIA, ibid.; DIONISIO EL CARTUJO, ibid.

[30] TOMÁS DE AQUINO, ibid.; DIONISIO EL CARTUJO, ibid.

[31] BRUNO EL CARTUJO, ibid.; TOMÁS DE AQUINO, ibid.

[32] ANÓNIMO DE SAINT-GALL, 429; HERVEO DE BOURG-DIEU, ibid.

[33] BERNARDO DE CLARAVAL, Dominica Palmarum, 141.

[34] HUGO DE SAN CARO, ibid.

Muchos exégetas de la época de la Reforma piensan que el autor habla de la oración de Cristo en el huerto de Getsemaní, cuando, inminente su pasión, sintió en gran manera la debilidad de la naturaleza humana y, casi desposeído de su poder divino, experimentó un fuerte horror a la muerte y a los grandes tormentos vinculados a ella, se encontró en extrema angustia, y, agobiado por el dolor, oró a Dios, para que le prestara auxilio, pidió al Padre que, si era posible, pasara de él el cáliz, como recuerdan puntualmente los evangelistas (Mt 26,37-39; Mc 14,33-36; Lc 22,41-44).[35]

El plural (δεήσεις, ἱκετηρίας) se usa para significar la triple oración de Cristo en el Huerto de los Olivos (Mt 26,39.42.44; Mc 14,35-36. 39.41).[36] Δεήσεις es traducido por Salmerón como «de-precationes» e interpretado, conforme a la significación propia del término latino (cf Ovid, Ex Ponto, 1,2,57: «Saepe precor mortem, mortem quoque deprecor idem»), como «peticiones para alejar el mal»: tres veces pidió Cristo que fuera apartada la muerte.[37] Ἱκετηρίας significa algo más que δεήσεις. Indica súplicas sumisas, como en 2 Mac 9,18. Expresa también una gran ansiedad. Así, en el Sal 37,7, וְהִתְחוֹלֵל לוֹ (de חִיל «retorcerse» (de dolor); hitpol.: «esperar ansiosamente») es traducido por los LXX: καὶ ἱκέτευσον αὐτόν: «y espera en él».[38] El equivalente latino es «supplicationes»: peticiones hechas con humilde actitud del cuerpo. Cristo ofreció su oración en el huerto, cayendo de rodillas y postrado en tierra (Mt 26,39; Mc 14,35; Lc 22,41).[39]

No contento con añadir a δεήσεις el término ἱκετηρίας, el autor menciona además el clamor poderoso y las lágrimas. Clamor poderoso y lágrimas denotan la vehemencia del dolor y de la oración de Cristo.[40] Los que invocan a Dios con gran afecto exhalan gritos y derraman abundantes lágrimas. El salmista ora con tanto ardor, que confiesa: «Son mis lágrimas mi pan de día y de noche» (Sal 42,4). Con mayor fervor imploró Cristo el auxilio de su Padre.[41] «Con clamor poderoso» puede entenderse: 1. Del clamor interno: con gran afecto.[42] 2. Del clamor externo: porque verdaderamente clamó en el huerto: «Padre, si es posible...».[43] Los evangelistas callan sobre esto. Pero, si Cristo oró prolongadamente, sumi-

[35] Calvino, 62; Beza, 349; Belarmino, 275; Ribera, 205-206; Salmerón, 708-709; A Lapide, 394; Mariana, 863; Escalígero, 1344; Menochio, 241; Gordon, 610; Grocio, 864-865.
[36] Beza, ibid.
[37] Salmerón, ibid.
[38] Grocio, 864.
[39] Salmerón, ibid.
[40] Calvino, 62; Brenz, 277; Beza, 349.
[41] Brenz, ibid.
[42] Mariana, ibid.
[43] Mariana, ibid.; Salmerón, 709.

do en angustia (Lc 22,44), ¿quién puede dudar que haya gritado fuertemente por el extremo dolor?[44]

Las «lágrimas» tampoco son mencionadas por los evangelistas. 1. Sin embargo, por este texto es claro que Cristo en la oración del huerto derramó lágrimas.[45] 2. Nada tiene de extraño que Cristo haya llorado, pues, en la misma oración, por la angustia, sudó sangre (Lc 22,44). Si derramó sangre, ¿cómo no habría de verter lágrimas? «No es creíble que sus ojos hayan estando secos, ya que gotas de sangre manaban de todo su cuerpo por la gran tristeza que tenía».[46]

En la época del naciente criticismo biblico (1650-1800), algunos autores refieren el v. 7 a la historia de Jesús en el huerto de Getsemaní, cuando contempló todos los horrores de su inminente pasión y muerte, y, como abandonado momentáneamente a sí mismo, no sintió los efectos del auxilio divino; cuando se encontró en suprema angustia, al grado de decir: «Mi alma está triste hasta la muerte» (Mt 26,38; Mc 14,34) y suplicar: «Padre, si es posible, pase de mí este cáliz» (Mt 26,39; Mc 14,35-36; Lc 22,42); cuando «oraba más insistentemente y su sudor se hizo como espesas gotas de sangre que caían en tierra» (Lc 22,44).[47]

El autor tiene presente principalmente el tiempo en que más apareció la debilidad de Cristo, «los días» en que padeció, sobre todo en el huerto.[48]

Δεήσεις τε καὶ ἱκετηρίας está en plural, pues Cristo oró tres veces en Getsemaní.[49] Hebreos utiliza las mismas expresiones que los evangelistas: πρὸς τὸν δυνάμενον σῴζειν αὐτὸν ἐκ θανάτου corresponde a Mc 14,36: ’Αββᾶ ὁ πατήρ, πάντα δυνατά σοι, παρένεγκε τὸ ποτήριον τοῦτο ἀπ’ ἐμοῦ. El «poder» de Dios se opone a la debilidad de la carne de Cristo.[50]

«Clamor poderoso y lágrimas» son signos de un deseo muy ardiente de auxilio, e indicios de suma angustia interior.[51] Κραυγή (κράζειν) en los LXX reproduce las raíces זעק, צעק, שוה del TH, y denota clamor del alma o deseo intenso, cualquiera que sea la expresión de la voz. Equivale en los relatos sinópticos a ἐκτενέστερον: «más intensamente»; τὸ μεν πνεῦμα πρόθυμον: con «espíritu pronto» (Mt 26,41). En muchos pasajes de la Escritura אמר significa también «pensar». A las lágrimas y a la tristeza conviene más el clamor del alma, en el silencio. Sin embargo, no hay

---

[44] RIBERA, ibid.
[45] A LAPIDE, ibid.; MENOCHIO, ibid.
[46] CALVINO, ibid.; BRENZ, ibid.; RIBERA, ibid.; SALMERÓN, ibid.; A LAPIDE, ibid.
[47] J. BRAUN, 291-292; LIMBORCH, 591; CALMET, 663; PEIRCE, 220; BENGEL, 1080; CARPZOV, 231; ROSENMÜLLER, 203; ERNESTI, 394.
[48] BENGEL, ibid.
[49] BENGEL, ibid.
[50] BENGEL, ibid.; CARPZOV, ibid.
[51] LIMBORCH, ibid.; ERNESTI, ibid.

duda de que las oraciónes de Jesús en Getsemaní estuvieron entremezcladas de cortos gritos. En toda la pasión, Jesús alternadamente clamó y calló (Mt 26,36-46 par.).[52] Las lágrimas brotaron no sólo de sus ojos, sino de todo su cuerpo (Lc 22,44).[53]

En el s. XIX es casi universalmente reconocido que en Hb 5,7 el autor tiene presente la agonía de Jesús en el huerto. Entre los que ponen mayor énfasis en Getsemaní están Böhme, Ebrard, von Hofmann, Lünemann, Maier, B. Weiss, Zahn.[54]

El contenido y el lenguaje del pasaje reflejan la escena del Monte de los Olivos. Los rasgos de la decripción corresponden esencialmente a la presentación que ofrecen los evangelios sinópticos.[55]

La forma plural δεήσεις τε καὶ ἱκετηρίας se explica por la triple oración de Cristo en el huerto.[56]

Los participios aoristos προσενέγκας y εἰσακουσθείς sólo pueden referirse a la oración de Getsemaní. Según la construcción del período, están en relación temporal de anterioridad respecto al verbo principal. Son considerados por el autor como preparación y condición de ἔμαθεν. Sirven únicamente para introducir y fundamentar la idea principal. Se traducen de la mejor manera con pluscuamperfecto: «después de que ofreció y después de que fue escuchado... aprendió». El ofrecimiento de oraciones y su aceptación precedió al aprendizaje doloroso de la obediencia, mencionado en el v. 8. La escucha de su oración lo libró del temor, del cual tenía que ser liberado, antes de que lo acometiera el sufrimiento, en el que había de demostrar su obediencia.[57]

A favor de esta opinión se aduce: 1. El uso del participio aoristo, que afirma siempre algo temporalmente anterior; cf Hb 1,3: ποιησάμενος ἐκάθισεν («después de haber efectuado... se sentó»); 3,16: ἀκούσαντες παρεπίκραναν («habiendo escuchado, exasperaron»); 9,19: λαληθείσης... λαβὼν... ἐράντισεν («habiendo sido proclamada... habiendo tomado... roció»).[58] 2. El gradual desarrollo del pensamiento: la obediencia de Cristo fue lentamente formada por medio de la oración.[59]

---

[52] BENGEL, ibid.
[53] BENGEL, ibid.; J. BRAUN (292) propone una explicación de las lágrimas muy extraña y descaminada. Según él. «Cristo lloró no lágrimas ordinarias, sino sangre. Si sudó sangre (Lc 22,44), es creíble que haya derramado sangre también de los mismos ojos».
[54] BÖHME, 228: «haud dubie»; EBRARD, 184: «evidently»; VON HOFMANN, 217: «allein»; LÜNEMANN, 175: «ohne Zweifel»; MAIER, 155: «unzweifelhaft»; B. WEISS, Hebräer, 136: «kein Zweifel»; ZAHN, Einleitung, 160: «nur».
[55] DAVIDSON, 112; MOULTON, 300; SCHAEFER, 151.
[56] LÜNEMANN, 176; MOLL, 96; ZILL, 224.
[57] WETTE, 169; BISPING, 121; VON HOFMANN, 215. 223; MAIER, 153; ZILL, ibid.; B. WEISS, Hebräer, 136 con n. 2; WESTCOTT, 125.
[58] VON HOFMANN, 215; MAIER, ibid.
[59] WESTCOTT, ibid.

La designación de Dios τὸν δυνάμενον σώζειν ἐκ θανάτου es motivada por la oración de Getsemaní. Compárese τὸν δυνάμενον con Mc 14,36: πάντα δυνατά σοι y Mt 26,39: εἰ δυνατόν ἐστι.[60] Allí Jesús varias veces suplicó expresamente al que podía preservarlo de la muerte, pidió ser dispensado de beber el cáliz de la pasión.[61] Si σώζειν ἐκ θανάτου se entiende de la preservación de la muerte, la referencia a Getsemaní se impone.[62]

«Con clamor poderoso y lágrimas» no está testimoniado en nuestros evangelios.[63] Pero nada tiene de extraño.[64] 1. Está totalmente conforme a la fuerte conmoción interior de Jesús, descrita por los evangelistas,[65] principalmente por Lucas.[66] Mt 26,37: «Comenzó a sentir tristeza y angustia (λυπεῖσθαι καὶ ἀδημονεῖν); Mc 14,33: «pavor y angustia» (ἐκθαμβεῖσθαι καὶ ἀδημονεῖν); Mt 26,38; Mc 14,34; «Mi alma está triste hasta la muerte»; Lc 22,44: «Y, entrando en agonía, oraba más intensamente». 2. Es una forma propia de la naturaleza humana. Jesús, verdadero hombre, es afectado profundamente por sentimientos humanos que se manifiestan al exterior. El grito y las lágrimas destacan enérgicamente la intensidad del dolor y el estremecimiento que experimentó Cristo a la vista de su cercana muerte.[67] Indican la vehemencia de su oración.[68]

«Clamor poderoso»: 1. Se explica muy naturalmente en una conmoción de ánimo tan intensa, que indujo al Señor a orar, no sólo de rodillas (Lc 22,41), sino cayendo «sobre su rostro» (Mt 26,39),[69] como uno que se encuentra en gran peligro y grita implorando auxilio (Job 34,28; Sal 18,7; Jon 2,3).[70] 2. El término ἐκτενέστερον (Lc 22,44), según su etimología, (del verbo ἐκτείνειν: extender, estirar; de la voz: esforzar) implica un fuerte grito.[71] 3. La oración de Jesús en Getsemaní fue oída por los discípulos a la distancia de un tiro de piedra (Lc 22,41).[72]

«Lágrimas»: Que Cristo suplicó a Dios «con lágrimas», no es claramente afirmado en la narración sagrada. Pero no tiene nada de inveros-

---

[60] DELITZSCH, 188; RIEHM, 316; ZILL, ibid.; B. WEISS, *Hebräer*, 137; SCHAEFER, 150, n. 4.

[61] KUINOEL, 159; KLEE, 113; BISPING, 122; MAIER, 155; PÁNEK, 91-92; ZILL, ibid.; B. WEISS, ibid.

[62] RIEHM, 316; ZILL, ibid.; B. WEISS, ibid.; SCHAEFER, ibid.

[63] B. WEISS, ibid.; MAIER, ibid.; VAUGHAN, 94.

[64] KUINOEL, ibid.

[65] MAIER, ibid.; B. WEISS, ibid.; VAUGHAN, ibid.

[66] THOLUCK, 248; DELITZSCH, ibid.; MAIER, ibid.; MOLL, ibid.; SCHAEFER, 151.

[67] KUINOEL, ibid.; RIEHM, ibid.; B. WEISS, ibid.; SCHAEFER, 150-151.

[68] VAN STEENKISTE, 532.

[69] BISPING, ibid.; ZILL, ibid.

[70] KAY, 52.

[71] ZILL, ibid.; SCHAEFER, 151.

[72] SEEBERG, 54-55.

ímil.[73] 1. Es una deducción muy obvia de lo descrito en los evangelios: Mt 26,37; Mc 14,33; Lc 22,44.[74] 2. Cristo lloró en otras ocasiones, p.ej. a la muerte de Lázaro (Jn 11,35 ἐδάκρυσεν) y por Jerusalén (Lc 19,41: ἔκλαυσεν).[75] Se puede suponer, con razón, que haya derramado lágrimas en la más acerba lucha dolorosa.[76] 3. Difícilmente pudieron faltar las lágrimas en la noche de la agonía, antitipo de la noche de lucha de Jacob, «cuando lloró e imploró gracia» y «prevaleció» (Os 12,5).[77] 4. Epifanio informa que el llanto (ἔκλαυσεν) del Señor en su agonía es mencionado en varios manuscritos no corregidos de Lucas: ἀλλὰ καὶ ἔκλαυσεν κεῖται ἐν τῷ κατὰ Λουκὰν εὐαγγελίῳ ἐν τοῖς ἀδιορθώτοις ἀντιγράφοις.[78] Es muy posible que este ἔκλαυσεν provenga de la pluma de Lucas, sobre todo porque es el único evangelista sinóptico que presenta al Señor llorando (19,41).[79] 5. Que no hayan faltado las lágrimas es del todo plausible, pues, en su pasión, por la tristeza y angustia, fluyó de su cuerpo un sudor de sangre (Lc 22,44).[80]

La opinión general, casi unánime, en nuestro siglo, es que Hb 5,7 contiene una alusión a la experiencia de Cristo en Getsemaní. Muy decididos por esta interpretación se muestran: Huyghe, Peake, Strathmann, Kuss, Jeremias, Héring, Strobel, W. Michaelis, Cullmann, Feuillet, Lenski, Montefiore, Lescow.[81]

Las razones que hacen creer que es el drama de Getsemaní el que aquí se considera son las siguientes:

El contenido y la forma, todo lo que se encuentra en la descripción de Hebreos corresponde perfectamente al acontecimiento de Getsemaní.[82]

---

[73] LOMB, 95; BISPING, ibid.; LÜNEMANN, 175; ALFORD, 95; KAY, ibid.; PÁNEK, ibid.; VAN STEENKISTE, ibid.

[74] BISPING, ibid.; LÜNEMANN, ibid.; ALFORD, ibid.; VAN STEENKISTE, ibid.

[75] VAUGHAN (94) anota que en Jn 11,35 se encuentra la única mención de los evangelios acerca de las lágrimas de Cristo, porque la palabra usada en Lc 19,41 es κλαίειν, cuyo sentido fundamental es «gemir», «lamentarse». Cf. sin embargo, ZORELL, Lexicon Grecum, s.v. κλαίω: δακρύω, llorar en silencio; κλαίω, propiamente llorar con lamentos.

[76] BISPING, ibid.; LÜNEMANN, ibid.; KAY, ibid.

[77] BISPING, ibid.; LÜNEMAN, ibid.; KAY, ibid.

[78] EPIFANIO, Ancoratus, 31, PG 43. 73.

[79] DELITZSCH, ibid.; ALFORD, 96; MOLL, ibid.

[80] LOMB, ibid.; DELITZSCH, ibid.; PÁNEK, ibid.

[81] HUYGHE, 121: «Huic sententiae omnino subscribimus»; PEAKE, 134: «clearly»; STRATHMANN, 100: «offenbar»; KUSS, 73: «offenbar»; JEREMIAS, 109: «offensichtlich»; HÉRING, 53: «sans erreur possible»; STROBEL, Die Psalmengrundlage, 260: «mit grösster Wahrscheinlichkeit»; W. MICHAELIS, 5, 916: «allerdings»; CULLMANN, Die Christologie, 95: «bei weitem das Nächstliegende»; Immortalité, 30, n. 1: «hors de doute»; FEUILLET, 176: «à bon droit», «exclusivement»; LENSKI, 161; MONTEFIORE, 97-98; LESCOW, 238.

[82] HUYGHE, ibid.; GRAF, 106; FEUILLET, 178-179.

«En los días de su carne» orienta hacia el tiempo en que Cristo pasó su días en la tierra en estado de humillación.[83] La frase podría referirse genéricamente a toda la vida terrena de Jesús. Pero las palabras que siguen inmediatamente son tan concretas: oraciones y súplicas (δεήσεις τε καὶ ἱκετηρίας), clamor poderoso y lágrimas (μετὰ κραυγῆς ἰσχυρᾶς καὶ δακρύων), peligro de muerte (ἐκ θανάτου), que sitúan el hecho en un momento determinado, decisivo, particularmente dramático de la vida de Jesús. El autor se refiere a una prueba excepcionalmente difícil, a la que Jesús es sometido «en los días de su carne». Todo el tenor del verso remite a una sola escena: la agonía de Jesús en el Huerto de los Olivos.[84] «No puede tratarse sino de la verdadera gran tentación de Jesús en Getsemaní, donde él tenía todavía la posibilidad de escoger otro camino que el de la obediencia que lo habría de llevar a la cruz».[85]

Los plurales «oraciones y súplicas» (δεήσεις τε καὶ ἱκετηρίας) indican actos repetidos, oración instante y perseverante. Evocan la triple oración de Jesús en Getsemaní y el ἐκτενέστερον de Lc 22,44.[86]

La expresión τὸν δυνάμενον es directo reflejo de Mc 14,36: ὁ πατήρ, πάντα δυνατά σοι. La correspondencia no deja lugar a dudas.[87]

En favor de la relación al episodio de Getsemaní está el hecho de que la oración es formulada en peligro de muerte y Cristo pide la preservación de la muerte.[88] La tradición evangélica no refiere ninguna otra oración de Jesús, en la que haya pedido a Dios la preservación de la muerte, fuera de la que dirigió al Padre en Getsemaní, conservada en los evangelios sinópticos y en el pasaje absolutamente paralelo[89] de Jn 12,27-28.[90]

El participio aoristo remite a un momento histórico determinado: la hora de Getsemaní.[91] Tanto προσενέγκας como εἰσακουσθείς contienen lo que precedió históricamente; son sólo un preludio histórico.[92]

---

[83] ROHR, 25; LENSKI, ibid.
[84] ROHR, ibid.; GRAF, ibid.; BONSIRVEN, 269; LENSKI, ibid.; TEODORICO, 101; KUSS, ibid.; HÉRING, ibid.; OMARK, 40; CULLMANN, Die Christologie, 95; LEONARDI, 177.
[85] CULLMANN, ibid.; cf. también: Der Staat, 28.
[86] MÉDEBIELLE, 311; GALIZZI, 227.
[87] GRAF, ibid.; MOFFATT, 66; SPICQ, Hébreux, 1, 100; LESCOW, ibid.
[88] WINDISCH, 44; MOFFATT, ibid.
[89] Cf. R.E. BROWN, 1, 470-471.
[90] HUYGHE, ibid.; RIGGENBACH, Hebräer, 130-131; KEULENAER, 404; FEUILLET, ibid.
[91] SPICQ, Hébreux, 2, 112; FEUILLET, 178.
[92] HUYGHE, ibid.; GRAF, ibid.

«Con clamor poderoso y lágrimas»: Entre los escritos del N.T., la Epístola a los Hebreos es la que subraya más enérgicamente no sólo la plena divinidad, sino, al mismo tiempo, la plena humanidad de Jesús.[93] Esta imagen de Cristo no es incidental; corresponde genuinamente a la doctrina de la epístola; forma parte integrante del tema principal: carácter y función sumo sacerdotal de Cristo. Asemejado «en todo a sus hermanos» (2,17), «probado en todo a semejanza nuestra» (4,15). Nadie como él está tan cualificado para simpatizar con la debilidad humana, porque nadie como él soportó jamás una prueba tan angustiosa.[94] Getsemaní es considerado como el momento de la más profunda experiencia humana de Jesús. La agonía física de la cruz no fue tan estrujante como su agonía de espíritu en Getsemaní. Allí su oración fue más desgarradora y su dolor llegó al paroxismo. Esto se entiende de los dolores íntimos más bien que de las torturas exteriores.[95] Ninguna oración y actitud de Jesús atestigua mejor la realidad de su humanidad y su capacidad de sufrimiento.[96]

El suceso histórico de Getsemaní causó indudablemente una profunda impresión al autor de Hebreos, pues es descrito aquí por él con gran viveza, solemnidad y patetismo.[97] La fuerte bina «oraciones y súplicas» es intensificada aún más por la frase «con clamor poderoso y lágrimas». Κραυγή es grito de angustia, como en Ap 21,4 (cf Est 4,3), expresión de espanto ante la muerte; ἰσχυρός más fuerte que μέγας (cf Ap 18,2).[98] Esta descripción de la angustia de Jesús no tiene paralelo en el NT por su intensidad.[99] Va aún más allá de los relatos evangélicos. A la escena de Getsemaní, tal como la conocemos, hay que añadir, según Hb 5,7, que Jesús gritó y lloró.[100] El grito y las lágrimas ilustran enérgicamente la verdadera humanidad de Jesús. Son signos conmovedores de su humildad y humillación. Expresan la agudeza de su dolor, la profundidad de su angustia, el ardor de su oración.[101]

El lenguaje de Hebreos sorprende; parece inconciliable con la elevada cristología del capítulo inicial. El autor mismo siente la aparente incongruencia (v. 8: «aunque era Hijo»); pero no teme identificar la agonía de Jesús con la máxima profundidad de su experiencia humana.[102] Cristo no

---

[93] VON HARNACK, 62-63; OMARK, ibid.; CULLMANN, *Immortalité*, 30.
[94] STROBEL, ibid.; OMARK, ibid.; LAUBACH, 106.
[95] BONSIRVEN, 272-273; NEIL, 63; PURDY, 644.
[96] JAVET, 49; SPICQ, *Hébreux*, 2, 114.
[97] OMARK, ibid.; HEWITT, 97; MONTEFIORE, 98.
[98] LENSKI, ibid.; SPICQ, *Hébreux*, 1, 106, n. 2; 2, 113; cf. GRUNDMANN, κράζω, 904; ἰσχύω, 400-401.
[99] PURDY, ibid.
[100] GRAF, ibid.; CULLMANN, *Die Christologie*, 96; *Immortalité*, ibid.
[101] DODS, 288; WINDISCH, 43; ROHR, ibid.; MÉDEBIELLE, 311; UNGEHEUER, 129; SPICQ, *Hébreux*, 2, 113; OMARK, ibid.; HEWITT, ibid.; LEONARDI, 178; LAUBACH, ibid.
[102] PURDY, ibid.

quiso enfrentarse al dolor y a la muerte con estoica quietud e insensibilidad. Sintió el peso del dolor con toda su fuerza. Su naturaleza divina no le proporcionó ningun escape. La muerte fue para él algo terrible, no querido por Dios, «el último enemigo» (1 Cor 15,26). En medio de la resistencia natural de su humano instinto de conservación, grita fuertemente y llora, implorando auxilio.[103] Su angustia frente al sufrimiento y a la muerte revela hasta qué punto compartió los sentimientos más naturales y profundos del hombre (cf 2,15).[104] Pero sus gritos y lágrimas son causados no sólo por el temor al dolor y a la muerte, sino por el horror al mal, por el conocimiento del obstáculo alzado entre Dios y el hombre. Y, experimentando en su propio espíritu toda la tragedia de la situación humana, se abandona, en su oración, a la voluntad del Padre.[105]

El clamor poderoso y las lágrimas no son mencionados en la tradición evangélica de Getsemaní. Pero fácilmente se suponen.[106] Corresponden a la angustia interior del Señor en Getsemaní, a la súplica repetida. Aunque la descripción va más allá de los relatos evangélicos, permanece en la misma línea de ellos, que no sólo hablan de angustia, sino también de signos externos de la lucha interior. Evoca claramente Mc 14,33-36; Mt 26,37-39; Lc 22,44; Jn 12,27.[107]

Algunos ponen de relieve la afinidad de Hb 5,7 con Mc 14,33-36.[108] El fin de la oración en Mc es presentar a Cristo en su máximo abatimiento de Mesías sufriente. Hb 5,7 quiere presentar a Cristo semejante en todo a sus hermanos (2,17), probado en todo a semejanza nuestra (4,15). Esto lo logra, recordando el modo como realiza su insistente oración «con clamor poderoso y lágrimas». El Cristo de Hb como el de Mc se encuentran en su máxima debilidad y necesitado de ayuda.

Para otros, nuestro pasaje está más estrechamente emparentado con el relato lucano.[109] Lucas es el èvangelista que acentúa con mayor realismo la angustia humana de Jesús en Getsemaní: subraya la intensidad de su oración y señala los efectos exteriores de su agonía interior que llega

---

[103] UNGEHEUER, ibid.; KETTER, 40; STROBEL, ibid.; OMARK, 41; CULLMANN, Die Christologie, 96; Immortalité, 30; Der Staat, 29.

[104] JAVET, ibid.; SPICQ, Hébreux, 2, 114.

[105] UNGEHEUER, ibid.; NEIL, ibid.; HUGHES, 182-183.

[106] HUYGHE, ibid.; KEULENAER, ibid.

[107] HUYGHE, ibid.; RIGGENBACH, Hebräer, 131; WINDISCH, 44; GRAF, ibid.; MOFFATT, ibid.; KEULENAER, ibid.; MICHEL, Hebräer, 221; STRATHMANN, ibid.; SCHRENK, 281; SPICQ, Hébreux, 1,102-104; KUSS, ibid.; OMARK, 40; F.F. BRUCE, 98; LESCOW, ibid.; GALIZZI, 235; FEUILLET, 185.

[108] STRATHMANN, ibid.; GALIZZI, 79-89. 230.

[109] GRAF, ibid ; MICHEL, ibid.; SCHRENK, ibid.; SPICQ, Hébreux, 1, 100; LESCOW, ibid.; FEUILLET, ibid.

hasta el sudor de sangre.[110] Hebreos igualmente destaca la intensidad de la oración de Cristo, que se traduce externamente en gritos y lágrimas.

La estrecha relación entre Hb 5,7 y Jn 12,27 es señalada, finalmente, entre otros, por Spicq, Feuillet, Galizzi.[111] Jesús anuncia que ha llegado «la hora» de su glorificación por la muerte (v. 23). Y al instante (νῦν) su alma se turba. El perfecto τετάρακται (v. 27; cf 11,33; 13,21) indica el estado de turbación en el que Cristo se ha enteramente sumergido. Como todos los hombres, también él experimenta la angustia que causa la cercanía de la muerte. El cuarto evangelio presenta, pues, de la misma manera que Hebreos, el estremecimiento de Cristo ante su muerte inminente.[112] También Boman relaciona el hecho descrito en Hb 5,7 a Jn 12,27; 17 y a Lc 22,31-32; pero lo identifica, caprichosamente, con la oración de Jesús por Pedro y los discípulos.[113]

---

[110] Lc 22, 43-44, que habla de la aparición del ángel consolador y del sudor de sangre, ha sido omitido en P⁷⁵, א ᵃ, A, B, N, R, T, W, 579, 1071* (y varios otros cursivos), f, syr s, sa, bo (algunos mss.); se lee, en cambio, en א *ᵇ, D, L, Θ, Ψ, f¹ (y la mayor parte de los minúsculos), it (excepto f), vg, syr c p h pal, bo (algunos mss.). Ninguno de los Padres se pronuncia contra este pasaje. No lo comentan AMBROSIO, CIRILO DE ALEJANDRÍA, JUAN DAMASCENO. Conocen mss. que no lo tienen, pero lo conservan: HILARIO, *De Trinitate*, 10, 40-41 (PL 10, 374-376); JERÓNIMO, *Dialogus adversus Pelagianos*, 2, 16 (PL 23, 552). Lo admiten: JUSTINO, Dial. 103 (PG 6, 717); IRENEO, *Adversus haereses*, 3, 22 (PG 7, 957); HIPÓLITO, *Contra haeresim Noeti*, 18 (PG 10, 827); AGUSTÍN, *De consensu evangelistarum*, 3, 4, 12 (PL 34, 1165); *In Ps 140*, 4 (PL 37, 1817-1818). Entre los críticos modernos TISCHENDORF, MERK, conservan los vesículos; WESTCOTT-HORT, VON SODEN, NESTLE los ponen entre paréntesis; ALAND, MARTINI, METZGER, WIKGREN, en nota. La autenticidad es negada por B. WEISS, *Markus und Lukas*, 646-647; J. WEISS, 514; WELLHAUSEN, 12; PLUMMER, 509; BULTMANN, *Die Geschichte*, 289. Un mayor número considera este texto como genuino: VON HARNACK, 68; HOLTZMANN, 414; KLOSTERMANN, 584; ZAHN, *Lucas*, 687-692; LOISY, *Les évangiles*, 2, 572-575; LAGRANGE, *Luc*, 561-563; BRUN, 265-276; M. DIBELIUS, *Die Formgeschichte*⁶, 202, n. 1; *Gethesemane*, 269, n. 4; SCHMID, *Lukas*, 271. La supresión de los versículos se debió probablemente a motivos dogmáticos, por aparecer en ellos la figura de Jesús demasiado humana (cf. Epífanio, Ancoratus, 31; PG 43, 73). Su autenticidad parece estar garantizada, por corresponder perfectamente al estilo de Lucas (p. ej. ἐνισχύων αὐτόν, Hch 9, 19; ἐκτενέστερον προσηύχετο, Hch 12, 5; 26, 7).

[111] SPICQ, *Hébreux*, 1, 102-104; FEUILLET, ibid.; GALIZZI, 235.

[112] De diversa manera piensa PURDY (644), para quien Hb 5,7 contrasta notablemente con Jn 12,27, donde «la tubarción es poco menos que una capa ligera que encubre la divina serenidad», «trouble is little more than the foil for the divine serenity».

[113] La presentación de la lucha en oración de Hb 5,7, según BOMAN, no corresponde a la de los relatos sinópticos sobre la oración de Getsemaní. En Getsemaní, sueño de los discípulos y agonía de Jesús no pueden haber sucedido al mismo tiempo. Para superar esta dificultad, supone BOMAN que los sinópticos fundieron dos oraciones de Jesús: una, llena de paz, en Getsemaní, mientras los discípulos duermen; otra, acompañada de un duro combate (Gebetskampf), que tuvo lugar en otro momento anterior. El evangelio de Juan es el que permite saber lo que realmente pasó: habla de dos oraciones de Jesús: una, angustiada, después de la entrada triunfal a Jerusalén (Jn 12,27); otra llena de solemnidad y de calma (Jn 17), que tuvo lugar en Getsemaní, pero que Juan anticipó y colocó en el cenáculo. A la luz de estas consideraciones, Hb 5,7, que habla de violento clamor y lágrimas

La oración en alta voz es presupuesta por los evangelios. 1. La súplica repetida: «Padre mío, si es posible, pase de mí este cáliz (Mt 26,39; cf. Mt 26,42.44; Mc 14,35-36.39; Lc 22,42) es casi inconcebible en el secreto del corazón. 2. Conforme a la costumbre judía, Jesús oró con fuerte voz, al grado que pudo ser escuchado por los discípulos, que estaban «a la distancia de un tiro de piedra» (Lc 22,42).[114]

Aunque de las lágrimas de Jesús durante su agonía en el huerto nada dicen los evangelios, no hay razón para dudar de la historicidad.[115] 1. Los relatos evangélicos son breves, no dicen todo.[116] 2. Las lágrimas están implicadas en la narración evangélica. Son una referencia a la triple petición: «Aparta de mí este cáliz» (Mc 14,36; cf. Mc 14,35.39; Mt 26,39.42.44; Lc 22,42) y a la extrema agonía (Lc 22,44). Es difícil imaginar esta escena sin lágrimas. Es casi imposible que Cristo, acosado por la tristeza y angustia (Mt 26,37-38; Mc 14,33-34) no las haya derramado.[117] 3. No se oponen en nada a su temperamento psicológico. Los evangelistas señalan otras dos circunstancias en las que Cristo lloró: a la muerte de Lázaro (Jn 11,35) y por Jerusalén (Lc 19,41).[118] 4. Las lágrimas estuvieron consignadas en algunos manuscritos del relato lucano de la pasión.[119] 5. En todo caso, aquí somos informados del llanto de Jesús en Getsemaní. Y podemos tener plena seguridad en la exactitud de la tradición conservada por el autor de Hebreos.[120]

En Getsemaní, Cristo, efectivamente «fue escuchado»: fue librado del miedo a la muerte, cuando «se le apareció un ángel, venido del cielo, que lo confortaba» (Lc 22,43).[121] También Juan declara netamente, como Hebreos, que la oración de Jesús fue escuchada al instante. El Padre responde al Hijo con una manifestación sensible de aprobación: «Vino entonces (οὖν) una voz del cielo: 'Lo he glorificado y de nuevo lo glorificaré'» (Jn 12,28).[122] Esta interpretación explica muy bien el uso del participio aoristo εἰσακουσθείς: «después de que fue escuchado» (v. 7), Cristo aparece padeciendo todavía (v. 8).[123]

---

de Jesús, no debe ser explicado por los sinópticos, sino que está más bien cercano a Juan 12,27. «No puede ser una variante del actual relato sinóptico de Getsemaní; es una fuente independiente de una lucha en oración que tuvo lugar anteriormente», por la salvación de sus discípulos (Lc 22, 31-32).

[114] RIGGENBACH, ibid.; MÉDEBIELLE, ibid.; LENSKI, 162; SPICQ, Hébreux, 1, 101; FEUILLET, 179.
[115] FILLION, 569; ROBINSON, 63-64; KETTER, ibid.; LENSKI, ibid.
[116] LENSKI, ibid.
[117] ROBINSON, 64; KETTER, ibid.; SPICQ, ibid.
[118] FILLION, ibid.
[119] EPIFANIO, Ancoratus, 31, PG 43, 73; cf. Moffat, 65; Spicq, Hébreux, 1, 102.
[120] FILLION, ibid.; ROBINSON, ibid.
[121] HUYGHE, ibid.; SPICQ, Hébreux, 1, 110; GALIZZI, 236; FEUILLET, 185.
[122] SPICQ, Hébreux, 1, 103.
[123] HUYGHE, ibid.

Εὐλάβεια, el temor de Dios que abandona todo a la voluntad divina, tiene su equivalente en Mc 14,36: «Pero no sea lo que yo quiero, sino lo que quieres tú»; Mt 26,39: «Pero no sea como yo quiero, sino como quieras tú»; Lc 22,42: «Pero no se haga mi voluntad, sino la tuya»; Jn 12,28: «Padre, glorifica tu Nombre»: Cristo conoce la omnipotencia de su Padre que puede salvarlo de la muerte (v. 27), pero quiere ante todo glorificarlo. La correspondencia de estos textos es manifiesta. Todos subrayan la religiosa dependencia de Jesús frente a la voluntad divina.[124]

La frase «por lo que padeció» se refiere a la agonía de Getsemaní. Allí Jesús saboreó toda la amargura de la pasión, y, por su sumisión heroica a la voluntad del Padre, aprendió la obediencia.[125]

Ὑπακοή, como εὐλάβεια, evoca la adhesión a la voluntad del Padre, condición fundamental de la oración de Jesús en el Monte de los Olivos, como consta por la narración evangélica.[126]

No se debe, sin embargo, precisar demasiado y establecer una concordancia hasta los detalles. La correspondencia está, más que en las palabras, en el sentido general de los hechos evocados. El movimiento del pensamiento es semejante. Hay tres elementos: 1. Oración acompañada de angustia. 2. Respuesta a la oración (Lc-Jn). 3. Obediencia que manifiesta adhesión a la voluntad divina.[127] La prueba de Getsemaní no sólo es presentada por Hebreos y los evangelistas bajo el mismo aspecto: realidad de la tentación, desenlace victorioso, sino la lección psicológica y teológica es la misma: Cristo, sufriendo la prueba, no peca. En la κειρασμός es donde se revela mejor su doble naturaleza: hombre, sufre y acusa su propia debilidad; Hijo de Dios, da pruebas de una fuerza sobrehumana y triunfa de toda adversidad.[128]

Getsemaní parece, pues, ofrecer la ilustración más elocuente de estas palabras de la Epístola a los Hebreos. Las narraciones evangélicas, según han llegado a nosotros, testifican que allí, como en ninguna otra parte, Cristo «ofreció oraciones y súplicas, con clamor poderoso y lágrimas, al que podía salvarlo de la muerte, y fue escuchado a causa de su reverencia» (5,7).[129]

---

[124] MOFFATT, 66; SPICQ, *Hébreux,* 1, 100. 103; FEUILLET, 184-185.
[125] BONSIRVEN, 272.
[126] GALIZZI, ibid.
[127] DODD, 70; GALIZZI, 235; FEUILLET, 179.
[128] SPICQ, *Hébreux,* 1, 100.
[129] J. BROWN, 312; GARVIE, 549; ROBINSON, 63; F.F. BRUCE, ibid.

B. *Referencia a la Cruz*

Principalmente a causa de la mención del «clamor poderoso», otros exégetas relacionan nuestro pasaje a la escena del Calvario: — Exclusivamente: Nicolás de Lira, primer representante de esta opinión, Lutero, Titelmans, Cayetano, Catarino, Tena, Giustiniani, Estio, Hammond, Picquigny, Wolf, Dindorf, Drach, Padovani.[130]

— No exclusivamente: para la lista de estos autores, cf p. 21.

La determinación cronológica «en los días de su carne», según Lutero y Hammond, se refiere al tiempo en que principalmente Cristo sufrió en la carne, cuando estuvo agobiado por los males, y pareció estar abandonado de Dios, al «único día en que Cristo se ofreció en la cruz una sola vez». El empleo del plural «en los días» se explica por influjo del hebreo bíblico (2 Re 23,29; 24,1) y por el uso común. Se dice que sucede en el tiempo o en la vida de alguien, lo que sucede no en todo el tiempo ni todos los días, sino sólo en una parte de ellos. Así aquí el autor entiende la parte por el todo. «Los días» indican colectivamente todo el tiempo de la vida de Cristo, en una parte del cual Cristo se ofreció.[131]

Por la narración evangélica del acto supremo de la vida de Jesús sabemos que Cristo, desde la cruz, ofreció a Dios «oraciones» muy humildes y ardientes.[132] Oró por los que lo habían crucificado, «intercedió por los rebeldes» (Is 53,12), como se lee en Lc 23,34: «Padre, perdónalos, porque no saben lo que hacen».[133] Y murió recitando los salmos. Pronunció las primeras palabras del Sal 22: «Dios mío, Dios mío, por qué me has abandonado?» (Mt 27,46; Mc 15,34). Y no sin razón se piensa que haya recitado por entero este salmo y los siguientes hasta Sal 31,6: «En tus manos encomiendo mi espíritu».[134]

Que las palabras, con que Cristo, colgado en la cruz, se dirigió a su Padre, hayan sido de súplica se demuestra fácilmente. 1. Cuando ora por sus enemigos (Lc 23,34), con la breve invocación «Padre» se granjea la voluntad de aquel a quien ora, porque no hay afecto más eficaz que el que existe entre padre e hijo. «Perdónalos» es la petición con la que manifiesta lo que desea: el perdón de los pecados. «Porque no saben lo que hacen» es la súplica, que humildemente reconoce y confiesa la culpa, pero la

---

[130] Nicolás de Lira, 844; Lutero, *glosa interlineal*, 23; *escolios*, 60-62; Titelmans, 177; Cayetano, 36; Catarino, 515; Luis de Tena, 216-217; Giustiniani, 570; Estio, 107-108; Hammond, *Paraphr*, 316; Picquigny, 297-298; Wolf, 651; Dindorf, 398; Drach, 735; Padovani, 188-189.

[131] Lutero, *glosa interlineal*, 22; *escolios*, 60-61; Hammond, ibid.

[132] Titelmans, ibid.; Gordon, 610; Hammond, ibid.; Peirce, 220; Pánek, 92; Farrar, 75.

[133] Hugo de San Caro, 248; Lutero, *glosa interlineal*, 23; Gisutiniani, ibid.

[134] Hugo de San Caro, ibid.; Estio, 107; Hammond, ibid.; Calmet, 663; Wolf, ibid.; Padovani, 189.

atenúa y la hace excusable, con el fin de alcanzar el perdón.[135] 2. Al decir: «Dios mío, Dios mío, por qué me has abandonado?» (Mt 27,46; Mc 15,34), no reclamó al Padre ni lanzó una vana queja, sino pidió ser arrancado de los males, en que momentáneamente se hallaba abandonado por el Padre. Por eso, a este versículo del salmo 22, los LXX añaden: πρόσχες μοι «mírame», invocación propia de uno que ora. Todas las exclamaciones de este tipo dirigidas a Dios, que se leen frecuentemente en los salmos, son fórmulas hebreas de oración, y, generalmente, van unidas a explícitas palabras de súplica. P.ej.: Sal 13,2-4: «¿Hasta cuándo, Señor, me olvidarás? ¿Por siempre? ... Mira, respóndeme!» ἐπίβλεψον, εἰσάκουσόν μου, e.d., escucha mi oración.[136] 3. Igualmente, cuando dice: «En tus manos encomiendo mi espíritu» (Lc 23,46), ora al Padre, para que acoja su alma bajo su protección. Esto fue expresado en forma de súplica por Esteban, quien, al ser lapidado, antes de morir, dijo: «Recibe mi espíritu» (Hch 7,59).[137]

El uso del verbo «ofrecer» (προσενέγκας) contribuye a reforzar la demostración. El autor trata aquí de la oración de Cristo en cuanto sacerdote. En el ara de la cruz, Cristo ejerció su función sacerdotal. Allí oró por sí (Mt 27,46.50) y por otros (Lc 23,34). Allí, como Pontífice, se ofreció a sí mismo en sacrificio cruento por la salvación del género humano.[138] «En ningún lugar, Cristo, nuestro Pontífice, pudo ofrecer más adecuadamente oraciones a Dios por su salvación, que donde se sacrificó a sí mismo por la salvación del mundo, e.d., en el ara de la cruz, lugar señalado para su sacrificio».[139]

Cuando Cristo exclamó: «Dios mío, Dios mío, por qué me has abandonado!» (Mt 27,46; Mc 15,34), pidió ser librado de la muerte por la resurrección. Asimismo, al decir: «Padre, en tus manos encomiendo mi espíritu» (Lc 23,46), pidió que su alma fuera restituida sin tardanza a su cuerpo inmortal. A esta oración se refiere el autor de Hebreos con la frase: «salvarlo de (ἐκ) la muerte».[140]

La oración de Cristo en la cruz (Mt 27,46.50; Mc 15,34.37; Lc 23,46) fue efectivamente «escuchada». Dios no dejó en la tumba la humanidad de su Hijo encarnado, que salió del sepulcro gloriosa y triunfante.[141] En

---

[135] LUTERO, escolios, 61-62.
[136] ESTIO. ibid.; PADOVANI, ibid.
[137] ESTIO. ibid.; PADOVANI, ibid.
[138] NICOLÁS DE LIRA, ibid.: «offerens scil. corpus suum cum precibus in cruce»; LUTERO, ibid.; TITELMANS, ibid.; LUIS DE TENA, ibid.; GIUSTINIANI, ibid.; ESTIO. 107-108; PICQUIGNY, ibid.
[139] ESTIO. 108; PADOVANI, ibid.
[140] ESTIO. 107; PADOVANI, 188.
[141] LUIS DE TENA, 216; ESTIO. 109; DRACH, ibid.

el salmo 22, integramente mesiánico, recitado por Cristo en la cruz, está contenida, además de la súplica por la resurrección, la confesión explícita del mismo Cristo de haber sido escuchado por Dios (v. 23-25).[142]

La expresión «con clamor poderoso» sólo se ajusta al acontecimiento del Calvario. Los evangelistas afirman explícitamente que Cristo en la cruz gritó con fuerza.[143] Al verse abandonado de Dios, se dirigió a él, a grandes voces (Mt 27,46: ἀνεβόησεν... φωνῇ μεγάλῃ; Mc 15,34: ἐβόησεν φωνῇ ... μεγάλῃ) con las palabras del Sal 22,2.[144] Y después, a punto de morir, dando de nuevo un fuerte grito (Mt 27,50: κράξας φωνῇ μεγάλῃ; Mc 15,37: ἀφείς φωνὴν μεγάλην; Lc 23,46: φωνήσας φωνῇ μεγάλῃ) entregó su espíritu en las manos del Padre y expiró.[145] En la oración de Cristo en la cruz, por sus enemigos, el evangelista no habla de «fuerte voz»: «Jesús decía (ἔλεγεν); Padre, perdónalos, porque no saben lo que hacen» (Lc 23,34). Pero «hay que creer firmemente —explica Lutero— que él ofreció... con todas las circunstancias de la más perfecta oración».[146]

Que Cristo haya llorado en la cruz no se encuentra consignado expresamente en el evangelio, pero puede tenerse por verosímil.[147] 1. Si el escritor sagrado lo asegura, es absolutamente cierto que así sucedió, y que al autor le constaba.[148] 2. Por este texto debe necesariamente colegirse. El autor une las lágrimas con el clamor poderoso. Ahora bien, en la cruz Cristo gritó con fuerte voz. No se puede, por tanto, dudar de que el autor con estas palabras quiso indicar que Jesús en la cruz también derramó lágrimas.[149] 3. «Muchas cosas hizo Jesús, que no fueron escritas» (Jn 21,25).[150] 4. Cristo asumió todas nuestras debilidades, fuera del pecado

---

[142] PADOVANI, 189.

[143] NICOLÁS DE LIRA, 844: (Quod autem moriens valide clamaverit dicunt evangelistae»; CAYETANO, ibid.: «In evangelio legitur in cruce Christum clamasse».

[144] ISHO'DAD DE MERV, 108; CALVINO, 62; LIMBORCH, 591; DINDORF, ibid.; KETTER, 40; COTTON, 644.

[145] ANÓNIMO DE SAINT-GALL, 429; TOMÁS DE AQUINO, *Ad Hebraeos*, 392; CATARINO, ibid.; SALMERÓN, 708-709; LUIS DE TENA, ibid.; SCHILLE, 102. Relacionan el «clamor poderoso» de que habla Hebreos, tanto al grito de angustia como al último grito, con el que Jesús expiró: ESTIO, 107; A. LAPIDE, 394; MARIANA, 863; MENOCHIO, 241; SCHLICHTING, 118; HAMMOND, ibid.; PICQUIGNY, ibid.; J. BRAUN, 291; KLEE, 113: «besonders das letzte»; LOMB, 95; DELITZSCH, 188; DRACH, 736; PÁNEK, 92; MOULTON, 300; PADOVANI, 188-189; FILLION, 569; UNGEHEUER, 128; CERFAUX, 55; LAUBACH, 115.

[146] LUTERO, *glosa marginal*, 22: «credendum est tamen firmiter ... omnibus prorsus perfectissime orationis circumstantiis eum obtulisse.

[147] NICOLÁS DE LIRA, ibid.; LUTERO, *glosa marginal*, ibid.; CAYETANO, ibid.; CATARINO. ibid.; LUIS DE TENA, ibid.; ESTIO, ibid.; MENOCHIO, ibid.; HAMMOND, ibid.; J. BRAUN, ibid.; DINDORF, ibid.; DRACH, ibid.; PADOVANI, 188.

[148] NICOLÁS DE LIRA: «Cum Apostolus dicat tunc ipsum lacrymatum fuisse, tenendum est tamquam certum»; LUIS DE TENA, ibid.; DRACH, ibid.

[149] HUGO DE SAN CARO, ibid.; MENOCHIO, ibid.; J. BRAUN, 291-292.

[150] NICOLÁS DE LIRA, ibid.

(2,17; 4,15). Según el curso normal de la naturaleza, es razonable que así como Jesús, en la cruz, tuvo sed por la sequedad de su cuerpo exhausto, así también entonces haya llorado, a causa de sus sufrimientos. Pues cada una de sus facultades naturales ejercía sus propias funciones. Sus lágrimas no eran signo de debilidad de la voluntad, sino, por una necesidad física, efecto del dolor. En los grandes males, apenas si pueden los hombres contener el llanto.[151] 5. Cristo, en efecto, lloró algunas veces: ante la tumba de Lázaro (Jn 11,35) y por la destrucción de la ciudad de Jerusalén (Lc 19,41). Es probable que también haya llorado en la cruz.[152] 6. ¡Qué tiene de extraño que Cristo haya llorado, cuando tan grandes motivos tenía para llorar! En la cruz, Cristo soportó el máximo dolor y manifestó el supremo amor. Allí lloró por la culpa del hombre, al ver que su pasión, suficiente para salvar a todos, sería ineficaz para muchos. Lloró por la redención del género humano. Lloró por la ingratitud y la condenación de todos los que se pierden. Lloró por la multitud de nuestros pecados, que nunca pueden ser suficientemente llorados. Si tanto padeció por los pecados de los hombres, ¿quién no cree fácilmente que esos pecados nuestros le hayan arrancado lágrimas?[153]

C. *Referencia a Getsemaní - Cruz*

Algunos intérpretes piensan que el verso 7 se refiere tanto a la oración de Jesús en Getsemaní, como a su muerte en la cruz (Efrén[154], Isho-'dad, Sedulio, Anón. St. Gall, Hugo de S. Caro, Tomás de Aquino, Calvino, Salmerón, Lapide, Mariana, Menochio, Gordon, Crell, Schlichting, Calmet, Owen, J. Braun, Limborch, Peirce, Rosenmüller, Klee, Lomb, Delitzsch, Moll, Pánek, Davidson, Moulton, Farrar, Ménégoz, Fillion, Haering, Harnack, Ungeheuer, Ketter, Cotton, Schille, Cerfaux, Laubach, Thurén).[155]

---

[151] CAYETANO, ibid.; ESTIO, ibid.; J. BRAUN, 292; DINDORF, ibid.; DRACH, ibid.; PÁNEK, ibid.; PADOVANI, ibid.

[152] HUGO DE SAN CARO, ibid.; TOMÁS DE AQUINO, ibid.; NICOLÁS DE LIRA, ibid.; CATARINO, ibid.; J. BRAUN, 291; DRACH, ibid.

[153] HUGO DE SAN CARO, ibid.: «Christus flevit in cruce quia cum sciret passionem suam omnibus esse sufficientem causam salutis, paucis tamen efficientem»; NICOLÁS DE LIRA, ibid.; DIONISIO EL CARTUJO, 490; LUIS DE TENA, ibid.; CATARINO, ibid.; J. BRAUN, 292.

[154] EFRÉN SIRIO (212-213) no es preciso. Para él, el tiempo de la oración fue la noche en que Cristo fue entregado: «perveniente nocte qua tradebatur» (1 Cor 11,23). No aclara si se trata de la oración en el huerto de Getsemaní o de la oración en el cenáculo, donde Cristo rogó al Padre por su gloria y por la santidad de los suyos (cf. Jn 17). Además, dice que Cristo ora «por sus verdugos»; se trataría entonces de la oración pronunciada sobre la cruz. Cf. TEODORICO, 101.

[155] ISHO'DAD DE MERV, 108: «Here, as I suppose, he arranges and weaves the prayer before the Passion and the cry of Eloi, Eloi!»; SEDULIO, PL 103, 258; ANÓNIMO DE SAINT-GALL, 429; HUGO DE SAN CARO, 248; TOMÁS DE AQUINO, 392; DIONISIO EL CARTUJO,

Las palabras iniciales «en los días de su carne» parecen favorecer esta interpretación. La determinación cronológica designa el tiempo de la debilidad de Cristo, principalmente en el que más apareció su debilidad, los días en que padeció, sobre todo en el huerto y en la cruz. Durante toda su vida en la tierra, Cristo estuvo sujeto a las debilidades de la naturaleza humana. Pero aquí el autor evoca propiamente el tiempo de la pasión, cuando Cristo fue verdaderamente «varón de dolores y sabedor de dolencias» (Is 53,3).[156] En este caso, el nombre ἡμέρα podría tener su sentido propio de «día», como medida de tiempo (24 horas), y el artículo determinado (ταῖς) designaría precisamente «aquellos días, sobre todo los dos en que padeció».[157]

En los evangelios sinópticos se hace expresa mención del «clamor poderoso», del gran grito repetido, lanzado por Cristo en la cruz, antes de morir.[158] Esta es la razón principal que hace pensar no sólo en la agonía de Getsemaní, sino además en la agonía del Calvario. La escena es la del gran acto final de obediencia del Hijo. El sacrificio de Jesús se inicia en Getsemaní y se consuma en el Gólgota. La agonía del huerto se renueva final y culminantemente en la cruz.[159]

En Getsemaní y el Calvario, el ejercicio de la piadosa devoción bajo la voluntad del Padre fue el mismo. Cristo fue escuchado «por la reverencia» que mostró al Padre, cuando dijo: «Pero no se haga mi voluntad, sino la tuya» (Lc 22,42 par.) y cuando exclamó: «Dios mío, Dios mío, por qué me has abandonado?» (Mt 27,46; Mc 15,34; Sal 22,2).[160]

D. *Aplicación más amplia*

Algunos comentadores dan a Hb 5,7 una aplicación más amplia (Escuela de Abelardo, Dionisio el Cartujo, Ecolampadio, Gagny, Flacio Ilírico, Cappel, T. Erhard, Bleek, J. Brown, Westcott, von Soden, Vaughan, Kübel, Milligan, Schlatter, Büchsel, Vosté, Javet, Spicq, Rissi,

---

490; CALVINO, 62; SALMERÓN, 708-709; A LAPIDE, 394; MARIANA. 863; MENOCHIO, 241; GORDON, 610; SCHLICHTING, 118; CALMET, 663; OWEN, 3, 57; J. BRAUN, 291-292; LIMBORCH, 591; PEIRCE, 220; ROSENMÜLLER, 203; KLEE, 113; LOMB, 95; DELITZSCH, 188; MOLL, 96; PÁNEK, 92; DAVIDSON, 112; MOULTON, 300; FARRAR, 75; MÉNÉGOZ, 78; FILLION, 569; HAERING, 31; VON HARNACK, 69. 72: «indirekt auch auf die Verlassenheit am Kreuz»; UNGEHEUER, 128; KETTER, 40; COTTON, 644; SCHILLE, 102: «Gethsemane und Golgota rücken im Hymnus ineinander»; CERFAUX, 55: «Elle confond volontairement les plaintes de l'agonie et le grand cri poussé par Jésus mourant»; LAUBACH, 105; THURÉN, *Gebet*, 141, n. 2.

[156] ISHO'DAD DE MERV, ibid.: «the time of His Passion»; SCHLICHTING, ibid.; LIMBORCH, 591; ROSENMÜLLER, ibid.; MOULTON, ibid.

[157] Cf. BENGEL, 919: «in diebus illis, duobus praecipue, quibus ... passus est».

[158] CALVINO, ibid.; SALMERÓN, ibid.; UNGEHEUER, ibid.

[159] DELITZSCH, ibid.; MOLL, ibid.; LAUBACH, ibid.

[160] SEDULIO, ibid.; ANÓNIMO DE SAINT-GALL, ibid.; PÁNEK, ibid.

Schierse, Friedrich).[161] Admiten la referencia a la agonía de Getsemaní y a la oración de Jesús en la cruz;[162] probablemente a toda la pasión del Señor, desde el Huerto de los Olivos hasta el Calvario;[163] pero no ven ninguna razón satisfactoria para restringir el pasaje a lo que tuvo lugar en la perspectiva inmediata de su muerte.

Piensan que el autor tiene en vista también otras oraciones y momentos de particular aflicción en la vida del Señor (Westcott, Kübel, Schlatter, Büchsel),[164] como:

— la oración después de la Ultima Cena (Jn 17), cuando dijo: «Padre, cuida en tu nombre a los que me has dado» (v. 11) y «no ruego sólo por éstos, sino también por aquellos que, por medio de su palabra, creerán en mí» (v. 20; Escuela de Abelardo, Dionisio el Cartujo, Flacio Ilírico);[165]

— el llanto por Lázaro (Jn 11,35) y por Jerusalén (Lc 19,41; Escuela de Abelardo, Westcott, Cappel, Milligan, Javet, Spicq);[166]

— o algún otro hecho semejante no narrado en los evangelios (Bleek);[167]

— Varios exégetas estiman incluso que Hb 5,7 recuerda toda la vida de Jesús en la tierra (Ecolampadio, Gagny, Flacio Ilírico, T. Erhard, Vosté, Schierse).[168] La frase caracteriza, de manera muy semejante a Flp 2,8, toda la vida de humillación y de sufrimiento del Hijo de Dios encarnado (J. Brown, von Soden, Spicq),[169] todo el doloroso camino sacerdotal de Jesús hasta su muerte (Rissi, Friedrich).[170]

---

[161] Escuela de ABELARDO, 727; DIONISIO EL CARTUJO, 490; ECOLAMPADIO, 52; GAGNY, 134; FLACIO ILÍRICO, 1132; CAPPEL, 1349; T. ERHARD, 289; BLEEK, 234; J. BROWN, 311-312; WESTCOTT, 126; VON SODEN, *Hebräer*, 46; VAUGHAN, 94-95; Kübel, 110; MIILIGAN, 108; SCHLATTER, 244; BÜCHSEL, *Die Christologie*, 31, n. 1; VOSTÉ, *Studia Paulina*, 115; JAVET, 49; SPICQ, *Hébreux*, 1, 101-102; RISSI, 41; SCHIERSE, *Hebräer*, 52, FRIEDRICH, *Das Lied*, 110.

[162] FLACIO ILÍRICO, ibid.; T. ERHARD, ibid.; BLEEK, ibid.; WESTCOTT, ibid.; MILLIGAN, ibid.; SCHLATTER, ibid.; JAVET, ibid.; SPICQ, *Hébreux*, 1, 102.

[163] BÜCHSEL, ibid.; JAVET, ibid.; SPICQ, ibid.

[164] WESTCOTT, ibid.; SCHLATTER, ibid.; BÜCHSEL, ibid.

[165] Escuela de ABELARDO, ibid.; DIONISIO EL CARTUJO, ibid.; FLACIO ILÍRICO, ibid. Por consiguiente, KLEE, 113, falsamente afirma: «En la llamada oración sacerdotal nadie ha pensado».

[166] Escuela de ABELARDO, ibid.; CAPPEL, ibid.; WESTCOTT, ibid.; MILLIGAN, ibid.: JAVET, ibid.; SPICQ, ibid.

[167] BLEEK, ibid.

[168] ECOLAMPADIO, ibid.; GAGNY, ibid.; FLACIO ILIRICO, ibid.; T. ERHARD, ibid.; VOSTE, ibid.; SCHIERSE, ibid.; «Die Olbergszene ... wird hier zum Symbol seins ganzen irdischen Lebens»..

[169] J. BROWN, 311; VON SODEN, ibid.; SPICQ, *Hébreux*, 1, 101-102.

[170] RISSI, ibid.; FRIEDRICH, ibid.

La determinación general de tiempo «en los días de su carne» corresponde muy bien a esta interpretación. Incluye más que las horas de la agonía de Getsemaní y del suplicio de la cruz.[171]

La fórmula designa la naturaleza humana de Cristo y el tiempo de su vida terrestre,[172] cuando estaba vestido de carne,[173] los días de su habitación carnal[174] en el tiempo en que vivió, como hombre, entre los mortales,[175] cuando era mortal.[176]

En la expresión «en los días de su carne» hay un hebraísmo. Ἡμέρα, especialmente en plural ἡμέραι, por influjo semítico del uso de יוֹם en el A T, suele emplearse en los LXX, en lugar de χρόνος ο καιρός, para indicar duración de vida (Gn 5,17; 18,11; 25,17; Sal 116,2: «Durante mi vida (ἐν ταῖς ἡμέραις μου, Züricher Bibel 629: «mein Leben lang») invocaré al Señor»; o como determinación cronológica relativa: «en los tiempos de», en hebreo בִּימֵי : 2 Re 23,29; 24,1. Igualmente en el N T, conforme al T H y a los LXX, ἡμέραι se usa con el significado de «tiempo de vida», como en nuestro texto y en 7,3, y como determinación cronológica general, «en tiempo de»: Mt 2,1. Este hebraísmo es característico de Lucas, particularmente en los dos primeros capítulos de su evangelio (1,7.18.23; 2,6.22.36.43; 4,25; 9,51; 17,26; Hch 5,37; 9,23; 21,26); constituye uno de los numerosos nexos estilísticos entre el tercer evangelista y el autor de la Epístola a los Hebreos.[177] La palabra σάρξ, en el N T, como en hebreo בָּשָׂר, denota todo lo que constituye la naturaleza humana y todo el curso de la vida del hombre. Mientras que el hombre vive en este mundo, la Escritura suele decir de él que vive en la carne: 2 Cor 10,3; Gál 2,20; Flp 1,22.24. Así habla también de Cristo, como de los demás hombres: Rom 1,3; 9,5; 1 Tim 3,16; 1 Jn 4,2.[178]

En la Epístola a los Hebreos, la frase, en su significado propio, se refiere, pues, de manera general a toda la vida de Cristo en la carne, antes de su resurrección y exaltación. Se entiende mejor, si el autor presupone una oración semejante de Jesús también en otras ocasiones.[179]

Las «oraciones y súplicas» no se deben limitar sólamente a las últimas horas. Ya los comentaristas latinos medievales interpretan el texto

---

[171] J. Brown, ibid.; von Soden, ibid.
[172] Dionisio el Cartujo, ibid.; Ecolampadio, ibid.; Gagny, ibid.; Bleek, 232; Vaughan, 92-93.
[173] Bleek, ibid.; cf. Efrén Sirio, 212: Peshitta, in loc.
[174] Vaughan, 93; cf. Eutimio, 373.
[175] Ecolampadio, ibid.
[176] Dionisio el Cartujo, ibid.; Ecolampadio, ibid.; Gagny, ibid.
[177] Vaughan, 92-93.
[178] Vaughan, 93.
[179] Kübel, ibid.; Rissi, 39.

tomando las palabras no en sentido propio sino «amplio».[180] El autor
llama «oraciones y súplicas» a la acción y vida de Cristo; «todo lo que hizo Cristo en la carne fueron oraciones y súplicas por los pecados del género humano», «totum vero quidquid egit Christus in carne, preces sunt
et supplicationes pró peccatis humani generis».[181] Toda la vida oró Cristo al Padre.[182] Por el evangelio sabemos que Jesús oraba a menudo; buscaba el silencio de la soledad o de la noche para orar (Mt 14,23; Mc 6,46;
Mc 1,35; Lc 5,16; 6,12). Frecuentemente pudo haber sucedido a Cristo lo
que aquí se atribuye. Cada noche de oración, referida por los evangelistas, pertenecía a la ofrenda de oración de que el autor habla en este pasaje.[183] Los plurales δεήσεις y ίκετηρίας hacen pensar en acontecimientos
que se repiten durante toda la vida terrestre de Jesús.[184]

Los teólogos declaran, con razón, que Cristo llevó la cruz interna-
mente; se ofreció desde el momento de su concepción hasta que exhaló su
espíritu. El autor de Hebreos había dicho que es propio del sacerdote
ofrecer sacrificio por sí y por otros (5,1.3). Esto fue hecho por Cristo durante su vida.[185]

La mención del «clamor poderoso» sugiere una amplia aplicación.
Los comentadores latinos medievales lo interpretan metafóricamente: «la
efusión de su sangre es clamor poderoso», «sancta vero sanguinis ejus ef-
fusio, clamor validus est».[186] Como la sangre de Abel clamó desde la tierra, para acusar el crimen fraterno (Gn 4,10), así la sangre de Cristo clama al Padre desde la tierra más fuertemente que la de Abel, para interceder por nosotros (Hb 12,24).[187] En la Escritura, se atribuye el clamor a
Cristo, cuando enseña (Jn 7,28.37; 12,44: ἔκραξεν),[188] y cuando ora en la
cruz (Mt 27,46.50; Mc 15,34.37; Lc 23,46).[189] Las «lágrimas» son mencionadas en otros pasajes de la vida del Señor: Jn 11,35; Lc 19,41.[190]

---

[180] PEDRO DE TARENTASIA, 196: «communiter».
[181] ALCUINO, PL 100, 1054; RÁBANO MAURO, PL 112, 744; CLAUDIO DE TURÍN, PL 134,
756; AIMON D'AUXERRE, PL 117, 856; GLOSA MARGINAL, PL 114, 652; HERVEO DE
BOURG-DIEU, Ad Hebraeos, PL 181, 1566; PEDRO LOMBARDO, PL 192, 437; PEDRO DE
TARENTASIA, ibid.
[182] HERVEO DE BOURG-DIEU, ibid.; GAGNY, ibid.; FLACIO ILÍRICO, ibid.; VOSTÉ, ibid.
[183] HERVEO DE BOURG-DIEU, ibid.; CAPPEL, ibid.; J. BROWN, 312; SCHLATTER, ibid.
[184] RISSI, ibid.
[185] ECOLAMPADIO, ibid.; T. ERHARD, ibid.
[186] ALCUINO, ibid.; RÁBANO MAURO, ibid.; CLAUDIO DE TURÍN, ibid.; LANFRANCO, PL
150, 386-387; GLOSA MARGINAL, ibid.; HERVEO DE BOURG-DIEU, Ad Hebraeos, PL 181,
1566-1567; PEDRO LOMBARDO, ibid.; PEDRO DE TARENTASIA, ibid.
[187] ALCUINO, ibid.; RÁBANO MAURO, ibid.; CLAUDIO DE TURÍN, ibid.; LANFRANCO, ibid.;
PEDRO DE TARENTASIA, ibid.
[188] CAPPEL, ibid.
[189] CAPPEL, ibid.; WESTCOTT, ibid.; MILLIGAN, ibid.; JAVET, ibid.; SPICQ, ibid.
[190] CAPPEL, ibid.; WESTCOTT, ibid.; MILLIGAN, ibid.; JAVET, ibid.; SPICQ, ibid.

Durante todo el conjunto de su estado de humillación, de Belén al Calvario, del pesebre al sepulcro, Cristo «aprendió, por lo que padeció, la obediencia». Toda su vida de humillación fue un gran acto continuo de obediencia a la voluntad de Dios.[191] La previsión del sufrimiento, que mucho tiempo antes de su Pasión estaba patente ante su alma, era ya sufrimiento, aprendizaje doloroso en la escuela de la obediencia.[192]

El fin general del pasaje, por último, lleva a extender el sentido de las palabras a varios momentos de oración y de prueba en la vida de Jesús.[193]

E. *Crítica de las opiniones anteriores, y nueva perspectiva:*
visión global de la pasión de Cristo, como oración sacerdotal intensa.

1. *Crítica de las opiniones anteriores.*

La referencia exclusivamente a Getsemaní suscita objeciones.[194]

1. Las dificultades que se refieren al objeto de la oración de Cristo y a su escucha serán discutidas más adelante.[195]

2. Gramaticalmente es posible que los participios aoristos προσενέγκας y εἰσακουσθείς expresen anterioridad, que las acciones descritas con estos verbos precedan al aprendizaje de la obediencia por el sufrimiento. Algunas veces el participio aoristo designa una acción anterior a la del verbo principal (p.ej. Jn 11,28: «Marta, dicho esto, fue — τοῦτο εἰποῦσα ἀπῆλθεν — a llamar a su hermana María»).

Sin embargo, esta interpretación no se impone de ninguna manera, porque el aoristo no expresa de suyo anterioridad respecto a otra acción pasada. En algunos casos indica simultaneidad (p.ej.: Mt 3,15: «Jesús le respondió» — ἀποκριθείς... εἶπεν; Mc 14,39: «Oró diciendo» — προσεύξατο εἰπών; Lc 15,23: «Comiendo celebremos una fiesta» — φαγόντες εὐφρανθῶμεν; Hb 2,10: «Conduciendo ... llevar a la perfección» — ἀγαγόντα ... τελειῶσαι; 6,13: «Haciendo la promesa, juró» — ἐπαγγειλάμενος... ὤμοσεν), y aun posterioridad (p.ej. Hch 25,13: «llegaron para saludar» — κατήντησαν ἀσπασάμενοι). No el tiempo ni la posición de los

---

[191] J. Brown, 310.
[192] Schlatter, ibid.
[193] Westcott, ibid.
[194] Cf. Luis de Tena, 216-217; Estio, 107. 109; Drach, 735; von Soden, *Hebräer*, 46; Padovani, 188; Windisch, 44; Büchsel, *Die Christologie,* 31-32, n. 1; Friedrich, *Das Lied,* 110; Rasco, 733; Vanhoye, *Textus de sacerdotio,* 113-114; F.F. Bruce, 100; Maurer, 279; Galizzi, 329; Kelly, 28; Attridge, 91, con n. 12; H. Braun, 140-141. – Los juicios de los autores que aparecen en las notas son la base sobre la cual hemos elaborado nuestro propio parecer, que queda expresado, a lo largo de nuestro estudio, en la crítica de las diversas opiniones y en la exposición de la solución adoptada.
[195] Cf. infra pp. 156-158; 204-205.

participios antes o después del verbo principal, sino el contexto y la realidad deciden en qué relación temporal está la acción designada por los participios con respecto a la del verbo principal.[196] En Hb 5,7-8, por el contexto parece claro que la relación temporal de los aoristos es más bien de simultaneidad. Προσενέγκας y εἰσακουσθείς designan circunstancias que coinciden temporalmente con el aoristo ἔμαθεν. La acción del verbo principal se efectúa en los actos señalados por las oraciones participiales. Los participios se traducen mejor por: «mientras ...», «cuando ...», «al ...». Son explicativos y confirmatorios. Al «ofrecer» y «ser escuchado» se realiza el «aprender la obediencia». La realidad histórica de la ardiente oración de Cristo es mencionada por el autor como prueba de que verdaderamente, aun en los más grandes sufrimiento, se sometió a Dios en la obediencia. El aprendizaje que resulta del sufrimiento se produce, no al término, sino en el curso mismo del sufrimiento.[197]

3. Del plural «oraciones y súplicas» no se sigue que haya que pensar precisamente en la «triple» oración del huerto.

4. Los evangelios mencionan el fuerte grito de Jesús en el momento de la muerte (Mt 27,46; Mc 15,34.37; Lc 23,46); hablan, en otros contextos, de que Jesús llora: después de la muerte de Lázaro (Jn 11,35) y sobre la ciudad de Jerusalén (Lc 19,41); en los relatos evangélicos de la agonía ciertamente se habla de la angustia de Jesús, de su tristeza hasta la muerte, pero nada se dice de «clamor poderoso» y de «lágrimas». «Clamor poderoso» podría entenderse del clamor interno. Algunas veces así habla la Escritura. Yahvéh dijo a Moisés: ¿Por qué sigues clamando a mí? (Ex 14,15), aunque no había precedido ninguna palabra. Pero, en nuestro caso, no hay por qué recurrir al mero clamor interior, cuando, en rigor y propiamente, κραυγή indica clamor externo. Ahora bien, no consta que Cristo haya gritado en la oración de Getsemaní. Una oración «más intensa» (Lc 22,44) no implica forzosamente gritos ni llanto.

5. Entre la descripción de Hebreos y la historia evangélica de la agonía del huerto las semejanzas verbales son muy débiles.

— El único contacto de terminología entre Hb 5,7 y los sinópticos es la raíz griega δυν-. El texto más cercano es Mc 14,36: παντα δυνατά σοι. Sin embargo, Hebreos usa un verbo en modo participial; Marcos y Mateo, un adjetivo. En Mt 26 la forma es hipotética: v. 39: εἰ δυνατόν; v. 42: εἰ οὐ δύναται. Lucas y Juan no tienen ninguna frase semejante.

---

[196] BLASS-DEBRUNNER-REHKOPF, 339: «Die Partizipia haben ursprünglich keine temporale Funktion, sondern bezeichnen nur die Aktionsart, Ihr zeitliches Verhältnis ergibt sich aus dem Zusammenhang». Cf. también ZERWICK, 261.
[197] THOLUCK, 248; EBRARD, 187; LÜNEMANN, 175-176; DELITZSCH, 189; MOLL, 95-96; VON SODEN, Hebräer, 44; «opfernd»; J. BROWN, 310; RIGGENBACH, Hebräer, 136; SPICQ, Hébreux, 1, 294, n. 1; GALIZZI, 234.

— Hb 5,7 tiene en común con Jn 12,27 el empleo del verbo σώζω, pero el modo y el tiempo utilizados son diversos: en Hebreos, σώζειν, en infinitivo presente; en Juan, σῶσον, en imperativo aoristo. Este verbo no aparece en el contexto sinóptico.

— Los evangelistas describen la tensión espiritual que acompaña la oración de Jesús, pero en términos notablemente diferentes: Mt λυπεῖσθαι καὶ ἀδημονεῖν; Mc ἐκθαμβεῖσθαι καὶ ἀδημονεῖν; Lc ἀγωνία; Jn τετάρακται. Ninguna de las descripciones evangélicas está reflejada en el lenguaje de Hebreos, que habla de κραυγή y δάκρυα. A diferencia de la narración evangélica, la breve frase de la epístola está saturada de términos clásicos en el A T para expresar la oración intensa del justo en la necesidad. La relación con la tradición evangélica de Getsemaní, en cuanto al vocabulario, no es, pues, muy estrecha.[198]

6. Los hechos narrados son semejantes. Pero el contexto narrativo de los relatos evangélicos es totalmente diferente del contexto teológico y doctrinal de Hb 5,7-8.[199]

No hay, pues, suficientes testimonios para deducir que el autor haya pensado exclusivamente en la escena de la agonía, y mucho menos, para suponer una dependencia directa respecto a la narración evangélica de Getsemaní.

* * *

La referencia exclusiva del texto a la oración en la cruz es considerada por algunos como «del todo desacertada» (Wette), «inadmisible» (Tholuck), «completamente excluida» (Weiss), «ciertamente inadecuada» (Friedrich).[200] Estas afirmaciones son demasiado severas; sin embargo, contra la alusión de nuestro pasaje exclusivamente a la cruz habla el texto.[201]

1. La expresión «en los días de su carne» no se debe reducir al acontecimiento particular de la cruz, un simple momento dentro del ámbito más amplio de la extrema debilidad de Cristo.

---

[198] Cf. Dodd, 70; Rasco, 730, n. 18; Vanhoye, ibid.; Galizzi, ibid.; Kelly, ibid.
[199] Cf. infra pp. 134-139; Rasco, 723-725; Vanhoye, Textus de sacerdotio, 114.
[200] Wette, 169: «ganz unpassend»; Tholuck, 248: «unzulässig»; B. Weiss, Hebräer, 137, n. 1: «ganz ausgeschlossen»; Friedrich, Das Lied, 110: «sicher nicht zutreffend».
[201] Cf. Wette, ibid.; Tholuck, ibid.; von Hofmann, Hebräer, 217; Lünemann, 176; Maier, 155; Zill, 224. 236; Keil, 133; B. Weiss, Hebräer, 137, n. 1; Seeberg, 54; Van Steenkiste, 532; Huyghe, 121-122; von Soden, Hebräer, 46; Riggenbach, Hebräer, 131; Windisch, 44; Graf, 106; Michel, Hebräer, 220; Lenski, 162-163; Cullmann, Die Christologie, 95; Friedrich, Das Lied, 110; Rasco, 730; Vanhoye, Textus de sacerdotio, 114.

2. Del «clamor poderoso» en el Calvario se habla con términos diversos:

Mt 27,46: ἀνεβόησεν ὁ Ἰησοῦς φωνῇ μεγάλῃ · ἠλί ἠλί
Mc 15,34: ἐβόησεν   ὁ Ἰησοῦς φωνῇ μεγάλῃ · ἐλωΐ ἐλωΐ
Mt 27,50: ὁ δὲ Ἰησοῦς πάλιν κράξας φωνῇ μεγαλη ἀφῆκεν τό πνεῦμα
Mc 15,37: ὁ δέ Ἰησοῦς   ἀφεὶς φωνὴν μεγάλην ἐξέπνευσεν
Lc 23,46:   καὶ φωνήσας φωνῇ μεγάλη
    ὁ Ἰησοῦς εἶπεν · πάτερ ... τοῦτο δὲ εἰπὼν ἐξέπνευσεν.[202]

3. Los relatos evangélicos nada dicen de las lágrimas de Cristo en la cruz.

* * *

Contra una aplicación amplia del texto surgen también objeciones.[203]

1. La fórmula «en los días de su carne» no indica duración temporal, sino condición. El autor suele usar expresiones similares para describir la vida terrena de Cristo: participar de sangre y carne (2,14), asemejarse en todo a sus hermanos (2,17). Aquí la frase ἐι ταῖς ἡμέραις τῆς σαρκὸς αὐτοῦ, como determinación cronológica del primer verbo principal: ἔμαθεν, corresponde a τελειωθείς, como determinación cronológica del segundo verbo principal: ἐγένετο. Ἐν ταῖς ἡμέραις τῆς σαρκὸς αὐτοῦ designa los días de la vida de Cristo en su condición carnal hasta su muerte. Es la determinación temporal más conveniente a ἔμαθεν. Con su exaltación, Cristo alcanza una situación de total perfección. Así «los días de su carne» están en contraste con el estado de perfección de que se habla en 5,9. Se distinguen dos etapas en la existencia corporal de Cristo: una «carnal», en la imperfección de su vida mortal; otra espiritual, en la gloria de su resurrección. La expresión «en los días de su carne» se refiere, pues, a la vida terrena de Cristo, sólo por oposición a su condición celeste actual, sin que tenga que significar necesariamente a todo lo largo de su vida.[204]

2. Del plural δεήσεις y ἱκετηρίας no se puede concluir que debe pensarse forzosamente en hechos repetidos durante toda la vida terrestre de Jesús. Puede significar simplemente repetidas veces en la misma ocasión, o ser intensivo.

---

[202] En el evangelio de Juan, (19,30), Cristo no grita sino habla (εἶπεν) y muere suavemente: inclina la cabeza (κλίνας τὴν κεφαλήν), como para dormir (cf. Mt 8.20; Lc 9.58), y entrega el espíritu (παρέδωκεν τὸ πνεῦμα).
[203] Cf. SCHILLE, 102; RASCO, 730, n. 1; LEONARDI, 177; GALIZZI, 227; KELLY, 20-21.
[204] Cf. EBRARD, 183-184; LÜNEMANN, 174; MOLL, 95; HUYGHE, 119; CERFAUX, 55; RASCO, ibid.; KELLY, ibid.

3. Igualmente el participio aoristo προσενέγκας no se debe referir por fuerza a hechos realizados durante la vida entera de Jesús. Puede indicar un solo acto histórico en el pasado o un conjunto de actos concebido por el autor como un todo.

4. El «clamor poderoso» y las «lágrimas» revelan una situación de particular angustia.

2. *Nueva perspectiva: visión global de la pasión de Cristo, como oración sacerdotal intensa.*

Nuestro texto ha causado dificultad a los intérpretes, principalmente porque ha sido considerado sólo como una alusión a la agonía de Jesús en Getsemaní o a su muerte en la cruz. Pero el autor no parece restringir su perspectiva exclusivamente a un hecho particular. Más bien quiere evocar, de manera general, toda la pasión de Cristo. Así piensan Lyonnet, Rasco, Hillmann, Vanhoye, Galizzi, Kelly,[205] a quienes nos adherimos plenamente, no sólo por las razones mencionadas en la refutación de las anteriores opiniones, sino también por los argumentos que exponemos enseguida.

Los rasgos contenidos en el pasaje indican con suficiente claridad que el autor se refiere a la pasión de Jesús. Describe una situación dramática de angustia extrema, provocada por la muerte amenazadora.

1. La expresión «en los días de su carne» designa no simplemente la naturaleza humana, sino la «condición» humana, carnal de Cristo, igual a la de los demás hombres. Indica el tiempo de su pasibilidad, en el que fue tentado y estuvo sujeto al sufrimiento; de su debilidad, de la que estuvo «rodeado» (cf 5,2), como nosotros, cuando vivió en la tierra, cuando llevaba carne semejante a la carne de pecado (Rom 8,3), pero no pecadora;[206] de su fragilidad, corruptibilidad, caducidad; de su mortalidad; de su aniquilamiento y humillación, cuando se hizo menor que los ángeles (2,7-9), semejante a nosotros en todo fuera del pecado (2,17; 4,15), en forma de siervo, obediente al Padre hasta la muerte de cruz (Flp 2,7-8).

La locución «en los días de su carne» tiene ciertamente impronta semítica; el influjo del hebreo, a través de los LXX, es evidente. Ἡμέραι se usa frecuentemente en el AT para indicar el tiempo de la vida de un hombre: Gn 6,3.5; 9,29; 10,25; 35,28; Dt 30,20. También en el NT αἱ ἡμέραι se emplea, a la manera hebrea, en sentido general de tiempo (χρόνος): Hb 10,32; 12,10; y de tiempo de vida: Hb 7,3. La expresión «en los días de» es frecuente entre los cristianos judíos helenísticos: Mt 23,30; Lc 4,25; Hch 5,37; Ap 2,13.

---

[205] Lyonnet, *Expiation*, 899; Hillmann, *Hebräer*, 54; *Der Hohepriester*, 161; Rasco, 733; Vanhoye, *Textus de sacerdotio*, 114; *Prêtres anciens*, 146; Galizzi, 226-227; 234-236; Kelly, 20; cf. también Romaniuk, 138; F. F. Bruce, 100.

[206] Tomás de Aquino, *Ad Hebraeos*, 391; Nicolás de Lira, 843.

Σάρξ en su sentido primitivo, designa, propiamente, la materia corporal, esa mole de cuerpo animal, que consta de huesos y músculos, venas y arterias, nervios, piel y otros elementos de este género, y que se opone a espíritu (Lc 24,39).

Se usa también σάρξ, algunas veces, al modo hebreo, para denotar la naturaleza humana. Por la figura sinécdoque, se toma la parte por el todo. «Toda carne» equivale a «todo hombre». «Vivir en la carne» (Gál 2,20), «permanecer en la carne» (Flp 1,24) se entiende de toda la vida del hombre en esta tierra. En este sentido se usa «carne», acerca de Cristo, en el texto clásico sobre la encarnación: «Y el Verbo se hizo carne» (Jn 1,14), e.d. hombre. Y en otros pasajes: Hch 2,31; Rom 1,3; 1 Tim 3,16; 1 Pe 3,18; 4,1; 1 Jn 4,2; 2 Jn 7. Así se expresa también el autor de la Epístola a los Hebreos. En 2,14 «sangre y carne» significa «la naturaleza humana». La fórmula «en los días de su carne» en 5,7 se puede entender, por tanto, como una descripción de la existencia histórica de Cristo. De esta manera expresa el autor su fe en el misterio de la encarnación.

Pero la palabra «carne» (בָּשָׂר, σάρξ) en la Escritura, suele designar la naturaleza humana con la idea añadida de fragilidad y sujeción a la muerte. Recalca la debilidad de la condición humana y la pequeñez del hombre frente a Dios. Así se entiende frecuentemente este término en el AT.:

Gn 6,3: «No permanecerá para siempre mi espíritu en el hombre, porque no es más que carne»;

Is 31,3: «El egipcio es un hombre, no un dios, sus caballos son carne y no espíritu; 40,6: «Toda carne es hierba, y todo su esplendor como flor del campo. La flor se marchita, se seca la hierba ...»;

Jr 17,5: «Maldito quien confía en el hombre, y busca apoyo en la carne»;

Sal 56,5: «¿Qué puede hacerme un ser de carne?»; 65,3: «Hasta ti toda carne viene»; 78,39: «Se acordaba de que ellos eran carne, un soplo que se va y no vuelve», e.d., criaturas pobres, débiles, mortales;

Sir 14,17: «Toda carne como un vestido envejece»; v. 18: «Como crecen las hojas en un árbol frondoso, una se marchita, la siguiente brota; así las generaciones de carne y sangre: una muere y otra nace».

Σάρξ, en el sentido de naturaleza humana, en cuanto pasible y mortal, es de uso corriente en el NT. Con este vocablo los escritores neotestamentarios indican la frágil condición de vida, la debilidad y mortalidad del cuerpo, las miserias de todo género, con que son afligidos los hombres en esta vida.

En este sentido se entiende «carne» en Mt 26,41 = Mc 14,38: «El espíritu está pronto, pero la carne es débil: ἡ δὲ σάρξ ἀσθενής», e.d., sujeta a enfermedad, muerte, corrupción; en las fórmulas «caminar en la carne»:

2 Cor 10,3 (περιπατεῖν), «vivir en la carne»: Gál 2,20; Flp 1,22 (ζῆν); 1 Pe 4,2 (βιοῦν), «permanecer en la carne»: Flp 1,24 (ἐπιμενεῖν). Además, en Jn 1,13; 3,6; Rom 6,19 (διὰ τὴν ἀσθένειαν τῆς σαρκός); 2 Cor 4,11 (ἐν τῇ θνητῇ σαρκὶ ἡμῶν); 7,5; 12,7; Gál 4,13 (δι᾽ ἀσθένειαν τῆς σαρκός). 14. Las expresiones «toda carne» (Mt 24,22; Lc 3,6; Jn 17,2; Hch 2,17; Rom 3,20; 1 Cor 1,29; Gál 2,16; 1 Pe 1,24; cf Is 40,6; Sal 65,3; Sir 14,17) y «carne y sangre» (Mt 16,17; 1 Cor 15,50; Gál 1,16; Ef 6,12; Hb 2,14; cf. Sir 14,18 LXX; Gn R, 1,2 b.d.) designan al hombre, subrayando el aspecto material, limitado, de su naturaleza, por oposición al mundo de los espíritus.

«Carne», cuando se atribuye a Cristo, denota también las debilidades de esta vida: Jn 1,14: «El Verbo se hizo carne» (e.d., hombre, en su condición débil y mortal); Rom 8,3: «Dios, habiendo enviado a su propio Hijo en una carne semejante a la del pecado, ἐν ὁμοιώματι σαρκὸς ἁμαρτίας»; 1 Tim 3,16: «Fue manifestado en la carne»; 1 Jn 4,2; 2 Jn 7: «Venido en carne» (mortal).

Las frases del NT, en las que se designa la muerte de Cristo, como Jn 6,51: dar su «carne por la vida del mundo»; Ef 2,15: «anulando en su carne la Ley de los mandamientos», «por medio de la cruz» (v. 16); Col 1,22: «os ha reconciliado ahora, por medio de la muerte en su cuerpo de carne»; 4,1: «padeció en la carne», llevan a entender «los días de su carne» de la vida débil y frágil de los mortales que Cristo vivió en la tierra. Cristo no pudo aprender por el sufrimiento ni ser víctima ofrecida en sacrificio sino sólo desde el momento en que estuvo en posesión de la naturaleza humana pasible.

En la Epístola a los Hebreos, σάρξ, en los tres empleos en que se refiere a Cristo, tiene esta misma significación.[207] En 2,14, la frase «de sangre y carne... participó» designa la naturaleza humana, en cuanto débil, mortal, corruptible. Con estas palabras el autor demuestra la realidad de la encarnación: Cristo se hizo hombre, sujeto a las mismas debilidades que los demás hombres. En 10,20, la expresión «a través del velo, es decir, de su sangre», probablemente alude a la pasión. Para abrir el camino, Cristo tuvo que pasar por su carne, e.d., su carne tuvo que ser lacerada con el suplicio de la muerte.[208]

---

[207] De otra manera piensa SCHWEIZER, σάρξ, 142-143, para quien el término σάρξ designa simplemente la esfera terrestre.

[208] KÄSEMANN (146-147) descubre aquí una concepción gnóstica. La carne, exponente de la materia, como perteneciente a la región terrestre, es un obstáculo en el camino hacia Dios. El cuerpo terrestre de Cristo es el velo que obstaculiza el acceso al santuario celeste. Su destrucción permite a Cristo el retorno al Padre e inaugura el camino nuevo y vivo para los suyos. Esta explicación es, sin embargo, infundada. Pues el autor no evoca la mera destrucción de la carne; en 10,10 atribuye una función positiva al cuerpo ofrecido a Dios; está muy lejos de una concepción gnóstica, dualística.

Así también, en 5,7, las palabras «en los días» indican el tiempo de la vida de Cristo y sugieren que esta vida no cubre más que un tiempo limitado, que no puede ser designado sino sólo con este nombre: «días». El término ἡμέραι va acompañado además del genitivo τῆς σαρκὸς αὐτοῦ, que enfatiza la plena humanidad de Cristo y destaca cómo él fue un hombre, igual que nosotros. Toda la expresión —ἅπαξ bíblico— es, pues, una solemne designación de la situación terrestre de Cristo en la debilidad de su carne no glorificada. La pasión de Cristo es el tiempo al cual se aplica más adecuadamente el sentido genuino de esta fórmula de Hebreos.

2. Cristo dirige su oración «al que puede salvarlo de la muerte». Es la oración de uno para quien la muerte es inminente.

3. «Clamor poderoso y lágrimas» muestran la reacción vehemente de un hombre cuya existencia toda está en peligro. Κραυγὴ ἰσχυρά expresa la angustia de un alma afligida; es el clamor de quien va a morir. Δάκρυα ocurre en los LXX 35x; en el NT, 11x; en Hb únicamente en 5,7 y en 12,17, donde también se trata de súplicas; denota siempre hondo sufrimiento. Los términos utilizados son clásicos en el AT para expresar la oración intensa del justo en la necesidad, sobre todo frente a la cercanía de la muerte. Cf. para κραυγή: Ex 3,7.9; 3 Mac 1,16; 3 Esd 5,60 (LXX 1 Esd); Is 30,11; Jon 2,3; Sal 5,2; 9,13; 18,7; 102,2; Job 34,28; para δάκρυα 2 Re 20,5; 2 Mac 11,6; 3 Mac 1,16; 5,7; 6,14; Is 38,5; Bar 2,18; Mal 2,13; Sal 6,7; 39,13; 42,4; 56,9.14; 116,8.

4. El verbo προσενέγκας indica, en el contexto, un acto sacerdotal. Hay un paralelismo intencional entre la ofrenda de dones y sacrificios hecha por el sumo sacerdote en 5,1 y la ofrenda de oración y súplica realizada por Cristo en 5,7. El autor quiere representar toda la pasión de Cristo bajo la luz de una oración y una ofrenda sacerdotales. El acontecimiento dramático, en el que toda la existencia de Jesús se halla en peligro extremo, es asumido en oración y por la oración transformado en verdadero sacrificio, acepto a Dios.

Oraciones y súplicas, clamor poderoso y lágrimas, ofrenda, no tienen como objeto recordar un episodio histórico preciso, sino expresar la extraordinaria tensión de la oración de Cristo. El autor utiliza ciertamente las alusiones a los acontecimientos de Getsemaní y del Calvario, pero los sobrepasa. Interpreta teológicamente la pasión entera como una oración sacerdotal intensa que constituye una ofrenda (v. 7) y que se identifica con el acto supremo de obediencia (v. 8) y de amor, que lo hizo sacerdote «perfecto» y «causa de salvación eterna para todos los que lo obedecen» (v. 9).

5. Igualmente, en 5,8, el verbo ἔπαθεν difícilmente hace pensar en un período de la vida terrena de Jesús, fuera del ámbito de la pasión. En la

Epístola a los Hebreos, πάσχω siempre se refiere a la pasión de Cristo.[209] El uso lingüístico observado en Mc 9,12 par; Lc 9,22 par; 17,25; 22,15; 24,26.46; Hch 1,3; 3,18; 17,3, donde παθεῖν designa los sufrimientos de Cristo en los últimos días de su vida terrestre, es mantenido en el NT, en relación a la pasión de Cristo, sólo en Hb y 1 Pe 2,21.23; 3,18 v. l.; 4,1. En la Epístola a los Hebreos el término ocurre únicamente en 2,18; 9,26; 13,12 y en nuestra pasaje. En 2,18 πάσχω se refiere a la pasión: en ella Jesús «padeció, al ser puesto en prueba», πέπονθεν πειρασθείς. Así se deduce de 2,9, donde se dice: «haber padecido la muerte», πάθημα θανάτου, expresión equivalente a «gustó la muerte», γεύσηται θανάτου. En 9,26 y 13,12, el contexto asegura la referencia de πάσχω a la pasión de Jesús: διὰ τῆς θυσίας αὐτοῦ (9,26); ἅπαξ ἀποθανεῖν (9,27); διὰ τοῦ ἰδίου αἵματος, ἔξω τῆς πύλης (13,12). Y en 5,8, a favor de la referencia de ἔπαθεν a la pasión, está el hecho de que ὑπακοή designa, como en Flp 2,8 y Rom 5,19, la obediencia de la pasión y muerte de Cristo. En Hb 5,9 el autor habla del perfeccionamiento de Cristo. Ahora bien, Cristo fue perfeccionado por haber padecido la muerte (2,9-10).

Conclusión

Teniendo en cuenta todas estas consideraciones, podemos razonablemente concluir que el autor no se refiere en nuestro pasaje exclusivamente a Getsemaní o a la cruz ni quiere abarcar toda la vida de Jesús, sino contempla la pasión de Cristo desde un punto de vista particular. Describe este misterio de dos maneras diferentes pero complementarias: en el v. 7, como una plegaria escuchada; en el v. 8, como una obediencia dolorosa.

II. Origen de la formulación

Enfrentamos ahora la segunda cuestión: el problema de la historia de las tradiciones. ¿De dónde proceden los rasgos característicos de la descripción que hace Hb 5,7 de la dolorosa oración de Cristo? Los intentos de interpretación han sido muchos.

A. Tradición evangélica

La interpretación más común, sobre todo en la antigüedad, supone una directa dependencia de la tradición evangélica. Ve contenidos, explícita o implícitamente, cada uno de los elementos de la descripción de Hebreos en la narración de los evangelistas.

---

[209] W. MICHAELIS, πάσχω, 910, n. 55; cf. infra, p. 285.

1. En primer lugar, los que entienden el hecho como una evocación de la escena de Getsemaní. «Oraciones y súplicas al que podía salvarlo de la muerte» equivale a la oración que Jesús hizo en su angustia ante la muerte: Mt 26,37-38; Mc 14,33-34; cf. Jn 12,27; de rodillas, rostro en tierra: Mt 26,39; Mc 14,35; Lc 22,41; cuando dijo «Padre mío, si es posible, aparta de mí este cáliz»: Mt 26,39; Mc 14,35; Lc 22,42; cf. Jn 12,27: «sálvame de esta hora»; oración repetida: Mt 26,42.44; Mc 14,39.41; e instante: Lc 22,44. «Clamor poderoso y lágrimas» corresponde a la fuerte conmoción interior: Mt 26,37-38; Mc 14,33-34; cf. Jn 12,27; que induce a Cristo a orar postrado en tierra: Mt 26,39; Mc 14,35; Lc 22,41; y a la súplica repetida: Mt 26,39.42.44; Mc 14,35-36.39.41; es insinuada también por Lc 22,44, en la agonía, en la oración insistente y en el sudor de sangre. «Escuchado»: Lc 22,43; cf. Jn 12,28. Ἀπὸ τῆς εὐλαβείας, con el sentido de «a causa de su piedad» tiene su equivalente en «Pero no sea como yo quiero, sino como quieras tú»: Mt 26,39; Mc 14,36; Lc 22,42; cf. Jn 12,28: «Padre, glorifica tu Nombre».

2. Igualmente los que refieren el pasaje a la muerte de Jesús en la cruz. «Oraciones y súplicas» por otros: Lc 23,34: «Padre, perdónalos, porque no saben lo que hacen»; y por sí mismo, «al que puede salvarlo de la muerte»: Mt 27,46; Mc 15,34: «Dios mío, Dios mío, ¿por qué me has abandonado?»; Lc 27,46: «Padre, en tus manos encomiendo mi espíritu». «Con clamor poderoso»: Mt 27,46.50; Mc 15,34.37; Lc 23,46. Εὐλάβεια, entendida como «temor de Dios» corresponde a la reverencia mostrada al Padre, cuando dijo: «Dios mío, Dios mío, ¿por qué me has abandonado?» según Mt 27,46; Mc 15,34 (cf Sal 22,2).

3. También los que dan al texto una aplicación más amplia. «Oraciones y súplicas»: en los evangelios se lee que Cristo oró frecuentemente: Mt 14,23 par.; Mc 1,35; Jn 17; sobre todo Lc 3,21; 5,16; 6,12; 9,16.18.28-29; 10,21-22; 22,19.39-46; 23,32.34.46. «Clamor poderoso», cuando enseña: Jn 7,28.37; 12,44 (ἔκραξεν), y cuando ora en la cruz: Mt 27,46.50; Mc 15,34.37; Lc 23,46. «Lágrimas» por la muerte de Lázaro: Jn 11,35; y por Jerusalén: Lc 19,41.

* * *

Pero muchos, con razón, opinan, como ya lo hacían Orígenes y Crisóstomo, que estos testimonios evangélicos no son suficientes para explicar la formulación de Hebreos. En la tradición sinóptica de Getsemaní y en el pasaje paralelo de Juan no consta que Jesús haya gritado y llorado. Y en los relatos de su muerte en la cruz no se habla de κραυγὴ ἰσχυρά ni de lágrimas. Se ha tenido, por tanto, que dar otras explicaciones.

B. *Interpretación del autor de Hebreos*

Juan Crisóstomo mismo abre el camino a una interpretación, cuando comenta: «Ὁρᾷς ὅτι συγκατάβασις ἦν; ¿Ves cómo esto fue condescendencia (e.d., adaptación del autor a la mentalidad de los lectores)? Pues no le bastó decir que oró, sino también con clamor poderoso»,[210] a fin de subrayar que Dios verdaderamente se hizo carne.

1. *Fundada en el relato evangélico*

Algunos piensan que «clamor poderoso y lágrimas» son un retoque final del autor de Hebreos a la historia evangélica (Delitzsch, Zill, Davidson, Schaefer, Dods, Harnack, Bonsirven, Spicq, Kuss).[211] Tales rasgos están implicados en los relatos evangélicos; el autor puede, por tanto, representar así la conmoción del Señor. Reflexiona sobre la narración de los evangelistas y la comenta. Las fuertes expresiones que utiliza constituyen una ilustración e interpretación del acontecimiento hecha por el escritor sagrado, fundado en una vívida y exacta representación de las circunstancias.

Este retoque del autor de Hebreos tiene la misma relación a la historia evangélica que la ojeada retrospectiva de Oseas a la lucha de Jacob en Yabboq. En Os 12,5 se dice que Jacob «lloró y suplicó» (בָּכָה וַיִּתְחַנֶּן־לוֹ; LXX ἔκλαυσαν, καὶ ἐδεήθησάν μου) en su lucha contra el Señor. Pero en la narración de Gn 22,24-28, que el profeta indudablemente tiene a la vista, no se hace mención explícita de las lágrimas. La precisión insertada sirve para mostrar más enfáticamente el ardor de la oración.[212]

2. *Basada en la tradición*

La elaboración puede también estar basada en la tradición. Procede de la manera como el autor se imaginó el hecho en base a la tradición oral (Delitzsch, Moll, B. Weiss).[213]

3. *Libre configuración de la historia*

Para otros se trata de una libre configuración de la historia (Ebrard, Tholuck, v. Soden, Moffatt, Montefiore).[214] El autor pinta la escena por

---

[210] PG 63, 69.

[211] DELITZSCH, 188; ZILL, 225; DAVISDON, 112; SCHAEFER, 149-150; DODS, 288; VON HARNACK, 69; BONSIRVEN, 269; SPICQ, *Hébreux*, 1, 101; 2, 113; KUSS, 74.

[212] BÖHME, 230; BLEEK, 235; DELITZSCH, ibid.; MOLL, 96; KAY, 52; DAVIDSON, ibid.; WESCOTT, 126; PEAKE, 134; MOFFATT, 65; SPICQ, *Hébreux*, 1, 101; BOMAN, 230.

[213] DELITZSCH, ibid.; MOLL, ibid.; B. WEISS, *Hebräer*, 137.

[214] EBRARD, 184; THOLUCK, 248; VON SODEN, *Hebräer*, 46; MOFFATT, ibid.; MONTEFIORE, 98.

sí mismo, añade rasgos para representar, en la forma más aguda, el estado de humillación de Cristo, y darle más colorido. «Clamor poderoso y lágrimas» son expresiones retóricas-hiperbólicas, descriptivas de la intensidad de la lucha interior; toque patético debido a la propia imaginación del autor; detalles añadidos por él, para ensombrecer el cuadro del sufrimiento de Cristo.

C. *Tradición especial*

Desde antiguo (como parece suponer Juan Crisóstomo [215] y como expresamente declara Isho'dad de Merv),[216] pero sobre todo en los tiempos modernos se ha hablado mucho de que probablemente el autor siguió una fuente especial (Tena, Giustiniani, Calmet, Tholuck, Lünemann, Maier, Davidson, B. Weiss, Ménégoz, Huyghe, Peake, Riggenbach, Windisch, Graf, Harnack, Dibelius, Robinson, Keulenaer, Michel, Médebielle, Javet, Lenski, Teodorico, Spicq, Purdy, Rissi, Cerfaux, Rasco, Grässer, Leonardi, Montefiore, Maurer, Kelly, Feuillet).[217] Se basó en otra antigua forma de tradición acerca de Cristo, independiente, parcialmente diferente, pero no opuesta, sino conplementaria y paralela a la que quedó consignada en nuestros cuatro evangelios canónicos. En ella encontró el autor los detalles particulares de su descripción. Esta tradición pudo ser oral o escrita.[218] Los rasgos no registrados en los evangelios pudieron muy bien haber sido transmitidos por los testigos y conservados por la tradición oral, debidos a la palabra viva «de los que escucharon» (Hb 2,3).[219]

Esta opinión no es absurda en modo alguno. Es absolutamente posible. En la Iglesia primitiva la tradición evangélica se caracterizó por su flexibilidad. Nuestro pasaje puede señalar el estado fluido de la tradición acerca de Jesús, antes de quedar cristalizado en los evangelios canónicos. La fecha de la composición de la Epístola a los Hebreos es discutida. No podemos, por tanto, conocer con certeza si alguno de nuestros evangelios

---

[215] PG 63, 69.

[216] Isho'dad de Merv, 108.

[217] Luis de Tena, 217; Giustiniani, 679; Calmet, 663; Tholuck, 248; Lünemann, 175; Maier, 155; Davidson, 112; B. Weiss, *Hebräer*, 137; Ménégoz, 78; Huyghe, 121; Peake, 134; Riggenbach, *Hebräer*, 131; Windisch (expresa dudas), 26-27. 44; Graf, 106; von Harnack, 69; M. Dibelius, *Der himmlische Kultus*, 172; Robinson, 64; Keulenaer, 404; Michel, *Hebräer*, 224; Médebielle, 311; Javet, 49; Lenski, 162; Teodorico, 101; Spicq, *Hébreux*, 1, 102; 2, 113; Purdy, 643; Rissi, 38; Cerfaux, 55; Rasco, 729; Grässer, *Der historische Jesus*, 77; *Der Hebräerbrief*, 189; Leonardi, 177-179; Montefiore, 97-98; Maurer, 278; Kelly, 23. 25; Feuillet, 179.

[218] Lünemann, ibid.; Purdy, ibid.; Spicq, ibid.

[219] Tholuck, ibid.; Davidson, ibid.; B. Weiss, ibid.; Huyghe, ibid.; Riggenbach, ibid.; Graf, ibid.; Médebielle, ibid.; Teodorico, ibid.; Lenski, ibid.; Rasco, ibid.; Feuillet, ibid.

en su forma actual estuvo en las manos del autor de Hebreos.[220] Pero seguramente se había formado ya una tradición, que circulaba en la Iglesia primitiva, sobre varios hechos históricos de la vida de Jesús; existían algunos documentos literarios, fragmentos anónimos, populares, y aún un cuerpo de tradición cristiana, con variantes según los diversos lugares, que nuestro autor pudo muy bien haber utilizado. Nuestros evangelios encarnan sólamente la tradición evangélica autorizada y canónica. Por otra parte, los relatos no son exactamente paralelos; Lc 22,43-44 contiene datos excepcionales ignorados por Mt y Mc, y Epifanio[221] nos informa que en algunas recensiones del texto lucano se mencionaban las lágrimas de Jesús.[222]

Sin embargo, nuestras posibilidades de conocer otras tradiciones son muy limitadas. No es posible, por tanto, saber con seguridad si el autor de Hebreos, para su descripción, se sirvió de una tradición independiente de los evangelios canónicos.[223]

D. *Revelación divina*

No faltan quienes piensan que el autor conoció las particularidades del acontecimiento por revelación divina. Isho 'dad de Merv se pregunta: «¿Por qué, si ninguno de los evangelistas declaró que nuestro salvador y Dios oró con fuerte voz en el tiempo de su Pasión, sin embargo, el Apóstol dice que El ofreció con clamor poderoso, etc.?» y responde: «El Apóstol no dice nada que no haya sucedido; tal vez recibió esto de los Discípulos por tradición, o por revelación».[224] De la misma manera interpretan Tena,[225] Calmet,[226] Schaefer. El cuadro del Cristo sufriente —observa este último exégeta— es trazado en forma tan viva que hay que atribuirlo a quien lo ha contemplado personalmente. «Lo que Pablo dice de su permanencia en Arabia y de su trato con el Señor (Gál 1,15-18) ofrece una satisfactoria base de explicación».[227]

---

[220] Sobre la fecha de la redacción de Hebreos las opiniones de los autores son muy divergentes. Algunos, atentos a ciertas formas de aspecto arcaico, proponen una fecha precoz: entre 52 y 54 d.C. (cf. MONTEFIORE, 28). Un buen número señala una época tardía: entre 80 y 96 d.C., bajo Domiciano, antes de la composición de 1 Clem (cf. HOLLMANN, 444-445; Strathmann, 72; W. MICHAELIS, Einleitung, 278). Por la manera como el autor de Hebreos habla del culto judío (9,9.25; 10,1-3.11), otros se pronuncian por una fecha anterior a la destrucción del templo de Jerusalén. La cristología desarrollada de Hebreos y el hecho de que los destinatarios pertenecen a la segunda generación cristiana (2,3; 10,7) sugieren que la Epístola a los Hebreos fue redactada poco antes del año 70 d.C. (Cf. WESTCOTT, XLII-XLIII; Riggenbach, XLVII-XLVIII; SPICQ, 1, 254). Esta posición parece la más razonable..

[221] EPIFANIO, *Ancoratus*, 31; PG 43, 73.
[222] Cf. ROBINSON, 60-61; LINTON, 179; SPICQ, *Hébreux*, 1, 102; 2, 113; PURDY, ibid.
[223] BONSIRVEN, 269; LINTON, ibid.; CULLMANN, *Die Christologie*, 96.
[224] ISHO'AD DE MERV, 108.
[225] LUIS DE TENA, 217.
[226] CALMET, 663.
[227] SCHAEFER, 150.

E. *Tradición veterotestamentaria*

Las particularidades de lenguaje y contenido que ofrece Hb 5,7, al pintarnos a Cristo como hombre, sufriendo mortales angustias y en oración ante Dios, ¿no podrían tener su origen en el Antiguo Testamento? Esta explicación es plausible y parece la más natural. El NT vio cumplidas en la vida, pasión, muerte y resurrección de Cristo, las profecías del AT. Muchos detalles, especialmente de la historia de la pasión, fueron interpretados bajo esta óptica. Es conocida la preocupación de Hebreos por interpretar los hechos del NT en base a su prefiguración en el AT. Pero, ¿a qué textos veterotestamentarios se refiere el autor?

1. *Salmos*

Si existe algún libro del AT en el que se pueda pensar de manera especial como fuente de las características de Hb 5,7, este es el Libro de los Salmos. El salterio influyó profundamente en el pensamiento cristiano primitivo, en la tradición oral y escrita de la vida de Jesús. Los primeros cristianos leyeron e interpretaron los salmos, pensando en Cristo. El carácter profético del AT y la esperanza mesiánica que vieron realizada en Cristo, jugaron un papel decisivo en su exégesis. Un buen ejemplo es Hch 2,25-31, donde es citado el Sal 16,8-11: «... no abandonarás mi alma en el Hades ni permitirás que tu santo experimente la corrupción...» y comentado así: «David murió y fue sepultado y su tumba permanece entre nosotros hasta el presente... vio a lo lejos y habló de la resurrección de Cristo, que ni fue abandonado en el Hades ni su carne experimentó la corrupción» (v. 29.31). Los salmos del justo paciente fueron aceptados como descripción profética de los sufrimientos de Cristo. Su lenguaje entró a formar parte del relato de la pasión, probablemente en el estadio más primitivo de la tradición oral y puede reconocerse todavía en los evangelios. La historia de la pasión está marcada con citas de los salmos entendidos como profecía.

La investigación moderna del NT reconoce generalmente que en Hb 5,7 se debe contar con el influjo de los salmos. Este hecho nada tiene de extraño en un magnífico conocedor de los salmos, como es el autor de Hebreos. Para prueba, basta observar el contexto inmediato de nuestro pasaje: cita Sal 2,7 en 5,5 y Sal 110,4 en 5,6.10.[228] Sin embargo, las opiniones sobre qué salmos puedan considerarse como fuente de Hb 5,7 están muy divididas.

a. *Un salmo determinado*

Se ha defendido la tesis de que a nuestro texto sirvió de base un salmo determinado.

---

[228] LINTON, 183-185; STROBEL, *Die Psalmengrundlage*, 252. 256; DODD, 70-71; LUCK, 196.

1) Salmo 22

A. Loisy consideró 5,7 como un producto de reminiscencias bíblicas. El autor de Hb, casi indiferente a las circunstancias reales de la vida y muerte de Jesús, compuso su relato de carácter en parte artificial, influenciado por los Salmos y especialmente por el salmo 22. «La oración, los sufrimientos y la inauguración de Jesús como pontífice eterno no son la oración de Getsemaní, la pasión y la resurrección que cuentan los evangelios, sino una interpretación directa de las Escrituras, principalmente del salmo 22, del cual se puede decir que nuestro autor transpone en historia todos los datos».[229]

Sin ir tan lejos, otros han pensado que el autor de Hebreos, para describir el hecho, tuvo presente el salmo 22 y se inspiró indirectamente en él (Ernesti, Böhme, Wette, Bisping, Davidson, Moulton, Schaefer, Wickham, Windisch, Rohr, Moffatt, Strathmann, Spicq, Kuss, Leonardi, Montefiore, Andriessen; cf F. F. Bruce).[230] En la Iglesia primitiva este salmo fue generalmente considerado como mesiánico. Su carácter mesiánico, al menos en sentido indirecto o típico, es indudable. Encuentra su fundamento en la Escritura y en la Tradición. Y el salmo 22 no sólo es reconocido como mesiánico, sino también como profecía de la pasión de Jesús. En el NT, varios versículos del salmo son aplicados por los evangelistas a Jesús sufriente: v. 8, en Mt 27,39; Mc 15,39 (meneo de la cabeza); Lc 23,35 (mofa); v. 9, en Mt 27,43 (burlas de los enemigos); v. 19, en Mt 27,35; Mc 15,24; Lc 23,34; Jn 19,24 (repartición de las vestiduras). Y Jesús mismo se presenta como el suplicante del salmo, cuando grita su abandono desde lo alto de la cruz, con el verso inicial (Mt 27,46; Mc 15,34; Sal 22,2). El autor de Hebreos citó ya en 2,12 el v. 23, para mostrar la fraternidad de Cristo con los hombres. No es, por tanto, extraño que en 5,7 también se haya podido inspirar en el mismo salmo.

El salmo 22 es una lamentación individual. Se puede dividir en dos partes. Desde el principio hasta el v. 22 se describe el sufrimiento del justo que implora la salvación. Desde el v. 23 hasta el final el tono cambia. El auxilio es tan seguro que la súplica se transforma en promesa de alabanza por la salvación obtenida. La primera parte del salmo se cumple en la pasión de Jesús; la segunda, que anuncia la liberación, se entiende como una predicción del tiempo pascual. En Hb 5,7, la situación es del todo semejante a la del orante del Sal 22. «Clamor poderoso y lágrimas», que expresan la angustia de Jesús ante la muerte, describen la queja y súplica de

---

[229] Loisy, *Les livres*, 183.
[230] Ernesti, 395; Böhme, 229; Wette, 169; Bisping, 172; Davidson, 112; Moulton, 300; Schaefer, 151 (pone signo de interrogación); Wickham, 34; Windisch 26. 43; Rohr, 25; Moffatt, 65; Strathmann, 100; Spicq, *Hébreux*, 1, 93, n. 2; 101; 2, 113; Kuss, 74; Leonardi, 178; Montefiore, 97; Andriessen, 291; cf. F.F. Bruce, 100-101.

la primera parte del salmo; «escuchado por su temor de Dios» corresponde a la segunda, donde se habla de oración escuchada (cf 25).

Ambos textos se hallan muy cercanos, en cuanto a pensamiento y lenguaje. Los detalles de la descripción de Hebreos pueden haber sido sugeridos por la fraseología del Sal 22. Varias palabras de Hb 5,7 se encuentran en la versión de los LXX de este salmo; algunas están repetidas. «Oraciones» (δεήσεις) recuerda la oración (δεήσει) del pobre: v. 25. Cristo ofreció oraciones y súplicas «al que podía salvarlo de la muerte». El salmista piensa en la confianza en Yahvéh, jamás defraudada, experimentada por los padres en tantos siglos de historia: «En ti esperaron nuestros padres, esperaron, y los liberaste (ἐρρύσω). A tí clamaron y fueron salvados (ἐσώθησαν)» (v. 5-6). Por eso él también clama a Dios en su angustia: «Libra (ῥῦσαι) de la espada mi alma, de las garras del perro mi única; sálvame (σῶσόν με) de las fauces del león» (v. 21-22).

El «clamor poderoso» hace pensar en los gritos lanzados hacia Dios por el justo sufriente, tres veces mencionados en el salmo. La raíz (κράζω) utilizada en los LXX es la misma que en Hebreos v. 3: κεκράξομαι; v. 6: ἐκέκραξεν; v. 25: κεκραγέναι. «Clamor poderoso» evoca también el v. 2, según la Masora. El texto de los LXX tiene: «lejos de mi salvación las palabras de mis transgresiones», οἱ λόγοι τῶν παραπτωμάτων (leyeron שְׁגָאתִי de שָׁגָא = errar), lo cual no puede aplicarse a Cristo. Pero en el texto hebreo se lee «lejos de mi salvación las palabras de mi rugido» (שַׁאֲגָתִי , de שָׁאַג = rugir).

En el v. 3, el grito que invoca socorro (κεκράξομαι) va seguido inmediatamente del verbo εἰσακούω: εἰσακούσῃ. Igualmente en el v. 25: «cuando clamé a él, me escuchó, ἐν τῷ κεκραγέναι με πρὸς αὐτὸν εἰσήκουσέν μου. De modo semejante en Hb 5,7: Cristo ofreció oraciones y súplicas con clamor poderoso y fue «escuchado»: εἰσακουσθείς.

2) Salmo 42

Según Dodd, seguido por Galizzi, el salmo 42 es el trasfondo de la descripción de la oración de Jesús en Hebreos, como también en Marcos y Juan.[231] En el salmo 42 el paciente se encuentra en tristeza (περίλυπος) y angustia (ἐταράχθη): v. 6-7; sus lágrimas (δάκρυα) son su pan de día y de noche: v. 4; pero dirige su oración (προσευχή) al Dios de su vida: v. 9; su salvación: v. 6 (σωτηρίου) y 12 (σωτηρία). En Hb 5,7, de modo parecido, Cristo ofrece «oraciones y súplicas al que puede salvarlo de la muerte».

La semejanza es de contenido, más que de lenguaje. Sin embargo, si se juntan todas las expresiones que parecen estar más o menos claramente reflejadas, resulta difícil evitar la conclusión de que la totalidad del salmo desempeñó una parte en la formación de la tradición de esta oración de Jesús frente a su pasión.

---

[231] DODD, 70-71; GALIZZI, 231.

3) Salmo 69

Orígenes, comentando el salmo 69, v. 14: «Yo, en mi oración (προσευχῇ) [clamo] a ti, Señor; [es] un tiempo propicio, ¡oh Dios!, en la multitud de tu misericordia; escúchame (ἐπάκουσόν μου) en la verdad de tu salvación (σωτηρίας); v. 15; Sálvame (σῶσόν με) del cieno, para que no me hunda, líbrame (ῥυσθείην) de los que me odian y de las aguas profundas», insiste en que Cristo, hablando por el autor de la Epístola a los Hebreos, refiere a sí mismo esta oración del salmista.[232]

4) Salmo 116

Como fuente de Hb 5,7 se ha propuesto también el salmo 116 (LXX 114-115).[233] Este salmo del Hallel (109-117), que ocupa su lugar en la liturgia de la fiesta de Pascua, ya en el judaísmo fue relacionado al Mesías[234] y al justo que elimina las penas.[235] Puede suponerse fácilmente que en la primitiva comunidad cristiana haya sido referido a la pasión de Jesús.

Según Teofilacto, la expresión «en los días de su carne» está tomada de este salmo (v. 2) y todo el salmo íntegramente es aplicado a Cristo por el autor de Hebreos.[236] Durante siglos, la relación entre Hb 5,7 y el salmo 116 pasó desapercibida. En sentido positivo, pero sin desarrollar la relación entre ambos textos, se expresaron en el s. XVIII Peirce (v. 1-4); en el s. XIX, Bleek, Maier (v. 1 ss), Moll.[237] En la investigación científica moderna hay que señalar ante todo el ensayo de Strobel,[238] quien encuentra en el salmo 116 el fundamento (Grundlage) de la descripción de Hb 5,7, y llama la atención sobre las extraordinariamente notables correspondencias, numerosas dependencias y contactos, no sólo en cuanto al pensamiento, sino también en las palabras, entre el salmo 116 y nuestro pasaje. Tal cosa en un autor judío cristiano no sorprende.

En favor del salmo 116 como fundamento, está el hecho de que este salmo reúne en sí solo compactamente, el material esencial de Hb 5,7. En esto es sencillamente insuperable. Ofrece todos los elementos y motivos que aparecen en nuestro texto.

---

[232] ORIGENES, *In Ps 68*, ed. Pitra, 3, 86.

[233] TEOFILACTO, PG 125, 244; STROBEL, *Die Psalmengrundlage*, 254-266; *Hebräerbrief*, 127-129; W. MICHAELIS, *Einleitung*, ErgH. 34; GRÄSSER, *Der historische Jesus*, 81, n. 86; SCHRÖGER, 121-126; BRANDENBURGER, 199, n. 1; 211-213; THURÉN, *Gebet*, 141, n. 2; BUCHANAN, 97-98.

[234] STRACK-BILLERBECK, 1, 847; 2, 256.

[235] STRACK-BILLERBECK, 2, 269.

[236] TEOFILACTO, ibid.

[237] PEIRCE, 220; BLEEK, 235; MAIER, 155; MOLL, 96 (pone signo de interrogación).

[238] STROBEL, *Die Psalmengrundlage*, 252-266.

Hb 5,7	Sal 116
«En los días» ἐν ταῖς ἡμέραις	v. 2: ἐν ταῖς ἡμέραις
«Oraciones» δεήσεις	v. 1: δεήσεως
«Salvarlo» σῴζειν αὐτόν	v. 6: ἔσωσέν με
«De la muerte» ἐκ θανάτου	v. 8: ἐκ θανάτου cf. v. 3 y 9
«Clamor» κραυγῆς	v. 2: ἐπικαλέσομαι
	v. 4: ἐπεκαλεσάμην
	v. 13: ἐπικαλέσομαι
«Lágrimas» δακρύων	v. 8: δακρύων
«Habiendo sido escuchado» εἰσα-	
κουσθείς	v. 1: εἰσακούσεται
«De su angustia» εὐλαβείας	v. 11: ἐκστάσει
	v. 8: ἐκ δακρύων
5,8: «Hijo» υἱός	v. 16: υἱός

Después de un análisis detallado, concluye Strobel que el salmo 116 aparece claramente como la única decisiva fuente de los elementos integrantes de Hb 5,7. El autor elaboró un texto interpretado mesiánica y cristológicamente por la primitiva comunidad cristiana, que, en cuanto al contenido, podía servir como ningún otro para representar la lucha de Cristo sujeto a la debilidad (5,2). Con los salmos 2,7 y 110,4 demostró, en 5,5-6, que Cristo recibió de Dios su dignidad de sumo sacerdote; en los v. 7-10, expone, por medio del salmo 116 que este sumo sacerdote fue tomado de entre los hombres y conoce la debilidad humana.

Brandenburger, seguido por Buchanan y Maurer, destaca sobre todo el nexo del pensamiento debido al género literario: descripción de la angustia mortal: v. 3; invocación del Señor: v. 4; salvación: v. 6b y 8;[239] y concluye: la comunidad reconoció en el salmo 116 el destino de su Señor; sobre esta base formuló un cántico de agradecimiento (Danklied), con un lenguaje en parte propio.

b. *Combinación de varios salmos*

Algunos han supuesto que en Hb 5,7 se hace alusión a determinadas frases de diversos salmos. En el s. XVIII, J. Braun cita Sal 22 y 69,4.7;[240] Bengel, Sal 22,3.20; 69,4.11 y 109,22.[241] Peirce comenta: «Si los evangelios parecen callar sobre la fuerte voz con que clamó y sobre las lágrimas que derramó, los vaticinios del AT, principalmente los salmos, completan esta como laguna de la historia», y remite enseguida a Sal 22,2-3; 18,5-7;

---

239 BRANDENBURGER, 211-213.
240 J. BRAUN, 291.
241 BENGEL, 919.

116,1-4.[242] En el s. XIX, Bleek y Maier señalan que es muy probable que en nuestro pasaje haya influido la consideración de pasajes de los salmos comprendidos mesiánicamente, como el salmo 116,1 ss y especialmente salmo 22,3.25.[243] Moll estima incierto que el colorido lingüístico de las expresiones de Hb 5,7 dependa de los salmos 22 y 116.[244]

Braun		22		69,4.7			
Bengel		22,3.20 ss	25	69,4.	11	109,22	
Peirce	18,5-7	22,2-3					116,1-4
Bleek		22,3.	25				116,1 ss
Maier		22,3.	25				116,1 ss
Moll		22 (?)					116 (?)

Lünemann, Delitzsch, B. Weiss, Riggenbach rechazan la posibilidad de que los salmos 22 y 116 sirvan de base a Hb 5,7.[245] La conjetura es, según Delitzsch, innecesaria.[246] B. Weiss se vuelve contra esta opinión, porque los pasajes Sal 22,3.25 y 116,1 mezclan los elementos de la frase demasiado disparadamente (zu bunt), para que el autor haya podido pensar especialmente en algunos de estos textos, y mucho menos que haya sido determinado por la evocación de ellos.[247] Riggenbach opina que la hipótesis carece de todo fundamento y funda su impugnación en que «las características de la descripción faltan precisamente en los pasajes aducidos del AT».[248]

Strobel y Schröger defienden enérgicamente la dependencia de Hb 5,7 respecto al Sal 116.[249] Según ellos, los críticos no aducen en contra ningún argumento convincente. La objeción de B. Weiss no conmueve lo más minimo la demostración basada unitariamente en todo el salmo 116. Y las características de Hb 5,7 se encuentran claramente en apreciable número en el salmo 116. Dibelius[250] defendió la tesis de que de Hb 5,7 se debe deducir que independientemente de la tradición de Getsemaní exis-

---

[242] PEIRCE, 220.
[243] BLEEK, 235; MAIER, 155.
[244] MOLL, 96.
[245] LÜNEMANN, 175; DELITZSCH, 188; B. WEISS, *Hebraër*, 137, n. 1; RIGGENBACH, *Hebräer*, 131, n. 44.
[246] DELITZSCH, ibid.
[247] B. WEISS, ibid.
[248] RIGGENBACH, ibid.
[249] STROBEL, *Die Psalmengrundlage*, 262-263; SCHRÖGER, 122.
[250] *Das historische Problem*, 199, cf. 196, n. 1; *Die Formgeschichte*, 213-214; *Gethsemane*, 261-262; *Der Himmlische Kultus*, 171-172.

tió, ya antes de Hebreos, desde tiempo muy antiguo, en la comunidad cristiana, la convicción de que Jesús, en el tiempo de su pasión, fue dominado por angustia y temor e imploró a Dios por su salvación «con clamor poderoso y lágrimas». Esta convicción se fundó en los salmos del sufrimiento que fueron leídos como historia de la pasión. Los primeros cristianos no tomaron de los evangelios su conocimiento de la pasión, sino que, antes de la composición de éstos, leyeron la pasión de Jesús directamente sólo en el AT. En el AT encontraron la justificación de su fe en que la pasión de Jesús se efectuó en conformidad con la voluntad divina (1 Cor 15,3). Todos los elementos del combate librado en la oración por Jesús (angustia, grito, súplica de salvación) eran así complemento de las profecías, y, por tanto, pruebas de mesianidad: el Mesías tenía que padecer para entrar en su gloria (Lc 24,26).

Como fuentes de nuestro pasaje, piensa Dibelius en la amalgama de algunas expresiones de los salmos. En su artículo «Das historische Problem der Leidensgeschichte»,[251] menciona Sal 22,3.25; 31,23; 69,4; igualmente en «Die Formgeschichte des Evangeliums»,[252] Sal 22,21.25; 31,10.11.23; 69,2.3.4. Los tres salmos hablan de extrema necesidad y súplica de salvación: Sal 22,21; 31,10.11; 69,2.3; grito del inocente perseguido: Sal 22,3.25; 31,23; 69,4. Posteriormente, en sus artículos «Gethsemane» y «Der himmlische Kultus nach dem Hebräerbrief»,[253] se apoya sólo en Sal 31,23: «Yo dije en mi angustia (ἔκστασις = εὐλάβεια en Hb 5,7): He sido arrojado de tu vista. Por eso escuchaste (εἰσήκουσας) la voz de mi oración (δεήσεως), cuando clamé (κεκραγέναι) a ti» y 39,13: «Escucha (εἰσάκουσον) mi plegaria (προσευχῆς), Señor. Presta oído a mi oración (δεήσεως), no te hagas sordo a mis lágrimas (δακρύων)». Si se combinan los dos pasajes, se tiene así reunido el material más importante de Hb 5,7. Las sorprendentes particularidades, todo lo que en Hb 5,7 puede ser extraño, se encuentra en estos dos versos de los salmos, como descripción del dolor inocente: angustia, oración, clamor, lágrimas, escucha.

Siguiendo a Dibelius, admiten también el influjo de determinados pasajes de los salmos Michel, Rissi, Hillmann, Friedrich, Luck, F. F. Bruce, Maurer.[254]

---

[251] *Das historische Problem*, ibid.
[252] *Die Formgeschichte*, ibid.
[253] *Gethsemane*, ibid.; *Der himmlische Kultus*, ibid.
[254] MICHEL, *Hebräer*, 221; HILLMANN, *Der Hohepriester*, 161, n. 13; RISSI, 37; FRIEDRICH, *Das Lied*, 110; LUCK, 196; F.F. BRUCE, 101, n. 54; MAURER, 278, con n. 14. 279.

Dibelius	22,3.21.25	31,10.11.23	39,13			69,2-4	
Michel		31, 23	39,13			69, 4	
Rissi	22,3. 25	31, 23	39,13			69, 4	
Hillmann	22, 25	31, 23					
Friedrich	22, 25	31, 23	39,13	42,6.12	43,5	69, 4	116,1
Luck	22, 25	31, 23	39,13	42,6.12	43,5	69, 4	116,1
Bruce F.F.	22	31, 23	39,13			69,2-4	116
Maurer	22, 25	31, 23	39,13			69, 4	116.

Contra las elucubraciones de Dibelius se expresan críticamente Michel, Strobel, Rasco, Boman, Vanhoye, Brandenburger, Feuillet.[255]

1. Para Dibelius, Hb 5,7 es sólo fruto de una elaboración a base de salmos. Por esta relación niega el valor histórico del pasaje. Los cristianos no se preocupaban de los acontecimientos, sino que aplicaron los salmos a Cristo. La terrible lucha librada en la oración por Jesús surgió de la lectura del AT.

Es insostenible —afirma Boman— que la comunidad cristiana haya deducido del AT la oración de Jesús. Los salmos de lamentación influenciaron sin duda profundamente ciertos detalles de la tradición relativa a la pasión de Jesús, pero no crearon esta tradición. Al contrario, fue el inesperado, escandaloso, terrible destino de Jesús el que forzó a la comunidad a encontrar en el AT al Mesías sufriente. Los hechos dolorosos son aquí lo primero; las citas del AT son las explicaciones que los creyentes dan de esos hechos.

Dibelius confunde equivocadamente el origen de la formulación con el origen de la afirmación. Porque el acontecimiento se describe en términos del AT no se sigue que sea ficticio. Que la comunidad encontró a veces una palabra que casualmente correspondía con una particularidad de la historia de la pasión de Jesús, no es razón suficiente para considerar el acontecimiento como no histórico. Los primeros cristianos no utilizaron todo lo que encontraron en los salmos ni tampoco la mayor parte, sino sólo ciertas expresiones y frases; desprendieron éstas de su contexto y las transfirieron a Cristo, según se podían compaginar con su fe en él y con la tradición de sus auténticos sufrimientos: todo lo que hablaba de aflicción, muerte, salvación, lo aplicaron a Cristo; en cambio, los pasajes don-

---

[255] MICHEL, *Hebräer*, 221; STROBEL, *Die Psalmengrundlage*, 253. 261-262; RASCO, 729; BOMAN, 263-264; VANHOYE, *Textus de sacerdotio*, 113; BRANDENBURGER, 210-211; FEUILLET, 51.

de el que sufre confiesa su pecado, que no se adecuaban a la imagen de Jesús, los aplicaron a sí mismos; estos textos encontraron su lugar en el ejercicio de la piedad cristiana.

Las formulaciones que encontramos en Hb 5,7 se inspiran en los salmos, pero el hecho descrito no tiene en ellos su raíz y fundamento. Es característico del NT referirse a acontecimientos con fórmulas del AT. Mt 11,4-5, por ejemplo, resume la actividad de Jesús tomando las palabras de Is 61,1; Hch 5,30 se refiere a la crucifixión con una expresión que recuerda Dt 21,23. Así no sólo se relata lo que pasó, sino se enfocan los hechos a la luz de la profecía. Kerigma, historia y profecía se conjugan.[256]

2. Si se admite que tribulación, oración, grito, pertenecen a la mesianidad, entonces —aclara Michel[257]— esta idea es sólo un presupuesto para Hb 5,7. Hebreos no quiere demostrar la autenticidad de la mesianidad, sino la humanidad y la prueba de Jesús: él fue verdaderamente «probado en todo a semejanza nuestra» (4,15).

3. La explicación de Dibelius merece plena consideración, observa Strobel;[258] el resultado de la combinación de Sal 31,23 y 39,13 es bastante bueno. Pero es un intento de interpretación relativamente complicado. No satisface, en efecto, ni la combinación ni la limitación a los salmos 31 y 39. La asociación no parece natural, sino abstractamente construida. ¿Por qué escoger y mezclar dos versos de diferente origen procedentes de distintos salmos? «Oración», «clamor», «escuchar» aparecen también en otros lugares del salterio en contextos análogos. Para la descripción de la angustia mortal y de la salvación otros salmos ofrecen mejores paralelos. La presencia de estas ideas es absolutamente normal en el ámbito del salterio.

Los investigadores que identifican en ciertos salmos o pasajes de los salmos la fuente de Hb 5,7 no han llegado a un acuerdo. En realidad, no se puede establecer para nuestro pasaje una fuente precisa. No hay una relación evidente con algún salmo bien determinado. La correspondencia de los términos con frecuencia no es exacta. El autor no se restringe a reproducir las fórmulas de tal o cual salmo. Parece, por tanto, que más bien se debe contar con el influjo general de un género de los salmos.

c. *Influencia general de los salmos*

Hebreos no puede explicarse simplemente con la ayuda de un par de versos de los salmos ni por un salmo solo. Los pensamientos y expresiones que encontramos en nuestro pasaje son muy comunes en el Libro de

---

[256] Cf. LINTON, 186-187.
[257] MICHEL, ibid.
[258] STROBEL, ibid.

los salmos. Esta tesis es demostrada, a nuestro parecer, convincentemente por Linton, y defendida también por Rasco, Boman, Vanhoye, Lescow, Thurén, Galizzi, Kelly, H. Braun.[259]

No se trata de una directa dependencia sino de una semejanza general, particularmente con los salmos de lamentación individual o de súplica. El esquema en que se inspira Hb 5,7 es el mismo: el justo se halla en tribulación, implora a Dios por su salvación, y es escuchado.

Casi todos los términos del v. 7 se encuentran en el salterio. Los ejemplos son abundantes. Las coincidencias soprendentes. Una ojeada a la concordancia de los LXX es elocuente. Δέησις se repite 29 veces en los salmos; κράζειν aparece por lo menos en 40 pasajes relacionados con nuestro tema, y κραυγή 4 veces; δάκρυ, δάκρυον se encuentra 6 veces; σῴζειν se halla cerca de 60 en textos similares; σωτήρ, de Dios, en la oración, 8 veces; y εἰσακούειν no menos de 50 veces.

Diferentes combinaciones de estas palabras no son ninguna rareza:

Sal 3,5: «Con mi voz (en voz alta) clamé (ἐκέκραξα) al Señor, y él me escuchó (BS ἐπήκουσεν, A εἰσήκουσεν)».
v. 8: «Levántate, Señor; sálvame (σῶσον) Dios mío».

Sal 4,2: «Cuando (lo) invoqué (ἐπικαλεῖσθαι), me escuchó (εἰσήκουσεν)...; escucha (εἰσάκουσον) mi oración (προσευχῆς)».
v. 4: «El Señor me escuchará (εἰσακούσεται), cuando yo clame (κεκραγέναι) hacia él».

Sal 5,2: «Atiende a mi clamor (κραυγῆς)».
v. 3: «Atiende a la voz de mi oración (δεήσεως)».
v. 4: «En la mañana escucharás (εἰσακούσῃ) mi voz».

Sal 6,5: «Sálvame (σῶσον), por tu misericordia».
v. 7: «Mojaré de lágrimas (δάκρυσιν) mi lecho».
v. 9: «Escuchó (εἰσήκουσεν) el Señor la voz de mi lamento (κλαυθμοῦ)».
v. 10: «Escuchó (εἰσήκουσεν) el Señor mi oración (δεήσεως), el Señor recibió mi plegaria (προσευχήν)».

Sal 9,13: «No olvidó el clamor (S κραυγῆς, A φωνῆς, B δεήσεως) de los pobres».

Sal 17,1: «Escucha (εἰσάκουσον), Señor...; atiende a mi oración (δεήσει)».
v. 6: «Yo clamé (ἐκέκραξα), porque tú me escuchaste (ἐπήκουσας)...; escucha (εἰσάκουσον) mis palabras».
v. 7: «Tú que salvas (σῴζων) a los que esperan en ti».

---

[259] LINTON, 177-187; RASCO, 730-731; BOMAN, 266; VANHOYE, *Textus de sacerdotio*, 113; *Prêtres anciens*, 146; LESCOW, 237; THURÉN, *Gebet*, 143; GALIZZI, 231; KELLY, 23. 25; H. BRAUN, 141.

Sal 18,4: «Seré salvado (σωθήσομαι)».
    v. 7: «Clamé (ἐκέκραξα) a mi Dios ...; mi clamor (κραυγή) llegará
        ante él».
    v. 42: «Clamaron (ἐκέκραξαν), y no hubo quien salvara (σῴζων) ...
        y no los escuchó (εἰσήκουσεν)».

Sal 22,3: «Dios mío, clamaré (κεκράξομαι) de día y no escucharás
        (εἰσακούσῃ)».
    v. 6: «A ti clamaron (ἐκέκραξαν) y fueron salvados (ἐσώθησαν)».
    v. 9: «Que él lo libre (ῥυσάσθω αὐτόν), que lo salve (σωσάτω
        αὐτόν)».
    v. 21: «Libra (ῥῦσαι) mi alma de la espada, y de las garras del perro,
        mi única».
    v. 22: «Sálvame (σῶσον) de las fauces del león».
    v. 25: «No desdeñó la oración (δεήσει) del pobre ..., cuando clamé
        (κεκραγέναι) a él, me escuchó (εἰσήκουσεν)».

Sal 27,7: «Escucha (εἰσάκουσον), Señor, mi voz, con que he clamado
        (ἐκέκραξα), ten piedad de mí y escúchame (εἰσάκουσον)».
    v. 9: «No me abandones, Dios, mi salvador (σωτήρ)».

Sal 28,1: «A ti, Señor, clamé (ἐκέκραξα)».
    v. 2: «Escucha (εἰσάκουσον) la voz de mi oración (δεήσεως),
        cuando a ti oro (BS δέεσθαι, A ἧς ἐκέκραξα)».
    v. 6: «Escuchó (εἰσήκουσε) la voz de mi oración (δεήσεως)».
    v. 8: «El es el defensor salvador (σωτηρίων) de su ungido».

Sal 30,3: «Clamé (ἐκέκραξα) a ti, y me sanaste».
    v. 4: «Me salvaste (ἔσωσας) de entre los que descienden a la fosa».
    v. 9: «A ti, Señor, clamaré (κεκράξομαι) y a mi Dios oraré
        (δεηθήσομαι)».

Sal 31,3: «Se para mí ... casa de refugio para salvarme (σῶσαι)».
    v. 8: «Salvaste (ἔσωσας) mi alma de las angustias».
    v. 17: «Sálvame (σῶσον), por tu misericordia».
    v. 23: «Por eso escuchaste (εἰσήκουσας) la voz de mi oración
        (δεήσεως), cuando clamaba (κεκραγέναι) a ti».

Sal 34,7: «El pobre clamó (ἐκέκραξεν), y el Señor lo escuchó
        (εἰσήκουσεν), y lo salvó (ἔσωσεν) de todas sus tribulaciones».
    v. 16: «Sus oídos hacia su oración (δέησιν)».
    v. 18: «Clamaron (ἐκέκραξαν) los justos, y el Señor los escuchó
        (εἰσήκουσεν)».

Sal 39,13: «Escucha (εἰσάκουσον) mi plegaria (προσευχῆς), Señor;
        presta oído a mi oración (δεήσεως); no te hagas sordo a mis
        lágrimas (δακρύων)».

Sal 40,2: «Escuchó (εἰσήκουσεν) mi oración (δεήσεως)».

Sal 42,4: «Fueron mis lágrimas (δάκρυα) pan de día y de noche».
    v. 6: «¿Por qué estás triste, alma mía?, ¿y por qué me turbas? Espera en Dios, porque lo alabaré; salvación (σωτήριον) de mi rostro, mi Dios».
    v. 9: «... plegaria (προσευχή) al Dios de mi vida».
    v. 12: «... la salvación (σωτηρία) de mi rostro, mi Dios».

Sal 54,3: «Oh Dios, por tu nombre, sálvame (σῶσον)».
    v. 4: «¡Oh Dios, escucha (εἰσάκουσον) mi plegaria!».

Sal 55,2: «No desprecies mi oración (δέησιν)».
    v. 3: «Escúchame» (εἰσάκουσον)».
    v. 17: «Yo clamé (ἐκέκραξα) a Dios, y el Señor me escuchó (εἰσήκουσεν)».
    v. 18: «Escuchará (εἰσακούσεται) mi voz».
    v. 20: «Dios escuchará (εἰσακούσεται)».

Sal 56,9: «Pusiste mis lágrimas (δάκρυα) ante ti».
    v. 14: «Liberaste (ἐρρύσω) mi alma de la muerte (ἐκ θανάτου), (mis ojos de las lágrimas: δακρύων B² S²)».

Sal 57,3: «Clamaré (κεκράξομαι) al Dios altísimo».
    v. 4: «Y me salvó (ἔσωσεν)».

Sal 61,2: «Escucha (εἰσάκουσον), oh Dios, mi oración (δεήσεως)».
    v. 3: «A ti clamé (ἐκέκραξα)».
    v. 6: «Τú, oh Dios, escuchaste (εἰσήκουσας) mis plegarias».

Sal 64,2: «Escucha (εἰσάκουσον), oh Dios, mi voz, cuando oro (ἐν τῷ δέεσθαί με)».

Sal 66,17: «A él clamé (ἐκέκραξα) con mi boca».
    v. 19: «Por eso Dios me escuchó (εἰσήκουσεν), atendió a la voz de mi oración (δεήσεως)».

Sal 69,2: «Sálvame (σῶσόν), oh Dios».
    v. 4: «Me cansé de clamar (κράζων)».
    v. 14: «Escúchame (ἐπάκουσον) en la verdad de tu salvación (σωτηρίας)».
    v. 15: «Sálvame (σῶσον)».
    v. 17: «Escúchame (εἰσάκουσον), Señor».
    v. 30: «La salvación (σωτηρία) de tu rostro me auxilió».
    v. 34: «Escuchó (εἰσήκουσεν) el Señor a los pobres».

Sal 86,1: «Escúchame (ἐπάκουσον), porque soy pobre y desvalido».
    v. 2: «Salva (σῶσον) a tu siervo que confía en ti».
    v. 3: «Porque a ti clamaré (κεκράξομαι) todo el día».
    v. 6: «Atiende a la voz de mi oración (δεήσεως)».

v. 7: «En el día de mi tribulación (ἐν ἡμέρᾳ θλίψεως) clamé (ἐκέκραξα) a ti, porque tú me escuchaste (εἰσήκουσας)».

v. 13: «Libraste (ἐρρύσω) mi alma del fondo del Hades (ᾅδου)».

v. 16: «Salva (σῶσον) al hijo de tu esclava».

Sal 88,2: «Señor, Dios de mi salvación (σωτηρίας), clamé (ἐκέκραξα) durante el día».

v. 3: «Inclina tu oído a mi oración (δέησιν)».

v. 10.14: «Clamé (ἐκέκραξα) a ti, Señor».

Sal 91,15: «Me invocará (B ἐπικαλέσεται, AS κεκράξεται) y lo escucharé (εἰσακούσομαι)».

Sal 99,6: «Invocaban al Señor, y él los escuchó (AS εἰσήκουσεν, B ἐπήκουσεν)».

Sal 102,1 (Título) «Oración para el pobre, cuando está angustiado y derrama su oración (δέησιν) ante el Señor».

v. 2: «Escucha (εἰσάκουσον), Señor, mi plegaria, y mi clamor (κραυγή) llegue a ti».

v. 3: «El día en que te invoque, escúchame (εἰσάκουσον) pronto».

v. 18: «No despreció su oración (δέησιν)».

Sal 106,44: «Miró su aflicción, cuando escuchó (εἰσακοῦσαι) su oración (δεήσεως)».

v. 17: «Sálvanos (σῶσον)».

Sal 107,6.13.19.28: «Pero clamaron (ἐκέκραξαν) al Señor en su tribulación, y él los salvó (v. 6: ἐρρύσατο; v. 13 y 19: ἔσωσεν; v. 28: ἐξήγαγεν) de sus angustias».

Sal 108,7: «Salva (σῶσον) con tu diestra y escúchame (ἐπάκουσον)».

Sal 116,1: «Porque escuchará (εἰσακούσεται) el Señor la voz de mi oración (δεήσεως)».

v. 2: «En mis días (ἐν ταῖς ἡμέραις μου) (lo) invocaré (ἐπικαλέσομαι)».

v. 3: «Las congojas de la muerte (θανάτου; en realidad, los dolores del parto, ὠδῖνες, cf Hch 2,24) me rodearon, los peligros del Hades me alcanzaron, hallé angustias y penas».

v. 4: «Invoqué (ἐπεκαλεσάμην) al Señor: Señor, salva (ῥῦσαι) mi alma ...».

v. 6: «Y él me salvó (ἔσωσεν)».

v. 8: «Arrancó (ἐξείλατο) mi alma de la muerte (ἐκ θανάτου), mis ojos de las lágrimas (δακρύων)».

v. 13: «Invocaré (ἐπικαλέσομαι) el nombre del Señor».

Sal 118,5: «En mi tribulación invoqué (ἐπεκαλεσάμην) al Señor y él me escuchó (ἐπήκουσεν) (y me llevó) a un lugar amplio (εἰς πλατυσμόν)».

v. 21: «Te alabaré porque me escuchaste (ἐπήκουσας) y fuiste mi salvación (σωτηρίαν)».

Sal 119,58: «Rogué (ἐδεήθην) tu favor con todo mi corazón».

v. 94: «Sálvame (σῶσον)».

v. 117: «Ayúdame, y seré salvado (σωθήσομαι)».

v. 145: «Clamé (ἐκέκραξα) con todo mi corazón; escúchame (ἐπάκουσον), Señor».

v. 146: «Clamé (ἐκέκραξα) a ti, sálvame (σῶσον)».

v. 147: «Me adelanté a la aurora y clamé (ἐκέκραξα)».

v. 169: «Mi oración (δέησις) llegue a ti, Señor».

v. 173: «Que tu mano sea mi salvación (σῶσαι)».

Sal 120,1: «En mi tribulación clamé (ἐκέκραξα) al Señor, y me escuchó (εἰσήκουσεν)».

Sal 130,1: «Desde lo profundo clamé (ἐκέκραξα) a ti, Señor».

v. 2: «Señor, escucha (εἰσάκουσον) mi voz; estén tus oídos atentos a la voz de mi oración (δεήσεως)».

Sal 141,1: «Señor, clamé (ἐκέκραξα) a ti, escúchame (εἰσάκουσον); atiende a la voz de mi oración (δεήσεως), cuando clamo (κεκραγέναι) a ti».

Sal 142,2: «Con mi voz clamé (ἐκέκραξα) al Señor, con mi voz oré (ἐδεήθην) al Señor».

v. 3: «Ante él derramo mi oración (δέησιν)».

v. 6: «Clamé (ἐκέκραξα) a ti, Señor».

v. 7: «Atiende a mi oración (δέησιν)».

Sal 143,1: «Señor, escucha (εἰσάκουσον) mi plegaria; presta oído a mi oración (δέησιν) en tu fidelidad, escúchame (A εἰσάκουσον, BS ἐπάκουσον) en tu justicia».

v. 7: «Escúchame (εἰσάκουσον) pronto, Señor».

Sal 145,19: «Escuchará (AB ἐπακούσεται, S² εἰσακούσει) su oración (δεήσεως) y los salvará (σώσει)».

El autor de Hebreos no se restringe, sin embargo, a sacar todos sus términos del salterio; elige muy libremente sus expresiones. En ningún lugar del salterio se leen las palabras ἱκετηρία y εὐλάβεια ni las fórmulas κραυγὴ ἰσχυρά, δεήσεις προσφέρειν y προσφέρειν πρός.[260]

---

[260] Se encuentran, en cambio, ἱκέτης en LXX, Sal 73,23; ἱκετεύειν en LXX - Sym Sal 36,7; Sym Sal 29,9; ἱκεσία en Sym Sal 27,2; 30,23; 118, 170; Sym-Theod Sal 27,6; Sext Sal 30,23; εὐλαβεῖσθαι en Sym Sal 21,24 (T); 32,8; 118,39; προσφέρειν en LXX, Sal 71,10. Cf. LINTON, 186; VANHOYE, ibid; BRANDENBURGER, 211; MAURER, 279; H. BRAUN, 141. 143.

2. Otros escritos del Antiguo Testamento

Pero no sólo en el salterio sino también en otros libros del AT se encuentran numerosos paralelos de los singulares rasgos de Hb 5,7 (Böhme, Kay, von Soden, Rohr, Moffatt, Spicq, Rasco, Boman, Grässer, Lescow, Vanhoye, Brandenburger, Galizzi, Kelly, Feuillet).[261]

La oración en circunstancias difíciles es característica del judío auténtico. En el AT hay muchos ejemplos del hombre piadoso que se vuelve a Dios en su aflicción. El libro de Daniel presenta a los tres jovenes judíos, Ananías, Azarías, y Misael, en el horno ardiente, orando, alabando y bendiciendo a Dios (Dn 3,24-25.51). Daniel fue salvado en el foso de los leones por haber confiado en Dios (Dn 6,23). Mardoqueo ora también confiadamente con la muerte sobre su cabeza (Est 4,17).

Boman[262] ha mostrado que «fuerte grito» y «lágrimas» son términos técnicos de la oración en profunda necesidad. Pertenecía al modo habitual de orar de los israelitas que el que se hallaba en tribulación, si suplicaba, solía hacerlo gritando fuertemente y llorando.

Muy frecuentemente en el AT la oración es designada como «clamor, grito»; no sólo va acompañada de gritos, sino ella misma es un grito. Y la oración intensa se convierte en llanto.[263] He aquí algunos testimonios:

Clamor a Dios.

a) Con κραυγή – κράζω.

Ex 3,7: «He escuchado su clamor (κραυγῆς), causado por los capataces».
v. 9: «El clamor (κραυγή) de los hijos de Israel ha llegado hasta mí».
Cf. Jue 3,9.15; 4,3; 6,6-7; 10,12; Os 8,2; Jl 1,14; Miq 3,4.

Jon 2,3: «Clamé (ἐβόησα) en mi aflicción al Señor mi Dios y me escuchó (εἰσήκουσέν μου); desde el vientre del abismo clamé (κραυγῆς μου) y escuchaste (ἤκουσας) mi voz».

Job 34,28: «Hasta hacer llegar a él el grito (κραυγήν) del pobre; y escuchará (εἰσακούσεται) el grito (κραυγήν) de los pobres».

b) Con βοή – βοάω – ἀναβοάω

Ex 2,33: «Los hijos de Israel gimieron a causa de su servidumbre y clamaron (ἀνεβόησαν), y su clamor (βοή) subió a Dios».
Cf Ex 14,10; Dt 26,7; 1 Sm 9,16; 1 Cr 5,20; Neh 9,27.

---

[261] Böhme, 230; Kay, 52; von Soden, *Hebräer*, 44; Rohr, 25; Moffatt, 65; Spicq, *Hébreux*, 1, 101, n. 4; 2, 113; Rasco, 731-732; Boman, 230. 266-267; Grässer, *Der historische Jesus*, 81, n. 88; Lescow, 237; Kelly, 23-26; Feuillet, 178.
[262] Boman, ibid.; cf. Grundmann, κράζω, 899-904.
[263] Herrmann, 783; Rasco, ibid.

Ex 17,4: «Clamó (ἐβόησεν) Moisés al Señor»; cf Nm 12,13.

1 Sm 7,8-9: «Y dijeron los hijos de Israel a Samuel: No dejes de clamar (βοᾶν) al Señor». Y clamó (ἐβόησεν) Samuel al Señor».

Jl 1,19: «A ti, Señor, clamaré (βοήσομαι)».

Jon 3,8: Los ninivitas «clamaron (ἀνεβόησαν) a Dios».

Llanto en la presencia de Dios.

a) Con el substantivo δάκρυ, δάκρυον.

1 Re 20,5 = Is 38,5: «Escuché tu oración y vi tus lágrimas (δάκρυα)».

2 Mac 11,6: «En cuanto los hombres del Macabeo supieron que Lisias estaba sitiando las fortalezas, comenzaron a suplicar al Señor con gemidos y lágrimas (μετὰ ὀδυρμῶν καὶ δακρύων ἱκέτευον ...), junto con la multitud, que enviase un ángel bueno para salvar (πρὸς σωτηρίαν) a Israel».

b) Con el verbo κλαίω.

Jue 21,2: «El pueblo fue a Betel y allí permaneció delante de Dios hasta la tarde, y alzaron la voz (ἐπῆραν τὴν φωνὴν αὐτῶν) y lloraron con grandes gemidos (ἔκλαυσαν κλαυθμὸν μέγαν)».

Esd 10,1 (LXX 2 Esd): «Mientras Esdras oraba y hacía esta confesión, llorando (κλαίων) ..., el pueblo lloró (ἔκλαυσεν) y lloró fuertemente (καὶ ὕψωσεν κλαίων)».

Is 30,19: «Jerusalén lloró amargamente (κλαυθμῷ ἔκλαυσεν) diciendo: «Ten piedad de mí». El tendrá piedad de ti: cuando percibió la voz de tu clamor (κραυγῆς), te escuchó (ἐπήκουσε)». Cf Jue 20,23; 20,26; Jl 2,12; Zac 7,5.

1 Mac 7,36: «Entraron los sacerdotes y estuvieron ante el altar y el santuario llorando (ἔκλαυσαν)».

Esd 3,12 (LXX 2 Esd): Reanudación del culto. «Muchos sacerdotes, levitas y jefes de familia, ya ancianos, que habían conocido la primera casa, lloraban con grandes voces» (ἔκλαιον φωνῇ μεγάλῃ).

Jl 2,17: «Entre el vestíbulo y el altar lloren (κλαύσονται) los sacerdotes».

1 Sm 1,10: Oración de Ana. «Estaba llena de amargura y oró a Yahvéh, llorando sin consuelo» (κλαίουσα ἔκλαυσεν).

2 Sm 12,21.22: Los servidores de David a la muerte del hijo de Betsabé. «Cuando el niño aún vivía, ayunabas y llorabas (ἔκλαιες) ... Respondió: mientras el niño vivía, ayuné y lloré (ἔκλαυσα), pues me decía: «¿Quién sabe si el Señor tendrá compasión de mí?»

2 Re 20,3 = Is 38,3: «Y Ezequías lloró (ἔκλαυσε) con largo llanto (κλαυθμῷ μεγάλῳ)».
22,19; 2 Cr 34,27: «Ya que lloraste (ἔκλαυσας) ante mí, también yo escuché (ἤκουσα)».

F. *Tradición judío-helenística*

Igualmente en algunos Apócrifos del judaísmo tardío helenístico la vehemencia de la oración se traduce en «clamor» y «lágrimas» (von Soden, Rohr, Spicq, Rasco, Boman, Lescow, Brandenburger, Galizzi, Feuillet, Dey).[264]

3 Mac 1,16: Describe la oración de los sacerdotes, cuando Ptolomeo Filopator decidió entrar en el santuario, «cuando los sacerdotes cayeron con sus sagradas vestiduras, implorando al Dios máximo venir en ayuda en tiempo de necesidad (δεομένων τοῦ μεγίστου θεοῦ βοηθεῖν τοῖς ἐνεστῶσιν), y apartar la violencia del feroz agresor, cuando llenaron el templo con clamor y lágrimas» (κραυγῆς τε μετὰ δακρύων).

1,18: «Las vírgenes, que habían sido encerradas dentro de sus recámaras, salieron con sus madres, esparciendo polvo y ceniza sobre sus cabezas y llenando las calles de lamentos y gemidos (γόων τε καὶ στεναγμῶν)».

5,7: «Todos invocaron al Señor todo poderoso y dominador de todo poder (πάσης δυνάμεως δυναστεύοντα), a su Dios misericordioso (ἐλεήμονα) y padre, pidiendo (δεόμενοι) con clamor incesante (δυσκαταπαύστῳ βοῇ) y lágrimas (μετὰ δακρύων); v. 8: ... ser librados (ῥύσασθαι) de la suerte (ἐκ τοῦ ... μόρου) que les estaba reservada».

5,25: Los judíos «entre súplicas y lágrimas (πολύδακρυν ἱκετείαν) còn tono lastimero pedían (ἐδέοντο) al Dios supremo que otra vez les prestara rápidamente su ayuda».

6,14: «Te suplica (ἱκετεύει σε) toda la multitud de los infantes y sus padres con lágrimas (μετὰ δακρύων)».

3 Esd 5,60 (LXX 1 Esd): «Algunos de los sacerdotes, de los levitas y de los jefes de sus familias, los ancianos que habían visto la anterior casa, llegaron a la construcción de ésta con llanto y gran clamor (μετὰ κραυγῆς καὶ κλαυθμοῦ μεγάλου)».

---

[264] VON SODEN, ibid.; ROHR, ibid.; SPICQ, ibid.; RASCO, 731; BOMAN, 266; LESCOW, ibid.; BRANDENBURGER, 212; GALIZZI, 231; FEUILLET, ibid.; DEY, 224.

La descripción de la oración de Jesús, que encontramos en nuestro texto, corresponde, pues, a la forma ideal de la oración de un hombre piadoso, tal como era concebida en el judaísmo helenístico.

De aquí deducen algunos que el lenguaje de Hb 5,7 tiene su origen en la tradición judío helenística, particularmente en Filón (Spicq, Brandenburger, Dey, Attridge, Swetnam).[265] Han propuesto varios textos filonianos como paralelos. Para la oración unida a los gritos, Spicq menciona Deter, 92-93 (ἐκβοήσεις-ἱκέτας-ἐκβοῶσι) y Leg, 3,213 (ἐκβοᾶ-ἱκετεύουσα). Dey cita Quaest Gn, 4,233: «And by groaning and lamenting and crying aloud ... he attained to the salvation of God»)[266] y Deus, 115 (στενάξασα). Attridge encuentra el trasfondo adecuado («the proper background»), el mejor marco («better framework») para la comprensión de la terminología de nuestro pasaje en Her, 1-29, donde Filón comenta Gn 15 y expone las características de la oración de Abraham y de Moisés. El grito de Her, 14 (cf Ex 14,15) es paralelo al «clamor poderoso» de la oración de Jesús: «Los que han confiado en el amor divino de la sabiduría deben hablar y no sólo hablar con calma, sino gritar a plena voz» (μετὰ κραυγῆς μείζονος ἐκβοᾶν). Y en Her, 19, como en Hebreos, el grito de la oración va unido con la «emoción»: «El hombre de bien tiene tal libertad de palabra que no sólo osa hablar y gritar (βοᾶν), sino aún clamar (καταβοᾶν) por verdadera fe y genuina emoción» (ἀπὸ γνησίου τοῦ πάθους).

Con todo, las semejanzas verbales de estos textos con Hb 5,7 son débiles; ninguno de ellos es verdaderamente paralelo. Los términos compuestos de κρ + vocal + gutural son, en efecto, poco frecuentes en Filón (κραυγή 2x; κράζω 12x; ἀνακράζω y κραυγάζω no ocurren). En Her, 14 se lee μετὰ κραυγῆς, pero Filón insiste en que no se trata de una expresión de la voz, sino de un grito del alma; precisa claramente: «no con la boca y la lengua (οὐ στόματι καὶ γλώττη), a través de las cuales pasa, se dice, la columna de aire perceptible por el oído, sino con el instrumento armonioso y potente del alma (ἀλλὰ ... ψυχῆς ὀργάνῳ), que ningún mortal puede escuchar, sino solamente el no engendrado e incorruptible». La misma idea es expresada en Quaest Gn, 4,233: «Con su voz no más que en sus pensamientos» («with his voice no more than in his thoughts»; OL «non regibili voce sed intelligibili»).[267]

---

[265] Spicq, 1, 45-46; Brandenburger, 211-212; Dey, ibid.; Attridge, 90-93; Swetnam, 183-184.
[266] Ed. R. Marcus, 1, 532-533.
[267] Ed. R. Marcus, 1, 532.

Spicq se inclina a ver en ἱκετηρία un influjo del léxico filoniano por las siguientes razones:

1. Hb 5,7 es, con 7,25, el único pasaje de la epístola que menciona la oración. Ahora bien, entre las múltiples expresiones del ruego a Dios, Filón prefiere ἱκετεύω y sus derivados. Cf Mos, 1,36.

2. En Hebreos se trata de la oración de Cristo sumo sacerdote. Ahora bien, para Filón, ἱκεσία es la oración cultual, sacerdotal. Cf Praem, 56.

3. La oración del ἀρχηγός que obtiene misericordia para los pecadores es ἱκετεία. Cf Exsecr, 166 = Praem, 166.

4. Cristo es el jefe de la nueva alianza, como Moisés lo era de la antigua. Ahora bien, la oración de Moisés es siempre expresada por Filón con palabras del grupo ἱκετεύω-ἱκεσία. Este es el modo apropiado al oficio de intercesor. Cf Mos, 1,125.184.216; 2,177.179; Spec, 1, 41-42.

5. Las oraciones de Moisés, como las de Jesús, fueron escuchadas por la dignidad personal del suplicante, por su proximidad e intimidad con Dios. Esto confirma que ἱκετηρία fue escogida por el autor de Hebreos a causa de su presencia en Filón, cuando habla de la oración de Moisés. Cf Virt, 77.79; Leg, 3,215.

6. La eficacia de la oración se funda en la bondad y misericordia divinas; cf Mos, 1,72.101.185; Deter, 93.146.160; Migr, 122. Y Dios muestra su misericordia a los que lo temen; cf Praem, 166. Así Jesús fue escuchado ἀπὸ τῆς εὐλαβείας.

7. Unión de oración y gritos. Cf supra, p. 56.

8. La imploración filoniana es confesión de debilidad (cf Cher, 47), brota espontáneamente de los labios del que sufre; cf Sacrif, 4.71. Es el caso de Cristo antes de morir.

Williamson[268] ha examinado detalladamente los argumentos de Spicq y demostrado su debilidad fundamental.

1. No son únicamente dos los pasajes de Hebreos referentes a la oración; hay un tercer pasaje: 13,18, προσεύχεσθε. Y en 7,25 el verbo utilizado es ἐντυγχάνω. No se puede decir, por tanto, que un determinado grupo de palabras preferido por Filón haya influenciado al autor de Hebreos.

Filón, cuando trata de la oración, usa muchas veces ἱκετεύω y términos afines, pero, como demuestran las estadísticas, emplea más frecuentemente el grupo de palabras εὔχομαι y derivados; cf εὐχή: Mos, 2,5; Abr, 250; Agric, 99; Decal, 73; Deus, 8; εὔχομαι: Sacrif, 124; Deus, 87.164;

---

[268] WILLIAMSON, 51-64.

Contempl, 27. Por otra parte, ἱκετηρία es utilizado por Filón sólo dos veces. Es, por consiguiente, sumamente dudoso que ἱκετηρία en 5,7 haya sido elegido por el autor de Hebreos bajo la influencia de Filón.

2. En Hb 7,25, la intercesión del sumo sacerdote celeste no es designada con el verbo ἱκετεύω, sino con ἐντυγχάνω. — Cuando Filón habla de la oración sacerdotal o cúltica no usa invariablemente palabras del grupo ἱκετεύω. En los dos empleos de ἱκετηρία el contexto es profano. Ἱκεσία tiene sentido sacerdotal o cúltico sólo en 2 (Praem, 56; Spec, 1,97) de los 21 empleos. Más frecuentemente es utilizado por Filón, en contexto sacerdotal, el grupo εὔχομαι y derivados; cf Spec, 1,97.113.229: εὐχαὶ καὶ θυσίαι. La presencia de ἱκετηρία en 5,7 no puede, pues, ser considerada como prueba de un influjo lexicográfico de Filón sobre el autor de Hebreos.

3. La semejanza entre Hb 5,7 y Praem. 166 no es tan estrecha como Spicq lo sugiere. En Hebreos, Jesús es llamado ἀρχηγός, pero no en nuestro pasaje, donde se usa δεήσεις τε καὶ ἱκετηρίας, sino en otros contextos: 2,10; 12,2. En ningún lugar de la epístola, el autor, al hablar de la oración intercesora de Cristo, describe a Jesús como ἀρχηγός ni usa para sus oraciones el término ἱκετεία. En Praem, 166, la palabra utilizada por Filón no es ἀρχηγός, sino ἀρχηγέτης, y en plural. Se trata de los santos, que han muerto y actúan como intercesores ante Dios en favor de los pecadores. Tiene poco en común con la ofrenda de oraciones hecha por Jesús en su pasión, «con clamor poderoso y lágrimas».

4. Cuando Filón habla de la oración de Moisés no usa exclusivamente palabras del grupo ἱκετεύω, sino emplea también muchas veces términos del grupo εὔχομαι; cf Agric, 99; Mos, 1,47.122.219; Fug, 164; Poster, 67; Mutat, 125. Y se sirve igualmente de otros verbos: ποτνιάομαι (Mos, 1,47; 2,201); πυνθάνομαι (Mos, 2,217); ἐντυγχάνω (Mos, 1,173); παρακαλῶ (Mos, 1,83).

En Hebreos las oraciones de Jesús son mencionadas sólo dos veces, y de estas dos referencias sólo 5,7 contiene una palabra del grupo ἱκετεύω. Pero ἱκετηρία no es usada, en Filón, en relación con la oración de Moisés. No hay, pues, razón suficiente para suponer en Hebreos una dependencia lexicográfica de Filón.

5. Las oraciones de Cristo y de Moisés fueron escuchadas por las mismas razones. Pero no se ve cómo esto deba considerarse como indicación de una relación directa entre el uso de ἱκετηρία en 5,7 y el lenguaje de Filón.

6. La bondad y misericordia de Dios es lo que da eficacia a la oración. Pero este hecho no demuestra que ἱκετηρία en 5,7 es una palabra inspirada por Filón. — En Praem, 166, no se trata de un Dios que ejerce su misericordia sobre suplicantes que poseen εὐλάβεια. En Cher, 27, se

habla de la bondad divina y del respeto a Dios, pero no aparece allí ningún miembro de la familia ἱκετεύω-ἱκεσία, cf también Deter, 45; Leg, 3,113; Virt, 24.

7. Los gritos de súplica a Dios designados por Filón con las palabras ἐκβόησις-ἐκβοᾶν son muy diferentes del grito, más angustiado, expresado con κραυγῆς ἰσχυρᾶς en Hb 5,7.

8. Ciertamente la actitud designada por el grupo ἱκετεύω-ἱκετεία, en Filón, implica debilidad e impotencia, y tiene semejanza con la situación de Cristo descrita en 5,7. Pero de aquí no se sigue que ἱκετηρία de Hb 5,7 provenga del léxico filoniano.

La mera presencia de las mismas palabras en Filón y Hebreos no es por sí mismo prueba de relación o interdependencia. Debe demostrarse. Y en el caso de ἱκετηρία en 5,7 las razones carecen de fuerza.

Para εὐλάβεια, cf infra, pp. 224.228-229.

G. *Tradición rabínica*

Nuestro pasaje encuentra también una notable ilustración en la tradición rabínica (Schöttgen, Wolf, Westcott, Moffatt, Strack-Billerbeck, Michel, Spicq, Rissi, Rasco, Leonardi, Montefiore, Kelly, Swetnam).[269]

El judaísmo tardío da gran valor a las lágrimas que acompañan la oración. Desde Schöttgen[270] se citan dos sentencias rabínicas: «Hay tres clases de oraciones, cada una más elevada que la anterior: súplica, clamor y lágrimas. La súplica se hace en silencio, el clamor en alta voz, pero las lágrimas superan todo».[271] «Rabbi Yehudá dijo: Todas las cosas de este mundo dependen de la penitencia y de las oraciones que el hombre ofrece a Dios (¡Bendito sea!), especialmente si uno derrama lágrimas junto con sus oraciones. Pues no hay ninguna puerta, por la que las lágrimas no entren».[272]

Las grandes figuras de Israel son presentadas en oración intensa ante Dios, en la inminencia de la muerte. Gritos y lágrimas señalan un momento de particular aflicción.

---

[269] SCHÖTTGEN, 949-950; WOLF, 651; WESTCOTT, 126; MOFFATT, 65; STRACK-BILLERBECK, 3, 688; MICHEL, *Hebräer*, 220-221; SPICQ, *Hébreux*, 2, 113; RISSI, 37; RASCO, 732-733; LEONARDI, 178; MONTEFIORE, 97; KELLY, 23-28; SWETNAM, 187, n. 61.

[270] SCHÖTTGEN, 949.

[271] *Synopsis Zohar*, p. 33, n. 2; así citado por SCHÖTTGEN.

[272] *Zohar Exodus*, col. 19; así citado por SCHÖTTGEN; véase Zohar 2, 19b-20a (sobre Ex 2,23), ed. Pauly, 3, 95-97.

En Yalkut Shimoni (s. XIII), citado también por Schöttgen,[273] se muestra a Isaac, tipo del Mesías, gritando y llorando, en la escena del sacrificio. En el Midrash a Gn 22,9: Abraham «ató a Isaac, su hijo, y lo puso sobre el altar, encima de la leña», leemos: «Los ojos de Abraham estaban fijos en los ojos de Isaac, pero los ojos de Isaac en el cielo, de suerte que todo él casi nadaba en lágrimas... En ese momento, Isaac abrió su boca para llorar y gritó fuertemente (פער פיו בבכיה וגעייה וגדולה) teniendo sus ojos alzados al cielo, y levantando la voz (והרים קולו), oró así: elevé mis ojos a los montes, de donde me vendrá el auxilio».[274] El Midrash Rabbah completa el cuadro: aún los ángeles lloraron en esa ocasión.[275]

Las lágrimas son mencionadas también antes de la muerte de Abraham, cuando Miguel es enviado por Dios como heraldo de la muerte. Isaac, Abraham, y Miguel rompen a llorar, y las lágrimas de Miguel se convierten en piedras preciosas.[276]

«Oraciones y súplicas» son el preludio a la muerte de Moisés. «¿Qué hizo Moisés en aquella hora (de su muerte)? Extendió un saco y se cubrió con él, se revolcó en ceniza, y estuvo allí en súplicas (בתפילה ובתחנונים) delante de Dios, hasta que el cielo y la tierra se conmovieron».[277]

Una tradición rabínica habla también del grito y llanto del Hijo de David. «En la semana de años, en la que el Hijo de David viene, le presentan una viga de hierro y se la ponen sobre el cuello hasta que su cuerpo se doblega. Y él grita y llora y su voz sube al cielo». Entonces Dios le dice: «Ahora tu dolor es mío», y muestra su aflicción al ver su casa destruida, su templo incendiado y su pueblo en el exilio.[278] Y hay una leyenda Zohar acerca de las lágrimas de Dios, derramadas por el sufrimiento de Israel.[279]

Como confirmación, podemos aducir el esquema judío tradicional de la oración de preparación a la muerte: reconocimiento del poder de Dios, deseo de librarse de la muerte, aceptación; tradición que se remonta a tiempos muy antiguos.[280]

Gritos y lágrimas pertenecen, pues, a la imagen rabínica del Mesías. Schille y Strobel[281] opinan que en la época neotestamentaria un Cristo sufriente en esa forma era algo extraño y escandaloso para la esperanza judía, y que, si existe una tradición muy tardía sobre el clamor y llanto

---

[273] SCHÖTTGEN, 949-950.
[274] YALKUT SHIMONI, 1, § 101.
[275] Gn R 56, 5. 7 (ed. Freedman, 1, 495. 497).
[276] Cf. GINZBERG, 1, 300.
[277] Dt R 11, 10 (ed. Freedman 3, 181).
[278] Pesikta Rabbati, 36, 2.
[279] Cf. GINZBERG, 6, 398.
[280] Cf. D. DAUBE, *A Prayer Pattern in Judaism,* en TU 78 (1959) 539-545.
[281] SCHILLE, 102; STROBEL, *Hebräer,* 128.

del Mesías, constituye ésta sólo una excepción, motivada por el mensaje cristiano. Sin embargo, aunque estos rasgos mesiánicos aparecen tardíamente en la literatura rabínica, corresponden a los que encontramos en la descripción del sufrimiento de Cristo en Hb 5,7 y son una ilustración de ella; están además en armonía con la figura del Mesías sufriente, tal como fue profetizada por la Escrituras (cf. Sal 22; 31; 39; 42; 69; 116; etc.) y como aparece en los relatos de la pasión (cf. Mt 27,46.50; Mc 15,34.37; Lc 23,46).[282]

Otra tradición rabínica, consignada en la Misna, habla del sumo sacerdote judío, quien, en el décimo día de Tisri, en el Día de la expiación, entraba en el Santo de los Santos y ofrecía oraciones y súplicas por los pecados del pueblo, en alta voz, que podía ser escuchada a lo lejos. «Y hay quien dice —leemos en la Misna, Tam 3,8— que incluso la voz del sumo sacerdote, cuando invocaba el nombre divino el Día de la expiación, se oía desde Jericó». Sin duda que esto se dice hiperbólicamente, pero es un testimonio de que el pontífice gritaba con la máxima voz posible. J. Braun, quien por primera vez hace esta referencia, asegura haber sido testigo, en las sinagogas de Amsterdam y otros lugares, de este rito que se observa hasta nuestros días.

Según algunos comentadores, el autor de Hebreos indudablemente pensó en este rito, al decir que Cristo ofreció oraciones y súplicas con clamor poderoso y lágrimas. Si el sumo sacerdote, el Día de la expiación de los pecados del pueblo judío ofrecía oraciones y súplicas en alta voz, Cristo, su antitipo, verdadero sumo sacerdote, en el gran Día de la expiación de los pecados del mundo, ofreció oraciones y súplicas con un clamor más poderoso y aún con lágrimas.[283]

Lünemann, Moll[284] se oponen resueltamente a esto, sin aducir argumentos. Pero esta relación no se excluye en un contexto sacerdotal, donde el autor señala la semejanza de ambos pontífices y presenta la pasión de Cristo como una solemne oración.

H. *Himno cristiano primitivo.*
Diversas reconstrucciones

En tiempos recientes se han propuesto muy variadas conjeturas sobre la génesis de nuestro texto. Bousset[285] encontró en 5,1-10 una instrucción (Lehrvortrag) originalmente independiente. Michel[286] supone

---

[282] MICHEL, Hebräer, 221: «Es liegt nahe, dass man in palästinisch-urchristlichen Kreisen das Leiden Jesu in Gethsemane mit den gleichen Farben geschildert hat».

[283] J. BRAUN, 292; BÖHME, 230; KLEE, 113; LOMB, 95; WESTCOTT, 126.

[284] LÜNEMANN, 175; Moll, 96.

[285] BOUSSET, 473-474.

[286] MICHEL, *Hebräer, 224.*

que a nuestro pasaje sirvió de base una antigua tradición sobre Cristo, un material unitariamente formado, pero no determina el género del modelo. Lenguaje y estilo de los vv. 7-10 han dado motivo a querer descubrir no sólo una tradición precedente, sino un antiguo himno cristológico. Se han pretendido incluso diversas reconstrucciones. Pasaremos revista a continuación a estas hipótesis.

* * *

Schille [287] piensa que Hb 5,5-10 explota un antiguo himno cristológico («Christuslied»). El himno tiene una clara construcción. Al principio se encuentra una frase introductoria, que enuncia el título y el tema, y comienza con «el cual Cristo», como 1 Pe 2,21; 3,18. Viene luego la parte principal, que consta de 4 estrofas de 3 versos cada uno:

5a Intr.: «Cristo no se atribuyó a sí mismo la gloria de llegar a ser sumo sacerdote,

5b I.   sino (la recibió de aquel) que le dijo:
            'Hijo mío eres tú,
            yo hoy te he engendrado';
(6)

7a II.   el cual ( ) oraciones y súplicas
            al que podía salvarlo de la muerte
            con clamor poderoso y lágrimas ofreció;

7b III.   y fue escuchado a causa de su piedad,
8   y aunque era Hijo,
            aprendió en lo que padeció la obediencia,

9   IV.   y perfeccionado fue ( ) causa de salvación eterna,
10   nombrado por Dios 'sumo sacerdote
            según el orden de Melquisedec'».

Las estrofas I y III tratan del «Hijo»; II y IV, del oficio sacerdotal. El primer verso (5a) y el último (10) tratan el mismo tema: Cristo no se atribuyó el honor de sumo sacerdote (Flp 2,6); por eso, recibió de Dios esta dignidad (Flp 2,9-11). La voz guía «sumo sacerdote» enlaza el principio y el fin, haciendo de 5,5-10 una unidad.

Como interpretaciones del autor de la epístola, Schille elimina todo el v. 6, y las frases «en los días de su carne» del v. 7 y «para todos los que lo obedecen» del v. 9.

---

[287] SCHILLE, 97-109.

Para la supresión del v. 6 enumera 5 razones:

1) El v. 7 enlaza, por medio del relativo, con 5a, más que con la cita del v. 6.

2) Si el v. 6 fuera paralelo al v. 5, el autor pasaría por alto el progreso que hay entre v. 5 y v. 10: el «Hijo» es nombrado «sumo sacerdote».

3) La fórmula introductoria de la cita del v. 6: «como también... dice» habla en favor de una adición («Zufügung») al texto precedente.

4) La forma del v. 6 es prosa.

5) El v. 6, como texto más detallado, es más bien una precisión de la alusión tipológica del v. 10.

La fórmula del v. 7 «en los días de su carne», con artículo, es glosa del autor. Con estas palabras se vuelve de nuevo la mirada del lector de la exaltación de Jesús (inserción del v. 6) al humillado (v. 5 y 7-8) del que habla el modelo. El servicio sumo sacerdotal de Cristo comenzó cuando él todavía estaba «en los días de su carne».

Las palabras del v. 9 «para todos los que lo obedecen» son adición del autor. Aprovecha parenéticamente la «obediencia» de Cristo mencionada en el v. 8. Indica la necesidad de seguir el camino de Cristo, de emular su obediencia, si se quiere alcanzar la salvación. Schille da tres motivos para la eliminación: 1. Privan a la frase impersonal «causa de salvación eterna», un poco de su validez general. Mencionan una condición bajo la cual Cristo es causa de salvación. 2. Sobrecargan el v. 9. 3. En ellas se encuentra el artículo.

Los argumentos avanzados por Schille en apoyo de su conjetura son:

1. Formalmente: el caracter hímnico del pasaje, manifestado en la ausencia de artículos, en el estilo relativo y participial, en la combinación de dos palabras paralelas, sinónimas, y en la longitud de los versos.

2. Teológicamente: la diferente concepción sobre el origen del sumo sacerdocio de Cristo. El himno 5,5. 7-10 acentúa que Jesús tuvo que pasar por tormentos y dolores, antes de que Dios le otorgara la dignidad de sumo sacerdote (atributo de Cristo exaltado) que él durante su vida no se apropió. Para el autor, en cambio, Jesús posee, por lo menos ya desde su muerte, la dignidad sumo sacerdotal (atributo de Cristo terrestre), que lo capacita para ofrecerse a sí mismo en calidad de sumo sacerdote.

* * *

Braumann[288] sostiene que Hb 5,7-10 se sitúa incuestionablemente en la tradición de la pasión. Esta explicaría los motivos oración, clamor poderoso, lágrimas, sufrimiento, ser escuchado. Pero junto a la tradición de la pasión se debe atender —según él— a la tradición bautismal, de la que derivan sobre todo las fórmulas «que podía salvarlo de la muerte» y «aprendió, por lo que padeció, la obediencia».

Se basa en las siguientes observaciones:

1. El motivo «salvación» pertenece claramente a la proclamación bautismal (Mc 16,16; 1 Pe 3,21; cf Flp 2,12; Rom 5,9-10; 10,1.9.10).

2. Con «salvación» se relaciona frecuentemente el concepto «poder» (Sant 4,12; 1,21; 2,14) y «fuerza» (Rom 1,16; 1 Cor 1,18).

3. La cita del salmo 2,7 en Hch 13,33-34 está ligada con el pensamiento de la resurrección de los muertos.

4. El motivo de la obediencia de Cristo en relación con su sufrimiento y muerte se encuentra en Flp 2,8, que probablemente es un himno bautismal, adoptado por Pablo.

A la terminológa del bautismo orientan también los motivos: obediencia de Cristo que fundamenta la justificación de muchos (Rom 5,19); y obediencia humana (Flp 2,12 y Rom 6,12.16-17, texto claramente relativo al bautismo), que aparecen en Hb 5,9: «causa de salvación eterna para todos los que lo obedecen». Hb 6,1 confirmaría la posibilidad de que en Hb 5,7-10 se trata de una tradición bautismal.

* * *

Friedrich[289] recoge y modifica la tesis de Schille de que un himno sirvió de base a Hb 5,7-10.

1. Muestra por el uso del idioma que en los v. 7-10 no se trata de palabras del autor sino de una tradición recibida. Estos versos contienen: palabras que no se encuentran en otros lugares de Hebreos: δέησις, ἱκετηρία, κραυγή, εἰσακούω, αἴτιος, προσαγορεύω; términos que aparecen en otros pasajes de Hebreos pero con diferente significación: σῴζειν, θάνατος, προσφέρειν, εὐλάβεια, τελειόω.

2. Señala que Hb 5,7-10 no es prosa ordinaria, sino forma poética («dichterische Gestaltung»). Se basa, como Schille, en los siguientes criterios: substantivos sin artículo: δέησις, ἱκετηρία, θάνατος, κραυγή, δάκρυον; duplicado de expresiones: δεήσεις-ἱκετηρίας, κραυγῆς-δακρύων;

---

[288] BRAUMANN, 278-280.
[289] FRIEDRICH, Das Lied, 98-111.

estilo participial, como es usual en los himnos: δυνάμενος, προσενέγκας, εἰσακουσθείς, τελειωθείς, προσαγορευθείς.

En vista de estas observaciones, cree que en Hb 5,7-10 se debe suponer un himno cristiano primitivo.

A diferencia de Schille, ve el comienzo del himno, no en 5,5, sino sólo en 5,7, donde se encuentra el típico ὅς hímnico: Flp 2,6; Col 1,15; 1 Tim 3,6; Hb 1,3; 12,2; 1 Pe 2,22. Asi ve resueltas las dificultades suscitadas por la «costura» («Nahtstelle») existente entre los versos 6 y 7.

3. Al igual que Schille, suprime, como adiciones («Zusatz») hechas por el autor a la poesía original, en el v. 7 las palabras «en los días de su carne», y en el v. 9 la fórmula «para todos los que lo obedecen». «En los días de su carne» (v. 7) es una necesaria inserción («Einschub»), una nota explicativa («erläuternde Bemerkung»), para aclarar que no se habla ya del «sacerdote para la eternidad según el orden de Melquisedec» (v. 6), sino del Jesús terrestre. El artículo muestra que la frase es prosaica, no poética. «Para todos los que lo obedecen» (v. 9) no encaja en la estructura formal y perturba también el sentido, pone la condición bajo la cual puede ser alcanzada la salvación: la obediencia. Es una exhortación, una aplicación parenética que el autor hace del himno: como Cristo, también vosotros.

Siguiendo a Jeremias,[290] considera todo el v. 8 como un «paréntesis», como una «nota aclaratoria» sobre el Hijo, con la que el autor une el himno del sumo sacerdote a las afirmaciones precedentes. Si faltara el v. 8, se podría creer que Jesús llegó a ser sumo sacerdote e Hijo sólo por su exaltación y entronización. Con la «observación incidental» («Zwischenbemerkung»), el autor afirma que Jesús también en los días de su abajamiento era ya Hijo.

Por último, elimina Friedrich la locución del v. 10 «según el orden de Melquisedec» como adición y breve nota del autor.

Así resulta un himno de dos estrofas, cada una de tres versos:

7a I. «El cual ( ) oraciones y súplicas
al que podía salvarlo de la muerte
con clamor poderoso y lágrimas ofreció,

7b II. y fue escuchado a causa de su temor de Dios
(8)
9 y perfeccionado fue ( ) causa de salvación eterna,
10 nombrado por Dios sumo sacerdote» ( ).

---

[290] JEREMIAS, 109-110.

La construcción es paralela a Flp 2,6-11. La primera estrofa trata del Jesús terrestre. Como en Flp 2,6-8 es Jesús el que actúa: clama a Dios en la humillacion y la debilidad. La segunda estrofa muestra al Jesús exaltado. Como en Flp 2,9-11, aunque Jesús está en el centro, se habla, con formas pasivas, de la acción de Dios. Entre los versos de las dos estrofas existen correspondencias: a las oraciones y súplicas (I,1) corresponde ser escuchado (II,1); el que implora la salvación (I,2) se convierte en salvador (II,2); hay una gran diversidad entre el que grita y llora (I,3) y el entronizado por Dios (II,3).

4. Como «Sitz im Leben» del himno piensa Friedrich en la liturgia del bautismo. Intenta demostrar que Hb 5,7-10 es un himno bautismal («Tauflied»).

Por la forma: semejanza de Hb 5 con Flp 2, relacionado al bautismo; humillación-exaltación.

Por el contenido: si hay relación entre bautismo y consagración sacerdotal (Hb 10,19-22; 1 Pe 2,9; Jerónimo, Tertuliano), es muy natural, en el acto del bautismo, cantar un «himno a Cristo, sumo sacerdote».

Por el contexto: en 4,14 se habla de ὁμολογία, confesión de fe bautismal; en 5,5, la cita del Sal 2,7 recuerda el bautismo de Jesús; en 5,7-10, el himno bautismal sobre el sumo sacerdote afirma que el exaltado es causa de salvación eterna; el concepto σωτηρία pertenece a la terminología bautismal (Mc 16,16; 1 Pe 3,21); en 6,1 se menciona la enseñanza del bautismo.

5. A causa de la cristología adopcionística expresada en el himno, donde Cristo, sólo despues de su muerte es entronizado como sumo sacerdote, supone Friedrich que debe tratarse de un himno judío cristiano muy antiguo. Si se admite que en Hb 5,7-10 se trata de un himno bautismal de temprana edad, adoptado por el autor, se sigue necesariamente «que la visión del sumo sacerdocio de Cristo no es una enseñanza especial del autor de Hebreos, sino que estaba profundamente enraizada en la fe y culto de la comunidad primitiva»[291].

* * *

Según Zimmermann,[292] en la Epístola a los Hebreos se muestran diferentes concepciones teológicas, se hacen muy diversas afirmaciones sobre Cristo sumo sacerdote.

---

[291] FRIEDRICH, Das Lied, 111; cf. también Beobachtungen, 265-311, donde pretende probar que ya en los sinópticos hay una enseñanza de Jesús como sumo sacerdote.
[292] ZIMMERMANN, 18-33.

1. Sobre el establecimiento de Cristo como sumo sacerdote y sobre su sacrificio.

a) Sólo el Señor «exaltado» es considerado como sumo sacerdote. En el himno contenido en 5,7-10 el Señor que de la muerte entró en la gloria (τελειωθείς) es proclamado (προσαγορευθείς) por Dios como sumo sacerdote; cf también 7,8.16.23-25; 8,4.

b) El Jesús terrestre que se ofrece a sí mismo en la cruz es ya sumo sacerdote; más aún, su entrega a la muerte, hecha una vez por todas, es la decisiva acción sumo sacerdotal: 7,27; 9,11-28; 10,11-14.

2. Sobre las propiedades del sumo sacerdote.

a) Del Señor exaltado: «santo, inocente, inmaculado, separado de los pecadores, más alto que los cielos»: 7,26.

b) Del Cristo terrestre: pertenencia a los hombres, capacidad de compasión, debilidad, tentación: 2,17; 4,15; 5,7-8.

3. Sobre la función del sumo sacerdote.

a) El Señor exaltado es intercesor en favor de los suyos, ante la presencia de Dios: 7,25.

b) Cristo que se ofrece en la cruz es «precursor por nosotros»: 6,20.

4. Sobre la relación con el sumo sacerdote del AT.

a) Antítesis: 7,4-25; 8,6.8-12.13; 10,5-9.

b) Correspondencia, superación y escatológico cumplimiento: 5,1-4.5-10; 9,11-14.23-24.

Con la ayuda de la historia de las tradiciones, Zimmermann intenta explicar que las diversas afirmaciones pertenecen a diferentes estratos de la epístola.

1. Hebreos se basa en una ὁμολογία (3,1; 4,14; 10,23) en la que la comunidad reunida para el culto divino confiesa su fe en Cristo «sumo sacerdote» (3,1) e «Hijo de Dios» (4,14), y expresa la presente situación del Señor exaltado. Estas «homologías» se pueden reconocer dentro de la epístola:

a) En 7,1-3: himno sacerdotal, que por medio de Gn 14,17-20 y Sal 110,4 expresa la dignidad mesiánica y sacerdotal de Cristo.

b) En 7,26: pequeño himno cristológico que aclama a Cristo exaltado como sumo sacerdote.

c) En 5,7-10: himno cristológico, incorporado por el autor de Hebreos a 5,1-10, como prueba de la debilidad humana de Cristo sumo sacerdote. La forma original del himno es, según Zimmermann, la propuesta por Friedrich en su reconstrucción. Muestra una gran semejanza con otros himnos del NT (1 Tim 3,16; Flp 2,6-11; Col 1,15-20); formalmente: ausencia de artículos, comienzo con ὅς, construcción antitética, forma pasiva como descripción de la acción de Dios; en cuanto al contenido: descripción del camino del Salvador de la humillación a la exaltación. La proclamación de Cristo como sumo sacerdote es presentada como el término del camino del Salvador. El himno muestra que la confesión de fe en Cristo sumo sacerdote es recogida por el autor de Hebreos como una muy firme tradición, y que se dirige al Señor exaltado y presente en la Iglesia.

2. La cristología sumo sacerdotal de Hebreos se basa en una tradición bien establecida en la iglesia primitiva, que se manifiesta no sólo como «homología», sino también como interpretación («Auslegung») de la «homología», como instrucción («Unterweisung»): 7,4-25; 8,3-9,10; 10,2-10.

3. El tercer estrato de la epístola lo constituyen los desarrollos («Ausführungen») del autor, que se caracterizan por su intención parenética. Porque la comunidad ve establecido por Dios como sumo sacerdote sólo al Señor exaltado y encuentra obstáculos en su humilliación y muerte de cruz, al autor de Hebreos le interesa mostrar que Cristo, en la entrega de su vida, cumplió la función sumo sacerdotal propiamente dicha. Como el autor interpretó y transformó la tradición recibida, para ponerla al servicio de su teología y parénesis, las afirmaciones pertenecientes a diversos estratos de la tradición pueden ser entendidas como una unidad.

* * *

Lescow,[293] como Schille y contra Friedrich, relaciona la partícula ὅς de 5,7 a 5,5a y considera la frase «Cristo no se glorificó a sí mismo» (sin la oración completiva «llegar a ser sumo sacerdote») como introducción del himno.

Suprime luego en el v. 7: «en los días de su carne», como Schille y Friedrich, y εἰσακουσθεὶς ἀπὸ τῆς εὐλαβείας, como un paréntesis [294] perturbador, más que esclarecedor de sentido; el v. 10 en su totalidad: se basa en que la serie de ideas de los v. 7-8 encuentra en el v. 9 con «causa de salvación eterna» su conclusión plena de sentido; el v. 10, tomando de nuevo el motivo de los v. 5-6, sirve sólo para redondear eficazmente todo el parágrafo. Eliminados εἰσακουσθεὶς y προσαγορευθεὶς considera lógico suprimir también τελειωθεὶς por la estrecha relación de los tres participios pasivos. Constituyen así éstos las adiciones interpretativas más importantes, con las que el autor de Hebreos acomoda el himno a su visión general del sumo sacerdote.

---

[293] LESCOW, 223-238.
[294] Cf. ya antes de él, PEIRCE, 221-222; BLOOMFIELD, 448; SPICQ, *Hébreux*, 2, 116.

Resulta, por consiguiente, un himno de dos estrofas, cada una de tres versos:

5 Intr.: «Cristo no se glorificó a sí mismo, ( )

7 I. el cual, ( ) oraciones y súplicas
al que podía salvarlo de la muerte,
con clamor poderoso y lágrimas ofreciendo, ( )

8 II. ( ) aprendió, en lo que padeció, la obediencia,
9 y ( ) fue para todos, los que lo obedecen,
causa de salvación eterna.»

(10)

El himno no parece ser de una pieza. Ambas estrofas son de carácter muy distinto: la primera, lírica; la segunda, épica.

Lescow propone, por último, una conjetura más. Si se elimina la primera estrofa como probablemente más reciente y si la introducción del himno perteneció originalmente a él, resultaría un himno de dos estrofas, cada una de dos versos:

5 I. Cristo no se glorificó a sí mismo,
( )
8 (sino que) ( ) aprendió, en lo que padeció, la obediencia

9 II. y ( ) fue para todos, los que lo obedecen,
( ) causa de salvación eterna.

* * *

Brandenburger [295] señala que en Hb 5,7-10 se puede constatar un punto de tensión, neurálgico, una ruptura, un corte entre los v. 7 y 8. Hay aquí un cambio de dos participios aoristos a una participio presente, y la subordinación de los tres participios a ἔμαθεν representa una ilación del pensamiento muy extraña.

Pretende Brandenburger solucionar el problema del texto, suponiendo dos fragmentos de la tradición, originalmente independientes:

Fragmento 1 = v. 7

«El cual, en sus días ( ) oraciones y súplicas
al que podía salvarlo de la muerte
con clamor poderoso y lágrimas habiendo ofrecido
y habiendo sido escuchado de la angustia ...»

---

[295] BRANDENBURGER, 193-209.

Fragmento 2 = v. 8-10

8   «(aunque) siendo Hijo,
            aprendió, por lo que padeció, la obediencia,
9   y habiendo sido perfeccionado
            fue hecho, para todos los que lo obedecen, causa de salvación
            eterna,
10   habiendo sido proclamado por Dios sumo sacerdote según el
            orden de Mequisedec.»

Los puntos de apoyo para su conjetura son los siguientes:

Fragmento 1 = v. 7

1. Entre el v. 7 y lo que sigue se observa una ruptura estilística y objetiva. En el v. 7 no sigue a los participios ninguna forma verbal finita; debe, por tanto, tratarse de un fragmento. El v. 7 aparece como un pensamiento cerrado en sí mismo y que no necesita de ninguna continuación por v. 8-10.

2. La conexión del v. 7 con lo que precede ofrece también problemas. Hay una costura. El relativo introductorio, inconexo, es una característica del material de la tradición fijado en el culto divino.

3. Los duplicados sin artículo, paralelos, indican un lenguaje elevado.

4. El vocabulario no es común a otros lugares de Hebreos: δέησις, ἱκετηρία, κραυγή, εἰσακούειν, σῴζειν ἐκ θανάτου, προσφέρειν metafóricamente para ofrecimiento de oraciones aparecen sólo aquí. Se encuentran, en cambio, estos términos y expresiones en los salmos, especialmente Sal 116, y en el judaísmo helenístico.

Se debe suponer, pues, que la comunidad reconoció en el Sal 116 el destino de su Señor; y sobre esta base formuló un cántico de agradecimiento con un lenguaje propio. El v. 7 es un canto de agradecimiento («Danklied») que tiene como contenido la acción poderosa de Dios que salva a Jesús de la esfera del abandono divino.

Fragmento 2 = v. 8-10

1. En cuanto a la forma, se pueden reconocer características de estilo hímnico: construcción participial: ὤν, τελειωθείς, προσαγορευθείς; formulación densa; enunciados en tercera persona («Er-Stil»); frase inicial predicativa: (aunque) «siendo hijo», análoga a otros fragmentos hímnicos (Hb 1,3; Flp 2,6; Col 1,15).

Hay términos singulares que sólo aquí ocurren en Hebreos: μανθάνειν, ὑπακοή, ὑπακούειν αὐτῷ, αἴτιος, προσαγορεύω; o frecuentes fuera de nuestro texto, pero con diverso sentido: υἱός, τελειοῦν, ἀρχιερεύς, Μελχισεδέκ.

2. En cuanto al contenido, el inciso «aunque siendo Hijo» forma una unidad con lo que sigue. Motivos particulares son: καίπερ ὢν υἱός (preexistente), obediencia en el sufrimiento (esquema cristológico), τελειωθείς (exaltación).

Los v. 8-10 se pueden caracterizar como un fragmento de la tradición formado en analogía a los himnos cristianos primitivos.

Los dos fragmentos de la tradición fueron tomados probablemente del material del culto divino de la comunidad; permiten una visión de dos distintas confesiones de fe en Cristo («Christus-Bekenntnis»). El autor reunió estos dos fragmentos y los elaboró desde un determinado punto de vista para su argumentación teológica. Quiso mostrar que el oficio de sumo sacerdote de Cristo corresponde exactamente al aarónico, y de esa manera es legitimado. Para la demostración de la correspondencia utilizó en los v. 5-6 dos citas de la Escritura, y en los v. 7-10 dos fragmentos de la tradición. El primer fragmento presenta al Jesús probado; el segundo, al Hijo que sufre.

* * *

Buchanan [296] sigue fundamentalmente a Brandenburger. Para mostrar que Jesús correspondió perfectamente a las cualidades de sumo sacerdote, utilizó el autor de Hebreos, primeramente dos de sus citas básicas de los salmos (v. 5-6), y luego dos pequeñas confesiones de fe, bien conocidas en los círculos cristianos de su tiempo.

El v. 7 constituye la primera confesión de fe. Fue compuesto en base al Sal 116, como un himno de acción de gracias de la comunidad, como una alabanza a Dios, que libró a Cristo de la muerte.

Los v. 8-9 forman la segunda confesión, que asociaba a Cristo con el siervo sufriente de Isaías II. La liturgia confesaba que Jesús «era un hijo», es decir, un rey, que por su sufrimiento había «sido hecho perfecto», y por tanto llegó a ser «causa de salvación eterna para todos los que lo obedecen». Cf Is 45,17.4; 53,3.6.10.12.

El v. 10 es para Buchanan, como para Lescow, a diferencia de Brandenburger, un comentario editorial hecho por el autor de Hebreos, una frase sintética que refiere todo al principal texto de su mensaje, al Sal 110. Ya citó este salmo en 1,3.13 y 5,6; ahora lo cita de nuevo oportunamente, antes de pasar a la discusión doctrinal más específica de este salmo en 7,1-10,39.

---

[296] BUCHANAN, 97-100.

Crítica

Estas teorías merecen consideración y es útil examinarlas, porque atraen la atención sobre aspectos importantes del texto y del misterio de Cristo, que podrían pasar desapercibidos. Pero no creemos que sea necesario refutar detalladamente cada una de ellas. Su carácter artificial salta a la vista. Y el hecho de que la mayor parte se contradicen y se destruyen mutuamente es signo de su fragilidad y del subjetivismo de los juicios (Véase, por ejemplo, la crítica de Friedrich a Schille; de Lescow a Friedrich; de Brandenburger a Schille, Friedrich y Lescow).[297]

Muchos críticos encuentran serias objeciones a la supuesta adopción de un himno y a las diversas reconstrucciones que han sido elaboradas (Boman, Grässer, Deichgräber, Schröger, Vanhoye, Andriessen-Lenglet, Wrege, Maurer, Feuillet, H. Braun).[298] Discutimos a continuación las principales dificultades planteadas por las diferentes hipótesis.

1. Hb 5,1-10, como veremos más adelante,[299] es un texto estructurado orgánicamente, constituye una unidad literaria netamente definida. La simetría concéntrica, que rige todo el desarrollo, hace que cada uno de los elementos se legitimen y esclarezcan mutuamente, aparezcan como partes integrantes de un conjunto compuesto totalmente por el autor. Resulta, pues, difícil que en esta perícopa existan cuerpos extraños, fragmentos de una tradición anterior originalmente independiente.

Los «hapax legomena», sobre todo del v. 7, señalados por Friedrich, se explican muy bien por el influjo de los salmos de lamentación y de otros textos similares del AT. No hay razón para suponer una tradición cerrada preexistente, adoptada por el autor. La diferente significación de los términos en Hb 5,7-10 respecto a otros pasajes de la epístola no es demostrada convincentemente.

2. Los v. 7-10 son pura prosa, no una forma poética. Constituyen un único periodo bien formado, limpiamente construido. Son una exposición doctrinal, una enseñanza teológica sobre Cristo sumo sacerdote, no un himno.

Las observaciones formales para demostrar el estilo hímnico no son concluyentes.

a. El uso o no uso del artículo no determina el carácter hímnico de un texto. La ausencia del artículo en δέησις, ἱκετηρία, θάνατος, κραυγή,

---

[297] FRIEDRICH, *Das Lied,* 99; LESCOW, 225. 228-229; BRANDENBURGER, 194, n. 6; 196-198.
[298] BOMAN, 266; GRÄSSER, *Der Hebräerbrief,* 154-155; *Der historiche Jesus,* 78, n. 71; DEICHGRÄBER, 174-176; SCHRÖGER, 125; VANHOYE, *Textus de sacerdotio,* 122-123; ANDRIESSEN-LENGLET, 207; WREGE, 279-280; MAURER, 275-278; FEUILLET, 178-180; H. BRAUN, 141. 144. 146.
[299] Cf. infra, pp. 101-112.

δάκρυον, se explica porque estos conceptos son introducidos por primera vez y por tanto son indeterminados.

b. El duplicado de las expresiones no es necesariamente signo de estilo poético; en prosa es un medio frecuentemente usado para la gradación de la descripción. Cf. para δεήσεις καὶ ἱκετηρίας o viceversa: Job 40,27 (AV); Isocr, 8 (De Pace) 138; Polyb, 3, 112, 8; Philo, Cher, 47 (L); para κραυγή καὶ δάκρυα o expresiones similares: 2 Mac 11,6; 3 Mac 1,16; 5,7; 3 Esd 5,60 (LXX 1 Esd). El autor de Hebreos es un gran estilista, que puede expresarse bellamente.

c. La construcción participial es absolutamente común en prosa, como se puede constatar en todo buen período griego. Es un procedimiento enteramente normal para la mejor subordinación de los distintos miembros.

d. Detrás de cada relativo ὅς no siempre se esconde un himno.

e. Es difícil disponer frases de prosa en versos. Por eso, la división y extensión de los versos en las diferentes reconstrucciones es bastante artificial. En la reconstrucción de Schille, p.ej., el verso tematico 5a tiene doble longitud en comparación con los demás versos; compárese también III,2 con IV,1; en la reconstrucción de Friedrich igualmente hay desproporción entre I,1 y II,2.

f. Contra la reconstrucción de Schille, que considera el v. 5 como parte integrante del himno, se ha objetado con razón lo siguiente:

— El v. 5 está muy estrechamente relacionado con el v. 4 y sólo en su contexto tiene pleno sentido.

— Faltan en él todas las características del estilo hímnico. No se comprende cómo el himno propiamente dicho puede comenzar con «sino» (ἀλλά). ¿En qué himno se encuentra una cita escriturística? Schille remite a Hch 4,24-26; Rom 11,33-35 y 1 Pe 2,21-25. Pero, en el primer texto, se trata de una oración en prosa, y en los otros dos, no se encuentra una cita propiamente dicha, sino sólamente frases formuladas con palabras del AT.

3. Las eliminaciones propuestas constituyen un punto frágil de la argumentación.

a. Los motivos mencionados por Schille para la eliminación del v. 6 no son convincentes.

— ὅς puede enlazar con el v. 5, aun por encima de las dos citas intercaladas.

— El progreso entre v. 5 y v. 10 subsiste.

— La fórmula introductoria del v. 6 es típica introducción de una segunda cita.

— No sólo el v. 6 sino toda la perícopa es prosa.

— El argumento puede invertirse: después de la cita detallada del v. 6, bastaba al autor, en el v. 10, una concisa alusión. Entre las estrofas I y II (v. 5 y 7) de la reconstrucción de Schille se abre una grieta no salvada. En el v. 6, como en el v. 5, se trata de argumentación escriturística, y precisamente la segunda cita —suprimida por Schille—, el oráculo explícito y solemne del Sal 110, es fundamental para la demostración de que el sacerdocio de Cristo fue establecido por Dios (cf 5,10; cap. 7).

b. El fundamento para la supresión de «en los días de su carne» (v. 7) y de «para todos los que lo obedecen» (v. 9) es la presencia del artículo: un indicio, que no tiene nada de decisivo. Además, en estas expresiones no puede faltar el artículo.

c. Εἰσακουσθεὶς ἀπὸ τῆς εὐλαβείας no puede ser una adición posterior, como hipotiza Lescow; pertenece constitutivamente al nexo del pensamiento del v. 7: la oración es escuchada.

d. El inciso καίπερ ὢν υἱός forma inseparablemente parte del pensamiento del v. 8 que expresa un contraste entre la índole singular de la filiación de Cristo y el aprendizaje doloroso de la obediencia.

Todo el v. 8, tan rico de contenido, no puede considerarse como un paréntesis, como mera nota incidental interpretativa de ἀπὸ τῆς εὐλαβείας. Teológicamente está muy ligado a lo que sigue. Basta señalar la estrecha relación de los motivos sufrimiento-perfección (cf Hb 2,10), filiación-perfección (cf Hb 7,28).

e. Para la supresión de la frase «según el orden de Melquisedec» (v. 10) no aduce Friedrich concretamente ningún argumento formal.

4. La base de la argumentación doctrinal es bastante débil.

a. La afirmación de Schille de que, en el himno, Cristo sólo después de su pasión llega al sumo sacerdocio, mientras que el autor considera ya al que sufre como sumo sacerdote, es una hipótesis muy cuestionable. Se funda en el criterio para la distinción entre tradición y autor, que él cree haber encontrado en la variada designación de Cristo como «sacerdote» o «sumo sacerdote». Pero el fundamento de esta conjetura es muy frágil, porque la variación del nombre se debe más bien a la evolución lingüística. El título ἀρχιερεύς es tardío; fue introducido en el vocabulario religioso de los judíos en la época de los Macabeos (1 Mac 10,20). Por eso, el autor de Hebreos, si cita el Sal 110,4, aplica a Cristo el título de ἱερεύς (5,6; 7,11.15.17.21) empleado por el salmo, según el uso antiguo; pero, si explica el sentido del oráculo y expone la propia doctrina, usa ἀρχιερεύς (2,17; 3,1; 4,14-15; 5,5.10; 6,20; 7,26; 8,1; 9,11).

b. De su hipótesis de la adopción hecha por el autor de un himno cristiano primitivo dedujo Friedrich que la doctrina del sacerdocio de Cristo era ya conocida en la Iglesia, antes de la composición de Hebreos. Pero la Epístola debe interpretarse por sí misma y no por frágiles suposiciones. Aunque en 5,7-8 el autor haya usado afirmaciones hechas antes de él, el sentido de las afirmaciones se determina por el nuevo contexto.[300]

En todos los análisis literarios mencionados hay, pues, mucho de mera hipótesis. Las diversas reconstrucciones no se imponen de ninguna manera. Es preferible mantener el texto, sin suponer infundadamente himnos o confesiones de fe preexistentes.

Conclusión

El vocabulario y las circunstancias, que aparecen en el cuadro trazado en Hb 5,7 de la oración de Cristo surgida en la angustia de su muerte inminente, hallan su mejor explicación en la tradición bíblica, especialmente en los salmos de lamentación. Casi todos los términos de nuestro texto (oraciones, salvar, muerte, clamor, lágrimas, escuchar) se encuentran en los pasajes donde la Biblia nos presenta al justo que, en su tribulación, recurre al Señor con una oración intensa, acompañada de clamores y lágrimas, para ser salvado, y, que, al fin, es escuchado por Dios. Esta herencia bíblica es explotada por el autor de Hebreos de manera original.

---

[300] Cf. HAHN 240; GNILKA, 409, quienes examinan y refutan los pasajes aducidos por FRIEDRICH en Beobachtungen, 265-311, para demostrar su tesis.

CAPITULO SEGUNDO

Orientación fundamental

Nada hay de mayor importancia para la recta comprensión de las afirmaciones y argumentos particulares de un autor, como un claro conocimiento de su objetivo general. Es una cuestión decisiva, que es necesario examinar, ya que el punto de vista que se adopta influencia seriamente la interpretación.

¿De qué trata el autor en Hb 5,7-8? ¿Qué es lo que quiere demostrar? Para unos «no es difícil felizmente discernir ese propósito»;[1] para otros, en cambio, «no es suficientemente claro»,[2] «hay una gran incertidumbre»,[3] «es una enorme y dificilísima cuestión».[4] En realidad, la exacta referencia, fin y orientación de estos versículos ha sido siempre muy discutida.

I. Presentación de las diversas interpretaciones

A. *Humanidad de Cristo (5,1)*

Los comentadores griegos, principalmente los antioquenos, interpretan Hb 5,7-8, ante todo, como una prueba de la completa realidad de la humanidad de Cristo.

Gregorio de Nacianzo, en su «Discurso 30, Teológico 4, Acerca del Hijo 2»,[5] comienza estableciendo un principio general de interpretación: «las expresiones más elevadas y más convenientes a Dios deben ser atribuidas a la divinidad; en cambio, las más humildes y que más convienen al hombre, al que es por causa nuestra nuevo Adán y al Dios pasible para vencer el pecado».[6] Cristo, nueva cabeza de la familia de los regenerados, debe tomar consigo las flaquezas de los pecados de los miembros, para quitarlos y destruirlos.

---

[1] J. BROWN, 303
[2] ESTIO, 106: «haud satis liquet».
[3] RIBERA, 204: «magna dubitatio est».
[4] GIUSTINIANI, 674: «ingens et perdifficilis quaestio».
[5] PG 36, 103-134; ed. Barbel, 170-217.
[6] PG 36, 104; ed. Barbel, 170.

Contra la interpretación arriana de la sumisión de Cristo al Padre mencionada en 1 Cor 15,25-28, el Nacianceno argumenta: «Así como por mí fue llamado 'maldición' [7] el que suprime mi maldición, y 'pecado' [8] el 'que quita el pecado del mundo',[9] y se hace nuevo Adán en lugar del antiguo,[10] así también se apropia mi rebelión, como cabeza de todo el cuerpo».[11] Y concluye: «Esta es la sumisión de Cristo, según mi opinión; el cumplimiento de la voluntad paterna».[12] Con esto expresa él toda la economía de la salvación. Cristo, llegando a ser maldición y pecado, llegó a ser el nuevo Adán y comenzó la nueva creación. Tal sumisión no implica inferioridad al Padre: «El que sometió presenta a Dios lo que está sometido, haciendo suyo lo nuestro» (ἑατοῦ ποιούμενος τὸ ἡμέτερον).[13]

La misma interpretación debe darse al grito de abandono en la cruz.[14] Porque el Hijo no fue abandonado por el Padre, y menos aún por su propia divinidad;[15] sino que «en sí mismo expresó nuestra imagen, (ἐν ἑαυτῷ ... τυποῖ τὸ ἡμέτερον). Nosotros somos los que fuimos antes abandonados y despreciados, pero ahora por los padecimientos del Impasible, recibidos y salvados».[16]

Y viene enseguida la referencia a nuestro texto: «A la misma consideración pertenece el hecho de que aprendió la obediencia por lo que padeció, y el clamor, y las lágrimas, y la súplica que fue escuchada, y la piedad».[17] Obediencia, grito, lágrimas, súplica y respuesta, piedad, todo debe ser atribuido a nuestra debilidad, que Cristo asumió para divinizarla. Todos son hechos que Cristo «maravillosamente expresó, como un drama, cuya trama fue urdida en favor nuestro» (ἃ δραματουργεῖται καὶ πλέκεται θαυμασίως ὑπὲρ ἡμῶν).[18]

Obediencia y desobediencia son cualidades morales que no pueden ser aplicadas al Verbo por naturaleza. «Sin embargo, 'como forma de siervo',[19] condesciende con sus compañeros siervos y toma una forma ajena a su naturaleza, llevando consigo a mí todo, con lo que es mío —ὅλον ἐν ἑαυτῷ ἐμὲ φέρων μετὰ τῶν ἐμῶν—, para en sí mismo consu-

---

[7] Gál 3,13.
[8] 2 Cor 5,21.
[9] Jn 1,29.
[10] 1 Cor 15,45.
[11] PG 36, 108; ed. Barbel, 176; cf. Col 1,18.
[12] PG 36, 109; ed. Barbel, 178.
[13] Ibid.
[14] Mt 27,46; Mc 15,34; Sal 22,2.
[15] Opinión sostenida por ORÍGENES, según ELÍAS DE CRETA, PG 36, 816 C.
[16] PG 36, 109; ed. Barbel, 180.
[17] Ibid.
[18] Ibid.
[19] Flp 2,7.

mir lo que es inferior, como el fuego a la cera o como el sol al vapor de la tierra, y a fin de que yo, mediante esta unión, participe de sus bienes».[20]

En resumen, para el Nacianceno, todos los elementos que aparecen en Hb 5,7-8 deben atribuirse a la debilidad humana, «a la humanidad que sufre, no a la naturaleza inmutable y que está por encima del padecer».[21]

Según *Juan Crisóstomo*, Hb 5,7-8 nos muestra ante todo la solicitud y el inmenso amor de Cristo hacia nosotros.[22]

Pero al mismo tiempo nos descubre la realidad de la naturaleza humana de Cristo: no sólo se dice que oró, sino también que gritó con fuerza y que lloró. «Avergüéncense los herejes» que afirman que Cristo asumió la carne sólo en apariencia.[23]

La conexión lógica con la frase siguiente —«aunque era Hijo»— muestra también que lo anterior —haber orado con lágrimas, clamor y temor— es dicho acerca de la verdadera naturaleza humana de Cristo, no de la divinidad: «¿Quién podría decir de Dios tal cosa»? ¿Quién es tan loco? ¿Quién tan desequilibrado, para pronunciar tales palabras?»[24]

En uno de los fragmentos de la obra de *Teodoro de Mopsuestia* contra Apolinar «De assumente et assumpto», leemos: «Si autem et modo praecipuam quandam cooperationem donavit illi qui adsumptus est, non hoc faciebat locum sensus deitatem obtinere. Sed si deitas pro sensu fiebat illi qui adsumptus est, secundum vestra verba, quomodo timorem in passione suscipiebat? quid vehementioribus orationibus ad imminentem necessitatem indigebat, quas cum magna quidem et clamosa voce, cum plurimis autem lacrimis, secundum beatum Paulum, referebat Deo?»[25]

En la explicación de Teodoro se refleja netamente su cristología.[26] Rechaza la idea apolinarista de que la naturaleza divina pueda ocupar el lugar del alma humana («sensus») en Cristo.

Defiende la existencia en Cristo de dos naturalezas completas, distintas, inconfundibles en su unión: deidad («deitas») y el que es asumido («is qui adsumptus est»).

Se preocupa de que nada sea predicado de Dios Verbo que pueda de alguna manera comprometer su divinidad e igualdad con el Padre. Excluye la posibilidad de considerar al Verbo inmutable como sujeto de predicación de los atributos humanos de Cristo.

---

[20] PG 36, 109; ed. Barbel, 180.
[21] PG 36, 125; ed. Barbel, 204.
[22] PG 63, 69.
[23] Ibid.
[24] Ibid.
[25] SWETE, 2, 315; CSEL, 35, 1, 240.
[26] Sobre la doctrina cristológica de TEODORO, cf. AMANN, 255-266; DEVRESSE, *Essai*, 109-118; GRILLMEIER, 390-413; SULLIVAN, 197-288; GREER, 210-220. 233-263.

Atribuye las operaciones humanas y sufrimientos de Cristo al hombre asumido, como si fuera el sujeto último del cual estos atributos son predicados, como si fuera una persona distinta del Verbo.

El Verbo está presente en el hombre asumido, le presta una especial asistencia, una excepcional («praecipuam») cooperación.

Pero no suprime el Verbo la autonomía del hombre. Es el hombre el que en realidad actúa o sufre; el que siente temor en su pasión; el que dirige a Dios, ante el peligro inminente, vehementes oraciones, con voz grande y poderosa y con muchas lágrimas; el que es cogido por el temor y se estremece y despide sudor semejante a gotas de sangre; el que es confortado por un ángel.

En la mente de Teodoro, nuestro texto prueba la completa humanidad de Cristo y la realidad de su alma humana.

El «Sermón sobre Hebr 3,1» de *Nestorio* es un enérgico ataque contra la visión arriana del sacerdocio de Cristo.

Nestorio comienza diciendo que los herejes están cegados ante la claridad de Hb 3,1, pues se imaginan que el Dios Verbo es apóstol y sumo sacerdote de nuestra confesión. Y continúa: «¡Extraña forma de demencia! Pues, ¿quién, al leer el título de apóstol, no entiende inmediatamente que con él se designa al hombre?; ¿quién, al oír el nombre de sumo-sacerdote, podría pensar que el sumo-sacerdote es la esencia de la divinidad?» [27]

Enseguida refuta Nestorio a sus adversarios. Su primer argumento es: Si Dios es sumo-sacerdote, no hay nadie a quien se haga la ofrenda, porque no hay nadie mayor que la divinidad;[28] ni tiene necesidad de ofrecer, porque la naturaleza divina no necesita ser perfeccionada por la gracia.[29]

Los demás argumentos de Nestorio contra la aplicación de 3,1 al Verbo son más específicamente exegéticos. Primero cita 5,1-3. El sumo sacerdote, «tomado de entre los hombres» y establecido «en favor de los hombres», es el hombre asumido.[30]

Pasa luego a Hb 2,16-18, los versos inmediatamente anteriores a Hb 3,1. La divinidad no es de la descendencia de Abraham; no tiene hermanos como ella misma. Además, el carácter misericordioso del sumo sacerdote depende de sus sufrimientos, y, ciertamente, el Verbo no sufre.[31] «El apóstol que es partícipe de nuestra naturaleza y es enviado para predicar la liberación a los cautivos y la vista a los ciegos, el apóstol que dice cla-

---

[27] PG 64, 481; Loofs, 232.
[28] Ibid.
[29] PG 64, 481; Loofs, 232-233.
[30] Ibid.
[31] Cf Hb 2,16-18; PG 64, 484; Loofs, 234.

ramente a los judíos: «El Espíritu del Señor está sobre mí, porque me ungió, me envió a evangelizar a los pobres» [32] —es ungida la humanidad, no la divinidad, ¡oh hereje!—, ese es el que ha sido hecho sumo sacerdote fiel a Dios. Pues fue hecho, no existía antes eternamente. Ese es el que poco a poco fue elevado a la dignidad del sumo sacerdocio, ¡oh hereje!» [33]

Enseguida añade Nestorio a su arsenal de textos, como un argumento decisivo, Hb 5,7-9: «Y escucha una voz más clara que te grita esto —καὶ ἄκουε σαφεστέρας σοι τοῦτο διαβοώσης φωνῆς—: «En los días de su carne ...».[34] Jesús «llevado a la perfección» es relacionado a Lc 2,52: «Jesús progresaba en sabiduría, en estatura y en gracia».[35]

Finalmente, Nestorio resume así su refutación: «Este es el que es llamado descendencia de Abraham, el asemejado en todo a sus hermanos, el que llegó a ser en el tiempo sumo sacerdote, el que fue llevado a la perfección por sus padecimientos, el que, por haber padecido al ser puesto en prueba, puede socorrer a los que son probados, el que fue constituido sumo sacerdote según el orden de Melquisedec. ¿Por qué, pues, contradices a Pablo, mezclando al Dios Verbo impasible con la semejanza terrena, y haciéndolo un sumo sacerdote pasible? ¿Por qué no respetas la evidencia del texto y el objetivo del pensamiento expuesto?» [36]

En la Primera Apología «Contra los obispos orientales», Cirilo de Alejandría, antes de defender su décimo anatematismo, presenta la acusación de los herejes (μέμψις αἱρετικῶν). El contenido de la objeción corresponde al del «Sermón sobre Hebr 3,1» de Nestorio. Para probar que no es Dios Verbo el sumo sacerdote y apóstol de nuestra confesión, sino el hombre, se citan varios textos de la Escritura: Hb 4,15; 5,4-5; Sal 110,4; y finalmente, Hb 5,7-8, que es comentado: «Acaso el Verbo de Dios, ofreciendo oraciones y súplicas, con poderoso clamor, al que podía salvarlo, fue escuchado por su reverencia, y aprendió, por lo que padeció, la obediencia? No se turbe vuestra mente, al oír del que padeció: «aunque era Hijo». Pues no ponemos dos hijos, el que padeció y el que permaneció impasible: pues el que es de la descendencia de David no ha sido llamado Hijo separadamente de la divinidad, ni la divinidad después de la unión ha sido llamada Hijo sin la carne visible; pues la filiación después de la unión es única para cada naturaleza, ya que no están separadas una de otra. Pues no hay separación después de la unión —permanece la perpetua unión—, sino que en los padecimientos de la carne la divinidad era inseparable, permaneciendo impasible. Por tanto, confesamos al único y mismo Hijo, permaneciendo las naturalezas sin confundirse».[37]

---

[32] Lc 4,18; Is 61,1.
[33] PG 64, 484; Loofs, 235.
[34] Ibid.
[35] PG 64, 484; Loofs, 235-236.
[36] PG 64, 484; Loofs, 236.
[37] PG 76, 361; Pusey, *Epistolae tres oecumenicae*, 338-340; *ACO 1, 1,7,54.*

En el «Bazar de Heráclides», nuestro texto es aducido tres veces. La primera cita aparece en el capítulo 73 de la introducción filosófico-teológica sobre las diversas herejías: «Aunque es Hijo, por el temor y los sufrimientos que soportó, aprendió la obediencia, habiendo sido perfeccionado, llegó a ser para todos los que lo obedecen causa de vida eterna» (Hb 5,7-9).

Nestorio comenta: «No es que haya deseado y buscado la obediencia, sino que, para (procurar) la fe de los que se instruían, se sirvió de todas estas cosas en vista de la obediencia de sus discípulos. Pues, hasta el momento de su victoria, él combatía para afirmar en Dios la imagen que le ha sido dada; y porque confirmó su propia imagen por toda clase de tentaciones de una manera perfecta, sin restricción y sin que nada le faltara, obraba en adelante en favor nuestro y hacía todos los esfuerzos para librar a los cautivos de la opresión del tirano, para atraernos a él, hacernos a todos los hijos de su reino, los asociados, los herederos y los hijos de Dios».[38]

El pasaje es referido al hombre asumido, que por su propia voluntad y por su propio sufrimiento alcanza la victoria por la gracia de Dios. La interpretación es una afirmación más generalizada de la visión que encontramos en su sermón, donde el texto es usado para probar el progreso del hombre hacia la dignidad del sacerdocio. La exégesis de Nestorio corresponde al patrón antioqueno, que vimos expuesto por Teodoro.

Más adelante, en el cuerpo de la obra, al refutar Nestorio las acusaciones del Concilio de Efeso contra él, al examinar uno a uno los textos que se le han atribuido, hace la defensa de su Sermón sobre Hebr 3,1, en particular del pasaje donde se refiere a Hb 5,7-9.

Reproduce primero el fragmento del sermón, tal como fue citado en Efeso.[39] Lo comenta luego ampliamente. Se trata de un largo ataque contra Cirilo, a quien considera incapaz de tratar adecuadamente los atributos humanos de Cristo: «O tú confiesas la confusión de naturalezas o la supresión completa (de la humanidad); o bien tú confiesas la unión instrumental y natural de los herejes, según la cual él se ha unido a todas las (propiedades) de los hombres, a fin de poder obrar o sufrir según la naturaleza humana».[40]

Según Nestorio, Cirilo, uniendo al Verbo con la humanidad en un «prosōpon», por un lado, vuelve al Verbo pasible y destruye su verdadera naturaleza; por otra parte, elimina de Cristo una verdadera sensibilidad y voluntad humanas, priva a la humanidad de una existencia independiente: «Y tú haces a Dios, el Verbo, pasible, suprimiendo la sensibilidad y la voluntad de la humanidad, que sentiría no en su naturaleza sino en la na-

---

[38] Nau, 63-64.
[39] Nau, 216. Aquí aparece la segunda cita de Hb 5,7-9.
[40] Nau, 218.

turaleza de Dios, el Verbo. Por eso, tú no atribuyes los (actos) de la humanidad ni a la naturaleza ni al «prosōpon» de la humanidad; sino que atribuyes los de la humanidad a la divinidad y no das los de la divinidad a la humanidad».[41]

Como arma contra Cirilo, utiliza entonces Nestorio Hb 2,13.17 y 5,7-9: «Si tú le atribuyes la naturaleza de los hombres en su integridad, dale también esta integridad en actos donde ella aparece, a saber, que 'él confió en Dios y fue hecho sumo sacerdote' ... y 'dirigió ruegos, oraciones y súplicas al que podía salvarlo de la muerte y vivificarlo, con un gran grito y lágrimas, y fue escuchado a causa de su justicia. Aunque fuera Hijo, aprendió la obediencia por lo que sufrió y causó la vida eterna a todos los que lo obedecieron'».[42]

Insiste en que el sujeto de estos versos debe ser considerado el hombre, al menos cuando se habla en términos de naturaleza: «Aunque fuera verdaderamente Hijo, pues, a causa de la unión de la divinidad y de la carne, el Hijo de Dios habla en dos, porque las dos naturalezas estaban en él: tanto la gloria de Dios, como los sufrimientos del hombre. Pues, cuando decimos Dios y lo decimos en naturaleza, no lo concebimos sin el hombre. Igualmente, cuando decimos el hombre y lo consideramos en naturaleza, no lo decimos sin que sea Dios. Sino que damos al hombre el nombre de Dios en la unión de la divinidad, aunque sea hombre por naturaleza; inversamente, Dios el Verbo es Dios por naturaleza, pero damos a Dios el nombre de hombre a causa de su unión en el prosōpon de la humanidad. Las propiedades de la naturaleza no cambian, pues, la unión, ni las de la unión (cambian) las naturalezas; no despojan a las naturalezas de sus propiedades o de las que resultan de la unión para la economía respecto a nosotros (para la encarnación)».[43]

La interpretación de Nestorio depende de su noción de la unión prosópica. Más aún, procede de la visión general antioquena de Cristo, en la que es dada al hombre plena autonomía y un papel específico a desempeñar en el don divino de la salvación.

En una palabra, para Nestorio, el Verbo, como resplandor de la gloria de Dios, es diferente por naturaleza del apóstol y sumo sacerdote. Con esta perspectiva sobre el texto, Nestorio da pleno peso a la humanidad del Verbo Encarnado y a sus sufrimientos. Las oraciones de Jesús y su temor de Dios fueron la plena expresión humana de su obediencia aprendida a través de lo que sufrió. La perfección que siguió en la resurrección fue, en parte, producto de su vida humana.

[41] Nau, 218-219.
[42] Nau, 219-220.
[43] Nau, 220.

Teodoreto de Ciro, en su «Comentario», comienza examinando el contexto. Pablo con testimonios proféticos demostró que Cristo recibió un nuevo y admirable sumo sacerdocio. «Pero, como había dicho que el hombre es constituido sumo sacerdote en favor de los hombres, para tener compasión de los que no saben y yerran, puesto que también él está rodeado de debilidad, muestra que también Cristo el Señor recibió todas las debilidades de la naturaleza humana, fuera del pecado».[44]

Afirma luego categóricamente que nadie sería tan loco para atribuir estos versos a la divinidad. Debe distinguirse muy bien entre lo que se refiere a la divinidad y lo que se dice de la humanidad «¿Cómo el Dios Verbo, creador de los siglos, incambiable e inmutable y libre de pasión, podría temer la muerte?»[45]

Para Teodoreto, nuestro texto no necesita mayor comentario. La forma extrema en que es descrito el sufrimiento es por sí misma una refutación de aquellos que quieren atribuir todo al Verbo, una prueba suficiente de la distinción de las dos naturalezas: «Seguramente sería el colmo de la locura alargarse sobre este punto. Pues la extrema humillación, de que habla el texto, fuerza, aún a los que blasfeman contra la divinidad, a no atribuir ninguna de estas cosas a la divinidad».[46]

Otro tema entra en la exégesis de Teodoreto, que ya se encontraba en la interpretación de Crisóstomo: los versos demuestran la realidad de la encarnación, «porque la divinidad permitió a la humanidad el sufrir, a fin de que aprendiéramos que él verdaderamente llegó a ser hombre y asumió una naturaleza humana, y que el misterio de la economía no se realizó en fantasía o apariencia» (οὐ φαντασίᾳ καὶ δοκήσει).[47] «Pues si, aunque esto sucedió así, Simón, Menandro, Cerdón, Valentino, Basílides Bardesanes, Manes[48] enseñaron a sus seguidores que él nada tuvo de la naturaleza humana, es claro que muchos sostendrían este error, si no hubiera tomado las debilidades humanas, fuera del pecado».[49]

Por los diversos padecimientos, no sólo se muestra la realidad de la encarnación, sino también se confirma lo que se había dicho antes: «'No tenemos un sumo sacerdote que no pueda compadecer nuestras debilidades, sino probado en todo a semejanza nuestra, fuera del pecado' (Hb 4,15), a fin de también con esto exhortar, a los que escribió, a permanecer en la fe y a confiar en la compasión y misericordia del sumo sacerdote».[50]

---

[44] PG 82, 712.
[45] Ibid.
[46] Ibid.
[47] Ibid.
[48] Sobre el docetismo gnóstico de estos herejes, consultar las obras del mismo Teodoreto de Ciro: «Eranistés» o «Polymorphus» (PG 83, 27-336) y «Haereticarum fabularum compendium» (PG 83, 335-556).
[49] PG 82, 712.
[50] PG 82, 714.

En su tratado «De Incarnatione Domini», cap. 21, Teodoreto se expresa con absoluta claridad. Atribuye a la humanidad asumida, todo aquello que es inherente a nuestra debilidad: el haber temido la muerte, el haber pedido ser librado de ella: «¿Quién es el que ruega y ofrece oraciones y súplicas con clamor poderoso y lágrimas? ¿Quién, el que vivió con reverencia, y por tanto alcanzó de aquel a quien suplicó? ¿Quién, el que aprendió, por lo que padeció, la obediencia, y tuvo a la experiencia como maestra, no conociéndola antes de experimentarla? ¿Quién, el que alcanzó la perfección poco a poco? No ciertamente el Verbo de Dios, que es perfecto; que conoce todas las cosas antes de que existan y no aprende por experiencia; que tiene a todos como sus veneradores, pero él no venera a nadie; que quita de todo rostro las lágrimas, pero por ningún dolor es impulsado a llorar; impasible, inmortal, que no teme la muerte ni suplica con clamor ser librado de ella. Sólo queda, pues, que esto sea propio de la humanidad asumida, que temía la muerte y perseveraba en oración».[51]

Pero este temor de la humanidad asumida fue permitido por la divinidad habitante en Cristo, para instrucción nuestra: «En cuanto que la divinidad que habitaba en ella, dejaba lugar al temor, para que por los padecimientos se mostrara la naturaleza del hombre asumido».[52]

Cirilo, en la Segunda Apología de los anatematismos contra Nestorio, en la «Carta a Euopcio», donde responde a los ataques de Teodoreto, reproduce este texto del obispo de Ciro. Las ideas son fundamentalmente las mismas, aunque las palabras varíen: «¿Quién es el que fue perfeccionado con los trabajos de la virtud y no era perfecto por naturaleza? ¿Quién, el que aprendió la obediencia por experiencia y no la conocía antes de experimentarla? ¿Quién el que vivió con reverencia, y ofreció súplicas con clamor poderoso y lágrimas, y que no pudo salvarse, sino que invocó al que podía salvarlo, y pidió la liberación de la muerte? No Dios el Verbo, el impasible, el inmortal, el incorpóreo, cuyo recuerdo, según el profeta, es alegría y liberación de lágrimas, pues 'él quitó toda lágrima de todo rostro',[53] el que corona a los que viven con reverencia, el que conoce todas las cosas antes de que existan,[54] el que tiene todo lo que es del Padre[55] y es imagen inmutable del Padre,[56] el que en sí mismo muestra al Padre;[57] sino el que fue tomado por él de la descendencia de David, el que es mortal, el que es pasible, el que temió la muerte...; pues este estaba rodeado de debilidad, y no el omnipotente Dios Verbo».[58]

[51] PG 75, 1457.
[52] Ibid.
[53] Is 25,8; Sal 76,4.
[54] Cf. Dn 13,42.
[55] Cf. Jn 16,15.
[56] Cf. Col 1,15.
[57] Cf. Jn 14,7-11.
[58] PG 76, 435-438; Pusey, *Epistolae tres oecumenicae,* 466-469; ACO 1, 1,6,136-137.

En síntesis, para Teodoreto, Hb 5,7-8 es una prueba de la debilidad de la naturaleza asumida: δεικνὺς τὴν τῆς ἀναληφθείσης φύσεως ἀσθένειαν.[59]

Toda la última parte del Diálogo «Quod unus sit Christus» de *Cirilo de Alejandría* está consagrada a explicar pasajes del Nuevo Testamento que atribuyen a Cristo debilidades aparentemente incompatibles con la dignidad del Verbo.

Un largo pasaje nos ofrece la respuesta del Patriarca de Alejandría a los argumentos de Nestorio y de los antioquenos. El interlocutor de Cirilo, designado con la letra B, interviene abruptamente: «Basta ya sobre este asunto. Explícame ahora cómo se ha de entender lo que está escrito acerca de Cristo».[60] Cita a continuación Hb 5,7-9 y Mt 27,46. Y concluye: «Dicen, en efecto, que todo eso no conviene a Dios el Verbo y está muy por debajo de la sobreeminencia que es suya por esencia».[61]

Cirilo comienza su respuesta con una admisión parcial de la interpretación antioquena. Reconoce que, en el curso ordinario de las cosas, ninguna limitación humana puede ser atribuida al Verbo; él permanece inmutable y eterno. Pero la economía divina está en el centro de la fe cristiana. Escritura y fe de la Iglesia excluyen toda posible duda a este respecto. Si los resultados de la reflexión teológica no son enteramente satisfactorios, sólo queda postrarse ante el misterio. Es muy valiosa esta actitud ante la encarnación. Sin embargo, aunque la mente humana quede desconcertada por el misterio, debe reflexionar sobre él, penetrar en las profundidades de la economía.[62]

Penetrando en las profundidades de la encarnación, nuestro doctor trata el problema suscitado por Hb 5,7-9, usando su noción de κένωσις. Por su aniquilamiento, Cristo se hace más humano, más a nuestra estatura. Puede así darnos una lección de valor, de continua oración, frente a las tentaciones de que está tejida la vida cristiana: «El Verbo de Dios Padre se manifestó a nosotros en una forma semejante a la nuestra, aportando a la humanidad mil ventajas, indicando muy bien el camino que conduce a toda acción admirable. Era necesario aprender ... cómo se debe comportar, cuando se decide llevar una vida honorable y una conducta ejemplar: dedicarse intensamente a la oración, aparecer en lágrimas ante el que salva, tener sed de su socorro, y de valor, si le pluguiera someternos también a nosotros al sufrimiento. Era necesario, además, saber, para nuestro bien, hasta qué límite va la obediencia, por qué gloriosos caminos

---

[59] PG 76, 436; PUSEY, *Epistolae tres oecumenicae*, 466; ACO, 1, 1,6,136.
[60] PG 75, 1321; PUSEY, *De recta fide*, 390; SC 97, 432-434.
[61] PG 75, 1321; PUSEY, *De recta fide*, 390; SC 97, 434. Con el plural φασι suele Cirilo introducir los argumentos de los adversarios.
[62] Ibid.

pasa, cuán grande y cuál es la recompensa de la paciencia».[63] La obediencia y la paciencia de Cristo nos ofrecen, pues, un paradigma de conducta perfecta.

Nuestro doctor trata luego de la agonía de Cristo en el Huerto de los Olivos. Cita de nuevo textualmente Hb 5,7. Identifica la situación de Cristo presentada por los evangelistas (Mt 26,38-39) con la descrita en el pasaje que estudiamos. Rechaza con decisión la idea de que Cristo, por incapacidad de soportar el sufrimiento, haya sido vencido por el temor y dominado por la debilidad. ¡Sería acusarlo abiertamente de no ser Dios! [64] Y advierte que las palabras del aniquilamiento acomodadas a la limitación humana son usadas para que aparezca en todo semejante a nosotros el que trasciende a toda la creación.[65]

En su Diálogo «De Incarnatione Unigeniti», Cirilo es muy explícito en referir nuestro texto al Verbo Encarnado: «No hay más que un solo Hijo y un solo Señor Jesucristo, antes de que haya tomado carne y desde que se manifestó como hombre. Y no negaremos al Señor que nos ha rescatado, aunque se nos lo designe por sus debilidades humanas y las limitaciones de su aniquilamiento ... Pablo escribe acerca de él: «El cual, en los días de su carne ...» (Hb 5,7-8). ¿Acaso, pues, por esto mismo tendremos a Cristo por un puro hombre, que no fue en ninguna forma superior a lo que nosotros somos? De ninguna manera. ¿Concederemos que la sabiduría y el poder de Dios ha descendido a tal grado de debilidad, que teme la muerte y suplica al Padre ser salvado? y ¿quitaremos al Emanuel el privilegio de ser Vida por naturaleza? O, refiriendo a la humanidad y la limitación de una naturaleza semejante a la nuestra las expresiones poco honrosas, ¿percibiremos la gloria sobrenatural que le viene de los rasgos de su divinidad, comprendiendo que él mismo es a la vez hombre y Dios, o más bien Dios hecho hombre?»[66]

Entre las tres memorias «Sobre la verdadera fe», enviadas por el Patriarca de Alejandría a la corte imperial, con el objeto de neutralizar toda influencia de Nestorio, la primera, dirigida «al emperador Teodosio», ofrece el mismo texto que el diálogo «Sobre la Encarnación del Unigénito», con variantes insignificantes.[67]

La carta-tratado «Sobre la verdadera fe», dirigida a Pulqueria, hermana mayor de Teodosio II y a Eudoxia, esposa del emperador, está esencialmente consagrada a disipar las objeciones que podrían hacer surgir contra la divinidad de Cristo algunos textos relativos a las debilidades humanas, a los aspectos humildes de la encarnación.

[63] PG 75, 1321; Pusey, *De recta fide*, 390-391; SC 97, 434-436.
[64] PG 75, 1324; Pusey, *De recta fide*, 392-393; SC 97, 440.
[65] PG 75, 1325; Pusey, *De recta fide*, 394; SC 97, 442.
[66] PG 75, 1224; Pusey, *De recta fide*, 83. 85; SC 97, 246-248.
[67] PG 76, 1172; Pusey, *De recta fide*, 82. 84; ACO, 1, 1,1,59.

En una larga discusión sobre Hb 5,7-9, Cirilo enfatiza, como en el «Quod unus sit Christus», el carácter ejemplar de los sufrimientos de Cristo:

a) «Era necesario que el mismo Cristo se nos mostrara como guía y maestro de toda obra buena».[68]

b) «El fin del Unigénito, que tenía nuestra semejanza, fue padecer según la naturaleza humana, y enseñar a los suyos de qué manera se debe ir al encuentro de los ataques de las pruebas».[69]

c) «Ejemplo y modelo para nosotros es el hecho de que el Emanuel, no antes de la encarnación, sino en los días de su carne, al ser probado, oró con poderoso clamor y lágrimas».[70]

d) «Cuando, en los días de su carne, ofrece oraciones y súplicas al que puede salvarlo de la muerte, enseña a esforzarse en las oraciones, a incesantemente hacer súplicas a Dios».[71]

e) La obediencia también se nos propone como un «excelente ejemplo», al ser presentada como «gloriosa, digna de admiración... y conciliadora de todos los bienes».[72]

f) «Lo que padeció, por consiguiente, como hombre, nos es propuesto como ejemplo..., para que sigamos sus huellas».[73]

Cirilo retiene al Verbo como sujeto de los sufrimientos de Cristo. Ataca violentamente la visión de que los sufrimientos deben ser atribuidos al puro hombre: «Si dicen que es puro hombre, como nosotros, ciertamente son reos de antropolatría, al adorarlo ... Pero si dicen que ha sido llamado a igualdad de dignidad o autoridad con Dios Verbo, y luego acude a Dios Padre con poderoso clamor y lágrimas, y suplica al que puede salvar, nada impide que la condición del Verbo sea tanta, cuanta es la del que tiene con él igualdad de dignidad y autoridad. Por lo tanto, le conviene también tener horror a la muerte, temer el peligro, llorar en las pruebas, necesitar de la ayuda de otro para ser salvado, y además aprender la obediencia por lo que padeció al ser probado. Es completamente sin sentido pensar o decir esto: el Verbo de Dios es omnipotente, superior a la muerte, más allá del sufrimiento, completamente privado de temor humano. Pues, aunque así es su naturaleza, ha sufrido por nosotros. Por consiguiente, ni Cristo es puro hombre, ni el Verbo carece de carne, sino

---

[68] PG 76, 1389; Pusey, *De recta fide*, 308; ACO 1, 1,5,48.
[69] PG 76, 1389; Pusey, *De recta fide*, 307; ACO, 1, 1,5,48.
[70] PG 76, 1392; Pusey, *De recta fide*, 309; ACO, 1, 1,5,49.
[71] PG 76, 1389; Pusey, *De recta fide*, 307; ACO, 1, 1,5,48.
[72] PG 76, 1392; Pusey, *De recta fide*, 309; ACO, 1,1,5,49.
[73] PG 76, 1393; Pusey, *De recta fide*, 310; ACO, 1, 1,5,50.

que, unido a nuestra humanidad, permaneciendo impasible, padece en su carne lo que es propio del hombre».[74]

En la Primera Apología «Contra los obispos orientales», al hacer la defensa del décimo anatematismo, responde a Nestorio: «Cree que, aunque es Dios según la naturaleza y en la forma Hijo del Padre, 'no consideró como presa ser igual a Dios, sino que se aniquiló, tomando forma de siervo' (cf Flp 2,6-7). Si se hizo hombre y tomó la forma de siervo, ¿cómo juzgará en poco e inconveniente a la economía, ser llamado apóstol y sumo sacerdote? El que no despreció la limitación de nuestra humanidad, ¿cómo rechazará las cosas humanas?»[75]

Contra la interpretación nestoriana de καίπερ ὢν υἱός, replica: «Por tanto, si dicen que el Hijo es uno, no dividiendo en dos al que es descendencia de David y al Verbo de Dios Padre, ¿cómo no ofenden el misterio, dividiendo la economía entre Dios y el hombre, y no más bien diciendo que uno mismo es Dios y hombre, de manera que todo sea de él, lo divino y lo humano?... Sabiendo, pues, que, aunque es Dios (pues es el único y mismo Hijo), se hizo hombre, atribuiremos todo a él, como al único, y no ignoraremos los modos de la economía».[76]

Por último, en la Segunda Apología de sus anatematismos contra los ataques de Teodoreto, en la «Carta a Euopcio», rechaza Cirilo resueltamente la interpretación del obispo de Ciro y exclama lleno de indignación: «¡Oh audacísimo y terrible lenguaje! ¿Qué lágrimas bastarán para lavar el pecado de los que se ponen a pensar tales cosas? Si aceptas la unión, ¿cómo ignoraste que tratabas de un Dios encarnado? Se humilló por ti, e impíamente exclamas: «¡Dios te libre, Señor! ¡De ningún modo te sucederá eso!» (Mt 16,22). Por tanto, oirás al que dice: «¡Apártate de mí, Satanás! ¡Eres para mí un obstáculo!» (Mt 16,23).[77]

Oraciones y súplicas, clamor y lágrimas —dice *Isho 'dad de Merv*, citando a Hanana de Adiabene— testifican la verdadera naturaleza de Cristo. El, como hombre, temió la muerte, sufrió, pidió la liberación, no Dios, el Verbo.[78]

Sobre la significación fundamental de Hb 5,7-8 *Teofilacto* sigue de cerca a Crisóstomo. No es difícil descubrir la semejanza de fondo y aun de forma entre ambos comentarios. Oraciones, clamor, lágrimas:

---

[74] PG 76, 1392-1394; Pusey, *De recta fide*, 310; ACO, 1, 1,5,49-50.
[75] PG 76, 365; Pusey, *Epistolae tres oecumenicae*, 346; ACO 1, 1,7,56.
[76] PG 76, 368; Pusey, *Epistolae tres oecumenicae*, 348-350; ACO, 1, 1,7,57.
[77] PG 76, 445; Pusey, *Epistolae tres oecumenicae*, 482; ACO, 1, 1,6,141.
[78] Ed. Gilson, 108.

— Se dicen «acerca de la carne». No son cosas propias de Dios, sino que deben atribuirse irrefragablemente a la naturaleza humana del único Cristo (ἀναντιρρήτως τῷ ἀνθρωπίνῳ τοῦ ἑνὸς Χριστοῦ ταῦτα προσανα-θετέον).[79]

— Muestran la verdad de la naturaleza asumida.[80]

— Manifiestan también la solicitud y el exceso del amor de Cristo hacia nosotros.[81]

Ultimo representante, entre los comentadores griegos de esta inter-pretatión cristológica de Hb 5,7-8 es *Eutimio Zigabeno*. Cristo oró a su Padre, como hombre: «Fue escuchado» por la virtud que tenía como hombre. El autor sagrado dice de Cristo estas cosas que convienen al hombre.[82]

* * *

La línea de interpretación de los comentadores griegos, que conside-raba Hb 5,7 principalmente como prueba de la humanidad de Cristo, se continúa en el s. XIX con Ebrard, Delitzsch, Maier, Vaughan, y en el s. XX con Moffatt, Robinson, Javet, Manson, Grässer, Leonardi.[83]

Nuestro pasaje es relacionado, en su contexto, a 5,1; 2,17 y 4,15. El autor prueba aquí que el primer requisito del sumo sacerdote, «tomado de entre los hombres» (5,1) se cumplió en Cristo. Todo el párrafo 4,14-5,10 sirve para fundamentar más sólidamente el tema expuesto en 2,17: «debía asemejarse (ὁμοιωθῆναι) en todo a sus hermanos, para llegar a ser sumo sacerdote fiel y misericordioso». En 4,14-16 se recoge el tema. Se demuestra primero por la condición del sumo sacerdote del AT: debe ser a) «humano», b) ordenado por Dios mismo: 5,1-4. Se hace luego la aplicación a Cristo, en orden inverso, b) la ordenación por Dios se prue-ba por la Escritura: 5,5-6; a) la humanidad, por la historia de Jesús: 5,7-10.

El propósito de estas palabras es demostrar la humanidad y la hu-mana debilidad por lo cual es capacitado para la compasión, la posesión de una naturaleza humana; probar que Cristo debe ser humanitario tanto como humano; enfatizar la práctica experiencia humana de Cristo; mos-trar que participó plenamente en la condición del hombre.

---

[79] PG 125, 244.
[80] Ibid.
[81] Ibid.
[82] Ed. Calogeras, 373-374.
[83] EBRARD, 181-182; DELITZSCH, 197; MAIER, 152; VAUGHAN, 92; MOFFATT, 64; ROBINSON, 61; JAVET, 47-49; MANSON, 109-110; GRÄSSER,*Der historiche Jesus*, 76-77; LEONARDI, 176.

Para ilustrar la plenitud con que se identificó con los hombres, el autor utiliza las dolorosas experiencias de Jesús sobre la tierra. La tribulación que experimentó en el curso de su vida terrestre testimonió que fue realmente un miembro de la comunidad humana.

1. Ya la fórmula «en los días de su carne», que corresponde a «está rodeado de debilidad» (v. 2), muestra la plena humanidad de Jesús.

2. Las oraciones y lágrimas de Jesús son mencionadas con el expreso propósito de mostrar cuán verdaderamente compartió la suerte del hombre sobre la tierra. Esta experiencia humana de Jesús es la que le arrancó sus oraciones y súplicas, sus gritos y lágrimas.

3. La plena humanidad de Jesús es también muy eficazmente ilustrada en el v. 7 con la natural angustia humana ante la muerte.

4. Aprendiendo, en la escuela del sufrimiento, la obediencia, manifestó su verdadera humanidad. Aquí se expresa por qué camino llegó Cristo a la gloria del sumo sacerdocio: por la angustia humana, por el sufrimiento humano, por la sumisión humana a la voluntad divina.

Este aspecto de la historia humana de Jesús impresionó al autor de Hebreos más que a ningun otro escritor del NT.

B. *Función y eficacia del sacerdocio de Cristo (5,1-3)*

Los comentadores latinos medievales concentran su atención en la función y eficacia del sacerdocio de Cristo (Alcuino, Rábano Mauro, Claudio de Turín, Aimon d'Auxerre, Bruno, Glosa interlineal, Glosa marginal, Escuela de Abelardo, Herveo de Bourg Dieu, P. Lombardo, Hugo de S. Caro, Tomás de Aquino, P. de Tarentasia, Nicolás de Lira).[84]

En Hb 5,7 el autor expresa lo que nuestro pontífice hizo en su verdadero sacerdocio. Pasa a mostrar que Cristo realizó el ministerio de pontífice, porque hizo todo lo que conviene a un pontífice. Muestra que lo que pertenece al oficio pontifical conviene también a Cristo. Trata, pues, de la función sacerdotal de Cristo.

1. «En los días de su carne» indica la condición humana de Cristo, porque el pontífice es «tomado de entre los hombres» (5,1). El tiempo en que Cristo, antes de la resurrección, tuvo carne «pasible», fue el tiempo conveniente para desempeñar el oficio del pontífice que ofrece un sacrifi-

---

[84] ALCUINO, PL 100, 1054; RÁBANO MAURO, PL 112, 744; CLAUDIO DE TURÍN, PL 134, 756; AIMON D'AUXERRE, PL 117, 586; BRUNO EL CARTUJO, 448; GLOSA INTERLINEAL, 843-844; GLOSA MARGINAL, 843; Escuela de ABELARDO, 727; HERVEO DE BOURG-DIEU, *Ad Hebraeos*, PL 181, 1566; PEDRO LOMBARDO, PL 192, 437; HUGO DE SAN CARO, 248; TOMÁS DE AQUINO, 391; PEDRO DE TARENTASIA, 196; NICOLÁS DE LIRA, 843-844.

cio por nosotros. Cristo es sacerdote, no en cuanto que nació del Padre, Dios de Dios, coeterno con el que engendra, sino por la carne asumida, por la víctima que ofreció por nosotros.

2. Cristo «ofreció oraciones y súplicas» como un verdadero pontífice. Las oraciones ofrecidas por Cristo constituyen el «acto» de su ministerio sacerdotal, el «sacrificio espiritual» (Sal 50,26; Os 14,3) que Cristo ofrece. A este sacrificio espiritual se ordena el sacerdocio de Cristo. La frase del v. 7 corresponde a «para que ofrezca dones y sacrificios por los pecados» (5,1).

Cristo oró frecuentemente, según se lee en los evangelios y sobre todo en Lucas, quien describe en esto su función sacerdotal. Toda la vida de Cristo fue oración a Dios. Todo lo que hizo en la carne fueron oraciones y súplicas por los pecados del género humano, por nosotros, por todos los hombres. Cristo oró y suplicó no por temor a la muerte, que acogía voluntariamente, sino más bien por nuestra salvación.

Esta oración de Cristo es identificada incluso por algunos:

— Con la llamada «oración sacerdotal», donde Cristo se presenta al Padre en actitud de sacerdote e intercede por su cuerpo místico, por sus elegidos: «Padre santo, cuida en tu nombre a los que me has dado» (Jn 17,11), y no sólo a ellos, sino «también a los que por ellos creerán en mí» (Jn 17,20).[85]

— Con la oración de Cristo en la cruz, cuando «intercedió por los pecadores» (Is 53,12): «Padre, perdónalos» (Lc 23,34).[86]

3. La sangre vertida por Cristo es el «clamor poderoso»: clama en favor nuestro mejor que la de Abel, se alza para interceder por nosotros ante el Padre.

4. También las «lágrimas» que Cristo derrama son «por nuestra salvación».

5. Cristo fue «escuchado por la reverencia» que mostró en su pasión.

— Porque todo lo hizo con perfectísima caridad, por puro amor: no teniendo pecado, sufrió por nuestra salvación, se hizo pecado por nosotros, es decir, oblación por nuestros pecados. Nos amó primero y se entregó a sí mismo por nosotros.

— Porque todo lo hizo con gran reverencia: como hostia agradable a Dios.

— Porque, al desempeñar su oficio de pontífice, orando por el pueblo y ofreciendo su sacrificio, tuvo una actitud devota y reverente.

---

[85] Escuela de ABELARDO, ibid., DIONISIO EL CARTUJO, 490.
[86] HUGO DE SAN CARO, ibid.

6. Cristo quiso ejercer su sacerdocio, no sólo ofreciendo oraciones con lágrimas, sino también aprendiendo la obediencia, por lo que padeció, es decir, por su muerte. Todo el v. 8 muestra que en Cristo existió la máxima misericordia que puede haber en un pontífice, porque, aunque era Dios que no podía sufrir, asumió la naturaleza humana pasible, para poder sufrir por nosotros, y, por la experiencia del sufrimiento, hacerse, en cierto modo, más apto para compadecerse de nosotros.

Y no sólo se expone en nuestro texto la función sacerdotal desempeñada por Cristo, sino que se señala también la eficacia de su sacerdocio. El autor muestra aquí la perfección de Cristo pontífice por el efecto y utilidad de su acción. Alguno diría: ¿Y qué provecho tuvo para nosotros su sacerdocio? Mucho, ciertamente. Por estas palabras es claro que por él podemos alcanzar misericordia.

— Podemos tener en él una gran confianza, porque hizo lo que ningún otro pontífice, al ofrecerse a sí mismo como hostia por nosotros.

— El autor dice que Cristo «fue escuchado», para que estemos seguros de que por él alcanzaremos misericordia. Y si Cristo fue escuchado, cuando aún vivía en la tierra y era mortal, ¿qué hará después? Mucho más. Pues ya está sentado a la derecha del Padre y no cesa de interceder por nosotros.

La explicación de los medievales es recogida, en la época de la Reforma, por Ecolampadio, Brenz, Tena, Giustiniani.[87] Después de haber mostrado el autor por quién fue Cristo constituido sacerdote, después de haber probado que es verdadero sacerdote y pontífice, trata de su oficio y ministerio sacerdotal, indica cómo desempeñó su oficio de sacerdote en el sufrimiento, cómo obró muy piadosa, obediente y meritoriamente.

En los siglos XVII y XVIII, por J. Braun, Calmet, J. D. Michaelis.[88] Después de haber demostrado que Cristo fue constituido por Dios como pontífice, que era sacerdote eterno según el orden de Melquisedec, el autor hace ver que el Salvador desempeñó muy fielmente todas las funciones del sacerdocio.

En el s. XIX, por J. Brown[89]: 5,7,9 forma la segunda parte de la demostración de la realidad del sacerdocio de nuestro Señor. Así como fue divinamente señalado para el oficio, así también realizó con buen éxito sus funciones.

---

[87] Ecolampadio, 51; Brenz, 274-275; Luis de Tena, 215; Giustiniani, 679.
[88] J. Braun, 290; Calmet, 663; J.D. Michaelis, *Ad Peircium*, 220, n. 139; *Hebräer, paraphr.*, 175.
[89] J. Brown, 303-304.

En el s. XX, por Vitti, Maurer[90]: 5,1-10 compara al sumo sacerdote aarónico con la figura de Cristo:

a) «función» sacerdotal que consiste en posibilitar el perdón de los pecados y así establecer una nueva relación salvífica entre Dios y los hombres, por medio del ofrecimiento de sacrificios y dones (v. 1-3 y 7-10);

b) llamamiento divino (v. 4 y 5-6).

C. *Oblación por el pueblo (5,1.3)*

Desde el s. XVI hasta fines del s. XVIII, se insiste en que en 5,7-8 el autor de Hebreos quiere ante todo señalar quién recibe el beneficio de la oración y oblación de Cristo.

Muchos opinan que el autor pretende demostrar aquí que Cristo, desempeñando verdaderamente el oficio de pontífice, ofreció oraciones y súplicas «por nosotros» (Lutero, Gagny, Sasbout, Giustiniani, Gordon, Heinrichs, Böhme, Klee, Padovani).[91]

En 5,1 el autor dijo que es propio de los pontífices ofrecer dones y sacrificios por los pecados. Ahora en 5,7 hace la aplicación de esto a Cristo. Pasa a probar la semejanza de Jesús con los pontífices y sus funciones. Presenta a Cristo como mediador que mira por el bien de los demás, que ofrece por los hombres, que reconcilia a los hombres con Dios, expiando sus pecados por medio de la oblación sacrificial. El sumo sacerdote mesiánico es presentado aquí por su oración. Por estas oraciones de Cristo, dirigidas a Dios por la salvación de los hombres, se describe su sacerdocio. Cristo ofrece oraciones, como intercesor constituido para esto por el Padre, y, por tanto, como sacerdote en sentido propio.

Uno de los que más insisten en que esta oración es la del sumo sacerdote en cuanto tal, y que, por lo tanto, Cristo no oró por sí mismo, sino por nosotros, es B. Giustiniani: «A mí me parece mucho más verosímil que estas palabras indican claramente la eximia función de Cristo sacerdote, que se ofrece a sí mismo en el ara de la cruz, aunque podía pedir al Padre que apartara los crueles tormentos y la muerte acerba; olvidándose de sí mismo, para desempeñar el oficio de verdadero pontífice, oró a Dios con fuerte voz por los que lo habían crucificado (Lc 23,34)... Describe la función de Cristo sacerdote, pues, ya que no necesitaba una víctima por sí mismo, se ofreció a sí mismo a Dios Padre como hostia por nosotros... Como sacerdote y pontífice, pedía la salvación del género humano, y ofreciéndose a Dios Padre como hostia por los pecados, fácilmente la alcanzó».[92]

---

[90] VITTI, *Exauditus,* 112; MAURER, 281.
[91] LUTERO, *glosa marginal,* 22; GAGNY, 134; SASBOUT, 549; GIUSTINIANI, 679; GORDON, 610; HEINRICHS, 92; BÖHME, 226-227; KLEE, 112-113; PADOVANI, 186-187.
[92] GIUSTINIANI, ibid.

Los apoyos encontrados en el texto para esta interpretación son:

1. El participio προσενέγκας indudablemente se refiere al προσφέρῃ de 5,1 y al προσφέρειν de 5,3.

2. Las «oraciones y súplicas con clamor poderoso y lágrimas» corresponden a las del pontífice que hace la expiación anual de todo el pueblo.

3. El vocablo ἔπαθεν parece referirse a su dignidad sacerdotal. Pues nuestro autor suele usar παθεῖν (cf 9,26; 13,12) para la muerte sufrida por Jesús, e.d., para la inmolación de sí mismo, que hizo como sacerdote y como víctima.

D. *Oblación por sí mismo (5,3)*

Otros consideran que en nuestro pasaje se demuestra en Cristo lo que en 5,3 se dijo del oficio del sumo sacerdote: «debe ofrecer... por sí mismo». Así Catarino, Hammond, Limborch, J. D. Michaelis.[93]

El sumo sacerdote del AT ofrecía sacrificios por sí mismo, por sus propios pecados, cometidos por debilidad o ignorancia. Cristo no cometió pecado. No necesitaba, por tanto, de ningún sacrificio de «expiación». Pero existieron en él las debilidades naturales, por las que retrocedía espontáneamente ante el dolor y la muerte. Para ser librado de estas debilidades ofreció a Dios oraciones y súplicas.

Esta opinión es llevada al extremo por los socinianos. Para ellos, Cristo es un hombre ejemplar, no divino. Opinan que el auténtico sacrificio de Cristo se ofrece en el cielo, no en la tierra. Jesús no puede ejercer la función sacerdotal, sino después de llegar a su condición celeste.

Esta doctrina se refleja claramente en los comentarios de Crell y de Schlichting.[94] Cristo ofrece de distinta manera por sí mismo y por nosotros. Por sí mismo, ofrece sólo oraciones, cuando todavía es mortal. Por nosotros, se ofrece a sí mismo, ya hecho inmortal y espíritu eterno, en el santuario celeste. En 5,7, según estos exégetas, el autor muestra que Cristo, «en los días de su carne», a causa de su debilidad, ofreció sólo por sí mismo, y no se ofreció a sí mismo, sino sus oraciones.

El pontífice, consciente de su debilidad, por la que se hace capaz de compasión, debe ofrecer sacrificios por sí mismo. En Cristo encontramos algo análogo. Pues también él estuvo rodeado de la debilidad y flaqueza natural de la carne, igual que nosotros. Los males con que estaba agobiado por su debilidad corresponden en cierto modo a los pecados de los pontífices, nacidos por debilidad. En el tiempo en que se encontraba en

---

[93] CATARINO, 514; HAMMOND, *paraphr.*, 216; LIMBORCH, 591; J.D. MICHAELIS, *Ad Peircium*, 220-221, n. 140.
[94] CRELL, 241; SCHLICHTING, 118.

medio de peligros y tormentos, ofreció a Dios por sí mismo un sacrificio espiritual, para ser librado de los males. Esta es la oblación que Cristo hizo por sí mismo, por la cual se expió, «seipsum expiavit», y alcanzó para sí la liberación de la debilidad, de los males de ella derivados y de la misma muerte.

* * *

Sin embargo, hablar de un sacrificio celeste, negando a la muerte de Jesús su valor sacrificial, como hacen los socinianos, es contrario a la doctrina de la epístola, que considera manifiestamente la muerte de Cristo como la oblación del sacrificio auténtico y definitivo (cf. Hb 7,27; 9,15).[95]

E. *Oblación por el pueblo y por sí mismo (5,3)*

Algunos, finalmente, como Estio y Erhard,[96] piensan que nuestro texto se refiere al oficio del pontífice indicado con las palabras: «debe ofrecer, como por el pueblo, así también por sí mismo». Había dicho el autor que es propio del sacerdote ofrecer sacrificios por sí y por otros. Esto fue hecho por Cristo. Aquí es presentado como pontífice, orando por sí y por otros.

Típico de esta opinión es Estio. A la dificultad propuesta por Ribera y Giustiniani [97] de que ofrecer por sí mismo «por los pecados» no puede atribuirse a Cristo, da una respuesta inmediata: «El autor no quiere aplicar a Cristo cada una de las cosas que dijo del pontífice levítico, sino lo que puede aplicarse y que, aplicado, avalora su sacerdocio. Tal cosa es el que ofrezca a Dios oraciones también por sí mismo, ya que es tomado de entre los hombres, y, por tanto, tiene en común con ellos una naturaleza mortal y miserable».[98]

Y a la objeción, presentada igualmente por Ribera y Giustiniani,[99] de que también pertenece a los laicos ofrecer a Dios por sí mismos, responde: «No se trata de cualquier ofrecimiento de oraciones, sino del ofrecimiento de oraciones que es propio de una función pública, e.d., sacerdotal. Como ofrecer sacrificios, así también ofrecer oraciones por el pueblo, en el cual está también comprendido el mismo sacerdote, no es propio de cualquier hombre, sino sólamente del sacerdote». Por eso, el autor usa el vocablo «ofrecer», empleado antes, al hablar de la oblación sacrificial del sumo sacerdote.[100]

---

[95] Puede verse también la crítica hecha por CAPPEL (1349) y J. BRAUN (294- 295) a la opinión de los socinianos.

[96] ESTIO, 106; T. ERHARD, 289-290.

[97] RIBERA, 204; GIUSTINIANI, 679.

[98] ESTIO, ibid.

[99] RIBERA, ibid.; GIUSTINIANI, ibid.

[100] ESTIO, ibid.; cf. SASBOUT, 549; SALMERÓN, 709; LUIS DE TENA, 215.

F. «No se glorificó a sí mismo» (5,4-6)

A partir del s. XIX, numerosos intérpretes descubren que en nuestro pasaje la intención fundamental del autor de Hebreos es demostrar que Cristo estaba muy lejos de atribuirse a sí mismo la gloria del sacerdocio (Bleek, Wette, Bisping, Hofmann, Lünemann, Alford, B. Weiss, von Soden, A. B. Bruce, Schlatter, Peake, Dods, Riggenbach, Hollmann, Strathmann, Lenski, Jeremias, Friedrich).[101]

A primera vista, parece que el fin del autor especificar, como de igual y coordinada importancia, dos características fundamentales del oficio de sumo sacerdote. Todo sumo sacerdote debe simpatizar con los hombres y ser llamado por Dios. Por consiguiente, Jesús tuvo tal llamado y fue eminentemente compasivo. Pero no pone los dos en el mismo plano. Lo principal en su mente es el llamado; la simpatía es mencionada junto con la debilidad, como explicación de la necesidad del llamado.

El acento de la descripción está en la antítesis de 5,4, repetida en 5,5-6 en la aplicación a Cristo, y luego más ampliamente expuesta en 5,7-10.

Con 5,4 comienza un nuevo pensamiento, una exposición sobre la legitimidad del sumo sacerdocio de Cristo. Se acentúa una semejanza entre el sacerdote aarónico y Jesús. Ningún sacerdote, ni el levítico ni Cristo, puede adjudicarse a sí mismo el oficio de sumo sacerdote, sino que debe ser establecido por Dios.

Como prueba de la legalidad de la dignidad sacerdotal de Jesús, son aducidos en 5,5-6 dos textos de los salmos (Sal 2,7; 110,4), con los que se muestra que Dios mismo estableció a Jesús como sacerdote. Al testimonio de la Escritura de que Cristo no se arrogó a sí mismo el sacerdocio, sino que fue investido con él por Dios, se añade una prueba más. Por los hechos de la historia, se demuestra que la palabra de la Escritura se cumplió en Cristo.[102] Por la vida terrestre del Señor, se prueba que no asumió el sacerdocio por sí mismo. Cristo, en los días de su carne, dio claro testimonio de que, muy lejos de buscar la dignidad de sumo sacerdote, la rehuyó, se resistió hasta el extremo, y la aceptó sólo en filial sumisión a la voluntad divina. No por arrogante ambición, sino por dolorosa obediencia, llegó a ser sacerdote.

---

[101] BLEEK, 234; WETTE, 169; BISPING, 121; VON HOFMANN, 214; LÜNEMANN, 173-174; ALFORD, 95; B. WEISS, Hebräer, 135; VON SODEN, Hebräer, 44; A.B. BRUCE, Hebrews, 174-175; 184-185; SCHLATTER, 293; PEAKE, 133-134; DODS, 288; RIGGENBACH, Hebräer, 128-129; HOLLMANN, 176; STRATHMANN, 100; LENSKI, 160-161; JEREMIAS, 110-111; FRIEDRICH, Das Lied, 114-115.

[102] Según FRIEDRICH, al texto de la Escritura el autor añade un himmo cristiano primitivo, por el cual es muy claro que Jesús no se arrogó el oficio de Sumo Sacerdote, como un usurpador: Dios lo escuchó, lo exaltó y proclamó Sumo Sacerdote.

El principal punto de vista sólo puede ser aquí hacer notar aún más qué lejos estaba Jesús de atribuirse a sí mismo la dignidad sacerdotal, sin la voluntad del Padre. El pensamiento capital es exponer ante todo que Cristo fue un legítimo sacerdote, no un usurpador; uno llamado solemnemente al oficio por Dios, no uno que se eligió a sí mismo.

La demostración corresponde a la antítesis: «No se glorificó a sí mismo, sino (lo glorificó) el que le dijo ...» (5,5-6). A la parte negativa corresponde el primer verbo principal: ἔμαθεν ... τὴν ὑπακοήν (5,7-8); a la parte positiva, el segundo: ἐγένετο ... προσαγορευθεὶς ὑπὸ τοῦ θεοῦ (5,9-10). Se hace ver primero lo negativo: ¡qué lejos estaba Cristo de hacerse a sí mismo sumo sacerdote!; y luego lo positivo: fue declarado sumo sacerdote sólo por Dios.

Parte negativa: El propósito en los v. 7-8, es mostrar la conducta de Jesús durante su vida en la tierra en tal forma que la idea de usurpación aparezca como un absurdo.

1. ὅς no se refiere simplemente a ὁ Χριστός; la frase relativa debe entenderse en su relación a οὐχ ἑαυτὸν ἐδόξασεν γενηθῆναι ἀρχιερέα. En este contexto, el autor sólo puede querer explicar cómo el Salvador llegó a ser aquello que él no se arrogó a sí mismo, y mostrar que fue glorificado por Dios.

2. En la frase «en los días de su carne» el autor concibe a Cristo, como viniendo al mundo por un llamado divino para ser sacerdote y consciente de su vocación (cf 10,5).

3. Qué lejos estaba Cristo de apropiarse arbitrariamente la τιμή (v. 4) y la δόξα (v. 5) sumo sacerdotal, aparece claramente en que él suplica, en apremiante oración, la salvación de la muerte.

4. En la descripción de la trágica experiencia, se nota el esmero por poner al descubierto la debilidad de Jesús, con el fin de mostrar la absoluta improbabilidad de que uno que se comporta así asuma el oficio sacerdotal, sin un llamado divino.

Parte positiva: Dios fue el que, después de escuchar la oración, lo estableció solemnemente como sumo sacerdote (v. 10).

G. Preparación para el sacerdocio (5,4-6)

También desde el siglo pasado se ha insistido en que el autor habla aquí no tanto de la función de Cristo como sacerdote, sino de su preparación para llegar a ser sumo sacerdote. Tal es el punto de vista en el pasaje, según Kuinoel, Tholuck, Pánek, Davidson, Milligan, Kübel,

Omark.[103] Muestra ahora por qué Dios lo constituyó pontífice y rey, a saber, para que, después de que padeció la muerte y los tormentos y así prestó obediencia (v. 8), elevado al colmo de la felicidad (v. 9), constituido rey de los hombres y pontífice celeste, fuera σωτήρ de los que lo honran (v. 9).

El autor aborda aquí la descripción de la lucha dolorosa sólo porque contiene la condición fundamental de la dignidad sacerdotal. El principal objeto de todo el pasaje es mostrar, cómo Cristo fue preparado para ser el sumo sacerdote que necesitamos. El punto de vista dominante de los v. 7-10 es el del desarrollo moral a través de la lucha y del aprendizaje hasta la perfección, hasta la plena entrada en la dignidad de Hijo y de sumo sacerdote.

El texto, 5,7-10 se entiende como una explicación de 5,5-6. Cristo fue establecido en la dignidad de Hijo y de sumo sacerdote —según los pasajes de la Escritura— en su exaltación, porque él por su lucha terrestre— por ἀσθένεια y πειρασμός — alcanzó esa altura. Por la vida de Jesús en la tierra, el autor ilustra el camino por el que Cristo logró la verdadera disposición interior del sumo sacerdote, y así fue llamado por Dios al oficio. Delínea la manera como Cristo fue disciplinado para su compasivo ministerio sumo sacerdotal. Aunque era el único Hijo, sin embargo, tuvo que llegar a ser efectivamente perfeccionado por la sumisa obediencia, bajo la tensión del máximo sufrimiento.

El pensamiento principal está en el v. 8. Lo que Cristo sufrió en su vida carnal es la raíz de su dignidad sumo sacerdotal. El v. 9 muestra claramente que la lucha dolorosa es mencionada sólo como la causa que fundamenta la τελείωσις; y ésta, según el v. 10, como la causa de la dignidad de sumo sacerdote.

H. «Tentado en todo a semejanza nuestra» (4,15)

Según Peirce, Cristo es constituido sacerdote sólo en el cielo. Así se desprende de su paráfrasis al v. 7: «El cual, antes de haber sido constituido sacerdote, en el tiempo en que vivió en la tierra, revestido de carne mortal, fue tentado de la misma manera que nosotros».[104] De aquí procede su sutil explicación sobre el enlace de nuestro texto con los versículos precedentes.

Error común de los intérpretes ha sido querer unir los v. 7-10 con alguna parte del mismo cap. 5. Todo es más fácil, si el hilo del discurso se hace depender del final del cap. 4, donde, presentada la índole misericor-

---

[103] KUINOEL, 157-158; THOLUCK, 247-248; PÁNEK, 91; DAVIDSON, 111. 113, n. 1; MILLIGAN, 107-108, n. 1; KÜBEL, 110-112; OMARK, 39-40.
[104] PEIRCE, 219-220.

diosa de Cristo (v. 15), urge a los hebreos a acercarse al trono de la gracia (v. 16). En los primeros versículos del cap. 5 hizo una disgresión. Comparó a Cristo con los sumos sacerdotes y mostró cómo, para establecer a éstos, se atendía a que, por la experiencia de sus males, se hicieran más prontos para ejercer el oficio de sacerdote misericordioso. Ahora vuelve al punto del que se había apartado y explica con mayor exactitud en qué cosas Cristo fue tentado a semejanza nuestra, para poder nosotros confiar más en él.

*   *   *

No se puede negar que exista analogía entre lo que se dice en los v. 7-8 y lo expuesto en 4,15. Sin embargo, si Peirce hubiera aceptado que Cristo ya en la tierra fue sacerdote, no hubiera tenido que ir tan lejos para anudar el hilo del discurso.[105]

*   *   *

Erasmo, Reuss, Kay relacionan también a 2,18 y 4,15 el verso 7, que sirve para ilustrar cómo Cristo fue «tentado en todo a semejanza nuestra».[106]

I. *Compasión y debilidad (5,2)*

Según otra interpretación, expuesta ya en el s. XIII por Tomás de Aquino[107] y que continúa hasta hoy, el propósito del autor en nuestra perícopa es mostrar la compasión y debilidad de Cristo sumo sacerdote (Zuinglio, Sasbout, Ribera, Lapide, Menochio, Tirino, Picquigny, Bloomfield, Zill, Moulton, Keil, Edwards, Westcott, Schaefer, Seeberg, Van Steenkiste, Huyghe, Fillion, Windisch, Dibelius, Michel, Médebielle, Lenski, Ketter, Teodorico, Spicq, Kuss, Neil, Cotton, Rissi, F. F. Bruce, Bourke, Zimmermann, Brandenburger, Andriessen-Lenglet, Montefiore).[108]

---

[105] Cf. J.D. MICHAELIS, *Ad Peircium,* 220, n. 139.

[106] ERASMO, 836; REUSS, 51; KAY, 52.

[107] TOMÁS DE AQUINO, *Ad Hebraeos,* 392.

[108] ZUINGLIO, 300; SASBOUT, 549; RIBERA, 204-205; A LAPIDE, 394; MENOCHIO, 241; TIRINO, 762; PICQIGNY, 293-294. 296; BLOOMFIELD, 488; ZILL, 222-223. 225; MOULTON, 300; KEIL, 130; EDWARDS, 73-74; WESTCOT, 124; SCHAEFER, 149; SEEBERG, 54; VAN STEENKISTE, 531; HUYGHE, 119; FILLION, 569; WINDISCH, 42; M. DIBELIUS, *Gethsemane,* 260; MICHEL, *Hebräer,* 214-215; MÉDEBIELLE, 310; LENSKI, 161; KETTER, 40; TEODORICO, *Ebrei,* 102; SPICQ, *Hébreux,* 2, 112; KUSS, 72-73; NEIL, 61-63; COTTON, 643-644; RISSI, 36; F.F. BRUCE, 94. 97-98; BOURKE, 61, 28; ZIMMERMANN, 11-12; ANDRIESSEN-LENGLET, 210; MONTEFIORE, 96-97; BRANDENBURGER, 219: con el primer fragmento de la tradición (v. 7), que pone enérgicamente ante los ojos al Jesús probado, el autor quiere apoyar las afirmaciones de los versos 2-3: también Cristo puede ser Salvador compasivo. El comienzo del segundo fragmento de la tradición (v. 8), el motivo del Hijo que sufre, también es empleado con este fin.

Después de haber demostrado, en 5,5-6, que en Cristo se encuentra la característica de todo verdadero pontífice, mencionada en el v. 4: la vocación divina, pasa a probar, en los v. 7-8, que Cristo posee además la otra cualidad fundamental del sacerdocio, de que se trata en 5,1-3, especialmente en 5,2: «pudiendo tener compasión de los que no saben y yerran, porque también él está rodeado de debilidad».

Nuestro texto es ante todo explicativo de 5,2. La idea directriz, la intención del autor es demostrar el requisito μετριοπαθεῖν δυνάμενος.

No se debe pasar por alto, sin embargo, la relación de 5,7-10 con lo que precede: con 2,17; 3,1; 4,14, donde se afirma que Cristo es sumo sacerdote; y sobre todo con 2,17-18, donde se dice que Jesús es sumo sacerdote misericordioso (ἐλεήμων), porque se asemejó a sus hermanos en todo (κατὰ πάντα τοῖς ἀδελφοῖς ὁμοιωθῆναι), y con 4,15-16, donde se dice que «puede compadecer nuestras debilidades porque fue probado en todo a semejanza nuestra».

Todos los motivos mencionados en 2,17-18 y 4,15-16 son expresados en 5,7-10. Aquí encuentran especial ilustración la asimilación de Cristo a sus hermanos, su auténtica debilidad humana, su sufrimiento a semejanza nuestra, su capacidad de compasión. El autor no usa la palabra debilidad acerca de Jesús. La evita quizá porque en 5,3 debilidad y pecado son correlativos y es claro que Jesús no pecó (4,15). Sin embargo, no hay duda de que el autor, aunque evita la palabra, considera la capacidad de Jesús de compadecer a los pecadores.

Para demostrar que Cristo estuvo rodeado de debilidad y que por tanto se compadece de nosotros fácilmente, el autor hace su única referencia detallada a la vida terrestre de Jesús. Los versos 7-8 son una clara indicación de que Cristo, en su camino de dolor, hizo experiencias que lo familiarizaron con la debilidad humana y posibilitaron en él la compasión. La presentación realista de los acontecimientos hace ver cuán cercano está a los hombres el sumo sacerdote de la Nueva Alianza y cuánto debe sentir con ellos.

1. «En los días de su carne»: cuando vivió entre nosotros, su carne fue semejante a la nuestra. Su compasión se funda en la comunidad de naturaleza, en que «él también de manera semejante participó de las mismas cosas», e.d., «de sangre y carne» (2,14).

2. Sumido en extrema angustia por los dolores y la muerte inminente, «ofreció oraciones y súplicas al que podía salvarlo de la muerte». Constituido en debilidad, oró por sí mismo.

3. Como debilidades, son mencionados también el «clamor poderoso» y las «lágrimas». Se atribuyen al Señor los más violentos estremecimientos y las más fuertes expresiones del natural horror humano ante la muerte.

4. Por su experiencia personal del sufrimiento, llevado hasta el extremo, hasta la muerte, aprendió a conocer mejor las debilidades de los hombres. En el sufrimiento de Cristo, principalmente en su sacrificio, encuentra su más profundo fundamento el μετριοπαθεῖν δυνάμενος.

5. Para hacerse más inclinado a compadecer, quiso aprender obediencia; conocer por propia experiencia cuán difícil es obedecer en todo a la voluntad divina. Por la obediencia fue como el Hijo ganó su derecho a ser nuestro sacerdote, capaz de compasión.

6. Después de su resurrección y exaltación, Cristo, sacerdote celeste, es omnipotente para salvar a los hombres y todo misericordia respecto a ellos. Ya no conoce la debilidad, pero, habiéndola experimentado, puede compadecer a los que son afectados de debilidad.

II. Cristo «sumo sacerdote misericordioso»

A. *Estructura de 5,7-10*

Para la recta interpretación de este pasaje, el primer paso consiste en determinar correctamente su estructura. Un claro conocimiento de cuál es el cuerpo principal y cuáles son los miembros adheridos a él, de cuál es el tronco y cuáles son las ramas que se desprenden de él, hace ver claro lo que, a primera vista, podría parecer obscuro o aún ininteligible. La idea principal se marca con claridad, y las subordinadas se ven en su relación a la principal.

Los versos 7-8 constituyen una unidad estilística con los dos siguientes, v. 9-10. Sintácticamente, 5,7-10 forma un período único, compacto, muy articulado, rico en participios y complementos.

La construcción gramatical es valorada negativamente por Bloomfield: «Hay aquí, junto con una cierta obscuridad en la fraseología, una confusión en la construcción»,[109] que se intenta suprimir colocando entre paréntesis algunas partes del texto; Vosté: «sentencia demasiado larga e intrincada»;[110] Javet: «frase como voluntariamente pesada y sin gracia».[111]

Pero se trata más bien de un «largo período de miembros armoniosamente ritmados»,[112] «limpiamente construido»,[113] de una estructura «refinada»,[114] en la que el autor de Hebreos, se muestra, según su costum-

---

[109] BLOOMFIELD, 488: «There is here, together with a certain obscurity in the phraseology, a perplexity in the construction».
[110] VOSTÉ, *Studia Paulina,* 113: «sententia nimis protracta et intrincata».
[111] JAVET, 49: «phrase, comme volontairement lourde et disgracieuse».
[112] MÉDEBIELLE, 310.
[113] DEICHGRÄBER, 175.
[114] THURÉN, *Gebet,* 144, n. 1.

bre,[115] como «un maestro del período artísticamente ordenado y claramente pensado»,[116] a la manera clásica.[117]

La estructura general es clara. Se distinguen dos oraciones principales, paralelas, coordinadas por καί, cuyos verbos, en modo personal, son ἔμαθεν (v. 8) y ἐγένετο (v. 9), que concuerdan con el sujeto ὅς, referido a Cristo. La primera oración principal es explicada por cuatro oraciones subordinadas: tres participiales: προσενέγκας καὶ εἰσακουσθείς[118] ... καίπερ ὢν υἱός, y una relativa: ἀφ᾽ ὧν ἔπαθεν. La segunda, va acompañada de dos participios: τελειωθείς... προσαφορευθείς. Los participios activos (τὸν) δυνάμενον y (πᾶσιν τοῖς) ὑπακούουσιν, usados substantivadamente, no tienen la misma función estructurante que los demás participios. A cada oración se añaden diversos complementos.[119] He aquí un esquema de la estructura:

ὅς προσενέγκας καὶ εἰσακουσθείς, καίπερ ὢν υἱός, *ἔμαθεν* ἀφ᾽ὧν ἔπαθεν,
καὶ τελειωθείς,   *ἐγένετο,* προσαγορευθείς..

En cuanto al sentido general, se distinguen dos partes. En la primera parte (v. 7-8), se describe una ofrenda dramática de Cristo, la divina disciplina, por la que fue perfeccionado en su naturaleza humana, el medio, por el cual se efectuó la misión salvadora de Cristo; se muestra cómo, en la escuela del sufrimiento, Cristo aprendió la obediencia. Esta afirmación principal es puesta de relieve por las proposiciones subordinadas, que ilustran la oración de Cristo que sufre y señalan la dignidad de su naturaleza que no le impidió el aprendizaje de la obediencia en el sufrimiento. La primera proposición participial es elaborada en detalle; presenta vivamente la oración de Cristo: el tiempo, el carácter, el objeto, aquel a quien se dirige y la forma; la segunda proposición indica la eficacia y el motivo por el que la oración es escuchada. En la segunda parte (v. 9-10), se describe el resultado de la ofrenda, para él mismo y para los que se adhieren a él.

---

[115] Muy características del estilo de Hebreos son las frases largamente desarrolladas y finamente construidas, como 1,1-4; 2,2-4; 4,12-13;· 6,4-6; 7,1-3. 26-27; 10, 19-25; 11,24-26; 12,1-2. Cf. BLASS-DEBRUNNER-REHKOPF, 464; SPICQ, *Hébreux*, 1, 357.

[116] MAURER, 278.

[117] Cf. XENOPH, *An*, 1, 8,1-3; DEMOSTH, *Pro Corona*, 18,1-2; POLYB, 2, 46,1-4.

[118] La Vulgata (edición clementina) tadujo εἰσακουσθείς por «exauditus est» (v. 7); transformó así en oración independiente lo que en el texto griego era participio subordinado y rompió la unidad sintáctica y de pensamiento. Esta incorrección ha sido eliminada, en conformidad con los mss., en la edición crítica de WEBER.

[119] BRANDENBURGER (220), propuso la artificial hipótesis de que el autor entendió las dos oraciones participiales del 1ᵉʳ fragmento de la tradición (v. 7) como afirmaciones completas en sí mismas («in sich schlüssige»); y así debió ser reconocido también por los destinatarios, pues se argumenta con textos conocidos de la Escritura y de la tradición. Por tanto, el v. 7 sería una forma independiente de frase y de pesamiento («selbständige Satz- und Gedankengebilde») y con el v. 8 comenzaría una nueva estructura del pensamiento («neues und eigenes Gedankengefüge»).

B. *Contexto*

Para poder discernir la orientación fundamental de 5,7-8, es indispensable examinar atentamente no sólo la construcción del pasaje, sino también las relaciones con su contexto próximo y remoto. De su situación en la estructura de la epístola depende en gran parte su significación. Es lo que nos proponemos determinar a continuación. Nuestra investigación refleja el pensamiento de los trabajos sobre la estructura de la Epístola a los Hebreos, realizados por Michel, Vaganay, Spicq, Gyllenberg, Friedrich, Lescow, Brandenburger, Thurén, Galizzi, Dussaut, y principalmente por Vanhoye.[120]

1. *Contexto próximo*

a. *5,1-10*

1) Estructura de 5,1-10

Nuestro texto (5,7-8) forma parte del parágrafo 5,1-10, exposición doctrinal que presenta

— una descripción general, concerniente a «todo sumo sacerdote»: 5,1-4

— una aplicación particular al caso de Cristo: 5,5-10.

La descripción general del sacerdocio (5,1-4), gramaticalmente, consta de dos partes.

Primera parte: 5,1-3. El sujeto es «todo sumo sacerdote» (πᾶς ἀρχιερεύς); el único verbo principal, «es establecido» (καθίσταται), al cual se subordina la oración final «a fin de que ofrezca» (ἵνα προσφέρῃ). Al sujeto van apuestos los participios «tomado» (λαμβανόμενος) y «pudiendo» (δυνάμενος). Δυνάμενος, del que depende el infinitivo μετριοπαθεῖν, puede relacionarse a la oración final: al ofrecer, puede tener compasión, o mejor al verbo principal: todo pontífice que es establecido puede tener compasión. Sigue, por último, una doble oración causal, que se extiende hasta el fin del período: «puesto que... está rodeado... y debe... ofrecer» (ἐπεὶ... περίκειται... καὶ ὀφείλει... προσφέρειν).

Segunda parte: 5,4. Oración principal negativa: «no se atribuye a sí mismo el honor» (οὐχ ἑαυτῷ τις λαμβάνει τὴν τιμήν), a la que se añade una oración antitética «sino» (ἀλλά), elíptica (se sobreentiende «lo reci-

[120] MICHEL, *Hebräer*, 214-215; VAGANAY, 269-277; SPICQ, *Hébreux*, 1, 27-38; 2, 105-106; GYLLENBERG, 137-147; FRIEDRICH, *Das Lied*, 111-115; LESCOW, 224-225; BRANDENBURGER, 221-222; THURÉN, *Gebet*, 136-146; *Das Lobopfer*, 25-49; GALIZZI, 222-225; DUSSAUT, 39-43; VANHOYE, *La structure*, 105-114; *Textus de sacerdotio*, 91-101; *Situation et signification*, 445-456; *Discussions*, 357-358; *Prêtres anciens*, 136-166.

be», αὐτὴν λαμβάνει), determinada por el participio «llamado» (καλού-μενος) y completada por una comparativa: «como también Aarón» (καθώσπερ).

Algunos exégetas hacen un corte muy neto de pensamiento entre 5,1-3 y 5,4. Así, p.ej., recientemente, Strathmann, Jeremias, Friedrich, Spicq, quien habla incluso de «contraste».[121]

Pero esto es inexacto, difícilmente aceptable. Los versículos 1-3 y 4 están estrechamente unidos. La división está entre 5,4 y 5,5, como se puede fácilmente comprobar por el cambio de tiempo de los verbos: de las formulaciones de presente, hechas como algo normativo, se pasa al aoristo, para mostrar el destino histórico de una determinada persona. Así, con razón, Westcott, M. Dibelius, Michel, Vanhoye, Brandenburger y la mayoría de los comentadores.[122]

En cuanto al sentido, la descripción general (5,1-4) comprende tres elementos:

1. Se expresa, en forma general, la doble relación del sumo sacerdote con los hombres y con Dios: «Todo sumo sacerdote, en efecto, tomado de entre los hombres, es establecido en favor de los hombres, en las cosas que se refieren a Dios» (5,1a); y la función sacrificial de expiación: «a fin de que ofrezca dones y sacrificios por los pecados» (5,1b).

2. Se especifica más la relación con los hombres: «pudiendo tener compasión de los que no saben y yerran, puesto que también él está rodeado de debilidad» (5,2); y la función de expiación: «y, a causa de ella, debe, como por el pueblo, así también por sí mismo ofrecer por los pecados» (5,3).

3. Se vuelve a la relación con Dios; se indica el modo de alcanzar el sumo sacerdocio: «Y nadie se atribuye a sí mismo el honor, sino (lo recibe) siendo llamado por Dios» (5,4).

En la aplicación a Cristo (5,5-10), gramaticalmente, se distinguen también dos partes.

Primera parte: 5,5-6. Se pone la oración principal negativa «no se glorificó a sí mismo» (οὐχ ἑαυτὸν ... ἐδόξασεν) con un infinitivo subordinado «para llegar a ser» (γενηθῆναι). Se añade una oración antitética «sino» (ἀλλά), elíptica (se sobreentiende «lo glorificó para llegar a ser» (αὐτὸν ἐδόξασεν γενηθῆναι), en la cual el sujeto es designado por una perífrasis que incluye una cita: «el que le dijo ...» (ὁ λαλήσας). La oración antitética es determinada con una oración comparativa, que introduce otra cita: «según ... dice ...» (καθὼς ... λέγει).

---

[121]STRATHMANN, 99; JEREMIAS, 110; FRIEDRICH, *Das Lied*, 114; SPICQ, *Hébreux*, 2, 110.
[122] WESTCOTT, 120; M. DIBELIUS, *Der himmlische Kultus*, 169-170; MICHEL, *Hébreux*, 214, n. 1; VANHOYE, *Situation et signification*, 447; BRANDENBURGER, 221.

Segunda parte: 5,7-10. Un nuevo amplio período, con dos oraciones principales ἔμαθεν y ἐγένετο, introducidas por el pronombre ὅς. El relativo tiene aquí una función de demostrativo, como ocurre frecuentemente en los clásicos [123] y en el NT.[124]

Es obvio que ὅς no se puede referir lógicamente al nombre más cercano, «Melquisedec» de 5,6 ni al sujeto de 5b, ὁ λαλήσας. Con la mayoría de los exégetas,[125] el pronombre relativo se debe relacionar, gramaticalmente, al nombre más remoto, ὁ Χριστός de 5a, designado en 5b, con los pronombres αὐτόν-σύ, y el predicado υἱός; y en el v. 6 con el pronombre y el predicado ἱερεύς. La persona de Cristo, apostrofada en las citas de los versos 5-6, es el sujeto lógico de todo el pasaje.

En cuanto al sentido, en la aplicación a Cristo, se pueden distinguir igualmente tres elementos:

1. Manera de llegar a ser sumo sacerdote: 5,5-6.

2. Ofrenda dramática: 5,7-8.

3. Resultado de esta ofrenda: 5,9-10.

2) Relación entre 5,1-4 y 5,5-10

a) Semejanza

Desde antiguo se ha reconocido que entre las afirmaciones de 5,1-4 y 5,5-10 existe una relación de semejanza.

Las aseveraciones de carácter general que se hacen en la descripción del sumo sacerdote: «Todo sumo sacerdote, tomado de entre los hombres ...» (5,1), «Y nadie se atribuye ...» (5,4), han llevado a muchos a considerar 5,1-4 como una «definición completa del sacerdote», en la que se expresan «todas las condiciones necesarias para ser un pontífice perfecto».[126]

Las características han sido contadas de diversas maneras. En general, se suponen dos determinaciones. Otros enumeran tres (Zuinglio, Gor-

---

[123] Cf. KÜHNER-GERTH, 2, 2, 434-436.
[124] Mc 15,23 ὅς δέ, v. 1. ὁ δέ; Jn 5,11 ὅς; Hch 3,3 ὅς, D οὗτος; Hb 5,11 περὶ οὗ = sobre esto. Cf. BLASS-DEBRUNNER-REHKOPF, 293.
[125] BÖHME, 226; BLEEK, 232; WETTE, 169; EBRARD, 182; LÜNEMANN, 174; WESTCOTT, 124; KEIL, 131; RIGGENBACH, Hebräer, 129, n. 7; SCHILLE, 98; LENSKI, 161; SPICQ, Hébreux, 2, 112; LESCOW, 228-229; VANHOYE, Textus de sacerdotio, 101. Contra STROBEL, Die Psalmengrundlage, 257-258; Hebräer, 128; FRIEDRICH, Das Lied, 99-100; BRANDENBURGER, 209-210, quienes suponen una aspereza («Unebenheit») en el texto, una lógica inexactitud («logische Ungenauigkeit»), una costura («Nahtstelle»), una ruptura estilística y de contenido.
[126] GORDON, 610: «plena Pontificis definitio»; WESTCOTT, 119; SPICQ, Hébreux, 2, 105; GYLLENBERG, 141; BERTETTO, 67-117.

don, Schlichting, Schille, Friedrich, Lescow, Montefiore),[127] cuatro (Picquigny, Bertetto),[128] cinco (Gyllenberg),[129] seis propiedades (Flacio Ilírico).[130]
El mayor número es reunido por M. Dibelius.[131] Según él, en 5,1-10
domina la ley del paralelismo; la imagen de Cristo es configurada
conforme a la del sumo sacerdote.

Del sumo sacerdote son enumeradas, en 5,1-4, siete características:

1. Es llamado por Dios (5,4).
2. Es tomado de entre los hombres (5,1).
3. Realiza en favor de los hombres un servicio sacerdotal (5,1).
4. Puede tener compasión de los hombres (5,2).
5. Está rodeado de debilidad (5,2).
6. Debe, antes de entrar en el santuario, ofrecer por sí mismo (5,3).
7. Debe ofrecer por el pueblo (5,3).

Paralelamente, en la imagen de Cristo trazada en 5,5-10, se
constatan estas siete características:

1. Es llamado por Dios (5,5-6).
2. Fue hombre, pues tuvo días «de carne» (5,7).
3. Realiza un servicio sacerdotal en favor de los hombres, pues es
causa de salvación eterna para ellos, y, por tanto, sumo sacerdote (5,9-10).
4. Puede tener compasión de los hombres, pues aprende
obediencia, para estar ligado a los que lo obedecen (5,8-9).
5. Conoce la debilidad humana, como se muestra en su clamor,
llanto y angustia (5,7).
6. Ofrece (expresión cúltica) por sí mismo, pero oraciones y
súplicas (5,7).
7. La ofrenda por el pueblo consiste en el padecer (5,8).

El paralelismo propuesto por Dibelius no ha sido plenamente
aceptado por los investigadores.[132] Friedrich hace notar que algunos
paralelos son elaborados con violencia y en otros la interpretación dada
no es exacta.[133]

---

[127] ZUINGLIO, 300; GORDON, 610; SCHLICHTING, 117-118; SCHILLE, 105; FRIEDRICH, *Das
Lied*, 98; LESCOW, 225; MONTEFIORE, 93.
[128] PICQUIGNY, 296; BERTETTO, 67-117.
[129] GYLLENBERG, 141.
[130] FLACIO ILÍRICO, 1130-1132.
[131] M. DIBELIUS, *Der himmlische Kultus*, 169-170; *Gethsemane*, 260.
[132] MICHEL, *Hebräer*, 214, n. 1; JEREMIAS, 110, n. 11; FRIEDRICH, *Das Lied*, 95-97;
VANHOYE, *La structure*, 110, n. 3; LESCOW, 224, n. 52; MAURER, 282.
[133] FRIEDRICH, ibid.

b) Diversidad

Para un buen número de autores, en 5,1-10, el autor quiere demostrar ante todo la superioridad del sacerdocio de Cristo sobre el aarónico. Así es sostenido principalmente por los que proponen una división de la epístola en dos grandes partes: una doctrinal, consagrada a demostrar la superioridad de Cristo, y otra parenética;[134] por los que proponen una división tripartita, muy en boga entre los exégetas alemanes;[135] y, en general, por los que hacen comenzar en 4,14 o 5,1 un desarrollo que se continúa en los capítulos siguientes y se extiende hasta 10,18; 10,31 o 10,39.[136] Se tiende entonces a dar al parágrafo 4,14-5,10 un carácter temático, a asimilar la doctrina del capítulo 5 a la de los capítulos 7-10, y a subrayar la diversidad del sacerdocio de Cristo.

En el capítulo 1 el autor trató el tema del Hijo; comparó a Jesús con los ángeles y mostró su preeminencia sobre ellos. En 3,1-6 hizo la contraposición entre Jesús y Moisés: uno es Hijo; el otro, siervo. En 4,14-5,10, donde examina la relación de Jesús con el sumo sacerdote levítico, con mayor razón pone de relieve la diversidad.

Según 4,14:

Jesús no sólo es «sumo sacerdote», sino «gran sumo sacerdote» (ἀρχιερέα μέγαν; cf 1 Mac 13,42; 14,27, acerca de Simón). En 10,21 será llamado «gran (μέγαν) sacerdote», como se usa a veces en el AT (cf Ag 1,1.12, acerca de Josué).

No caminó por el atrio del Templo de Jerusalén, sino que «ha atravesado los cielos» (διεληλυθότα τοὺς οὐρανούς) hacia el verdadero santuario (cf 6,19-20; 9,11), es decir, se ha sentado a la derecha del trono de la Majestad en los cielos. De esto se habló ya en 1,3. Pero será expuesto en 8,1 (cf también 10,12).

No es un ordinario sacerdote humano, sino el Hijo de Dios (τὸν υἱὸν τοῦ θεοῦ: 7,28).

En 4,15 se señala, en relación al pecado, una diferencia fundamental: Jesús no sucumbió en la tentación, de manera que puede ser caracterizado «sin pecado» (χωρὶς ἁμαρτίας). El sacerdote levítico, en cambio, no está libre de pecado (5,3; 7,27; 9,7).

En 5,1-3 se esbozan muy esquemáticamente las líneas fundamentales del sacerdocio humano. Pero, en 5,7-9, falta toda directa aplicación a Cristo. No se trata de semejanza, sino de diversidad y superación. Más

---

[134] P. ej. MÉDEBIELLE, 288-289; HÉRING, 14; HÖPFL-GUT, 419-421.
[135] P. ej. MICHEL, *Hebräer*, 6, 219; cf. también WESTCOTT, 123.
[136] Cf. MICHEL, ibid.

adelante, al tratar detalladamente del sacerdocio de Cristo, se destacará con claridad el contraste.

Según 5,1, todo sumo sacerdote es tomado de entre los hombres; según 4,14 el sumo sacerdote Jesús es el Hijo de Dios. Ambas cosas no se excluyen, pero se muestra la diversidad.

En 5,2, se presenta al sumo sacerdote «rodeado de debilidad». En 7,28, se hace claramente la contraposición entre el sumo sacerdote levítico, hombre, afectado de debilidad, y el gran sumo sacerdote, un Hijo, que ha llegado a la perfección.

Según 5,3, el sumo sacerdote, a causa de los pecados, debe ofrecer dones y sacrificios, por sí mismo y por el pueblo. Ya en 4,15 fue dicho que Cristo fue «sin pecado»; por tanto, no necesita ofrecer por sí mismo. En 10,11-12 se opone el sumo sacerdote que cada día ofrece los mismos sacrificios que nunca pueden quitar los pecados, y Cristo que ofreció por los pecados un solo sacrificio definitivo.[137]

c) Semejanza y diversidad

Un tercer grupo de exégetas piensa que en 5,1-10 se trata al mismo tiempo de semejanza y diversidad.[138] 5,1-10 es un esbozo del pensamiento del autor, que quiere comparar de una manera general a Cristo con el sumo sacerdote legal. La comparación se hace sobre diferentes cualidades, unas constituyen semejanzas; otras, diferencias.

Se dan aquí los dos elementos fundamentales del uso tipológico de la Escritura, de la utilización del AT en Hebreos. Se recoge primero, en forma positiva, una figura del AT: el sacerdocio de Aarón, y se traza un paralelo con el sacerdocio de Cristo. Se da luego un movimiento contrario: el paralelo se rompe, porque Cristo posee una preeminencia que lo substrae a toda comparación.

La tendencia dominante del paralelismo no impidió al autor de Hebreos indicar ya en 5,1-10, junto a las semejanzas, también las diferencias entre los dos sacerdocios. El autor quiere anunciar ya aquí el tema de 7,1-10,18. Sobre todo en 7,23-28 será plenamente expuesto el contraste indicado en 5,1-10 entre el sacerdote levítico y Cristo.

1. Por la contraposición de las determinaciones «tomado de entre los hombres» (5,1) e «Hijo» eterno (5,5.8), es claro que el autor ya aquí quiere indicar la superioridad de Cristo.

2. El mismo pasaje que sirve para constatar el sacerdocio de Cristo, hace entrever su naturaleza particular, excepcional, superior. Cristo es declarado sumo sacerdote «para la eternidad» (5,6.10).

---

[137] Cf. J. Brown, 303; Friedrich, *Das Lied*, 111-114.
[138] Cf. Reuss, 51; Rasco, 726; Thurén, *Gebet*, 137, n. 1. 3; 138, n. 1; 140-141; Maurer, 280-281.

3. El AT suministra al autor de Hebreos un segundo tipo que corresponde más exactamente a la posición de Cristo: el sacerdocio de Melquisedec.

d) Semejanza en un aspecto particular

Las interpretaciones presentadas están en desacuerdo con el texto 5,1-10 y su contexto. Por la estructura concéntrica del pasaje y por el contexto próximo y remoto se puede demostrar que en 5,1-10 el autor no busca marcar una oposición ni hacer una serie de paralelos entre Cristo y Aarón, sino establecer una semejanza en un aspecto particular, el de la misericordia sacerdotal. Así lo ha demostrado, a nuestro parecer, convincentemente A. Vanhoye, a quien seguimos fundamentalmente en el siguiente desarrollo.

5,1-10 se presenta construido concéntricamente, tanto en sus partes como en su conjunto.[139]

En 5,1-4 la simetría concéntrica es innegable:

5,1a: Doble relación del sumo sacerdote con los hombres y con Dios; origen humano y vocación divina: «Todo sumo sacerdote, tomado (λαμβανόμενος) de entre los hombres (ἐκ ἀνθρώπων) es establecido (καθίσταται) en favor de los hombres (ὑπὲρ ἀνθρώπων) en las cosas que se refieren a Dios» (θεόν).

1b: Ofrenda expiatoria: «para que ofrezca (προσφέρῃ) dones y sacrificios por los pecados» (ἁμαρτιῶν). Mayor precisión en cuanto a lo que se ofrece.

2:   Compasión y debilidad: «pudiendo tener compasión (μετριοπαθεῖν) de los que no saben y yerran, puesto que también él está rodeado de debilididad (ἀσθένειαν).

3:   Ofrenda expiatoria: «y, a causa de ella, debe, como por el pueblo, así también por sí mismo ofrecer (προσφέρειν) por los pecados» (ἁμαρτιῶν). Mayor precisión respecto a los beneficiarios de la ofrenda.

4:   Manera como el sumo sacerdote es establecido: «Y nadie se atribuye (λαμβάνει) a sí mismo el honor, sino llamado (καλούμενος) por Dios» (θεοῦ).

---

[139] Cf. VANHOYE, *La structure*, 108-110.

En 5,5-10 la estructura es más difícil de determinar. Se descubre, sin embargo, una disposición concéntrica.

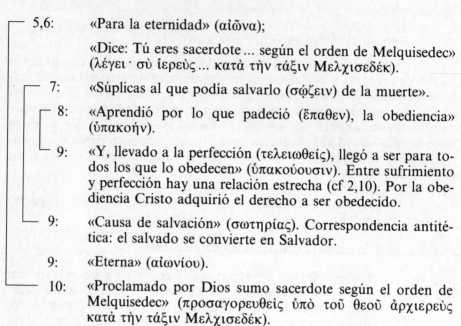

5,6:   «Para la eternidad» (αἰῶνα);

            «Dice: Tú eres sacerdote... según el orden de Melquisedec» (λέγει· σὺ ἱερεὺς... κατὰ τὴν τάξιν Μελχισεδέκ).

7:          «Súplicas al que podía salvarlo (σῴζειν) de la muerte».

8:          «Aprendió por lo que padeció (ἔπαθεν), la obediencia» (ὑπακοήν).

9:          «Y, llevado a la perfección (τελειωθείς), llegó a ser para todos los que lo obedecen» (ὑπακούουσιν). Entre sufrimiento y perfección hay una relación estrecha (cf 2,10). Por la obediencia Cristo adquirió el derecho a ser obedecido.

9:          «Causa de salvación» (σωτηρίας). Correspondencia antitética: el salvado se convierte en Salvador.

9:          «Eterna» (αἰωνίου).

10:         «Proclamado por Dios sumo sacerdote según el orden de Melquisedec» (προσαγορευθεὶς ὑπὸ τοῦ θεοῦ ἀρχιερεὺς κατὰ τὴν τάξιν Μελχισεδέκ).

Todo el parágrafo 5,1-10 presenta asimismo una simetría concéntrica.

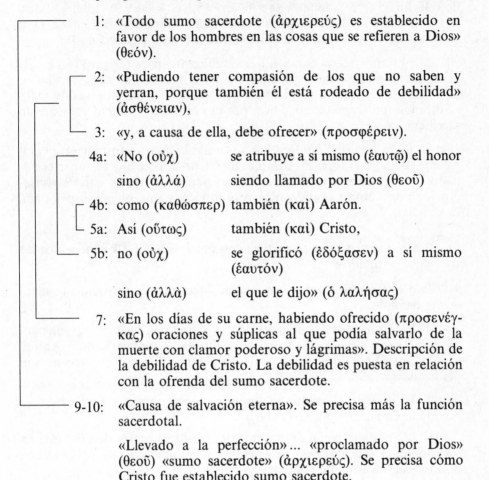

1: «Todo sumo sacerdote (ἀρχιερεύς) es establecido en favor de los hombres en las cosas que se refieren a Dios» (θεόν).

2: «Pudiendo tener compasión de los que no saben y yerran, porque también él está rodeado de debilidad» (ἀσθένειαν),

3: «y, a causa de ella, debe ofrecer» (προσφέρειν).

4a: «No (οὐχ)   se atribuye a sí mismo (ἑαυτῷ) el honor

sino (ἀλλά)   siendo llamado por Dios (θεοῦ)

4b: como (καθώσπερ) también (καὶ) Aarón.

5a: Así (οὕτως)   también (καὶ) Cristo,

5b: no (οὐχ)   se glorificó (ἐδόξασεν) a sí mismo (ἑαυτόν)

sino (ἀλλὰ)   el que le dijo» (ὁ λαλήσας).

7: «En los días de su carne, habiendo ofrecido (προσενέγκας) oraciones y súplicas al que podía salvarlo de la muerte con clamor poderoso y lágrimas». Descripción de la debilidad de Cristo. La debilidad es puesta en relación con la ofrenda del sumo sacerdote.

9-10: «Causa de salvación eterna». Se precisa más la función sacerdotal.

«Llevado a la perfección»... «proclamado por Dios» (θεοῦ) «sumo sacerdote» (ἀρχιερεύς). Se precisa cómo Cristo fue establecido sumo sacerdote.

La simetría no se extiende, sin embargo, a todos los detalles.[140]

1. En la descripción general del sacerdote (5,1-4) se insiste sobre los pecados. En la aplicación a Cristo (5,1-4) no se habla de pecado; Cristo aparece en la debilidad, es probado, pero no sucumbe a la tentación, sino se adhiere a Dios con religioso respeto y aprende la obediencia (5,7-8; cf. 4,15).

---

[140] Cf. VANHOYE, *La structure*, 110-111; Prêtres anciens, 163-165.

2. Los complementos directos de προσφέρω son diversos. El sacerdote levítico ofrece «dones y sacrificios» (5,1 cf 8,3a; 9,9) rituales, externos, convencionales. Cristo ofrece «oraciones y súplicas», presenta a Dios su debilidad en su oración, sacrificio real, interior, existencial.

3. El sumo sacerdote del AT es establecido «para ofrecer» (5,1), «debe ofrecer» (5,3). Nada se dice del elemento decisivo de todo verdadero sacrificio: la aceptación por Dios. Cristo «ofreció y fue escuchado» (5,7), su ofrenda fue aceptada por Dios; por eso es plena y verdaderamente un sacrificio.

4. En la descripción de 5,1-4 no se habla de transformación personal del sumo sacerdote. En cambio, de Cristo se dice que fue «perfeccionado». Su transformación se realizó no por medio de un rito de consagración, sino en un sentido más profundo por una oblación personal, existencial.

Por el examen de la estructura concéntrica de 5,1-10, obtenemos los siguientes resultados:

1. 5,1-10 aparece como una unidad literaria y de pensamiento netamente definida.

2. El autor quiere aquí ante todo subrayar una relación de semejanza, como se ve claro en las formulas centrales del pasaje: «como Aarón, así Cristo (5,4-6). En el texto aparecen algunas diferencias, pero no son destacadas.

3. La semejanza establecida entre el sacerdote aarónico y Cristo va orientada en un sentido particular:

— En la descripción del sacerdocio (5,1-4), el centro de todo está en 5,2, donde el sacerdote es presentado en su capacidad de compadecer, porque está rodeado de debilidad.

— En la aplicación a Cristo (5,5-10), aparece la función dominante de los v. 8-9 y la posición central del tema del sufrimiento, signo de debilidad, que hace a Cristo capaz de compadecer,

— Entre los elementos centrales de cada mitad del texto, aunque casi no se descubren contactos verbales, existe una marcada corrspondencia de fondo: en 5,2 se habla de la «debilidad» del sumo sacerdote; en 5,7-8 se describe la debilidad de Cristo.

— En todo el parágrafo 5,1-10, la afirmación central de los v. 4-6 habla de la humildad necesaria al sacerdote: «como Aarón, así Cristo no se atribuyó a sí mismo la gloria de llegar a ser sumo sacerdote», sino la recibió de Dios.

b. *4,15-16*

5,1-10, por su estructura concéntrica y su género literario (exposición doctrinal, precedida y seguida de exhortaciones) da la impresión de una unidad cerrada en sí misma, como piensan Gyllenberg y Michel.[141]

Sin embargo, la perícopa se halla estrechamente unida a su contexto inmediatamente precedente: 4,15-16.[142] Una conjunción, γάρ, establece la conexión entre ambos pasajes: «Todo sumo sacerdote, en efecto ...».

Las dos frases de 4,15-16 desempeñan en la estructura de la epístola una triple función:[143]

1. Sirven de nexo con lo precedente: «tener un sumo sacerdote» (4,14 y 4,15).

2. Evocan el tema anunciado en 2,17-18. Se pueden contar hasta ocho correspondencias:

4,15:	«sumo sacerdote»	2,17:	«sumo sacerdote»
	«que puede»	2,18:	«puede»
	«compadecer» [144]		«ha padecido»
	«que ha sido probado»		«que fue probado»
	«en todo»	2,17:	«en todo»
	«a semejanza»		«asemejarse»
4,16:	«misericordia»		«misericordioso»
	«socorro»	2,18:	«socorrer»

3. Constituyen la introducción a la exposición doctrinal de 5,1-10. Las correspondencias verbales y de pensamiento entre 4,15-16 y 5,1-10 son muy marcadas:

4,15:	«sumo sacerdote» (ἀρχιερέα)	5,1.5.10:	«sumo sacerdote» (ἀρχιερεύς, ἀρχιερέα)
	«pudiendo compadecer» (δυνάμενον συμπαθῆσαι)	5,2:	«pudiendo tener compasión» (μετριοπαθεῖν δυνάμενος)
		5,8:	«padeció» (ἔπαθεν)

---

[141] GYLLENBERG, 141: «Eine eingeschlossene Einheit», estructurada en una forma típica de Hebreos, que no permite ningun desarrollo; MICHEL, *Hebräer*, 214: «Ein eigentümliches abgeschlossenes Glied».

[142] Sobre las diversas opiniones de los comentadores respecto a la colocación y función de 4,14-16, cf. VANHOYE, *La structure*, 104-105, n. 3.

[143] Cf. VAHNOYE, *La structure*, 106-107.

[144] FRIEDRICH, *Das Lied*, 111, hace corresponder «que puede compadecer» (δυνάμενος συμπαθῆσαι) a «misericordioso» (ἐλεῆμον), pero la correspondencia verbal no es exacta.

«debilidades»   5,2(7):   «debilidad»
(ἀσθενείαις)   (ἀσθένειαν) [145]
«probado»
                         5,8:   fin de la prueba:
                                   «aprendió la obediencia»
4,16:   «socorro»
                         5,9:   género de socorro:
                                   «salvación eterna».

Toda la orientación fundamental de 5,1-10 está regida por 4,15-16.[146] Las frases introductoria insisten «sobre el tema de la misericordia sacerdotal (ἔλεος: 4,16) y sobre la capacidad de compasión que resulta de una participación personal en las pruebas de la existencia humana (4,15)».[147]

La descripción general del sacerdocio (5,1-4) se mantiene en este punto de vista.

En 5,1a se señala en primer lugar la doble relación del sumo sacerdote con los demás hombres: «tomado de entre los hombres» y «es establecido en favor de los hombres»; la relación con Dios viene en segundo término: «en las cosas que se rifieren a Dios».

En 5,1b de entre las funciones sacerdotales se menciona unicamente el ofrecimiento de sacrificios de expiación.

En 5,2-3, la «debilidad» del sumo sacerdote es presentada como causa de su capacidad para «compadecer a los que no saben y yerran» (v. 2) y de su obligación de «ofrecer por sí mismo, como por el pueblo, sacrificios por los pecados» (v. 3).

En 5,4 se habla de «honor», pero la oración es negativa; se trata luego de vocación divina, pero la frase es elíptica y ya no se repite la palabra «honor». El autor quiere expresar ante todo la humildad necesaria al sacerdote: «Y nadie se atribuye a sí mismo el honor».

La misma perspectiva se continúa en la aplicación a Cristo (5,5-10). En 5,5-6, en simetría con 5,4, se habla de «glorificar», pero la oración es negativa; se trata luego de nominación divina, pero la frase es elíptica y ya no se repite el verbo «glorificar». Lo que el autor expresa principalmente es la actitud de humildad adoptada por Cristo: «No se gmorificó a sí mismo» (v. 5).

En 5,7-8, Cristo es presentado en una actitud de humildad extrema, como un hombre que suplica, que grita, que llora, que sufre, que aprende obediencia. Este texto es testimonio claro de que Cristo no se glorificó a sí mismo; muestra cómo verdaderamente estuvo «rodeado de debilidad»

---

[145] Con menor exactitud, FRIEDRICH, *Das Lied,* 112, hace corresponder «rodeado de debilidad» a «probado en todo».

[146] Cf. VANHOYE, *Situation et signification,* 446-448; *Prêtres anciens,* 137-132. 152.

[147] VANHOYE, *Situation et signification,* 446; cf. *Prêtres anciens,* 137.

(5,2), fue «probado en todo a semejanza nuestra» (4,15), de manera que llegó a ser un sumo sacerdote capaz de compadecer nuestras debilidades (cf. 4,15).

En 5,9-10, la solidaridad de Cristo con los hombres es expresada netamente en la oración principal: «llegó a ser causa de salvación eterna». «Transformación de la humanidad y proclamación del sacerdocio no tienen otro fin que poner a Cristo en grado de ofrecer a todos la salvación».[148]

Por todas estas constataciones sobre la relación de 5,1-10 con su contexto inmediato precedente (4,15-16), aparece pues claramente que, en 5,7-8, el punto de vista del autor es el de la misericordia sacerdotal.

2. Contexto remoto

A la misma conclusión nos lleva el examen del contexto remoto.[149] El tema del sacerdocio es introducido en la epístola en 2,17, donde aparece por primera vez el título de sumo sacerdote, precedido de dos calificativos: Cristo debía llegar a ser ἐλεήμων... καὶ πιστὸς ἀρχιερεύς. Estos dos calificativos corresponden a dos aspectos diferentes y fundamentales del sacerdocio, expresan la doble relación necesaria al ejercicio de la mediación sacerdotal: relación con los hombres («misericordioso») y relación con Dios («digno de fe»).

La mención de sacerdocio no es accidental, pues inmediatamente en 3,1 el autor invita a «considerar» este asunto. Aquí comienza la exposición sobre el sacerdocio.

La exposición del tema sacerdotal comprende en la epístola dos partes: 3,1-5,10 y 5,11-10,39.

La primera parte (3,1-5,10) se interesa en los aspectos fundamentales del sacerdocio y demuestra su realización en Cristo. Por consiguiente, Cristo debe ser reconocido como sumo sacerdote, y los cristianos tienen un sumo sacerdote (4,14-15). Característica de esta parte de la epístola es la afirmación de una relación de semejanza y continuidad entre el misterio de Cristo y las instituciones del AT.

La segunda parte de la exposición sobre el sacerdocio (5,11-10,39) muestra todo lo que hay de nuevo y sorprendente en el sacerdocio de Cristo, insiste en las diferencias, en los rasgos específicos.

La primera presentación del tema sacerdotal (3,1-5,10) tiene una estructura binaria. Desarrolla primero el aspecto de autoridad (3,1-6), ligado a la proclamación sacerdotal de la palabra de Dios (de ahí la exhortación 3,7-4,14). Habla luego del aspecto de compasión y de la función sa-

---

[148] VANHOYE, *Prêtres anciens*, 152.
[149] VANHOYE, *Situation et signification*, 450-451. 454-456.

crificial (4,15-5,10).[150] Toda una serie de indicios literarios confirma esta disposición del texto.[151]

El parágrafo 5,1-10 se sitúa el fin de la primera presentación del sacerdocio. Y ha sido expuesta una característica del sacerdocio: πιστός. Ahora 5,1-10 desarrolla el otro aspecto, el de la misericordia sacerdotal: ἐλεήμων (2,17).

Conclusión

Por la estructura concéntrica del parágrafo en el que nuestro texto se halla enmarcado, por el contexto próximo y remoto, parece suficientemente demostrado que la orientación fundamental de 5,7-8 es la misericordia sacerdotal, la capacidad de compasión que brota de la experiencia de la debilidad humana.

---

[150] Este orden concuerda con el de la 1ª parte (1,5-2,18): posición gloriosa del Hijo de Dios (1,5-14), solidaridad con los hombres por el sufrimiento (2,5-18); y con el de la 3ª parte (7,1-10,18); sacerdocio de Cristo glorioso (7,1-18), aspecto sacrificial (8,1-10,18).
[151] Cf. VANHOYE, La structure, 38-42. 54-55.

CAPITULO TERCERO

Ofrecimiento de oraciones y súplicas: ¿oblación sacerdotal?

El autor presenta la oración de Cristo con las palabras δεήσεις τε καὶ ἱκετηρίας προσενέγκας. Surge la pregunta: esta fórmula, ¿es sólo una expresión común del lenguaje de las oraciones o describe la acción sacerdotal de Cristo? Y en este caso, la actividad de Cristo sumo sacerdote ¿consiste en un mero ofrecimiento de oraciones o reviste un carácter sacrificial? Examinemos ahora los argumentos esgrimidos en favor de las diversas respuestas dadas a esta cuestión.

I. Oraciones y súplicas

Generalmente es señalada por los autores la diferencia existente entre oraciones (δεήσεις) y súplicas (ἱκετηρίας), en cuanto al modo y grado de intensidad.[1]

A. Δέησις

Etimológicamente, δέησις (de δέομαι, «carecer», «necesitar») significa «carencia», «necesidad». Con esta significación original no ocurre en el NT ni en los Padres Apostólicos. Se usa luego como término general, para designar toda petición dictada por la necesidad y aun toda clase de oración.

---

[1] Cf. RIBERA, 204; LUIS DE TENA, 215; GIUSTINIANI, 679; ESTIO, 106; MENOCHIO, 241; GROCIO, 864; SCHLICHTING, 118; J. BRAUN, 291; LIMBORCH, 591; PEIRCE, 220; BENGEL, 919-920; CARPZOV, 231; WETTSTEIN, 401; PALAIRET, 482; HEINRICHS, 92; ERNESTI, 394; DINDORF, 396-397; BÖHME, 228; KUINOEL, 158; KLEE, 113; BLEEK, 235; BLOOMFIELD, 488; LOMB, 94-95; WETTE, 169; THOLUCK, 248; BISPING, 122; LÜNEMANN, 176; DELITZSCH, 187; MAIER, 154; MOLL, 96; ALFORD, 95; ZILL, 223-224, con n. 4; TRENCH, 188-189; 191-192; Pánek, 91; FARRAR, 75; B. WEISS, *Hebräer*, 136; WESTCOTT, 125; VON SODEN, *Hebräer*, 44; VAUGHAN, 93; SCHAEFER, 150; PADOVANI, 187; VAN STEENKISTE, 532; DODS, 288; BAUER, 311-312; 679; RIGGENBACH, *Hebräer*, 129; WINDISCH, 43; GRAF, 107; MOFFATT, 65; VOSTÉ, *Studia Paulina*, 114; MOULTON-MILLIGAN, 137. 302; GREEVEN, 39-41; MICHEL, *Hebräer*, 220; BÜCHSEL, ἱκετηρία, 297-298; MÉDEBIELLE, 310-311; BONSIRVEN, 224; LENSKI, 162; TEODORICO, 101; SPICQ, *Hébreux*, 1, 45-46; 2, 112-113; RISSI, 37; BOMAN, 266-267; LEONARDI, 178; MONTEFIORE, 97; LESCOW, 237; VANHOYE, *Textus de sacerdotio*, 108; GALIZZI, 227; KELLY, 22; BLASS-DEBRUNNER-REHKOPF, 241; H. BRAUN, 141-142.

1. *Petición dirigida a un hombre*

Como petición dirigida a un hombre no aparece en el NT; sin embargo, se encuentra:

— En el AT, pocas veces: Job 40,27; 1 Mac 11,49: «Cuando los de la ciudad (de Antioquía) vieron que los judíos dominaban la ciudad como querían, perdieron el ánimo y clamaron al rey, haciéndole súplicas» (μετὰ δεήσεως λέγοντες).

— En la literatura clásica y helenística: Isocr, De Pace, 138; Philo, Legat, 276; Jos, Bell, 7,5,2 (107): «El senado y el pueblo de los antioquenos le pidió insistentemente (πολλὰς ποιησαμένων δεήσεις) ir al teatro».

— Y en los papiros: P Hermopol 6,1: Petición dirigida al emperador: ὑπὲρ τοιούτων ὁποῖα προσηνέγκαμεν τὴν δέησιν ποιούμεθα. BGU 1, 180, 17: δίκαιαν δέησιν ποιούμενος.

2. *Petición a la divinidad*

Para indicar «petición a Dios», «oración», δέησις se usa:

— Prevalentemente, en el AT:

1 Re 8,45: «Y escuchará desde el cielo su oración y su plegaria» (τῆς δεήσεως αὐτῶν καὶ τῆς προσευχῆς).

2 Cr 6,29: «Escucha desde los cielos cualquier plegaria y oración (πᾶσα προσευχὴ καὶ πᾶσα δέησις) que sea hecha por un hombre o por todo tu pueblo Israel».

1 Mac 7,37: «Tú escogiste esta casa para que en ella fuera invocado tu nombre y fuera casa de plegaria y oración (προσευχῆς καὶ δεήσεως) para tu pueblo».

3 Mac 2,1: «El sumo sacerdote Simón, doblando sus rodillas frente al santuario y extendiendo las manos reverentemente, hizo la siguiente oración» (ἐποιήσατο τὴν δέησιν τοιαύτην).

Dn 9,23: «Desde el comienzo de tu oración (τῆς δεήσεως σου) ... he venido».

Otros ejemplos, cf supra, pp. 48-52.

— Exclusivamente, en el NT y en la literatura cristiana primitiva.

Ausente en Mt, Mc, Jn, Jds y Ap, δέησις ocurre 19 veces en los demás escritos neotestamentarios.

Lc 1,13: El ángel dijo a Zacarías: «Tu oración ha sido escuchada» (εἰσηκούσθη ἡ δέησίς σου).

Lc 2,37: Ana «no se apartaba del Templo, sirviendo a Dios noche y día con ayunos y oraciones» (νηστείαις καὶ δεήσεσιν).

Lc 5,33: «Los discípulos de Juan ayunan frecuentemente y hacen oraciones» (δεήσεις ποιοῦνται).

Hch 1,14 v.1.: «Todos éstos perseveraban con un mismo espíritu en plegaria (y oración)» (τῇ προσευχῇ; C³ M: καὶ τῇ δεήσει).

Rom 10,1: «Mi oración a Dios (ἡ δέησις πρὸς τὸν Θεόν) en favor de ellos (los judíos) es que se salven».

Flp 4,6: «En toda ocasión, presentad a Dios vuestras peticiones, mediante la plegaria y la oración» (τῇ προσευχῇ καὶ τῇ δεήσει).

2 Cor 1,11; 9,14; Ef 6,18 (2x); Flp 1,4 (2x).19; 1 Tim 2,1; 5,5; 2 Tim 1,3; Sant 5,16: «Mucho puede la oración (δέησις) intensa del justo».

1 Pe 3,10 (= Sal 34,16): «Los ojos del Señor sobre los justos y sus oídos hacia su oración» (εἰς δέησιν αὐτῶν).

En la Epístola a los Hebreos, sólo se encuentra en 5,7; es el único caso, en el NT, en el que δέησις sirve para presentar la oración de Cristo.

1 Clem 22,6 (= Sal 34,16): πρὸς δέησιν αὐτῶν; 59,2.

Ign, Magn, 7,1: «Reunidos en común, haya una sola plegaria, una sola oración» (μία προσευχή, μία δέησις).

Pol 7,2: «Pidiendo con oraciones al Dios omnipotente» (δεήσεσιν αἰτούμενοι τὸν παντεπόπτην θεόν).

Barn 12,7: «Suplicaban a Moisés que ofreciera oraciones (ἀνενέγκῃ δέησιν) por la curación de ellos».

Herm, Vis, 3,10,7: «¿Por qué pides revelaciones en la oración?» (ἐν δεήσει).

Con el mismo sentido ocurre también en la literatura clásica y helenística y en los papiros.

Polyb 3,112,8; Philo, Cher 47; Jos, Ap 2,23(197): «Pediréis a Dios» (δέησις δ' ἔστω πρὸς τὸν θεόν).

Plut, Coriol 30,2: «Viendo a los ancianos orar y suplicar, llorando ante los templos» (πρὸς ἱεροῖς ἱκεσίας καὶ δάκρυα πρεσβυτῶν καὶ δεήσεις).

Luc, Amor 19: «Venus, a ti, auxiliadora, te invocan mis oraciones» (αἱ ἐμαὶ δεήσεις).

P Par 69, col. E, 11-12: ἔνθα σπονδὰς καὶ δεήσεις ποιησάμενος.

B. Ἱκετηρία

1. «Propio del suplicante»

Ἱκετηρία, original y propiamente, es un adjetivo, femenino de ἱκετήριος = «propio del suplicante», derivado de ἵκω (ἱκνέομαι) = «ir (a suplicar)», > ἱκτήριος (ἱκτήριος se transformó en ἱκετήριος, por influjo de ἱκέτης > ἱκετεία).

El adjetivo ἱκετήριος y otros sinónimos van asociados a ἐλαία o ῥάβδος (en masc. a θαλλός o κλάδος), para designar el ramo de olivo, envuelto en lana, que sostenía en la mano el suplicante que buscaba protección y auxilio, a fin de darse a conocer como tal.

Según las creencias religiosas de los griegos, el acto de súplica creaba un vínculo religioso entre el que suplicaba y aquel a quien se dirigía la súplica; confería al suplicante un carácter sagrado e inviolable. Postrado en el suelo, el suplicante se entregaba a la Tierra, jurisdicción temible, porque su intervención significaba buen éxito o muerte. El olivo era el árbol sagrado dado por Atenea al Atica, cuando dio su propio nombre a la ciudad. Las vendas de lana que rodeaban el ramo eran signo de inviolabilidad. Este gesto de súplica era considerado como confesión de debilidad, muda imploración de la misericordia de otro. Las demandas del suplicante debían ser satisfechas.

Algunos testimonios:

Herodian, Hist 7,8: «Yo pienso, como la mayoría y casi todos, que, si llegamos a Italia, se postrarán a nuestros pies, presentando ramos de súplica» (ἱκετηρίους θαλλοὺς ... προτείναντας).

Soph, Oed Tyr 3: En Tebas, frente al palacio de Edipo, una muchedumbre se halla postrada en tierra ante el rey, «coronada con ramos suplicantes» (ἱκτηρίοις κλάδοισιν ἐξεστεμμένοι).

Eur, Suppl 10: Etra, presenta a su hijo Teseo las madres de los siete guerreros caídos en Tebas, que «con ramo suplicante, se prosternan a mis rodillas» (ἱκτῆρι θαλλῷ προσπίτνουσ᾽ ἐμὸν γόνυ); v. 102: «con ramos suplicantes» (ἱκεσίοις δὲ σὺν κλάδοις).

Stat, Theb 2, 478: «Festinatque vias, ramumque precantis olivae abiicit»; 12, 492: «Mite nemus circa, cultuque insigne verendo vittatae laurus et supplicis arbor olivae».

2. «Ramo de olivo, insignia del suplicante»

Se usa también, elípticamente, con valor de substantivo, en lugar de ἱκετηρία ἐλαία o ῥάβδος, con igual significación: ramo de olivo, insignia del suplicante.

Aeschyl, Suppl 191-192: «Mostrad reverentes en vuestras manos los ramos suplicantes vestidos de blanca lana» (λευκοστεφεῖς ἱκτηρίας).

Eur, Iph Aul 1214-1217: Ifigenia, para salvar su vida, no tiene otro recurso que las lágrimas y la oración: «Mas ahora derramaré lágrimas (δάκρυα), que tal es mi ciencia y puedo hacerlas. Como ramo de olivo suplicante, abrazo tus rodillas con mi cuerpo» (ἱκετηρίαν δὲ γόνασιν ἐξάπτω σέθεν τὸ σῶμα τοὐμόν).

Aristoph, Pl 383: «Veo a alguien sentado ante el tribunal, con su ramo de olivo en las manos» (ἱκετηρίαν ἔχοντα). Escolio: «Ἱκετηρία es un ramo de olivo envuelto en lana» (Ἱκετηρία ἐστι κλάδος ἐλαίας ἐρίῳ πεπληγμένος).

Hdt, Hist 5,51: Invitado a alejarse de Esparta, Aristágoras, tirano de Mileto, «tomando un ramo de olivo» (λαβὼν ἱκετηρίην) se dirigió a Cleomenes, rey de Esparta, y en actitud de suplicante (ἱκετεύων) le pidió que lo escuchara.

7, 141: Timón de Delfos, aconseja a los legados atenienses, abatidos por la desgracia, que, «tomando ramos de suplicantes», (ἱκετηρίας λαβοῦσι) consulten el oráculo, como suplicantes (ὡς ἱκέτας). Los atenienses, aceptando el consejo, dicen a Apolo: «Señor, danos una respuesta más propicia para nuestra patria, teniendo en consideración estos ramos de suplicantes (τὰς ἱκετηρίας τάσδε), con los cuales venimos a ti».

Andoc 1, 110. 112-117. 121.

Dion Hal, Ant Rom 9,36: Los de Veio, reducidos por los romanos a una situación extrema, se presentaron al cónsul, «llevando ramos suplicantes» (ἱκετηρίας φέροντες).

Plut, Thes 18,1: Teseo ... ofreció a Apolo «el símbolo de los suplicantes, que es un ramo del olivo sagrado, envuelto en lana blanca» (τὴν ἱκετηρίαν. ἣν δὲ κλάδος ἀπὸ τῆς ἱερᾶς ἐλαίας ἐρίῳ λευκῷ κατεστεμμένος).

Philo, Legat 276: Agripa comienza así su carta dirigida a Cayo Calígula: «Esta carta te mostrará mi petición, que te presento en vez de un ramo de olivo» (τὴν δέησιν, ἣν ἀνθ' ἱκετηρίας προτείνω).

Harp, s.v.: «Ἱκετηρία se llama al ramo de olivo envuelto con venda» (ἱκετηρία καλεῖται ἐλαίας κλάδος στέμματι ἐστεμμένος).

Suid, s.v.: Ἱκετηρία: «el ramo de olivo» (ὁ θαλλὸς τῆς ἐλαίας); «es el que los que oran depositan en algún lugar o sostienen con las manos» (ἱκετηρία δέ ἐστιν, ἣν οἱ δεόμενοι κατατίθενταί που ἢ μετὰ χεῖρας ἔχουσιν).

Otros textos referentes al rito de súplica: Aeschyl, Suppl 21-22. 158-159. 241-242. 333-334. 345-347. 354-355; Choeph 1035; Eum 43-45; Vergil, Aen 8, 116.128; 11, 101; Liv, A.U.C. 29,16: Los diez legados de los locrenses, cubiertos de inmundicia, «presentando a los cónsules los ramos de olivo que envueltos en cintas llevaban los suplicantes (como es costumbre entre los Griegos), se postraron en tierra ante el tribunal con voces quejumbrosas» («consulibus velamenta supplicum, ramos oleae [ut Graecis mos est] porrigentes, ante tribunal cum flebili vociferatione humi procubuerunt»); 24,30; 44,19; 45,25.

3. «Súplica»

Más tarde, porque el ramo de olivo simbolizaba la súplica, ἱκετηρία, metonímica y metafóricamente, adquirió el sentido de la «súplica» misma. Llegó a ser equivalente de ἱκεσία o ἱκετεία. Pone el acento en la actitud humillada del que implora. Es el ruego de los suplicantes, como el de los que se arrojan a los pies de otros, o se echan a las rodillas o hacen otra cosa semejante. Designa la súplica instante, apremiante, humilde y sumisa de uno que necesita auxilio en una extrema necesidad.

En la Escritura, ἱκετηρία es término raro. En el AT, sólo se encuentra dos veces: Job 40,27; 2 Mac 9,18; los términos emparentados son frecuentes (ἱκετεία, 7x; ἱκεσία 2x). En el NT, ἱκετηρία de Hb 5,7 es «hapax legómenon»; no se emplea ninguna otra palabra de su grupo; en los Padres Apostólicos, ἱκετηρία no ocurre (ἱκεσία, 1x; ἱκετεύω, 3x; ἱκέτης, 1x).

En la literatura clásica y helenística y en los papiros, en cambio, el uso de ἱκετηρία es más común.
La súplica puede ser dirigida a los hombres o a la divinidad.

a. Súplica a un hombre:

Job 40,27; 2 Mac 9,18: Antíoco Epifanes, agobiado por repugnante enfermedad, escribe a los judíos una carta, «en forma de súplica» (ἱκετηρίας τάξιν ἔχουσαν).

Polyb 2, 6, 1: Los de Epiro enviaron embajadores a los etolios y a los aqueos, «pidiendo suplicantemente (δεόμενοι μεθ' ἱκετηρίας) que fueran en su auxilio. Estos, compadecidos de tales desgracias, prestaron oído a sus peticiones».

Plut, Pomp 28 (633): Los piratas, perdida la batalla contra los romanos, en Cilicia, «enviaron súplicas (πέμψαντες ἱκετηρίας) a Pompeyo y se rindieron con las ciudades e islas que poseían».

Jos, Bell 5, 7, 4 (321): Cástor, con las manos extendidas en acto de súplica (ὡς ἱκετεύων), invocaba a César. Tito dio orden de suspender la acción contra los suplicantes (τοὺς ἱκέτας). «Entonces cinco de los diez compañeros (de Cástor) fingieron la súplica» (συνυπεκρίνοντο τὴν ἱκετηρίαν).

Philo, Legat 228: Los judíos se presentan a Petronio, y, «bañados de lágrimas» (ῥεόμενοι δακρύοις), «caen en tierra, lanzando quejumbrosos gemidos con súplicas» (προσπίπτουσιν εἰς ἔδαφος ὀλολυγὴν θρηνώδη τινὰ μεθ' ἱκετηριῶν).

Isocr, 8 (De Pace) 138; Aeschin 1 (Tim) 104; 2 (Fals Legat) 15; Demosth 18 (Pro Cor) 107; 24 (C Timocr) 12.53; 43 (Adv Macart) 83;

P Tebt 2, 326, 3: Petición de Aurelia Sarapias al prefecto Juvenius Genialis, para que su hermano sea nombrado tutor de su hija: «En favor de mi hija huérfana, que es menor de edad, señor prefecto, hago esta súplica (ἱκετηρίαν τιθεμένη) y me refugio en tu poder».

P Oxyr 1, 71, 1,3: «Hago mi súplica (τὴν ἱκετηρίαν προσάγω) con plena confianza de que obtendré justicia de tu alteza». Petición dirigida al prefecto Clodius Culcianus.

b. Súplica a la divinidad:

Polyb 3, 112, 8; Philo, Cher 47, v. 1.

Ael Arist, Or 25, 317: τοῦτο δὲ ἱκετηρίας ἔχοντες περὶ τοὺς βωμούς.

Aelian, Fr 304: λαβόντες ἱκετηρίας ἐπυνθάνοντο ἄρα τοῦ θεοῦ.

Preisigke, Sb 5103, 9.11: Κατέθηκεν Ἀρτεμισίη τὴν ἱκετηρίην ταύτην, ἱκετεύουσα τὸν Ὀσέραπιν ... καὶ τοὺς θεοὺς ..., τῆς δ' ἱκετηρίας ἐνθαῦτα κειμένης ...

C. Δεήσεις τε καὶ ἱκετηρίας

En Hb 5,7, a la palabra δεήσεις se añade ἱκετηρίας. Es el único lugar del NT donde se lee esta expresión. La combinación de dos substantivos es muy conforme al gusto del autor de Hebreos. La idiosincrasia del escritor y tal vez su educación alejandrina lo hicieron afecto a sonoras amplificaciones y expresiones plenas. La unión de δεήσεις y ἱκετηρίας se hace para dar mayor énfasis, para acentuar la urgencia de la súplica y la intensidad de su ardor. El plural subraya la frecuencia, la insistencia, la duración.

Con toda razón el autor pone ἱκετηρία después de δέησις como término más fuerte, intensivo (ἐπιτατικόν), para reforzar el sentido. La idea general de oración (δέησις), con la que Cristo se vuelve a Dios, es intensificada por ἱκετηρία, que designa súplica instante. Ambos términos forman así una gradación, un clímax.

El binomio δεήσεις τε καὶ ἱκετηρίας podría hacer pensar en influencia filoniana. Pero el autor pudo también haber encontrado la frase en su texto alejandrino de Job. En realidad, la expresión fue recibida por el autor de Hebreos como una fórmula tradicional, estereotipada.

La alianza de estos dos nombres tiene sus paralelos en la literatura griega bíblica, clásica y helenística. Se emplea en súplicas dirigidas a los hombres y a la divinidad.

1. *Súplica a un hombre:*

Job 40,27: «Se dirigirá a ti con una petición, con una súplica» (B δεήσει, ἱκετηρίᾳ; AV δεήσεις καὶ ἱκετηρίας).[2]

Isocr, 8 (De pace) 138: «Todos los que temen y sufren males acudirán a nosotros, haciendo muchas peticiones y súplicas» (πολλὰς ἱκετηρίας καὶ δεήσεις ποιούμενοι).

Cf. Philo, Legat 276.

Δέησις + ἱκετεία, δέησις + ἱκεσία pertenecen al estilo de las peticiones al emperador o a un alto funcionario:

P Petr 2,19 (1a)2: Un prisionero ruega en el nombre de Dios: μετὰ δεήσεως καὶ ἱκετείας οὕνεκα τοῦ θεοῦ.

P Leipzig 34,2; 35,2 (segunda redacción del anterior): «Solicitud y petición de amparo» (δέησις καὶ ἱκεσία), dirigida por Isidoro, funcionario de la Tebaida, a los emperadores Valente, Valentiniano y Graciano, en un proceso a causa de fondos mal versados.

P Oxyr 1, 131,1: «Petición y súplica» (δέησις καὶ ἱκεσία), dirigida por un tal Sousneu a una persona anónima, para que intervenga en una litigio sobre la división de la herencia paterna.

2. *Súplica a la divinidad:*

Polyb 3, 112, 8: «Invocaciones, sacrificios, súplicas a los dioses, oraciones (θεῶν ἱκετηρίαι καὶ δεήσεις) se alzaban por toda la ciudad».

Philo, Cher 47 v. 1.: «Isaac el sabio suplicó a Dios (τὸν θεὸν ἱκετεύσαντος), y por el poder de aquel a quien suplicó (ἐκ τοῦ ἱκετευθέντος), Rebeca... quedó encinta (Gn 25,21). Sin súplica y oración (χωρὶς δὲ ἱκετείας [así en AP; ἱκετηρίας en L] καὶ δεήσεως), Moisés, que tomó a Séfora..., la encontró encinta, sin que esto fuera obra de ningún mortal» (Ex 2,22).

---

[2] Según DELITZSCH (187), influenciados tal vez por Hebreos. SPICQ (2, 113) que hace derivar תחנונים (LXX δεήσει, ἱκετηρία), en Job 40,27, de חוה, «inclinarse», «acampar», «asediar», piensa que Cristo asedió en cierto sentido a Dios y emprendió como un combate para ser librado. Pero se basa en una falsa derivación: תחנונים proviene más bien de חנן = «ser propicio», «compadecerse». Y Cristo no lucha con el Padre, sino contra Satanás (cf. Hb 2,14; Jn 12,31).

Cf 1 Clem 59,2: «Pediremos con fervente oración y súplica» (τὴν δέησιν καὶ ἱκεσίαν ποιούμενοι).

También en el rabinismo se unen los términos «oraciones y súplicas» (בתפילה ובתחנונים): Dt R 11,10 (§ 207c).[3]

* * *

Por esta fórmula se muestra, pues, que el autor usa el lenguaje culto y refinado de una persona literariamente bien formada. La locución tiene a veces un sentido muy atenuado, como en el papiro ptolemaico citado por Moffatt:[4] «Deseo saludarte con oración y súplica» (χαίρειν τε ἀξιῶ μετὰ δεήσεως καὶ ἱκετείας). Pero no parece que sea este el caso. No se debe restar importancia a la bina δεήσεις τε καὶ ἱκετηρίας ni al significado propio de ἱκετηρία. El contexto da aquí a la expresión toda su fuerza. El autor quiere poner en relieve el ardor de la oración.

II. ¿Oblación sacerdotal?

A. Oblación no sacerdotal

A causa del complemento «oraciones y súplicas», algunos intérpretes sostienen que, aunque el verbo προσφέρω se usa en otros lugares en sentido sacrificial, no hay aquí motivo para apartarse de la significación general de esta palabra. Se oponen a la idea de que en el v. 7 se describa el sacerdocio de Cristo que ofrece oraciones a Dios como sacrificio en favor de los hombres o por sí mismo (Ribera, Peirce, Palairet, Dindorf, Kuinoel, Bleek, Wette, Lünemann, Maier, Moll, Zill, Davidson, B. Weiss, Schaefer, Huyghe, Peake, Bauer, Riggenbach, Graf, Moffatt, Lenski, F. F. Bruce, Lescow, Brandenburger, Scheidweiler, Blass-Debrunner-Rehkopf, H. Braun).[5] Consideran esta interpretación como «incorrecta» (Kuinoel), «falsa» (Bleek), «insostenible» (B. Weiss), «fuera de lugar» (Huyghe, Lenski), y que «debe ser rechazada» (Lünemann, Peake).[6]

---

[3] Ed. Freedman, 3, 181; Strack-Billerbeck, 3,688; cf. supra, p. 60.

[4] Moffatt, 65: *Brunet de Presle et Egger's Papyrus Grecs du Musée du Louvre* 27,22.

[5] Ribera, 204; Peirce, 219-220; Palairet, 482; Dindorf, 397. 399; Kuinoel, 157-159; Bleek, 233-235; Wette, 169; Lünemann, 174; Maier, 156; Moll, 96; Zill, 225; Davidson, 113, n. 1; Grimm, 383; B. Weiss, *Hebräer,* 136, n. 1; 137, n. 1; Schaefer, 151-152, n. 5; Huyghe, 120; Peake, 134; Bauer, 1310-1311; Riggenbach, *Hebräer,* 129-130; Graf, 107; Moffatt, 64; Lenski, 162; F.F. Bruce, 98, n. 43; Lescow, 227, n. 63; Brandenburger, 210; Scheidweiler, Καίπερ, 226-227, n. 1; Blass-Debrunner-Rehkopf, 202; H. Braun, 143.

[6] Kuinoel, 157: «inconcinnitatis arguit»; Bleek, 234: «falsch»; B. Weiss, *Hebräer,* 136, n. 1: «unhaltbar»; Huyghe, ibid.: «praeter ideam hic ... propositam»; Lenski, ibid.: «out of place»; Lünemann, ibid.: «zu verwerfen ist'; Peake, ibid.: «should probably be set aside».

Según estos autores, texto y contexto demuestran que no se trata aquí de actividad sacerdotal.

1. En el v. 7 no se dice que Cristo intercedió en favor de los hombres. Claramente se indica que oró por sí mismo «al que podía salvarlo (αὐτόν) de la muerte».

La comparación general del v. 7 con los v. 1-3 no se extiende hasta los detalles. Si el autor usa προσενέγκας, hablando de la oración de Cristo, es a lo más un «eco subconsciente» del προσφέρειν del v. 3, usado acerca del pontífice mosaico que ofrece por sí mismo. No hay equivalente en Jesús al sacrificio ofrecido por el sumo sacerdote del AT «por sí mismo (περὶ ἑαυτοῦ)... por los pecados» (περὶ ἁμαρτιῶν). El sumo sacerdote judío ofrece por sí mismo, a causa de su pecado personal. En esto precisamente difiere de Cristo. Jesús, siendo χωρὶς ἁμαρτίας, no necesita ofrecer ningún sacrificio por sí mismo. No ofreció «por sí mismo por los pecados».

En el v. 7, se caracteriza, pues, la oración de Cristo, simplemente como la de uno que busca auxilio.

2. La importancia fundamental de los v. 7-10 está en las palabras del v. 8. Pero no puede demostrarse que, porque Cristo aprendió la obediencia, también desempeñó el sacerdocio. El autor no quiere probar que Cristo ofreció un sacrificio como sacerdote, sino que para él fue muy arduo obedecer al Padre.

3. No es conforme a la doctrina de Hebreos que Cristo sea considerado como sumo sacerdote ya en su vida terrestre. Este oficio comenzó en él sólo con su entrada en el santuario celeste y su exaltación a la derecha de Dios.

Esto aparece claramente en 5,9-10: Cristo fue nombrado por Dios sumo sacerdote según el orden de Melquisedec (v. 10), después de su perfeccionamiento y glorificación (v. 9). Por tanto, el ofrecimiento de «oraciones y súplicas» durante su existencia terrena no puede ser considerada como una acción realizada en calidad de sumo sacerdote.

4. La intención principal del autor no es establecer una comparación entre el sacrificio del sumo sacerdote veterotestamentario y el sacrificio de Cristo, sino más bien demostrar el requisito μετριοπαδεῖν δυνάμενος; su objetivo es describir la prueba suprema de Jesús en su plena intensidad. Lo que aquí se dice pertenece no a su función de sumo sacerdote, sino a su preparación para llegar a ser sumo sacerdote. No se trata de lo que Cristo hizo como sumo sacerdote, sino del proceso por el cual fue preparado para este oficio. Más que una analogía, hay aquí un contraste con el sacrificio del sumo sacerdote, al que Cristo de ninguna manera se hubiera sentido impulsado.

5. El verbo προσφέρω no es necesariamente un término sacrificial, sino una simple expresión del lenguaje de las oraciones. Προσφέρειν unido a δεήσεις y ἱκετηρίας es una circunlocución común en griego para decir simplemente «suplicar», «orar», sin llevar incluida una idea sacrificial. Se usa de manera general no sólo cuando la petición se dirige a Dios, sino también cuando se dirige a un hombre:

Achill Tat 7,1,3: Como Tersandro no lograba persuadir al carcelero, «le hace una segunda petición» (δευτέραν αὐτῷ προσφέρει δέησιν).

Longus, Daphnis et Chloe 2,33,1: «Pedían instantemente» (πάσας δεήσεις προσέφερον) a Filetas les comunicara el arte de tocar la flauta.

Jos, Bell 3,8,3(353): Josefo «dirige a Dios una tácita oración» (προσφέρει τῷ θεῷ λεληθυῖαν εὐχήν). En este texto la idea de sacrificio está muy lejana.

Grimm [7] afirma que el verbo προσφέρω dificilmente se encuentra en los escritores griegos nativos como «sacrificar». En sentido metafórico aparece en el informe legal de BGU 4, 1024, 7, 25 sobre la pobre muchacha a quien su madre la vendió a la vergüenza: «viviendo, se ofrecía (προσεφέρετο), a los que querían, como muerta».

6. En Hb 5,7, el verbo προσφέρω va acompañado de la preposición πρός. Si hubiera idea de sacrificio, el destinatario de la ofrenda habría sido introducido por medio del dativo, según el constante uso lingüístico:

Antiguo Testamento:	Lv 1,14; 2,1.11; 7,30.
Nuevo Testamento:	Hch 7,42; Hb 9,14; 11,4.
Judaísmo:	Test Levi 3,6.8; Test Gad 7,2.
Helenismo:	Ditt Syll 633,19.

Προσφέρω se usa con dativo en sentido sacrificial propio; con πρός + acusativo, como en Hb 5,7, sólo en sentido impropio.

7. El autor presenta también las oraciones de otros hombres como actos de piedad, desde el punto de vista del sacrificio. Y esta visión general es la que aquí tiene lugar, sin que se considere el carácter específico de Cristo como sumo sacerdote. Προσενέγκας podría ser considerado como sacrificio, sólo en cuanto sacrificio «espiritual»: oración en la que se expresa la más plena sumisión a Dios, en medio del más intenso sufrimiento interior. Las oraciones ofrecidas por Cristo no son sacrificio, sino muy impropiamente dicho, sólo metafóricamente.

---

[7] GRIMM, ibid.

B. *Oblación sacerdotal*

Según la opinión tradicional, el autor no emplea aquí al azar el verbo προσφέρειν para designar el ofrecimiento de las oraciones hechas por Jesús a su Padre. Quiere dar a entender que se trata de la actividad cultual del sacerdote. Cristo es presentado como pontífice en calidad de oferente (Además de los autores ya mencionados en el capítulo anterior,[8] son de esta opinión: Juan Damasceno, Lefèvre d'Etaples, Titelmans, Salmerón, Owen, Picquigny, Carpzov, Ernesti, Bloomfield, Bisping, von Hofmann, Delitzsch, Alford, Drach, Kay, Moulton, Keil, Edwards, Westcott, von Soden, Zahn, Kübel, A. B. Bruce, Milligan, Vaughan, Schlatter, Dods, Schmitz, Windisch, Rohr, Haering, Wenschkewitz, Michel, Strathmann, Ungeheuer, Bonsirven, Manson, Teodorico, Spicq, Strobel, Rissi, Schille, Cerfaux, Lyonnet, Hillmann, Romaniuk, Friedrich, Rasco, Boman, Vanhoye, Leonardi, Montefiore, Laubach, Bourgin, Thurén, Galizzi, K. Weiss, Kelly, Sabourin, Swetnam).[9]

En otras ocasiones se dice del sumo sacerdote que ofrece «dones y sacrificios» (5,1; 8,3; 9,9); de Cristo, que se ofrece a sí mismo (9,14; cf v. 25), su cuerpo (10,10), un sacrificio (10,12).

En toda la Biblia este pasaje de Hebreos es el único en que se habla de «ofrecer oraciones» a Dios. Cristo aparece no sólo en actitud de suplicante, sino su oración es presentada a Dios en un gesto de oblación sacerdotal. Su oración es sacerdotal, acto representativo, que sintetiza y presenta a Dios las súplicas de todos los hombres.

Algunos comentadores encuentran expresada aquí únicamente una oblación de oraciones (Lefèvre d'Etaples, Gordon, Michaelis, Böhme, Klee, Schille).[10]

---

[8] Cf. supra, pp. 90, 93, 94, 95.

[9] JUAN DAMASCENO, PG 95, 952; LEFÈVRE D'ETAPLES, 237 D; TITELMANS, 177; SALMERÓN, 709; OWEN, 3, 54; PICQUIGNY, 197; CARPZOV, 231; ERNESTI, 393; BLOOMFIELD, 488; BISPING, 122; VON HOFMANN, *Hebräer*, 215-216; *Der Schriftbeweis*, 2, 1, 283-284; DELITZSCH, 194-197; ALFORD, 95; DRACH, 735; KAY, 52; observ. 1; MOULTON, 300; KEIL, 131-132; EDWARDS, 77; WESTCOTT, 127; VON SODEN, *Hebräer*, 44; ZAHN, *Einleitung*, 159-160; KÜBEL, 144; A.B. BRUCE, *Hebrews*, 185, n. 1; MILLIGAN, 108, n. 1; VAUGHAN, 94; SCHLATTER, 293-294; DODS, 288; SCHMITZ, 265-266. 268-292; WINDISCH, 42; ROHR, 25; HAERING, 31; WENSCHKEWITZ, 136; MICHEL, *Hebräer*, 220; STRATHMANN, 100; UNGEHEUER, 128; BONSIRVEN, 273-279; MANSON, 110; TEODORICO, *Ebrei*, 101; SPICQ, *Hébreux*, 1, 45. 294, n. 1; 2, 112; STROBEL, *Hebräer*, 128; RISSI, 37. 42; SCHILLE, 101; CERFAUX, 56; LYONNET, *Expiation*, 899, n. 1; HILLMANN, *Hebräer* 54; *Der Hohepriester*, 161; ROMANIUK, 138; FRIEDRICH, *Das Lied*, 106-115; RASCO, 723-725. 734-744; BOMAN, 268; VANHOYE, *La structure*, 106; *Textus de sacerdotio*, 109-110; *Le message, 43-44; Prêtres anciens*, 146-147; LEONARDI, 177-178; MONTEFIORE, 97; LAUBACH, 105; BOURGIN, 18; THURÉN, *Gebet*, 145; GALIZZI, 226; K. WEISS, 67-70; KELLY, 22. 26; SABOURIN, 190; SWETNAM, 183.

[10] LEFÈVRE D'ETAPLES, 237 D; GORDON, 610; J.D. MICHAELIS, *Ad Peircium*, 221, n. 140; BÖHME, 230; KLEE, 112; SCHILLE, 101.

Nos parece más exacta la opinión más difundida entre los exégetas de que las oraciones y súplicas ofrecidas por Cristo son consideradas por el autor, además, desde el punto de vista del sacrificio, caracterizadas como ofrenda sacrificial. La oración de Cristo es un sacrificio que él ofrece a Dios.

Más aún, Cristo sumo sacerdote es al mismo tiempo la víctima de su sacrificio. Ofrece a Dios no novillos y machos cabríos, sino a sí mismo, a través de sus oraciones.

Las razones que hacen concebir la oración de Cristo como sacrificio son las siguientes:

1. Sentido sacrificial del verbo προσφέρω

El verbo προσφέρω evoca el lenguaje de los sacrificios; es el término sacrificial por excelencia.

a. En los LXX

En los LXX el verbo προσφέρω es usado algunas veces en sentido profano, con la significación de «acercar»: Lv 8,6; Prov 19,24 v. 1; «presentar» objetos, dones: Jue 3,17-18; 2 Sm 17,29; Sal 72,10 v. 1.

Pero en la mayoría de los casos es término técnico del lenguaje «sacrificial»; designa el ofrecimiento de sacrificios.[11] Corresponde generalmente a קרב hi, sobre todo en los escritos históricos y legales:

Lv 1,14: «Si ofreces un holocausto de aves como don al Señor» ('Εὰν δὲ ἀπὸ τῶν πετεινῶν κάρπωμα προσφέρῃς δῶρον τῷ κυρίῳ).

2,1: «Si alguien ofrece como don un sacrificio al Señor» ('Εὰν δὲ ψυχὴ προσφέρῃ δῶρον θυσίαν τῷ κυρίῳ).

2,11: «Todo sacrificio que ofrezcáis al Señor» (πᾶσαν θυσίαν, ἣν ἂν προσφέρετε κυρίῳ).

Ez 44,15: «Estarán en mi presencia para ofrecerme un sacrificio» (τοῦ προσφέρειν μοι θυσίαν).

44,27: Los sacerdotes «ofrecerán un sacrificio expiatorio» (προσοίσουσιν ἱλασμόν).

46,4: «El príncipe ofrecerá holocaustos (τὰ ὁλοκαυτώματα προσοίσει) al Señor».

Es también equivalente de otros verbos sacrificiales:

בוא hi: Lv 7,30: «Sus manos ofrecerán los holocaustos al Señor» (προσοίσουσιν τὰ καρπώματα κυρίῳ).

---

[11] Cf. K. WEISS, ibid.

Prov 21,27: «Los sacrificios (θυσίαι) de los impíos son abominables para el Señor, pues los ofrecen (προσφέρουσι) inicuamente».

Mal 1,13 v. 1.: «Si me ofrecéis un sacrificio (ABS φέρετε, Sᶜ C+ προσφέρετε θυσίαν), ¿los aceptaré de vuestras manos?

זָבַח: Dt 17,1 v. 1.: «No sacrificarás (B θύσεις, A προσοίσεις) al Señor tu Dios novillo o cordero con defecto».

עָשָׂה hi: Ex 32,6: Aarón «ofreció un sacrificio de salvación» (προσήνεγκε θυσίαν σωτηρίου).

Am 5,25: «Acaso me ofrecistes víctimas y sacrificios (μὴ σφάγια καὶ θυσίας προσηνέγκατέ μοι), casa de Israel, durante cuarenta años en el desierto?»

נָשָׂא: Gn 4,7: «Si ofreciste rectamente ...» (ἐὰν ὀρθῶς προσενέγκῃς).

עָלָה hi: 2 Cr 29,7: «Y no ofrecieron holocaustos (ὁλοκαυτώματα οὐ προσήνεγκαν) en el santuario al Dios de Israel».

Job 1,5: Job «ofrecía sacrificios por ellos» (sus hijos; προσέφερεν περὶ αὐτῶν θυσίας).

Jr 14,12: «Aunque ofrezcan holocaustos y sacrificios (ἐὰν προσενέγκωσιν ὁλοκαυτώματα καὶ θυσίας) no me complaceré en ellos».

עָשָׂה חַטָּאת : Lv 16,9: «Lo ofrecerá en sacrificio por el pecado» (προσοίσει περὶ ἁμαρτίας).

קָטַר hi: 2 Re 16,15: El rey Acaz ordenó al sacerdote Urías: «Sobre el altar grande ofrece el holocausto de la mañana y el sacrificio de la tarde ...» (πρόσφερε τὴν ὁλοκαύτωσιν... καὶ τὴν θυσίαν...).

רוּם hi: Lv 22,15 v. 1.: Los sacerdotes «no profanarán las cosas sagradas de los hijos de Israel, que ellos ofrecen (ἀφαιροῦσιν, A: προσφέρουσιν) al Señor».

b. En el Nuevo Testamento

En el NT προσφέρω es usado en el sentido profano de «llevar», «presentar» una persona o cosa a alguien. Los enfermos y endemoniados son llevados a Jesús (Mt 4,24; 8,16; 9,2.32; 12,22; 14,35; Mc 2,4) o a sus discípulos (Mt 17,16) para ser curados; los niños son presentados a Jesús para que los bendiga (Mt 19,13; Mc 10,13; Lc 18,15); son conducidos el siervo ante el rey (Mt 18,24 v. 1), los discípulos de Jesús ante las autoridades (Lc 12,11 v. 1.) y Jesús mismo ante Pilato (Lc 23,14). Se presenta el dinero (Mt 22,19; 25,20; Hch 8,18). Se ofrece, por último, el vinagre a Jesús en la cruz (Lc 23,36; Jn 19,29).

Como término propiamente sacrificial, con la significación de «ofrecer en sacrificio», se emplea cuando se hace referencia al culto sacrificial judío, a la vida y muerte de Jesús descrita como sacrificio, y a la conducta y acciones de los cristianos llamadas, analógicamente, sacrificio. Jesús ordena al leproso curado hacer la ofrenda de purificación (προσένεγκε περὶ τοῦ καθαρισμοῦ σου), conforme a Lv 14 (Mt 8,4; Mc 1,44; Lc 5,14); pide interrumpir una acción sacrificial, si el oferente (ἐὰν προσφέρῃς) se acuerda de que su hermano tiene algo contra él (Mt 5,23-24). Previene a los apóstoles de las persecuciones que les sobrevendrán por parte de los judíos, quienos no pararán hasta darles muerte, y, al obrar así, creerán rendir culto a Dios (Jn 16,2: λατρείαν προσφέρειν τῷ θεῷ). Cf el dicho rabínico: «Quien vierte la sangre de un impío es como quien ofrece un sacrificio».[12] Pablo con los cuatro nazireos entra en el templo, para avisar cuándo se terminan los días de la purificación y toca ofrecer la oblación por cada uno (Hch 21,26: προσηνέχθη ... ἡ προσφορὰ). Esteban, en su discurso, recoge la crítica de los profetas contra el culto sacrificial externo (Hch 7,42 = Am 5,25).

El verbo προσφέρω es empleado en la Epístola a los Hebreos más frecuentemente que en cualquier otro escrito del NT: 20 veces, frente a 15 veces en Mt, 5 en Lc, 3 en Hch, 3 en Mc, 2 en Jn, ninguna vez en las epístolas paulinas. Y siempre tiene en Hebreos sentido sacrificial (5,1.3.7; 8,3a.b.4; 9,7.9.14.25.28; 10,1.2.8.11.12; 11,4.17a.b),[13] con la única excepción de 12,7, donde se usa acerca de Dios que trata (προσφέρεται, voz media) a su pueblo, como un padre a sus hijos, a quienes educa por el sufrimiento.

Por una parte, se señala la diferencia y superioridad del sacrificio de Cristo respecto a los sacrificios antiguos:

— Los sacrificios de los sacerdotes levíticos se repiten incesantemente. Cuando el autor se refiere a ellos, usa invariablemente el presente de repetición: 5,1.3; 8,3a.4; 9,7.9.25; 10,1.2.8.11; 7,27a. El sacrificio de Cristo, en cambio, es único y definitivo. Siempre que se trata del sacerdocio de Cristo, el autor utiliza el aoristo «puntual»: 5,7; 8,3b; 9,14.28; 10,12; 7,27b.

— Los sacerdotes antiguos ofrecían «dones y sacrificios» (5,1; 8,3; 9,9), alimentos y bebidas (9,10), sangre ajena (9,25) de toros y de machos cabríos (9,12.19; 10,4). Cristo ofrece su propia sangre (cf 9,25), su cuerpo (10,10), a sí mismo (9,14).

— Los sacrificios antiguos eran sólo «ritos de carne» (9,10), «para la pureza de la carne» (9,13) y no purificaban de los pecados (10,2). El sacrificio de Cristo, en cambio, purifica la conciencia (9,14). Hb 10,5-9 hace a Cristo mismo expresar con toda su fuerza este contraste, por medio del salmo 40,7-9.

---

[12] Cf. STRACK-BILLERBECK, 2, 565.
[13] En 7, 27b una lección variante tiene προσενέγκας (אAI) en lugar de ἀνενέγκας pero es menos probable, pues rompe el paralelismo con 27a.

Por otra parte, ambos sacrificios son relacionados positivamente. Esto sucede ya en la caracterización de la antigua ley como «esbozo (σκιάν) de los bienes futuros» (10,1), «de las cosas celestiales» (8,5), e.d., como sombra del sacrificio de Cristo. Pues el tipo (8,5) y lo futuro no están en oposición. Directamente son comparados, en 5,4-5, Aarón y Cristo, comparación que culmina en la descripción del sacrificio de Cristo, que no sólo ofreció δῶρά τε καὶ θυσίας (5,1), sino que δεήσεις τε καὶ ἱκετηρίας προσενέγκας (5,7), fue por su «obediencia», «para todos los que lo obedecen, causa de salvación eterna» (5,8-9).

c. *En la literatura cristiana primitiva*

En los Padres Apostólicos, el verbo es usado casi exclusivamente (cf 1 Clem 43,2; Herm, Sim 8,1,12) con la significación de «ofrecer en sacrificio».

Did 14,3 entiende la celebración eucarística como cumplimiento del mandato de Mal 1,11: «Este es el sacrificio del que dijo el Señor: 'En todo lugar y en todo tiempo se me ofrezca un sacrificio puro'» (προσφέρειν μοι θυσίαν καθαράν).

1 Clem aprovecha los hechos del AT como simples ejemplos para la parénesis. Los sacrificios de Caín y de Abel sirven de advertencia sobre las mortales consecuencias de la emulación y de la envidia (4,4; cf Gn 4,4: ἐὰν ὀρθῶς προσενέγκῃς). La obediencia de Abraham en el sacrificio de Isaac (δι' ὑπακοῆς προσήνεγκεν αὐτὸν θυσίαν τῷ θεῷ) es modelo para la obediencia cristiana (10,7). Las normas sacrificiales de Jerusalén (οὐ πανταχοῦ προσφέρονται θυσίαι, οὐκ ἐν παντὶ τόπῳ προσφέρεται, μωμοσκοπηθὲν τὸ προσφερόμενον) deben ser para los corintios un modelo para mantenerse en la regla de sus propios ministerios (41,2).

Barn ve en las diversas acciones y prescripciones sacrificiales del AT «tipos» que se realizan en Cristo, quien había de ofrecer en sacrificio (προσφέρειν θυσίαν) por nuestros pecados el vaso del Espíritu (7,3a) y cumplir así la figura de Isaac ofrecido sobre el altar (7,3b: προσενεχθέντος ἐπὶ τὸ θυσιαστήριον). El macho cabrío ofrecido (τοῦ προσφερομένου) por todos los pecados (7,4) es símbolo de Cristo que ofrece su propia carne (προσφέρειν τὴν σάρκα μου), es decir, a sí mismo, por los pecados del nuevo pueblo de Dios (7,5). La ternera roja que se manda a Israel ofrecer (προσφέρειν) por los pecados (8,1; cf Nm 19) es signo de Cristo: «El novillo es Jesús; los hombres pecadores que lo ofrecen (οἱ προσφέροντες) son los que lo condujeron a la muerte (8,2: οἱ προσενέγκαντες αὐτὸν ἐπὶ τὴν σφαγήν).

Diogn usa el verbo «ofrecer» en 2,8 (προσφέρειν) y en 3,3 (προσφέροντες) para describir el culto sacrificial pagano.

d. *En el judaísmo helenístico*

Entre los escritos del judaísmo helenístico el sentido sacrificial de προσφέρω está documentado en Josefo, Ant:

3,9,3(231): «Quien ha pecado por ignorancia ofrece un cordero y una cabra de un año» (ἄρνα καὶ ἔριφον θήλειαν τῶν αὐτοετῶν προσφέρει. Cf Nm 15,27);

8,4,4(118): Salomón «ofreció sacrificios a Dios» (θυσίας τῷ θεῷ προσήνεγκε).

8,8,4(228): «El que quiera ser sacerdote ofrezca a Dios un novillo y un carnero» (προσενεγκάτω μόσχον τῷ θεῷ καὶ κριόν).

e. *En el paganismo*

Finalmente, el sentido sacrificial de προσφέρω lo encontramos incluso en el paganismo: Ditt, Syll³ 633,19: «Si alguno ofrece un sacrificio a Dios» (εἰ δέ τις προσφέρει θυσίαν τῷ θεῷ).

* * *

Las palabras πρὸς τὸς δυνάμενον κτλ pueden unirse a los substantivos inmediatamente precedentes δεήσεις τε καὶ ἱκετηρίας: oraciones dirigidas al que podía salvarlo de la muerte (cf. Rom 10,1, ἡ δέησίς μεν πρὸς τὸν θεόν; Jos. Ap, 2,23(197): δέησις δ᾽ἔστω τὸν θεόν).[14]

Pero articulando la frase de esta manera el participio quedaría sintácticamente muy aislado. La estructura del texto orienta más bien hacia la conexión con προσνέγκας. La construcción de προσφέρω con πρός + acus. no tiene nada de extraño (cf. Lv 1,15: προσοίσει... πρὸς τὸ θυσιαστήριον; 2,8: προσοίσει... πρὸς τὸν ἱερέα; 9,12: προσήνεγκαν πρὸς αὐτόν; Polyb 4,51,2: προσενεγκάμενοι πρὸς τὸν ᾽Αχαιόν). Es natural, en base al verbo mismo, compuesto de πρός.[15]

Característica del lenguaje sacrificial es la construcción de προσφέρω con dativo. Sin embargo, en el griego bíblico del NT se observa ya una tendencia a la disminución del dativo y demás casos simples y al aumento de las construcciones preposicionales. Además, la frase puede estar influenciada por la expresión del verso 1: καθίσταται τὰ πρὸς τὸν θεόν, pues Cristo es presentado en actitud de ofrenda; se trata de las relaciones con Dios.[16]

---

[14] Cf. Böhme, 229; Bleek, 233-234; Wette, 169; Delitzsch, 187; Maier, 154; Moll, 96; Hofmann, *Hebräer*, 215; Zill, 224; B. Weiss, *Hebräer*, 136; Von Soden, *Hebräer*, 44; Alford, 95.

[15] Cf. Lünemann, 176; Keil, 132; Westcott, 125-126; Seeberg, 54; Riggenbach, *Hebräer*, 130, n. 41; Lenski, 162; también Kühner-Gerth, 2, 2, 423.

[16] Zerwick, 51. 80; Rasco, 735-736.

2. *Contexto sacrificial de Hb 5,7*

El valor sacerdotal y sacrificial que el autor atribuye a esta plegaria intensa de Cristo se desprende antes que nada del contexto. En otro contexto el sentido propiamente sacrificial no se exigiría necesariamente; pero en el contexto presente aparece con claridad.

Es el único texto en el NT en el que se presenta la oración de Cristo en un contexto sacerdotal e inseparable del ejercicio de su sacerdocio, como uno de sus elementos esenciales:

— El relato sinóptico de la oración en el huerto no está situado teológicamente en un contexto doctrinal sacerdotal ni presenta expresamente la oración de Cristo como uno de los actos que componen su sacerdocio. En cambio, en Hebreos se concluye con Cristo τελειωθείς (5,9) y declarado por Dios sumo sacerdote (5,10), y la oblación de las súplicas (5,7) aparece como uno de los momentos que culminan en su plena consagración sacerdotal (5,10).

— La llamada «oración sacerdotal» de Cristo en Jn 17 no es estrictamente sacerdotal; la alusión al sacrificio se halla solamente en el v. 19.[17]

El autor quiere establecer un paralelismo con el verbo προσφέρω, usado dos veces en la descripción del pontífice (5,1.3).

a. *«A fin de que ofrezca dones y sacrificios»: 5,1*

En el v. 1 indica que «todo sumo sacerdote es establecido para ofrecer dones y sacrificios». En el v. 7 repite el mismo verbo y lo aplica a la oración de Cristo, declara que él «ofreció oraciones y súplicas». Es muy lógico pensar que el autor intencionalmente formuló la expresión de 5,7 según 5,1. Ambas frases, unidas, presentan en griego una disposición quiástica:

ἵνα προσφέρῃ $\diagdown$ δῶρά τε καὶ θυσίας
δεήσεις τε καὶ ἱκετηρίας $\diagup$ προσενέγκας.

El verbo προσενέγκας (v. 7) es paralelo a προσφέρῃ del v. 1, que se refiere a los sacrificios; por tanto, se debe entender de ofrenda sacrificial. Por el paralelismo se ve también que Hebreos considera las δεήσεις τε καὶ ἱκετηρίας de Cristo (v. 7) como correspondientes a las δῶρά τε καὶ θυσίας del sumo sacerdote (v. 1). Los dos términos unidos en ambos casos por τε καὶ guardan entre sí igual relación y un par corresponde al otro. Parece, pues, que las oraciones ofrecidas por Cristo como sacerdote son consideradas por el autor como un verdadero sacrificio.

---

[17] LAGRANGE, *Jean,* 435; WIKENHAUSER, 301; RASCO, 723-725.

b. *«Debe ofrecer por sí mismo, como por el pueblo, sacrificios por los pecados»: 5,3*

En el v. 3 se dice que el sumo sacerdote, por su debilidad, «debe ofrecer, como por el pueblo, así también por sí mismo por los pecados». El término προσενέγκας del v. 7 se refiere igualmente al προσφέρειν del v. 3, y tiene, como éste, sentido sacrificial.

La relación de ambos versos es explicada diversamente, según se pone el énfasis en la referencia al sacrificio por sí mismo o por el pueblo. Este punto ha sido vivamente discutido sobre todo a partir del s. XIX.

1) *Sacrificio por sí mismo*

Hofmann, seguido por Keil,[18] encuentra particularmente un profundo paralelismo entre el ofrecimiento de oraciones de Cristo como sacrificio, de que habla el v. 7, con lo que se dice en el v. 3 del sacrificio que, el Día de la expiación, el sumo sacerdote levítico tenía que ofrecer por sí mismo, antes de ofrecer por la comunidad.

La súplica de Jesús para apartar la muerte es, como el sacrificio por sí mismo del sumo sacerdote, una piadosa expresión de debilidad, sólo con la diferencia que existe entre la debilidad del sumo sacerdote pecador y la del Salvador sin pecado (4,15). La oración en la que Cristo ofrece a Dios su debilidad (v. 7) corresponde al sacrificio que el sumo sacerdote ofrece por sí mismo (v. 3b); como después, el aprendizaje de obediencia (v. 8) al sacrificio que el sumo sacerdote ofrece por el pueblo (v. 3a). «Como el sumo sacerdote legal, sólo después de haber ofrecido por sí mismo el sacrificio por los pecados prescrito por la Ley, estaba en disposición para ofrecer el sacrificio requerido para la expiación de los pecados del pueblo; así Cristo, sólo después de que su oración fue escuchada y él quedó libre de la debilidad que lo había hecho orar..., estuvo en disposición de soportar el sufrimiento en la obediencia».[19]

A. B. Bruce, en «The Humiliation of Christ»[20] adopta la opinión de Hofmann, pero en su comentario,[21] no obstante la atracción que todavía siente por ello, expresa dudas de que este paralelo haya estado en la mente del autor.

La comparación con el doble sacrificio del sumo sacerdote levítico (v. 3) es rechazada por Maier, Moll, Zill, Davidson, B. Weiss, Milligan, Spicq, sobre todo por Delitzsch, con razones bien fundadas.[22]

---

[18] VON HOFMANN, ibid.; KEIL, ibid.
[19] VON HOFMANN, *Hebräer*, 223.
[20] A.B. BRUCE, *The Humiliation*, 277.
[21] A.B. BRUCE, *Hebrews*, 185, n. 1.
[22] DELITZSCH, ibid.; MAIER, ibid.; MOLL, ibid.; ZILL, ibid.; DAVISDON, ibid.; B. WEISS, *Hebräer*, 137, n. 1; MILLIGAN, ibid.; SPICQ, *Hébreux*, 2, 112.

1. La hipótesis sobre la cual se funda Hofmann de que προσενέγκας y εἰσακουσθείς temporalmente están en relación de antecedentes respecto a ἔμαδεν es posible gramaticalmente. Pero el contexto permite determinar la relación temporal de los participios con el verbo principal: Cristo aprendió la obediencia a través del sufrimiento, haciendo y experimentando lo que las oraciones participiales afirman.[23] Las oraciones y súplicas que en Getsemaní brotaron de su alma mortalmente afligida y que se continuaron hasta que expiró, son ciertamente designadas como sacrificio en el verbo προσενέγκας. Pero no son un sacrificio περὶ ἑαυτοῦ en contraposición al sacrificio περὶ τοῦ λαοῦ, sino que acompañan a su único sacrificio de sí mismo, pertenecen esencialmente a la realización de éste. No se puede distinguir en las acciones y sufrimientos del Señor lo que fue hecho por sí mismo y lo que fue hecho por nosotros, sino que todo fue hecho por sí mismo (como nuestro representante) y por nosotros (para redimirnos) en él.

Esto se expresa también en las tres afirmaciones de 5,9-10, donde el autor utiliza igualmente el aoristo, que indica tiempo determinado: al término de su pasión y por su pasión, Cristo aparece como consumado, causa de salvación eterna y sacerdote perfecto.

2. La exclusiva referencia del v. 7 a Getsemaní es injustificada. También la oración en la cruz está incluida.

3. El autor no distingue en el v. 3 los dos sacrificios del sumo sacerdote con πρότερον y ἔπειτα, como, basados en la hipótesis de Hofmann, se esperaría que lo hiciera.

4. Principalmente, cuando el autor distingue los dos sacrificios del sumo sacerdote con πρότερον y ἔπειτα, en 7,27, sólo conoce un sacrificio de Cristo, el sacrificio de sí mismo, absolutamente inocente, por los pecadores. Más aún, contrapone expresamente al doble sacrificio legal, el único sacrificio de Cristo, hecho una vez por todas. Es la doctrina sacrificial característica de la Epístola a los Hebreos.

5. Si el autor hubiera pretendido una analogía con el sacrificio del sumo sacerdote judío por sí mismo, que precedía al sacrificio por la comunidad, al mencionar, en el v. 8, los sufrimientos de Cristo, hubiera señalado expresamente el culmen de todos ellos, la muerte, y lo hubiera designado como el «segundo» sacrificio, el sacrificio «por el pueblo» o «por todos».

6. La mención del sacrificio del sumo sacerdote por sí mismo (v. 3) está ordenada sólo a arrojar luz sobre la simpatía humana, el punto realmente en cuestión.

---

[23] Cf. supra, pp. 26-27.

Según Schmitz,[24] después de 5,3, donde se dice que el sumo sacerdote debe ofrecer tanto por el pueblo como por sí mismo a causa de su debilidad, hubiera sido lo más natural hacer el paralelo entre el sumo sacerdote normal y Jesús. Pero el autor parece retroceder espontáneamente ante esta consecuencia, introduce todavía una característica más de todo sumo sacerdote, su llamamiento por Dios, y la aplica a Cristo (v. 4-6). Sólo entonces, en una frase relativa, viene «la demostración algo temerosa y no del todo correcta»[25] de que Jesús, análogamente al sumo sacerdote normal, también ofreció por sí mismo.

Ciertamente Jesús no podía ofrecer un sacrificio expiatorio por sí mismo. Por consiguiente, «la comparación en este punto es hecha sólo artificialmente y a medias».[26] La ofrenda de oraciones del sumo sacerdote del NT es pensada como «un paralelo comparable sólo con dificultad»[27] con el sacrificio por sí mismo del sumo sacerdote prescrito por la Ley. En las expresiones «los días de su carne», «clamor poderoso y lágrimas», «angustia», se muestra la energía con que la analogía es hecha, pero al mismo tiempo el esfuerzo requerido para ello. Se observa una «incorrección» («Inkoncinnität»)[28] en la formulacón. El autor no logró encontrar la expresión adecuada para esta en sí no muy adecuada comparación. Hace la «aplicación con mucha reserva».[29]

Pero la «incorrección» encontrada en 5,7 por Schmitz, como observa Riggenbach,[30] incomoda no al autor de Hebreos sino al exégeta.

No se puede negar el paralelo con el sacrificio por sí mismo del sumo sacerdote levítico; tal relación es reconocida por muchos.[31] Si para el autor fuera inaceptable la idea de que Jesús, como el sumo sacerdote, ofreció también por sí mismo, no hubiera señalado este momento tres veces (5,3; 7,27; 9,7); hubiera mencionado de paso que esta parte de la función sacerdotal no se podía aplicar a Cristo inocente, que por tanto en este punto la comparación claudicaba. Por el contrario, en 5,3 da la mayor importancia al sacrificio del sumo sacerdote por sí mismo, y en 5,7-8 muestra que Jesús, a pesar de su dignidad natural, en los días de su carne, ofreció un sacrificio, que fue testimonio de su debilidad, y que, por tanto, correspondía «mutatis mutandis» al anual sacrificio por los pecados que el sumo sacerdote ofrecía por sí mismo. Fue sacrificio por sí mismo, no en cuanto que haya ofrecido por sus pecados, sino en cuanto lo permitía su ἀσθένεια inocente.

---

[24] SCHMITZ, ibid.
[25] SCHMITZ, 265: «etwas verschämte und nicht ganz koncinne Nachbeweiss».
[26] SCHMITZ, ibid.: «die ganze Vergleichung an diesem Punkte nur künstlich und halb durchzuführen war».
[27] SCHMITZ, ibid.: «nur schwer vergleichbares Korrelat».
[28] SCHMITZ, 268.
[29] SCHMITZ, 292: «eine ... sehr zurückhaltende Anwendung».
[30] RIGGENBACH, Hebräer, 130, n. 41.
[31] Cf. ZAHN, ibid.; SCHLATTER, 213; DODS, ibid.; ver también supra, pp. 94-95.

2) *Sacrificio por el pueblo*

Böhme, Klee y otros[32] piensan que el autor de Hebreos en 5,7 presenta no el sacrificio, sino la oración de Cristo sumo sacerdote, que, como el pontífice judío en el gran Día de la expiación, intercede ante Dios por el pueblo. Aquí son bosquejados algunos rasgos del sumo sacerdote mesiánico, es presentado el sumo sacerdote por su oración.

La colocación de δεήσεις τε καὶ ἱκετηρίας casi al principio demuestra que el autor da gran importancia a estas súplicas, que atañen a la semejanza de Cristo con el sumo sacerdote intercesor. Estas «oraciones y súplicas» deben considerarse como «dones» más bien que sacrificios. Pues: 1. El verbo προσφέρειν tiene una significación más amplia que ἀναφέρειν: ἀναφέρειν se refiere al altar en el que se elevan las víctimas; προσφέρειν se dice de cualquier oblación sagrada. 2. Se emplea simplemente el verbo προσφέρειν, sin añadir «por los pecados».

* * *

Con todo, parece más justo[33] relacionar la oración de Cristo no sólo con la oración de intercesión, sino también con el sacrificio que el sumo sacerdote ofrece por el pueblo, especialmente en el Día de la expiación. Cristo se ofrece en sacrificio περὶ τοῦ λαοῦ.

Para Hebreos, Cristo es la figura hacia la cual converge todo el AT (cf 8,5; 9,9; 10,1). Los grandes intercesores sacerdotales de la antigua alianza señalan una línea que culmina en Cristo. Destacan principalmente entre ellos Moisés y Aarón.

En Ex 32,30, la intercesión de Moisés: «Habéis cometido un pecado gravísimo; pero ahora subiré al Señor, a ver si puedo expiar vuestro pecado» es presentada como mediación sacerdotal.[34] Así lo sugiere, en hebreo, la fórmula בְּעַד חַטַּאתְכֶם, frase típica del ritual del Levítico.

Cuando Dios amenaza con la destrucción a la comunidad israelita que se rebela contra sus jefes (Nm 17,6-15), Aarón es invitado por Moisés a realizar un sacrificio: «Coge el incensario, pon en él brasas del altar, echa incienso y ve aprisa a la comunidad, para expiar por ella (וְכִפֶּר

---

[32] BÖHME, 228. 230; KLEE, 112.

[33] Cf. SPICQ, *Hébreux,* 2, 107-108; LYONNET, *Expiation,* 899, n. 1; RASCO, 737. 739-740.742-743.

[34] Moisés en el Pentateuco nunca es llamado sacerdote; en toda la Biblia una sola vez (Sal 99,6). Pero FILÓN insiste mucho en el sacerdocio de Moisés (Mos 1, 334; 2, 2-5. 66. 187. 192; Praem 13; Sacrif 130). Y en el rabinismo posterior se le atribuye el sumo pontificado (Ex R 28,1). Con toda razón, pues Moisés realizó el sacrificio de la alianza (Ex 24, 4-8), efectuó los sacrificios y ritos de consagración sacerdotal de Aarón y de sus hijos (Lv 8), recibió de Dios la Ley y la transmitió al pueblo. Hebreos lo cita varias veces (3,2-3. 5. 16; 7,14; 8,5; 9,19; 10,28; 11,23-24) y en el cap. 9 lo contempla expresamente en función sacerdotal (cf. Ex 24, 4-8).

עֲלֵיהֶם). Y así lo hace, para expiar por el pueblo» (וְיְכַפֵּר עַל־הָעָם; v. 11-12). Este hecho es presentado enfáticamente en Sab 18,20-25 como intercesión sacerdotal. Aarón, revestido de los ornamentos sacerdotales (v. 24), se interpone (v. 23 μεταξὺ στάς) a la ira divina, ofreciendo el sacrificio expiatorio de su oración: «Un varón intachable se lanzó en su defensa, manejando las armas de su ministerio: la oración y el incienso expiatorio; hizo frente a la cólera y puso fin a la catástrofe, demostrando ser ministro tuyo; venció la indignación no a fuerza de músculos, sino que rindió al verdugo con la palabra, recordándole los pactos y promesas hechas a los padres» (v. 21-22).

Al final del cuarto Cántico del Siervo: «El cargó con el pecado de muchos e intercedió por los pecadores» (Is 53,12), el último verbo יַפְגִּיעַ (de פָּגַע) = «intercedió», traducido por los LXX παρεδόθη, por la Vulgata «rogavit», es expresado en el Targum de Jonatás con la fórmula del Día de la expiación (Lv 16,16.34). Así se une la oración del Siervo con el sacrificio propiciatorio del Día de la expiación.

Tal parece ser el carácter que el autor de Hebreos da a esta oración de Jesús. Algunos indicios en el contexto de nuestro pasaje orientan también hacia el sacrificio del día de la expiación:

— El uso de ἀρχιερεύς en 5,1a, pues era el sumo sacerdote, quien tenía como misión realizar esta liturgia (Ex 30,10; Lv 16).

— La fórmula θυσίας ὑπὲρ ἁμαρτιῶν en 5,1b, pues en lugar del singular ἁμαρτίας, empleado casi siempre por los LXX en esta expresión (Lv 4,3.14.28; 5,6-10), se encuentra el plural ἁμαρτιῶν usado sólo con ocasión del ritual de la expiación (Lv 16,30.34).

3. *La oración considerada como sacrificio*

Desde muy antiguo se puede comprobar la tendencia a concebir la oración bajo la idea de sacrificio.

a. *En el Antiguo Testamento*

En el AT, los salmos destacan el valor de la disposición interior que debe animar el sacrificio. Este es rechazado, si se reduce a un acto meramente externo y formalístico.

Sal 40,7-8: «Tú no quieres sacrificios ni ofrendas ..., no pides holocaustos ni sacrificios expiatorios; entonces yo digo: 'Aquí estoy'».

Sal 50,13-15: «¿Comeré yo carne de toros, beberé sangre de machos cabríos? Sea tu sacrificio a Dios confesar tu pecado, cumple tus votos al Altísimo, e invócame el día del peligro».

Sal 51,18-19: «Los sacrificios no te satisfacen, si te ofreciera un holocausto, no lo querrías. Sacrificio para Dios es un espíritu quebrantado».

Sal 69,31-32: «Alabaré el nombre de Dios con cantos, proclamaré su grandeza con acción de gracias; le agradará a Dios más que un toro, más que un novillo con cuernos y pezuñas».

Sal 141,2: «Aquí está mi oración, como incienso en tu presencia; mis manos levantadas, como ofrenda de la tarde».

La misma actitud frente al culto sacrificial externo se encuentra en 1 Sm 15,22, y entre los Profetas: Is 1,11-16; Jr 6,20; 7,22; Os 6,6; Am 5,22-25; Miq 6,6-8.

Dn 3,38-40: «No tenemos ya... ni holocaustos ni sacrificios ni ofrendas ni incienso ni lugar donde ofrecerte primicias y alcanzar tu misericordia. Pero tenemos un corazón quebrantado y un espíritu humillado; recíbelos como si fueran una oblación de holocaustos de toros y carneros... Este será hoy nuestro sacrificio».

b. En el judaísmo

Las oraciones son consideradas como un sacrificio también en el judaísmo.

El original sentido cúltico de προσφέρω es claramente perceptible en:

Test Levi 3,6: «Ofrecen al Señor un olor racional de suavidad y un sacrificio incruento» (προσφέρουσι δὲ τῷ κυρίῳ ὀσμὴν εὐωδίας λογικὴν καὶ ἀναίμακτον θυσίαν).

3,8: «Se ofrecen himnos a Dios» (ὕμνοι τῷ θεῷ προσφέρονται).

Test Gad 7,2: «Ofreced un himno al Señor» (Κυρίῳ δ᾽ ὕμνον προσφέρετε).

Una fórmula semejante a la de Hb 5,7 se encuentra en Jos, Bell, 3,8,3(353).

Entre los escritos rabínicos, en S Dt 41, f 80a se lee: «Rendirte culto. Rendirte culto. Esto es oración... Como el culto del altar es llamado culto, así la oración es llamada culto».[35]

c. En el Nuevo Testamento

En el NT, en el Apocalipsis, la oración es comparada a la ofrenda del incienso. Los cuatro vivientes y los venticuatro ancianos postrados ante el Cordero «tenían cada uno una cítara y copas de oro llenas de perfumes, que son las oraciones de los santos» (5,8). En la liturgia celeste, un ángel ofrece sobre el altar, bajo forma de perfumes, las oraciones de los santos (8,3-4).

Típica de Hebreos es la oración entendida como sacrificio. En Hb 13,15-16, los cristianos, colmados de dones escatológicos en Cristo, son invitados a elevar siempre hacia Dios un sacrificio de alabanza.

* * *

---
[35] Cf. Moore², 217-218.

En Hb 2,10-18, los sufrimientos de Cristo fueron presentados como un testimonio de solidaridad. La aportación principal de Hb 5,7 consiste, sin embargo, en que la pasión de Cristo es presentada como una oración y una ofrenda sacerdotales.[36] El dato sinóptico de que Jesús en su angustia mortal pidió ser preservado de la muerte es aquí desarrollado y profundizado en el sentido de sufrimiento sacrificial. Cristo va a la muerte como sumo sacerdote, ofrece su vida en sacrificio y envuelve la ofrenda con su oración.

Ofrece a Dios no algo extrínseco (δῶρά τε καὶ θυσίας), sino a sí mismo en su oración. Su oración no es convencional, sino existencial, oración dolorosa, que envuelve a todo el ser humano y ahoga toda posibilidad de un gesto puramente formal y legalístico. «Los acontecimientos trágicos que ponían en cuestion toda la obra de Jesús, su misión y su personalidad misma, estos acontecimientos que amenazaban tragárselo por entero en la muerte, provocaron en él una oración intensa, que constituyó una ofrenda sacerdotal».[37]

Los desgarramientos íntimos, que hacen experimentar al Hijo la obediencia, se condensan en su oración. Súplicas, grito, lágrimas, sufrimientos de Jesús forman parte de su oblación sacerdotal. Muestran la interioridad con que Cristo sumo sacerdote hace su oblación espiritual. En su interior Jesús «ofrece». El sacrificio es, en primer lugar, una oblación.

La obediencia amorosa al Padre, la actitud sacerdotal interna, en que tanto insiste el autor de Hebreos, es la savia íntima del sacrificio de Cristo. Cristo presta obediencia, entrega completamente su voluntad. Ese es el sacrificio que él ofrece. Profundo y verdadero sacrificio. Su obediencia heroica es un acto sacerdotal por excelencia (Rom 5,19). Venido para hacer la voluntad de su Padre (10,7.10), la cumplió de la manera más perfecta (Jn 10,17-18; Mt 20,28; Gál 1,4; 2,20; Ef 5,22; 1 Tim 2,6; Tit 2,14). En sus sufrimientos y en su muerte, Cristo llega a la consumación de su ministerio, es consumado en su oficio sacerdotal (Jn 19,28-30).

Son estos sufrimientos mortales los que le confieren la τελείωσις (5,9; 2,10) de su sacerdocio y lo hacen apto para salvar a todos los hombres. Por ellos, el obediente Hijo de Dios se convierte para nosotros en el sacerdote perfectamente cualificado, en el autor de una salvación que tiene en sí carácter de eternidad.

---

[36] Cf. SCHLATTER,294; UNGEHEUER, 128; BONSIRVEN, 273. 279; MANSON, 110; SPICQ, *Hébreux*, 2, 112; ROMANIUK, 138; RASCO, 723. 734. 736; VANHOYE, *La structure*, 106; *Textus de sacerdotio*, 110; *Le Message*, 43; *Prêtres anciens*, 146-147; LAUBACH, 105; BOURGIN, 18.

[37] VANHOYE, *Prêtres anciens*, 146.

Conclusión

Por el uso normal del verbo προσφέρω en el vocabulario de los sacrificios, por el contexto eminentemente sacerdotal que enmarca la frase y por el sentido sacrificial atribuido a la oración, podemos concluir que la oración de Cristo de que habla Hb 5,7 es entendida por el autor como la oblación sacrificial que Cristo sumo sacerdote hace de sí mismo en su oración al Padre.

CAPITULO CUARTO

Objeto de la oración de Cristo

Para la comprensión de Hb 5,7-8 es decisiva la cuestión: «¿Qué pide Jesús con clamor poderoso y lagrimas? Como posible indicacion del objeto de la oración de Cristo, está, en 5,7, la descripción de Dios: «al que podía salvarlo de la muerte». Los intérpretes se han ocupado siempre extensamente de esta fórmula cargada de interrogantes. La tarea no ha sido fácil. Prueba de ello son las opiniones tan diversas que han surgido al conjuro de esta frase desde los Padres hasta nuestros días.

I. Diversas interpretaciones

A. *Salvación de los hombres*

Varios suponen que el autor habla de la oración hecha por Jesús, a fin de que se muerte fuera fuente de salvación. Cristo no pide por sí mismo, sino por otros.

Según Efrén, Cristo rogó principalmente «por los que lo crucificaban», «pro crucifigentibus se, ne morirentur in eo, orabat»,[1] es decir, para que no perecieran y se condenaran por esa causa; «pro occisoribus suis».[2]

Crisóstomo plantea la cuestión: ¿por quiénes pidió Cristo? (περὶ τίνων ἐδεήθη;) y contesta: «Por los que habían creído en él» (περὶ τῶν πιστευσάντων εἰς αὐτόν).[3]

Erasmo comenta: Cristo no pidió «escapar al suplicio de la cruz, sino alcanzarnos con su muerte la salvación».[4]

Representativo de esta opinión es Giustiniani: Cristo sacerdote se ofreció a sí mismo en el ara de la cruz, «aunque podía pedir al Padre que apartara los crueles tormentos y la muerte acerba; olvidándose de sí mismo ..., oró a Dios ... por los que lo habían crucificado» (Lc 23,34).[5]

---

[1] EFRÉN SIRIO, 212.
[2] EFRÉN SIRIO, 213.
[3] CRISÓSTOMO, *Ad Hebraeos,* PG 63, 69; cf. también FILLION, 569.
[4] ERASMO, *Paraphrasis,* 997.
[5] GIUSTINIANI, 679.

En la misma línea se coloca la interpretación de J. Braun:[6] Cristo, como nuestro sacerdote y víctima, tuvo que sufrir la muerte para expiación del pecado (cf Hb 9,22). La justicia de Dios lo requería. Se ofreció a sí mismo por nosotros, por todo su cuerpo místico, es decir, por su Iglesia.

Vitti,[7] como Giustiniani, concibe también las súplicas de Cristo como oración sacerdotal en favor de los representados por el sumo sacerdote. Las palabras «al que podía salvarlo de la muerte» orientan claramente hacia la resurrección. Pero la resurrección de Cristo, a la cual va unida la efusión del Espíritu Santo (cf Jn 7,39), tiene valor soteriológico. Por tanto, orar al que resucita equivale a propiciar la fuente de la vida sobrenatural y de la salvación, en favor de los que han de ser santificados («pro sanctificandis»).

También el contexto habla a favor de esta interpretación. Toda la perícopa expresa una sola idea: Cristo, de quien fueron dados los títulos, tomados de los salmos 2,7 y 110,4, por los que se demuestra que fue hecho sumo sacerdote por Dios (5,5-6), «habiendo sido perfeccionado», e.d., habiendo llevado a cabo lo que le había sido encomendado en esta tierra (orar, obedecer sufriendo), llegó a ser (ἐγένετο) para todos los que lo obedecen, principio primero (αἴτιος) de donde ha de derivar la salvación. Cristo padeció obedeciendo para abrir el camino de la salvación, como el camino de la ruina había sido introducido por la desobediencia del primer Adán. Igualmente, para desempeñar su función sacerdotal, Cristo oró por nosotros, para que fueramos llevados a la fruición de los bienes que emanan de la pasión, como del corazón mismo de Cristo.

Según Rissi,[8] la respuesta a la cuestión sobre el contenido de las oraciones de Jesús se puede deducir del sentido de todo el parágrafo 4,14-5,10.

La confianza en el sumo sacerdote es confirmada por su capacidad de compadecerse de nosotros. Toda la existencia de Jesús en los días de su carne debe ser mirada bajo el signo cultual sacerdotal. El vive, piensa, habla, actúa, y por tanto también ora, no por sí, por causa suya, en su propio interés, sino sólo en favor de los hombres: ὑπὲρ ἀνθρώπων (5,1). En su intercesión se muestra su capacidad de compadecer a los hombres afirmada en 4,15. El se coloca como hombre junto a ellos y hace propia su necesidad y su oración.

Como confirmación de esta interpretación, Rissi cita Hb 10,34: «compadecisteis con los prisioneros», donde el verbo aparece una vez más y expresa claramente mucho más que una relación de pensamiento y sen-

---

[6] J. Braun, 295.
[7] Vitti, *Exauditus*, 113-114.
[8] Rissi, 38-41.

timiento con los que sufren. En 13,3 se recoge la misma idea en la exhortación: «Acordaos de los prisioneros, como (si estuvierais) encadenados». Este «acordarse» y «compadecer» consiste en compartir el destino ajeno, como si fuera el propio. El sumo sacerdote Jesús no puede sólo, como el sumo sacerdote veterotestamentario, μετριοπαθεῖν, e.d., «ser moderado en la indignación y cólera (en sí justificada) por los pecados del pueblo»,[9] sino συμπαθεῖν, por la más profunda compasión, tomando sobre sí la carga ajena, e.d., sufrir y soportar por los otros. De su συμπαθεῖν resulta compasión, gracia, ayuda y finalmente su sacrificio sangriento.

Entendida así la oración de Jesús, aparece una especial cercanía de Hebreos a la tradición juánica, que introduce la pasión con la gran plegaria de intercesión de Jesús (Jn 17). La intercesión de Jesús alcanza su apogeo en la pasión. La salvación de la muerte es para Hebreos la exaltación al santuario celeste, y, por tanto, la confirmación divina del sacrificio de Jesús περὶ ἁμαρτιῶν. Hay una línea de conexión entre esta imagen de Jesús intercesor y la imagen de intercesor celeste, que aparece dos veces en Hebreos (7,25; 9,24). La certeza de la intercesión celeste se basa en el hecho, conocido en la comunidad, de que Jesús en la tierra fue intercesor.

A esta primera interpretación puede reducirse la explicación de aquellos para quienes Cristo pide, en su oración, la victoria sobre la muerte como un triunfo sobre el demonio (Keil, cf Farrar, Westcott).[10]

La muerte de Cristo fue una lucha contra el príncipe de este mundo, cuyo poder sobre la muerte debía ser aniquilado (Hb 2,15). Así lo expresa Jesús, cuando, antes de iniciar su pasión, dice a sus discípulos: «Llega el príncipe de este mundo. Nada puede él contra mí» (Jn 14,30). En Getsemaní comienza el juicio de este mundo y la expulsión del príncipe de este mundo (Jn 12,31). La lucha contra el príncipe del reino de las tinieblas hizo a Jesús estremecerse y vacilar y, con gran clamor y lágrimas, invocar «al que podía salvarlo de la muerte», no de la entrega de su vida en la cruz, sino de sucumbir en la muerte («erliegen im Tode»), bajo el poder del demonio (2,14). «Salvar de la muerte» significa el triunfo de la muerte, cuando la muerte de Cristo fue la derrota de la muerte. Ese fue el fin de su obra y a ese fin contribuyó cada parte de ella.

Una opinión singular ha sido propuesta por Boman.[11] Θάνατος no designa la muerte corporal ni los tormentos de la crucifixión, sino tiene un sentido semejante al de 2,14, donde designa la extrema desgracia detrás de la cual está el diablo; y de 2,9, donde la muerte corporal de Jesús apartó la muerte espiritual de los discípulos. Se trata, por tanto, de una oración hecha por Jesús poco antes de su muerte, en la que pidió que fue-

---

[9] W. MICHAELIS, πάσχω, 938.
[10] KEIL, 134-135; cf. FARRAR, 75; WESTCOTT, 126.
[11] BOMAN, 268-270.

ra apartada una terrible desgracia que amenazaba a sus discípulos. De Lc 22,31-32 deduce Boman cuál debió ser esa desgracia. El Sanedrín decidió en un principio arrestar, junto con Jesús, también a los discípulos, especialmente a Pedro. Jesús percibió en su espíritu este peligro, e inmediatamente, en presencia de sus discípulos, se entregó a una ardiente oración, hasta que en su espíritu percibió de nuevo que el peligro había sido superado.

B. Preservación de la muerte – Liberación de la muerte: resurrección-exaltación

1. Preservación de la muerte

a. En la Cruz

Los que refieren Hb 5,7 a Getsemaní dan generalmente a σῴζειν ἐκ θανάτου la significación de «preservar de la muerte» (Teodoreto, Eutimio, Alcuino, Aimon d'Auxerre, Beza, Grocio, Bengel, Böhme, Kuinoel, Wette, Tholuck, Ebrard, Bisping, Von Hofmann, Delitzsch, Riehm, Maier, Alford, Zill, Kay, B. Weiss, Schaefer, Seeberg, Huyghe, Peake, Harnack, Windisch, Héring, Strobel Scheidweiler, Omark, Leonardi, Montefiore; igualmente Nicolás de Lira, que refiere el pasaje a la cruz).[12]

En favor de esta interpretación se aduce:

1. La verdad de la narración sagrada. Según los relatos sinópticos, Jesús efectivamente pidió ser exento de la muerte. Tres veces suplicó: «¡Abbá, Padre!, todo es posible para ti (πάντα δυνατά σοι), aparta de mí este cáliz» (Mc 14,36). El cáliz del cual pidió ser librado era la bebida amarga de su pasión, la experiencia de la cruz (cf Jn 12,27), una muerte no sólo de ignominia y de tortura, sino que envolvía, en su carácter sacrificial, el horror de los innumerables pecados, el obscurecimiento de la luz del rostro de Dios.

2. La designación de Dios, como «el que podía salvarlo de la muerte» indica al mismo tiempo el contenido de la oración. La interpretación más natural es que Cristo pidió la liberación de la muerte de cruz. Se trata aquí, no de un muerto, sino de la súplica de uno que vive. Súplicas de protección (δεήσεις τε καὶ ἱκετηρίας), que sólo pueden referirse a la pre-

---

[12] Teodoreto de Ciro, PG 82, 712-713; Eutimio, 373; Alcuino, PL 100, 1054; Aimon d'Auxerre, PL 117, 856; Beza, 349; Grocio, 865; Bengel, 920; Böhme, 230; Kuinoel, 159; Wette, 169; Tholuck, 248-249; Ebrard, 185; Bisping, 122; von Hofmann, Hebräer, 216; Delitzsch, 187-188; Riehm, 316; Maier, 154-155; Alford, 95; Zill, 224; Kay, 52; B. Weiss, Hebräer, 136; Schaefer, 150; Seeberg, 54-55; Huyghe, 120; Peake, 134; Harnack, 69; Windisch, 43; Héring, 54; Strobel, Die Psalmengrundlage, 261; Scheidweiler, Καίπερ, 224; Omark, 41-42; Leonardi, 179; Montefiore, 98; cf. también Nicolás de Lira, 844.

servación de la muerte inminente (v. 8: ἔπαθεν). El orante está en peligro de muerte; de ahí su oración «al que puede salvarlo de la muerte» (πρὸς τὸν δυνάμενον σῴζειν αὐτὸν ἐκ θανάτου); de ahí su violento estremecimiento (μετὰ κραυγῆς ἰσχυρᾶς καὶ δακρύων). Esta imagen del Cristo humano, que sufre, naturalmente, el temor de la muerte, y pide escapar de ella, corresponde al pensamiento auténtico de Hb 2,14-15.

b. *En Getsemaní*

Recientemente ha sido propuesta por Hewitt (cf Schauffler, Héring) [13] una interpretación curiosa de nuestro texto. Lo que Cristo pidió no fue ser salvado de la muerte en la cruz, sino de la muerte inmediata en Getsemaní mismo. Pidió fuerza para llegar a morir en la cruz, no gracia para escapar de ella. Lo que más temía en el Huerto de los olivos era que el sufrimiento que estaba soportando a causa de los pecados del mundo, resultara excesivo para la debilidad física de su humanidad y muriera en el acto («then and there») bajo el peso del dolor. Este fue el «cáliz» del que Jesús pidió ser librado.

En apoyo de esta interpretación se argumenta:

1. La significación ordinaria de la expresión «salvar de la muerte» es librar de la muerte física, de manera de evitarla. Jesús dijo en Getsemaní: «Mi alma está muy triste hasta el punto de morir» (Mt 26,38; Mc 14,34). El mismo sentido tiene exactamente Jon 4,9 (cf 4,8). Existía efectivamente el temor de morir en ese momento mismo, en Getsemaní.

2. «Oraciones y súplicas» significa la súplica vehemente de uno que necesita protección y ayuda en una abrumadora calamidad. Si Cristo hubiera muerto en el huerto, posiblemente no podría haber ocurrido a la humanidad mayor desgracia. No se habría hecho la expiación sobre la cruz y así toda la obra de su vida se habría frustrado.[14]

3. Sobre todo, se encuentra así la única explicación posible de la frase: fue «escuchado» en su oración: «Y se le apareció un ángel venido del cielo que lo confortaba» (Lc 22,43).

---

[13] HEWITT, 99-100; cf. A.F. SCHAUFFLER, citado en ET 6 (1894-1895). HÉRING [54, n. 1], basándose en las palabras περίλυπος ... ἕως θανάτου (Mt 26,38; Mc 14,34), que interpreta: «estoy triste hasta desear la muerte», sugiere que Cristo habría pedido al Padre una muerte apacible en Getsemaní. Hubiera sido una muerte relativamente dulce, como la de Buda Gautama en los jardines de Kusinara. Teoría justamente calificada por HUGHES (186) como «notable sólo por su impropiedad».

[14] Afirmación aceptada por HUGHES, quien opina que no bastaba la mera muerte de Cristo, sino se necesitaba proceso judicial, condenación y ejecución pública, de manera que se hiciera patente la verdadera significación de la muerte de Cristo: sacrificio del inocente por los culpables. Cf., sin embargo, infra, p. 158.

4. Otra ventaja de esta interpretación es que la oración de Jesús aparece libre de debilidad, como la más noble expresión de heroísmo moral.

c. *Muerte, «maldición divina»*

Bonsirven[15] encuentra una razón más profunda y más personal de la angustia de la súplica de Jesús, en que la muerte es una «maldición» (Gál 3,13), en la cual incurrió aquel, a quien «Dios hizo pecado, por nosotros» (2 Cor 5,21).[16] De aquí procede el horror único que esa muerte revistió para Cristo, llegado a ser «personificación del pecado», para aniquilar el pecado y la muerte (Rom 8,3; Hb 2,14-15). «No podemos más que entrever cuánto debió destrozar a un alma tan noble la resolución de someterse a este suplicio que viene de mano no' humana sino omnipotente, de hacerse más abominable que los peores criminales». Jesús ora en la incertidumbre de la voluntad de Dios y teme la muerte. Pero, en acto de obediencia heroica (εὐλάβεια), acepta esta muerte, «muerte de cruz» (Flp 2,8).

d. *Muerte, «signo de pecado»*

Rasco,[17] que replica a Bonsirven, propone otra explicación. La angustia de la oración de Cristo proviene fundamentalmente de su tentación. Cristo pide ser librado de la muerte, porque participa realmente nuestra carne y nuestra sangre, nuestras debilidades, nuestra tentación, nuestro temor a la muerte, signo del pecado.

Para el autor de Hebreos, la prueba suprema de la identidad total de naturaleza entre Cristo y sus hermanos, así como de su capacidad y voluntad de socorrerlos, es que se ve tentado como todo hombre, sólo que no peca (Hb 2,18; 4,15). Esta tentación, elemento esencial de su vida, está en relación con la muerte. La muerte tiene un semblante horroroso y temible, no sólo por su carácter natural biológico de fin de una existencia terrena, sino sobre todo por su dimensión teológica de signo de pecado, de separación de Dios, de esclavitud y sujeción al príncipe de la muerte, al diablo (Hb 2,14-15).

Cristo va a la muerte con toda la verdad de su naturaleza humana, en la plena comunidad de carne y sangre, en la participación de la debilidad y de la tentación propias de todo hombre. La realidad de su humanidad es tan seria que siente en sí el φόβος θανάτου, y al sentirlo es probado y tentado, y al ser tentado, ora. Acude al Padre, «con un inmenso gri-

---

[15] BONSIRVEN, 276-277.
[16] BONSIRVEN explica esta solidaridad citando a PRAT, 2, 245: «Jesucristo no es pecado ni pecador personalmente, sino como miembro de una familia pecadora, con la cual forma una sola cosa. En el mismo sentido llegará a ser maldición, como ramo de un árbol maldito».
[17] RASCO, 748-750.

to y lágrimas», para que lo salve de ese «signum peccati» que es la muerte, que le han comunicado como de derecho sus hermanos. Pide al Padre que lo salve, para así salvarnos a nosotros.

Se puede mencionar aquí la interpretación de la Escuela de Abelardo, que entiende «salvarlo de la muerte» como «conservarlo inmune de pecado»: «servare illum immunem 'a morte', id est, a peccato».[18]

2. Liberación de la muerte: resurrección-exaltación

a. Resurrección

Para un buen número de exégetas, la mente del autor es que Cristo oró al Padre ser librado de la muerte por la resurrección (Peshitta, Isho-'dad de Merv, Lanfranco, Bruno, Glosa interlineal, Herveo de Bourg Dieu, Lombardo, Hugo de S. Caro, P. de Tarentasia, Lutero, Titelmans, Cayetano, Gagny, Sa, Tena, Estio, Hammond, Picquigny, N. Alexandre, Erhard, Lünemann, Cremer, Kurtz, Drach, Pánek, Moulton, Edwards, Von Soden, Padovani, Milligan, Loisy, Michel, Ungeheuer, Jeremias, Strobel, Hillmann, Braumann, Friedrich, Cody, Brandenburger, Kelly, H. Braun).[19]

Pidió que su alma no permaneciera en el infierno ni su carne se corrompiera en el sepulcro; no ser retenido, dominado por la muerte, sino ser arrancado pronto de ella; que conservara su espíritu y se lo restituyera; ser devuelto a la vida, ya no sujeta a muerte; que lo resucitara y lo hiciera impasible e inmortal.

Esta opinión es defendida especialmente por los que refieren el pasaje a la cruz.[20] Cuando Cristo gritó con fuerte voz: «Dios mío, Dios mío, ¿por qué me has abandonado?» (Mc 15,34; Mt 27,46), pidió ser arrancado de los males en los que momentáneamente se hallaba, e.d., pidió ser librado de la muerte por la resurrección. Cristo recitó en la cruz las primeras palabras del Sal 22; en este salmo está contenida la súplica de Cristo por su resurrección. Igualmente, cuando gritó de nuevo: «Padre, en tus

---

[18] Escuela de ABELARDO, 727.
[19] PESHITTA, ed. Walton, 858; ISHO'DAD DE MERV, 109; LANFRANCO, PL 150, 387; GLOSA INTERLINEAL, 843-844; HERVEO DE BOURG-DIEU, Ad Hebraeos, PL 181, 1566; PEDRO LOMBARDO, PL 192, 437; HUGO DE SAN CARO, 248; PEDRO DE TARENTASIA, 196; LUTERO, glosa interlineal, 22; TITELMANS, 172; CAYETANO, 161; GAGNY, 134; SALMERÓN, 440; LUIS DE TENA, 217; ESTIO, 106-107; HAMMOND, 316; PICQUIGNY, 293; ALEXANDRE, 401; T. ERHARD, 289; LÜNEMANN, 176; CREMER, 557; KURTZ, cf. KEIL, 134; DRACH, 735; PÁNEK, 92; MOULTON, 300; EDWARDS, 77; VON SODEN, Hebräer, 44; PADOVANI, 188; MILLIGAN, 108; LOISY, Les livres, 183; MICHEL, Hebräer, 220-224; UNGEHEUER, 129; JEREMIAS, 108. 110; STROBEL, Hebräer, 128; HILLMANN, Der Hohepriester, 161; BRAUMANN, 278-280; FRIEDRICH, Das Lied, 104-105; CODY, 935 d; BRANDENBURGER, 216-218; KELLY, 29; ATTRIDGE, 91; H. BRAUN, 141.
[20] ESTIO, 107, PICQUIGNY, ibid.; PADOVANI, 189.

manos encomiendo mi espíritu» (Lc 23,46), oró al Padre para que acogiera su alma bajo su protección, e.d., la restituyera pronto a su cuerpo inmortal.

La interpretación es confirmada por el texto de Hebreos.

1. La fórmula σῴζειν ἐκ θανάτου expresa aquí, ante todo, la idea de «salvación de (aus, out of) la muerte». Ya el intérprete sirio de la Peshitta entiende la expresión σῴζειν ἐκ θανάτου de la vida restituida a Cristo muerto: «oración y súplica, con vociferación vehemente y lágrimas, ofrecía al que podía de muerte vivificar». Y la New English Bible prefiere esta interpretación, en cuanto que traduce θάνατος por «grave». Las oraciones se refieren no a la preservación de (ἀπό) la muerte, sino a la liberación de (ἐκ) la muerte. Se trata de «sacar» («herausführen»); librar del estado de muerte, del poder de la muerte, después de que éste ha sido ejercido.

2. En la muerte de Jesús, los sentimientos de angustia y de abandono estuvieron tan impresionantemente delante de su alma (Mc 15,34), que se explica muy bien la fuerte e intensa súplica por la resurrección que, aunque esperada con seguridad, aparecia tan lejana en medio del presente tormento y tribulación.

3. Lo que orienta decididamente hacia la interpretación de σῴζειν ἐκ θανάτου como salvación de la muerte ya ocurrida es la frase que inmediatamente añade el autor: «escuchado». Cristo que invocó al que podía salvarlo de (aus) la muerte, no fue preservado de morir, pero fue resucitado. Su oración fue escuchada. La oración por la salvación de (aus) la muerte, en Hb 5,7, debe entenderse en el sentido de Hch 2,24: «Dios lo resucitó, librándolo de los dolores de la muerte (Hades: texto occidental), pues no era posible que quedara bajo su dominio».

Para Ungeheuer y Friedrich,[21] θάνατος no significa aquí la muerte natural, el morir, sino la zona de la muerte, de la que Jesús es sacado. En los LXX es traducción de שְׁאוֹל (Prov 23,14) o שָׁחַת (Job 33,30). Después de que Cristo hubo entrado en el reino de la muerte, el Padre lo «sacó de entre los muertos» (13,20).

Según Brandenburger,[22] hay que observar las categorías espaciales que aparecen en la locución σῴζειν ἐκ θανάτου. Para el AT, en la salvación de la esfera de la muerte está incluida la preservación de la necesidad de morir; sólo el que ha muerto cae definitivamente en la esfera del poder de la muerte.

---

[21] UNGEHEUER, ibid.; FRIEDRICH, ibid.
[22] BRANDENBURGER, ibid.

Pero, en el judaísmo helenístico, salvación ἐκ θανάτου significa ser trasladado, ya con la muerte, a la esfera celeste, zona alrededor del trono de Dios, espacio de su irradiación, mundo de vida en sentido propio. La comunidad judía cristiana helenística, de la cual procede este fragmento, leyó el Sal 116 bajo este presupuesto. Así puede hablar, no obstante la muerte de Cristo, de una maravillosa escucha de su petición de salvación de (aus) la muerte. La esfera del poder de la muerte es caracterizada siempre teológicamente como el lugar del rechazo y del abandono de Dios (cf Sal 3,3; 22,2; 31,23; 44,24-25; 69,7-10; 89,51-52; Jon 2,5; 3 Mac 6,9-15). Tampoco en Hebreos es desconocida esta idea de la muerte de Jesús (cf 12,2-3; 13,12-13). Es posible que este fragmento de tradición constituya un himno de agradecimiento por la salvación del abandono de Dios.

Braumann[23] supone que σῴζειν ἐκ θανάτου es una locución que originalmente estuvo alojada en el lenguaje bautismal y que debe entenderse en base a él. Según el pensamiento cristiano primitivo, el bautismo significaba un morir y resucitar (Rom 6,3-11), y prometía la salvación, si el bautizado creía (Mc 16,16). La fórmula, recibida por el autor de Hebreos y colocada por él en un nuevo contexto, designaría, por tanto, la salvación de la muerte ya ocurrida.

b. *Resurrección-exaltación*

Para algunos, en Hb 5,7, Cristo pide no sólo su resurrección, sino la gloria que tenía con su Padre, antes de que el mundo fuera; ser llevado a la gloria y honor que tenían que ser suyos, en el pleno cumplimiento de su obra.[24]

Recientemente, Jeremias, seguido por Michel, Friedrich, Cody, Kelly, Attridge,[25] ha defendido muy resueltamente esta opinión. Incorpora Hb 5,7 a una especial tradición que circulaba en la comunidad cristiana primitiva —documentada también en Jn 12,27-28; 17,5 (cf 13,31-32)—, según la cual, Cristo, al afrontar la muerte, no pidió la salvación de (von) la muerte, sino la gloria —δόξα—, e.d., la salvación de (aus) la muerte. Especialmente importante es Jn 12,27-28, porque muestra cómo la súplica de preservación de la muerte es expresamente revocada y sustituida por la súplica de exaltación: «Padre, glorifica (δόξασον) tu nombre». Igualmente, en Jn 17,5, Jesús, a la vista de la muerte y aceptándola, pide ser exaltado a la gloria celeste. Esta misma concepción aparece en Hb 5,7. El εἰσακουσθείς muestra claramente que el objeto de la súplica es su exaltación.

---

[23] BRAUMANN, ibid.
[24] Cf. EDWARDS, ibid.; MILLIGAN, ibid.
[25] JEREMIAS, ibid.; MICHEL, *Hebräer*, 224; FRIEDRICH, *Das Lied*, 105. 107-108; CODY, ibid.; KELLY, ibid.; ATTRIDGE, ibid.

En favor de esto habla tambien la relación de los participios pasivos εἰσακουσθείς (v. 7), τελειωθείς (v. 9) y προσαγορευθείς (v. 10).[26]

La frase καίπερ ὢν υἱός es un paréntesis que explica la palabra εὐλάβεια (= piedad). Hb 5,7-9 se debe, por tanto, traducir: «... y escuchado a causa de su piedad (aunque era Hijo, aprendió, por lo que padeció, la obediencia) y llevado a la perfección ...».[27]

Esta interpretación del texto se confirma también por el contexto. Los versos 7-10 son entendidos únicamente desde el punto de vista de la afirmación del v. 4. En la súplica apremiante de Jesús por su salvación de (aus) la muerte, e.d., por su exaltación, se muestra qué lejos estaba Cristo de apropiarse arbitrariamente la τιμή (v. 4) y la δόξα (v. 5) sumo sacerdotal; Dios fue el que lo estableció solemnemente como sumo sacerdote (v. 10).

La relación de los participios aoristos pasivos de 5,7-10 con la exaltación de Cristo, propuesta por Jeremias, es aceptada por Michel, quien sólo señala como dificultad estilística el καίπερ empleado como oración antecedente.[28]

A esta opinión de que Cristo oró por sí mismo, por su resurrección, añaden algunos la idea de que Cristo pidió también por todo su pueblo, por la salvación del mundo; para que, por él librado de la muerte, el género humano fuera librado de la misma; para, por su resurrección, llamar a otros a su fe; por nuestra resurrección en la suya; por la resurrección de los suyos para la vida eterna (Bruno, Hugo de S. Caro, Titelmans, Gagny, Picquigny, Erhard, Ungeheuer, Kelly).[29]

La muerte no debía retener a Cristo (Hch 2,24.27.31), sino que Dios debía hacerlo pasar por la muerte, con el fin de poder aparecer ante él, para abrir como guía el camino de la salvación a los hombres. Ninguna otra oración hubiera podido expresar mejor el camino de la salvación y la obra de salvación del sacrificio de Jesús.

---

[26] Cf. infra, p. 247.

[27] También en otros lugares de Hebreos se encuentran paréntesis: 7,11: «Pues el pueblo sobre esta base ha sido dotado de ley»; 19a: «Pues la ley no llevó nada a la perfección»; 20b-21: «Ellos, en efecto, sin juramento han llegado a ser sacerdotes, pero él con juramento por aquel que dice (refiriéndose) a él: 'Juró el Señor y no se arrepentirá: tú eres sacerdote para la eternidad'»; 10,23: «fiel en efecto, el que prometió»; 11,11: «y fuera de la edad favorable»; 12: «y eso de un marcado por la muerte». Cf. BLASS-DEBRUNNER-REHKOPF, 465, n. 3.

[28] JEREMIAS, 109-110, con n. 9; MICHEL, *Hebräer,* 224; cf. también RISSI, 42; FRIEDRICH, ibid.; ZIMMERMANN, 12, n. 27.

[29] Cf. BRUNO EL CARTUJO, 448; HUGO DE SAN CARO, 248; TITELMANS, 177; GAGNY, 134; PICQUIGNY, *Paraphr.* 293; T. ERHARD, 289; UNGEHEUER, 129; KELLY, 29.

3. Preservación de la muerte y liberación de la muerte por la resurrección

Algunos comentadores combinan las opiniones «preservación de la muerte» y «salvación de la muerte por la resurrección» (Sedulio, Tomás de Aquino, Dionisio el Cartujo, Sasbout, Ribera, Tirino, Crell, Schlichting, Klee, Bleek, Moll, Schille, F. F. Bruce, Lescow, Bourke).[30]

Cristo pidió dos cosas:

1. Que lo salvara de la muerte que se presentaba a sus ojos; que lo eximiera del suplicio de la cruz, haciendo que no muriera; que la muerte fuera apartada, si era posible y si Dios quería. Así lo leemos en los evangelios: «¡Abbá, Padre! todo es posible para ti; aparta de mí este cáliz...» (Mc 14,36).

2. Que, habiendo muerto, lo resucitara. Cristo frecuentemente ora en los salmos por su resurrección: Sal 16,10: «No abandonarás mi alma en el infierno» («non derelinques in inferno animam meum»); Sal 41,11: «Mas tú, Señor, ten piedad de mí y resucítame («resuscita me»); 21,5; 22,21; 69,16. También en el evangelio de Juan pidió esto el Señor, cuando dijo: «Padre, ha llegado la hora; glorifica a tu Hijo» (Jn 17,1). Según Dionisio el Cartujo,[31] en Hb 5,7 Cristo pide no sólo ser resucitado, sino también glorificado.

No se puede hacer clara distinción entre las dos frases preposicionales: ἐκ θανάτου y ἀπὸ θανάτου. Los dos matices de sentido resuenan en el texto; ἐκ θανάτου puede cubrir ambas ideas. El autor usa la locución «salvar de la muerte» con doble significación, a la manera característica de Juan.[32]

Que el autor efectivamente pensó la fórmula σώζειν ἐκ θανάτου con este alcance, incluyendo el sentido de salvar de (aus) la muerte, se deduce claramente del siguiente miembro, en donde se dice que Cristo fue «escuchado» por Dios, lo cual de otra manera no sería exacto.

Para Lescow,[33] el objeto de la súplica, en la fuente usada por Hebreos, es la salvación de la muerte inminente, como en Mc 14,35-36; pero, después de la introducción de εἰσακουσθείς por parte del autor, hay un cambio de pensamiento: se trata de la resurrección.

---

[30] SEDULIO, PL 103, 258; TOMÁS DE AQUINO, *Ad Hebraeos*, 391; DIONISIO EL CARTUJO, 490; SASBOUT, 549; RIBERA, 206; TIRINO, 762; CRELL, 241; SCHLICHTING, 118; KLEE, 113; BLEEK, 233-235; MOLL, 96; SCHILLE, 100-101; F.F. BRUCE, 99-100; LESCOW, 227-228; BOURKE, 61, 28.

[31] DIONISIO EL CARTUJO, ibid.

[32] Cf. 2,20 (santuario); 3,4 (nuevo nacimiento); 4,15 (agua viva); 6,34 (pan vivo); 7,35 (irse); 8,33 (esclavitud); 11,11 (despertar); 12,34 (levantar); 13,9 (lavar); 13,36-37 (irse); 14,22 (manifestarse).

[33] LESCOW, ibid.

C. *Liberación del temor de la muerte o del abandono de Dios*

Algunos comentadores piensan que Cristo pidió ser librado del temor de la muerte (Heinrichs, Abresch, Dindorf, Farrar, Vaughan, Bourgin; además Limborch, J. D. Michaelis y J. Brown, quienes añaden la petición por la resurrección).[34]

Consideran que θάνατος no significa muerte corporal, sino temor de la muerte, angustia mortal. Cristo, «probado en todo a semejanza nuestra, fuera del pecado» (Hb 4,15), sintió en sí el temor a la muerte. Por una parte, quería «dar su vida»; por otra parte, la muerte repugnaba a su sensibilidad, a tal punto que luchó con todas sus fuerzas contra una angustia en su paroxismo. Con tal sentido de la muerte se estremeció Cristo e hizo oraciones «al que podía salvarlo de la muerte».

Cristo no pidió escapar de la muerte,

— pues quiso nacer hombre, para poder morir: este fue el verdadero fin para el cual vino al mundo (Jn 12,27);

— se había ya ofrecido y estaba preparado para sufrir la muerte;

— además, si hubiera pedido la liberación de morir, su oración no habría sido escuchada.

Su oración fue para ser librado de las extremas angustias interiores que se producían por la aprensión de la muerte cruenta e ignominiosa ya cercana, por los dolores tan agudos que soportaba. Pidió por el alivio del «gran oscuro horror» (Gn 15,12: φόβος σκοτεινὸς μέγας), que cayó sobre él, al soportar el pecado de muchos (Is 53,12), en Getsemaní y en el Calvario. En el huerto, con gran tensión de espíritu, cayó sobre su rostro y, suplicante, pidió repetidas veces que pasara de él el cáliz, e.d., ser librado del gran pavor y angustia que consumían su alma (Mc 14,33-36; Mt 26,37-39; Lc 22,41-44; Jn 12,27). Y, colgado en la cruz, dirigió a Dios aquellas palabras: «Dios mío ...» (Mc 15,34; Mt 27,46); pidió que a estos extremos dolores se fijara una medida y se impusiera un fin.

Esta interpretación aparece más lógica, si εἰσακουσθεὶς ἀπὸ τῆς εὐλαβείας se traduce por «escuchado (y librado) del temor».

Brenz[35] avanza una interpretación poco común: Cristo no pidió ser salvado de la muerte por la resurrección, sino ser librado del temor de permanecer en la muerte. De este temor sólo Dios pudo librar, cuya voluntad era que su santo no viera la corrupción y que el alma de Cristo no fuera dejada en el infierno (Sal 16,10).

---

[34] HEINRICHS, 92-93; ABRESCH, cf. DINDORF, 398; FARRAR, 75; VAUGHAN, 93-95; BOURGIN, 18-19; LIMBORCH, 591-592; J.D. MICHAELIS, *Ad Peircium,* 221, n. 140; J. BROWN, 310-312.

[35] BRENZ, 276-277.

Para Garvie,[36] la salvación de la muerte significa la salvación del abandono que Cristo sufre ya en Getsemaní.

D. *Petición de la muerte*

Swetnam [37] explica el pasaje a la luz de la Aqedah. En el sacrificio de Isaac, Dios intervino en el último momento para salvar a Isaac de la muerte. La frase «que podía salvarlo de la muerte» implica que Dios quiere que Jesús viva: ningún padre quiere que su hijo muera. Jesús pide no el ser salvado de la muerte, sino morir; el fin esencial de su súplica es que se le permita morir.

La oración de Cristo fue escuchada: Jesús se ofreció a sí mismo en sacrificio. Y al morir se reveló la plenitud de su obediencia a Dios, plenitud que envolvía no sólo morir, sino resucitar. Los designios de Dios fueron más allá de la muerte, precisamente a causa de la naturaleza de esa muerte: sacrificio eficaz en expiación de los pecados de los hombres.

Esta perspectiva coincide con la de otros pasajes de la epístola. En 2,10-17, Jesús es presentado como estando bajo una moral necesidad (ὤφειλεν) de morir; para Dios, en cambio, era sólo conveniente (ἔπρεπεν) que permitiera a su Hijo obrar así. También en 5,7-8, Jesús, como sumo sacerdote, está bajo una moral necesidad de ofrecer sacrificio (cf ὀφείλει 5,3), fundada probablemente en la falta de eficacia del sacrificio de Isaac hecho por Abraham: sólo con una muerte real podría comenzar una real salvación. El hecho de que Jesús pide la muerte muestra que el Padre no está obligado a hacerlo morir. En 12,2, Jesús es descrito soportando una cruz en lugar de la alegría que se le presentaba; elección deliberada que cuadra muy bien con la descripción de 5,7, donde Jesús pide morir, en lugar de vivir. En 12,4-13, la prueba de Dios da a Jesús la experiencia de la mortalidad humana en la forma en que los hombres la experimentan, por la exposición a la probabilidad de la muerte misma. La fe de Jesús estuvo al nivel del desafío.

II. Crítica de las opiniones anteriores y solución propuesta: cumplimiento de la voluntad divina

A. *Crítica de las opiniones anteriores*

Contra la explicación del pasaje como una oración exclusivamente en favor de otros, se opone lo siguiente:[38]

---

[36] Garvie, 549.

[37] Swetnam, 183-184.

[38] Cf. Médebielle, 311; Bonsirven, 274; Teodorico, *Ebrei*, 101; Spicq, *Hébreux*, 2, 113; Strobel, *Die Psalmengrundlage*, 266; Galizzi, 229; H. Braun, 142-143.

1. En 5,7, no sólo se dice «al que podía salvar», sino se precisa «al que podía salvarlo» (αὐτόν). Es lógico pensar que Cristo ora por sí mismo, no sólo por otros.

2. El autor quiere mostrar en este pasaje, ante todo, hasta qué punto Cristo compartió nuestras debilidades. La situación de Cristo es la de un atribulado: tiene que aprender, por su pasión y muerte, la extrema obediencia.

3. Según el paralelismo establecido por el autor en los versos 3 y 7, Cristo, como el sumo sacerdote judío, debe sacrificar no sólo por el pueblo, sino también por sí mismo (cf Lv 16,6.11-14).

La teoría de Boman no ha encontrado resonancia entre los exégetas.[39] Ha sido rechazada, con razón, por Bultmann, Grässer, Maurer, H. Braun y otros, por la manera tan fantasiosa de reconstruir el desarrollo histórico y por el uso caprichoso de los textos evangélicos.

* * *

La interpretación según la cual Cristo sólo pidió al Padre que lo preservara de la muerte en la cruz debe ser excluida por las razones siguientes:[40]

1. Hebreos no dice directamente nada sobre el contenido de la oración. Deducir que Cristo pidió la salvación de la muerte inminente es ir más allá del pensamiento del autor. Si se aceptara que, en Hebreos, Cristo pide ser dispensado de la muerte, se tendría un caso singular en la tradición. En Mc 14,35-36 y Mt 26,39, la petición de que el cáliz sea apartado es condicional; en Lc 22,42 y Jn 12,27, Jesús rehuye formular esta petición; en Mt 26,42, pide cumplir la voluntad del Padre. Sólo en Hb 5,7 se formularía la petición explícita de ser preservado de la muerte.

2. Aun si se considera à Jesús como puro hombre, su súplica por la preservación de la muerte, sin ser revocada, parece incomprensible. Innumerables justos antes de él y después de él avanzaron con alegría al encuentro del martirio, porque padecer por Dios es en sí mismo un feliz sufrimiento.

---

[39] Bultmann, *Die Geschichte,* ErgH. 97; Grässer, *Der historiche Jesus,* 78, n. 71; Maurer, 278; H. Braun, ibid.
[40] Cf. Efrén Sirio, 212; Isho'dad de Merv, 109; Brenz, 276; Estio, 107; J. Brown, 311; Limborch, 591; J.D. Michaelis, *Ad Peircium,* 221, n. 140; Lünemann, 176-177; Drach, 735; Pánek, 92; Keil, 134; Padovani, 188; Bonsirven, 274; Jeremias, 109; Strobel, *Psalmengrundlage,* 261; Rissi, 39; Hewitt, 99; Friedrich, *Das Lied,* 104; Boman, 263; Brandenburger, 193; Bourgin, 18; Galizzi, 229-230.

Por otra parte, Cristo, mediador entre Dios y los hombres, había venido al mundo para morir (Jn 12,27), para entregar su vida por la salvación del género humano. La muerte era el último término de aquella obediencia que Jesús aprendió por el sufrimiento. Necesaria para el sacrificio de expiación que estaba destinado a ofrecer, para ser obediente hasta la muerte y muerte de cruz.

Abstractamente hablando, Dios, que es omnipotente, hubiera podido evitar, sin duda, que su Hijo encarnado muriera; pero no podía hacerlo, conforme a la economía de la salvación de los hombres. Jesús sabía que la única esperanza de salvación del hombre estaba en su muerte en la cruz, que éste era el designio de su Padre. En las Escrituras estaba trazado su camino de dolor y la conducta del pueblo, y él había visto en ello la voluntad de Dios. Cuando preparó a sus discípulos a su muerte violenta y Pedro cariñosamente le dijo que tan terrible destino no podía ser voluntad de Dios, rechazó esto bruscamente como una tentación satánica (Mc 8,31-33). Antes de su pasión, desafió abiertamente a los adversarios, dispuesto a arrostrar las consecuencias ineludibles. En la última cena habló tranquilamente de su muerte inminente e instituyó una celebración para su memoria.

La petición de escapar de la muerte sería irreconciliable con las repetidas predicciones de su pasión, muerte y resurrección, y con las numerosas declaraciones de Cristo, en todos los evangelios, sobre la necesidad de su muerte para el cumplimiento del plan divino de la redención. Parecía incomprensible que él hubiera buscado retirarse de la obra de la reconciliación, precisamente cuando estaba por realizarse.

3. Más aún, Cristo quería morir, deseaba cumplir la voluntad de su Padre. Los evangelistas nos informan que Cristo no pidió absolutamente ser preservado de la muerte, sino sujetó su deseo completamente a la voluntad del Padre, aceptó la muerte que él le pedía por nosotros.

4. La petición de salvación de (von) la muerte no corresponde al pensamiento del autor. Según 10,7.9, Cristo busca, en su sacrificio, cumplir la voluntad divina. Y en 12,2, voluntariamente escoge el sufrimiento, y se entrega (7,27).

5. Por último, aparece una palpable dificultad. La petición de ser preservado de la muerte choca contra la realidad histórica y no está de acuerdo con lo que el autor afirma inmediatamente: fue «escuchado». Cristo no fue salvado de la muerte, sino fue crucificado y murió, —o usando las propias palabras de la epístola— «gustó la muerte por todo (hombre)» (2,9). Si hubiera pedido la preservación de la muerte, su oración no habría sido escuchada. Porque no es escuchado el que no obtiene lo que pide. Se tendría entonces que añadir en nuestro texto un οὐκ antes

de εἰσακουσθείς, como lo hacen Harnack y Bultmann.[41] No parece, por tanto, que haya pedido esto.

* * *

Contra la opinión que ve el objeto de la oración de Cristo en la preservación de la muerte en Getsemaní, interpretación descartada por Peake[42] como «imposible», se levantan objeciones:

1. El «cáliz» de que habla Jesús no puede ser otro sino «el cáliz que yo bebo», que advirtió a Santiago y Juan que también ellos tenían que beber, si deseaban participar de su gloria (Mc 10,35-39). Después de la oración del huerto, Jesús dijo a Pedro: «El cáliz que me ha dado mi Padre, ¿no lo he de beber?» (Jn 18,11) El cáliz tiene todavía que ser bebido.

2. Si Cristo hubiera muerto en Getsemaní, no se ve por qué «toda la obra de su vida se hubiera frustrado». Al decir: «No se haga mi voluntad, sino la tuya», el sacrificio de su vida, en cualquier momento subsiguiente, habría constituido «un rescate por muchos» (Mc 10,45).

* * *

Bonsirven no refleja el pensamiento del autor. Cristo no está aterrado por haber incurrido en la maldición del Padre. La idea de maldición divina sobre Cristo es ajena a la Epístola a los Hebreos.[43]

* * *

Las reflexiones de Rasco expresan correctamente el sentido general de la epístola. Pero su consideración sobre la muerte como «signo de pecado» no parece corresponder al punto de vista particular de Hb 5,7.[44]

* * *

Que Cristo haya pedido su resurrección es negado ya expresamente por Efrén, Crisóstomo y Teofilacto.[45]

1. En ningún lugar de los evangelios se lee nada sobre una inseguridad de Jesús acerca de su resurrección ni sobre una oración suplicante por ella.

---

[41] Cf. infra, pp. 205-210.
[42] Peake, 134; cf. también F.F. Bruce, 99, con n. 45; Hughes, 185-186.
[43] Moffatt, XXXV; Rasco, 748.
[44] Cf. Feuillet, 183.
[45] Efrén Sirio, 212; Crisóstomo, *Ad Hebraeos*, PG 63, 69; Teofilacto, PG 125, 244; cf. también Ebrard, 185; von Hofmann, *Hebräer*, 216-217; Zill, 224; Keil, 133; B. Weiss, *Hebräer*, 136 y 137 con n. 1; Schaefer, 151, n. 5; Huyghe, 121; Peake, 134-135; Riggenbach, *Hebräer*, 130; Bonsirven, 274; Lenski, 163; Teodorico, *Ebrei*, 102; Rissi, 39; Omark, 42-43; Hewitt, 99-100; Boman, 267.

La oración de Cristo en Getsemaní contiene la petición de preservación del (von) inminente cáliz de la pasión, no de liberación de (aus) la muerte ya ocurrida. No hay ninguna referencia especial a la resurrección futura.

No sabemos nada de una oración de Jesús en la cruz por la resurrección. No se ve cómo en las palabras de Cristo pueda encontrarse una súplica de resurrección. Ciertamente, en la cruz, a la hora nona, Jesús gritó fuertemente, pero las palabras iniciales del salmo 22: «Dios mío, Dios mío, ¿por qué...?» Y de nuevo gritó fuertemente y expiró, pero el grito fue: «Padre, en tus manos encomiendo mi espíritu». ¿Era ésta una oración y súplica con lágrimas por la resurrección? Sea lo que sea sobre este punto, Hebreos no habla de resurrección.

Sólo en el caso de que los evangelistas nos informaran de una oración por la resurrección, o que existiera sobre esto un testimonio tradicional fidedigno, se podría referir la fórmula σῴζειν ἐκ θανάτου a la futura resurrección.

Pero, por el contrario, los evangelios testimonian plenamente que Jesús estaba tan seguro de su resurrección como de su muerte inminente. Que Dios no lo dejaría en la muerte, sino que lo sacaría de ella, debió ser tan cierto para él, como estaba seguro de Dios su Padre. En la tradición neotestamentaria la certeza de su resurrección es atribuida a Jesús en forma incontrovertida. Frecuentemente Cristo predijo su muerte y resurrección:

Jn 2,19: «Destruid este santuario y en tres días lo levantaré» (cf 2,20-22).

Jn 10,17-18: «Doy mi vida, para recobrarla de nuevo... Tengo poder para darla y poder para recobrarla de nuevo».

Mt 2,18-19: «El Hijo del hombre será entregado... para... crucificarlo, y al tercer día resucitará».

Hizo cita con sus discípulos para encontrarse con ellos en Galilea, después de la resurrección (Mc 14,28).

Ciertamente no puede extrañar que Jesús pida algo, de cuya concesión por Dios está completamente seguro. Cf Mt 6,10: «Venga tu reino, hágase tu voluntad»; Jn 11,41-42: «Padre, te doy gracias por haberme escuchado. Yo ya sabía que tú siempre me escuchas». Pero permanece el hecho de que en toda la tradición cristiana primitiva no aparece en ningún lugar la idea de que Jesús, en estremecedora oración, haya pedido su resurrección.

2. Tomar esta frase en el sentido de salvación de (aus) la muerte, y, por tanto, ver en ella, ante todo, una súplica por la resurrección, no corresponde al fin por el cual el autor trata de esta instante oración de Cristo: mostrar cómo, en nuestros sufrimientos, podemos confiar en Cristo sumo sacerdote compasivo, a causa de sus propias experiencias.

Es evidente que un vivo no pide ser sacado de la muerte, sino ser preservado de la muerte. Ciertamente no es imposible que un vivo, que tiene ante sus ojos la muerte inevitable, se abandone a ella y pida a Dios la resurrección a una vida eterna. Pero, si este fuera el caso, debería ser manifiesto que el orante se encontró en tal situación que lo hizo estar vuelto sólo hacia lo que sigue después de la muerte. En todo caso, que Jesús haya temido tan tremendamente la tumba es increíble, pues en ella estaba ciertamente en manos de su Padre y no tenía nada que temer (cf Lc 12,4). Un miedo tan terrible ante lo que seguía después de la muerte sólo podía significar angustia ante el juicio de Dios, lo cual no viene en consideración, sobre todo para Hebreos.

3. Aun si la resurrección fue la respuesta que Jesús recibió, no se sigue que haya orado por ella. Se podría conceder que «habiendo sido escuchado» se refiriera a la resurrección, pero no el contenido de la oración.

4. Hay en el autor la clara intención de pintar a Jesús aprendiendo obediencia bajo las condiciones más penosas y adversas. Todo lo que se dice en el v. 7 lleva a la afirmación principal del v. 8 y debe ser incluido en la categoría de aprendizaje de obediencia. Se presenta a uno que retrocede ante la muerte y que al fin es capacitado para afrontarla. Se trata sólo de uno que aprende obediencia. Si Cristo pidió la resurrección y le fue concedida, esto «no suministraría una prueba de obediencia. Era en asentimiento al impedimento divino de su voluntad, como la obediencia tenía que ser aprendida».[46]

* * *

La interpretación defendida por Jeremias, rechazada por Scheidweiler como imposible, no carece de valor, pues da, a su manera, una solución al problema. Pero se levantan contra ella objeciones fundamentales.[47]

1. No guarda la ambigüedad del texto. El autor no dice que Jesús pidió su exaltación. Por otra parte, σῴζειν ἐκ θανάτου significa «salvar de (von) la muerte» o «devolver la vida», nada más.

2. Contra esta interpretación habla también la relativamente amplia y fuerte descripción de la dolorosa súplica de Cristo entre lágrimas y fuer-

---

[46] KENDRICK, 70, citado por OMARK, 43.
[47] Cf. STROBEL, *Die Psalmengrundlage,* 259-260; RISSI. ibid.; SCHEIDWEILER, Καίπερ, 226; SCHILLE, 101, n. 67; RASCO, 745; BOMAN, ibid.; VANHOYE, *Textus de sacerdotio,* 111-112; *Prêtres anciens,* 147-148; GRÄSSER, *Der Hebräerbrief,* 220, n. 3; LESCOW, 225-226; BRANDENBURGER, 194-195, con n. 4-6; 216; GALIZZI, 225, n. 2; 229, n. 2; SWETNAM, 180-181; H. BRAUN, 144.

te grito. Una oración, como es descrita en Hb 5,7, no parece tener como contenido la petición de la gloria celeste. «Clamor poderoso y lágrimas» no corresponden a una súplica por la exaltación. «Se trataría entonces —al decir de Scheidweiler— de un hombre demasiado ambicioso. Así, la exégesis de Jeremias pondría un rasgo chocante en la imagen de Jesús».[48]

3. Que Cristo pida su exaltación no corresponde al pensamiento del autor. Expresaría lo que en otros lugares es claramente rechazado por él. Según 5,5, Cristo no busca su gloria.

4. La relación con Juan hay ciertamente que indicarla. Las palabras de nuestro autor son ilustradas por el equivalente juánico de los relatos sinópticos sobre Getsemaní. Pero Jn 12,27-28 debe ser entendido de otra manera, no puede ser comprendido únicamente como petición de resurrección. Pues el evangelio de Juan ve a Jesús glorificado, no sólo en la resurrección, sino ya al morir.[49]. Muerte y resurrección forman un todo inseparable: la glorificación.

5. La recepción de «honor» (v. 4: τιμή) y de «gloria» (v. 5: ἐδόξα-σεν), así como la afirmación τελειωθείς (v. 9), tratan manifiestamente, no de la exaltación de Cristo en el sentido dogmático general de ascender al cielo y sentarse a la derecha de Dios, tampoco de la entronización del Señor según el pensamiento paulino (p.ej. Flp 2,9: ὑπερύψωσεν), sino de la coronación sumo sacerdotal para la realización del sacrificio (cf Hb 2,9). Como el καθώσπερ ᾿Ααρών (5,4) hace reconocer, Hebreos ve también a Aarón como un sumo sacerdote adornado de honor y de gloria, en cuanto que por oficio desempeña una función sacrificial ante Dios. Las voces τιμή y ἐδόξασεν significan aquí la dignidad inherente al oficio sacerdotal, el aspecto glorioso del sacerdocio que consiste en el privilegio que posee de acercarse a Dios (cf 5,1). Esta significación es conforme al uso del AT (Ex 28,2.40) y de Filón.

El v. 8 no puede ser considerado como un paréntesis que explica la palabra εὐλάβεια. Gramatical y lógicamente, el curso del pensamiento es el siguiente:

προσενέγκας καὶ εἰσακουσθείς, καίπερ ὢν υἱός, ἔμαθεν ...
τελειωθείς, ἐγένετο ...

Las afirmaciones ἔμαθεν ... y ἐγένετο ... son formalmente paralelas, y, en cuanto al fondo, coordinadas en importancia.

* * *

[48] SCHEIDWEILER, ibid.
[49] Cf. BULTMANN, *Johannes,* 327-329; CULLMANN, *Der johanneische Gebrauch,* 365-366.

El sentido normal de la frase «salvarlo de la muerte» no permite aceptar la opinión que encuentra, en la oración de Jesús escuchada, la petición de ser librado del temor de la muerte o del abandono de Dios. El uso de θάνατος con tales significados no se puede comprobar con ningún pasaje del autor.[50]

* * *

Respecto a las sugerencias de Swetnam hay que observar lo siguiente:

En los escritos del NT se hace referencia explícita al sacrificio de Isaac, fuera de Sant 2,21-23, únicamente en Hb 11,17-19. Aquí es presentado Abraham como modelo de fe (πίστει). Se evoca la oblación que hace de su hijo Isaac (προσενήνοχεν, προσεφέρετο), la prueba (πειραζόμενος) y las dificultades para su oblación (τὸν μονογενῆ) y para su fe (ὁ τὰς ἐπαγγελίας ἀναδεξάμενος ...), su creencia en la resurrección (λογισάμενος ...), y la índole prefigurativa del acontecimiento (ἐν παραβολῇ).

Se puede ver expresado también en este pasaje el amor de Abraham para su hijo, sobre todo en el empleo del término μονογενῆ, estrechamente relacionado a ἀγαπητόν. (cf Gn 22,2.12-16: TH יָחִיד = «unico»; LXX ἀγαπητὸν = «amado» en hebreo יְדִיד); el único es más amado. Pero el don espontáneo y voluntario de Isaac que se ofrece a la muerte no está certificado en este texto ni en todo el NT por ningún indicio literario.[51]

Jesús es presentado en el NT, especialmente en las epístolas paulinas, entregándose a sí mismo a la muerte por nosotros (Mc 10,45; Mt 20,28: διακονέω, δίδωμι; Jn 10,11.15. 17-18; 15,13; 1 Jn 3,16: τίθημι; Gál 2,20; Ef 5,2.25: ἀγαπάω, παραδίδωμι; Gál 1,4; 1 Tim 2,6; Tit 2,14: δίδωμι), en un sacrificio descrito en términos de holocausto (Ef 5,2). Pero esta terminología se inspira no tanto en Gn 22 como en el Cuarto Cántico del Siervo, en Is 53.[52]

No se puede negar la importancia de la Aqedah para una comprensión más profunda del misterio de nuestra redención. El sacrificio que hace Abraham de su hijo único es figura del gesto de amor del Padre que entrega a su Unico. La aceptación por Isaac de la inmolación querida por el Señor es símbolo de la oblación voluntaria de Cristo, del amor y obediencia del Hijo. Pero no es ésta la idea fundamental del autor de Hebreos en 11,17-19, y mucho menos en 5,7-8, donde establece una semejanza de Cristo con Aarón, no con Abraham ni Isaac, que ni siquiera son mencionados.

---

[50] Cf. KUINOEL, 159; TEODORICO, ibid.

[51] Cf. LE DÉAUT, La nuit pascale, 202-208; La présentation targumique, 570-574; VERMÈS, 218-227.

[52] Cf. LYONNET, Conception paulinienne, 52-53.

B. *Solución propuesta: Cumplimiento de la voluntad divina*

Cristo ofrece sus oraciones y súplicas «al que puede salvarlo de la muerte». El autor no menciona el nombre de Dios; lo describe con una circunlocución: en lugar de πρὸς τὸν θεόν dice πρὸς τὸν δυνάμενον σῷζειν αὐτὸν ἐκ θανάτου.

Esta designación de Dios, en sus diversos elementos, aparece frecuentemente en la Biblia.

Dios es «el poderoso» (δυνατός: Dn 3,17; Lc 1,49; Rom 9,22; Did 10,4), a quien «todo es posible» (πάντα δυνατά σοι: Mc 14,36), el «omnipotente», παντοκράτωρ (2 Cor 6,18; Ap 1,8; 4,8; 11,17; 15,3; 16,7.14; 19,6.15; 21,22). El es el señor de la vida y de la muerte (Dt 32,29; 1 Sm 2,6; Sab 16,13; 2 Cor 1,9; Hb 11,19).

Este solemne predicado de Dios es término de la lengua litúrgica; tiene su lugar arraigado en las oraciones. Aquel a quien se invoca debe ser «sumo poder», capaz de dar lo que se necesita. Tal es el fundamento de la verdadera confianza requerida en toda oración. Dios es invocado a menudo en la Escritura como el que puede salvar de la muerte. Así Ezequías en Is 38,17, y frecuentemente en los salmos: 9,14; 30,4; 68,21.

Según el uso lingüístico, σῷζειν significa:

1. De suyo, conservar en una buena situación (sano y salvo: σῶς, σαός), p.ej. en la salud, en la libertad; por tanto, preservar a alguien de un mal inminente, para que no caiga en él:

1 Re 19,17: «Al que se salve de la espada (τὸν σωζόμενον ἐκ ῥομφαίας) de Jazael, le hará morir Jehú, y al que se salve de la espada (τὸν σωζόμενον ἐκ ῥομφαίας) de Jehú, le hará morir Eliseo».

Sal 22,22: «Sálvame de las fauces del león» (σῶσόν με ἐκ στόματοσ λέοντος).

Jn 12,27: «... Padre, sálvame de esta hora?» (σῶσόν με ἐκ τῆς ὥρας ταύτης).

2. Extensivamente, librar a alguien de una mala situación, de un mal presente, bajo el cual ya se ha sucumbido, p.ej. enfermedad, esclavitud:

1 Mac 2,51: «Ananías, Azarías, Misael, por haber tenido confianza, se salvaron de las llamas» (ἐσώθησαν ἐκ φλογός).

Ez 36,29: «Os libraré de todas vuestras inmundicias» (σώσω ὑμᾶς ἐκ πασῶν τῶν ἀκαθαρσιῶν).

Sal 31,8: «Salvaste mi alma de las angustias» (ἔσωσας ἐκ τῶν ἀναγκῶν); 34,7; 107,13.19.

Prov 6,5: «Para que te libres (σῷζῃ) como la gacela de los lazos (ἐκ βρόχων) y como el pájaro de la trampa» (ἐκ παγίδος).

Jds 5: «Habiendo librado al pueblo de la tierra de Egipto» (ἐκ γῆς Αἰγύπτου σώσας).

1 Clem 11,1: «Por su hospitalidad y piedad, fue salvado Lot de Sodoma» (ἐσώθη ἐκ Σοδόμων).

Soph, El, 1356: «¿Eres tú el que salvaste a él y a mí de tantos males?» (ἔσωσας ἐκ πολλῶν πόνων).

Plat, Gorg, 511d: El piloto «salva de los más graves peligros» (σῴζει... ἐκ τῶν ἐσχάτων κινδύνων).

El paso de una significación a la otra es fluctuante. Así se comprueba especialmente en la fórmula σῴζειν ἐκ χειρός; cf 2 Re 20,6; Job 20,24 (preservación); 2 Cr 32,13-15 (liberación).

La expresión σῴζειν ἐκ θανάτου:

1. Significa normalmente salvar a alguien del peligro de muerte; arrancarlo de la muerte, de la cual ya parecía ser presa; preservar de la muerte inminente, de manera de no incurrir en ella:

Sant 5,20: «El que convierte a un pecador de su camino desviado, salvará su alma de la muerte» (σώσει ψυχὴν αὐτοῦ ἐκ θανάτου).

Hom, Od 4,753: Penélope, afligida por la noticia de que los pretendientes intentaban matar a Telémaco, es consolada por su nodriza Euriclea: «Invoca a Atenea, hija de Zeus que lleva la égida, pues ella (la diosa) podría salvarlo de la muerte» (μιν... ἐκ θανάτοιο σαώσαι).

Plat, Gorg, 511c: La natación «salva... de la muerte» (σῴζει... ἐκ θανάτου).

Cf Tob 14,10; Dn 3,88; Prov 15,24.

2. Con el sentido de librar de la muerte ya ocurrida, devolver la vida, resucitar, no está testimoniada en los LXX ni en el NT ni en Filón ni en los Padres Apostólicos.

Ambas connotaciones se encuentran en los verbos sinónimos ῥύεσθαι, ἐξαιρεῖσθαι, λυτροῦν.

Ῥύεσθαι ἐκ θανάτου con sentido de preservación:

Est 4,8: Mardoqueo manda decir a Esther: «Habla al rey en favor nuestro y líbranos de la muerte» (ῥῦσαι ἡμᾶς ἐκ θανάτου).

Bar 6,35: «Jamás libran a un hombre de la muerte» (ἐκ θανάτου ἄνθρωπον οὐ μὴ ῥύσωνται).

Sal 33,19: «Para librar sus almas de la muerte» (ῥύσασθαι ἐκ θανάτου); 56,14.

Job 5,20: «Durante el hambre, te salvará de la muerte» (ῥύσεταί σε ἐκ θανάτου); 33,30.

2 Cor 1,10: «El nos libró de tal muerte y nos librará» (ἐκ τηλικούτου θανάτου ἐρύσατο ἡμᾶς καὶ ῥύσεται).

Con idea de liberación: Tob 4,10: «La limosna libra de la muerte» (ἐκ θανάτου ῥύεται).

Ἐξαιρεῖσθαι ἐκ θανάτου (preservación):

Sal 116,8: «Arrancó mi alma de la muerte» (ἐξείλατο ἐκ θανάτου).

Λυτροῦν ἐκ θανάτου:

Os 13,14: «Del Hades los libraré, de la muerte los rescataré» (ἐκ χειρὸς ᾅδου ῥύσομαι αὐτοὺς καὶ ἐκ θανάτου λυτρώσομαι αὐτούς).

Algunos consideran la frase «al que podía salvarlo de la muerte» como simple circunlocución para indicar a Dios.[53] Pero, interpretando así el texto, no se hace justicia al lenguaje del autor. En Sant 4,12; Herm, Mand 12,6,3, Dios es descrito como «el que puede salvar y perder» (ὁ δυνάμενος σῶσαι καὶ ἀπολέσαι); en Mt 10,28, se emplea el segundo de los dos infinitivos: «Temed más bien al que puede perder alma y cuerpo en la gehena» (τὸν δυνάμενον... ἀπολέσαι); en Hb 5,7, se utiliza el primero: «al que puede salvar» (πρὸς τὸν δυνάμενον σῴζειν). Estas variaciones demuestran que, en los diversos pasajes, la fórmula no se usa sólo retóricamente, sino en dependencia del contexto.

La sustitución de θεός con una perífrasis es común en la Epístola a los Hebreos; corresponde a la manera y gusto del autor; cf 1,3; 2,10; 3,2; 5,5.7; 8,1; 10,23.30; 11,11b.27; 12,9. Pero este procedimiento no es utilizado por el autor simplemente para variar los términos, sino en estrecha relación con el contexto. En 2,10, la perífrasis, aquel «para quien todas las cosas y por quien todas las cosas» (δι' ὃν τὰ πάντα καὶ δι' οὗ τὰ πάντα), no sólo sustituye el θεός del v. 9, sino insiste en la índole universal de la causalidad divina. Dios es el que todo lo dispone (v. 8), el que realiza la obra de salvación, llevando a la perfección al Hijo y a los hijos. En 5,5, con la circunlocución ὁ λαλήσας πρὸς αὐτόν, que evoca τοῦ θεοῦ de 5,4, y a la cual sigue, en 5,6, λέγεις, Dios es caracterizado como el que llama.

En 5,7, πρὸς τὸν δυνάμενον evoca el πρὸς τὸν θεόν de 5,1; el infinitivo σῴζειν prepara σωτηρίας de 5,9; αὐτόν se refiere al pronombre ὅς, con el que se designa a Cristo. Dios es presentado como el que tiene poder para salvar.

---

[53] Cf. Böhme, 229: «ad pondus ornatumque orationis augendum»; Michel, *Hebräer*, 220: «wird ... Gott selbst umschrieben»; Rissi, 39: «eine Reflexion des Verfassers».

El carácter permanente de este atributo divino es subrayado por el tiempo presente empleado en los verbos: Dios es el que siempre puede salvar, el Salvador. Con esta expresión el autor pone en fuerte relieve la debilidad de Cristo, «en los días de su carne»; resalta, en vigorosa antítesis, la impotencia humana y la omnipotencia divina, vencedora de la muerte.

«El que puede salvar de la muerte» no es mero atributo de Dios, uno entre muchos, sino el apropiado para el momento y el caso, el título que conviene darle a Dios, cuando se ora ante un peligro de muerte. Puede suponerse que esta designación de Dios haya sido escogida en relación con el contenido y la orientación de la oración de Cristo.

Algunos encuentran expresado en estas palabras, no sólo a quién dirigió Cristo su oración, sino al mismo tiempo la causa por la cual la ofreció, y qué cosa fue lo que pidió. Ven netamente indicado el objeto de la súplica.[54]

Pero el contenido de la oración no está expresamente señalado en el texto; no se puede deducir sino indirectamente de la determinación participial. La fórmula es ambigua. Para tratar de descubrir cuál podría ser el objeto de la oración de Cristo se debe tener presente necesariamente el contexto.

* * *

Con plena intención el autor se abstiene de definir el objeto de la oración de Cristo. No dice expresamente que Cristo pidió no morir, sino sólo designa a Dios como «el que puede salvar de la muerte». Insinúa así que Cristo ofreció su oración al Padre con una absoluta confianza en el poder de Dios, pero no con un deseo absoluto de obtener algo determinado por Jesús mismo.

En esta línea se sitúa la interpretación de Focio, Tomás de Aquino, Dionisio el Cartujo, Belarmino, Salmerón, Lapide, Gordon, Riggenbach, Graf, Vosté, Keulenaer, Médebielle, Lenski, Teodorico, Spicq, Vanhoye, Feuillet.[55]

---

[54] Cf. SCHLICHTING, 118; LIMBORCH, 591; THOLUCK, 248; BISPING, 122; LÜNEMANN, 176; DELITZSCH, 187; MAIER, 154; von HOFMANN, Hebräer, 216; ZILL, 224; MOULTON, 300; KEIL, 132; ALFORD, 95; SEEBERG, 54; M. DIBELIUS, Die Formgeschichte, 213-214; UNGEHEUER, 129; BONSIRVEN, 273; JEREMIAS, 109; STROBEL, Die Psalmengrundlage, 258; SCHEIDWEILER, Καίπερ, OMARK, 41; LEONARDI, 179; LESCOW, 237.

[55] FOCIO, 643; TOMÁS DE AQUINO, Ad Hebraeos, 392; DIONISIO EL CARTUJO, 490; BELARMINO, 275; SALMERÓN, 709; A LAPIDE, 394; GORDON, 610; RIGGENBACH, Hebräer, 130-131. 134; GRAF, 107; VOSTÉ, Studia Paulina, 115; KEULENAER, 404; MÉDEBIELLE, 311; LENSKI, 164; TEODORICO, Ebrei, 101-103; SPICQ, Hébreux, 2, 113-114; VANHOYE, Textus de sacerdotio, 108-109. 112; Le Message, 43-44; Prêtres anciens, 148-149; FEUILLET, 184; RINALDI, 16.

Focio [56] se pregunta: ¿cómo dice que fue «escuchado», si pedía escapar a la muerte y no escapó, sino que fue crucificado y murió? y responde: la oración de Cristo no fue única, sino doble: una, evitando la muerte; otra, pidiéndola. Y ve insinuada en el texto esta doble oración en la expresión δεήσεις τε καὶ ἱκετηρίας.

De manera semejante explican Tomás de Aquino, Dionisio el Cartujo, Belarmino, Salmerón, Lapide, Gordon, Vosté, Lenski, Feuillet.[57] Según el apetito sensible y según la voluntad en cuanto que es un apetito natural, rehuía la muerte. Y en cuanto a esto oraba para mostrarse verdadero hombre. Esta oración era intérprete del deseo natural, como cuando dijo: «Padre, aparta de mí el cáliz». Pero con la voluntad que sigue a la deliberación de la razón, quería que se compliera la voluntad de su Padre. Por esto añadió: «No lo que yo quiero, sino lo que tú». En nombre de la carne y del sentido dijo: «Pase de mí este cáliz»; en nombre de la razón animada por la caridad, con voluntad absoluta y eficaz, aceptó la muerte y pidió que se hiciera la voluntad del Padre.

En la oración de Cristo se disciernen dos intenciones fundamentales:

1. Una, condicional, en la cual pide la preservación de la muerte.

2. Otra, absoluta, que concierne a la voluntad del Padre, a la realización de su plan de salvación sobre la humanidad. Es éste, sin duda, el elemento más importante. Lo que principalmente pide Cristo es que la voluntad del Padre se haga sobre la tierra como en el cielo. Su mayor deseo consiste en la plena unificación con la voluntad divina.

Si se examina el texto más a fondo, hay que señalar, con Riggenbach, Keulenaer, Médebielle, Teodorico, Spicq, Vanhoye,[58] que la indeterminación misma de la frase deja abiertas varias posibilidades y permite discernir el progreso interno de la oración de Cristo. En el curso mismo de la oración, se realiza una transformación: «El que suplica es poco a poco transformado por Dios: Dios lo transforma en el amor y en el dolor, y por eso mismo se transforma el objeto de la oración».[59]

— Cuando llega para Cristo, como hombre, el momento supremo de enfrentarse a la muerte, su humanidad entera retrocede ante el horror de dar ese paso. Siempre supo que llegaría ese instante, y él mismo presagió su pasión y su muerte. Sin embargo, cuando llega «la hora», siente en el más alto grado toda la debilidad de la carne y experimenta instintivamente el impulso de escapar de la muerte.

---

[56] Focio, ibid.

[57] Tomás de Aquino, ibid.; Dionisio el Cartujo, ibid.; Belarmino, ibid.; Salmerón, ibid.; A Lapide, ibid.; Gordon, ibid.; Vosté, ibid.; Lenski, ibid.; Feuillet, ibid.

[58] Riggenbach, ibid.; Keulenaer, ibid.; Médebielle, ibid.; Teodorico, ibid.; Spicq, ibid.; Vanhoye, ibid.

[59] Vanhoye, *Textus de sacerdotio*, 112; *Prêtres anciens*, 149.

— Cristo entonces no puede dejar de manifestar los sentimientos profundos de su alma. En vehemente oración (δεήσεις τε καὶ ἱκετηρίας), acompañada de gritos y lágrimas (μετὰ κραυγῆς ἰσχυρᾶς καὶ δακρύων), presenta (προσενέγκας) a Dios los temores de su naturaleza sensible y le expresa su deseo de ser librado de la muerte.

Sin embargo, Cristo guarda en su oración una actitud de profundo respeto hacia Dios (εὐλάβεια). No impone su deseo, sino lo propone, conservando la sumisión a Dios.

— Poco a poco, Cristo es atraído por Dios hasta modelar plenamente su deseo conforme a la voluntad divina. Se opera en él, dolorosamente, una transformación. El objeto de la oración se transforma también: la aspiración inicial se vuelve secundaria. No renuncia Cristo a pedir la victoria sobre la muerte, pero deja a Dios, con absoluta confianza, la manera de realizarla. Lo que importa ante todo es la relación con Dios, la unión de voluntades en el amor.[60]

En un acto de entrega total, Cristo se abandona al querer divino. Pide realizar perfectamente, no obstante la repugnancia de su naturaleza, el sacrificio querido por su Padre. Revela así, en su oración, su amor hacia su Padre y hacia la humanidad necesitada de redención.

Esto corresponde plenamente a la tradición evangélica sobre la oración de Cristo. En forma creciente, Jesús sacrifica su propio deseo a la voluntad divina, reconocida cada vez más claramente.

En los relatos sinópticos sobre la agonía de Getsemaní:

— Jesús, ante la perspectiva de su muerte, se estremece en la profundidad de un sentimiento angustioso: «Comenzó a sentir pavor y angustia» (Mc 14,33; cf Mt 26,37); «Mi alma está triste hasta el punto de morir» (Mc 14,34; Mt 26,38).

— Expresa los sentimientos de su naturaleza, su horror de la pasión y de la muerte, e implora repetidas veces su liberación: «Padre, que pase de mí este cáliz» (Mt 26,39 y par).

Pero pide la liberación sólo condicionalmente: «si es posible», y afirma su sumisión al Padre: «Pero ne sea como yo quiero, sino como quieras tú» (Mt 26,39 y par).

— Finalmente, lo que parecía primero una cláusula sobreañadida se transforma en la súplica principal: «¡Hágase tu voluntad!» (Mt 26,42).[61] El progreso en la oración aparece con claridad.

---

[60] VANHOYE, Textus de sacerdotio, ibid.; Prêtres anciens, ibid.
[61] VANHOYE, Prêtres anciens, ibid.

En la escena descrita por Juan 12,27-28, paralela a la de Getsemaní, encontramos los mismos rasgos:

— Angustia ante «la hora» que se acerca: «mi alma está turbada».

— Súplica de liberación: «Padre, sálvame de esta hora».

— Lucha interior: «¿Qué diré? ... ¡Pero, si he llegado a esta hora para esto!»

— Aceptación de la voluntad divina. El objeto de la súplica se transforma. La oración termina: «Padre, glorifica tu nombre». El nombre del Padre es glorificado por la aceptación voluntaria del Hijo del sacrificio señalado por el Padre. Pues Juan «llama gloria a la cruz y a la muerte» [62] de Cristo.

Esta interpretación del objeto de la oración es importante para la comprensión de la frase tan discutida: εἰσακουσθεὶς ἀπὸ τῆς εὐλαβείας. Evitando intencionalmente hablar de una oración de Jesús por la preservación de la muerte, prepara el autor la afirmación: «escuchado por su piedad».

Omark [63] concede que la frase ἀπὸ τῆς εὐλαβείας se esclarece por el asentimiento de Cristo a la voluntad divina; objeta, sin embargo, que, en esta solución, se confunde la explicación del autor sobre la escucha de la oración con el contenido de la oración. Pero no se ve por qué en la εὐλάβεια de Cristo, manifestada en su sumisión, no pueda estar implicado el contenido esencial de su oración.

* * *

Al pedir el cumplimiento de la voluntad de Dios, Cristo, sumo sacerdote, ora no sólo por sí mismo, sino en favor y a nombre nuestro; más aún, conteniendo y recapitulando a todos en sí mismo. Esta es la intuición profunda de los Padres griegos.

Gregorio de Nacianzo, comentando Hb 5,7-8, afirma: «todo es tramado y realizado en favor nuestro (ὑπὲρ ἡμῶν) ..., condesciende con sus compañeros siervos y toma una forma ajena a su naturaleza, llevándome a mí todo consigo, con lo que es mío» (ὅλον ἐν ἑαυτῷ ἐμὲ φέρων μετὰ τῶν ἐμῶν).[64]

Cirilo de Alejandría expone una doctrina semejante: Cristo habla en nuestro nombre, incluyéndonos a todos. «Se dirigió (a Dios) con clamor poderoso y súplicas, como llegado a ser uno de nosotros (ὡς καθ᾽ ἡμᾶς γεγονώς).[65] «Nosotros eramos en él, como en un segundo principio de

---

[62] Focio, ibid.
[63] Omark, 43.
[64] Gregorio de Nacianzo, PG 36, 109.
[65] Cirilo de Alejandría, ACO, 1, 1, 5, 49; PG 76, 1389.

nuestra raza (ἡμεῖς ἦμεν ἐν αὐτῷ, καθάπερ ἐν ἀπαρχῇ δευτέρᾳ τοῦ γέ-
νους) los que orábamos con poderoso clamor y no sin lágrimas, los que
pedíamos que fuera aniquilado el poder de la muerte y fortalecida la vida
otorgada en otro tiempo a nuestra naturaleza».[66]

Igualmente, Teofilacto: «Cristo oraba por nosotros, apropiándose lo
nuestro (ὑπὲρ γὰρ ἡμῶν ταῦτα ηὔχετο, τὸ ἡμέτερον οἰκούμενος), para
en sí mismo acabar con el temor de la naturaleza a la muerte».[67]

Esta interpretación de los Padres es recogida por Bonsirven, Kuss y
Rasco.[68] Jesús está unido a los hombres, que toma enteramente en sí, no
sólo psicológica y moralmente, sino ontológicamente (Hch 9,5: «Saulo,
¿por qué me persigues?»), como cabeza del cuerpo místico, o mejor, utilizando el lenguaje de Hebreos, como hermano de carne y sangre (cf Hb
2,11.14-18). Cristo en su oración condensa en sí a toda la humanidad. Explicación satisfactoria, en cuanto nuestros ojos pueden penetrar en el misterio de la persona de Jesús.

Conclusión

La oración de Cristo no consistió, pues, sólo en una súplica por la
salvación de los hombres ni se redujo a pedir su preservación de la muerte
o su resurrección y exaltación, sino deseó ante todo el cumplimiento de la
voluntad del Padre, respecto a su pasión, por la cual sería glorificado y
llegaría a ser causa de salvación eterna y perfecto sumo sacerdote.

---

[66] CIRILO DE ALEJANDRÍA, ACO, 1, 1, 5, 49; PG 76, 1392.
[67] TEOFILACTO, PG 125, 244.
[68] BONSIRVEN, 274-276; KUSS, 74; RASCO, 747.

CAPITULO QUINTO

Aceptación de la oración

Todo nuestro pasaje presenta una multitud de problemas exegéticos. Pero la verdadera dificultad está en la comprensión de la frase εἰσακουσθεὶς ἀπὸ τῆς εὐλαβείας, clásica «crux» de la epístola, que ha llevado a los exégetas a desesperados intentos de solución.

Expondremos a continuación las diversas explicaciones que han sido propuestas. Las presentaremos, sin embargo, no cronológicamente, sino, por razones de método, agrupándolas según el sentido que los comentadores han dado al substantivo εὐλάβεια y a la preposición ἀπό, y según las diferentes maneras como han interpretado la escucha de la oración de Cristo.

I. Interpretación de εὐλάβεια como «temor»

A. *Diversas explicaciones*

1. *Escuchado (y librado) del temor*

La interpretación de εἰσακουσθεὶς ἀπὸ τῆς εὐλαβείας en el sentido de «escuchado (y librado) del temor» o «miedo» fue expuesta por primera vez con seguridad por Calvino. Por su influencia, esta explicación se impondrá en adelante y no desaparecerá ya de los comentarios.

a. *Temor en sentido objetivo*

1) Interpretación de Calvino

En su comentario a la Epístola a los Hebreos,[1] Calvino conserva a ἀπό su sentido habitual: «de». Da por supuesto que εὐλάβεια significa por lo común («plerumque») «miedo» o «inquietud» («metus vel sollicitudo»). Entiende este término en sentido concreto: como la cosa misma que se teme; y objetivo: como el objeto del temor, e.d., la muerte. La escucha consistió en que Cristo fue librado «de lo que temía» («ex eo quod timebat»): «a saber, de sucumbir abrumado por los males y de ser absorbido por la muerte» («ne scil. malis obrutus succumberet, vel morte absorbere-

---

[1] CALVINO, *Ad Hebraeos*, 62-63.

tur»).[2] Se trata, por tanto, de una alusión a la resurrección, que arrancó a Cristo de la muerte.

Cristo rehuía la muerte, porque veía en ella la maldición de Dios, porque tenía que luchar con el reato de todos los crímenes, con el mismo infierno. Con la sensibilidad de la carne soportó el terrible juicio de Dios. De ahí su estremecimiento y angustia; de ahí su ardiente oración, buscando remedio para ser librado de los males. No fue inmediatamente librado de ellos. Pero, al fin, alcanzó lo que quería: surgir vencedor de los dolores de la muerte; después de un breve combate, lograr un triunfo glorioso sobre Satanás, el pecado y el infierno.

Esta interpretación —según Calvino— es la más adecuada y no necesita de larga demostración.

Calvino concedió gran importancia a nuestro texto. En su «Institución de la religión cristiana»[3] lo examina nuevamente, a propósito del artículo del Símbolo de los Apóstoles: «descendió a los infiernos». La interpretación que aquí hace de Hb 5,7 nos permite descubrir mejor el pensamiento del reformador.

Rechazadas las «fantasías» de algunos «que sacan de los cabellos algunos testimonios» de la Escritura, como Sal 107,16; Zac 9,11,[4] pasa a «una interpretación más segura del descendimiento de Jesucristo a los infiernos».[5]

1. Cristo descendió a los infiernos, porque padeció los tormentos y dolores de los condenados. Después de citar Is 53,5, comenta: «Con esto indica (el profeta) que él (Cristo) fue prenda y garantía, que se constituyó deudor principal y culpable para sufrir todos los castigos que nos estaban preparados, a fin de librarnos de ellos..., sufrió la muerte con que Dios castiga a los malhechores en su cólera..., soportó los tormentos espantosos que deben sentir los condenados y perdidos».[6] «Sostuvo el peso de la venganza de Dios... y experimentó todas las manifestaciones de la ira y del castigo de Dios contra los pecadores».[7]

Sintió a Dios como airado contra él por causa nuestra, se creyó abandonado de Dios, de manera que dudó de su propia salvación y temió vehementísimamente ser absorbido por la muerte como pecador y permanecer perpetuamente alejado de Dios, condenado para siempre. Por eso prorrumpió en palabras de desesperación. En el parágrafo 11 hace Calvino referencia a Hch 2,24 y explica: «No nombra (Pedro) simplemente la muerte, sino expresa que el Hijo de Dios fue sobrecogido por las tristezas y angustias que engendran la ira y la maldición de Dios».[8]

---

[2] CALVINO, *Ad Hebraeos,* 62.
[3] CALVINO, *Institutio,* 2, 16, 9-12.
[4] CALVINO, *Institutio,* 2, 16, 9.
[5] CALVINO, *Institutio,* 2, 16, 10.
[6] CALVINO, ibid.
[7] CALVINO, *Institutio,* 2, 16, 11.
[8] CALVINO, *Institutio,* ibid.

Es aquí donde el exégeta ginebrino argumenta con nuestro texto: «Y no hay duda de que el Apóstol en la Epístola a los Hebreos enseña la misma cosa cuando dice que ... Cristo, habiendo orado con lágrimas y fuertes gritos, fue escuchado de su temor («a suo metu», «de sa crainte»), no para ser exento de su muerte, sino para no ser devorado como pecador, porque él representaba allí nuestra persona. De hecho, no se puede imaginar abismo más espantoso que el sentirse dejado y abandonado de Dios, no recibir ayuda cuando se le invoca, no esperar otra cosa sino que quiera perdernos y destruirnos. Ahora bien, vemos que Jesucristo llegó hasta eso: se vio obligado —tanta era la angustia que lo agobiaba— a gritar: 'Dios mío, Dios mío, ¿por qué me has abandonado?'» (Mt 27,46; Sal 22,2).[9]

2. Estos dolores de infierno Cristo los comenzó a sufrir desde la hora en que, en el huerto, comenzó a entristecerse y a orar; después, más hondamente, cuando, en la cruz, clamó: «Dios mío ...» y, por fin, profundísimamente, cuando compareció ante el tribunal de Dios, como reo de muerte eterna, y sostuvo el severísimo juicio de Dios airado. «Si ahora pregunta alguno si Jesucristo descendió a los infiernos, cuando pidió a su Padre ser librado de la muerte, respondo que esto fue un comienzo. De aquí también se puede deducir cuán horribles fueron los tormentos que padeció, ya que sabía que tenía que responder ante el tribunal de Dios como culpable de todos nuestros delitos».[10]

3. Calvino atribuye a esta pena infernal de Cristo casi toda nuestra redención, de manera que, sin este descenso a los infiernos, la muerte en la cruz no habría sido suficiente para redimirnos. «Nada habría sido alcanzado, si Jesucristo no hubiera sufrido más que la muerte corporal. Era necesario que llevara el rigor de la venganza de Dios en su alma ... Por eso, se requirió que combatiera contra las fuerzas del infierno, y que luchara como cuerpo a cuerpo contra el horror de la muerte eterna».[11] Al fin, Cristo, «combatiendo contra el poder del diablo, contra el horror de la muerte, contra los dolores de infierno, obtuvo la victoria y triunfó sobre ellos».[12]

2) Desarrollo de la interpretación de Calvino

Algunos comentadores, como Crell, Schlichting y Hammond,[13] a la zaga de Calvino, entienden εὐλάβεια como el objeto del temor: la muerte.

---

[9] CALVINO, *Institutio,* ibid.; cf. también *Harmonia,* ad Mt 27,46: «Christo elapsam esse desperationis vocem».

[10] CALVINO, *Institutio,* 2, 16,12.

[11] CALVINO, *Institutio,* 2, 16, 10.

[12] CALVINO, *Institutio,* 2, 16, 11.

[13] CRELL, 241; SCHLICHTING, 118; HAMMOND, *Paraphr,* 316. 317. LINTON, que traduce «escuchado (y librado) de su miedo», admitiendo también como posible la traducción: «a

Por metonimia, se dice «miedo» o «temor», en lugar de aquello que se teme, que infunde temor. Así lo demuestra el uso bíblico.

En el Antiguo Testamento:

1. מוֹרָא significa «cosa terrible», no el temor mismo, que se dice יִרְאָה, en Is 8,12: «No temáis lo que él (el pueblo hebreo) teme» (TH מוֹרָאוֹ, LXX τὸν φόβον αὐτοῦ, Vg «timorem ejus»). Por eso, el v. 13 continúa: «El (el Señor) será tu temor», e.d., al que temas (TH וְהוּא מוֹרַאֲכֶם, LXX καὶ αὐτὸς ἔσται σου φόβος, Vg «ipse pavor vester»).

La misma palabra hebrea מוֹרָאָה o מרא se traduce:

— ὁράματα, en Dt 26,8: «El Señor nos sacó de Egipto... con terribles portentos» (TH וּבְמֹרָא גָּדֹל, LXX ἐν ὁράμασιν μεγάλοις, Vg «in ingenti pavore») y en otros lugares: Dt 4,84 (TH: plural; LXX, A B² R; Vg «horribiles visiones») y Jr 39(32),21.

— θαυμάσια, en Dt 34,12: «Ya no surgió otro profeta en Israel como Moisés... por todos los terribles portentos» (TH וּלְכֹל הַמּוֹרָא הַגָּדוֹל, LXX τὰ θαυμάσια τὰ μεγάλα, Vg «magnaque mirabilia»).

2. Igualmente, פַּחַד = «temor» se traduce:

— πόλεμος = «guerra», en Job 22,10: «Te espanta un temor (TH פַּחַד, LXX πόλεμος, Vg «formido») repentino».

— ὄλεθρος = «ruina», en Prov 1,26: «Me burlaré cuando os alcance el terror» (TH פַּחְדְּכֶם, LXX ὄλεθρος, Vg «id quod timebatis»; Zorell:[14] «calamitas vos terrens»).

— πτόησις = «terror», en Prov 3,25: «No te asustará el terror (TH מִפַּחַד, LXX πτόησιν, Vg «terrore») repentino». Aquí, «terror» significa «cosa terrible», pues, en los LXX, πτόησιν ἐπελθοῦσαν, «el terror que sobreviene» es explicado, en la segunda parte del verso, por ὁρμὰς ἀσεβῶν ἐπερχομένας, «los ataques inminentes de los impíos».

En el Nuevo Testamento:

1 Pe 3,14: «No temáis su temor» (τὸν φόβον αὐτῶν, Vg «timorem eorum»), e.d., los suplicios con que os amenazan. Pasaje tomado de Is 8,12.

Así también en Hb 5,7, εὐλάβεια no es el sentimiento de temor, sino lo que era temido por Cristo; significa lo mismo que θάνατος, como

---

causa de su piedad» (177, n. 1; 183), considera que la expresión es comprensible, si se interpreta de modo análogo a Hch 2,24-36, como salvación no de («frân») la muerte, sino fuera de («ur») la muerte (185).

¹⁴ ZORELL, *Lexicon Hebraicum*, 646.

εἰσακουσθείς lo mismo que σωθείς. Cristo fue librado de lo que temía y que naturalmente rehuía, de la muerte —de las cosas terribles la más terrible es la muerte—, pues, aunque murió, fue llamado de nuevo a la vida por Dios.

b. *Temor en sentido subjetivo*

1) Interpretación de Beza

Teodoro de Beza, discípulo fiel y sucesor de Calvino en Zurich, recoge y modifica, en su comentario,[15] la interpretación dada a nuestro texto por su maestro.

Defiende con Calvino la significación de εὐλάβεια como «miedo». Afirma con énfasis: «Nadie que conoza, aun medianamente, la literatura griega, puede dudar de que εὐλάβεια significa 'miedo'».[16] Aporta por primera vez ejemplos de la literatura griega, clásica y helenística, bíblica y eclesiástica, que testimonian para el grupo semántico εὐλαβής, εὐλάβεια, εὐλαβέομαι, esta significación.

Beza, sin embargo, introduce una modificación fundamental a la exégesis de Calvino. Da a εὐλάβεια = «miedo» un valor subjetivo. La escucha consistió en la liberación del «temor» de la muerte. Cristo no fue ciertamente preservado de la muerte, pero Dios lo escuchó, fortaleciéndolo, librándolo del temor de la muerte. Por eso, el evangelio recuerda explícitamente: «Se le apareció un ángel, venido del cielo, que lo confortaba» (Lc 22,43).

La doctrina expuesta por Beza es reflejo fiel de la de Calvino.

1. Cristo asumió no sólo la naturaleza humana, sino también todas las disposiciones del hombre, aun las más débiles, excepto el pecado. Por tanto, no puede ser ajeno al miedo, al pavor. Puesto que era hombre, sintió naturalmente horror ante el dolor, temió los tormentos del cuerpo. Sin embargo, no le faltó la constancia que brilla en tantos millares de mártires. Si se estremeció de tal manera que no ha habido jamás ejemplo semejante de tal conmoción, es que era otra cosa la que lo agobiaba. Contemplaba el terrible juicio de su Padre airado. Soportaba todos los pecados de todos los elegidos. Fue como abandonado de Dios, no porque Dios se hubiera separado del hombre, sino porque no ejerció su fuerza por algún tiempo. Temió sucumbir abrumado por los males y ser absorbido por la muerte.

2. Por eso, Cristo se horroriza, se consterna, se turba, suda sangre, llora y grita a voz en cuello que ha sido abandonado. Pide la liberación

---

[15] BEZA, 349-350.
[16] BEZA, 349.

del peligro: «Aparta de mí este cáliz». Después, no dice: «Dios mío, no me abandones», sino: «¿Por qué me has abandonado?» Estas palabras son de un hombre que piensa que ya todo terminó para él, si no es arrancado del presente peligro; de un hombre que, ya en el abismo, grita que ha perecido.

3. Si Cristo hombre no hubiera sentido a Dios verdaderamente airado, no con él propiamente, sino con nuestros pecados, no hubiera habido satisfacción. Si no hubiera tenido el profundo sentido de la ira de Dios, el pavor y estremecimiento por el severo juicio de Dios, ¿cómo podría librarnos de este mal, que es uno de los principales? La constancia invicta de los mártires proviene precisamente de que Cristo sintió estos terrores, y, escuchado de ellos, los compadece. La Epístola a los Hebreos inculca claramente esta enseñanza en muchos pasajes.

2) Desarrollo de la interpretación de Beza

La interpretación de Calvino, con la modalidad introducida por Beza, tuvo amplia repercusión en la exégesis de nuestro pasaje.

Un notable número de exégetas comprende εὐλάβεια, en sentido subjetivo, del propio temor de Cristo, y εἰσακουσθεὶς ἀπό, como una locución contracta: «escuchado (y librado) de». Resulta así el sentido: Cristo fue escuchado, siendo librado de su miedo.

Adoptan esta interpretación, en los s. XVI-XVII: Escalígero, Cameron, Cappel, Heinsio, Grocio; en el s. XVIII: Whitby, J. Braun, Schöttgen, Wolf, Bengel, Carpzov, Owen, Wettstein, J. D. Michaelis, Rosenmüller, Ernesti, Dindorf; en el s. XIX: Böhme, Kuinoel, Bloomfield, Tholuck, Lomb, Ebrard, Brown, Hofmann, Kähler, Kay, Holtzheuer, B. Weiss, Von Soden, Seeberg, Kübel; en el s. XX: Huyghe, Schmitz, Rohr, Dibelius, Strathmann, Héring, Strobel, Cullmann, Leonardi, Montefiore, Buchanan.[17]

---

[17] ESCALÍGERO, 1344; CAMERON, 1345-1346; CAPPEL, 1349; HEINSIO, 531-32; GROCIO, 965; OWEN, 3,63; WHITBY, 902-903; J. BRAUN, 295; SCHÖTTGEN, 950; WOLF, 651-652; BENGEL, 920; CARPZOV, 232-234; WETTSTEIN, 401; J.D. MICHAELIS, Hebräer, Paraphr. 175-176, n. 104; ROSENMÜLLER, 203; ERNESTI, 394-395; DINDORF, 402-404; BÖHME, 231-232; KUINOEL, 160-161; BLOOMFIELD, 488-489; THOLUCK, 249-250; LOMB, 94-96; EBRARD, 185-186; J. BROWN, 314; VON HOFMANN, Hebräer, 218-219; KÄHLER, 11; KAY, 52; HOLTZHEUER, 85; B. WEISS, Hebräer, 138; VON SODEN, Hebräer, 44; SEEBERG, 55; KÜBEL, 110; HUYGHE, 120-121; SCHMITZ, 265-266; ROHR, 25; M DIBELIUS, Gethsemane, 260-262; Der himmlische Kultus, 172; STRATHMANN, 100; HÉRING, 53-54; STROBEL, Die Psalmengrundlage, 258-259, con n. 19; 264, n. 41; Hebräer, 129; CULLMANN, Die Christologie, 95-96, con n. 1; LEONARDI, 179-181; MONTEFIORE, 98-99; BUCHANAN, 97. - El sentido subjetivo «temor» o «angustia» para εὐλάβεια es admitido también por LIMBORCH, 592; KLEE, 112. 114; BRANDENBURGER, 194. 215-216. 218; THURÉN, Gebet, 141. 145 (cf. pp. 221-222); por los que intercalan οὐκ antes de εἰσακουσθείς: VON HARNACK, 69-70; WINDISCH, 43 (con vacilación); BULTMANN, εὐλαβής, 749-751; SCHEIDWEILER, Καίπερ, 226 (cf. pp. 223-225); y por

a) Significación de εὐλάβεια

La significación de εὐλάβεια como «miedo» o «temor» está bien atestiguada lexicográficamente tanto en el griego profano (clásico y helenístico) como en el bíblico (LXX y NT) y eclesiástico.

Del significado original de «precaución» se pasó al de «temor», «miedo», «angustia». El que fácilmente puede ser cogido (εὐλαβής: sentido pasivo), suele ser «tímido», «medroso». El que coge bien algo (εὐλαβής: sentido activo), suele hacerlo con reserva, «temeroso» respecto a posibles peligros. El cauteloso cuidado en una acción puede ser inspirado por el «temor», puede degenerar en «timidez», «vacilación», «miedo», «angustia». «Cuidarse de», en determinados contextos, tiene el sentido de «temer».

i. En el griego clásico y helenístico

Esta evolución se observa ya desde la época clásica.

Εὐλαβεῖσθαι: Demosth, 18 (Pro Cor), 4 (226): «Si, temiendo (εὐλαβού-μενος) esto, no hablo de mis acciones, pareceré incapaz de librarme de las acusaciones».

Εὐλάβεια, paralelo a φόβος: Demosth, 23 (C Aristocr), 15 (625): «infundiendo miedo y temor de denuncia» (εἰς φόβον καὶ συκοφαντίας εὐλάβειαν καθιστάντες).

La significación de «temor», «miedo» es más frecuente en los escritores griegos tardíos.

Εὐλαβής es empleado con el significado de «temeroso», por:

Jos, Ant, 2, 9, 4 (217): «Temerosos (εὐλαβεῖς) respecto al niño».

6, 9, 2 (179): En la historia de Goliat, David dice a Saúl: No sea tu ánimo apocado ni temeroso» (μὴ ταπεινὸν ἔστω φρόνημα μηδ᾽ εὐλαβές).

---

los que traducen «después de la angustia»: ANDRIESSEN-LENGLET, 208; ANDRIESSEN, 283-287; NUEVA BIBLIA ESPAÑOLA, 1862; SCHENK, 248; (cf. p. 229). - Según THOLUCK (250), el autor tiene a la vista la primera petición del Salvador en la oración de Getsemaní, la petición con εἰ δυνατόν, en la cual se expresa una situación de «irresolución» (Bedenklichkeit), de «vacilación» (Zaudern), de «detrectatio» (acción de rehusar). Εὐλάβεια designa precisamente «dudosa vacilación» (das bedenkliche Zaudern). Cf. PLUT, Fab Max, 1. De esta irresolución, que en el Salvador duró tanto cuanto él mentalmente se absorbió en la grandeza de la pasión inminente, fue él librado. Así quedó incumplida ciertamente la 1ª petición, pero se compensó en la 2ª, en la cual la voluntad propia se unió con la de Dios. Contra esta explicación está lo siguiente: εὐλάβεια no significa «dudosa» (bedenkliches), sino «circunspecta» (bedächtiges) vacilación; en PLUT, Fab Max, 1, no significa sino «precaución». Además no se puede designar como dudosa vacilación ni Jn 12,27 ni la agonía de Getsemaní. Cf. LÜNEMANN, 178; CREMER, 557. — LEONARDI (180-181) atenúa la opinión en el sentido de que Cristo fue librado no de todo temor de la pasión y de la muerte, sino del temor excesivo, que podía impedirle hacer la voluntad de Dios.

Philo, Mos, 1, 83, donde llama a Moisés «por naturaleza temeroso» (τὴν φύσιν εὐλαβὴς ὤν);

y εὐλαβῶς ἔχειν, como «temer», por:

Jos, Ant, 10, 10, 2 (192): «Como Ascanes estaba temeroso (ἔχοντα ... εὐλαβῶς) acerca de esto, lo persuadieron».

Philo, Jos, 245: «No temas ya» (μηκέτι εὐλαβῶς ἔχετε).

Praem, 89: «Lo mirarán temerosamente (εὐλαβῶς ἕξει) como a su jefe y señor natural».

Εὐλαβεῖσθαι, en helenístico, se usa en lugar de φοβεῖσθαι (Moeris, cf Hesych).[18]

Polyb, 1, 16, 7: Los romanos, «siendo los cartagineses señores del mar, temían que (εὐλαβοῦντο μή) les interceptaran por todas partes las provisiones»; 1, 69, 5.

3, 111, 1: Aníbal, «temiendo que (εὐλαβούμενος) el ejército se desalentara por la precedente derrota y pensando que las circunstancias requerían palabras de exhortación, hizo reunir a las tropas.

18, 23, 5: Tito Quincio, exhortando a los soldados contra los macedonios: «¿Cómo podríais temerlos (εὐλαβεῖσθαι) ahora?».

Plut, Pericl, 7, 1 (155 b): «Pericles, en su juventud, temía (εὐλαβεῖτο) mucho al pueblo, porque le habían dicho que en el aspecto recordaba al tirano Pisístrato».

Stob, Ecl, 4, 51, 14 (= Difilo): «Siendo mortal, no temas morir» (θνητὸς πεφυκώς, μὴ εὐλαβοῦ τεθνηκέναι).

Epict, Diss, 4, 13, 4: «Nos viene el pensamiento de que nunca este hombre repetiría nuestras confidencias, temiendo que (εὐλαβούμενος) también nosotros repitamos las suyas».

UPZ 119,5: Onnophris «por temor (εὐλαβηθείς) corrió».

En Josefo, εὐλαβεῖσθαι aparece casi siempre con el sentido de «temer».

Jos, Bell, 2, 18, 6 (486): Los romanos, «temiendo (εὐλαβηθέντες) que (la fortaleza) les fuera arrebatada a la fuerza».

Jos, Ant, 1, 19, 1 (283): «No temas (εὐλαβοῦ) la multitud de las fatigas»; 4, 6, 2 (102); 6, 8, 1 (157); 8, 13, 4 (333); 10, 7, 6 (124).

Igualmente en Filón: Gig, 47; Fug, 131; Abr, 206; Jos, 255; Mos, 1, 215.236; Spec, 2, 3.234; 3, 132; 4,6; Virt, 67; Flacc, 145. En Gig, 47 el objeto es Dios, pero εὐλαβεῖσθαι no tiene un sentido específico de religioso temor: «Temamos (εὐλαβηθέντες) la soberanía invencible de su mandato». En Spec, 2, 3.234 es diferenciado de τιμᾶν o αἰδεῖσθαι: «A fin de que

---

[18] MOERIS, 133; HESYCH, 228: εὐλαβεῖσθαι· φοβεῖσθαι; εὐλαβεῖτο· ἐφοβεῖτο.

se honre (τιμῶσι), como es debido, a los padres, queriéndolos como bien-hechores y temiéndolos (εὐλαβούμενοι) como dirigentes instituidos por la naturaleza» (§ 3). «Los que no respetan (αἰδούμενοι) a sus padres como a mayores... ni los temen (εὐλαβούμενοι) como a señores, merecen repro-che, acusación y el castigo supremo» (§ 234).

El «temor» llega a ser considerado como elemento esencial también de εὐλάβεια. Y algunas veces ocupa de tal manera la palabra que no deja lugar para ningún otro sentido. Con el significado de φόβος es usado εὐ-λάβεια en:

Plut, Caes, 39 (727): «Pompeyo, por cierto miedo (ὑπ᾽ εὐλαβείας τινός) o por el destino, no llevó a término una gran obra».

Def Orac, 21 (420 f): «Introduce con temor (μετ᾽ εὐλαβείας) una re-serva enigmática».

Herodian, Hist, 5, 2, 2: «Por temor (δι᾽ εὐλάβειαν) se estaban quietos».

Themist, Or, 4, 49 b: «Por debilidad o por temor de navegar» (ὑπ ἀσθε-νείας ἢ τῆς πρὸς τὸ πλεῖν εὐλαβείας).

Jos, Bell, 4, 7, 1 (393): «Pero sobre todo los apartó el temor (εὐλάβεια) de la monarquía.»

Ant, 11, 6, 9 (239): Esther se presentó ante el rey «con miedo» (μετὰ δέους), pero el rey puso su cetro sobre el cuello de Esther, «librándola de su temor» (εὐλαβείας αὐτὴν ἀπολύων); 6, 5, 3 (78); 12, 5, 4 (255); 12, 6, 2 (278).

El lenguaje escolar distingue ciertamente con precisión entre εὐλά-βεια y φόβος o δειλία. Pero el uso común no mantuvo esta diferencia, como lo demuestran los testimonios aducidos.

ii. En los LXX

En los LXX, el adjetivo εὐλαβής tiene el sentido de: «el que se cuida con temor», en Lv 15,31.

El verbo εὐλαβεῖσθαι aparece más frecuentemente. Por lo general, significa «temer». Representa diferentes verbos hebreos con sentido de temor:

דָּאַג = «estar inquieto y angustiado», «tener miedo», como el que teme la espada y el hambre (Jr 42, 16 TH), o se aflige por el pecado (Sal 38,19). Así en Is 57,11: «¿De quién tuviste miedo (εὐλαβηθεῖσα, TH דָּאַגְתְּ) y temiste?» (ἐφοβήθης).

יָרֵא = «temer»: 1 Sm 18,29: Al ver que el Señor estaba con David y que todo Israel lo amaba, Saúl «temió más» (προσέθετο εὐλαβεῖσθαι, TH וַיֹּאסֶף לֵרֹא) aún a David.

גּוּר = «temer»: 1 Sm 18,15: «Vio Saúl que él (David) era muy prudente y temía (εὐλαβεῖτο; TH וַיָּגָר) ante él».

Εὐλαβεῖσθαι no se debe distinguir de φοβεῖσθαι.

— Algunas veces se usa en relación con él:

Dt 2,4: Los edomitas «os tendrán mucho miedo y os temerán mucho» (καὶ φοβηθήσονται ὑμᾶς καὶ εὐλαβηθήσονται ὑμᾶς σφόδρα).

Is 51,12: «Yo soy el que te consuela; considera por temor a quién tuviste miedo» (AS: τίνα εὐλαβηθεῖσα ἐφοβήθης); 57, 11.

Sir 34(31),14: «El que teme al Señor de nada tendrá miedo ni se acobardará» (ὁ φοβούμενος κύριον οὐδὲν εὐλαβηθήσεται καὶ οὐ μὴ δειλιάσῃ).

— Otras veces εὐλαβεῖσθαι es combinado con φόβος = «temor»:

Dn 4,5: «Tuve un sueño y me asusté (Θ:me aterrorizó) y el temor cayó sobre mí» (εὐλαβήθην [Θ: ἐφοβέρισέν με], καὶ φόβος μοι ἐπέπεσεν).

Job 3,25 v. 1.: «El terror, que pensé (A: temía), vino sobre mí» (φόβος γὰρ, ὅν ἐφρόντισα [A: εὐλαβούμην], ἦλθεν μοι).

Se encuentra además paralelo a καταπλήττω = «espantar»: 2 Mac 8,16: Judas Macabeo exhortaba a los suyos a «no dejarse amedrentar por los enemigos y no temer (μὴ καταπλαγῆναι τοῖς πολεμίοις μηδὲ εὐλαβεῖσθαι); y a δειλιᾶν = «acobardarse»: Sir 34(31),14.

Especial atención merece, en el presente contexto, el pasaje de un libro lingüísticamente emparentado, donde se trata explícitamente del temor de la muerte: Sir 41,3: «No temas el juicio de la muerte» (Μὴ εὐλαβοῦ [TH פָּחַד] κρίμα θανάτου). El sentido es: «Busca no escapar temerosamente del destino común de todos los hombres», o «no temas la sentencia de la muerte».

Εὐλαβεῖσθαι tiene también sentido de «temer» en: 1 Mac 3,30; 12,40.42; 2 Mac 9,29; 3 Esd (1 Esd LXX) 4,28; Jr 22,25; Sab 12,11; Sir 7,6; 29,7.

El substantivo εὐλάβεια ocurre raramente en los LXX: sólo tres veces; en dos de los tres empleos tiene el sentido de «temor»:

Jos 22,24: Las tribus de Transjordania justifican la erección de un altar a Yahvéh, diciendo: «Por temor (ἔνεκαν εὐλαβείας) hicimos esto». Aquí εὐλάβεια corresponde al substantivo hebreo דְּאָגָה, que significa «preocupación», «ansiedad», «temor inquieto», «angustia». Cf Jr 49,23; Ez 4,16; 12,18-19; Sir 31,1; 42,9. Esta misma palabra hebrea es traducida en Prov 12,25 por φοβερὸς λόγος.

Sab 17,8: «Los que prometían expulsar miedo y sobresaltos de las almas enfermas, ellos mismos padecían ridículo temor (καταγέλαστον εὐλάβειαν). Y el v. 9 continúa: «Pues si nada inquietante los atemorizaba (ἐφόβει), amedrentados por el paso de las alimañas y el silbido de los reptiles, sucumbían temblando».

En Prov 28,14 es una adición de los LXX.

Aunque la palabra εὐλάβεια no se encuentra en los salmos, el significado de «temor», «miedo» o «angustia» puede apoyarse con analogías existentes en ellos. Dibelius [19] estima que εὐλάβεια en Hb 5,7 es traducción de ἔκστασις del Sal 31,23: «Yo dije en mi angustia» (ἐγὼ δὲ εἶπα ἐν τῇ ἐκστάσει μου). Igualmente, Strobel [20] deduce el sentido de «horror», «angustia» para εὐλάβεια del ἔκστασις del Sal 116,11 (LXX 115,2).

iii. En el Nuevo Testamento

Εὐλαβεῖσθαι tiene el sentido de «temer» en los dos únicos empleos de este verbo en el NT:

Hch 23,10, v. l.: «Como el altercado iba creciendo, el tribuno, temiendo (φοβηθείς; εὐλαβηθείς: 104s 917ss 1873r 440s 383-913 Pʳ) que Pablo fuera despedazado por ellos, mandó que bajara la tropa para arrancarlo de entre ellos y llevarlo al cuartel».

Hb 11,7: «Por la fe, divinamente advertido, Noé, sobrecogido de temor (εὐλαβηθείς) por las cosas que aún no se veían, preparó un arca». Como muestra esta traducción, la expresión «acerca de las cosas que aún no se veían» depende no del participio que precede inmediatamente: χρηματισθείς, sino del que sigue: εὐλαβηθείς.

Las razones para tal lectura son las siguientes:

1. En Hebreos περί precede normalmente al verbo regente: 2,5; 4,8; 5,3.11; 7,14; 9,5; 10,26; 11,20.22.

2. Χρηματισθείς se emplea de manera absoluta en 8,5; cf 12,25.

3. La colocación del nombre de Noé entre χρηματισθείς y περί subraya el uso absoluto del verbo. La Vg anticipó abusivamente el nombre.

4. El artículo τῶν antes de μηδέπω βλεπομένων sugiere que, una vez advertido por el oraculo divino, Noé sabe de «cuáles» acontecimientos se trata.

5. En el cap. 11, consagrado a la fe, el autor quiere ante todo describir la reacción de la fe de Noé ante la comunicación divina: se llenó de temor, al ver, como con sus propios ojos, la catástrofe que había de venir. La Vg traduce correctamente «metuens».

---

[19] M. Dibelius, *Gethsemane,* 261; Der himmlische Kultus, 172.
[20] Strobel, *Dei Psalmengrundlage,* 264 con n. 41.

El sentido del texto es: «Sobrecogido de temor ante el diluvio inminente, Noé construyó el arca». Con εὐλαβηθείς se designa, por tanto, el pavor y el miedo, el temor ante el inminente juicio de Dios, ante el castigo del diluvio.

En favor de la significación de εὐλάβεια = «temor», «angustia» habla el único otro lugar del NT donde aparece el substantivo εὐλάβεια: Hb 12,28. El texto griego dice: λατρεύωμεν εὐαρέστως τῷ Θεῷ μετὰ εὐλαβείας καὶ δέους.

1. Al lado de δέος = «temor», «angustia», «espanto», εὐλάβεια significa ciertamente «angustia». Lo más natural es darle a εὐλάβεια el mismo sentido que a la palabra a que está estrechamente vinculada.

La copla εὐλάβεια-δέος es una variante de la combinación frecuente en la Escritura δέος-φρικασμός (2 Mac 3,17), δέος-ταραχή (2 Mac 3,30), δέος-τρόμος (2 Mac 15,23: R), φόβος-τρόμος (Gn 9,2; Ex 15,6; Dt 11,25; 1 Cor 2,3); corresponde particularmente a Flp 2,12: μετὰ φόβου καὶ τρόμου.

La corrección de δέος en αἰδοῦς, en no pocos mss. (Ψ sss 6 [Dᶜ] 117-319 642 rel: μετὰ αἰδοῦς καὶ εὐλαβείας) es significativa: muy pronto se encontró dificultad en el par de términos con la misma significación. La Vg traduce: «cum metu et reverentia».

2. Se debe tener en cuenta, además, la continuación del texto: «Pues nuestro Dios es un fuego devorador» (12,29). «Frente a un fuego devorador —comenta Andriessen[21]— se tiene espontáneamente una reacción de angustia... El fuego ardiente del Sinaí, descrito en Hb 12,18-21, y del cual nuestro autor tenía ciertamente aún la memoria en 12,29, es calificado de φοβερόν; Moisés está espantado: ἔκφοβος (12,21; cf Ex 3,6). Por amable que pueda ser la teofanía del NT, ...Dios no deja de ser el fuego consumidor... que quema cardos y espinas (cf Hb 6,8), un Dios que debemos servir 'con temor y temblor' (Flp 2,12)... 'fuego pronto a devorar a los adversarios'» (10,27; cf 10,31).

En 12,28, por tanto, εὐλάβεια denota «angustia», «espanto» ante un peligro inminente, ante el juicio de Dios.

iv. En la literatura cristiana primitiva

En la literatura cristiana primitiva este grupo de palabras εὐλάβεια, εὐλαβεῖσθαι, εὐλαβής se encuentra raramente.

Entre los Padres Apostólicos aparece sólo una vez cada uno de estos términos.

---

[21] ANDRIESSEN, 284.

Εὐλαβεῖσθαι en 1 Clem, 44,5 significa ciertamente «temer»: «Felices los ancianos que nos han precedido en el viaje a la eternidad..., pues no temen (εὐλαβοῦνται) que alguien los eche del lugar que ocupan».

Εὐλάβεια en Pol, Phil 6,3 (μετὰ φόβου καὶ πάσης εὐλαβείας) y εὐλαβής en MPol, 2,1 (εὐλαβεστέρους) también pueden tener la significación de temor preocupante.

Entre los Apologetas, sólo Justino ofrece dos empleos de εὐλαβεῖσθαι, ambos con el sentido de «temer»:

Dial, 7: Los profetas «vieron y anunciaron la verdad a los hombres, sin temer (μήτ' εὐλαβηθέντες) ni adular a nadie»; 123: «Temeríais la cólera de Dios» (Εὐλαβεῖσθε γὰρ ἂν τὴν τοῦ θεοῦ ὀργήν).

v. En las versiones antiguas y modernas

El sentido de «temor» o «miedo» en Hb 5,7 aparece tan tempranamente como la Antigua versión latina (Itala o Vetus latina). En los códices «d» (Claromontanus), de venerable antigüedad (s. V-VI) y «e» (Sangermanensis, s. IX) se lee: «Et exauditus a metu».[22]

Muy probablemente el traductor entendió «metus» en el sentido de «angustia». Así lo deduce Riggenbach[23] de la siguiente constatación: φόβος (también δειλία en 2 Tim 1,7) es traducido invariablemente por «timor», y φοβεῖσθαι por «timere» (con excepción de Hb 11,27: «vereri»); en cambio, εὐλάβεια en Hb 12,28 por «metus», y εὐλαβεῖσθαι en Hb 11,7 por «metuens». En 2,13 el copista de «d» quiso primero traducir φόβῳ por «timore», pero luego notó que su modelo ofrecía «metu», y así, corrigiéndose a medias, escribió «timetu».

Ambrosio, en su Exposición sobre Sal 61,2,[24] cita el pasaje, según el texto de la Antigua versión latina: «et exauditus ab illo metu». Pone el énfasis en el artículo griego τῆς. Detalle no sin importancia. Algunos ven aquí una referencia a la angustia de la cual el grito y las lágrimas eran la expresión. En la Epístola 63,47[25] aduce igualmente Hb 5,7, pero omite estas palabras; tal vez porque le parecieron no ofrecer ningún sentido claro.

El intérprete sirio de la Peshitta también traduce εὐλάβεια por «temor» o «miedo». Sólo difiere en que divide el testo después de εἰσακουσθείς, construye ἀπὸ τῆς εὐλαβείας con el verbo ἔμαθεν del siguiente verso y añade la cópula καὶ antes de ἀφ' ὧν ἔπαθεν. Dice: «Y fue escuchado. Y aunque era Hijo, por el temor y los padecimientos que soportó, aprendió

---

[22] Ed. Sabatier, 3, 2, 914.
[23] RIGGENBACH, *Hebräer*, 131-132, con n. 46.
[24] PL 14, 1226; CSEL, 64, 382.
[25] PL 16, 1253.

la obediencia».[26] El sentido del texto es que Jesús, en el temor de la muerte y en toda su pasión, tuvo ocasión de aprender la obediencia.

Como la Peshitta, leen también el texto así los comentadores sirios. Nestorio, en una de las citas que hace de este pasaje, en el Bazar de Heráclides: «c'est par la crainte et les souffrances qu'il a supportées, qu'il a appris l'obéissance».[27] Isho'dad de Merv: «from the fear and the suffering which He bore He learnt obedience».[28]

La versión copta, interpreta, en el dialecto bohaírico o memfítico, del Norte: «and he heard him from (the) fear»; y en el dialecto sahídico o tebano, del Sur: «and he was heard out of the fear».[29]

La interpretación de εὐλάβεια como «temor», por influencia de Calvino y Beza, se encuentra en:

Geneva Bible: «and was also heard in that which he feared»,

Bishops Bible: «and was heard in that which he feared».

Authorized Version: «and was heard in that he feared».[30]

También figura este sentido en:

Zürcher Bibel (o Zwingli Bibel): «und er ist erhört (und befreit) worden aus seiner Angst».

Einheitsübersetzung: «und er ist erhört und aus seiner Angst befreit worden».

Nueva Biblia Española: «y Dios lo escuchó pero después de aquella angustia».

El uso lingüístico de εὐλάβεια y términos emparentados, en la literatura griega clásica y helenística; en Filón y Josefo; en los LXX y en el NT, particularmente en la Epístola a los Hebreos; en la literatura cristiana primitiva y en las más antiguas versiones de Hb 5,7, confirma, pues, la interpretación de εὐλάβεια como «temor», «medio» o «angustia» también en nuestro pasaje.

---

[26] Ed. Walton, 858: «et exauditus est. Et quamvis esset Filius, ex timore et pasionibus quas sustinuit, didicit obedientiam».

[27] Nau 1, 1, 63.

[28] Ed. Gibson, 108.

[29] Ed. Horner, Coptic Version, North. dialect, 3, 493; Sout. dialect, 5, 37.

[30] Siguiendo a la A.V. («in that»), dan a ἀπό el significado de «respecto a», «en cuanto a»: BLOOMFIELD (489): «in respect to», «as to»; EBRARD (186, n. 1): «in so far as regards»; J. BROWN (314): «in reference to»; y traducen: «escuchado en cuanto al temor». Esta traducción, según la cual se restringiría el sentido de εἰσακουσθείς, es filológicamente inadmisible; ἀπό no tiene la significación de «respecto a», «en cuanto a» en el uso lingüístico clásico y heleníistico ni en el bíblico; cf. ZILL, 227.

b) Locución contracta

La mejor interpretación de la frase final del v. 7 es considerarla como una locución contracta o «constructio praegnans», como la llaman los gramáticos. Εἰσακουσθείς encierra como una doble significación; en εἰσακούειν está incluido σῴζειν; se dice εἰσακουσθείς en lugar de εἰσακουσθεὶς καὶ σωθείς. Lo que precede está por lo que sigue («antecedens pro consequenti»). Es una metonimia de la causa por el efecto, o mejor, una metonimia que expresa la causa con su efecto: escuchado y por eso librado, o librado porque fue escuchado.

«Escuchar», cuando se refiere a una súplica de salvación, de liberación, significa «salvar», «librar». Se dice que Dios «escucha» a los hombres, cuando los asiste con su auxilio, los «libra» de los males y les concede los bienes pedidos:

Sal 22,25: «No desdeñó la oración del pobre...; cuando clamé a él, me escuchó» (εἰσήκουσεν).

Sal 34,5: «Busqué al Señor y me escuchó (ἐπήκουσεν) y me libró (ἐρρύσατο) de todos mis temores».

34,7: «Este pobre gritó y el Señor lo escuchó (εἰσήκουσεν) y lo salvó (ἔσωσεν) de todas sus aflicciones».

Sir 51,11: «Mi oración fue escuchada (εἰσηκούσθη), pues me salvaste (ἔσωσας) de la perdición».

Y, a su vez, «salvar» a uno que ora o clama es «escuchar»:

2 Cr 18,31: «Josafat gritó, y el Señor lo salvó» (ἔσωσεν; עֲזָרוֹ).

Estas fórmulas concisas son de uso general en hebreo y griego, modismo común no sólo en los escritores clásicos,[31] sino también en los bíblicos.[32]

i. En los LXX

En los LXX, εἰσακούειν es lo mismo que σῴζειν. Los intérpretes griegos del AT usan el verbo εἰσακούειν para traducir יָשַׁע. Así en el Sal 55,17: «Pero yo clamé a Dios y el Señor me escuchó» (εἰσήκουσέν μου; TH יוֹשִׁיעֵנִי).

---

[31] P. ej. XENOPH, An, 2, 3, 18: ἀποσῶσαι ὑμᾶς εἰς τὴν Ἑλλάδα, «sanos y salvos haceros llegar a Grecia»; cf. Hch 27,44: πάντας διασωθῆναι ἐπὶ τὴν γῆν, «todos sanos y salvos llegaron a tierra». Para el empleo de la brachylogia o elipsis en el griego clásico, puede verse KÜHNER-GERTH, 2, 2, 558-571.

[32] Cf. BLASS-DEBRUNNER-REHKOPF, 479-483.

Eἰσακούειν ἀπό corresponde a la construcción hebrea עָנָה מִן, empleada varias veces en forma elíptica: «responder» o «escuchar (librando) de».

Así en Sal 22,22, que, como Hb 5,7, se refiere al sufrimiento del Mesías: «Sálvame de las fauces del león, y me escuchaste (salvándome) de (עֲנִיתָנִי מִ) los cuernos de los búfalos». Quizá el autor de Hebreos tuvo en su mente esta profecía de Cristo y le tomó prestada esta locución. En lugar de la expresión poética: «cuernos de los búfalos», que no se acomodaba bien fuera del contexto del salmo, habría usado entonces la expresión más general: «temor». Pero pudo también usar esta construcción sin pensar en el Sal 22.

Job 35,12: «Entonces gritarán, per él no escuchará (librando) de (οὐ μὴ εἰσακουσῃ [33] ἀπό; TH וְלֹא יַעֲנֶה מִ) la insolencia de los malos».

Fórmula semejante, con ἐπακούειν, sinónimo de εἰσακούειν, en Sal 118,5: «En aflicción invoqué al Señor y el Señor me escuchó (sacándome o llevándome) a un lugar amplio» (ἐπήκουσεν μου εἰς πλατυσμόν; TH עָנָנִי בַּמֶּרְחָב).

ii. En el Nuevo Testamento

En el NT también se encuentran construcciones similares. El amplio uso del hebreo   condujo en griego frecuentemente al ἀπό con idea de separación.[34]

Rom 7,2: «Si muere el marido, está libre de la ley»
(ἐλευθέρα ἐστὶν ἀπὸ τοῦ νόμου).

7,6: «Ahora quedamos exentos de la ley»
(κατηργήθημεν ἀπὸ νόμου).

2 Cor 11,3: «Temo que vuestras mentes se perviertan apartándose de la simplicidad» (μὴ φθαρῇ ... ἀπὸ τῆς ἁπλότητος).

Col 2,20: «Si moristeis con Cristo a los elementos del mundo» (εἰ ἀπεθάνετε σὺν Χριστῷ ἀπὸ τῶν στοιχείων τοῦ κόσμου).

Ap 14,3: «Rescatados de la tierra» (οἱ ἠγορασμένοι ἀπὸ τῆς γῆς).
4: «Estos fueron rescatados de entre los hombres»
(οὗτοι ἠγοράσθησαν ἀπὸ τῶν ἀνθρώπων).

Y en la misma Epístola a los Hebreos:

6,1: «Arrepentimiento de obras muertas» (μετανοίας ἀπὸ νεκρῶν ἔργων).

10,22: «Purificados por aspersión los corazones de conciencia mala» (ῥεραντισμένοι τὰς καρδίας ἀπὸ συνειδήσεως πονηρᾶς).

11,34: «Fueron revigorizados de enfermedades» (ἐδυναμώθησαν ἀπὸ ἀσθενείας).

---

[33] El texto griego es ambiguo. El códice Vaticano intercala καί, suprimido por AV La = TH.

[34] Cf. BLASS-DEBRUNNER-REHKOPF, 211.

En Hb 5,7, la concisión de la frase εἰσακουσθεὶς ἀπό se explica plenamente por las palabras que preceden. El autor dijo: «Cristo ofreció oraciones y súplicas al que podía salvarlo». Ahora dice: «Fue escuchado». El verbo σῴζω y el verbo, casi sinónimo, εἰσακούω están estrechamente unidos. «Fue escuchado» en su súplica de salvación ¿qué otra cosa significa sino «fue salvado»? Abresch [35] pensó que, después de εὐλαβείας, se podría sobreentender ἐσώθη, en base al precedente σῴζειν, como en 1 Pe 2,9 hay que suplir ἐτέθησθε, conforme a ἐτέθησαν de 2,8, de manera que el sentido sería: «escuchadas las oraciones, fue librado del miedo». Pero él mismo comprendió que esto no es necesario.

La construcción elíptica podría sonar un poco dura y áspera. Pero si «salvar de» no es duro, tampoco «escuchar de» debe parecer duro, pues en la Escritura ambos verbos se usan para lo mismo.

Es, pues, bastante seguro que la locución εἰσακουσθεὶς ἀπό se puede traducir por «escuchado y librado de». Tal vez no se pueda demostrar ampliamente esta construcción por el uso lingüístico de los clásicos, pero es conforme al uso bíblico y al de nuestro autor. ¿Qué tiene de extraño si aquí sigue a los LXX, como siempre, si εἰσακούειν es simplemente σῴζειν? El autor de Hebreos pudo muy bien haberse expresado así.

c) *Contexto*

i. Contexto inmediato

No sólo el uso lingüístico, sino también el contexto inmediato pide dar a εὐλάβεια el sentido de «temor», «miedo», «angustia». La interpretación: «escuchado (y librado) de la angustia» es la más natural, la más conforme al curso del pensamiento en Hb 5,7-8.

1. Armoniza admirablemente con la enérgica descripción de la angustiada oración de Cristo en 5,7a: «ofreció oraciones y súplicas con clamor poderoso y lágrimas»: δέησις, ἱκετηρία, κραυγή, δάκρυ son consecuencia de la εὐλάβεια entendida en el sentido de «miedo» o «temor», son pruebas de la angustia. El que nada teme no ora ni grita en medio de su oración. Y Cristo ora «al que puede salvarlo de la muerte» (ἐκ θανάτου). Se trata de la «angustia» humana ante la inminencia de una muerte dolorosa e ignominiosa.

El artículo antes de εὐλαβείας se refiere, retrospectivamente, al temor que le arrancó la apremiante oración, el grito y las lágrimas, un determinado (τῆς) temor, el temor de la muerte. «Antes dijo θανάτου sin artículo; ahora τῆς εὐλαβείας con artículo, cuya fuerza relativa indica que la significación de εὐλάβεια está contenida en la mención de la muerte, que era 'horrible'». [36]

---

[35] Cf. DINDORF, 402.
[36] BENGEL, 920.

Böhme [37] defiende la traducción: «escuchado, siendo librado del temor», con este argumento: Se tenía que añadir la palabra εὐλάβεια, para que la frase no fuera ambigua. Pues, como el autor había dicho que Cristo dirigió oraciones al que podía salvarlo de la muerte, si sólo hubiera escrito «fue escuchado», se pensaría inmediatamente en la muerte, de la cual no le fue concedida la liberación. Por eso, añadió que fue escuchado y librado «del temor». Difícilmente se podría dejar de expresar el mal y el peligro del que Cristo fue librado.

2. La traducción «escuchado y librado del temor» corresponde además perfectamente al v. 8. Cristo pidió ser salvado de la muerte. Su oración fue escuchada: no fue apartado de él el cáliz de la muerte, pero fue librado del temor de la muerte, y así capacitado para decir: «No como yo quiero, sino como tú quieres» (Mc 14,36). ¡Qué significativo ejemplo de aprendizaje de obediencia!

ii. Contexto mediato e intención del autor

El contexto mediato y la intención del autor hablan igualmente en favor de esta explicación. En el desarrollo del discurso, se trata aquí de presentar a Cristo como uno que se hizo en todo semejante a nosotros, fuera del pecado, de afirmar su naturaleza pasible igual a la nuestra —ὁμοιοπαθής— sujeta a las debilidades, a fin de mostrar que es un sumo sacerdote compasivo.

Especial relación guarda nuestro texto con 2,14-15, donde se dice que los hombres están sujetos al temor de la muerte —φόβῳ θανάτου—, y que Cristo participó de las mismas cosas, para liberarlos. Si Jesús tenía que librar «a los que por temor de la muerte estaban sujetos a esclavitud» (2,15), él mismo tuvo que triunfar de su propio temor de la muerte. El paralelismo de terminología y pensamiento entre las perícopas 2,10-18 y 5,1-10, en las que se afirma la plena participación de Cristo en la debilidad humana, hace probable que φόβος θανάτου en 2,15 y εὐλάβεια (θανάτου) en 5,7 sean equivalentes.

d) Testimonio evangélico

Finalmente, se debe preferir la interpretación «escuchado y librado del miedo», porque se adapta mejor a la historia evangélica, a los relatos de la agonía. Corresponde a lo que realmente sucedió.

Aquí se describe el miedo, las oraciones y la escucha o aceptación de la oración de Cristo.

---

[37] Böhme, 232.

1. El horror a la muerte pertenece a la naturaleza y a su debilidad ingénita; no podía, por tanto, faltar en Cristo, verdadero hombre. Ante él se presentó la imagen terrible de la muerte, unida al dolor y a la ignominia. Y Cristo temió la muerte, «como teme la mano del quirurgo que hiere, aún el que no duda del buen resultado».[38] Esa fue su debilidad que le sirvió de tentación, sin la cual no podría ser llamado πεπειρασμένον κατὰ πάντα. El temor de la pasión y de la muerte fue tan grande que constituyó para él un estímulo a desobedecer a la voluntad del Padre.

Pero Jesús temió no tanto la muerte corporal con los tormentos anejos a ella, y, por consiguiente, la misma cruz — ¡cuántos mártires soportaron tormentos más crueles con alegre rostro! — sino algo todavía más atroz. Temió la muerte que él tenía que afrontar por nosotros, como si fuera el culpable de todos los crímenes de la humanidad. Nadie puede dudar que este pensamiento infundió inmenso terror en el ánimo de Cristo. Esta fue la causa de su ἀγωνία, lo que arrancó de su cuerpo espesas gotas de sudor y sangre (Lc 22,44). Esta fue su εὐλάβεια, la angustia, de la que tenemos tan conmovedora descripción en Mc 14,33 y Mt 26,37, donde es llamada ἀδημονεῖν. Esto fue lo que lo movió a pedir al Padre que apartara de él el cáliz (Mc 14,36; Mt 26,39).

2. Este miedo, causado por la grandeza del dolor que la naturaleza rehuye, fue inocente, sin queja y murmuración contra Dios. Jesús tomó su debilidad en oración y santificó así su temor. Dijo primero: «Padre, si es posible ...»; y después: «No se haga mi voluntad, sino la tuya».

3. La oración de Cristo fue escuchada. Aunque, en la infinitud del amor divino, el Padre no preservó a su Hijo de la muerte, sin embargo, en respuesta a su oración, lo libró del temor de la muerte. Cristo fue escuchado, no de manera de no beber el cáliz, sino de beberlo ya sin ningún horror.[39]

De esto hay un claro testimonio en los relatos evangélicos. «Escuchado (siendo librado) del temor» (Hb 5,7) es lo mismo que lo que leemos en Lc 22,43: «Entonces se le apareció un ángel, venido del cielo, que lo confortaba». A estas palabras se refirió el autor de Hebreos. Tal es el sentido mejor y más apropiado de nuestro texto.

---

[38] CAMERON, 1346.
[39] Para VON SODEN (Hebräer, 44), conforme a su interpretación de σῴζειν ἐκ θανάτου, εἰσακουσθείς no designa la realización de aquello en lo que fue escuchado, sino sólo la certeza de ser eschuchado («nur die Gewissheit, dass er erhört sei»). Porque le fue asegurada la escucha de su oración, es decir la salvación de (ἐκ, «aus») la muerte, Cristo fue librado de su angustia. De manera semejante STROBEL (Hebräer, 129): «Cristo dominó aquella terrible angustia precisamente a consecuencia de la seguridad de su salvación de ('aus') la muerte». No sin razón, B. WEISS (Hebräer, 138) juzga esta opinión como una forma extraña de entender εἰσακουσθείς.

El ángel puso a la vista del Señor el fruto inmenso que de su muerte redundaría a los hombres, y la gloria suprema que sería el premio de tan eximia obediencia (Flp 2,9-10). Así Cristo fue capacitado para «poner su cara como pedernal» (Is 50,7) a todo lo largo de su pasión. A partir de ese momento, desapareció el miedo y la angustia y volvió la serenidad de antes. «El Señor que había ido a orar triste hasta la muerte, volvió con plena tranquilidad y claridad de espíritu para esperar a los esbirros. Que Cristo fue escuchado así y no de otra manera es lo que el autor quiere dar a entender».[40]

Jesús, sin estremecerse, anunció la llegada del traidor (Mc 14,32). «Sabiendo todo lo que le iba a suceder» (Jn 18,4), se adelantó intrépidamente al encuentro de sus enemigos. Arrancado el temor, afirmó ya no poder dejar de beber el cáliz, que había deseado, condicionalmente, no beber (Jn 18,11). Avanzó, con inquebrantable entrega de sí mismo, para ser «propiciación» de los pecados del mundo. Soportó todo, no sólo con entera obediencia, sino con una confianza sin sombras. Y sufrió los tormentos y la muerte con ánimo invencible.

c. *Temor en sentido subjetivo y objetivo*

Εὐλάβεια es entendida subjetiva y objetivamente por Limborch y Klee.[41]

Cristo fue escuchado y por tanto librado del sentimiento de temor ante la muerte, porque Dios lo fortaleció por medio de un ángel y así alcanzó la serenidad para sufrir pacientemente y con inconmovible firmeza.

Pero Cristo también fue escuchado y librado del objeto de su temor, de la muerte, no de manera de no sufrirla, sino de no permanecer en ella. Su alma no fue abandonada en el sepulcro (Sal 16,10; Hch 2,27), «pues no era posible que quedara bajo su dominio» (Hch 2,24). El Padre, que siempre lo escucha (Jn 11,41-42), lo escuchó resucitándolo de los muertos (Hch 2,24.32; Rom 8,11; Ef 1,20). Dios se manifestó como «aquel que podía salvarlo de la muerte» (v. 7), cuando «hizo resucitar de entre los muertos al gran pastor de las ovejas en una sangre de alianza eterna» (Hb 13,20). Todas sus oraciones fueron plenamente respondidas, cuando Dios lo sacó del polvo de la muerte y lo coronó de gloria y honor.

* * *

Brandenburger,[42] desde su presupuesto de que el Sal 116 sirve de base a nuestro pasaje:

---

[40] VON HOFMANN, *Hebräer*, 219.
[41] LIMBORCH, 592; KLEE, 112. 114, con n. 1 y 2; J. BRAUN, 295-296; LOMB, 94-96; J. BROWN, 311. 313-314, aunque entienden εὐλάβεια subjetivamente, explican la escucha como liberación del temor en sentido subjetivo y objetivo.
[42] BRANDENBURGER, 215-216, con n. 3; 218.

— Deduce que εἰσακουσθείς significa salvación o liberación de la esfera de la muerte: «Escuchará (εἰσακούσεται) el Señor la voz de mi oración» (v. 1) es igual a «me salvó» (v. 6: ἔσωσεν) y «arrancó (ἐξείλατο) mi alma de la muerte» (v. 8).

— Considera la distinción de que Jesús no fue salvado de la muerte pero fue librado de la angustia como extraña, no sólo al Sal 116, sino al género literario de estos cánticos. En el Sal 116, los lamentos (ἐπικαλεσάμην) son expresión de la angustia (θλῖψιν καὶ ὀδύνην) que invadió al orante desde que lo rodearon los dolores de la muerte y del abandono divino (ὠδῖνες θανάτου, v. 3-4). Liberación de la muerte y de las lágrimas son una misma cosa, como lo muestran las locuciones paralelas: «Arrancó mi alma de la muerte (ἐκ θανάτου), mis ojos de las lágrimas» (ἀπὸ δακρύων: v. 8). Con la superación de los dolores de la muerte y de la angustia, se pasa al reposo (ἀνάπαυσις: v. 7).

— Correspondientemente, en Hb 5,7, εἰσακουσθεὶς ἀπὸ τῆς εὐλαβείας se debe interpretar de la escucha en el sentido de salvación de la esfera de la muerte y del abandono divino.

Thurén[43] interpreta igualmente 5,7b como liberación de la angustia y de la muerte. Temor de la muerte (ἀπὸ τῆς εὐλαβείας) y muerte (ἐκ θανάτου) no deben separarse. Cristo fue librado de la muerte, porque supo que Dios había escuchado su oración. La escucha significó el fin de la angustia personal, porque supo que ya no estaba abandonado de Dios. Esto sucedió en la cruz, después de la más profunda humillación e inmediatamente antes de la muerte (cf Lc 23,46: «Padre, en tus manos entrego mi espíritu»; Jn 19,30: «Todo está cumplido»).

2. No escuchado de la angustia

A. von Harnack,[44] con muchos otros, entiende el substantivo εὐλάβεια como «angustia», «temor» —ésta es, a su parecer, la significación más natural en Hebreos— y da a la preposición ἀπό el sentido más usual del hebreo מן = «de». Sostiene, por tanto, que se debe traducir: «Escuchado de su angustia» («Aus der Angst weg erhört»).

Señala, sin embargo, inmediatamente, con énfasis, la gran dificultad exegética que ofrece εἰσακουσθείς. Que Cristo fue «escuchado» es una afirmación completamente intolerable («ganz unerträglich») en el contexto de nuestro pasaje. Supone Harnack que el objeto de la oración de Cristo, descrita en 5,7, fue la preservación de la muerte. Y observa que esta súplica de Cristo no fue escuchada. Dios, aunque podía, no quiso preser-

---

[43] THURÉN, *Gebet,* 141, con n. 1; 145.
[44] VON HARNACK, 69-72.

varlo de la muerte. Cristo tuvo que aprender, por su pasión y su muerte, la obediencia, y así llegar a la perfección: 5,8-9.

Una escucha de la oración es excluida sobre todo por las palabras καίπερ ὢν υἱός, que afirman que a Cristo le ocurre algo que está en contradicción con su carácter de Hijo.

Gramaticalmente, la fórmula concesiva debe unirse a lo que precede. En una comunicación a Michel del 28 de marzo de 1929, afirma Harnack más resueltamente de como lo hace en su artículo, que καίπερ ὢν υἱός debe relacionarse a εἰσακουσθείς. «Estoy, por lo demás, inclinado a dar un premio —añade—, si alguno demuestra un pasaje en el que καίπερ introduce una oración antecedente y no una consecuente».[45] Y aduce varios testimonios del NT, de los Padres Apostólicos y Apologetas, por los que aparece que καίπερ se usa siempre en estos escritos como consecuente:

Hb 7,5: «Y aquellos de los hijos de Leví que reciben el sacerdocio, según la ley tienen orden de someter a diezmo al pueblo, es decir, a sus hermanos, aunque salidos (καίπερ ἐξεληλυθότας) de los riñones de Abraham».

Hb 12,17: Esaú «no encontró lugar para un cambio, aun habiéndolo buscado (καίπερ ἐκζητήσας) con lágrimas».

Flp 3,4: «Sin poner nuestra confianza en la carne, aunque yo tengo (καίπερ ἐγὼ ἔχων) motivos para confiar también en la carne».

1 Clem, 7,7: Los ninivitas «alcanzaron la salvación, no obstante ser (καίπερ ὄντες) ajenos a Dios».

16,2: «El Señor Jesucristo no vino al mundo con aparato de arrogancia ni de soberbia, aunque pudiera» (καίπερ δυνάμενος).

Ign, Sm, 3,3: «Después de su resurrección, comió y bebió con ellos, como hombre de carne que era, si bien espiritualmente estaba hecho una cosa (καίπερ ἡνωμένος) con su Padre».

M Pol, 17,1: «El diablo dispuso las cosas de modo que ni siquiera nos fuera dado apoderarnos de su cuerpo, por más que muchos deseaban hacerlo» (καίπερ πολλῶν ἐπιθυμούντων).

Herm, Vis, 3, 2, 9: «Otras (piedras) caían cerca de las aguas, pero no podían rodar al agua, aunque querían (καίπερ θελόντων) rodar y llegar hasta ella».

Sim, 8,6,4: «Ni uno solo de entre ellos ha hecho penitencia, a pesar de haber oído (καίπερ ἀκούσαντες) las palabras que les hablaste».

---

[45] MICHEL, *Hebräer*, 221-222, n. 5.

8,11,1: «Porque el Señor, compadecido, me envió a dar a todos la penitencia, a pesar de que algunos no son (καίπερ τινῶν μὴ ὄντων), por sus obras, dignos de ella».

Just, Apol, 1,4,4: «Mas, tratándose de nosotros, tomáis el nombre como prueba, siendo así que, si por el nombre va, debiérais (καίπερ ὀφείλετε) más bien castigar a los acusadores».

1,7,3: «Todo el mundo les da el nombre único de filósofos, aunque son (καίπερ ὄντων) las opiniones contrarias»; 25,1; 45,5 (Ed. Otto).[46]

Dial, 55,3: «A ti te parecerán extrañas (las pruebas), por más que las estáis leyendo (καίπερ ἀναγινωσκόμενοι) todos los días».

Por todo esto, Harnack aventuró su audaz conjetura. El texto que poseemos está corrupto. El autor debió haber escrito lo contrario. Se debe, por tanto, intercalar un οὐκ antes de εἰσακουσθείς, y traducir: «de la angustia no fue escuchado, aunque era el Hijo».

La corrupción del texto, presupuesta por Harnack, es explicada por él así. La rotunda afirmación de que Cristo «no fue escuchado», debió, desde un principio, haber causado escándalo en los círculos eclesiásticos, suscitado la sospecha de que el texto transmitido no estaba en orden e inducido a la corrección. Y, muy tempranamente, ya antes del arquetipo de todos los mss llegados a nosotros, un copista, no por inadvertencia casual, sino por motivos religiosos, para obtener un texto más conforme a su piedad, eliminó la negación.

La célebre conjetura de Harnack ha encontrado entre los críticos muy pocos defensores, frente a una multitud de opositores. Ha sido introducida con reserva en las notas críticas de Nestle-Aland: «[οὐκ Harnack cj]», adoptada con vacilación por Windisch y Blass-Debrunner, y sostenida enérgicamente sólo por Bultmann, Scheidweiler y Grässer.

Windisch, ya en la primera edición de su comentario (1913), presentaba así el texto: «Y de su angustia (?...?) fue escuchado»; y, sospechando una laguna, escribía en la nota: «En todo caso... «ser escuchado» y «aprender obediencia» están demasiado bruscamente («zu unvermittelt») uno al lado del otro».[47] En la segunda edición (1931), imprime la traducción de esta manera: «de su angustia (?) ‹no?› fue escuchado».[48] Y, después de señalar que Jesús no fue escuchado en el sentido de ser preservado de la muerte, comenta: «Todas estas reflexiones favorecen la ingeniosa conjetura de Harnack: οὐκ εἰσακουσθείς. La eliminación de οὐκ

---

[46] Para el texto, según la ed. de E. J. GOODSPEED, cf. infra p. 209.
[47] WINDISCH, *Hebräer*[1], 42-43.
[48] WINDISCH, *Hebräer*[2], 44.

podría ser una consciente corrección dogmática».[49] Llama a esta conjetura muy digna de consideración, pero no la aprueba plenamente.

Blass-Debrunner[50] adoptan la propuesta de Harnack, como una alternativa, junto a otra posibilidad.

Sólo Bultmann, Scheidweiler y Grässer[51] se ponen decididamente de parte de Harnack. Para estos autores la adición de la partícula οὐκ es el único modo de hacer comprensible el pasaje.

3. *Escuchado por el Temor (Dios)*

Otra interpretación singular, defendida por primera vez por A. Ehlers en sus Notas manuscritas al NT y dada a conocer por J. Chr. Wolf,[52] traduce nuestra frase de esta manera: «Y fue escuchado por el Temor», e.d., por Aquel, a quién veneró con temor, por Dios.

J. D. Michaelis, en la observación 141 al Comentario de Peirce, juzga «estupendamente demostrada»[53] la explicación de Ehlers. En la primera edición de su «Erklärung des Briefes an die Hebräer» (1762), introduce, conjeturalmente, en la paráfrasis, la interpretación: «Y lo libró del mal, del mal que temía, o ... lo escuchó de su temor»;[54] pero, en el comentario mismo, prefiere la traducción: «Fue escuchado por Dios». Finalmente, en la segunda edición de su «Erklärung» (1780-86), se retracta de la conjetura propuesta en la paráfrasis de la primera edición, y, más resueltamente, traduce: «Y fue escuchado por el Majestuoso, al que se acercaba con temor».[55]

Entre los modernos, sólo Spicq[56] presenta esta «interpretación seductora» como posible.

El substantivo εὐλάβεια es entendido objetivamente, como una designación de Dios mismo. Es la utilización de un nombre abstracto por el concreto, como en Mt 26,64: «el poder» (ἡ δύναμις), en lugar de «Dios poderoso»; en Hb 1,3 y 8,1: «la Majestad» (ἡ μεγαλωσύνη), en lugar de «Dios majestuoso». El sentido es: «fue escuchado por el Dios terrible».

Εὐλάβεια, «Temor», es aquí un nombre de Dios, como en el AT, donde Dios es llamado frecuentemente «Temor»; en el texto hebreo: פַּחַד, מֵעֲרִיץ, מוֹרָא (de עָרַץ hi = «aterrorizar»).

---

[49] WINDISCH, *Hebräer*², 43.
[50] *Blass-Debrunner*, ed. 1943⁷ a 1965¹²; cf. infra pp. 249-250.
[51] BULTMANN, εὐλαβής, 749-751; SCHEIDWEILER, Καίπερ, 224-226; GRÄSSER, *Der Hebräerbrief*, 220-221.
[52] WOLF, 653.
[53] J.D. MICHAELIS, *Ad Peircium*, 222, n. 141.
[54] J.D. MICHAELIS, *Hebräer*¹, 175-176.
[55] Cf. DINDORF, 400-401.
[56] SPICQ, *Hébreux*, 2, 116.

Gn 31,42 TH: Jacob dice a Labán: «Si el Dios de mi padre, el Dios de Abraham y el Terror de Isaac (וּפַחַד יִצְחָק; Onqelos interpreta: «y aquel a quien temía Isaac», וּדְדָחֵיל לֵיהּ יִצְחָק) no hubiera estado conmigo, ciertamente ahora me habrías despedido con las manos vacías».

31,33 TH: «Y Jacob juró por el Terror (בְּפַחַד; Onqelos: «por aquel a quien temía», בְּדְדָחֵל לֵיהּ) de su padre Isaac».

Sal 76,12: «Haced votos al Señor, vuestro Dios, y cumplidlos; traigan los vasallos tributos al Temible» (לַמּוֹרָא).

Is 8,13: «Al Señor de los ejércitos llamaréis Santo, él será vuestro temor (מוֹרַאֲכֶם), él será vuestro terror» (מַעֲרִיצְכֶם).

Acerca del falso dios, se lee en Is 8,12: «Y no temáis ni os asuste su temor» (מוֹרָאוֹ). La imagen del falso dios es llamada «horror» en 1 Re 15,13 = 2 Cr 15,16: Asá de Judá «incluso a su abuela Maacá le quitó el título de reina madre, por haber hecho un Horror (מִפְלֶצֶת) de Astarté. Asá destrozó el Horror»[57] (מִפְלַצְתָּה).

Igualmente, en las paráfrasis arameas. En Ex 15,2: «Mi fuerza y mi poder es el Señor», el nombre de Dios (יָהּ) es traducido por Onqelos: «temor de Dios» (דְּחִילָא יְיָ). En Dt 32,15, el Targum de Jerusalén usa acerca de Dios el substantivo דַּחֲלָא = «temor»; «deshonró a su Roca salvadora» es parafraseado, en Neofiti I: «renegaron del temor (בדחלתה) del Poderoso que los había creado». Y el mismo substantivo דַּחֲלָא, que significa propiamente «temor», se emplea frecuentemente en el sentido de «ídolo», «dios falso», así llamado porque los hombres lo temen, como al dios verdadero: Os 8,6; en plural Ex 20,23; Lv 19,4.[58]

No hay, ciertamente, ningun ejemplo, en que el substantivo griego εὐλάβεια se use objetivamente de Dios mismo. Pero el autor de la Epístola a los Hebreos pudo muy bien usar εὐλάβεια en lugar de φόβος, para designar el nombre de Dios, que correspondería al hebreo פַּחַד o מוֹרָא.

Análogamente, εὐλάβεια suele usarse como título de honor respecto a una persona elevada en dignidad, como cuando se dice: «su Reverencia». La fórmula de cortesía puede referirse a un prefecto: Greg Naz, Ep, 84;[59] al emperador: Athan, Ep Jov;[60] a un sacerdote: Greg Naz, Ep, 102;[61] a obispos: Chrysost, Ep, 85;[62] al Papa: Chrysost, Ep Innoc. 1.[63]

---

[57] Así se lee también en Bi Jer, con la anotación: «traducción dudosa».
[58] Cf. BUXTORF, s.v., 269, n. 38.
[59] PG 37, 157.
[60] PG 26, 816.
[61] PG 37, 193.
[62] PG 52, 653.
[63] PG 52, 529; cf. STEPHANUS, s.v.; MOULTON-MILLIGAN, s.v., quienes citan PFlor 1, 73, 7; LAMPE, s.v., 1 e.

Nuestro texto podría interpretarse en este sentido: «Cristo orante y humillado tuvo la audiencia de la reverencia soberana».[64]

La preposición ἀπό, en esta interpretación, es entendida como partícula que expresa el sujeto agente. En el griego del NT, la construcción de ἀπό en lugar de ὑπό, con verbos pasivos, es muy frecuente: Hch 2,22: «aprobado por (ἀπό) Dios»; 15,4: «fueron recibidos por (BC: ἀπό) la Iglesia».[65]

Conforme a esta interpretación, ἀπὸ τῆς εὐλαβείας equivale, pues, a ἀπὸ τοῦ θεοῦ. Así resulta un texto perfectamente equilibrado. 'Απὸ τῆς εὐλαβείας corresponde a πρὸς τὸν δυνάμενον σῴζειν αὐτὸν ἐκ θανάτου. En ambos casos se trata de una designación de Dios. Cristo oró «al que podía salvarlo de la muerte» y fue escuchado «por el Temor».

4. *Escuchado después del temor*

J. Peirce[66] avanza una conjetura. Εἰσακουσθεὶς ἀπὸ τῆς εὐλαβείας es una frase enunciada «como de paso» —ὡς ἐν παρόδῳ—, para resolver la duda que pudiera surgir del miembro anterior del verso 7; un inciso parentético, que quiere desatar este nudo: ¿Cómo pudo suceder que el profundo clamor de Cristo, mezclado con lágrimas, no fuera escuchado por el Dios de bondad? Pues Cristo no fue librado de la muerte, sino que murió en la cruz. El autor responde: «Fue escuchado», y ciertamente «en breve» («brevi»), «poco tiempo después del temor» («momento temporis post timorem»), e.d., de manera que al tercer día volvió de la muerte a la vida.

'Από es aquí partícula temporal con el sentido de «poco después de», acepción tan conocida por los eruditos, que no necesita ser confirmada con ejemplos. Εὐλάβεια significa «temor», entendido objetivamente. El período debe encadenarse así: Cristo, en los días de su carne, ofreciendo oraciones al que podía salvarlo de la muerte (fue escuchado poco después de haber sucumbido al mal que temía), padeciendo, aprendió la obediencia.

Una interpretación similar ha sido propuesta por P. Andriessen y A. Lenglet, seguidos por Nueva Biblia Española y W. Schenk.[67] Se basan también en la significación temporal de ἀπό y en el sentido fuerte de εὐλάβεια, y traducen: «Escuchado después de (haber sufrido) la angustia».

---

[64] Spicq, *Hébreux*, 2, 116.
[65] Cf. Abel, 46 g; Blass-Debrunner-Rehkopf, 210, 2; Zerwick, 90.
[66] Peirce, 220-222.
[67] Andriessen-Lenglet, 208. 210-212; Andriessen, 252. 289-290; Nueva Biblia Española, 1862; Schenk, 248.

La preposición ἀπό, así como su equivalente latino «a», puede traducirse por «después de», sobre todo si se trata de hechos que se siguen inmediatamente. P.ej. Hdt, Hist, 6,129: ἀπὸ δείπνου = «después de la comida».[68] El autor de Hebreos, que se sirve de la preposición ἀπό 23 veces, la emplea siempre en su significación fundamental de complemento de lugar o tiempo, o en sentido partitivo. Cf 5,8; 6,1.7; 7,2.13.26; 9,14.26; 10,22; 11,12.34; 12,15.25; 13,24. Una formulación semejante a la de nuestro texto se encuentra en Hb 11,34: «fueron revigorizados después de la debilidad».

En Hb 5,7, ἀπό designa el momento en que el Señor fue escuchado. Se trata en este lugar de enfatizar las condiciones humillantes en las cuales el Señor fue escuchado: ofreció oraciones con gran clamor y lágrimas (por tanto, en la angustia), y, después de la angustia, fue escuchado. La angustia de Cristo no es el temor común frente a la muerte, como en 2,15. Cristo está espantado por la sentencia de muerte que su Padre ha pronunciado sobre él, y que debe sufrir por toda una humanidad pecadora. Las angustias de la muerte en Cristo indican que él se encuentra en la atmósfera terrificante de los infiernos, presa de la muerte, donde se cree repudiado y reprobado por Dios, entregado a los poderes infernales, embarazado en las redes del sheol. Al término de su angustia, después de haber debido pasar por las situaciones más lastimosas, Cristo fue escuchado. «Después de la angustia» (de la muerte) es más expresivo que «después de la muerte». Como Brandenburger, Andriessen hace consistir la liberación ἐκ θανάτου en el «transfert» a la esfera de la vida celeste, ya comenzada con la muerte.

B. *Crítica de las opiniones anteriores*

1. Escuchado (y librado) del temor

La interpretación «escuchado (y librado) del temor» es objetada por numerosos críticos (Flacio Ilírico, Casaubon, Belarmino, Giustiniani, Estio, A. Lapide, Calmet, J. D. Michaelis, Bleek, Wette, Lünemann, Delitzsch, Riehm, Maier, Alford, Cremer, Reuss, Zill, Davidson, Farrar, Westcott, Ménégoz, Milligan, Riggenbach, Windisch, Harnack, Keulenaer, Bultmann, Jeremias, Michel, Schrenk, Médebielle, Ungeheuer, Bonsirven, Lenski, Teodorico, Spicq, Rissi, Omark, Friedrich, Boman, Vanhoye, F. F. Bruce, Lescow, Andriessen, Lenglet, Galizzi, Feuillet, Swetnam).[69]

---

[68] Cf. BAUER, s.v., II, 2, a, y diccionarios griegos y latinos.

[69] FLACIO ILÍRICO, 1132; CASAUBON, 1344; BELARMINO, 275; GIUSTINIANI, 680; ESTIO, 108; A LAPIDE, 395; CALMET, 663; J.D. MICHAELIS, *Hebräer*, 176, n. 104; BLEEK, 236; WETTE, 169-170; LÜNEMANN, 177-179; DELITZSCH, 191; RIEHM, 327, n. 1; MAIER, 156; ALFORD, 96; REUSS, 52; ZILL, 227; DAVIDSON, 112-113; FARRAR, 75; WESTCOTT, 127; MÉNÉGOZ, 97;

Es calificada como «absolutamente improbable» (Bleek), «inadmisible» (Davidson, Keulenaer), «completamente insostenible» (Westcott), «del todo intolerable», «sofisticamente dialéctica» (Harnack), «imposible» (Blass-Debrunner-Rehkopf).[70]
Se alzan importantes objeciones de tipo lingüístico y de contenido.

a. *Objeciones de tipo lingüístico*

1) Significación de εὐλάβεια

La traducción propuesta para la fórmmula de la epístola fuerza, en primer lugar, el sentido de los términos. La significación de «angustia» para εὐλάβεια, en nuestro pasaje, es contestable.

El vocablo griego εὐλάβεια no designa propiamente «miedo». Significa «precaución» e.d., tranquila huida del mal, como casi siempre entre los escritores profanos. Se emplea también algunas veces como «temor». Pero, en la Escritura, no se usa por lo general para expresar miedo, horror, espanto. Este término se toma ordinariamente como «reverencia», «temor reverencial», «piedad», «religión».[71]

Bleek, Lünemann, Alford, Davidson, Farrar, Ménégoz[72] limitan la significación de εὐλάβεια y palabras emparentadas, al «temor» que procede de «precaución» y «previsión». Admiten el sentido suave de temor reverencial ante la divinidad o ante las cosas humanas. Pero afirman que nunca es expresada por εὐλάβεια la idea fuerte de temor, en el sentido de miedo, angustia, horror, como el que se experimenta ante un mal que apremia, como el que inspira la muerte.

Lünemann[73] niega toda fuerza probatoria a algunos pasajes alegados del AT. En Sab 17,8 se debe entender por καταγέλαστον εὐλάβειαν el falso, idolátrico y por tanto ridículo «temor religioso» de los encantadores egipcios. En 2 Mac 8,16 y Sir 41,3 sólo se desaconseja temer («scheuen»), respectivamente, la superioridad del ejército enemigo, o la muerte, suerte común de todos los hombres. Debemos reconocer, sin em-

---

MILLIGAN, 109; RIGGENBACH, *Hebräer,* 132-134, con n. 49 y 50; WINDISCH, 43; HARNACK, 70-71; KEULENAER, 405; BULTMANN, 2, 751; JEREMIAS 107, con n. 1; MICHEL, *Hebräer,* 221, n. 4. 222; SCHRENK, 281, n. 63; MÉDEBIELLE, 311; UNGEHEUER, 130; BONSIRVEN, 278-279, n. 1; LENSKI, 164-165, TEODORICO, *Ebrei,* 102; SPICQ, *Hébreux,* 2, 114-115; RISSI, 38, con n. 19; OMARK, 44; FRIEDRICH, *Das Lied,* 106; BOMAN, 267; VANHOYE, *Textus de sacerdotio, 110; Prêtres anciens,* 148; F.F. BRUCE, 101; LESCOW, 226; ANDRIESSEN-LENGLET, 208-209; ANDRIESSEN, 287-288; GALIZZI, 233, n. 1; FEUILLET, 181-183; SWETNAM, 178-179.
[70] BLEEK, 236: «durchaus unwahrscheinlich»; DAVIDSON, 113: «inadmissible»; KEULENAER, 405: «admitti nequit»; WESTCOTT: «wholly untenable»; VON HARNACK, 70: «ganz unerträglich»; 71: «dialektisch - sophistisch»; BLASS-DEBRUNNER-REHKOPF, 210, n. 1: «unmöglich».
[71] Cf. infra, pp. 220-235.
[72] BLEEK, 236; LÜNEMANN, 178; ALFORD, 96; DAVIDSON, 113; FARRAR, 75; MÉNÉGOZ, 97.
[73] LÜNEMANN, 178.

bargo, con Delitzsch, Riehm y otros [74] que εὐλάβεια, εὐλαβεῖσθαι y εὐ-λαβής pueden designar también el temor en sentido fuerte, como el que brota de una impresión sobrecogedora. Cf p.ej. Jos, Ant, 11,6,9(239).

En Lc 2,25, donde el texto griego dice del anciano Simeón que era un hombre justo y εὐλαβής, y donde la Vg traduce «timoratus», Calvino mismo lee «pius», «piadoso», y lo explica de la verdadera «piedad»;[75] y Beza [76] reconoce que εὐλάβεια se puede entender también como «reverencia», «honor religioso», «piedad» en Hb 12,28, y εὐλαβής como «piadoso», «religioso» en Lucas y Hechos. ¿Por qué, entonces, —pregunta Belarmino [77]— en Hb 5,7, Calvino y Beza pretenden dar a la misma palabra el sentido de «miedo» a la muerte eterna, unido a la máxima angustia?

En Hch 23,10, εὐλαβηθείς sólo en raros manuscritos sustituye a φοβηθείς; está muy mal testimoniado para que se tenga el derecho de tomarlo en consideración.

El uso lingüístico general del NT, y especialmente de la Epístola a los Hebreos, hace improbable que con εὐλάβεια se exprese el temor de la muerte. Los pasajes alegados no están bien fundados. El temor de la muerte es llamado en Hb 2,15 no εὐλάβεια, sino φόβος θανάτου. En Hb 12,28, εὐλάβεια no es el temor ante la amenaza del fuego devorador de Dios, sino la vigilancia sobre sí mismo que evita todo lo que es contrario a Dios. En Hb 11,7, εὐλαβηθείς no designa el temor ante el juicio anunciado del diluvio, sino la concienzuda y prudente precaución frente al peligro inminente: «precaviéndose».

Εὐλάβεια y palabras emparentadas significan, pues, siempre en el NT temor reverencial, temor religioso. Si se supone que en nuestro texto εὐλάβεια reviste la acepción de angustia, sería el único pasaje neotestamentario en el que el término no tendría el sentido de temor religioso.

El sentido del texto ofrecido por los códices «d» y «e» de la Antigua versión latina: «a metu»; por la cita de Ambrosio: «ab illo metu»; por las interpretaciones siria: «por el temor y los padecimientos», y copta: «from the fear», no se puede determinar con seguridad. Las expresiones son ambiguas: pueden entenderse del «temor de la muerte», pero también del «temor de Dios».

2) Locución contracta

Graves objeciones se levantan sobre todo contra la supuesta «locución preñada» de la fórmula εἰσακουσθείς ἀπό.

---

[74] Delitzsch, 191; Riehm, 327, n. 1.
[75] Calvino, *Harmonia,* ad Lc 2,25.
[76] Beza, 349.
[77] Belarmino, 275.

El uso de la «brachylogia» es un fenómeno literario frecuente en el hebreo y en el griego clásico y bíblico. Pero la construcción elíptica εἰσα-κουσθεὶς ἀπό con el sentido de «escuchado, siendo librado de» es justamente considerada extraña a la lengua griega, absolutamente sin precedente, inadecuada, demasiado dura, violenta, gramaticalmente forzada; por consiguiente, dudosa, poco verosímil, sumamente improbable e insostenible.[78]

No hay una razón absoluta para que el autor de Hebreos, de ordinario tan hábil, no se hubiera expresado en forma desmañada y torpe. Pero «nuestro autor es demasiado buen escritor, para hacer elipsis de este género».[79] Ningún intérprete griego comprendió el texto de tal manera. Y difícilmente fue entendido así por algún antiguo traductor.

La unión de εἰσακουσθεὶς con ἀπό, en el sentido de «escuchar, librando de», carece de toda segura analogía. Esta forma de expresión no aparece en los autores griegos. «No sé quién de los antiguos haya dicho jamás εἰσακουσθεὶς ἀπό τινος».[80] Hasta ahora no se ha encontrado ningún texto verdaderamente paralelo. Todos los ejemplos alegados claudican.

Los supuestos paralelos de los LXX no se aplican a nuestro pasaje.

Sal 55,17: Aquí los LXX no identificaron «salvar» (יָשַׁע) con «escuchar» (εἰσακούω), sino leyeron falsamente יִשְׁמָעֵנִי por יוֹשִׁיעֵנִי.[81]

Sal 22,22 no es un ejemplo. A lo más, se demostraría que en hebreo, pero no en griego, «escuchar de» podría ser usado en lugar de «escuchar, salvando de». Pero quizá ni siquiera aparece tal construcción en el TH, pues estas palabras se podrían traducir más fluidamente: v. 22: «Sálvame de las fauces del león y de los cuernos de los búfalos». V. 23: «¡Tú me has escuchado! Anunciaré tu nombre a mis hermanos». Probablemente el texto está corrupto, como sugieren las versiones de los LXX y Vg.

Los LXX no entendieron ni interpretaron el TH como «locutio praegnans». Tradujeron: ἀπὸ κεράτων μονοκερώτων τὴν ταπείνωσίν μου (Vg «humilitatem meam»). En lugar de עֲנִיתִי, leyeron tal vez, con un pequeño cambio de consonantes: עֲנָוְתִי (de עֲנָוָה). Es mejor, con muchos críticos, leer עֲנִיָּתִי (de עֲנִיָּה) = «a mi pobre». Guarda mejor el paralelismo con el verso precedente.

---

[78] Casaubon, 1344; Estio, 108; Giustiniani, 680; A Lapide, 395; Bleek, 236; Lünemann, 178; Alford, 96; Ménégoz, 97; Riggenbach, *Hebräer*, 132-133, con n. 49; Bonsirven, 278-279, n. 1; Spicq, *Hébreux*, 2, 115; Boman, 267; Vanhoye, *Textus de sacerdotio*, 110; Andriessen, 287; Feuillet, 181. 183; Hughes, 184, n. 12; Attridge 90; Swetnam, 178-179.

[79] Ménégoz, ibid.

[80] Casaubon, 1344.

[81] Cf. BHS ad loc.

Job 35,12 es sólo aparentemente paralelo, pues ἀπὸ ... se relaciona, como en hebreo, al verbo anterior κεκράξονται: «Allí gritarán, y ninguno escuchará, precisamente (καί)[82] a causa de (ἀπό) la insolencia de los malos»; así lo muestra el v. 9: «Calumniados por (ἀπό) una multitud, clamarán, gritarán a causa del (ἀπό) poder de muchos».

Sal 118,5 tampoco ofrece ningún punto de apoyo. Es una reproducción muy literal del modelo hebreo. Pero no hay razón para atribuir una construcción todavía más dura a un buen escritor como es el autor de Hebreos. Además, no se trata de ἀπό con genitivo, sino de εἰς con acusativo.

Los ejemplos extraídos del NT y particularmente de nuestra epístola no son análogos, carecen de valor probativo, son incluso inútiles. Pues los verbos llevan en sí mismos la idea de liberación, separación, purificación, cambio «de» algo; la preposición se sigue naturalmente. Por otra parte, de la preposición misma se desprende únicamente la idea de separación, no de liberación.

b. *Objeciones en cuanto al contenido*

A las objeciones de orden filológico se añaden grandes dificultades en cuanto al contenido.

1) Doctrina de Calvino y Beza

La doctrina de Calvino y Beza, expresada en su exégesis a Hb 5,7-8, levantó numerosas protestas. Fue rechazada como «blasfema, disonante y horrenda»,[83] como «impiedad nueva e inaudita»,[84] particularmente la opinión de que Cristo tuvo miedo de la condenación eterna y cedió a un sentimiento de desesperación, cuando exclamó: «Dios mío, Dios mío, ¿por qué me has abandonado?»

Es refutada sobre todo en la época de la Reforma por Maldonado, Belarmino, Suárez, Giustiniani, Estio, A Lapide, Gordon, y entre los protestantes mismos por Flacio Ilírico y Casaubon.[85]

Presentamos algunas de las principales objeciones.

1. Aún si se concede que εὐλάβεια significa «miedo» y que el autor de Hebreos quiso significar que Cristo fue «escuchado de su miedo», no se sigue de esto que Cristo haya temido y sufrido lo que sufren los conde-

---

[82] Cf. n. 33.
[83] A Lapide, 395.
[84] Belarmino, 272.
[85] Maldonado, 658-659; Belarmino, 271-275; Suárez, 530-532; Giustiniani, 680; Estio, 108; A Lapide, 395; Gordon, 610; Flacio Ilírico, 1132; Casaubon, 1344. Posteriormente: Piquigny, 298; Calmet, 663; Drach, 736; Padovani, 190-191.

nados en el infierno. Hubo ciertamente miedo en Cristo, pero no del infierno, sino de la muerte, y lo aceptó voluntariamente.

2. Que Cristo sintió de tal manera a Dios airado contra él, que dudó de su propia salvación, repugna con las afirmaciones del mismo Cristo:

Mt 20,18-19: «El Hijo del hombre será entregado... para burlarse de él, azotarlo y crucificarlo, y al tercer día resucitará».

26,41: «El espíritu está pronto, pero la carne es débil».

26,53: «¿O piensas que no puedo yo rogar a mi Padre, que pondría al punto a mi disposición más de doce legiones de ángeles?»

26,64: «Veréis al Hijo del hombre sentado a la diestra del Poder y venir sobre las nubes del cielo».

Lc 23,43: «Hoy estarás conmigo en el Paraíso».

23,46: «En tus manos pongo mi espíritu».

Jn 18,4: «Jesús, que sabía todo lo que le iba a suceder, se adelanta».

Estas no son palabras y actitudes de un hombre que siente a Dios airado contra él y que duda de su salvación.

3. Si Cristo pronunció palabras de desesperación, pecó gravemente. Consiguientemente, no podía satisfacer por nosotros, sino más bien irritó más a Dios y le infirió una grave injuria; no podía ser nuestro redentor, más aún necesitaba un mayor redentor. ¿Cómo podría redimirnos del pecado por el pecado?

Responde Calvino: Cristo pronunció palabras de desesperación y dudó de su salvación, en cuanto a la sensibilidad de la carne («sensu carnis»), pero nunca estuvo destituido de confianza y esperanza en Dios («non quod diffidentia laboraverit»).[86] En la cruz, aunque exclamó: «¿Por qué me has abandonado?», que son palabras de desesperación, también dijo: «Dios mío, Dios mío», que son palabras de confianza y esperanza en Dios.

Igualmente Beza:[87] Todo proviene del inmenso dolor, no de desconfianza. Nunca desesperó el autor de nuestra esperanza. Siempre lo animó una invicta confianza. El mismo que, estremecido, dice: «¿Qué diré? ¿Líbrame de esta hora?», añade: «¡Pero si para eso he venido!» El que tres veces pide: «Aparta de mí este cáliz», añade: «Hágase lo que tú quieres». El que grita que ha sido abandonado, llama a Dios, «su» Dios.

Los movimientos de desesperación en Cristo —explica Beza— no fueron deliberados. «Cuando exclama: '¿Qué diré?', su ánimo estaba de

---

[86] CALVINO, *Ad Hebraeos*, 62; cf. también Harmonia, ad Mt 27,46: «fixam tamen stetisse fidem eius in corde».

[87] BEZA, 350.

tal manera sobrecogido por el pensamiento de soportar la ira infinita, que cada una de sus facultades no decidían nada por sí mismas, sino que, interrumpido todo proceso, estaban indecisas. Luego, cuando pide: 'Líbrame de esta hora', cuando ruega: 'Aparta de mí este cáliz', habla el ánimo, absorbido en el mismo pensamiento, de manera que, volviéndose enteramente hacia una parte, casi está convencido de que todo está terminado para él y de que no podrá sostener tan gran peso. Finalmente, cuando grita que ha sido abandonado, su ánimo está, no ya completamente absorbido en el pensamiento y temor del mal inminente, sino sepultado en el profundo abismo de la máxima desgracia, luchando con suma dificultad por salir a flote».[88]

Pero, si estos movimientos fueron indeliberados —como dice Beza— hubo entonces en Cristo desorden de pasiones, en cuanto que el miedo pudo anteceder a la razón y producir palabras de desesperación contra la voluntad. Sin embargo, como reconoce Calvino, la naturaleza de Cristo fue perfecta y no pudo haber en él pasión desordenada: «íntegro y sin ninguna tacha de imperfección, tuvo afecciones tan moderadas, que no se podría encontrar ningún exceso».[89]

4. El temor, acompañado de una especie de desesperación, no conviene a la persona de Jesús, aun en sus más grandes dolores. Cristo no pudo concebir a Dios irritado contra él y, por tanto, no pudo caer en el abismo de la desesperación. Sabía que amaba al Padre y, a su vez, que era muy amado por el Padre (cf Mt 3,17).

5. No era necesario, para salvarnos, que Cristo experimentara todas las penas de los condenados, entre las que estaba el no esperar salvación alguna, «porque —comenta Maldonado, a propósito de Mt 27,46— no aplacó a Dios la magnitud de la pena, que por más grande que fuera no podía parangonarse con la multitud y enormidad de nuestros pecados, sino la condición de la persona. Pues cualquier cosa que Dios padeciera era suficiente para satisfacer a Dios».[90]

La Escritura atribuye nuestra salvación, no a los dolores del infierno, como quiere Calvino, sino a la sangre y muerte de Cristo, suficiente para redimirnos.

Rom 5,6: «Cristo murió por los impíos»; v. 8: «Siendo nosotros todavía pecadores, murió por nosotros».

Ef 1,7: «En él tenemos por medio de su sangre la redención».

Col 1,20: «Pacificando, mediante la sangre de su cruz, lo que hay en la tierra y en los cielos».

---

[88] BEZA, ibid.
[89] CALVINO, *Institutio*, 2, 16, 12.
[90] MALDONADO, 659.

Hb 9,12: «Por su propia sangre entró una vez por todas en el santuario, habiendo encontrado una redención eterna».

1 Pe 1,18-19: «Habéis sido rescatados... con una sangre preciosa, como de cordero sin tacha y sin mancilla, Cristo».

1 Jn 1,7: «La sangre de su Hijo Jesús nos purifica de todo pecado».

Ap 5,9: «Con tu sangre compraste para Dios hombres de toda raza, lengua, pueblo y nación».

2) Contexto

a) Contexto inmediato

La interpretación que hace consistir la respuesta a la oración de Cristo en la liberación del temor de la muerte está en pugna con el contexto inmediato.

Hb 5,7a menciona oraciones dirigidas «al que podía salvarlo de la muerte».

Si Cristo pidió la exención de la muerte y fue escuchado por la liberación del objeto de su temor, e.d., de la muerte, por la resurrección, es un inadmisible «quid pro quo»: Jesús pidió una cosa y el Padre le concedió otra. Calvino observa: «Así sucede frecuentemente que pedimos esto o aquello pero con otro fin. Dios, sin embargo, aunque no concede lo que habíamos pedido, encuentra la manera de acudir en nuestro auxilio».[91] Pero, esto, aunque cierto en la vida cristiana, no se aplica aquí, porque la verdadera oración de Cristo, como εὐλαβής, fue concedida en la misma forma en que fue expresada.

Si se afirma que el objeto de la oración de Cristo fue ser librado del temor, se supone algo que no aparece en el texto. El temor de la muerte no es lo mismo que la muerte.

Si se dice que Cristo pidió la preservación de la muerte, y, aunque no fue preservado de la muerte, fue librado del temor, entonces, la oración de Cristo habría sido escuchada en un sentido que no fue el de su oración; no se podría hablar de una verdadera escucha de la oración, pues la escucha de la oración debe corresponder al objeto de la oración.

Además, esta explicación restringe el sentido completamente general de εἰσακουσθείς, que se refiere al contenido total de la oración de Cristo. Se trataría sólo de una concesión limitada, de una escucha parcial de las súplicas. Pero, sin una nota aclaratoria, apenas es perceptible que se hable aquí de una escucha sólo con limitación. En tal caso, en lugar del nexo con καί, se requeriría un enlace de las dos oraciones participiales con μέν-δέ.

---

[91] CALVINO, *Ad Hebraeos*, 63.

Tal explicación perturba no sólo el contexto inmediato precedente, sino también el que sigue inmediatamente: «aprendió, por lo que padeció, la obediencia» (v. 8). Si la oración participial tuviera el sentido de que Cristo fue librado de su angustia, casi no tendría relación con la oración principal; sería sólo indirectamente relevante para el punto principal del pasaje: el aprendizaje de la obediencia, por el sufrimiento (v. 8). La confianza así devuelta al Salvador no añadiría nada a la dificultad y al mérito de su obediencia. «¿Cuál hubiera sido su obediencia, si hubiera carecido de todo horror al dolor y a la muerte y sólo hubiera avanzado con ánimo tranquilo y alegre como a un festín?».[92] Más aún, se introduciría una idea extraña: Jesús habría aprendido la obediencia, no por la sumisión a la voluntad de Dios, demostrada en la pasión, sino por el alivio concedido a él por Dios en el sufrimiento.

b) Contexto mediato e intención del autor

No corresponde al contexto mediato y a la intención del autor atribuir a Cristo tal liberación; no entra en la argumentación. Tal escucha no tendría valor soteriológico y no sería un signo de simpatía y solidaridad con los hombres, sobre lo cual insiste tanto el autor en 2,5-18 y 4,15-5,10. Es difícil, además, concebir cómo Jesús pudo ser elogiado por su confianza en Dios (2,13), presentado como capaz de ayudar a otros en tiempos de prueba (2,18), si, cuando fue probado, fue presa del terror.

3) Testimonio evangélico

La interpretación que entiende εὐλάβεια como temor en sentido subjetivo se basa generalmente en la suposición de que la liberación del temor tuvo lugar en la escena de Getsemaní. Pero es difícil probar que 5,7 se esté refiriendo sólo a ella.

Además, el NT no permite casi decir que Cristo haya sido librado de su angustia. La sumisión a la voluntad del Padre no implica la liberación del temor de la muerte. Jesús no fue librado de su angustia durante la pasión. Después de haber sido fortalecido por el ángel: Lc 22,43, todavía prolonga su oración angustiada: Lc 22,44. Y el fuerte clamor de la cruz: «Dios mío, Dios mío, ¿por qué me has abandonado?», es un grito de aflicción, de soledad, de angustia.

2. *No escuchado de la angustia*

Frente a tantos intentos de solución, algunos de ellos insostenibles, la «ingeniosa»[93] conjetura de Harnack, a primera vista, «seduce por su

---

[92] Flacio Ilírico, 1132.
[93] Windisch, 43; Purdy, 644; Wrege, 278, n. 57.

sencillez, claridad y consecuencia».[94] El curso del pensamiento, aparentemente, se vuelve más comprensible, hace buen sentido. Al lado de οὐκ εἰσακουσθείς la frase καίπερ ὢν υἱός tiene pleno valor. Se resuelve la supuesta tensión con los relatos de Getsemaní. Se elimina toda discusión acerca de la escucha de la oración de Cristo.

Sin embargo, la corrección de Harnack no ha hecho escuela, no ha llegado a imponerse; con raras excepciones, casi no ha sido aceptada por nadie. Con toda razón, ha sido generalmente rechazada, como poco satisfactoria, arbitraria, excesivamente radical, desesperada, demasiado conjetural para ser tomada en serio, altamente sospechosa, injustificada e innecesaria para explicar el texto (Windisch, Michel, Schrenk, Ungeheuer, Rissi, Rengstorf, Bonsirven, Ketter, Teodorico, Spicq, Jeremias, Kuss, Héring, Strobel, Purdy, Cullmann, Lyonnet, Bornkam, Friedrich, Rasco, Boman, Vanhoye, Montefiore, Lescow, Bourke, Brandenburger, Andriessen, Lenglet, Wrege, F. F. Bruce, Thurén, Maurer, Galizzi, Kelly, Feuillet, Attridge, Swetnam, Rinaldi, H. Braun).[95]

En primer lugar, en cuanto a crítica textual, la adición de la partícula negativa οὐκ es una conjetura que no tiene el menor fundamento en la tradición directa e indirecta. Ningún codice ofrece esta variante. Más bien, el testimonio de los manuscritos habla sólo en contra de tal lectura. No se excluye que, no obstante la excelente tradición textual,[96] haya habido una corrupción muy antigua del texto, que obscureció el verdadero sentido.[97] En tal caso, como sugiere Windisch,[98] se podría conjeturar también un ἀλλά en vez de καί. El error podría estar en εἰσακουσθείς. O podría haberse omitido algo después de ἀπὸ τῆς εὐλαβείας. Pero se cami-

---

[94] BRANDENBURGER, 190.

[95] WINDISCH, 43; MICHEL, Hebräer, 221-222; SCHRENK, 281, n. 63; UNGEHEUER, 130; RISSI, 38, 42, con n. 27 y 28; RENGSTORF, 4, 414, con n. 158; BONSIRVEN, 279, n. 1; KETTER, 41; TEODORICO, Ebrei, 102; SPICQ, Hébreux, 1, 421; 2, 115-116; JEREMIAS, 107-108, con n. 4; KUSS, 74; HÉRING, 53; STROBEL, Die Psalmengrundlage, 261, n. 30 y 40; PURDY, 644; CULLMANN, Die Christologie, 96, n. 2; LYONNET, Expiation, 899, n. 1; BORNKAMM, Sohnschaft, 196, n. 17; FRIEDRICH, Das Lied, 108; RASCO, 727; BOMAN, 267-268; VANHOYE, Textus de sacerdotio, 111; Prêtres anciens, 147; MONTEFIORE, 98; LESCOW, 226; BOURKE, 61, 28; BRANDENBURGER, 190-191, con n. 3; 193, 215, 220, con n. 1; ANDRIESSEN-LENGLET, 209-210, con n. 2; 211, con n. 2; ANDRIESSEN, 289-290, n. 17; WREGE, 278, con n. 57; F.F. BRUCE, 100-101, n. 53 y 59; 103, con n. 68; THURÉN, Gebet, 138, n. 2; MAURER, 276. 278; GALIZZI, 225, n. 1; 232, n. 5; KELLY, 29-30; FEUILLET, 180; ATTRIDGE, 91; SWETNAM, 180; RINALDI, 17; H. BRAUN, 141.

[96] El texto nos ha sido bien conservado. No existen variantes de importancia; ὅς: D* añade ὤν; τε falta en K y algunos minúsculos; ἱκετηρίας: ἱκεισίας en I; αὐτόν: se omite en 115; σῴζειν αὐτόν: αὐτὸν σῴζειν en 547, 1908; εἰσακουσθείς: ἀκουσθείς en D*; υἱός: ὁ υἱός en 1739; ἀφ: ἀπ en B*, D*. Cf. ediciones críticas de MERK 717; VON SODEN, Die Schriften, 2, 806; TISCHENDORF, 2, 795. Véase además WETTSTEIN, 401; ALFORD, 94-95; WESTCOTT, 124. 127; MOFFATT, 65; VON HARNACK, 69; H. BRAUN, 141-145. Para las variantes de la Vg. cf. WEBER, 2, 1847.

[97] BAUER, s.v. ἀπό, v.1.

[98] WINDISCH, 43.

na así por el terreno movedizo, inseguro y frágil de la hipótesis. Y es mejor contentarnos con el texto como está. Se debe mantener el principio de que una conjetura sólo puede ser aceptada, cuando todos los demás intentos de solución se demuestran imposibles.

Filológicamente, el argumento más importante de Harnack, de que καίπερ introduce siempre sólo una oración consecuente, y, por tanto, καίπερ ὢν υἱός debe relacionarse necesariamente a lo que precede, a εἰσακουσθείς ... no está justificado, es inexacto. Καίπερ puede también introducir una oración antecedente, y, por tanto, καίπερ ὢν υἱός puede muy bien unirse a lo que sigue, a ἔμαθεν ...

Jeremias [99] ha demostrado, contra Harnack, esta posibilidad gramatical, alegando siete ejemplos, tomados particularmente de los LXX.

Prov 6,8c: La abeja «aunque (καίπερ οὖσα) es débil en fuerza, se distingue por haber honrado a la sabiduría».

2 Mac 4,34: Andrónico, «aunque (καίπερ ... κείμενος) era sospechoso (para Onías), lo persuadió a salir del asilo».

4 Mac 3,10: «El rey (David), estando muy sediento, aunque (καίπερ ... ἔχων) tenía abundantes fuentes, no podía con ellas apagar su sed».

3,15: David, «aunque (καίπερ ... διαπυρούμενος) ardía de sed, pensó que una bebida, juzgada de igual valor que la sangre, era un terrible peligro para su alma».

4,13: «El sumo sacerdote Onías, aunque (καίπερ ... εὐλαβηθείς) en otros casos fue más escrupuloso, oró por él» (Apolonio).

15,24: «Aunque (καίπερ ... ὁρῶσα) vio la destrucción de siete hijos y la múltiple variedad de las torturas, la noble madre las despreció todas a causa de su fe en Dios».

Qo 4,14 Sim: «Uno salió de la prisión para reinar; el otro, aunque (καίπερ ... γεννηθείς) nació rey, llegó a ser pobre».

Scheidweiler, en su crítica al artículo de Jeremias, impugna sólo dos de estos textos: Prov 6,8c que une a 8b y divide de esta manera: «Es deseada y respetada por todos, aunque débil en fuerza; se distingue por haber honrado a la sabiduría»; y 4 Mac 15,24 que, como Deissmann,[100] une al v. 23 y puntúa así: «la razón piadosa, habiendo fortalecido su corazón en medio de los sufrimientos, la hizo descuidar su temporal amor de ma--dre, aunque vio (καίπερ ... ὁρῶσαν; así lee, según Venetus Gr 1b) la des-

[99] JEREMIAS, 108, con n. 4.
[100] En KAUTZSCH, *Die Pseudepigraphen*, 171.

trucción de siete hijos y la múltiple variedad de las torturas; la noble madre las despreció todas a causa de su fe en Dios».

De los otros cinco ejemplos no sólo acepta el valor probativo, sino lo confirma con tres pasajes más de Porfirio, De Abstinentia:

1,51: «Aunque poseen muchas cosas (καίπερ πολλὰ κεκτημένοι), sufren».

2,18: Las antiguas estatuas, «aunque se hayan ejecutado con sencillez (καίπερ ἀφελῶς πεποιημένα), se consideran divinas».

4,3: Licurgo, «aunque había sancionado legalmente (καίπερ κεκρατηκότος) el consumo de carne, compuso (συντάξαι) una constitución en tales términos que mínimamente había necesidad de alimentos a base de animales».

Y reconoce que Jeremias merece el premio ofrecido con tanta seguridad por Harnack a la demostración puesta en duda por él.[101]

El uso de καίπερ que introduce una oración antecedente está abundantemente documentado.

Strobel[102] cita 3 Mac 5,32: «A no ser (καίπερ εἰ μή) por el afecto de nuestro trato y de tu servicio, habrías perdido la vida en lugar de ésos».

Wrege[103] agrega Sab 11,9: «En efecto, cuando sufrieron una prueba, aunque eran corregidos (καίπερ παιδευόμενοι) con misericordia, comprendieron cómo eran atormentados los impíos, juzgados con ira»; Test Jos, 10,5: «Aunque yo era joven (καίπερ νήπιος ὑπάρχων), tenía el temor de Dios en mi mente».

Brandenburger[104] aduce varios testimonios de los clásicos reunidos por H. Krämer.

Hom, Il, 2,270: «Ellos, aunque afligidos (καὶ ἀχνόμενοι περ), rieron con gusto».

Hes, Theog, 533: «A pesar de estar encolerizado (καί περ χωόμενος), renunció al rencor».

Pind, Isth, 8,5: A Cleandro de Egina, vencedor en el pancracio: «Al cual también yo, aunque afligido (καίπερ ἀχνόμενος) en el ánimo, soy solicitado para invocar la áurea Musa».

Thuc, 4,41,3: Los espartanos, «aunque no querían (καίπερ οὐ βουλόμενοι) ser claros, enviaron embajadores a Atenas».

---

[101] SCHEIDWEILER, Καίπερ, 224-225, con n. 2; cf. también BORNKAMM, *Sohnschaft,* 196, n. 17; GRÄSSER, *Der Hebräerbrief,* 220, n. 3.

[102] STROBEL, *Die Psalmengrundlage,* 261, n. 30.

[103] WREGE, 258, n. 57.

[104] BRANDENBURGER, 220, n. 1; cf. 194, n. 4.

Xenoph, An, 5,5,17-19: «A curdos, táocos y caldeos, aunque no están sujetos al rey y son muy temibles (καίπερ ... οὐχ ... ὄντας ... καὶ ... ὄντας), sin embargo, los hicimos enemigos por la necesidad de procurarnos los víveres.»

Aristot, Eth Nic, 2, 1104a: «Pero, aunque la presente discusión es tal (καίπερ ὄντος), hay que intentar prestar servicio».

A esta larga serie se pueden añadir dos de los pasajes citados por el propio Harnack.

Just, Apol 1,25,1: «No obstante amenazársenos con la muerte (καίπερ θανάτου ἀπειλουμένου), despreciamos a éstos (a los dioses) por Jesucristo».

1,45,5: «A despecho de la muerte decretada (καίπερ θανάτου ὁρισθέντος) contra los que enseñan o en absoluto confiesan el nombre de Cristo, nosotros por doquiera también la (la palabra) abrazamos y enseñamos».

Y la lista se podría alargar sin dificultad.[105]

Schweidweiler señala que καίπερ no se coloca nunca inmediatamente al principio del período, sino subraya sólamente el carácter concesivo de la oración que introduce, y va precedido siempre por otra partícula que aclara la relación lógica con lo que antecede. Esto mismo es defendido por Andriessen-Lenglet y Swetnam. La observación es correcta, y constituye una objeción a la interpretación de Jeremias, quien considera el v. 8 como un paréntesis explicativo de εὐλάβεια y, por tanto, como una oración incidental, destacada de todo el período y encabezada por καίπερ; pero no se aplica al texto correctamente construido, donde καίπερ no aparece inmediatamente al principio del período, sino va precedido por otras dos oraciones subordinadas. Creemos, por tanto, que Andriessen-Lenglet no están en lo justo, al decir que «los textos alegados por Jeremias y Brandenburger no pesan en la balanza, y el caso de Hb 5,8 permanece altamente excepcional».[106] Igualmente parece injustificada la afirmación de Swetnam: «En base al uso sintáctico de καίπερ, toda interpretación que separa 'aunque siendo hijo' de lo que precede es improbable».[107] La partícula concesiva καίπερ con participio en muchos casos va unida a lo que sigue, sin ir acompañada de otra palabra que sirva de nexo con lo que precede. No hay, pues, necesidad de relacionar καίπερ ὢν υἱός a εἰσακουσθείς. Así cae el principal argumento filológico de la propuesta de Harnack.

---

[105] Hom, 11, 16, 617; Soph, Phil, 377; Plat, Prot, 318b; Diod, 5, 18; Jos, Ant, 3, 12, 3 (280), etc.
[106] ANDRIESSEN-LENGLET, 211, n. 2.
[107] SWETNAM, 180.

Además, la relación de καίπερ ὢν υἱός a ἔμαθεν ... ofrece mejor ritmo y sentido.

A la hipótesis de Harnack se oponen también los argumentos contra la interpretación de εὐλάβεια en el sentido de «angustia».

Desde el punto de vista del contenido, esta interpretación hace violencia al texto, rompe la línea del pensamiento, oscurece totalmente el sentido, lo hace más difícilmente inteligible.

Es teológicamente injustificable. Que una oración de Cristo haya sido rechazada por Dios es inadmisible. Se opone a la afirmación de Cristo mismo: «Padre, yo sé que tu siempre me escuchas» (Jn 11,42). Dios escucha toda recta oración (Jn 9,31; 1 Jn 5,14). Y nunca ha orado nadie mejor que Cristo. No hay mejor oración que las palabras de Jesús: «No mi voluntad, sino la tuya».

Harnack, en vista de las perícopas sinópticas de Getsemaní, parte del presupuesto de que el objeto de la oración de Cristo fue la preservación de la muerte. La ineficacia de la oración de Cristo se referiría a la súplica: «que se aleje de mí este cáliz». Pero esta explicación supone un desconocimiento de que en los Sinópticos, la oración es condicionada, y de que, en Lc 22, donde está la explícita petición de cumplir la voluntad del Padre (v. 42), se habla de escucha de la oración (v. 43), y, aún más explícitamente, en Jn 12,28.

Pero, sobre todo, Harnack se funda en una interpretación inexacta de Hb 5,7a. El objeto de la oración no es aquí explícitamente determinado. El autor no dice que Jesús pidió ser preservado de la muerte; indica sólamente a quien dirigió sus súplicas: Cristo oró «al que podía salvarlo de la muerte».

Que Cristo no haya sido escuchado es excluido además por el contexto inmediato. ¿Cómo puede aquí ser presentado un sumo sacerdote, al que Dios no escucha?

3. *Escuchado por el Temor*

La traducción: «Fue escuchado por el Temor» o «por el que era su temor» y las razones con que es justificada rezuman erudición e ingenio, pero, como Wolf[108] observa, son ajenas a nuestro pasaje.

Si el autor hubiera querido referirse a Dios, sin duda hubiera escrito ὑπ᾽ αὐτοῦ o ἀπ᾽ αὐτοῦ, en lugar de ἀπὸ τῆς εὐλαβείας, pues ya antes se había hecho mención de Dios como «el que podía salvar». Además, el uso lingüístico está absolutamente contra tal sentido de εὐλάβεια. Ni en el NT ni en ningún otro lugar se da a εὐλάβεια ese significado.

---

[108] WOLF, 653.

4. *Escuchado después del temor*

La interpretación «escuchado después del temor» choca con varias dificultades.

1. En la Epístola a los Hebreos y en el NT, ἀπό se usa ciertamente como designación de un punto de partida, en sentido local o temporal: «a partir de», «desde», «después de». Pero la significación temporal propuesta para ἀπό no parece ser la más apropiada en el presente contexto.[109]

2. El sentido fuerte de «angustia» atribuido a εὐλάβεια es contestable en los textos del NT donde ocurre esta palabra.[110]

II. Interpretación de εὐλάβεια como «reverencia», «temor de Dios», «piedad»

A. *Exégesis tradicional y argumentación*

1. *Exégesis tradicional*

La traducción de εὐλάβεια como «miedo», «temor», «angustia» encontró una formidable falange de partidarios, entre los que se cuentan numerosos exégetas de peso, pero más impresionante aún es la lista de las autoridades antiguas y modernas que interpretan εἰσακουσθεὶς ἀπὸ τῆς εὐλαβείας como «escuchado a causa de su reverencia», «temor de Dios», «piedad» (Comentadores griegos: Gregorio de Nacianzo, Crisóstomo, Teofilacto, Teodoreto, Cirilo de Alejandría, Focio, Eutimio, Efrén, Nestorio; latinos: Alcuino, Rábano Mauro, Claudio de Turín, Aimon d'Auxerre, Sedulio Scot, Anónimo de Saint-Gall, Códice de Würzburg, Lanfranco, Bruno, Glosa interlineal y marginal, Escuela de Abelardo, Herveo de Bourg-Dieu, Pedro Lombardo, Roberto de Melun, Quaestiones super epistolas Pauli, Hugo de San Caro, Tomás de Aquino, Pedro de Tarentasia, Nicolás de Lira, Dionisio el Cartujo; en los siglos XVI-XVIII: Lefèvre d'Etaples, Erasmo, Lutero, Titelmans, Cayetano, Ecolampadio, Clario, Gagny, Vatable, Catarino, Sasbout, Flacio Ilírico, Brenz, Belarmino, Ribera, Sa, Salmerón, Tena, Giustiniani, Estio, A Lapide, Mariana, Menochio, Gordon, Tirino, Picquigny, Alexandre, Calmet, Erhard, Weitenauer, Heinrichs; en los siglos XIX-XX: Bleek, Wette, Bisping, Lünemann, Delitzsch, Riehm, Maier, Moll, Alford, Cremer, Drach, E. Reuss, Zill, Trench, Pánek, Davidson, Moulton, Farrar, Edwards, Westcott, Vaughan, Schaefer, Ménégoz, Padovani, A.B. Bruce, Milligan, Steenkiste, Fillion, Lemonnyer, Schlatter, Peake, Dods, Bauer, Riggenbach, Garvie, Graf, Büchsel, Moffatt, Vosté, Robinson, Vitti, Keulenaer, Michel, Schrenk, Médebielle, Ungeheuer, Javet, Bonsirven, Lenski, Ketter, Man-

---

[109] Cf. infra, pp. 239-241; H. BRAUN, 143.
[110] Cf. infra, pp. 231-234; VANHOYE, *Prêtres anciens*, 148.

son, Teodorico, Spicq, Jeremias, Kuss, Neil, Purdy-Cotton, Rissi, Omark, Kosmala, Lyonnet, Hewitt, Friedrich, Rasco, Roman, Luck, Vanhoye, F.F. Bruce, Laubach, Lescow, Bourke, Schierse, Cody, Bourgin, Maurer, Galizzi, Kelly, Feuillet, Hughes, Attridge, Balz, Swetnam, Rinaldi, H. Braun.[111]

a. *Griegos y sirios*

Todos los exégetas griegos interpretan εὐλάβεια como «reverencia», «temor de Dios» y ἀπό en el sentido de «por», «a causa de».

---

[111] GREGORIO DE NACIANZO, PG 36, 17. 109; ed Barbel, 181; CRISOSTOMO, *Ad Hebraeos*, PG 63, 70; TEOFILACTO, PG 125, 244; TEODORETO DE CIRO, *Ad Hebraeos*, PG 75, 1457; 76, 437; CIRILO DE ALEJANDRÍA, PG 76, 1389; FOCIO, 643; EUTIMIO, 373-374; EFRÉN SIRIO, 213; NESTORIO, Nau 216. 220; ALCUINO, PL 100, 1054; RÁBANO MAURO, PL 112, 744; CLAUDIO DE TURÍN, PL 134, 756; AIMON D'AUXERRE, PL 117, 856; SEDULIO, PL 103, 258; ANÓNIMO DE SAINT-GALL, 429; Códice de Würburg, 710; LANFRANCO, PL 150, 387; BRUNO EL CARTUJO, 448; GLOSA INTERLINEAL, 843-844; GLOSA MARGINAL, 843; Escuela de ABELARDO, 727; HERVEO DE BOURG-DIEU, PL 181, 1566; PEDRO LOMBARDO, PL 192, 437; ROBERTO DE MELUN, 299; *Quaestiones super epistolas Pauli*, PL 175, 621; HUGO DE SAN CARO, 248; TOMÁS DE AQUINO, *Ad Hebraeos*, 392; PEDRO DE TARENTASIA, 196; NICOLÁS DE LIRA, 844; DIONISIO EL CARTUJO, 490; LEFÈVRE D'ETAPLES, 238; ERASMO, *Paraphr.* 997, *Annot.* 1173; LUTERO, *escolios*, 63-65; TITELMANS, 177; CAYETANO, 161; ECOLAMPADIO, 54; CLARIO, 1341; GAGNY, 134; VATABLE, 1341; CATARINO, 515; SASBOUT, 549; FLACIO ILÍRICO, 1132; BRENZ, 278-279; BELARMINO, 275; RIBERA, 208; SA. 440; SALMERÓN, 709; LUIS DE TENA, 217-218; GIUSTINIANI, 680-681; ESTIO, 109-110; A LAPIDE, 394-396; MARIANA, 863; MENOCHIO, 241; GORDON, 610; TIRINO, 762; PICQUIGNY, *Paraphr*, 294; *Commentarii*, 297; ALEXANDRE, 401; CALMET, 663; EBRARD, 290; WEITENAUER, 432; HEINRICHS, 93; BLEEK, 235-237; WETTE, 170; BISPING, 123; LÜNEMANN, 177; DELITZSCH, 189-192; RIEHM, 327; MAIER, 156-157; MOLL, 96; ALFORD, 95-97; CREMER, 556-557; DRACH, 736; REUSS, 52; ZILL, 226-227; TRENCH, 35-36. 173-175; PÁNEK, 92; DAVIDSON, 112-113; MOULTON, 300; FARRAR, 75-76; KEIL, 135-137; EDWARDS, 77; WESTCOTT, 127; VAUGHAN, 95; SCHAETER, 152; MÉNÉGOZ, 97, con n. 2; PADOVANI, 190-191; A.B. BRUCE, 186, n. 1; MILLIGAN, 109; VAN STEENKISTE, 532; FILLION, 569; LEMONNYER, 218; SCHLATTER, 293; PEAKE, 135; DODS, 289; BAUER, 582; RIGGENBACH, *Hebräer*, 132-135; GARVIE, 548; GRAF, 107; BÜCHSEL, *Die Christologie*, 45-46; MOFFATT, 65-66; VOSTÉ, *Studia Paulina*, 115; ROBINSON, 64-65; VITTI, *Exauditus*, 114; KEULENAER, 405; MICHEL, *Hebräer*, 221-223; SCHRENK, 281, n. 63; MÉDEBIELLE, 311-312; UNGEHEUER, 130; JAVET, 50; BONSIRVEN, 277-279; LENSKI, 163-164; KETTER, 40-41; MANSON, 109-110; TEODORICO, *Ebrei*, 102-103; SPICQ, *Hébreux*, 1,46; 2,114-117; JEREMIAS, 107, con n. 1; KUSS, 74; NEIL, 63-64; PURDY-COTTON, 644-465; RISSI, 38; OMARK, 44-45. 47. 51. 55; KOSMALA, 296-298; LYONNET, *Expiation*, 899, n. 1; HEWITT, 97; FRIEDRICH, *Das Lied*, 106; RASCO, 751;BOMAN, 267; LUCK, 195-196; VANHOYE, *Textus de sacerdotio*, 110-113; *Le Message*, 44; *Prêtres anciens*, 148-149; F.F. BRUCE, 101-102; LAUBACH, 106; LESCOW, 226, con n. 60; BOURKE, 61, 28; SCHIERSE, *Hebräer*, 51; CODY, 935 d; BOURGIN, 18-19; MAURER, 275-277. 284; GALIZZI, 233; KELLY, 30-31; FEUILLET, 180-183; HUGHES, 184-185; ATTRIDGE, 90-93; BALZ, s.v.; SWETNAM, 180; RINALDI, 17; H. BRAUN, 143-144. Admiten para εὐλάβεια la significación de «piedad» y de «temor»: CASAUBON, 1344; LOMB, 94-96; HAERING, 31; LINTON, 177, n. 1; 183. 185; SCHILLE, 100, con n. 59; WREGE, 277.

Gregorio de Nacianzo, en el Discurso 30, Teológico 4, Sobre el Hijo, citando Hb 5,7-8, entre las cosas humanas que Cristo hizo suyas para santificarlas, menciona «el ser escuchado» (τὸ εἰσακουσθῆναι) y τὸ εὐλαβές, traducido correctamente como «reverentia» en Migne, «Ehrfurcht» por Barbel, «piété» por Gallay.[112] Que εὐλάβεια es entendida positivamente por Gregorio aparece claro en el Disc. 27, Teol. 1,5: «no rechacemos el temor (de Dios) que felizmente nos apremia».,[113] donde εὐλάβεια es interpretada por D (Marcianus gr 70) marg.: εὐσέβεια, y va acompañada además del adverbio καλῶς.

Crisóstomo comenta así nuestra frase. El autor «quiere mostrar que lo que se realizó fue más bien obra suya (de Cristo) que de la gracia de Dios. Tanta fue su reverencia, que por esto también Dios lo reverenció» (Τοσαύτη ἦν αὐτοῦ ἡ εὐλάβεια, ὡς καὶ ἀπὸ τούτου αἰδεῖσθαι αὐτὸν τὸν θεόν).[114] Estas palabras de Crisóstomo serán frecuentemente citadas y diversamente interpretadas, sobre todo en la época de la Reforma. Según algunos, Crisóstomo explica ἀπὸ τῆς εὐλαβείας: 1. De la dignidad de Cristo, que el Padre en cierto modo reverenció.[115] Cristo fue escuchado no tanto por gracia de Dios, sino por su propia excelencia. 2. De la reverencia con que el Padre honró al Hijo.[116] Según otros, interpreta Crisóstomo la frase de doble manera: 1. Tanta fue la reverencia de Cristo hacia el Padre, 2. que por eso también Dios Padre lo reverenció y, como por reverencia, no soportó negarle nada.[117] Parece más exacta la opinión de Riggenbach.[118] Crisóstomo entiende εὐλάβεια del temor reverencial con que Jesús se sometió a la voluntad divina. El valor de este pensamiento fundamental no sufre ningun perjuicio, si Crisóstomo añade la idea de que la εὐλάβεια de Jesús fue tan grande que, a consecuencia de ello, Dios también lo reverenció.

Teofilacto[119] reproduce la misma explicación de Crisóstomo.

Teodoreto, en su tratado «De Incarnatione Domini», entiende εὐλάβεια como «reverencia» o sumisión de Cristo a Dios, y extiende esta disposición de Cristo a todo el curso de su vida terrestre. Este sentido se descubre mejor por el contexto: «¿Quién (es) el que vivió con reverencia (ὁ ἐν εὐλαβείᾳ συζήσας) y, por tanto, alcanzó de aquel a quién suplicó?»; frase paralela a: «No ciertamente el Verbo de Dios..., que tiene a todos como

---

[112] PG 36, 109; ed. Barbel, 181; SC 250, 237; cf. también DINDORF, 400; MÉDEBIELLE, 312: «crainte pieuse».
[113] PG 36, 17; ed. Barbel, 44; SC 250, 81: «crainte (de Dieu)».
[114] PG 63, 70.
[115] GAGNY, 134; CALVINO, Ad Hebraeos, 62; LUIS DE TENA, 217; A LAPIDE, 396; LOMB. 96.
[116] SALMERÓN, 709; ESTIO, 108; TIRINO, 762.
[117] BELARMINO, 275; RIBERA, 208; GIUSTINIANI, 680; PICQUIGNY, 297; DRACH, 735.
[118] RIGGENBACH, Hebräer, 134.
[119] PG 125, 244.

sus veneradores, pero él no venera a nadie» (ὁ πάντας ἔχων εὐλαβουμέ-
νους, ἀλλ' οὐκ αὐτὸς εὐλαβούμενος).[120] Texto reproducido por Cirilo en
esta forma: «¿Quién (es) el que vivió con reverencia?» (ὁ εὐλαβείᾳ συμ-
βιώσας), miembro correspondiente a: «No Dios el Verbo ..., que corona a
los que viven con reverencia» (ὁ στεφανῶν τοὺς εὐλαβείᾳ συζῶντας).[121]

Según Focio,[122] Cristo fue escuchado por su εὐλάβεια, que consistió
en la aceptación de la muerte. Cuando Cristo dijo: «Pero no se haga mi
voluntad, sino la tuya», mostró verdaderamente una gran reverencia
(ὅπερ ἦν ὡς ἀληθῶς πολλῆς εὐλαβείας).

Eutimio comenta: «Fue escuchado por la virtud, que tenía, como
hombre» (ἀπὸ τῆς ἀρετῆς, ἥν εἶχεν, ὡς ἄνθρωπος).[123]

La unánime interpretación de los exégetas griegos pesa mucho en la
balanza; es de gran importancia, sobre todo si se tiene en cuenta su
sensibilidad natural de la lengua griega; merece incuestionablemente la
preferencia.

Entre los sirios se encuentra la misma explicación.

Efrén parece traducir ἀπὸ τῆς εὐλαβείας: «por sus oraciones» («Et
exauditus est orationibus suis»).[124]

La interpretación de εὐλάβεια en Nestorio no es uniforme. De las
tres referencias que hace a nuestro texto en el Bazar de Heráclides, en la
primera, influenciado por la Peshitta, une ἀπὸ τῆς εὐλαβείας a ἔμαθεν y
traduce «por el temor» («par la crainte»);[125] en la segunda, ofrece la
traducción: «Fue escuchado según su justicia» («d'après sa justice»);[126] y
en la tercera: «Fue escuchado, a causa de su justicia» («à cause de sa
justice»).[127]

b. *Latinos medievales*

Los comentadores latinos medievales, siguiendo las huellas de los
Padres griegos y basados en la traducción de la Vulgata, dan a ἀπὸ el sentido de «por», «en razón de» («pro») y a εὐλάβεια, el de «reverencia»
(«reverentia»), entendida activamente (Alcuino, Rábano Mauro, Claudio
de Turin, Aimon d'Auxerre, Anónimo de Saint-Gall, Lanfranco, Bruno
el Cartujo, Glosa interlineal y marginal, Lombardo, Roberto de Melun,
Quaestiones in epístolas S. Pauli, Hugo de San Caro, Tomás de Aquino,

---

[120] PG 75, 1457.
[121] *Ep. ad Euoptium,* PG 76, 437; ACO, 1, 1, 6, 136.
[122] Focio, 643.
[123] Eutimio, 373-374.
[124] Efrén Sirio, 213.
[125] Nau, 63.
[126] Nau, 216.
[127] Nau, 220.

Pedro de Tarentasia, Nicolás de Lira)[128] o pasivamente (Códice de Würzburg, Escuela de Abelardo);[129] activa y pasivamente (Sedulio, Herveo de Bourg-Dieu, Pablo de Burgos, Dionisio el Cartujo).[130]

El substantivo latino «reverentia», como εὐλάβεια en griego, es ambiguo; tiene muchos matices. Es interpretado como:

1. La reverencia de su pasión. Cristo fue escuchado por Dios, porque ofreció a Dios una hostia agradable, e.d., a sí mismo.[131]

2. Perfecta caridad. El nos amó primero. No teniendo ningún pecado, se hizo pecado en favor nuestro, e.d., oblación por nuestros pecados, y se entregó a sí mismo por nosotros como hostia agradable.[132]

3. Suma obediencia. Cristo fue escuchado por la obediencia, con que demostró haber reverenciado siempre al Padre; gracias a la obediencia que testimonió hacia el Padre, al tomar nuestra carne y sufrir por nosotros; porque fue voluntariamente obediente a Dios Padre hasta la muerte.[133]

4. Religión. Pues fue una gran religión el hecho de que él, que era igual al Padre, experimentara en su pasión la dura obediencia.[134] Cristo fue escuchado «como mereció su religión» («sicut sua religio meruit»).[135] Porque reverenció y honró a Dios su Padre en todo, por encima de todo y más que todos.

---

[128] ALCUINO, PL 100, 1054; RÁBANO MAURO, PL 112, 774; CLAUDIO DE TURÍN, PL 134, 756; AIMON D'AUXERRE, PL 117, 856; ANÓNIMO DE SAINT GALL, 429; LANFRANCO, PL 150, 387; BRUNO EL CARTUJO, 448; GLOSA INTERLINEAL, 843-844; GLOSA MARGINAL, 843; PEDRO LOMBARDO, PL 192, 437; ROBERTO DE MELUN, 299; *Quaestiones super epistolas Pauli*, PL 175, 621; HUGO DE SAN CARO, 248; TOMAŚ DE AQUINO, *Ad Hebraeos*, 392; PEDRO DE TARENTASIA, 196; NICOLÁS DE LIRA, 844.

[129] Códice de Würzburg, 710; Escuela de ABELARDO, 727.

[130] SEDULIO, PL 103, 258; HERVEO DE BOURG-DIEU, *Ad Hebraeos*, PL 181, 1566; PABLO DE BURGOS, 847, Additio I: «Hoc potest etiam aliter intelligi secundum Glo. scilicet, pro reverentia passionis cui maxima reverentia debetur, eo quod sine peccato passus est pro sola charitate»; DIONISIO EL CARTUJO, 490.

[131] ALCUINO, ibid.; RÁBANO MAURO, ibid.; CLAUDIO DE TURÍN, ibid.; GLOSA *marginal*, ibid.; HERVEO DE BOURG-DIEU, Ad *Hebraeos*, PL 181, 1567; PEDRO LOMBARDO, ibid.; PEDRO DE TERENTASIA, ibid.

[132] Alcuino, ibid.; RÁBANO MAURO, ibid.; CLAUDIO DE TÚRIN, ibid.; AIMON D'AUXERRE, ibid.; GLOSA *marginal*, ibid.; HERVEO DE BOURG-DIEU, ibid.; PEDRO LOMBARDO, ibid.; *Quaestiones super epistolas Pauli*, ibid.; PEDRO DE TARENTASIA, ibid.

[133] AIMON D'AUXERRE, ibid.; BRUNO EL CARTUJO, ibid.; ROBERTO DE MELUN, ibid.; HUGO DE SAN CARO, ibid.

[134] LANFRANCO, ibid.; BRUNO EL CARTUJO, ibid.; GLOSA *interlineal*, ibid.; HERVEO DE BOURG-DIEU, Ad *Hebraeos*, PL 1566; PEDRO LOMBARDO, ibid.; HUGO DE SAN CARO, ibid.; TOMÁS DE AQUINO, Ad *Hebraeos*, ibid.; NICOLÁS DE LIRA, ibid.

[135] GLOSA INTERLINEAL, ibid.; HERVEO DE BOURG-DIEU, ibid.; PEDRO LOMBARDO, ibid.

5. Reverencia que mostró hacia el Padre, cuando dijo: «Dios mío, Dios mío, ¿por qué me has abandonado?»[136]

6. Temor mezclado con amor. Esta definición de reverencia, dada por Casiodoro en su exposición de Sal 34,26: «timor cum amore permixtus»,[137] es aplicada a nuestro texto por Sedulio: «mixtus dilectioni pavor»[138] y citada también por Aimon d'Auxerre.[139] De manera semejante, Hugo de San Caro[140] define «reverencia» como el honor mostrado al mayor, o un retraerse («resilitio») de la majestad de Dios hacia la propia humildad.

7. Devoción. Porque, desempeñando el oficio de pontífice, e.d., orando por el pueblo y ofreciendo su sacrificio, tuvo un modo devoto y muy reverente.[141]

8. Santidad de sus obras, con las que honró al Padre en todo.[142]

9. Dignidad de la persona de Cristo. Porque él era el Hijo de Dios, digno de reverencia y veneración, que no debió no ser escuchado ni sufrir repulsa en lo que pedía.[143]

10. Reverencia del Padre hacia Cristo.[144]

La reverencia de Cristo al Padre es la que posibilita a los santos que su oración sea escuchada. Esteban y los demás santos fueron escuchados por la reverencia de Cristo más que por la propia, pues Cristo entró por sí mismo, todos los demás por él. Por eso: «de su plenitud hemos recibido todos» (Jn 1,16). Por tanto, se dice muy bien que él fue escuchado por «su» reverencia; todos los demás, no por su propia reverencia, sino por la de Cristo.

c. *Del Renacimiento al s. XVIII*

Continuando la tradición exegética de los antiguos comentadores griegos y latinos, algunos autores, principalmente en los siglos XVI-XVIII se ocupan sobre todo en resolver el dilema: ¿Se entiende esta reverencia de parte de Cristo, en cuanto que honró a su Padre en vida o muerte; o, más bien, de parte del Padre, quien de tal manera reverenció la dignidad del Hijo que oraba, que lo escuchó?

---

[136] SEDULIO, ibid.; «Patris apud illum»; ANÓNIMO DE SAINT-GALL, ibid.
[137] CASIODORO, *Exp. in Ps 34,* PL 70, 250; CChr.SL 97, 316.
[138] SEDULIO, ibid.
[139] AIMON D'AUXERRE, ibid.
[140] HUGO DE SAN CARO, ibid.
[141] NICOLÁS DE LIRA, ibid.
[142] DIONISIO EL CARTUJO, ibid.
[143] CÓDICE DE WÜRZBURG, ibid.; ESCUELA DE ABELARDO, ibid.; HERVEO DE BOURG-DIEU, ibid.; DIONISIO EL CARRUJO, ibid.
[144] SEDULIO, ibid.: «Illius apud Patrem».

1. La mayor parte de los intérpretes entienden la reverencia, en Cristo, activamente (Cayetano, Vatable, Catarino, Flacio Ilírico, Brenz, Salmerón, Giustiniani, Estio, Menochio, Gordon, Alexandre, Calmet, Heinrichs);[145]

2. otros, en sentido pasivo (Ecolampadio, Titelmans, Clario);[146]

3. activo y pasivo (Lefèvre, d'Etaples, Lutero, Erasmo, Gagny, Sasbout, Ribera, Tena, Lapide, Picquigny, Weitenauer);[147]

4. activo o pasivo (Belarmino, Mariana, Tirino, Sa, Erhard).[148]

Pasivamente, la reverencia, en Cristo, es entendida como:

1. La dignidad de Cristo:

— Porque era el Hijo, consubstancial e igual al Padre; en cuanto Verbo, digno de ser honrado por él. No podía no alcanzar algo del Padre, si lo pedía; merecía plenamente ser escuchado.

— Porque era pontífice, llamado al sacerdocio por Dios mismo. El Padre lo escuchó considerada la persona venerable del pontífice. Era justo escuchar al sumo sacerdote, santo, inocente, venerable, que oraba.

Εὐλαβής, «respetable» («reverendus») es el que, en todo lo que hace, es grato y aceptado de buen grado. De ahí, εὐλάβεια, que significa la dignidad, por la que uno es acogido más que otro. Cristo supo que siempre sería escuchado, como él testifica de sí mismo (Jn 11,42).

2. La reverencia con que el Padre reverenció al Hijo. Entonces reverencia es lo mismo que amor, el gran amor que el Padre tuvo al Hijo, también como hombre, ya que veía su gran mérito y la efusión de su sangre inocente.

3. La piedad del Padre hacia el Hijo. Lefèvre d'Etaples, preocupado por corregir la Vulgata, prefiere traducir «por la piedad» («magis dicendum pro pietate quam pro reverentia»).[149] Es seguido por Cayetano («magis quadrat legere pro pietate»).[150]

---

[145] CAYETANO, 161; VATABLE, 1341; CATARINO. 515; FLACIO ILÍRICO, 1132; BRENZ, 278-279; SALMERÓN, 709; GIUSTINIANI, 680-681; ESTIO, 108-109; MENOCHIO, 241; GORDON, 610; ALEXANDRE, 401; CALMET, 663; HEINRICHS, 93.
[146] ECOLAMPADIO, 54; TITELMANS, 177; CLARIO, 1341.
[147] LEFÈVRE D'ETAPLES, 238; LUTERO, 63-65; GAGNY, 134; ERASMO, *Annotationes,* 1173; *Paraphrasis,* 997; SASBOUT, 549; RIBERA, 207-208; LUIS DE TENA, 217-218; A LAPIDE, 394-396; PICQUIGNY, *Paraphr.* 294; WEITENAUER, 432.
[148] BELARMINO, 275; MARIANA, 863; TIRINO, 762; SA, 440; T. ERHARD, 290.
[149] LEFÈVRE D'ETAPLES, ibid.
[150] CAYETANO, ibid.

Erasmo, en sus «Anotaciones» a este pasaje, enseña que εὐλάβεια se debe entender «reverencia» y «piedad» («non modo significare reverentiam, verumetiam pietatem»).[151] También Vatablus admite esta lectura («legi potest: pro pietate»).[152]

El término «piedad» corresponde muy bien a este pasaje, ya que se habla del Padre y del Hijo. Εὐλάβεια es la piedad de parte del Padre hacia el Hijo, tan obediente, y hacia nosotros, a causa de él.

Esta opinión es juzgada por Lutero[153] como la mejor. Εὐλάβεια, que significa tanto «reverencia» como «piedad», se entiende aquí como la «piedad» que el Padre naturalmente tiene hacia el Hijo. El sentido es: Convenía a la piedad del Padre que, aunque nosotros eramos dignos de ira, escuchara al Hijo, en favor nuestro.

* * *

A esta interpretación se opone el sentido propio de la palabra «reverentia» (εὐλάβεια): temor reverencial rendido a los superiores. Sin duda que la dignidad de la persona de Cristo tuvo muchísima influencia y que, por tanto, Cristo fue escuchado por su dignidad. Ciertamente la reverencia de Cristo hacia el Padre suscitó, en forma admirable, la benevolencia paterna hacia él y hacia todo el género humano, pero no se podría llamar a ésta propiamente εὐλάβεια.

Atribuir al Padre la reverencia hacia el Hijo es «duro e insólito» (Estio), «demasiado duro» (Beza), «absurdo» (Calvino).[154] Cristo clamaba según la debilidad de la naturaleza, y no tenía que ser reverenciado por el Padre de esa manera. El Padre no podía temer ni a él ni a ninguno como superior, no podía temer al Hijo ni como hombre ni como Dios. Más aún, la terminología es inadecuada, si se atiende a la divinidad de uno y otro. Sólo impropiamente, pues, se puede exponer εὐλάβεια como la reverencia que el Padre tenía hacia el Hijo.

Activamente, la reverencia, en Cristo, es entendida como:

1. La reverencia con que Cristo honró a Dios; el profundo respeto del Hijo hacia el Padre.

2. El temor reverencial con que Cristo, en cuanto hombre, temió a Dios, rehuyendo igualarse a él y sometiéndose a él como a superior.

3. La obediencia respetuosa hacia su Padre, obediencia perfecta, que llegó hasta la muerte, y muerte de cruz. Se dice que uno reverencia a aquel, a cuya voluntad se somete plenamente. Así Cristo, obedeciendo y

---

[151] ERASMO, *Annotationes,* 1173.
[152] VATABLE, ibid.
[153] LUTERO, 63.
[154] ESTIO, 108; BEZA, 349; CALVINO, *Ad Hebraeos,* 62.

sometiéndose plenamente a la voluntad divina, reverenció al Padre. La coherencia del texto y la historia de la pasión piden este sentido. Porque Cristo se había ofrecido (v. 7), dispuesto a soportar la muerte por la redención del género humano, quiso sufrir la muerte y con esta obediencia (v. 8) reverenciar al Padre.

4. La religión que resaltó en Cristo, tanto en su oración como en toda su vida; religión que tuvo hacia Dios, en cuyas manos abandonó todo y entregó su espíritu. «El temor de Dios es el supremo culto de Dios».[155]

5. La piedad de Cristo hacia su Padre. ¿Qué mayor piedad que la de Cristo hacia el Padre, como a mayor y superior? ¿Qué mayor veneración, obediencia, temor, amor? «Por su piedad» hacia el Padre, Cristo se ofreció a sí mismo y mereció ser escuchado.

Reverencia, respeto, temor reverencial, obediencia, religión, piedad, se dicen del inferior respecto al superior, del hijo respecto al padre. Convienen, por tanto, a Cristo hombre que ora. Cristo reverenció al Padre, según la naturaleza asumida, teniendo hacia él un temor filial, más que todos los hijos hacia su padre (Is 11,3).

También atendiendo a la significación de la palabra εὐλάβεια, la interpretación de «reverencia» en sentido activo parece ser la genuina. En la Escritura, se llama εὐλαβής al que reverencia y venera a Dios. La Vulgata traduce: «religioso» («religiosi»: Hch 2,5) o «temeroso» (de Dios, «timoratus»: Lc 2,25; «timorati»: Hch 8,2). En la misma Epístola a los Hebreos (12,28), la εὐλάβεια se atribuye a los hombres respecto a Dios.

Esta opinión se puede confirmar con la máxima general: «Dios no escucha a los pecadores; pero, si uno es religioso (θεοσεβής = εὐλαβής) y cumple su voluntad, a ése le escucha» (ἀκούει; Jn 9,31).

El adjetivo posesivo «su» no se lee en el original griego. Fue añadido por el autor de la Vulgata, para traducir el artículo griego y al mismo tiempo para indicar que la reverencia estuvo en Cristo. Es redundante, superfluo, innecesario para el sentido, pues fácilmente se sobreentiende. Por el contexto es claro que la reverencia se refiere a Cristo.

Sólo Cristo ha sido escuchado por «su» propia reverencia y dignidad. Todos los que oran piadosa y perseverantemente, son escuchados por Dios, se dirigen a él en nombre de Cristo, cuya dignidad y mérito sólamente mira; son escuchados por la reverencia y piedad con que Cristo honró al Padre, quien lo escucha en ellos. Por eso, la Iglesia concluye sus oraciones «por Nuestro Señor Jesucristo».

La preposición ἀπό con genitivo, frecuentemente se usa por διά con acusativo y expresa la causa por la cual se hace algo. Corresponde al hebreo מן, que significa tanto «de», como «a causa de». Es muy bien tradu-

---

[155] LUTERO, 64.

cida, en cuanto al sentido, en la Vulgata, por «pro». Muchos ejemplos confirman esta significación.

Todo el contexto requiere este sentido. Cristo pontífice, al orar ardientemente y sacrificarse por el pueblo, fue escuchado por su religiosa reverencia y suma obediencia al Padre (v. 8).

d. *Siglos XIX-XX*

La interpretación tradicional de εἰσακουσθεὶς ἀπὸ τῆς εὐλαβείας como «escuchado a causa de su reverencia», «piedad», «temor de Dios», se continúa en los siglos XIX y XX. Los comentadores se esfuerzan por determinar con mayor precisión el sentido de los términos. En las siguientes páginas recogemos y elaboramos las líneas fundamentales de su argumentación que, a su vez, constituye un desarrollo de la exégesis de los siglos precedentes.

2. *Argumentación*

a. *Significación de εὐλάβεια*

El grupo semántico εὐλαβής, εὐλαβεῖσθαι, εὐλάβεια designa, fundamentalmente, la actitud de atención, con toda su rica gama de matices. Puede significar prudente atención al momento oportuno, delicadeza de conciencia, escrúpulo, preocupación, respeto que se experimenta o que se inspira.

1) Precaución

Etimológicamente, εὐλαβής, de εὖ y λαβεῖν (λαμβάνειν), significa propiamente:

1. En sentido pasivo: «Que fácilmente puede cogerse»: ὁ εἰς λαβὴν ἐπιτήδειος (Suidas).[156] Raramente se emplea la palabra con este significado. Ocurre, sin embargo, en Luc, Tim, 29: «La pobreza en cambio es pegajosa y fácil de coger» (εὐλαβής).

2. En sentido activo: «Que coge bien una cosa», e.d., con cuidado: ὁ εὖ τῶν πραγμάτων ἐπιλαμβανόμενος (Suidas).[157] Aelian, Nat An, 6,55: Milón «se adhería tan fuerte y aferradamente (εὐλαβέστατα) al granado, que ninguno de sus contrincantes podía arrancarlo de su mano derecha»; 3,13: «Cogen fuerte y aferradamente (εὐλαβῶς) una piedra con sus uñas». La imagen básica es la del que toma cuidadosamente un vaso precioso, pero frágil, que con trato rudo o poco cuidadoso podría romperse. Se dice del que actúa con precaución, que está atento a evitar daños para sí o para otros.

---

[156] SUID, s.v. εὐλαβής.
[157] SUID, ibid.

De aquí provienen las significaciones de

εὐλαβής: cauto, cuidadoso, atento, circunspecto, prudente, precavido.

εὐλαβέομαι: precaverse, cuidarse de, mostrarse prudente, estar atento y prevenido.

εὐλάβεια: precaución, cuidado, prudencia, circunspección, cautelosa atención que un hombre prudente pone a todas las circunstancias de una acción.

Este sentido fundamental es predominante en la literatura griega clásica y permanece en la época helenística y romana. No es necesario confirmar con muchos testimonios un hecho tan conocido. He aquí algunos ejemplos.

a) En la literatura griega clásica y helenística

i. Εὐλαβής

El adjetivo εὐλαβής y las formas adverbiales derivadas aparecen con su acepción original en:

Eur, Iph Taur, 1375: «Apostados en las alturas, combatíamos con más prudencia (εὐλαβεστέρως) y lanzábamos piedras».

Demosth, 21 (In Mid), 81 (540): «Yo considero que debo hacer todo muy prudentemente (εὐλαβῶς), siguiendo el procedimiento, según la ley, pero éste ...».

Plat, Polit, 311a: «Las personas de temperamento moderado son muy circunspectas y justas» (εὐλαβῆ καὶ δίκαια); 311b; Soph, 246b; Leg, 5, 736d.

Aristot, Rhet, 1,12, 1372b: Sobre quiénes pueden ser víctimas de un acto injusto: «Y también contra los que no son precavidos (εὐλαβεῖς) ni se guardan (φυλακτικούς), sino que son confiados» (πιστευτικούς); 1,9, 1367a; Pol, 6,3,2, 1320a.

Plut, C Gracch, 3,7 (836d); Vit pud, 2 (529d); Quaest Conv, 8,8,3 (729f).

Herodian, Hist, 2,8,2.

Epict, Diss, 2,1,1.2.7.11.12.29; 2,2,14; 3,16, tit. 3.9.

Además, los escritores judío-helenísticos:

Jos, Ant, 5,1,18 (64): «Eran más cautelosos (εὐλαβεστέρως εἶχον) en la esperanza del éxito»; 13,12,5 (339).

Philo, Somn, 2,80: «El prudente (ὁ δὲ εὐλαβής) se admira del arrogante» (τὸν αὐθάδη); Legat, 159.182.

ii. Εὐλαβεῖσθαι

El verbo εὐλαβεῖσθαι, en ático, se usa en lugar de φυλάττεσθαι (Moeris; cf Phot).[158]

Aeschyl, Prom, Fr 195,2: «Cuídate (εὐλαβοῦ) del torbellino desencadenado, para que no te arrebate».

Soph, Trach, 1129: «Habla, pero cuídate de mostrarte ́mal hijo» (εὐλαβοῦ δὲ μὴ φανῇς κακὸς γεγώς); Oed Tyr, 47.616.

Eur, Or, 699: «Si alguno serenamente, cuando (el pueblo) está irritado, cede condescendiendo, aprovechando (literalmente: cogiendo bien) el momento oportuno (καιρὸν εὐλαβούμενος), tal vez se calmaría». 748.793.1059; Hipp, 100; Iph Aul, 612.1416; Phoen, 1411; Suppl, 325.

Aristoph, Eq, 253: «Cuida que no se te escape» (Εὐλαβοῦ δὲ μὴ ̓κφύγῃ σε);[159] Ach, 955; Vesp, 1012; Lys, 1215.1277; Pax, 313.

Xenoph, Mem, 3,6,8: «Si (la ciudad) es más débil que el enemigo, se le persuada a precaverse» (εὐλαβεῖσθαι); 3,9,4; Hier, 6,16.

Isocr, 1 (Ad Demon), 17: «Cuídate de las acusaciones» (Εὐλαβοῦ τὰς διαβολάς); 32.43.

Aeschin, 1 (Tim), 25: «Este uso parecía entonces atrevido y se cuidaban (εὐλαβοῦντο) de practicarlo». 38; 3 (Ctesiph), 130.

Demosth, 54 (C Conon), 6 (1258): «Había decidido para el porvenir tener precaución y cuidado (εὐλαβεῖσθαι καὶ φυλάττεσθαι) de no acercarme a tales hombres»; 19 (Fals Legat) 296 (436); 24 (C Timocr), 109 (734).

Plat, Leg, 11, 927c: «Cuidando (εὐλαβούμενον) del alimento y educación de los huérfanos»; 3, 691b; 8, 843c; 9, 854b; 12, 943e; Phaed, 91c; 99d; 101c; Charm, 155d; Euthyd, 304a; Prot, 315b; Gorg, 519a; 527b; Ion, 537a; Resp. 2, 372c; 6, 507a; 9, 574b; 10, 608a; Ep, 2, 314a.

Aristot, Rhet, 3, 2, 1405b: «Hay que tener cuidado εὐλαβεῖσθαι) y guardar (παρατηρεῖν) en una y otra cosa la medida».

Diod S, 4,73,2: «Procediendo cautelosamente (εὐλαβούμενον) acerca del matrimonio de su hija»; 16,22,2.

Heliodor, Aeth, 7,20: «Cuídate (Εὐλαβήθητι) de una cólera amorosa, guárdate (φυλάξαι) de la venganza del desprecio».

Epict, Diss, 2,1.12 (cf más adelante, p. 226).

Preisigke Sb 4650,13: εὐλαβήθητι μήπως καταλάβουσίν σε.

---

[158] MOERIS, 133; PHOT, Lex, s.v. εὐλαβοῦ, φυλάσσου.
[159] Cf. Suid, s.v. εὐλαβοῦ, 455.

iii. Εὐλαβεια

El substantivo εὐλάβεια aparece con la acepción de «precaución» en:

Soph, Oed Col, 116: «En el aprender está la prudencia del obrar» (ἐν γὰρ τῷ μαθεῖν ἔνεστιν ηὐλάβεια τῶν ποιουμένων);[160] El, 994: «Antes de hablar, si no hubiera tenido malas ideas, hubiera guardado la prudencia» (ἐπῴζετ' ἂν τὴν εὐλάβειαν);[161] 1334.

Eur, Phoen, 782: «A la Precaución (Τῇ δ' Εὐλαβείᾳ),[162] la más bienhechora de las divinidades, oramos salvar la cuidad»; Herc Fur, 166.

Aristoph, Av, 376: «La precaución todo lo salva» (ἡ γὰρ εὐλάβεια σῴζει πάντα).

Antipho, Tetralogía B, γ, 11 (123): «Debéis tener mucha circunspección en esto» (πολλὴ εὐλάβεια ὑμῖν τούτων ποιητέα ἐστί).

Demosth, 19 (Fals Legat), 262 (425): «Esto ... pide no poca prudencia» (εὐλαβείας οὐ μικρᾶς δεῖται); 21 (In Mid), 10 (517); 61 (Declam amat), 5 (1403).

Plat, Leg, 2, 669b: La música «es entre todas las artes de imitación la que pide más circunspección» (εὐλαβείας);

5, 730a: «Es necesaria al hombre, por poca que sea su prudencia (προμηθείας), una gran vigilancia» (εὐλαβείας); 1, 649e; 7, 798d; 815a; 8, 830b; 9, 854b;

Def, 413d: «Circunspección: Vigilancia contra el mal, cuidado que se pone en mantenerse vigilante» (Εὐλάβεια φυλακὴ κακοῦ, ἐπιμέλεια φυλακῆς);

414a: «Santidad: Cuidado vigilante en evitar las faltas contra los dioses» (Ἁγνεία· εὐλάβεια τῶν πρὸς τοὺς θεοὺς ἁμαρτημάτων); 412c; Alc, 1 (132a); Prot, 317b; 321a; Resp, 3, 416b; 7, 539b.d.

Aristot, Polit, 2,13 (1269a): «Parecería ser algo que necesita de mucha precaución» (εὐλαβείας... πολλῆς); 5,9 (1315a); Eth Eud, 1,6 (1216b); Virt et Vit, 6,6 (1251a).

Polyb, 3,103,2: Cuando llegó a Roma la noticia, todos se alegraron, «porque se veía que la precedente inactividad y timidez del ejército no derivaba de la desidia de las tropas, sino de la prudencia (εὐλάβειαν) del general».

---

[160] Cf. *Suid,* s.v. εὐλάβεια, 455.
[161] Cf. Eusth Thessal, Comm in Il (8,7), 2, 694, 23.
[162] La personificación, más aún deificación de un concepto abstracto, es de gusto euripídeo. Cf. *Phoen,* 506: Τυραννίδα, 532; Φιλοτιμίας; *Tro,* 768-769: Ἀλάστορος... Φθόνου... Φόνου... Θανάτου· la Venganza ..., el Odio ..., el Homicidio ..., la Muerte.

Diod S, 3,18,7: «Porque la asociación con animales de diferente especie continúa sin ninguna injusticia, con paz y todo respeto» (μετ' εἰρήνης καὶ πάσης εὐλαβείας).

Dion Hal, Ant Rom, 5,38: «Al principio, ambos ejércitos se observaron uno a otro con precaución» (δι' εὐλαβείας); 6,72.

Plut, Fab Max, 1,5 (174c): «La tranquilidad silenciosa, la gran precaución (μετὰ πολλῆς εὐλαβείας) con que tomaba parte en las diversiones infantiles»; 1,6 (174d);

Nic, 12 (531d): Nicias, en su discurso ante la asamblea, sin pretenderlo, reforzó en los ciudadanos la opinión de que su «cautela» (εὐλαβείας) haría más segura la empresa;

Brut, 12,2 (988): Cicerón, con el tiempo había adquirido la «cautela propia de la ancianidad» (γερουτικὴν εὐλάβειαν);

Quaest Conv, 4,1,2 (661d): «Los músicos tocan los acordes con gran cuidado» (μετὰ πολλῆς εὐλαβείας).

Epict, Diss, 2,1,7: «Confiados en virtud de nuestra prudencia» (διὰ τὴν εὐλάβειαν θαρραλέοι); 2,1,3.5.6.14; 12,12.

En Filón, εὐλάβεια se encuentra con el sentido de «precaución», «prudencia» en:

Somn, 2,82: «Es necesario servirse de la prudencia (εὐλάβειαν) como de un escudo ... A mi parecer, lo que para una ciudad es la muralla, eso es la prudencia para cada uno» (ὅ γὰρ, οἶμαι, πρὸς πόλιν τεῖχος, τουτ' εὐλάβεια πρὸς ἕκαστον); 2,141;

Virt, 24: La consternación causada por la guerra trae consigo que «las gentes llaman generalmente prudencia (εὐλάβειαν) a la cobardía (δειλίαν); al temor (τὸ δὲ φοβεῖσθαι), previsión (προμηθές), y a la falta de valor, seguridad, revistiendo la conducta más vergonzosa con una denominación bella y noble»; Deter, 45; Mutat, 201.

iv. Raíz εὐλαβ–: justo medio entre temeridad y cobardía

Estos términos designan el justo medio entre la audacia excesiva o temeridad y la cobardía.

α. Εὐλαβής

Demosth, 19, (Fals Legat) 206 (405) defiende que él sólo fue εὐλαβής, mientras que sus enemigos Filócrates y Esquines lo acusaron de ser falto de valor y cobarde (ἄτολμον καὶ δειλόν).

β. *Εὐλάβεια*

Εὐλάβεια es

— asociada a αἰδώς: Aristot, Virt et Vit, 4,5 (1250b): «Al equilibrio acompañan el orden, la regularidad, la modestia (αἰδώς), la precaución» (εὐλάβεια).

— opuesta a θράσος: Demosth, 21 (In Mid), 10 (517): «Por esta (ley) os será manifiesta la prudencia (εὐλάβεια) de todos vosotros y la audacia (θράσος) de éste».

  tò gappaléov: Plut, Marc, 9,6 (302f): Los romanos mezclaron «la audacia» (τὸ θαρραλέον) y actividad de Marcelo, con la «cautela y previsión» (εὐλάβειαν καὶ πρόνοιαν) de Fabio, eligiendo a ambos como cónsules.

  τόλμα: Polyb, 3,105,8: «A cuantos tomaron parte en el combate apareció claro que todo se había perdido por la temeridad (τὴν τόλμαν) de Marco, pero se había salvado por la prudencia (τὴν εὐλάβειαν) de Fabio».

— diferente de δειλία: Philo, Virt, 24.

Εὐλάβεια es expresamente diferenciada de φόβος.

Aristot, Eth Nic, 4,3 (1121b): «Algunos, por moderación y cuidado de evitar (διά τινα ἐπιείκειαν καὶ εὐλάβειαν) lo vil ...; otros, por temor (διὰ φόβον), se apartan de los bienes de los vecinos».

Los estoicos consideran la εὐλάβεια = «precaución» como una virtud, una de las tres εὐπάθειαι = «afecciones buenas» del ánimo, juntamente con χαρά = «alegría» y βούλησις = «voluntad». La oponen, como εὔλογος ἔκκλισις = «huida racional» del peligro, a φόβος = «miedo», que es ἄλογος ἔκκλισις = «huida irracional». A εὐλάβεια subordinan αἰδώς = «pudor», «reverencia», como εὐλάβεια ὀρθοῦ ψόγου, y ἁγνεία = «santidad», «pureza», como εὐλάβεια τῶν περὶ θεῶν ἁμαρτημάτων (Diog L, 7,115). La εὐλάβεια es propiedad del sabio (Plut, Stoic Rep, 11, 1037f: οἱ σοφοὶ τὴν εὐλάβειαν ἔχουσιν).

Plutarco (Virt Mor, 9, 449a.b) explica: Si los estoicos llaman a la alegría y a la εὐλάβεια no ἀπαθείας, sino εὐπαθείας, es con toda razón, pues la pasión legítima nace cuando la razón no destruye sino regula la pasión. Reprocha, sin embargo, a los estoicos que algunos, atenuando los vicios, llaman a la vergüenza, reserva; y al placer, alegría; y al miedo (τοὺς φόβους) circunspección (εὐλαβείας). Cf sobre esto también Clem Alex, Strom, 2,18; 79,5: «A lado de la temperancia se pone la circunspección que evita (el mal) por consejo de la razón» (εὐλάβεια, ἔκκλισις οὖσα σὺν λόγῳ);[163] 2,7; 32,4-33,2.[164]

Cicerón tiene seguramente la definición de los estoicos a la vista, cuando escribe en Tusc, 4,6,13: «Tal huida de los males, cuando es racional, es llamada 'precaución' («quae declinatio cum ratione fiet, cautio appelletur») y se encuentra sólo en el sabio; pero cuando es irracional... se llama 'miedo'» («metus»).

γ. Εὐλαβεῖσθαι

Según los estoicos, el sabio nunca teme (φοβηθήσεσθαι), sino que se precave (εὐλαβηθήσεσθαι: Diog L, 7,115).[165] Plutarco (Stoic Rep, 11, 1037f) cita su máxima: «El ser prudente es propio de los sabios» (τὸ γὰρ εὐλαβεῖσθαι σοφῶν ἴδιον). Epicteto (Diss, 2,1, tit. 7.29.40) defiende la paradoja estoica de que el recto εὐλαβεῖσθαι y θαρρεῖν («tener confianza», «no temer») constituyen una unidad.

b. En los LXX

El antiguo significado de «precaución», «cuidado» aparece rara vez en los LXX.

Bar 6 (Ep Jr LXX), 4: «Cuidaos (εὐλαβήθητε) de no ser también vosotros como los extranjeros».

En el NT no se encuentra, pero está implicado siempre en las palabras εὐλαβ -ής, -εῖσθαι, -εια, cuando se usan en sentido religioso y tienen a Dios por objeto.

2) Temor religioso

El grupo de palabras εὐλαβ -ής, -εῖσθαι, -εια, que etimológicamente designa «atención», evoluciona, no sólo negativamente hacia el sentido de «miedo» o «angustia», sino también positivamente hacia el de «temor religioso». De la precaución y cuidado respecto a las cosas humanas era muy fácil la transición a la cautelosa reverencia del hombre ante lo divino.

De ahí las significaciones de

εὐλαβής: «reverente», «piadoso», «religioso», «temeroso de Dios»;
εὐλαβεῖσθαῖ: «temer religiosamente»;
εὐλάβεια: «reverencia», «piedad», «religión», «temor de Dios».

---

[163] PG 8, 1017; SC 38, 97; GCS, 52 (15), ed. Stählin, 154; VON ARNIM, 3, 67 (Chrys. fr. mor, 411).

[164] PG 8, 968; SC 38, 59-60; GCS 52 (15), ed. Stählin, 130; VON ARNIM, 3, 99 (Chrys. fr.mor, 411).

[165] VON ARNIM, 3, 105 (Chrys. fr.mor, 431).

a) En el griego clásico

Ya en el griego clásico se constata esta evolución.

En Demóstenes 21 (In Mid), 61 (534), donde se trata de la concienzuda observancia del derecho, εὐλαβής tiene ya casi sentido religioso, como muestra la unión de εὐλαβῶς con εὐσεβῶς.

Εὐλαβεῖσθαι designa también temor religioso en Plat, Leg, 9, 879e: «Los ediles, por su parte, tomarán al forastero y lo juzgarán, teniendo el respeto debido al dios de los extranjeros» (τὸν ξενικὸν ... θεὸν εὐλαβούμενοι).

Y εὐλάβεια, en Demosth, 59 (C Neaeram), 74 (1370): «Vosotros daréis vuestro voto, no sólo en favor de vosotros mismos y de las leyes, sino también por la reverencia hacia los dioses (τῆς πρὸς τοὺς θεοὺς εὐλαβείας), castigando los actos de impiedad» (ὑπὲρ τῶν ἠσεβημένων).

b) En el griego helenístico

Pero esta acepción de «temor religioso» prevalece cada vez más en el griego helenístico.

Diod S, 13,12,6: «Por eso, Nicias, que era no sólo por naturaleza supersticiosamente devoto (φύσει δεισιδαίμων ὑπάρχων), sino también cauteloso (εὐλαβῶς διακείμενος), a causa de la epidemia en el campamento, convocó a los adivinos. Y, cuando ellos declararon que la partida debía ser pospuesta para los tres días acostumbrados, Demóstenes y los demás se vieron obligados a acceder, por respeto a la divinidad» (διὰ τὴν πρὸς τὸ θεῖον εὐλάβειαν).

Plutarco exalta varias veces la escrupulosidad religiosa de los romanos. Para designarla utiliza constantemente la frase πρὸς ο περὶ τὸ θεῖον εὐλάβεια.

En Coriol, 25,7 (226a), después de mencionar algunos ejemplos, continúa: «En tiempos más recientes, repitieron el mismo sacrificio treinta veces, pues les parecía que había siempre un olvido o una falta; tal era la reverencia de los romanos hacia la divinidad» (τοιαύτη μὲν εὐλάβεια πρὸς τὸ θεῖον Ῥωμαίων); cf tambien Coriol, 25,2 (225e).

A Emilio Paulo lo retrata como eminente por su εὐλάβεια: nombrado sacerdote, «indagó el escrupuloso ritual religioso de los antiguos» (Aem, 3,2,256c: τὴν τῶν παλαιῶν περὶ τὸ θεῖον εὐλάβειαν).

En Cam, 6,6 (132c), la εὐλάβεια es opuesta a δεισιδαιμωνία y τῦφος, y a ὀλιγωρία τῶν θεῶν y περιφρώνησις: «Pero, en tales cuestiones, tanto una credulidad fanática como una excesiva incredulidad son igualmente peligrosas, dada la debilidad de la naturaleza humana, que no sabe ponerse límites y dominarse, sino se abandona ya a una vana supertición (εἰς δεισιδαιμωνίαν καὶ τῦφον), ya a un desprecio de los dioses (εἰς ὀλιγωρίαν τῶν θεῶν καὶ περιφρώνησιν). La cautela y el 'nada en demasia' es siempre lo mejor».[166]

Εὐλάβεια es también asociado a τιμή: «No me parece justo pasar adelante, sin mencionar la reverencia de Albinio a la divinidad y el honor que le tributó» (Cam, 21,3,139e: τὴν πρὸς τὸ θεῖον εὐλάβειαν καὶ τιμήν).

En Numa, 22,11-12 (75a-b), la εὐλάβεια περὶ τὸ θεῖον es recogida por εὐσέβεια y contrapuesta a δεισιδαιμωνία. «Tulip Ostilio, sucesor inmediato de Numa, después de haber despreciado la mayor parte de sus enseñanzas, especialmente la reverencia a la divinidad (περὶ τὸ θεῖον εὐλάβειαν), ... llevó a los ciudadanos a la guerra; pero ... una penosa enfermedad lo hizo presa de una forma de superstición (δεισιδαιμωνία) que no tenía nada que ver con la religiosidad (εὐσέβεια) de Numa».

También en Ser Num Vind, 4 (549e) designa así la escrupulosidad religiosa de los filósofos de la Academia (τῆς πρὸς τό θεῖον εὐλαβείας).

Esta mentalidad religiosa, expresada con la palabra εὐλάβεια por los escritores de la época helenística, corresponde muy bien al término latino «religio», que Cicerón deduce de «relegere»: «Los que repasan cuidadosamente y en cierto modo releen («relegerent») todo lo que pertenece al culto de los dioses fueron llamados religiosos» («religiosi»: Nat Deor, 2,72).[167]

* * *

Josefo utiliza εὐλαβεῖσθαι con el sentido de «temor de Dios» en Ant, 6,12,6 (259): Los soldados de Saúl no se atrevieron a alzar su mano contra el sumo sacerdote, «temiendo más a Dios (τὸ θεῖον εὐλαβουμένων) que desobedecer al rey».

Hay varios pasajes en Filón, donde el grupo εὐλαβ -ής, -εῖσθαι, -εια es usado acerca de la reverencia, piedad y religión hacia Dios.

Εὐλαβής (-ῶς) en Her, 22: Abraham «dice 'Señor' (δέσποτα; cf Gn 15,2) muy respetuosamente» (εὐλαβῶς).

Εὐλαβεῖσθαι en Her, 29: «No tener respeto (a Dios: εὐλαβεῖσθαι) sin libertad de palabra»; Mutat, 134; Spec, 2,54.

Εὐλάβεια tiene sentido religioso en los siguientes empleos en las obras de Filón.

En Opif, 156, el escritor alejandrino usa este término respecto al escrúpulo de Eva para comer del árbol prohibido. La serpiente reprocha a Eva la torpeza y «la excesiva reverencia» a Dios (τῆς ἄγαν εὐλαβείας).

---

[166] La máxima μηδὲν ἄγαν, escrita a la entrada del templo de Delfos, constituye uno de los pilares de la moral antigua, y es frecuentemente citada por los poeta: PINDARO, fr 204, ed. Bowra; TERENT, *Andria* 60-61: «ne quid nimis».

[167] Cf. ISID, *Etymol,* 10, 234; TOMÁS DE AQUINO, S.Th. 2, 2, q. 81, art. 1.

En Cher, 29, exhorta a adquirir dos virtudes humanas —φιλοφροσύνην καὶ εὐλάβειαν θεοῦ— que brotan de la bondad y grandeza de Dios. Εὐλάβεια es aquí la piedad filial, el temor de Dios, la reverencia del alma ante la majestad divina.

Her, 22,29 reinterpreta la paradoja estoica de la unión de εὐλάβεια y θάρσος en el sentido de actitud piadosa ante Dios. Elogia a Abraham por su reverencia y confianza hacia Dios. Abraham reconoce el poder y señorío de Dios y se somete humildemente a la voluntad divina.

Spec, 1,270: Acerca de la entrada en el Santuario, se intima a los impíos a abstenerse de «la excesiva audacia en un campo en el que se tiene mucho interés en la reverencia» (ἐν οἷς εὐλάβεια λυσιτελὲς ἐπισχών).

1,330: «Por temor (δι᾽εὐλάβειαν) del que creen que está en todas partes».

c) En los LXX

En los LXX, el adjetivo εὐλαβής se encuentra sólo tres veces y su forma adverbial εὐλαβῶς una vez; en los cuatro casos se trata de temor religioso.

Lv 15,31: «Haréis que los hijos de Israel se cuiden (literalmente: «cuida-dosos»; εὐλαβεῖς ποιήσετε; TH וְהִזַּרְתֶּם) de sus impurezas».

En Miq 7,2 y Sir 11,17 εὐλαβής significa «piadoso» como muestra la variante

Miq 7,2: «Ha desaparecido de la tierra el piadoso» (εὐλαβής: así en AB[2]; εὐσεβής en B[1]R). Aquí εὐλαβής corresponde además al hebreo חָסִיד.

Sir 11,17: «El don del Señor permanece con los piadosos» (εὐσεβέσιν: así en ABS[1]; εὐλαβέσιν en S[c]).

2 Mac 6,11: Otros «fueron quemados, por tener religioso temor (διὰ τὸ εὐλαβῶς ἔχειν) de defenderse, por respeto a la santidad del día».

También el verbo εὐλαβεῖσθαι tiene muy frecuentemente sentido de «reverenciar», «temer a Dios».

Traduce varios términos hebreos.

חָסָה = «acogerse», «refugiarse», que implica confianza.

Nah 1,7: El Señor «conoce a los que lo reverencian» (τοὺς εὐλαβου-μένους αὐτόν, TH חֹסֵי בוֹ).

Sof 3,12: El Resto de Israel «temerá (εὐλαβηθήσονται, TH וְהֵסוּ) el nombre del Señor».

Prov 30,5: «El (Dios) defiende a los que lo reverencian» (εὐλαβουμένων αὐτόν, TH לַחֹסִים).

חָסִיד = «piadoso».

Prov 2,8: El Señor «guarda el camino de los que lo temen» (εὐλαβουμένων αὐτόν; TH חֲסִידָו).

הַס = interj.: «¡silencio!»

Hab 2,20: «Tema (εὐλαβείσθω) en su presencia toda la tierra».

Sof 1,7: «Temed (εὐλαβεῖσθε) en presencia del Señor Dios».

Zac 2,17: «Tema (εὐλαβείσθω) toda carne en presencia del Señor».

יָרֵא = «temer».

Ex 3,6: «Moisés volvió su rostro, pues temía ver a Dios» (εὐλαβεῖτο γὰρ κατεμβλέψαι ἐνώπιον τοῦ θεοῦ).

חוּל o חִיל = «retorcerse», «saltar», «temer».

Jr 5,22: «¿A mí no tendréis miedo (φοβηθήσεσθε) —dice el Señor— o en mi presencia no temeréis?» (εὐλαβηθήσεσθε, TH תָּחִילוּ). Εὐλαβεῖσθαι es paralelo a φοβεῖσθαι.

חָשַׁב = «pesar», «estimar».

Mal 3,16: «Así hablaron entre sí los que temen (οἱ φοβούμενοι) al Señor. Y el Señor atendió y escuchó y escribió un libro de memorias ante él, para los que temen (τοῖς φοβουμένοις) al Señor y reverencian (εὐλαβουμένοις, TH וּלְחֹשְׁבֵי) su nombre». También aquí εὐλαβεῖσθαι y φοβεῖσθαι son empleados como sinónimos.

En los LXX, «temer a Dios» es εὐλαβεῖσθαι

τὸν θεόν: Prov 30,5;

τὸν κύριον: Nah 1,7; Prov 2,8; Sir 7,29: «Teme al Señor (εὐλαβοῦ τὸν κύριον) con toda tu alma»;

τὸ ὄνομα τοῦ κυρίου: Mal 3,16;

ἀπὸ τοῦ ὀνόματος κυρίου: Sof 3,12;

ἀπὸ προσώπου κυρίου: Hab 2,20; Sof 1,7; Zac 2,17; Jr 5,22;
Jr 4,1: «Si... temieras ante mi presencia»
(ἐὰν... ἀπὸ προσώπου μου εὐλαβηθῇ);

ἀπὸ προσώπου χειρὸς κυρίου: Jr 15,17: «No me senté en la asamblea de los que se burlan, sino temía ante tu poder».

Εὐλαβεῖσθαι también designa «temor religioso» en

Sir 18,27: «El hombre sabio en todo temerá (εὐλαβηθήσεται) y en las ocasiones de pecado se abstendrá de obrar mal».

4 Mac 4,13: «El sumo sacerdote Onías, aunque en otros casos estuvo lleno de escrúpulos religiosos (εὐλαβηθείς)... intercedió por él».

El substantivo εὐλάβεια, muy raro en los LXX, tiene carácter religioso en Prov 28,14: «Dichoso el hombre que teme (παραπτήσσει) siempre religiosamente (δι' εὐλάβειαν); pero el duro de corazón caerá en el mal».

d) En el Nuevo Testamento

En el NT, el grupo de palabras εὐλαβ -ής, -εῖσθαι, -εια, se encuentra únicamente en los escritos lucanos y en la Epístola a los Hebreos:

εὐλαβής sólo en Lc 2,25; Hch 2,5; 8,2; 22,12.

εὐλαβεῖσθαι sólo en Hb 11,7 (como v. l. en Hch 23,10).

εὐλάβεια sólo en Hb 5,7; 12,28.

Se muestra así el parentesco lingüístico y al mismo tiemo la diversidad entre Lucas y Hebreos.

La significación normal, constante, única, en todos los casos en que estos términos ocurren en el NT (con excepción de la v. l. Hch 23,10), es siempre la de temor religioso.

El adjetivo εὐλαβής, en el uso lingüístico de Lucas, único autor que utiliza este término, significa siempre: «piadoso», «temeroso de Dios», «religioso», «devoto», «reverente o respetuoso hacia Dios o su palabra». Es sinónimo de εὐσεβής, corresponde en hebreo a חָסִיד o יְרֵא הָאֱלֹהִים y en latín a «religiosus» (Hch 2,5 Vg), «timoratus» (Lc 2,25; Hch 8,2 Vg), «pius».

En Lc 2,25, Simeón es un hombre «justo y piadoso» (δίκαιος καὶ εὐλαβής), un creyente precristiano del Mesías, que espera la consolación de Israel y en quien reposa el Espíritu Santo; a impulsos del Espíritu, va al templo (v. 27) y ve la salvación de Dios (v. 30).

En Hch 2,5, los judíos de todas las naciones, que están presentes en Jerusalén para la celebración de la fiesta prescrita de Pentecostés, son llamados «hombres piadosos» (ἄνδρες εὐλαβεῖς). Escuchan una predicación sobre Jesús crucificado y resucitado, a quien «Dios hizo Señor y Mesías» (v. 36); y aquel día fueron bautizados y se incorporaron a la primera comunidad cristiana tres mil almas (v. 41).

En Hch 8,2, los que sepultan a Esteban son también llamados «hombres piadosos» (ἄνδρες εὐλαβεῖς). Con toda probabilidad, eran éstos, no cristianos, sino judíos devotos, que vivían en la esperanza mesiánica y que confiaban en Dios.

En Hch 22,12, Ananías es «un hombre piadoso según la Ley» ἀνὴρ εὐλαβὴς κατὰ τὸν νόμον), judío ejemplar, a quien se le apareció el Señor (9,10); su piedad es caracterizada como un concienzudo cumplimiento de la Ley.

Como aparece por el uso lingüístico de Lucas, εὐλαβής es término especial, muy apropiadamente escogido, para designar al piadoso a la manera judía. Expresa una piedad hecha esencialmente de temor de Dios, de preocupación por un escrupuloso cumplimiento de la Ley, de cuidado para no omitir ni añadir nada, para no alterar de ninguna manera lo que Dios ha prescrito, para evitar toda transgresión. Actitud religiosa típicamente judía, como la de Zacarías e Isabel, que «eran justos ante el Señor y caminaban sin tacha en todos los mandamientos y preceptos del Señor» (Lc 1,6).

El autor de Hebreos es el único escritor del NT que usa εὐλαβεῖσθαι y εὐλάβεια, el verbo en 11,7 y el substantivo en 5,7 y 12,28. Los tres empleos están conformes al uso de Lucas. Designan manifiestamente el temor de Dios.

En Hb 11,7, εὐλαβεῖσθαι significa: «tener temor religioso»: Πίστει χρηματισθεὶς Νῶε περὶ τῶν μηδέπω βλεπομένων, εὐλαβηθεὶς κατεσκεύασεν κιβωτὸν εἰς σωτηρίαν τοῦ οἴκου αὐτοῦ. «Por la fe, Noé, advertido de las cosas que aún no se veían, lleno de religioso temor, preparó un arca, para salvación de su casa».

1. El autor presenta en este versículo uno de los ejemplos de la fe definida al principio del parágrafo (v. 1). El substantivo anafórico πίστει se refiere a toda la frase, a las tres acciones indicadas por los verbos χρηματισθείς, εὐλαβηθείς y κατεσκεύασεν. Por su fe, Noé recibió la comunicación divina, tuvo reverencia y construyó el arca.

2. El verbo χρηματίζεσθαι, «recibir un oráculo», tiene como complemento περὶ τῶν μηδέπω βλεπομένων. Así es usado por Jos, Ant, 3,8,8 (212): Moisés entró en la tienda y «recibió respuesta sobre todo lo que rogaba a Dios» (ἐχρηματίζετο περὶ ὧν ἐδεῖτο παρὰ τοῦ θεοῦ). Es el oráculo lo que permitió a Noé conocer las cosas que aún no se veían.

3. Εὐλαβηθείς no es aquí sinónimo de φοβηθείς. Poner el acento en el temor o angustia no correspondería a la intención del autor, no constituiría un rasgo propio de la fe. En la epístola, el autor se esfuerza siempre por excluir de la fe el temor o miedo (cf v. 23.26). Εὐλαβεῖσθαι expresa no el simple temor de la catástrofe, sino la atención religiosa al mandato divino.

4. Noé «construyó el arca», obedienciendo al oráculo recibido del Señor. Su obediencia fue activa y exacta.

5. El arca fue instrumento de «salvación» para el patriarca y toda su familia (cf Gn 7,23).

6. Por último, la recompensa personal de la fe de Noé es netamente subrayada al final de la frase. Por la fe «condenó al'mundo», moralmente, en cuanto que manifestó, por contraste, su incredulidad, y él «llegó a ser heredero de la justicia según la fe». También el relato del diluvio (Gn 6-8) presenta a Noé como «justo y perfecto» (δίκαιος καὶ τέλειος), agradable a Dios (6,9; cf 7,1) y dócil al oráculo divino (cf 6,22; 7,5).

El hapax neotestamentario εὐλαβηθείς debe, pues, entenderse, con la inmensa mayoría de los intérpretes, en el sentido de temor religioso, de temor reverencial hacia Dios.

Εὐλάβεια en Hb 12,28, el único otro empleo de este término en el NT, es decididamente una propiedad de la conducta religiosa, y significa «reverencia», «temor de Dios», «piedad», «religión». El texto dice así:

Λατρεύωμεν [168] εὐαρέστως τῷ θεῷ μετὰ εὐλαβείας καὶ δέους.[169]
«Demos culto a Dios de manera agradable con reverencia y temor».

1. Se trata del culto que hay que dar a Dios. El verbo en el NT, como en los LXX, tiene siempre un sentido exclusivamente religioso. Hebreos lo usa en seis lugares: en 8,5; 9,9; 10,2; 13,10 se refiere al culto del AT y no aparece el nombre de Dios; aquí, en cambio, como en 9,14, el autor trata del culto cristiano y emplea el nombre de Dios: τῷ θεῷ.

2. Aparece también el tema de la voluntad divina. Todo el sentido del culto es establecer o restablecer las buenas relaciones entre el pueblo y Dios. Los cristianos son invitados a cumplir la voluntad divina en su propia vida. Así servirán a Dios de manera agradable: εὐαρέστως.

3. Al servicio de Dios pertenece siempre el temor. También el que recibe el reino y sirve a Dios en agradecimiento por ello, es agradable a Dios, sólo si tiene «reverencia y temor»: μετὰ εὐλαβείας καὶ δέους. Pero no se trata de angustia, de espanto paralizante. El temor de Dios no suprime la seguridad dada por Cristo (παρρησία: 4,16; 10,19.35), más aún, la completa, porque constituye una protección contra el pecado. La reve-

---

[168] Así en ACDL; λατρεύομεν: KMP; λατρεύσομεν: p46.
[169] Así en ℵ*ACD; μετὰ εὐλαβείας καὶ αἰδούς: ℵ ^cD^cMP; μετὰ αἰδοὺς καὶ εὐλαβείας: ΨKL. Esta variante es explicable: la ditografía de αι (καὶ αἰδούς) pudo llevar a la modificación de δέους en αἰδοῦς, sobre todo si se tiene en cuenta que αἰδώς frecuentemente es asociado a εὐλάβεια (cf. PHILO, Legat, 352; DION HAL 6, 72), mientras que δέος es término raro: hapax neotestamentario, y sólo usado en 2 Mac en el AT. Cf. RIGGENBACH, Hebräer, 427, n.65; MOFFATT, 223; SPICQ, Hébreux, 1, 431.

rencia del hombre hacia Dios es una mezcla de temor y de amor. El AT puso el énfasis en el temor, el NT lo pone en el amor.

4. La frase siguiente: «pues nuestro Dios es un fuego devorador» (v. 29; cf Dt 4,24), no habla contra la interpretación de εὐλάβεια como «reverencia», pues es sólo una exhortación para la salvación. Los cristianos deben tener presente que Dios es un fuego devorador. Pero no se deben confundir los sentimientos de los pecadores en el momento del juicio, a quienes sobrecoge un espanto desesperado ante el castigo inevitable, con el de los creyentes que se esfuerzan por servir a Dios fielmente, quienes experimentan un temor saludable, que los preserva del pecado y del castigo y confirma su esperanza.

El análisis preciso de las palabras de raíz εὐλαβ-, tanto en Lucas como en Hebreos, lleva, pues, a la comprobación de que estos términos se usan siempre en sentido religioso, y orienta, también para εὐλάβεια en Hb 5,7, hacia la acepción fundamental de «reverencia», «temor de Dios», «piedad». Ya estadísticamente se sugiere la misma significación para nuestro pasaje.

e) En la literatura cristiana primitiva

Εὐλαβής en M Pol, 2,1: «Es necesario que, guardando la debida reverencia (εὐλαβεστέρους), atribuyamos a Dios la fuerza en los tormentos», indica claramente temor reverencial ante Dios. En Just, Dial, 79: «Admiro, hombre, esa tu reverencia» (τὸ εὐλαβές) es el temor de una expresión blasfema.

Εὐλάβεια en Pol, 6,3: «Sirvámoslo, pues, con temor y toda reverencia» (δουλεύσωμεν αὐτῷ μετὰ φόβου καὶ πάσης εὐλαβείας) significa también «temor de Dios».

En los escritores eclesiásticos posteriores εὐλάβεια tiene casi siempre el significado de temor religioso.[170] Y en el griego moderno es el término corriente para designar la piedad.

f) En las versiones antiguas y modernas

A favor de la interpretación de ἀπὸ τῆς εὐλαβείας en el sentido de «a causa de su reverencia» hablan las versiones antiguas. La Vulgata, según la edición crítica de R. Weber, traduce: «Et exauditus (así R; «exauditus est»: C^c) pro sua reverentia».

Entre las versiones orientales: etiópica: «ob iustitiam eius»; armenia: «propter reverentiam suam».[171]

---

[170] Cf. LAMPE, s.v.
[171] Cf. RIGGENBACH, *Hebräer*, 134, n. 51.

En el opúsculo «Contra Varimadum Arrianum», de autor desconocido, atribuido a Vigilio de Tapso, en el libro I, cap. 67, al responderse a una falsa interpretación de Sal 138,16, es citado nuestro texto de esta manera: «exauditus est propter timorem».[172] Se designa así el motivo de la escucha.

Las traducciones modernas siguen generalmente la interpretación dada por los Padres griegos y que figura en la Vulgata. Citamos algunas más representativas.

Lutero: «und ist auch erhört, darum dass er Gott in Ehren hielt».

Bover-Cantera: «y habiendo sido escuchado por razón de su reverencia».

Biblia de Jerusalén: «et ayant été exaucé en raison de sa piété».

Osty E. – Trinquet J.: «et il fut exaucé à cause de sa piété».

Traduction Oecuménique de la Bible: «et il fut exaucé en raison de sa soumission».

Tyndale Version: «and was also hearde because of his godlynes».

Revised Version y Authorized Standard Version: «and having been heard for his godly fear».

Revised Standard Version: «and he was heard for his godly fear».

New American Bible: «and he was heard because of his reverence».

New English Bible: «because of his humble submission his prayer was heard».

La Sacra Bibbia, CEI: «e fu esaudito per la sua pietà».

La Sacra Bibbia, PIB: «ed essendo esaudito per la deferenza».

b. *Significación de ἀπό*

La construcción gramatical de la frase, muy simple y correcta, habla a favor de esta interpretación. Là preposición ἀπό (con genitivo),. que indica un punto de partida, se usa normalmente en lugar de διά (con acusativo), para expresar el motivo, la causa o el orígen de una acción, con el sentido de: «a causa de», «a consecuencia de», «en razón de», «por».

La significación causal de ἀπό está absolutamente asegurada. Hay en la literatura griega numerosos paralelos muy cercanos.

1) En el griego clásico

En el griego clásico, ἀπό, como indicación de causa, aparece no raras veces.[173]

---

[172] PL 62, 396; C Chr 90, ed. B. SCHWANK, 77.
[173] Cf. KÜHNER-GERTH, 2, 1, 458.

Soph, Ant, 695: «Entre todas las mujeres es la que menos merece perecer en la ignominia por actos tan gloriosos» (ἀπ᾽ ἔργων εὐκλεεστάτων).

Aristoph, Eq, 788: «¡A causa de mezquinas zalamerías (ἀπὸ μικρῶν ... θωπευματίων) te estás mostrando con el benévolo!»

Av, 151: «Aborrezco a Leprea a causa de Melanto» (ἀπὸ Μελανθίου).

Thuc, 1,71,3: Los corintios hablan a los espartanos: «Los atenienses, «a causa de su mucha experiencia (ἀπὸ τῆς πολυπειρίας) se han renovado más que vosotros».

2,25: «El ejército ateniense fue alabado por este gesto audaz» (ἀπὸ τούτου τοῦ τολμήματος).

4,98: «Violación de la ley es un término que se aplica a los que hacen el mal sin presión externa y no a los que son llevados a un acto de audacia a causa de los infortunios» (ἀπὸ τῶν ξυμφορῶν).

6,12: «Para ser admirado por la cría de caballos y por la magnificencia» (ἀπὸ τῆς ἱπποτροφίας, διὰ δὲ πολυτέλειαν).

2) En el griego helenístico

La designación del motivo por medio de ἀπό corresponde plenamente al uso lingüístico del griego helenístico y tardío.

Theophr, Char, 25: «El cobarde, si el mar está agitado, dice al vecino que tiene miedo a causa de un sueño» (ἀπὸ ἐνυπνίου τινός).

Jos, Ant, 9,4,3 (56): «Eliseo pidió a Dios que cegara los ojos de los enemigos y arrojara sobre ellos oscuridad, por la cual fueran incapaces de reconocerlo» (ἀφ᾽ ἧς ἀγνοήσειν αὐτὸν ἔμελλον).

10,11,7 (268): «Daniel fue profeta de cosas buenas, de manera que por el buen augurio de sus predicciones (ἀπὸ μὲν τῆς εὐφημίας) atrajo la buena voluntad de todos; pero por el cumplimiento de ellas (ἀπὸ δὲ τοῦ τέλους), no sólo ganó crédito entre la multitud por su verdad, sino también estima por sus poderes divinos».

P Fay, 111,4: «Habiendo perdido dos cerditos a causa del ajetreo del camino» (ἀπὸ τοῦ σκυλμοῦ τῆς ὁδοῦ).

3) En los LXX

También en los LXX la preposición ἀπό denota causa. Corresponde frecuentemente en hebreo a la partícula מִן empleada en el mismo sentido.[174]

---

[174] Cf. JOHANNESSOHN, 281-282.

Gn 48,10: «Los ojos de Israel se habíen nublado. a causa de la vejez (πρὸ τοῦ γήρους); 9,11; 16,10; 32,13; 36,7; 41,31.

Ex 3,7: «He escuchado su clamor (causado) por los capataces» (ἀπὸ τῶν ἐργοδιοκτῶν; TH מִפְּנֵי נֹגְשָׂיו; Vg: «propter duritiam eorum qui prae-sunt operibus»).[175]

2 Cr 5,6: El rey Salomón y toda la asamblea de Israel estaban «sacrifican-do novillos y ovejas, que no podrían ser numerados y calculados a causa de la multitud» (ἀπὸ τοῦ πλήθους; TH מֵרֹב).

20,9: «Clamaremos a ti a causa de la aflicción (ἀπὸ τῆς θλίψεως; TH מִצָּרָתֵנוּ), y tú escucharás y salvarás».

Jdt 7,22: «Las mujeres y los jóvenes desfallecían de sed» (ἀπὸ τῆς δίψης); 2,20; 10,19.

1 Mac 3,6: «Los impíos se acobardaron por causa del miedo» (ἀπὸ τοῦ φόβου); 6,8; 9,13.

2 Mac 5,21: Antíoco, «se marchó pronto a Antioquía, creyendo por su orgullo (ἀπὸ τῆς ὑπερηφανίας) que haría navegable la tierra y tran-sitable el mar por la arrogancia de su corazón» (διὰ τὸν μετεωρισ-μὸν τῆς καρδίας); 3 Mac 2,31; 4 Mac 6,7.

Sal 6,8: «Mi ojo se turbó a causa de (mi) ira» (ἀπὸ θυμοῦ; TH מִכַּעַס);

38,4: «No hay salud en mi carne a causa de tu furor
(ἀπὸ προσώπου τῆς ὀργῆς σου, TH מִפְּנֵי זַעְמֶךָ),
no hay paz para mis huesos a causa de mis pecados»
(ἀπὸ προσώπου τῶν ἁμαρτιῶν μου, TH מִפְּנֵי חַטָּאתִי).

119,28: «Mi alma se derramó (en lágrimas) por la tristeza»
(ἀπὸ ἀκηδίας, TH מִתּוּגָה).

Sir 20,5: «Hay quien se hace odioso por mucho hablar»
(ἀπὸ πολλῆς λαλιᾶς).

Se encuentra incluso ἀπό causal después de εἰσακουσθείς en

Ex 6,9: Los hijos de Israel «no escucharon a Moisés por pusilanimidad y por las duras faenas» (καὶ οὐκ εἰσήκουσαν Μωυσῇ ἀπὸ τῆς ὀλιγο-ψυχίας καὶ ἀπὸ τῶν ἔργων τῶν σκληρῶν, TH וְלֹא שָׁמְעוּ אֶל מֹשֶׁה מִקֹּצֶר רוּחַ וּמֵעֲבֹדָה קָשָׁה).

Job 35,12: «Allí gritarán, y ninguno escuchará precisamente a causa de la insolencia de los malos»
(καὶ οὐ μὴ εἰσακούσῃ καὶ ἀπὸ ὕβρεως πονηρῶν, TH וְלֹא יַעֲנֶה מִפְּנֵי גְּאוֹן רָעִים).

---

[175] Cf. Dt 7,7: «No por ser vosotros más numerosos (οὐχ ὅτι πολυπληθεῖτε, TH לֹא מרבכם) que todos los pueblos, se enamoró de vosotros y os elegió el Señor».

4) En el Nuevo Testamento

Principalmente en el NT el sentido causal de ἀπό con genitivo ocurre con frecuencia.[176]

Mt 13,44: Parábola del tesoro escondido: «Por la alegría (ἀπὸ τῆς χαρᾶς; Vg «prae gaudio») va, vende todo lo que tiene, y compra aquel campo».

14,26: Los discípulos, viendo a Jesús caminar sobre las aguas, «de miedo se pusieron a gritar» (ἀπὸ τοῦ φόβου; Vg «prae timore»).

18,7: «¡Ay del mundo por los escándalos!» (ἀπὸ τῶν σκανδάλων; Vg «a scandalis»).

28,4: «Los centinelas temblaron de miedo» (ἀπὸ δὲ τοῦ φόβου; Vg «prae timore»).

Mc 2,4 v. l.: Curación de un paralítico: «Al no poder presentárselo a causa de la multitud» (διὰ τὸν ὄχλον; DW: ἀπὸ τοῦ ὄχλου), abrieron el techo».

Jn 21,6: Los discípulos echaron la red «y ya no podían recogerla por la abundancia de los peces» (ἀπὸ τοῦ πλήθους τῶν ἰχθύων).

La construcción es plenamente lucana.

Lc 19,3: Zaqueo «trataba de ver quién era Jesús, pero no podía a causa de la gente» (ἀπὸ τοῦ ὄχλου; Vg «prae turba»).

21,26: Venida del Hijo del hombre: «muriéndose los hombres de terror y de ansiedad (ἀπὸ φόβου καὶ προσδοκίας; Vg «prae timore et expectatione») por las cosas que vendrán sobre el mundo».

22,45: En Getsemaní, Jesús encontró a los discípulos «dormidos por la tristeza» (ἀπὸ τῆς λύπης; Vg «prae tristitia»).

22,41: «Como no acababan de creer a causa de la alegría» (ἀπὸ τῆς χαρᾶς; Vg «prae gaudio»).

Hch 11,19: «Los que se habían dispersado por la tribulación» (ἀπὸ τῆς θλίψεως; Vg «a tribulatione»).

12,14: La sirvienta, «al reconocer la voz de Pedro, de alegría (ἀπὸ τῆς χαρᾶς; Vg «prae gaudio») no abrió la puerta».

22,11: Pablo, hablando de su conversión: «Como yo no veía, a causa del resplandor de aquella luz» (ἀπὸ τῆς δόξης τοῦ φωτὸς ἐκείνου; Vg «prae claritate»).

Y en Hebreos no falta un uso similar en 5,8: «Por lo que padeció (ἀφ' ὧν ἔπαθεν), aprendió la obediencia».

---

[176] Cf. Grimm, Bauer, Zorell, *Lexicon Graecum*, s.v.; Blass-Debrunner-Rehkopf, 210; Abel, 46.

5) En la literatura cristiana primitiva

Otros ejemplos tomados de la literatura cristiana primitiva:

Herm, Vis, 3,11,2: «Vuestro espíritu está envejecido y marchito ya y sin vigor, a causa de vuestras flaquezas y dudas» (ἀπὸ τῶν μαλακιῶν ὑμῶν καὶ διψυχιῶν).

Sim, 8,2,8: El Pastor plantó las varas y «derramó sobre ellas tanta agua, que las varas desaparecieron por el agua» (ἀπὸ τοῦ ὕδατος).

Desde el punto de vista lingüístico, la significación causal de ἀπό con genitivo, está, pues, completamente justificada.

c. *Función del artículo τῆς*

La frase ἀπὸ τῆς εὐλαβείας podría llevar el pronombre posesivo αὐτοῦ, como exigen Tholuck, B. Weiss y otros,[177] pero no es de ninguna manera necesario.

Esta construcción elíptica es absolutamente normal. Algunos de los textos citados para mostrar el uso causal de ἀπό demuestran también que el pronombre αὐτοῦ puede ser omitido; p.ej. Mt 14,26; Lc 21,26; 22,45; 24,41.

En nuestro pasaje, el artículo τῆς antes de εὐλαβείας tiene toda la fuerza de un posesivo. El artículo es retrospectivo, pero no al temor de la muerte, sino a las «súplicas al que puede salvar de la muerte», en las que Cristo demostró su εὐλάβεια; o mejor, al temor reverencial mismo mostrado en la oración a Dios, a la actitud personal de Jesús que hizo factible la escucha.

d. *Contexto*

La traducción «escuchado a causa de su reverencia» esta sólidamente fundada en motivos filológicos. Pero es, en último término, el contexto lo que atrae decididamente a los comentadores hacia esta interpretación. Εὐλάβεια significa comúnmente «temor de Dios»; pero aquí el sentido religioso más profundo es muy adecuado al contexto.

Hb 5,7 describe a Cristo sumo sacerdote en su ofrenda sacrificial, en su actitud de reverencia hacia Dios, indica la relación de dependencia en que Cristo estaba hacia su Padre, pone énfasis en su reverente sumisión a Dios. En sus dolores de muerte, en la hora de la tribulación, se vuelve con profundo respeto hacia Dios «que puede salvar», se dirige con filial confianza hacia su Padre. En sus oraciones y súplicas, en su clamor poderoso y en sus lágrimas, había ese elemento de entera sumisión de sí mismo a la voluntad del Padre, que constituye la verdadera piedad.

---

[177] THOLUCK, 249; B. WEISS, *Hebräer*, 137.

En el temor de Dios, Cristo se sometió a la voluntad divina. Esa fue su εὐλάβεια, la más alta que un hombre haya jamás profesado. Ninguna palabra podría expresar más exactamente la relación del Hijo del hombre hacia su Padre, la piadosa y reverente entrega de Cristo a la voluntad de Dios. No sin intención el autor destaca el término εὐλαβείας, colocándolo, enfáticamente, al final de la frase. La obediente reverencia de Cristo es expresada en la segunda parte de la oración de Getsemaní con las palabras: «No mi voluntad, sino la tuya».

Después de haber descrito la ardiente oración, en la que Cristo mostró su εὐλάβεια, puede el autor decir que Cristo fue escuchado precisamente a causa del temor reverencial con que sometió la propia voluntad a la divina. El temor de Dios es presentado como el motivo por el cual la oración de Cristo fue escuchada.

La oración auténtica, penetrada de profundo respeto, que se abandona a Dios, seguramente es escuchada.

Sal 145,19: «Hará la voluntad de los que lo temen, escuchará su oración y los salvará».

6,5: «El Señor escuchó la plegaria de todo (el que oró) en temor de Dios».

1 Jn 5,14-15: «Si pedimos algo según su voluntad, nos escucha. Y si sabemos que nos escucha en lo que le pedimos, sabemos que tenemos conseguido lo que le hayamos pedido».

Cristo por su εὐλάβεια realizó perfectamente esa sumisión que es al mismo tiempo obediencia a Dios y solidaridad con los hombres. Por eso fue escuchado.

Este sentido es confirmado por el contexto siguiente. La oración participial εἰσακουσθείς ... está en relación muy estrecha con la oración principal: «aprendió, por lo que padeció, la obediencia» (v. 8). El aprendizaje de obediencia es, para Hebreos, εὐλάβεια. Cristo recorrió el camino marcado por Dios, se sometió a él, obedeciendo hasta la muerte.

Sólo este sentido corresponde a 5,9-10. Los participios pasivos aoristos εἰσακουσθείς, τελειωθείς, προσαγορευθείς se relacionan estrechamente: los dos últimos se refieren a la exaltación; el primero, señala, como motivo de la exaltación, la εὐλάβεια de Jesús. Como Jesús, según Flp 2,8-9, a causa de su obediencia fue exaltado, así, según Hb 5,7, a causa de su temor de Dios, fue escuchado.

También el contexto precedente asiste a esta interpretación. En 2,13, Jesús es presentado como hombre que pone su confianza en Dios. Este tema es importante en la epístola. En este contexto, εὐλάβεια no puede significar «angustia», sino una actitud reverente y confiada hacia Dios.

El curso del pensamiento en Hb 5,7 y todo su contexto es, pues, completamente llano, si por εὐλάβεια se entiende el temor reverencial con que Jesús se sometió a la voluntad divina, a consecuencia del cual fue escuchado. Cristo fue escuchado, a causa del temor de Dios, que lo hacía ver en todas las circunstancias a su Padre celeste, y no obrar ni querer ninguna otra cosa, sino lo que era conforme a su voluntad.

Conclusión

Al peso de la autoridad de una interpretación constantemente mantenida durante siglos, desde la más alta antigüedad, se añade la fuerza de la argumentación, que inclina poderosamente la balanza a favor de la traducción: «Escuchado por su reverencia», «piedad» o «temor de Dios».

B. ¿Cómo fue escuchada la oración de Cristo?

A la pregunta ¿en qué consistió la escucha de la oración de Cristo? se han dado diversas respuestas. He aquí las principales.

1. Salvación de los hombres

Los comentadores que explicaron que la oración de Cristo fue la que ofreció a Dios, al entregarse a sí mismo por la salvación de los hombres, entienden que Cristo fue escuchado, en su oración y sacrificio por el pueblo, porque, con su muerte, alcanzó la libertad del género humano y abrió a todos los mortales el acceso a la patria celeste (Efrén, Erasmo, Flacio Ilírico, Giustiniani, Weitenauer, Vitti, Rissi).[178]

Ya Efrén[179] explicaba así el texto. Cristo obtuvo la salvación de sus verdugos; fue escuchado, porque una parte de ellos se convirtió: «Fue abierta la puerta, para que los que lo crucificaban vivieran en él». «Algunos de sus verdugos se convirtieron y, por su penitencia, fueron heraldos de su resurrección». Pablo aludía tal vez con estas palabras a su conversión, como si también él se sintiera objeto de la oración salvífica de Cristo y fuera un nuevo argumento de que esta oración fue escuchada por el Padre: «Et fortassis in se ipsum quoque aspiciebat Apostolus, dum haec de proximis suis dicebat».

Lo que Cristo pidió condicionalmente («si es posible», «si quieres») siguió la naturaleza de la condición. El cáliz amargo no fue alejado de él. Cristo no fue librado del temor ni escapó de la muerte, porque no pretendió esto. Pareció más conveniente a nuestra salvación que, afligido con todos los males, hasta el suplicio de la cruz, diera a los suyos ejemplo de perfecta obediencia.

---

[178] EFRÉN SIRIO, 213; ERASMO, *Paraphrasis* 997; FLACIO ILÍRICO, 1132; GIUSTINIANI, 680; WEITENAUER, 432; VITTI, *Didicit*, 269-270; RISSI. 42.
[179] EFRÉN SIRIO, ibid.

Pero lo que quiso simple y absolutamente, lo recibió. Alcanzó del Padre que aquellos a quienes tuvo como compañeros de aflicción, fueran también partícipes de su reino. Es muy verosímil que algunos de los que habían crucificado a Cristo y por quienes él había suplicado alcanzaran la salvación eterna.

Texto y contexto requieren este sentido: Cristo sumo sacerdote, al orar y sacrificarse por el pueblo, fue escuchado por su perfecta obediencia.

El autor aplica aquí a Cristo la condición del pontífice que ora por el pueblo; quiere, por tanto, indicar que Cristo, al orar por el pueblo, fue escuchado. El curso del pensamiento es: porque Jesús cumplió fielmente su oficio sacerdotal en favor de los hombres, fue escuchado.

El participio εἰσακουσθείς constituye una unidad, formal y objetivamente, con los otros dos participios aoristos pasivos del mismo párrafo que hablan del perfeccionamiento del oficio sacerdotal: τελειωθείς, προσαγορευθείς. Los tres dicen los mismo: Jesús fue llevado a la perfección, reconocido y acreditado por Dios en su oficio. La escucha consistió, según esto, en que su servicio de intercesión fue aceptado.

Cristo fue escuchado «por su reverencia». Era Hijo (v. 8) y no podía no obtener del Padre lo que quería. Pero también por la dignidad de su sacerdocio alcanzó la salvación de los hombres.

Por el v. 9 es claro lo que Cristo obtuvo por sus oraciones: que se comunicara la virtud de su sacerdocio, transmisor de «salvación eterna». «Probado en todo a semejanza nuestra» (4,15), no sólo se salvó a sí mismo, sino fue causa de salvación para todos los que imitan su ejemplo de obediencia.

Boman,[180] conforme a su interpretación del objeto de la oración de Cristo, hace consistir la escucha en que la terrible desgracia que amenazaba a los discípulos de Jesús fue apartada por Dios y se alcanzó la victoria sobre el diablo. Hay así una correspondencia con el final del episodio paralelo Jn 12,27-31: «Ahora el príncipe de este mundo será echado fuera» (v. 31).

2. Fortalecimiento. Resurrección-exaltación

a. Fortalecimiento de Cristo

A favor de la interpretación de que la escucha consistió en el fortalecimiento de Cristo para el cumplimiento de la voluntad del Padre, para beber el cáliz del dolor y de la muerte, están: Sedulio, Wette, Maier, Alford, Zill, Keil, Schaefer, A. B. Bruce, Moffatt, Schrenk, Ketter, Hewitt, Laubach, Purdy.[181]

---

[180] BOMAN, 268.
[181] SEDULIO, PL 103, 258; WETTE, 170; MAIER, 157-158; ALFORD, 97; ZILL, 226; KEIL,

Cristo no fue salvado de la muerte. Bebió hasta las heces el cáliz del dolor y de la muerte. Sin embargo, su grito no cayó en oídos sordos. Su oración fue escuchada.

En Getsemaní pidió que el cáliz pasara de él, pero sólo si tal era la voluntad de su Padre. Su petición de preservación de la muerte fue sólo condicional, e inmediatamente se sometió a la voluntad divina. No pidió otra escucha que la que estaba en la voluntad de su Padre. Pero esta disposición de ánimo, esta oración completamente subordinada a la voluntad del Padre, en medio de una situación de angustia, envolvía también la petición de la asistencia divina, del fortalecimiento para sobrellevar el dolor.

La escucha de la oración de Cristo consistió en el auxilio suministrado durante la pasión, en la liberación del temor, en el valor para afrontar la muerte, en el fortalecimiento para cumplir definitivamente la voluntad divina. El autor se refiere seguramente a la aparición del «ángel, venido del cielo, que lo fortalecía» (Lc 22,43).

Una vez escuchado, después de ser fortalecido, el que antes estaba temeroso y triste hasta la muerte (Mt 26,37-38), avanzó animoso al encuentro de sus verdugos, sobrellevó heroicamente su amargo sufrimiento, soportó la cruz y entregó su vida como rescate por muchos. Bajo el peso del martirio, todavía manifiesta Cristo su angustia en el grito de la cruz: «Dios mío ...», pero luego entrega su espíritu en las manos del Padre (Lc 23,46) y muere en maravillosa serenidad. El dolor se transforma en paz.

La construcción de la frase apoya esta explicación: εἰσακουσθείς, la escucha, precede a ἔμαθεν, al real sufrimiento. Se trata no sólo de la seguridad de que Dios dará su ayuda, sino de un auxilio verdaderamente prestado para enfrentarse a la pasión y a la muerte.

Finalmente, esta interpretación es confirmada por el contexto. Según Hb 2,14, se debe considerar como una característica humana el que Cristo en su aflicción dirija oraciones a Dios. Es humano volverse a Dios en la necesidad y pedirle auxilio.

La escucha de la oración de Cristo pertenece a la descripción de su debilidad sin pecado. El v. 7 describe la actitud de uno que retrocede ante la muerte y que al fin es capacitado para afrontarla por una ayuda especial. «El punto que se debe enfatizar no es tanto que la oración de Jesús fue escuchada, cuanto que necesitaba ser escuchada: que él necesitaba auxilio del cielo para beber el cáliz».[182]

135-136; SCHAEFER, 152; A.B. BRUCE, 186, con n. 1; MOFFATT, 66; SCHRENK, 281, n. 63; KETTER, 40-41; HEWITT, 100; LAUBACH, 106; PURDY, 644-645; GALIZZI, 232-233. 236. Además, FARRAR, 76; VAUGHAN, 94; PEAKE, 135; COTTON, 644; cf. infra, p. 247. - ROBINSON (64) ve la escucha de la oración de Jesús en la perfecta comunión con el Padre, pero añade que el dato de Lucas sobre el ángel que fortalece a Cristo fue expresado por nuestro autor con la afirmación más simple: «fue escuchado».

[182] A.B. BRUCE, *Hebrews,* 186.

A esta opinión se reduce también la solución propuesta por Galizzi:[183] Cristo que, en absoluta necesidad de ayuda, se dirige al Padre, «fue escuchado», en cuanto que pudo llegar a la perfección de su sacerdocio, para ser causa de salvación para otros. Hebreos conviene así con Lucas, donde Cristo, necesitado de ayuda, fue escuchado a consecuencia de su oración y recibió auxilio y fuerza (Lc 22,43).

b. *Resurrección-exaltación*

1. Los que pretenden que en nuestro texto se trata de la oración con que Cristo pidió ser salvado de la muerte por la resurrección, enseñan que Cristo fue escuchado, porque efectivamente alcanzó lo que pedía: la resurrección (Glosa interlineal, Herveo de Bourg-Dieu, Pedro Lombardo, Tena, Estio, Picquigny, Lünemann, Drach, Pánek, Moulton, Edwards, Padovani, Ungeheuer, Jeremias, Braumann, Hillmann, Friedrich, Brandenburger. Además Teofilacto, Codex latinus medii aevii 1 (Budapest), Pseudo-Jerónimo, Clario, Reuss, Ménégoz, van Steenkiste, Lemonnyer, Schlatter, Zimmermann, Hughes).[184]

La súplica de Cristo no fue vana. Entregó su alma en las manos del Padre y le fue devuelta. Dios no lo dejó en la tumba ni permitió que experimentara la corrupción, sino que lo sacó del reino de la muerte, lo devolvió a la vida, lo resucitó inmediatamente al tercer día, para ya no morir más. La muerte no tuvo ningún poder sobre Cristo. La cruz fue para él la puerta de la vida eterna. Hay una sorprendente correspondencia entre la petición y la escucha, así entendidas, y la cita del Sal 16,10, hecha por Pedro en Hch 2,27-31.

2. Los que suponen una doble petición de Cristo: preservación de la muerte y salvación de la muerte ya ocurrida, ponen también generalmente la escucha de esta oración en la resurrección (Belarmino, Ribera, Bleek).[185]

Lo explican de esta manera: Cristo, pontífice grato a Dios, no pidió nada que no haya alcanzado. Toda oración con la que pidió algo absolutamente fue escuchada, no podía no ser escuchada. La oración con la cual en Getsemaní pidió al Padre que apartara de él el cáliz para no beberlo, no fue simple y absoluta, sino bajo condición: «si es posible», e.d.,

---

[183] GALIZZI, 236.

[184] GLOSA INTERLINEAL, 843-844; HERVEO DE BOURG-DIEU, *Ad Hebraeos*, PL 181, 1566; PEDRO LOMBARDO, PL 192, 437; LUIS DE TENA, 217; ESTIO, 109; PICQUIGNY, 298; LÜNEMANN, 177; DRACH, 735-736; PÁNEK, 92; MOULTON, 300; EDWARDS, 77; PADOVANI, 190; UNGEHEUER, 130; JEREMIAS, 109; HILLMANN, *Der Hohepriester*, 141; BRAUMANN, 278-280; FRIEDRICH, *Das Lied*, 105-107; BRANDENBURGER, 216-218; ATTRIDGE, 91. Además, TEOFILACTO, PG 125, 245; CLARIO, 1341; REUSS, 52; WESTCOTT, 126; MÉNÉGOZ, 97, n. 2; VAN STEENKISTE, 532; LEMONNYER, 218; SCHLATTER, 293; ZIMMERMANN, 12, n. 27; HUGHES, 184.

[185] BELARMINO, 275; RIBERA, 206-207; BLEEK, 237.

si así conviene, si Dios lo quiere, si no repugna al eterno decreto del Padre. Por eso Cristo añadió: «No mi voluntad, sino la tuya». Nada extraño, por tanto, si esta oración no fue escuchada. En cambio, Cristo fue escuchado en lo que pidió absolutamente: ser librado de la muerte por la resurrección. Esto significó David, cuando dijo: «Tú le has otorgado el deseo de su corazón, no has rechazado el anhelo de sus labios...; vida te pidió y se la otorgaste» (Sal 21,3-5).

Para Lescow,[186] el autor de Hebreos introduce en el texto original, prolépticamente, el contenido del v. 9; explica, citando a Schille: «Así el Hijo de Dios, con el sí de Dios va a la muerte, pero su comunidad sabe que él camina a la victoria, porque Dios no lo abandona a la muerte».[187]

3. Entre los que opinan que la oración de Cristo fue por la preservación de la muerte, encuentran algunos la respuesta a la oración en la resurrección (Eutimio, Aimon d'Auxerre, Nicolás de Lira, Bisping, Delitzsch, Davidson).[188]

El Padre no quiso preservarlo de la muerte, a fin de que, por la muerte de Cristo, se cumpliera nuestra redención; pero lo salvó de la muerte de otra manera: resucitándolo de los muertos. Cristo fue escuchado no en cuanto a no tener que morir, sino porque la muerte lo afectó sólo pasajeramente. Dios Padre lo escuchó, resucitándolo al tercer día, según lo que dice el salmista: «no dejarás a tu santo ver la corrupción» (Sal 16,10). La muerte fue para Cristo la puerta del paraíso; y la cruz, la escala para el cielo.

La objeción de que la resurrección no puede ser llamada escucha de una oración por la preservación de la muerte es considerada enteramente injustificada y superficial. Cuando se dice que fue «escuchado», significa que la oración fue en efecto respondida. Pero pudo ser verdaderamente respondida, aunque no completamente como se pidió, no en la forma determinada que Jesús en su oración tenía primero en vista.

Cuando la muerte con todos sus terrores se presentó ante él, lo sobrecogió en Getsemaní una tristeza y un estremecimiento, que, en la conciencia de la necesidad de su muerte, lo llevó a un momentáneo oscurecimiento y vacilación. En este estado de humana debilidad, pidió al que podía salvarlo de la muerte, que apartara de él el cáliz de la muerte, si era posible, e.d., si era conciliable con su voluntad.

Fue todo el abismo de la muerte lo que él contempló, cuando suplicó así. Vio en la muerte no sólo una obra de los hombres y del príncipe de la muerte, sino también una obra de Dios, pues el último fundamento de la

---

[186] LESCOW, 227.
[187] SCHILLE, 101.
[188] EUTIMIO, 373-374; AIMON D'AUXERRE, PL 117, 856; NICOLÁS DE LIRA, 844; BISPING, 122-123; DELITZSCH, 192-193; DAVIDSON, 112.

muerte es la ira de Dios. Vio que la muerte, en su plena realidad, no podía ser apartada de él, que muriendo tenía que vencer a la muerte y, llegando a ser maldición, absorber la maldición a favor de todos los hombres.

Sin embargo, el representante de la humanidad no pidió la salvación de la muerte sin someterse al mismo tiempo a la voluntad divina. Por eso, precisamente a causa de esta εὐλάβεια, Dios lo escuchó. Lo escuchó, en cuanto que, en medio de su mortal agonía y en su sentimiento de abandono de Dios y, por tanto, de ira, lo abrazó con su amor y lo trasladó de la muerte a la vida de la gloria.

Cristo fue escuchado, en cuanto que, según Hch 2,24-31; 13,35-37, la esperanza de David (Sal 16,5-11) se cumplió en él. Tuvo que gustar la muerte (Hb 2,9), pero Dios lo libró de los dolores de la muerte (Hch 2,24), y se manifestó que éstos habían sido sólo dolores de parto de una vida inextinguible. De esta manera la transformación de la agonía en las glorias del paraíso aparece como una escucha que sobrepasó su propia súplica. Oró a su Padre «que podía salvarlo de la muerte», pero esta liberación pedida por Cristo fue más allá de la liberación de gustar la muerte, a la liberación de las garras de la muerte por la resurrección.

Para Brenz,[189] según el cual Cristo pidió ser librado no del temor de la muerte, sino del temor de permanecer en la muerte, Cristo fue escuchado inmediatamente, pero la manifestación de la escucha se difirió hasta el momento de la resurrección.

* * *

La resurrección puso a Cristo en posesión de todas las prerrogativas de las que la resurrección es la condición y la fuente. Por eso muchos refieren la escucha también a la exaltación y glorificación de Cristo (Herveo de Bourg-Dieu, Pedro Lombardo, Roberto de Melun, Brenz, Lünemann, Delitzsch, Drach, Reuss, Pánek, Moulton, Ménégoz, Steenkiste, Jeremias, Braumann, Michel, Friedrich, Zimmermann, Cody, Attridge, Swetnam).[190]

Cristo fue escuchado, «ex-auditus», e.d., «oído fuera de» todos los demás, porque, después de su dolorosa lucha, fue sublimado por el Padre por encima de toda creatura. Desde toda la eternidad fue dispuesto por el Padre que él resucitara de los muertos y ascendiera a los cielos. Cristo no sólo fue resucitado (cf 13,20), sino exaltado al cielo (cf 4,14), colocado a la derecha de Dios (cf 1,3; 8,1; 12,2) y hecho partícipe de la gloria divina.

---

[189] Brenz, 279.
[190] Herveo De Bourg-Dieu, *Ad Hebraeos,* PL 181,1566; Pedro Lombardo, PL 192, 437; Roberto de Melun, 299; Brenz, 279; Lünemann, 177; Delitzsch, 192-193; Drach, 735-736; Reuss, 52; Pánek, 92; Moulton, 300; Ménégoz, 97, n. 2; Van Steenkiste, 532; Jeremias, 109; Braumann, 278-280; Michel, *Hebräer,* 224; Friedrich, *Das Lied,* 107; Zimmermann, 12, n. 27; Cody, 935; Attridge, 91; Swetnam, 180.

La fórmula «escuchado a causa de su piedad» expresa la exaltación de Cristo que resulta precisamente de la manera como soportó su abajamiento. Su muerte fue el principio de su gloria.

La escucha consistió en el perfeccionamiento, en la coronación de δόξα y τιμή (2,9). Esto se demuestra por la estrecha relación de los tres participios pasivos εἰσακουσθείς (v. 7), τελειωθείς (v. 9), προσαγορευθείς (v. 10), que se explican mutuamente. El escuchado, e.d., el salvado de (ἐκ) la muerte, es el perfeccionado, el llevado a la meta, el trasladado al cielo, el que entra en la gloria, el exaltado.

Lo que se expresa en Flp 2,9 con las palabras: «Dios lo exaltó», lo entiende Hb 5,7-10 en los participios pasivos. El autor puede muy bien hablar de escucha en vista de la τελείωσις de Cristo, tanto más que Cristo puso su deseo en plena dependencia de la voluntad del Padre. La reverencia u obediencia de Cristo agradó tanto a Dios, que el Padre escuchó al Hijo, lo resucitó, lo exaltó y le dio el Nombre que está sobre todo nombre. La exaltación de Jesús es la escucha, perfeccionamiento y establecimiento en el oficio sacerdotal.

Más aún, Jesús, que había pedido también para los hombres la salvación del reino de la muerte, fue escuchado en favor de todo su cuerpo, que es la Iglesia: «El que resucitó a Cristo Jesús de entre los muertos, dará también la vida a nuestros cuerpos mortales» (Rom 8,11). Dios lo «hizo remontar de entre los muertos» (13,20) y ser «causa de salvación eterna para todos los que lo obedecen» (5,9). Lo proclamó sacerdote eterno; sus oraciones llegaron a ser fundamento y principio de su intercesión sacerdotal en favor de otros.

c. *Fortalecimiento y resurrección*

Varios autores ofrecen una explicación combinatoria: la respuesta a la oración de Cristo consistió en el fortalecimiento para soportar la amarga prueba que se avecinaba y en la resurrección al tercer día y entrada en el paraíso (Vaughan, Farrar; Cotton en forma alternativa; Peake da la preferencia a la segunda explicación).[191]

3. *Otras respuestas*

Según Rasco,[192] la escucha consistió en que Cristo quedó librado de las debilidades ingénitas a la naturaleza humana, y sus hermanos fueron liberados del temor de la muerte. Muerte, diablo y pecado quedaron derrotados.

Para Garvie,[193] la oración de Cristo, que temía la separación del Padre, fue concedida en la recuperación, aun en la cruz, de la comunión y confianza en él.

---

[191] VAUGHAN, 94; FARRAR, 76; COTTON, 644; PEAKE, 135.
[192] RASCO, 750.
[193] GARVIE, 550.

Robinson [194] entiende que Jesús pidió no morir y que su oración no fue concedida, pero fue escuchada, porque se mantuvo la perfecta comunión entre el Padre y el Hijo. Generalmente la escucha de una oración —señala— se hace depender del buen éxito o no de una petición. En este sentido, Jesús no fue escuchado; Dios no concedió su oración, pues permitió que muriera. Pero es ésta una concepción completamente errónea de las condiciones de la oración. No se debe suponer que Dios no tiene otra respuesta que darnos, sino sólo accediendo a nuestros deseos. «No se sigue que, porque el Padre escuchó la súplica de su Hijo, la concedió». El autor no comparte esta opinión. Por eso insiste en que la oración de Cristo fue «escuchada». «La petición fue rehusada», pero «el lazo de amistad entre el Padre y el Hijo permaneció intacto».

Contra esta opinión hay que notar, sin embargo, que al decir el autor: εἰσακουσθείς, indica que la oración de Cristo fue realmente escuchada y plenamente concedida por Dios. Εἰσακούειν denota propiamente acoger en sí mismo lo escuchado y actuar conforme a ello. En la Escritura, una oración que es escuchada significa normalmente una oración que es aceptada, respondida. Esta es la fuerza de εἰσακούειν en conexión con la oración. Cf Mt 6,7; Lc 1,13; Hch 10,31.

Omark [195] hace una nueva proposición. El contenido esencial de la oración de Cristo fue escapar al terrible acontecimiento de su muerte inminente. Su oración fue negada, pues tuvo que sufrir la muerte física, con todo el horror y sufrimiento que implicaba para él; pero fue escuchada, en cuanto que «en» y «por» tal muerte, fue salvado de una muerte más terrible y destructora, dispensado de la más grande pérdida de la tierra y del cielo, de la pérdida infinita de la Filiación, de la Mesianidad, del sumo sacerdocio, de la eterna unión con su Padre celeste.

Desde el ángulo de vista de la eterna relación divina entre el Padre y el Hijo esta proposición es absurda. Pero, desde el punto de vista humano, que es la perspectiva de Hebreos aquí, Jesús fue confrontado con una situación realística humana, que pidió resistencia al más poderoso impulso de evitar el sufrimiento, y una resuelta decisión para recorrer el camino de horror, dolor y muerte. Evitar la muerte era perder la realización de su misión y la relación divina. Ir a la muerte significaba salvación para otros y para sí mismo. El temor de Dios, la sumisión a la voluntad e interés del Padre fue la respuesta decisiva. Y, a causa de este temor de Dios, su oración por la salvación de la muerte dio por resultado la gloria y victoria de la cruz, salvación del Hijo y redención de la humanidad cautiva.

---

[194] ROBINSON, 64-65.
[195] OMARK, 43-51.

La propuesta de Omark es cuestionable. Al interpretar la frase «salvarlo de la muerte» entiende θάνατος en su significado normal de muerte física, pero, al explicar εἰσακουσθείς, da a θάνατος el sentido de muerte eterna.[196]

Otras opiniones dejan sin explicar cómo Cristo fue escuchado.

Conforme a la Peshitta, algunos autores (Döderlein, Linden, Blass-Debrunner),[197] poniendo una coma después de εἰσακουσθείς, unen ἀπὸ τῆς εὐλαβείας a ἔμαθεν del v. 8. El sentido es: Cristo fue escuchado, y luego, por su temor de Dios, aprendió la obediencia.

Hay que notar la inseguridad de Blass-Debrunner en la explicación de nuestro pasaje.

— Blass, ed. 1902[2], § 40, 3, n. 2; Blass-Debrunner, ed. 1913[4]-1931[6] § 211, declaran imposible («unmöglich») la traducción: «escuchado (y librado) del temor» y rechazan con reserva («kaum») la significación causal de ἀπό; proponen la siguiente lectura: καὶ εἰσακουσθείς, ἀπὸ τῆς εὐλαβείας ... ἔμαθεν ἀφ᾽ ὧν [τ᾽] ἔπαθεν τὴν ὑπακοήν.

— Blass-Debrunner, ed. 1943[7] - ed. 1965[12], § 211, descartadas las traducciones «escuchado (y librado) del temor» y «escuchado a causa de su piedad», ofrecen, en su lugar, a elección, la conjetura de Harnack: «no (οὐκ) escuchado del (vom ... weg) temor» o la construcción: «y escuchado, por su piedad ... (y) por lo que padeció aprendió la obediencia».

— D. Tabachovitz, en el ErgH a la ed. 1965[12], elimina en § 211 la opinión de Blass-Debrunner e introduce en § 210,1, como probable («wahrscheinlich») la traducción «escuchado a causa de su piedad» («erhört wegen seiner Frömmigkeit»).

— Blass-Debrunner-Rehkopf, ed. 1976[14]-1979[15], § 210, 1, n. 1, mantiene decididamente la versión «escuchado a causa de su piedad».

Esta manera de construir e interpretar el texto, en cuanto al contenido ofrece un buen sentido: Cristo, «por su temor de Dios, aprendió la obediencia». Pero, con razón, es rechazada por muchos (Dindorf, Windisch, Moffatt, Bultmann, Michel, Spicq, Rissi, Friedrich, F. F. Bruce, Grässer, Brandenburger, Maurer, Attridge, Swetnam, H. Braun).[198] No tiene en cuenta en efecto, el καίπερ ὢν υἱός. Elabora un texto muy pesa-

---

[196] Cf. GRÄSSER, Der Hebräerbrief, 221; GALIZZI, 233, n. 1.

[197] V. DÖDERLEIN, NT Theol. Bibl., 176, citado por HEINRICHS, 93; DINDORF, 402; LINDEN, Studien und Kritiken, 1860, 753-754, citado por MOFFATT, 66; BLASS- DEBRUNNER-REHKOPF, § 40 (211).

[198] DINDORF, 402; WINDISCH, 43; MOFFATT, 66; BULTMANN, εὐλαβής, 751, n. 3; MICHEL, Hebräer, 223; SPICQ, Hébreux, 2, 115; RISSI, 38, n. 19; FRIEDRICH, Das Lied, 108; F.F. BRUCE, 103, n. 68; GRÄSSER, Der Hebräerbrief, 220, n. 4; BRANDENBURGER, 194; MAURER, 277; ATTRIDGE, 91; SWETNAM, 179; H. BRAUN, 143.

do, sobrecargando demasiado el v. 8. La construcción es muy artificial y complicada: ἀπὸ τῆς εὐλαβείας, separado de ἀφ' ὧν, cuelga torpemente en el aire; se tiene necesidad de intercalar la partícula τε.

Hay quien admite también la posibilidad de considerar καὶ εἰσακουσθείς como un paréntesis y de unir ἀπὸ τῆς εὐλαβείας a προσενέγκας.[199]

Supuesta una redacción original de la epístola en hebreo, se sugiere incluso la eliminación de εἰσακουσθείς. El texto primitivo diría: יֶעְתָּר (עתר qal) = «y lo invocó»; el traductor leyó erróneamente: וַיֵּעָתֵר (עתר ni) = «y lo escuchó».[200]

4. Cumplimiento de la voluntad divina

El modo de la escucha de la oración de Cristo está estrechamente relacionado al objeto de la petición. En el capítulo anterior se llegó a la conclusión de que no pueden aceptarse las opiniones que ven expresado en el texto con precisión como objeto de la oración de Cristo la salvación de los hombres, la preservación de la muerte, la resurrección-exaltación, la liberación del temor. Las razones dadas contra tal o cual petición concreta son también válidas respecto a la escucha correspondiente. Otras objeciones a las opiniones que ponen la escucha en el fortalecimiento o resurrección-exaltación de Cristo han sido ya presentadas en la primera parte de este capítulo.[201] No parece, pues, necesario repetir los argumentos.

A nuestro parecer, corresponde mejor a las palabras y a la intención del autor la interpretación que ve la escucha en el cumplimiento de la voluntad divina, que consiste en la victoria que Cristo alcanza contra la muerte por la muerte misma. Representan esta opinión: Focio, Tomás de Aquino, Dionisio el Cartujo, Belarmino, Salmerón, Lapide, Gordon, Riggenbach, Graf, Vosté, Keulenaer, Médebielle, Lenski, Teodorico, Spicq, Vanhoye, Feuillet.[202]

Ya Focio[203] respondía a esta cuestión: Cristo fue escuchado, no por la oración en que rehuía la muerte, sino por aquella en que la aceptaba (τὴν δὲ συγκατανεύσεως). Esta oración es la que se cumplió.

---

[199] Cf. Spicq, *Hébreux*, 2, 116.
[200] Cf. Spicq, *Hébreux*, 2, 117.
[201] Cf. supra, pp. 204-205.
[202] Focio, 643; Tomás de Aquino, *Ad Hebraeos*, 392; Dionisio el Cartujo, 490; Belarmino, 275; Salmerón, 709; A Lapide, 394; Gordon, 610; Riggenbach, *Hebräer*, 134-135, con n. 53; Graf, 107; Vosté, *Studia Paulina*, 115; Keulenaer, 405; Médebielle, 311; Lenski, 164; Teodorico, *Ebrei*, 103; Spicq, *Hébreux*, 2, 115. 117; Vanhoye, *Textus de sacerdotio*, 112-113; *Le Message*, 44; *Prêtres anciens*, 149; Feuillet, 184; Rinaldi, 17. Cf. Dods, 289; Javet, 50; Kuss, 74; Neil, 63-64.
[203] Focio, ibid.

Cristo fue escuchado en todo lo que quiso que sucediera. Toda oración de Cristo, «absolutamente» hablando, fue escuchada, e.d., toda oración que procedió de la deliberación de la razón con plena voluntad. La oración, entendida «secundum quid», e.d., según el apetito natural, por el que rehuyó la muerte, no fue escuchada. Pero la oración «simpliciter», en cuanto que procedió de la razón, por la que quiso cumplir la voluntad del Padre, fue escuchada.

Cristo fue escuchado, no en su petición primera y voluntad natural, por la que había pedido condicionalmente ser librado de la muerte, pues la corrigió y no quiso absolutamente que se cumpliera, sino en su petición posterior y voluntad absoluta y eficaz, por la que, negando su deseo natural de preservación de la muerte, oró para que se cumpliera la voluntad del Padre acerca de su pasión y de su fruto.

Comprendida de esta manera, considerata no parcialmente sino en su totalidad, en su objeto definitivo y profundo, la oración de Cristo fue plenamente escuchada, verdaderamente concedida. Cristo alcanzó la plena unificación con la voluntad de su Padre, aceptó su muerte como la plena ejecución de la voluntad divina, recorrió hasta el final el camino trazado por Dios; por su muerte se complió la voluntad divina: la muerte de Cristo significó un triunfo sobre la muerte. El drama quedó resuelto conforme a la preferencia divina, como Jesús lo había pedido.

Texto y contexto están a favor de esta interpretación.

1. Εὐλάβεια, que originalmente significa cuidado y precaución, transferida al campo religioso, expresa una actitud de reverencia y sumisión a Dios y a su voluntad. El término fue escogido para señalar que Cristo, en el seno mismo de su angustia, guardaba un respeto vigilante y cuidadoso de la voluntad de su Padre, teniendo en cuenta todas las circunstancias y matices de sus designios. Lo que se tiene en vista es el temor reverencial con que Cristo buscó la voluntad de su Padre y se sometió a ella. Εὐλάβεια es reverencia de amor y de temor; pero aquí indica la reverencia de amor de Cristo hacia su Padre, la suma obediencia, inspirada por el amor, que lo hizo obediente hasta la muerte (cf Flp 2,8). Esta obediencia es el homenaje más perfecto que el hombre haya dirigido a Dios, la cumbre de la religión.

Ἀπό es usado con preferencia a διά, porque indica punto de partida, fuente, origen. De la sumisión reverente a Dios, vino, como la propia respuesta a ella, la concesión de su oración: gustar la muerte y así cumplir perfectamente la voluntad divina. Salvarlo de la muerte no hubiera sido la respuesta a la εὐλάβεια de su oración.

2. Entre εἰσακουσθείς... y ἔμαθεν... hay una relación estrecha. Cristo oró a Dios, con total sumisión, para que se cumpliera en él la voluntad divina. El querer divino era que aprendiera, por experiencia perso-

nal, qué significa ser sumo sacerdote y mediador de los hombres, en todo semejante a ellos. Fue escuchado, por consiguiente, cuando aprendió, por lo que padeció, la obediencia. El Padre escuchó al Hijo, al cumplir el Hijo la voluntad del Padre.

Así el autor de Hebreos presenta el acontecimiento como realización de una obra común: acción del Padre en favor del Hijo: εἰσακουσθείς; acción del Hijo en favor del Padre: ἔμαθεν... ζὴν ὑπακοήν. Cristo fue crucificado —comenta Focio— no por impotencia del Padre, sino porque «era común voluntad (κοινὸν θέλημα) que Cristo padeciera por la salvación del mundo».[204]

Dios quería que Cristo, muriendo, venciera a la muerte, pues quería amar a la humanidad en vez de estar airado con ella. Fue el amor de Dios el que envió al Hijo al mundo; fue el amor de Dios también el que lo entregó a la muerte. Y Cristo abrazó obedientemente todo lo que la voluntad de Dios pedía.

La escucha de la oración de Cristo consistió, paradójicamente, en la victoria completa sobre la muerte por la muerte misma (2,14). La muerte de Cristo fue al mismo tiempo glorificación del Padre por el Hijo y del Hijo por el Padre (cf Jn 17,1). Cristo ofreció a Dios una oblación perfecta, y Dios perfeccionó a Cristo por el sufrimiento y lo coronó de gloria (2,9-10).

Esta interpretación está en plena armonía con los relatos evangélicos de la pasión. En la narración sinóptica se encuentra implícita la idea de que la escucha fue en conformidad con los designos de Dios. El religioso temor de Jesús, manifestado en las palabras: «No lo que yo quiero, sino lo que tú quieras», entrañaba la disposición para realizar a toda costa la voluntad de Dios en los padecimientos y en la muerte. El evangelio de Juan es más explícito. A la oración de Jesús: «Padre, glorifica tu nombre», la voz, venida del cielo, responde: «Lo he glorificado y lo glorificaré de nuevo» (Jn 12,25). La gloria que el Padre ha dado a su nombre por las obras del Hijo la continuará mediante la muerte y exaltación de Cristo.

Conclusión

La explicación propuesta, que guarda el sentido amplio e indeterminado del texto, tanto en la petición como en la escucha de la oración de Cristo, parece ser la mejor. La escucha de lo que era el verdadero objeto de la oración de Cristo consistió en el cumplimiento de la voluntad de Dios, e.d., en la victoria sobre la muerte por medio de la muerte de Cristo, que significó gloria del Padre y del Hijo, derrota del príncipe de la muerte y liberación de la humanidad cautiva (2,14-15). El fortalecimiento para la pasión, la liberación del temor, la resurrección y exaltación de Cristo, la salvación de los hombres del pecado y de la muerte son síntomas, consecuencia necesaria de la escucha, no la escucha misma.

---

[204] Focio, ibid.

CAPITULO SEXTO

Perfeccionamiento de Cristo por los padecimientos

En frase desconcertante y misteriosa, el autor de Hebreos dice: καίπερ ὢν υἱός, ἔμαθεν ἀφ᾽ ὧν ἔπαθεν τὴν ὑπακοήν (5,8). Esta afirmación ha suscitado diversos interrogantes sobre la estructura del texto y sobre su sentido.

I. Estructura del texto

Muy pocos autores, como Schöttgen, Abresch, Heinrichs, Dindorf, Stengel, Kübel,[1] unen καίπερ no a ὢν sino a ἔμαθεν; leen: «aunque, siendo Hijo, aprendió, por lo que padeció, la obediencia».

Consideran el v. 8 como una «oración incidental» («Zwischensatz»), que explica todo lo extraño que se dijo del Hijo de Dios en el v. 7; como un «paréntesis», con el que el autor restringe la afirmación absoluta de que Cristo fue «escuchado» por Dios. Heinrichs ilustra así el motivo de lo dicho en el v. 8: «Veía el autor que los judíos podían objetarle: ¿Cómo te atreves a declarar que Jesús fue escuchado por el Padre? ¡Qué bien fue escuchado el que pereció, deforme por tantas calamidades! Responde el autor: Tenéis razón. Pero Cristo fue también υἱός Θεοῦ, y, en cuanto υἱός, fue obediente al Padre, y voluntariamente aceptó el fardo de miserias impuestos sobre él».[2]

Finalmente, en consecuencia lógica con su disposición del texto, relacionan el pronombre ὅς del v. 7 a ἐγένετο del v. 9, única forma verbal finita perteneciente a la oración principal. En el v. 9 el autor muestra cómo Cristo fue escuchado. Τελειωθείς está muy estrechamente unido a εἰσακουσθείς, como el efecto a la causa: por su muerte, Cristo fue llevado a la gloria.

Pero esta interpretación es falsa e injustificada.[3]

1. En primer lugar, por motivos gramaticales.

La unión de καίπερ a ἔμαθεν es rechazada categóricamente por Wette, Lünemann, Delitzsch, Moll, Zill, B. Weiss,[4] porque la conjunción

---

[1] SCHÖTTGEN, en su edición del NT, citado por CARPZOV, 234; ABRESCH, citado por DINDORF, 405-406; HEINRICHS, 92-93; DINDORF, ibid.; STENGEL, citado por DELITZSCH, 184; KÜBEL, 110.

[2] HEINRICHS, 93.

[3] Cf. BLEEK, ibid.; KUINOEL, 161.

[4] WETTE, 170; LÜNEMANN, 179; DELITZSCH, 184; MOLL, 95-96; ZILL, 227, n. 6; B. WEISS, *Hebräer*, 139, n. 1.

καίπερ nunca se usa con forma verbal finita, siempre se construye con participio.

Por otra parte, Scheidweiler [5] demuestra que la construcción de καίπερ con participio no es una regla que no sufra ninguna excepción. Aporta varios ejemplos del uso de καίπερ con verbo finito:

Ps Atanasio, Sermo maior de fide, § 69: «Acerca del cuerpo del Señor claramente fue profetizado a Judá: 'De ti saldrá mi caudillo, su principio desde el comienzo de los días del mundo' (Miq 5,1), aunque (καίπερ) al fin de las edades la palabra divina asumió (ἀνείληφε) un hombre de la tribu de Judá».

§ 76: En la última cena, Cristo invitó a sus discípulos a beber su sangre, «aunque el vino no es (καίπερ οὐκ... ἐστιν) sangre del Señor sino de la vid».[6]

Ps Atanasio, Expositio fidei, cap. 4: «Aunque la palabra era y es (καίπερ... ἦν... καὶ ἔστι) la sabiduría del Padre».

Arrian, An, 7,14,6: «Aunque Esculapio no ha sido benigno conmigo (καίπερ οὐκ ἐπιεικῶς κέχρηταί μοι), porque no salvó a mi compañero, a quien yo apreciaba más que mi vida». Falta aquí el segundo miembro de la proposición, pero se debe completar.

Plat, Symp, 219c: Relato de Alcibíades: Sócrates «me despreció, se burló de mi belleza y me injurió, y eso que yo creía que ella valía algo» (καίπερ ἐκεῖνό γε ὤμην τι εἶναι: así TWY y la mayoría de los manuscritos; καί περ κεῖνο: B; [καὶ] περί: P Oxy 843).

Pind, Nem, 4,36: «Aunque la profunda onda del mar te detiene (καίπερ ἔχει) hasta medio cuerpo, resiste».

A los textos citados se podrían anadir otros, como p.ej.

Just, Apol, 1,4,4: «Mas tratándose de nosotros, tomáis el nombre como prueba, siendo así que, si por el nombre va, debierais (καίπερ ὀφείλετε) más bien castigar a los acusadores».

Sin embargo, la partícula καίπερ ordinariamente va unida al participio o a un nombre que ocupa el lugar del participio, para enfatizar su sentido concesivo. Esta construcción es muy común en la lengua clásica;[7] menos frecuente en los LXX y en el NT.[8]

---

[5] SCHEIDWEILER, Καίπερ, 220-223.
[6] En la frase del § 63: καίπερ «θεὸς ἦν ὁ λόγος» (Jn 1,1) καὶ ἔστιν, SCHWARZ elimina el καίπερ, sugiere leer καί, emendación confirmada por la traducción armenia («and») y aprobada por Scheidweiler.
[7] Cf. supra, pp. 207-208.
[8] BLASS-DEBRUNNER-REHKOPF, 425; cf. supra, pp. 192-193; 207-209.

El v. 8 no puede ser considerado como una mera oración parentética. Está estrechamente unido a lo demás, a lo que precede y a lo que sigue, tanto sintácticamente, como por el contenido. Según la construcción de todo el período y conforme al contexto, la palabras ἔμαθεν... τὴν ὑπακοήν constituyen el pensamiento fundamental. Entre καὶ εἰσακουσθείς..., ἔμαθεν... τὴν ὑπακοήν y καὶ τελειωθείς, ἐγένετο... τοῖς ὑπακούουσιν... se observa un bello paralelismo. Entre τὴν ὑπακοήν y τοῖς ὑπακούουσιν hay una elegante paronomasia.

2. En cuanto al pensamiento, la forma de dividir y explicar el texto en el v. 8 es inadecuada. Parecería como si la necesidad para Cristo de aprender por el sufrimiento la obediencia resultara de su filiación divina; cuando, más bien, el aprendizaje de la obediencia por el sufrimiento parece extraño precisamente porque es el Hijo de Dios, participante de la gloria y poder del Padre.

*   *   *

La siguiente cuestión es: ¿A qué debe relacionarse la frase καίπερ ὢν υἱός? ¿A lo que precede? ¿A lo que sigue? La diferencia no es pequeña. Una triple conexión es mencionada ya por Focio.[9]

1. Algunos refieren la proposición concesiva καίπερ ὢν υἱός retrospectivamente y por hipérbaton, cuyo uso es frecuente en la Escritura, al primer miembro del v. 7. Leen: «El cual, en los días de su carne, aunque era Hijo, habiendo ofrecido oraciones y súplicas con clamor poderoso y lágrimas». Se resalta así el contraste entre la dignidad y autoridad del Hijo, que tiene el mismo poder del Padre y que sin necesidad de oraciones y súplicas, por propia voluntad, puede hacer lo que el Padre hace, y la oblación suplicante hecha en los días de su carne con fuerte clamor y lágrimas. El Hijo de Dios, obligado a dirigirse a su Padre con lágrimas y gritos.

Focio[10] y Clario[11] tienen esta alternativa como posible. En tiempos recientes, Bonsirven y Rissi[12] defienden también esta relación. Según Rissi, καίπερ ... se refiere no sólo a lo que sigue sino también a lo que precede, pero no a la última frase del v. 7, sino a la angustia de Jesús descrita antes. Encuentra un paralelo estilístico en 2,9. Allí, a un curso de pensamiento, cerrado en sí mismo, sobre el abajamiento y la exaltación de Jesús, se añade una explicación (ὅπως ...), que no puede relacionarse al último miembro de la oración antecedente (δόξῃ ...), sino a los sufrimientos mencionados antes (διὰ τὸ πάθημα ...). Análogamente, en nuestro tex-

---

[9] Focio, 643-644.
[10] Focio, 644.
[11] Clario, 1341.
[12] Bonsirven, 279; Rissi, 42-43, con n. 28.

to, el desarrollo referente a la lucha en oración de Cristo se termina con la mención de la escucha, pero luego se añade una observación que profundiza la paradoja que hay en la idea de la oración angustiada del Hijo de Dios.

Esta explicación es expresamente rechazada, con toda razón, por Maier, Alford, Riggenbach, Maurer; Lünemann y Scheidweiler la consideran «imposible».[13] Gramaticalmente, en efecto, implica una inversión, que sería innatural en el máximo grado.

2. Una segunda alternativa es unir la fórmula καίπερ ὢν υἱός a la frase inmediatamente precedente, εἰσακουσθεὶς ἀπὸ τῆς εὐλαβείας. (Crisóstomo, Focio, Teofilacto, un Anónimo en Cramer 7, 479, Clario, Alford, Moulton, Bonsirven; Harnack, Bultmann, Scheidweiler, Grässer; Andriessen, Lenglet, Swetnam).[14]

Este sentido es ya contemplado por Crisóstomo en un pasaje: «¿Qué dices? ¿El Hijo de Dios era escuchado por su reverencia?»[15] Entre las tres maneras posibles de relacionar καίπερ al contexto, Focio[16] prefiere ésta: «Fue escuchado por su reverencia, aunque era Hijo». El sentido es: «Fue escuchado, aunque era Hijo» y no necesitaba ser escuchado, ya que su voluntad coincidía con la voluntad de Padre y se cumplía sin necesidad de petición. Así, «aunque era Hijo», no tiene ninguna oscuridad, — concluye Focio. También Teofilacto une la oración concesiva a la frase anterior y comenta: «Dios lo reverenció y escuchó con respeto, aunque era Hijo y tenía hacia él confianza natural».[17]

Alford y Moulton[18] conectan καίπερ ὢν υἱός a lo que precede, pero no a εἰσακουσθείς, sino a toda la frase εἰσακουσθεὶς ἀπὸ τῆς εὐλαβείας e interpretan: Cristo fue escuchado, no porque era Hijo de Dios en sentido preeminente, sino por su temor reverencial; «aunque era Hijo», no su filiación divina, sino su εὐλάβεια fue el motivo de ser escuchado.

Bonsirven ve el contraste en relación a εὐλάβεια: «Es, en efecto, sorprendente ver a un Hijo, el Hijo de Dios, manifestar tal religión y reverencia».[19]

---

[13] MAIER, 158; ALFORD, 97; RIGGENBACH, *Hebräer,* 135, n. 54; MAURER, 278; LÜNEMANN, 179; SCHEIDWEILER, Καίπερ, 226-227, n. 1.

[14] CRISÓSTOMO, *Ad Hebraeos,* PG 63, 69; FOCIO, 644; TEOFILACTO, PG 125, 244; CRAMER, 7, 479; CLARIO, 1341; ALFORD, 97-98; MOULTON, 300; BONSIRVEN, 279; VON HARNACK, 70-71; BULTMANN, εὐλαβής, 751; SCHEIDWEILER, Καίπερ, 225; GRÄSSER, *Der Hebräerbrief,* 220-221; ANDRIESSEN-LENGLET, 210-211; ANDRIESSEN, 290, n. 17; SWETNAM, 180.

[15] CRISÓSTOMO, *Ad Hebraeos,* ibid.

[16] FOCIO, ibid.

[17] TEOFILACTO, ibid.

[18] ALFORD, ibid.; MOULTON, ibid.

[19] BONSIRVEN, ibid.

La conexión de «aunque siendo Hijo» con lo que precede es defendida decididamente por los que insertan οὐκ antes de εἰσακουσθείς (Harnack, Bultmann, Scheidweiler, Grässer),[20] y por Andriessen, Lenglet, Swetnam.[21] Andriessen-Lenglet unen la fórmula a todo el v. 7 que trata de las humillaciones de Cristo. No la obediencia, sino el carácter humillante de ésta es lo que puede parecer extraño en el Hijo de Dios.

Esta disposición del texto es posible, sin duda, gramaticalmente.[22] Pero desde el punto de vista del pensamiento, las palabras καίπερ ... se adaptan con cierta dureza («dure») a lo que precede.[23] Su conexion con εὐλάβεια puede aceptarse: la sumisión reverente contrasta con la dignidad filial. Pero no parecen rederirse a εἰσακουσθείς.[24] Contra esto decide al καίπερ, que destaca la propiedad de ser Hijo, como algo a consecuencia de lo cual la afirmación principal podría parecer extraña. Si καίπερ ... se uniera a εἰσακουσθείς, no existiría el contraste que el καίπερ señala entre la posición del Hijo y el destino de Jesús. Porque la filiación divina de Jesús no está en tensión con la escucha de su oración. No es extraño, sino más bien natural, si Cristo es escuchado por el Padre a causa de ser Hijo. Ser Hijo es más bien la razón por la cual debería ser escuchado. No se dice, pues, convenientemente, que Cristo fue «escuchado por su reverencia, aunque era Hijo», sino porque era Hijo.

3. La tercera alternativa consiste en ligar la proposición concesiva de καίπερ y participio a la oración principal que sigue: «Aunque era Hijo, aprendió, por lo que padeció, la obediencia». Así se marca un contraste, se subraya lo extraño, lo aparentemente contradictorio, absurdo, increíble, la inaudita paradoja de que Cristo, aunque era Hijo de Dios, tuvo que aprender la obediencia en la escuela del sufrimiento. Esta es la opinión más común, seguida por los comentadores griegos[25] y latinos,[26] la mayoría de las antiguas versiones y casi todos los modernos.[27]

---

[20] VON HARNACK, ibid.; BULTMANN, ibid.; SCHEIDWEILER, ibid.; GRÄSSER, ibid.

[21] ANDRIESSEN-LENGLET, ibid.; ANDRIESSEN, ibid.; SWETNAM, ibid.

[22] Cf. supra, pp. 192-193.

[23] LUIS DE TENA, 218.

[24] Cf. ESTIO, 109; LÜNEMANN, 179; MAIER, 158; MOLL, 96; ALFORD, 98; B. WEISS, Hebräer, 139, n. 1; PADOVANI, 192; RIGGENBACH, Hebräer, 135, n. 54; MAURER, 278.

[25] Cf. CRISÓSTOMO, Ad Hebraeos, ibid.; FOCIO, ibid.; EUTIMIO, 374.

[26] Cf. AMBROSIO, Ep. 63.

[27] Cf. CLARIO, 1341: «aptissime»; RIBERA, 208-209: «melius sine dubio»; LUIS DE TENA, 109: «potius»; EUTIMIO, 109: «potior»; BÖHME, 233; BLEEK, 237: «kann auch kein Zweifel sein»; VON HOFMANN, Schrifftbeweis: «steht heut zu Tage ausser Zweifel»; LÜNEMANN, 179; MAIER, 158; MOLL, 96; ALFORD, 98: «there can be little doubt»; ZILL, 227; MOULTON, 300: «they are still more closely joined»; B. WEISS, Hebräer, 139, n. 1; WESTCOTT, 128; PADOVANI, 192: «absolute»; RIGGENBACH, Hebräer, 135, n. 54: «die richtige Verbindung»; MOFFATT, 66; TEODORICO, Ebrei, 102-103: «incliniamo»; BRANDENBURGER, 193. 196; MAURER, 278: «ganz schlicht»; H. BRAUN, 144.

Esta manera de leer e interpretar el texto merece la preferencia. Es gramaticalmente normal.[28] Ofrece el mejor sentido, y señala la verdad más profunda. Está más en armonía con todo el contexto: Cristo, sumo sacerdote, que hace la experiencia de nuestras debilidades, entre las cuales está la natural repugnancia a obedecer, y que sabe compadecer porque él mismo lo ha experimentado.

II. Sentido del verso 8

A. Καίπερ ὢν υἱός

El sentido de la palabra υἱός es determinante para la correcta interpretación del v. 8.

En el texto original se lee simplemente: υἱός.

Algunos dan a este término un sentido general: «hijo» (así, entre otros, Lutero, Zegers, los socinianos: Grocio, Crell, Schlichting).[29]

Pero la partícula καίπερ señala algo sorprendente; muestra que υἱός no significa «hijo» o «un hijo» entre muchos, sino designa la índole completamente singular de la filiación de Cristo; marca netamente la diferencia que existe entre su filiación y la nuestra. En 12,4-11, el autor enseña que todo hijo, porque es hijo, tiene que sufrir. Pero aquí lo notable es que Cristo tiene que sufrir y aprender la obediencia, no «porque», sino «a pesar de» que es υἱός. Esto demuestra que υἱός, aplicado a Cristo, significa algo muy especial. Cristo es υἱός en un sentido único.

No es exacto, sin embargo, traducir «el Hijo», porque el autor no pone el énfasis en la personalidad sino en la cualidad de la filiación de Cristo. La traducción «un Hijo» (AV, ARV, RSV: «a Son») tampoco es del todo correcta, pues no reproduce la fuerza de la frase. La ausencia del artículo definido antes del substantivo Hijo en el texto griego no debe ser expresada con el artículo indefinido. El artículo está ausente, porque υἱός es predicado, como en Rom 1,4: ὁρισθέντος υἱοῦ θεοῦ.

Se debe traducir, con referencia a 5,5: «Hijo». Υἱός, acerca de Cristo, es empleado en la Epístola a los Hebreos sin artículo (1,2. 5a.b; 3,6; 5,5; 7,28), como Κύριος, Θεός, Χριστός. Designa la dignidad de la filiación divina.

Cristo es Hijo de Dios, en verdad, natural, Unigénito, un solo Dios con el Padre, consubstancial e igual a él en todo, «resplandor de su gloria y expresión de su ser», existente desde la eternidad en la naturaleza divina, omnipotente; que conoce todo, aun lo futuro; a quien es connatural la felicidad, la gloria, la libertad; que tiene toda virtud; cuya voluntad es esencialmente conforme a la voluntad del Padre, poseído de amor divino y en simpatía con el designo de Dios.

---

[28] Cf. supra, pp. 207-210.
[29] Lutero, glosa interlineal, 33; Zegers, 1343; Grocio, 865; Crell, 241; Schlichting, 119.

El nombre υἱός no se refiere aquí a lo que Cristo fue antes de la encarnación. No se trata del Hijo, como Verbo (λόγος) preexistente. Wette[30] cita Flp 2,6.

Tampoco se refiere el título de Hijo a la filiación de Cristo exaltado en su doble naturaleza.

En nuestro pasaje se debe entender por υἱός el Hijo de Dios encarnado que vive y sufre en la tierra, el Jesús histórico.

Algunos, como Ebrard,[31] suponen que en la Epístola a los Hebreos el nombre υἱός denota siempre al Hijo de Dios en cuanto encarnado, engendrado en el tiempo.

Pero la idea del nombre υἱός no se agota en el nacido de María. El comienzo de la epístola es una prueba de esto. El Hijo de Dios aparece allí no sólo como exaltado, sino también en su preexistencia, como mediador de la creación (1,2). Enseguida, cuando el autor llama al Hijo «resplandor e impronta de la esencia divina», ἀπαύγασμα y χαρακτήρ son expresiones de esa eterna relación con Dios que encuentra expresión personal en el nombre υἱός. Ciertamente, al hablar del Hijo de Dios, el autor piensa en el Encarnado. Pero no se debe referir la idea de υἱός sólamente a la personalidad humana del Hijo que apareció en el tiempo, sino más bien a la persona eterna que en ella se manifiesta. Así es entendido el término por la mayoría de los comentadores y traductores.

*　*　*

El v. 8 es importante para responder correctamente a la cuestión sobre cuándo Jesús fue investido con el título de Hijo.

Según la opinión, a lo que parece, más probable, Cristo, en su humanidad, obtuvo la plena dignidad de Hijo, al término de su pasión, en el momento de su glorificación.[32]

Jesús llevó su vida terrestre en una condición de siervo. Su naturaleza de carne y sangre (2,14) tenía necesidad de ser transformada y regenerada. Precisamente para este fin tomó una naturaleza semejante a la nuestra: para transformarla y llevarla a la plena dignidad de Hijo. La glorificación de Cristo es pues una verdadera «regeneración».

Tal parece ser la perspectiva del autor de Hebreos. De los 12 empleos en que se aplica a Cristo el nombre υἱός en la epístola, 10 se refieren a Cristo exaltado.

---

[30] Wette, 170.

[31] Ebrard, 182, n. 1.

[32] Defienden esta interpretación, entre los antiguos: Hilario, In Ps 2, n. 27-29. 33 (PL 9, 277-279. 282); Ambrosio, De Sacramentis, 3, 1, 2 (PL 16, 431); Herveo de Bourg-Dieu, In Rom 1,4 (PL 181, 601). Entre los modernos: Michel, Hebräer, 110; Dupont, «Filius», 522-543; «Etudes», 294-297; Durrwell, 154; Cody, 934 a; Vanhoye, Situation du Christ, 139-149; F.F. Bruce, 13; Kelly, 31.

De especial importancia son los pasajes donde se trata expresamente del otorgamiento a Cristo del título de Hijo (1,5 ab y 5,5). En 1,5a y 5,5, donde el autor cita el Sal 2,7: «Hijo mío eres tú», no parece aplicar el oráculo a la generación eterna del Verbo,[33] sino a Jesús, Hijo de Dios, no en el momento de su encarnación (Lc 1,35)[34] ni de su bautismo (Lc 3,22),[35] sino de su resurrección y exaltación. Esta interpretación corresponde perfectamente al contexto de la epístola: después de haber efectuado la purificación de los pecados (v. 3) es proclamado Hijo de Dios (v. 3-4); al contexto del salmo: la proclamación de filiación (v. 7) es relacionada a la entronización (v. 6); y a otros pasajes del NT: Hch 2,36; 13,33; Rom 1,4; Flp 2,9.

En 1,5b, la promesa «Y él será para mí un Hijo» (1 Sm 7,14 = 1 Cr 17,13) se refiere al tiempo en el que el sucesor de David ocupará el trono real: a partir de la entronización, Dios se comportará como padre hacia el hijo de David. La aplicación a Cristo se refiere normalmente al tiempo de su glorificación: la actitud paterna de Dios se cumple en la entronización celeste.

El título de «Hijo» en 1,8 se encuentra en el mismo contexto de la glorificación pascual de Cristo, donde se proclama su filiación divina y se describe su entronización (1,5-13).

En 3,6, «pero Cristo, como Hijo, sobre su casa», con el nombre de «Cristo» los oyentes son remitidos a la tradición mesiánica del AT, en la que se anunciaba la filiación divina del Mesías. El cumplimiento del oráculo no se realiza en la vida terrestre de Jesús, pues entonces apareció como servidor. El autor presenta, por tanto, a Cristo exaltado.

Igualmente, en 4,14, «Jesús, el Hijo de Dios, que ha atravesado los cielos», es Cristo exaltado que, como un nuevo Josué, entró en el descanso de Dios, ante Dios, más allá de todos los límites cosmológicos.

En 7,3, Melquisedec es «asemejado al Hijo de Dios», a Cristo glorificado. Así se deduce:

— Por las determinaciones del texto: «Sin comienzo de días ni fin de vida»: por su exaltación se reveló Hijo de Dios eterno; «sin padre ni madre ni genealogía»: Cristo exaltado es un hombre nuevo formado por la resurrección, una nueva creación.

— Por el contexto próximo: los títulos de 7,2 son mesiánicos, reales, se aplican a Cristo después de su entronización.

---

[33] ORÍGENES, *In Jo* 1, 1, n. 32 (PG 14, 37); AGUSTÍN, *In Ps* 2,7 (PL 36, 71); TOMÁS DE AQUINO, *Ad Hebraeos,* 346; BONSIRVEN, 158; UNGEHEUER, 16; KUSS, 36.

[34] CRISÓSTOMO, *In Hb* 1,5 (PG 63, 25); SPICQ, *Hébreux,* 2, 16; WINDISCH, 14.

[35] JUSTINO, *Dial,* 88 (PG 6, 688); STRATHMANN, 79.

En 7,28, «a un Hijo, que, para la eternidad ha llegado a la perfección» se trata de Cristo, después de que en su humanidad recibió la plena gloria de su filiación.

En 6,6 y 10,29, la suma gravedad del pecado es subrayada por la contraposición con el título más excelso de todos, «el Hijo de Dios», que expresa la glorificación suprema de Cristo.

La exaltación pascual confiere pues a Cristo, según el autor de Hebreos, la gloria filial celeste.

Pero no se trata de un comienzo absoluto. No es que entonces Cristo recibiera el título divino que no hubiera poseído antes. Jesús es Hijo, antes y por encima de todo acontecer histórico. La humillación de su historia terrena encubrió su dignidad filial. Y la glorificación fue la revelación de la filiación eterna que constituía su persona.

Que Cristo es Hijo de Dios ya desde su vida terrestre se infiere claramente de la tradición evangélica: dos veces es declarado por una voz del cielo «Hijo amado» de Dios, «en quien» él se ha «complacido» (Mt 3,17; Mc 3,11; Lc 3,22; Mt 17,5; Mc 9,7; Lc 9,35).

Se deduce también de varias afirmaciones de la Epístola a los Hebreos. Según 1,2-3, el que efectuó la purificación de los pecados es ya «Hijo». Y ahora nuestro texto pone de relieve la existencia de la filiación en el Cristo sufriente; sitúa el ser Hijo y el aprendizaje doloroso de la obediencia en relación temporal de simultaneidad; declara netamente: «En los días de su carne... aun siendo (ὤν: tiempo presente) Hijo, aprendió, por lo que padeció, la obediencia».

No se puede aprobar, por tanto, la tesis de Käsemann (seguido por Grässer),[36] según el cual se debe ver en 1,2 y 5,8 «un uso proléptico del título de Hijo». Por su resurrección y exaltación, Cristo fue constituido Hijo de Dios no sencillamente, pues ya lo era, sino Hijo de Dios en el esplendor del poder.

*　*　*

Cristo, en los días de su carne, era Hijo de Dios. Su cualidad de Hijo parecía excluir una unificación con la voluntad divina realizada por el camino del aprendizaje doloroso de la obediencia. ¿Qué necesidad tenía de aprender, si el Hijo de Dios todo lo sabe por su sabiduría natural?

Como Hijo de Dios, en el sentido más alto, Cristo no estaba obligado en el mismo sentido que nosotros a la obediencia hacia el Padre. Entre el Hijo y el Padre existía una comunidad de vida, de intereses, de amor, fundada en la unidad de su naturaleza divina, muy por encima de toda relación de terrestre subordinación. Se podría pensar que por lo menos la lección de la obediencia no necesitaba ser aprendida por Cristo.

---

[36] KÄSEMANN, 58; GRÄSSER, *Der Hebräerbrief,* 221-222.

La dignidad de su filiación divina parecía también incompatible con el sufrimiento. Podría exigir una excepción a las miserias de la vida humana. Cristo hubiera podido, anticipándose a la voluntad del Padre, comportarse como Hijo ya revestido de poder, sin pasar por la humillación de la muerte.

Sin embargo, el privilegio de Hijo no dispensó a Cristo de hacer la experiencia completa de las debilidades de la naturaleza humana, no le impidió perfeccionar su humanidad por su obediencia hasta la muerte. La divinidad de su naturaleza no interfirió con el pleno cumplimiento de las obligaciones que surgían de ser nuestro sumo sacerdote.

De Cristo, en cuanto Dios, en realidad, ni siquiera se puede plantear la cuestión. Si se habla de aprendizaje, de sufrimiento, de obediencia, no puede tratarse sino de Cristo, en cuanto hombre. En la naturaleza humana asumida, en el tiempo, en la forma de siervo, aprendió, por lo que padeció, la obediencia.

Pero, también como hombre, — enseñan los teólogos — Cristo, desde el primer instante de su concepción, tuvo la plenitud de la llamada «ciencia infusa»; por ella conoció todo lo que puede ser conocido por una criatura. Cristo estuvo lleno de todo género de virtudes. Desde su entrada en el mundo (10,5-10) practicó la obediencia. Su vida entera no fue sino un acto de obediencia jamás interrumpido (Jn 4,34; 8,29). Y aun los mismos sufrimientos y la muerte los abrazó por obediencia (Flp 2,8).

Sin embargo, el autor, asombrado ante el misterio de que el Hijo verdadero por naturaleza se haya abajado de tal manera que, en el sufrimiento, aprendió un nuevo género de obediencia que propiamente a nosotros pecadores nos corresponde practicar, declara: «Aunque era Hijo, aprendió, por lo que padeció, la obediencia». Afirmación de mucho peso, que expresa una paradoja sorprendente entre la naturaleza divina de Cristo y la disciplina dolorosa de la obediencia; contraste que el autor subraya aún más con el καίπερ. Declaración audaz, en la que se esconde ya la doctrina de las dos naturalezas en Cristo, y que suscita una tremenda cuestión teológica.

B. «Aprendió, por lo que padeció, la obediencia»

Varios, desde los Padres, se han escandalizado por esta frase. Crisóstomo se sorprende: «El que antes obedeció hasta la muerte, como un hijo a su padre, ¿cómo después aprendió?»[37] Teodoreto, en su comentario, dos veces afirma que el autor emplea estas palabras «hiperbólicamente» (ὑπερβολικῶς), «pues Cristo mostró la obediencia no después de la pasión, sino antes de la pasión».[38] Y Teofilacto llega hasta decir que el au-

---

[37] Crisóstomo, PG 63, 69.
[38] Teodoreto de Ciro, PG 82, 713.

tor «por utilidad de los oyentes, de tal manera se adaptó a ellos (συγκα-
τέβη, literalmente «condescendió») que parece decir cosas irrazonables»
(ἄτοπα: literalmente «fuera de lugar»).[39] «Aparece completamente absurdo (ἄτοπον) lo que se dice. Pues, ¿cómo aprendió la obediencia por lo
que padeció, el que, antes de padecer, era tan obediente al Padre, que aun
las mismas aflicciones las recibió por obediencia? 'Pues se hizo obediente
hasta la muerte'» (Flp 2,6).[40]

Si Cristo es sabiduría de Dios, si goza, como Hijo de Dios, de eterna felicidad, si la obediencia fue para él, en su relación filial con el Padre, una virtud innata, natural, espontánea, que demostró durante toda
su vida, ¿en qué sentido puede decir el autor que «aprendió, por lo que
padeció, la obediencia? A esta cuestión se han dado múltiples explicaciones.

Cuando se dice de alguien que «aprendió por lo que padeció la
obediencia», el pensamiento naturalmente sugerido por las palabras es
que tal persona, en una principio no dispuesta a obedecer, aprendió a
obedecer por el sufrimiento ocasionado por su desobediencia. Podría
haberse dicho de un hombre que insiste en seguir su propio rumbo, sin
hacer caso a la expresa voluntad de Dios, hasta que su camino equivo-
cado lo lleva al desastre, y reconoce al fin que debe obedecer, si quiere
evitar trabajos y penas. La frase podría sugerir una real imperfección,
falta o inclinación a la desobediencia en Cristo, como si él, antes de su
pasión, hubiera sido rebelde o desobediente a Dios, como si hubiera
faltado la disposición de la obediencia, y hubiera tenido que luchar para alcanzarla.

Pero debe descartarse de antemano todo lo que no puede aplicarse
a Cristo. Y tal idea es absolutamente inaplicable al Hijo, al sumo sacerdote de nuestra confesión. Esta interpretación superficial de las palabras del autor contradice a todo el conjunto de su doctrina fundamental (cf Hb 10,5-10). El autor no podría pensar que Cristo hubiera
sido en algún tiempo caprichoso o rebelde; para él era de la esencia del
carácter de Cristo que fuera probado en todo «fuera del pecado»
(4,15).

Estas palabras podrían ser traducidas o interpretadas en el sentido
de que Jesús aprendió, por lo que padeció, cómo obedecer, en cuanto que
encontró el método por el cual ese fin podría ser alcanzado. Pero esta traducción no expresa el pensamiento del autor. Cristo no necesitó una lección especial que le enseñara cómo cooperar sumisamente a la voluntad
de Dios.

---

[39] TEOFILACTO, PG 125, 244.
[40] TEOFILACTO, PG 125, 245.

1. «*Aprender*» *con sentido de* «*enseñar*»

La frase puede entenderse fácilmente en un sentido al parecer excelente: Cristo, por lo que padeció, mostró o enseñó la obediencia. Esta explicación es ofrecida, con diversas modalidades, por Nestorio, Cirilo de Alejandría, Genadio, Ambrosio, Códice de Würzburg, Anselmo, Escuela de Abelardo, Bernardo de Claraval, Hugo de S. Caro, Erasmo, Titelmans, Brenz, Salmerón, Giustiniani, Estio, A Lapide, Alexandre, Whitby, Calmet, Kuinoel, Lomb, Purdy.[41]

Ya Cirilo de Alejandría y Ambrosio, aunque no traducen μανθάνειν como «enseñar», interpretan la acción designada por el verbo como aprendizaje sólo aparente con fines pedagógicos.

Cirilo de Alejandría suaviza el sentido del texto. «No todavía desnudo y fuera de los límites de su aniquilamiento, sino en los días de su carne, el Verbo de Dios, se hizo nuestro modelo, en cuanto que legítimamente podía ponerse a la medida de la humanidad, orar con insistencia, derramar lágrimas, y aun parecer (δοκεῖν) de alguna manera necesitar salvación y aprender obediencia, aunque era Hijo... Pero este gesto era para nosotros un bello y útil ejemplo».[42]

El mismo pensamiento y lenguaje se encuentra en Ambrosio, quien, en la Epístola 63, dirigida a la iglesia de Vercelli, parafrasea el texto así: «El cual, ya que habría de ser tipo de todos los sacerdotes, tomó carne, para, en los días de su carne, ofrecer oraciones y súplicas a Dios Padre con gran voz y lágrimas, y, por lo que padeció, aunque era Hijo de Dios, parecer aprender obediencia, a fin de enseñárnosla» («ut... discere videretur obedientiam, quam nos doceret»).[43]

Por otra parte, Bernardo, seguido de Hugo de S. Caro,[44] admite como correcta y nada absurda la interpretación según la cual «aprendió» no se refiere al mismo Cristo, en su propia persona, en cuanto es cabeza, sino a su cuerpo místico que es la Iglesia. Cristo aprendió en su cuerpo por las cosas que padeció en su cabeza. Muerte, cruz, oprobios, salivas, azotes, todo lo que Cristo, nuestra cabeza, sufrió, fueron para su cuerpo, e.d., para nosotros, excelentes lecciones de obediencia. «Cristo padeció por vosotros —se lee en 1 Pe 2,21—, dejándoos ejemplo, para que sigáis

---

[41] NESTORIO, *Bazar,* 1, 1, 73 (Nau, 63); CIRILO DE ALEJANDRÍA, *Quod unus,* PG 75, 1324; SC 97, 436; GENADIO, 421; AMBROSIO, Ep. 63, 47; PL 16, 1253; *Códice de Würzburg,* 710; ANSELMO, *Cur Deus homo,* 1, 9; PL 158, 371; SC 91, 246-248; ed. SCHMITT, 2, 62; Escuela de ABELARDO, 727; BERNARDO DE CLARAVAL, *De gradibus,* 483-484; HUGO DE SAN CARO, 248; ERASMO, *Annot,* 1173; *Paraphr,* 997; TITELMANS, 177; BRENZ, 281; SALMERÓN, 709-710; GIUSTINIANI, 681; ESTIO, 110; A LAPIDE, 396-397; ALEXANDRE, 401; WHITBY, 903; CALMET, 663-664; KUINOEL, 162; LOMB, 96; PURDY, 645.

[42] CIRILO DE ALEJANDRÍA, ibid.

[43] AMBROSIO, Ep. 63; PL 16, 1253.

[44] BERNARDO DE CLARAVAL, ibid.; HUGO DE SAN CARO, ibid.

sus huellas», e.d., para que imitéis su obediencia. «Por lo que padeció, aprendemos nosotros, que somos puros hombres, cuánto hay que padecer por la obediencia, pues por ella no dudó morir aquel que también era Dios».[45]

Pero «aprendió» puede entenderse del mismo Cristo, en el sentido de «mostró», «hizo ver», «manifestó». En el sumo sufrimiento, por lo que padeció por voluntad del Padre, Cristo mostró («exhibuit», «ostendit») la obediencia.[46] Su obediencia fue conocida («has been known») por sus sufrimientos.[47] Por la pasión se mostró (ἐπεδείξατο) que tenía un conocimiento perfectísimo de la obediencia, y esto siendo Hijo.[48] Hizo ver que estaba muy ejercitado en ella.

Genadio ilustra esta interpretación con un ejemplo de la vida real. «Así también nosotros acostumbramos decir; pues muchas veces, cuando alguien ha pronunciado muy bien un discurso, decimos: 'Este, por lo que dijo, verdaderamente aprendió', e.d., por el mensaje y la expresión, mostró (ἔδειξε) claramente haber logrado el aprendizaje de la palabra».[49]

Brenz[50] distingue dos maneras de aprender por la cruz la obediencia. Nosotros aprendemos «por obligación o incitación» («ratione coactionis sive impulsionis»), porque la cruz es enviada para enseñarnos, más aún para movernos a obedecer a Dios. Cristo, Hijo de Dios, en cambio, aprendió la obediencia en la cruz «por manifestación» («ratione declarationis»). Por su pasión se manifestó («declarata est») la obediencia de Cristo; se dio a conocer en toda la tierra que Dios tiene tal Hijo que, para redimir al género humano, fue obediente al Padre hasta la muerte, y muerte de cruz.

Cristo «se sirvió de todas estas cosas, para (procurar) la fe de los que se instruían, en vista de la obediencia de los discípulos»;[51] para dar a los suyos ejemplo de perfecta obediencia hasta la muerte de cruz; para mostrar que la obediencia se aprende mucho mejor, más plena y eficazmente, padeciendo y ejercitando, que especulando y contemplando. Los sufrimientos son la mejor instrucción.

Consiguientemente, ἔμαθεν puede también ser traducido por «hizo aprender a otros», «enseñó». Por las grandes tribulaciones que soportó, por la muerte que sufrió en obediencia a la voluntad y mandato de su Pa-

---

[45] Bernardo de Claraval, *De gradibus,* 484.
[46] Escuela de Abelardo, ibid.; Titelmans, ibid.; Estio, ibid.; Alexandre, ibid.
[47] Códice de Würzburg, ibid.
[48] Genadio, ibid.
[49] Genadio, ibid.
[50] Brenz, ibid.
[51] Nestorio, ibid.: «Ce n'est pas qu'il eût désiré et recherché l'obéissance, mais c'est pour (procurer) la foi de ceux qui s'instruisaient qu'il s'est servi de toutes ces choses en vue de l'obéissance de ses disciples».

dre (Jn 10,18), nos hizo aprender («discere» o «addiscere fecit»),[52] nos enseñó («docuit», «taught»)[53] la obediencia. Por el testimonio de su pasión y de su muerte, con su ejemplo de perfecta obediencia, Cristo nos demostró hasta qué límites va la obediencia, cuán grande es la tarea que impone. Nos enseñó también cuánto hay que apreciar la obediencia; cuál es la grandeza, la excelencia, el mérito y el premio de la obediencia. La obediencia, en efecto, se nos presenta como gloriosa, digna de admiración y conciliadora de todos los bienes. Cristo «aprendió, por lo que padeció, la obediencia» es como decir «se humilló a sí mismo hasta la muerte y muerte de cruz», pero no permaneció en la humillación, sino fue exaltado con un Nombre sobre todo nombre.

Las razones alegadas en apoyo de esta interpretación son las siguientes.

El fin pretendido por el autor en este pasaje es no sólo enseñar que Cristo mostró al Padre perfecta obediencia, sino también, como se indica en el verso siguiente, inculcar a los hebreos la obediencia, para que ellos también, agobiados por los males, aprendan a obedecer constantemente a Dios y a Cristo, aunque por ello tengan que sufrir la muerte.

Por metonimia se dice «aprender» en lugar de «hizo aprender», como cuando llamamos a un día alegre, no porque el día es alegre, sino porque nos hace alegres.

Así en Gn 22,12, Dios, hablando al modo humano, dice a Abraham: «Ahora conozco que temes a Dios», e.d., «he dado a conocer» («feci cognitum») o «hice que otros conozcan» («feci ut alii cognoscant»). No es que Dios conociera entonces que era temido, sino que entonces hizo conocer al mismo Abraham que temía a Dios.[54]

Rom 8,26: «El Espíritu mismo pide («postulat») por nosotros», e.d., «nos hace pedir» («postulare facit»).[55]

Gál 4,6: El Espíritu «clama («clamantem») Abba, Padre!», e.d., «nos hace clamar» («clamare facit»).

2 Cor 2,14: Dios «que siempre nos lleva en su triunfo» («triumphat») e.d., «nos hace triunfantes y vencedores» («victores et triumphatores efficit»).

---

[52] ANSELMO, ibid.; Escuela de ABELARDO, ibid.; SALMERÓN, ibid.; GIUSTINIANI, ibid.
[53] WHITBY, ibid.
[54] Cf. GREGORIO MAGNO, *Ep. 39* (PL 77, 1097).
[55] Cf. AGUSTÍN, *Ep. 194, Ad Sixtum episcopum*, n. 16: «Sed dictum est interpellat, quia interpellare nos facit nobisque interpellandi et gemendi inspirat affectum».

Afín a esta explicación es lo que los Padres afirman, cuando exponen Lc 2,40.52, donde se dice que Jesús progresaba. Piensan que esto se dijo, porque progresaba en la opinión de los hombres, ya que manifestó progresivamente su sabiduría;[56] o porque su sabiduría progresaba en los hombres.[57]

Whitby[58] añade dos argumentos más:

— El verbo hebreo למד significa «aprender» y «enseñar», y es traducido por los LXX con διδάσκειν.

— Eustacio de Tesalónica, Comm in Od, 6,233, 20,72,[59] dice que μανθάνω es una palabra ambigua (μέση λέξις, μέσως ἔχει) que significa «aprender» y «enseñar».

* * *

Esta interpretación es errónea, y como tal, debe evitarse; no puede ser aprobada.[60]

Convertir el aprendizaje de obediencia en un aprender ejemplarmente para otros, como si Cristo sólo aparentemente se hubiera colocado en la situación de uno que aprende, para servir a otros de ejemplo, es inaceptable. El empleo del δοκεῖν por Cirilo de Alejandría y del «videretur» por Ambrosio en relación al aprendizaje de obediencia de Cristo, no se ajusta a la insistencia del texto y del contexto en la plena humanidad de Cristo.

El uso metonímico de μανθάνω («aprender») con la significación de «hacer aprender» es injustificado. Sería debilitar demasiado el sentido del término. No hay necesidad de suponer que el autor haya usado este verbo en sentido distinto del que propiamente le corresponde. Los ejemplos aducidos no son demostrativos. Aunque el sentido causativo en estos textos es admitido por algunos comentadores, más bien parece que debe ser excluido.[61]

El argumento filológico de Whitby no es válido. לָמַד (qal) es «aprender»; לִמֵּד (pi), «hacer aprender», «enseñar». En los LXX, διδάσκειν suele estar en lugar de לִמֵּד y formas pasivas de לָמַל. Pero לָמַד (qal) es traducido regularmente por μανθάνω. Sólo en dos pasajes corresponde en los LXX a διδάσκω: 1 Cr 5,18; Prov 30,3. Sin embargo, en el primer caso, donde לְמוּדֵי מִלְחָמָה es traducido por δεδιδαγμένοι πόλεμον («prácticos en la gue-

---

[56] Cf. Gregorio de Nacianzo, Or. 43; PG 36, 548.

[57] Cf. Juan Damasceno, De fide orthodoxa, 3, 22; PG 94, 1088.

[58] Whitby, ibid.

[59] Ed. Rom., 1561, 41; 1883, 47.

[60] Cf. J.D. Michaelis, Ad Peircium, n. 143, p. 223; Alford, 98; Maier, 159.

[61] Cf. para Rom 8,26, Lagrange, ad loc.; para 2 Cor 2,14, Allo, ad loc.; Moulton-Milligan, s.v. θριαμβεύω.

[62] J. Begrich, en BHS; propone leer לְמוּדֵי .

rra»); tanto en hebreo como en griego la forma participial es pasiva.[62] Y en el segundo caso, donde se tiene en el TH לֹא לָמַדְתִּי חָכְמָה («No aprendí sabiduría») y en los LXX θεὸς δεδίδαχεν (S ἐδίδαξεν) με σοφίαν («Dios me ha enseñado sabiduría»), éstos leyeron probablemente וְאֵל לָמַד o לִמְדַנִי אַתְּל.[63]

Tampoco resuelve la cuestión la autoridad de Eustacio. En Homero «enseñar» se dice διδάσκω (Il 11,832: ἐδίδαξε); «aprender», διδάσκεσθαι (Il 11,831: δεδιδάχθαι; 16,811: διδασκόμενος). Μανθάνω, en los tres pasajes en que ocurre en los poemas homéricos, tiene la significación de «habituarse a algo».[64]

No hay pues razones fundadas para transformar ἔμαθεν en ἐδίδαξεν, y el aprendizaje en enseñanza.

En todo caso, si tal sentido pudiera ser admitido, de ninguna manera aquí, por el contexto, donde se trata de Cristo mismo, en su perfeccionamiento como sumo sacerdote. Sólo hasta que este tema es terminado, se presenta lo que Cristo llegó a ser para otros.

2. «Aprender» con sentido de «ejercitar»

Los comentarios ofrecen otra explicación: se dice que Cristo aprendió la obediencia, porque la ejercitó. En este sentido interpretan Gregorio de Nacianzo, Eutimio, Alcuino, Rábano Mauro, Claudio de Turín, Aimon d'Auxerre, Lanfranco, Anselmo, Glosa marginal, Pedro Lombardo, Roberto de Melun, Hugo de S. Caro, Tomás de Aquino, Pedro de Tarentasia, Catarino, Ecolampadio, Flacio Ilírico, Estio, Gordon, Tirino, Alexandre, Calmet, Kuinoel, Bisping, Lünemann, Alford, Kurtz, Drach, Kay, Moulton, Keil, Padovani, Milligan, Steenkiste, Haering, Vitti, Michel, Lenski, Rasco, F. F. Bruce, Laubach, Kelly, Strobel.[65]

Entre los exégetas griegos, Gregorio de Nacianzo y Eutimio por «aprendió» entienden «obró» (ἐνέργησεν). Cristo honró la obediencia «con las obras» (ἔργῳ). «No era suficiente, en efecto, la disposición, co-

---

[63] Cf. G. Beer, en BHS; Rengstorf, διδάσκω, 139-141; μανθάνω, 402-403.

[64] Rengstorf, διδάσκω, 138; μανθάνω, 393.

[65] Gregorio de Nacianzo, Or, 30, Theol, 4, PG 36, 109; ed. Barbel. 180; SC 250, 236: Eutimio, 374; Alcuino, PL 100, 1055; Rábano Mauro, PL 112, 744; Claudio de Turín, PL 134, 756; Aimon d'Auxerre, PL 117, 856; Lanfranco, PL 150, 387; Anselmo, Cur Deus homo, 1, 8-10; PL 158, 369-374; SC 91, 236-257; ed Schmitt, 2, 59-65; Glosa marginal, 845; Pedro Lombardo, PL 192, 438; Roberto de Melun, 299; Hugo de San Caro, 248; Tomas de Aquino, Ad Hebraeos, 392; Pedro de Tarentasia, 196; Catarino, 515; Ecolampadio, 54-55; Flacio Ilírico, 1132; Estio, 110; Gordon, 610; Tirino, 762; Alexandre, 401; Calmet, 663; Kuinoel, 162; Bisping, 123; Lünemann, 180; Alford, 98; Drach, 736; Kay, 52; Moulton, 300; Keil, 137; Padovani, 192; Milligan, 102; Van Steenkiste, 532; Haering, 30-31; Vitti, Didicit, 272; Michel, Hebräer, 224; Lenski, 165-166; Rasco, 753-755; F.F. Bruce, 102-104; Laubach, 106; Kelly, 32-36; Strobel, Hebräer, 129.

mo tampoco a nosotros, si no echamos mano a las obras; pues la obra es manifestación de la disposición» (ἔργον γὰρ ἀπόδειξις διαθέσεως).[66]

Esta opinión es expuesta por Alcuino,[67] seguido por los comentadores latinos medievales, con las palabras: «asumir voluntariamente» («voluntarie suscipere»). El que quiere aprender algo hace un esfuerzo voluntario para saberlo. Así Cristo «asumió» nuestras debilidades, no por necesidad, sino «voluntariamente» («voluntarie accepit»), «gratuitamente» («gratis»), «porque él quiso» (Is 53,7 Vg). Por eso se dice que «aprendió la obediencia por lo que padeció», e.d., asumió voluntariamente la obediencia en lo que sufrió, El sentido es: No sólo ofreció oraciones y súplicas, sino obedeció al Padre en lo más arduo y difícil, hasta la muerte de cruz (Flp 2,8).

El carácter voluntario de la obediencia de Cristo hasta la muerte es desarrollado particularmente por Anselmo de Canterbury, en su diálogo «Cur Deus homo», 1,8-10.

Boson, el joven discípulo y amigo de Anselmo, propone una dificultad contra la encarnación: es inconveniente que Dios se humille y sufra. Anselmo responde distinguiendo las dos naturalezas en Cristo: sólo la naturaleza humana de Cristo soporta las pruebas; su naturaleza divina permanece impasible e inalterable. Pero nadie puede negar —replica Boson— que es una injusticia condenar a muerte a un inocente en lugar del culpable. Contesta Anselmo, afirmando la plena libertad y la muerte voluntaria de Cristo: Dios Padre «no lo forzó a la muerte contra su voluntad ni permitió su muerte, sino que él mismo espontáneamente («sponte») soportó la muerte para salvar a los hombres».[68]

Estas palabras provocan una nueva objeción de Boson: aunque se dice que Cristo murió voluntariamente, lo cierto es que la Escritura habla de mandato y de obediencia; e invoca a continuación Hb 5,8, al lado de Flp 2,8, Rom 8,32, Jn 6,38; 14,31; 18,11; Mt 26,39.42.[69]

A la objeción planteada en el capítulo 8: ¿cómo compaginar la espontaneidad de la muerte de Cristo con la obediencia prestada a su Padre? Anselmo ofrece, en los capítulos 9-10, varias explicaciones:

1. Dios no pudo obligar a Cristo a morir, ya que en él no había pecado. Cristo murió libremente («sponte»): no tuvo que obedecer a una orden que lo hubiera obligado a abandonar la vida; simplemente obedeció al precepto de observar la justicia, y lo hizo con tal constancia y valor que alcanzó por ello su propia muerte. Aquí cita Anselmo por segunda vez nuestro texto y lo interpreta brevemente.[70]

---

[66] GREGORIO DE NACIANZO, ibid.; cf. EUTIMIO, ibid.
[67] ALCUINO, ibid.
[68] ANSELMO, *Cur Deus homo*, 1, 8; PL 158, 370; SC 91, 242; ed. SCHMITT, 2, 60.
[69] ANSELMO, *Cur Deus homo*, ibid.
[70] ANSELMO, *Cur Deus homo*, 1,9; PL 158, 371; SC 91, 246-248; ed. SCHMITT, 2, 62.

2. Lo que quiere directamente el Padre no es la muerte de su Hijo, sino que el género humano le ofrezca, para su restauración, algo cuya grandeza sea comparable a esa muerte. Ahora bien, como esto era imposible a cualquier otro hombre que no fuera el Verbo encarnado, el Hijo prefiere su propia muerte a la condenación del género humano. En este sentido, el Hijo afirma que el Padre quiere su muerte. Pero el Padre la quiere sólo indirectamente; «exige» la reparación de parte del hombre, «permite» sólo que su Hijo asuma libremente la tarea de esta reparación.[71]

3. Así como, según la humanidad, no tenía de sí la voluntad de vivir rectamente, sino del Padre; así tampoco pudo tener aquella voluntad por la cual quiso morir para obrar tan gran bien, sino del Padre. «Guardando de manera inquebrantable y libre la voluntad que recibió del Padre, el Hijo... 'aprendió por lo que padeció la obediencia', e.d., cuán grande es la tarea que impone la obediencia. Pues la obediencia es simple y verdadera, cuando la naturaleza racional, no por fuerza, sino espontáneamente, guarda la voluntad recibida de Dios».[72]

4. Decimos que alguien quiere, cuando no hace que otro quiera, pero aprueba su voluntad.

5. También decimos de aquel que puede prohibir una cosa y no la prohibe, que quiere lo que no prohibe. Como al Padre le agradó la voluntad del Hijo y no le impidió querer o cumplir lo que quería, con razón se afirma que quiso para su Hijo esta muerte tan piadosa y útil, aunque no deseara su tormento.[73]

Estas explicaciones de Anselmo unen magníficamente la necesidad de la obediencia con un amor libérrimo de Cristo hacia los hombres.

Igualmente de la Reforma hasta nuestros días «aprender» es entendido por algunos en el sentido de ejercitar prácticamente. Se trata de un aprendizaje en el nivel de la práctica, como cuando se dice, p.ej. «El que piensa, aprende a pensar».

Cristo no sólo estaba dispuesto a obedecer, sino obedeció de hecho. «La disposición de la obediencia la poseía Cristo ya antes de la pasión —comenta Lünemann, seguido por Moulton.[74] Pero esta disposición para probar su existencia necesitaba ser demostrada por los hechos. Este progreso de la disposición de la obediencia a los hechos de la obediencia no es otra cosa sino un aprendizaje práctico de la virtud de la obediencia».

---

[71] ANSELMO, *Cur Deus homo*, 1, 9; PL 158, 373; SC 91, 252; ed. SCHMITT, 2, 63-64.
[72] ANSELMO, *Cur Deus homo*, 1, 10; PL 158, 374; SC 91, 356; ed. SCHMITT, 2, 65.
[73] ANSELMO, *Cur Deus homo*, 1, 10; PL 158, 374-375; SC 91, 256-258; ed. SCHMITT, 2, 65.
[74] LÜNEMANN, 180; MOULTON, 300.

«Aprendió» equivale a «ejercitó», «practicó», «ejecutó realmente», «vivió». «Como aprendiz de obediencia — dice Estius.[75] Pues a los que se forma en la obediencia se les suele probar en cosas más duras». La obediencia fue para Cristo, en el tiempo, materia de adquisición y de práctica.

Cristo aprendió la obediencia, como un hombre aprende, en la verdadera lucha de la tentación, en la tribulación, en medio de muchas aflicciones, soportando efectivamente el sufrimiento, en la pasión hasta sus últimos y mínimos detalles: ἀφ' ὧν. Siguió la escuela de la obediencia hasta el final. Practicó verdaderamente la perfecta obediencia hasta el sumo anonadamiento y humillación, hasta la muerte (Flp 2,8). Así los sufrimientos que Jesús soportó fueron el precio necesario de su obediencia, más aún parte de su obediencia, el verdadero medio por el cual cumplió la voluntad de Dios.

Esta significación de μανθάνω corresponde al uso de este término en el AT, en Josefo, en Filón y en el NT.

En los LXX, el verbo μανθάνω ocurre 54 veces.[76] En los casos en que existe un texto hebreo correspondiente, μανθάνω traduce por lo general (26x) alguna forma de la raíz למד: Dt 4,10; 5,1; 14,23; 17,19; 18,9; 31,12.13; 1 Cr 25,8; Is 1,17; 2,4; 8,16; 26,9.10; 29,24; Jr 9,4; 10,2; 12,16(2x); 13,23; Ez 19,3.6; Miq 4,3; Sal 106,37; 119,7.71.73. Sólo excepcionalmente equivale a אָלַף = «acostumbrarse»: Prov 22,25; יָגַע = «esforzarse»: Is 47,12; יָדַע = «enterarse», «informarse»: Ex 2,4; Est 4,5.[77]

Es el verbo usual para designar el acto en el cual el hombre se somete al cumplimiento de la voluntad de Dios como está expresada en la Ley.[78] Los complementos directos de μανθάνω son significativos.

En el Deuteronomio, el objeto es el temor de Dios (φοβεῖσθαι με o κύριον τὸν θεόν: 4,10; 14,23; 17,19; 31,12-13), que es el fin (ὅπως: 4,10; ἵνα: 14,23; 17,19; 31,12) para el cual Dios dio sus mandatos y decretos (5,1: τὰ δικαιώματα καὶ τὰ κρίματα). La actitud pretendida es no sólo el conocimiento de la voluntad divina, sino la obediencia de todo el hombre a Dios en el cumplimiento de su voluntad. Se trata de guardar (φυλάσσεσθαι: 5,1; 17,19), de poner en práctica (ποιεῖν: 5,1; 17,19; 31,12; cf 18,19) los preceptos divinos.

La misma idea se expresa en Sal 119. Todo converge a la obediencia: «a fin de» (ὅπως: v. 71) «aprender» (μανθάνειν: v. 7.71.73) «los justos decretos» (τὰ κρίματα τῆς δικαιοσύνης: v. 7) «los mandatos» (τὰ δικαιώματα: v. 71), «los preceptos» (τὰς ἐντολάς: v. 73) de Dios, y «guardarlos» (φυλάσσεσθαι: v. 8).

---

[75] ESTIO, 110.

[76] No computamos 1 Sm 1,9, donde ἐμάθετο está por יֵשֶׁב y debe leerse ἐκάθητο, como en 4, 13.

[77] En raros casos los LXX introducen por su cuenta el verbo μανθάνω, interpretando arbitrariamente el texto hebreo: Job 34,36 (בחן); Is 28,19; 32,4 (בין).

[78] Cf. RENGSTORF, μανθάνω, 402-414; RASCO, ibid.; KELLY, ibid.

En Isaías se aprende también «justicia» (δικαιοσύνην: 26,9; cf 26,10), «a obrar bien» (καλὸν ποιεῖν: 1,17), «a obedecer» (ὑπακούειν: 29,24a) y «a hablar paz» (λαλεῖν εἰρήνην: 29,24b; 32,4).

Tal vez el autor de Hebreos recuerda en 5,8 al obediente Siervo de Yahvéh de Is 50,4-6, que tiene una lengua «ejercitada», que escucha la voz de Dios, que no se resiste ni se echa atrás, sino que se ofrece a los golpes y a las burlas y acepta todo como algo inseparable de su obediencia. Pero nuestro texto actual —observa Michel [79]— está muy coloreado helenísticamente, y no permite reconocer el verdadero modelo.

Todo este vivir conforme a la voluntad de Dios es sintetizado por Jeremías en la expresión: «aprender el camino» (μανθάνειν τὴν ὁδόν: 12,16; cf 10,2).

Para «caminar» según la voluntad divina, se aprende φρόνησις (Bar 3,14), σύνεσις (Sir 8,9), ἐπιστήμη (Sir 16,24), σοφία (Sab 6,9; 7,13); pero estos términos no tienen nada que ver con el conocimiento especulativo de los griegos, sino indican la ciencia de la recta conducta.

El camino está trazado en la «Ley». Por eso, en último término, se trata de conformarse plenamente a la voluntad de Dios trazada en la Ley.

Es pues, característico del uso veterotestamentario de μανθάνω que «aprender» abraza a todo el hombre. Se aprende lo que hay que hacer. Se aprende el camino, la Ley, la voluntad de Dios, para ejercitarlo, para vivirlo.

En la literatura rabínica se continúa la línea del AT. למד regularmente significa ocuparse de la Torá, con el fin de conocer y, por tanto, de cumplir la voluntad de Dios.

En Josefo, junto al uso filosófico de μανθάνω, con el sentido de asimilar conocimientos (Ap 1,10), se comprueba también el influjo del uso veterotestamentario: «ejercitar» (Ap, 2,176). Reconoce el autor dos métodos (τρόποι) de educación (παιδεία): uno por la palabra (λόγῳ), otro por el ejercicio (διὰ τῆς ἀσκήσεως τῶν ἠθῶν: Ap, 2,171). El fin del aprendizaje es «conocer lo que se refiere a las leyes y a los hechos de los mayores, a fin de imitar a éstos» (Ap, 2,204).

También para Filón, que emplea μανθάνω no raras veces,[80] la enseñanza no consiste sólo en impartir conocimientos, «no puede ser consumada sin el ejercicio» (Abr, 53).

En el NT μανθάνω aparece 25 veces (Mt 3x; Mc 1x; Jn 2x; Lc 0; Hch 1x; Epístolas paulinas 16x; Hb 1x; Ap 1x). Su significación está determinada por el uso del למד veterotestamentario y del judaísmo.

---

[79] MICHEL, ibid.
[80] Cf. LEISEGANG, que menciona cerca de 120 pasajes.

En Mt 9,13: «Id, pues, a aprender (μάθετε) lo que significa: 'misericordia quiero y no sacrificio'» (Os 6,6), el imperativo μάθετε implica mucho más que un puro aprender; se trata de practicar la misericordia.

En Jn 6,45: «Está escrito en los profetas: 'Serán todos enseñados (διδακτοί) por Dios' (Is 54,13). Todo el que escucha al Padre y aprende (μαθών), viene a mí», «aprender» significa someterse, acercarse a Jesús, vivir una experiencia religiosa personal.

La fórmula paulina de Ef 4,20: «Habéis aprendido a Cristo» (ἐμάθετε τὸν Χριστόν) expresa la aceptación total de la persona de Cristo, de su palabra y de su obra, traducida en la vida. El cristiano no necesita ya «aprender la Ley», sino repetir en sí mismo la experiencia sobrenatural de Cristo.

El verbo μανθάνω se emplea para aquello que se aprende por el ejercicio en:

1 Tim 5,4, donde Pablo exhorta a los hijos y nietos a que «aprendan (μανθανέτωσαν) primero a practicar los deberes de piedad para con su propia familia y a corresponder a sus padres».

Tit 3,14: «Aprendan (μανθανέτωσαν) también los nuestros a sobresalir en la práctica de las buenas obras».

Este sentido está en conformidad con toda la orientación del pasaje. El argumento es: El hombre sufre y necesita un sumo sacerdote compasivo. Sólo quien ha también sufrido puede tener plenamente compasión. Cristo, por tanto, aunque era Hijo de Dios, participó de nuestra situación de sufrimiento, aprendió prácticamente cuáles son las necesidades humanas, para llegar a ser para nosotros ante Dios sumo sacerdote misericordioso.

La voz activa del verbo μανθάνω muestra que Cristo voluntariamente se sometió a aprender obediencia, e.d., a «vivir» obedientemente.

El substantivo ὑπακοή, raro en el AT y no muy frecuente en el NT,[81] es usado sólo dos veces acerca de Cristo: aquí y en Rom 5,19. El término, que significa propiamente «escucha sumisa», no implica necesariamente una orden a la que uno esté obligado.[82] Expresa sólo la reacción producida por invitación o algún otro signo de este género. No se trata, por tanto, de una necesidad impuesta a Cristo, sino de una prontitud para aceptar el sufrimiento.

---

[81] En los LXX ocurre una sola vez: 2 S 22,36 (עֲנֹתְךָ). En el NT se encuentra 15x: además de Hb 5,8, 11x en Pablo (Rom 1,5; 5,19; 6,16a.b; 15,18; 16,19. 26; 2 Cor 7,15; 10,5.6; Flm 21) y 3x en 1 Pe (1,2.14.22). El adjetivo ὑπήκοος es aplicado a Cristo una sola vez: Flp 2,8; ὑπακούειν, en Hebreos, sólo se emplea en 5,9; 11,8.
[82] Cf. ROMANIUK, 104.

Por todo esto, se puede comprender mejor lo que el autor quiere decir en Hb 5,8: Cristo, a pesar de su condición de Hijo, ejercitó y vivió, en su pasión y muerte, la perfecta obediencia.

* * *

Esta interpretación es absolutamente correcta, a condición de que no se reduzca el significado del verbo μανθάνειν a un mero «ejercitar», «realizar». En el término «aprender» está implicada también la idea de apropiarse algo en el campo del saber o del poder, algo que antes no se poseía o por lo menos no se poseía de la misma manera.[83]

* * *

Rengstorf[84] admite para μανθάνω también la significación de cumplir, vivir, practicar, pero insiste principalmente en el valor escriturístico del término. Para él, μανθάνω significa ante todo una comprensión de lo que la Escritura dijo acerca de los sufrimientos y de la muerte del Mesías. Por la Escritura Cristo aprendió que su pasión estaba fundada en la voluntad salvadora de Dios; y por su pasión aprendió el sentido de la Escritura. «Si el autor introdujo el verbo μανθάνω —afirma Rengstorf—, la única razón posible es que para él... la actitud de Jesús que marchaba hacia la cruz, estaba determinada por la Escritura; ésta le hizo reconocer sus sufrimientos, hasta en los detalles (ἀφ᾽ ὧν), como fundados en la voluntad salvífica de Dios y como inseparables de su vocación».[85] Consiguientemente, Cristo aceptó sin reservas la voluntad del Padre, anunciada y conocida por la Escritura: «Fue al sufrimiento y a la muerte con plena claridad y libertad y sin ninguna resistencia, porque la Escritura, y en ella Dios mismo le señaló este camino a causa de su oficio».[86]

Esta misma opinión es expresada por Rissi: «Jesús aprende en los sufrimientos sacerdotales. En ellos alcanza el conocimiento de la voluntad divina, a la cual debe y quiere inclinarse». «En su camino, el Salvador debe aprender paso a paso, por cada nueva orden del Padre que le es revelada en sus sufrimientos, a decidirse nuevamente por una aceptación sin reservas de la voluntad paterna. Pero el camino de Jesús... está determinado por la Escritura, y conduce, según la Escritura, a sufrir la muerte».[87] Igualmente por Campbell: «Que Jesús como Hijo aprendió la obediencia (5,8) significa que aceptó conscientemente y cumplió el papel del Siervo sufriente como revelado en las Escrituras. Fue en obediencia a la conocida voluntad de su Padre, y no en ciega obediencia, como obró nuestra

---

[83] Cf. WETTE, 170; UNGEHEUER, 131, n.2.
[84] RENGSTORF, μανθάνω, 401-414.
[85] RENGSTORF, μανθάνω, 413.
[86] RENGSTORF, μανθάνω, ibid.
[87] RISSI, 43-44.

salvación».[88] Y aceptada por Romaniuk: «No se debería excluir la hipótesis».[89]

La razón fundamental en que se apoya esta opinión es el uso escriturístico del verbo μανθάνω.

Rengstorf distingue en el verbo μανθάνω:

— un uso espontáneo («unreflektierte»): de la significación fundamental «aplicar el espíritu a algo»[90] derivan los sentidos particulares: «habituarse» o «ejercitarse», «informarse» o «enterarse», «observar», «conocer»;

— y un uso filosófico, especulativo: «aprender», como elemento del proceso intelectual que lleva al conocimiento.

El uso espontáneo de μανθάνω persiste a lo largo del AT. Pero μανθάνω, en el AT, aparece también claramente en el ámbito de la Escritura, como voluntad revelada de Dios. Expresa, en vista de la revelación divina, la sumisión del hombre bajo la voluntad de Dios; significa la acción del hombre que requiere toda la persona, como respuesta al llamado divino. Sin embargo, la voluntad de Dios esta encerrada en la Ley. Por eso, en definitiva, se trata de aprender el νόμος, o sea, consciente y plenamente adecuarse a la voluntad de Dios fijada en la Torá.

En el NT se continúa la misma comprensión veterotestamentaria del verbo. Los evangelistas y Pablo emplean el término como medio de referencia a la Escritura, como fuente de donde se saca el conocimiento de la voluntad de Dios.

En Mt 9,13 Jesús remite a los fariseos a Os 6,6. Se aprende, cuando por la Escritura se conoce la voluntad de Dios y se acepta.

Con la exhortación «aprended de mí» de Mt 11,29, Jesús contrapone su persona y autoridad a la de los escribas, que pretenden ser los únicos que interpretan rectamente la Escritura. En él se puede aprender que la voluntad de Dios aporta alivio y alegría.

Mt 24,32 = Mc 13,28: «De la higuera aprended esta parábola» se explica en cuanto que, bajo la dirección de Jesús, las cosas de todos los días se convierten para los discípulos en expresión de leyes eternas de Dios.

En Jn 6,45, el aprendizaje (μαθών) corresponde a una enseñanza (διδακτοί) de Dios mismo; en Jn 7,15, μανθάνω es término técnico del estudio escolástico de la Escritura.

---

[88] CAMPBELL, 29-30.
[89] ROMANIUK, 138.
[90] BOISACQ, 607.

En toda la tradición evangélica, la conciencia que Jesús tiene de sí mismo y de su vocación está informada por la Escritura. Hebreos concuerda particularmente con Lc 22,37; 24,25-27.44-48, en la idea de la plena conciencia con que Jesús cumplió las Escrituras en su pasión y muerte.

1 Cor 14,31 determina el fin de la profecía: servir para el claro anuncio de la voluntad de Dios.

En Gál 3,2, Pablo quiere que los fieles de esta iglesia sean para él medio de conocer la voluntad divina, la voluntad salvífica consignada en la Escritura.

El sentido en Ef 4,20 es: el hombre nuevo nace del evangelio, en el que Cristo realiza su obra según el plan y el fin de Dios; y en Tit 3,14: «aprendiendo», harán que el evangelio sea para ellos la nueva Ley.

* * *

Esta interpretación parece injustificada.[91] En su análisis Rengstorf sutiliza y exagera. En nuestro pasaje no parece haber ninguna indicación de que Cristo aprendió «por la Escritura». La frase «aprendió, por lo que padeció, la obediencia» implica ciertamente que Cristo aceptó sin reserva la voluntad salvífica del Padre, anunciada y conocida por la Escritura. Pero este significado de ἔμαθεν en nuestro texto es secundario. Su sentido se sitúa más bien en la línea de «ejercitó», «vivió», como lo demuestra el uso bíblico del verbo μανθάνω.

3. «Aprender» con sentido de «conocer por propia experiencia»

La mayor parte de los comentadores piensan que el verbo «aprender» se entiende en nuestro pasaje de la ciencia que se adquiere por experiencia personal (Gregorio de Nacianzo, Teodoreto, Focio, Aimon d'Auxerre, Sedulio, Lanfranco, Bruno, Anselmo, Glosa interlineal, Escuela de Abelardo, Herveo de Bourg-Dieu, Bernardo de Claraval, Pedro Lombardo, Roberto de Melun, Quaestiones in Epístulas Pauli, Hugo de S. Caro, Tomás de Aquino, Pedro de Tarentasia, Nicolás de Lira, Dionisio el Cartujo, Lutero, Titelmans, Ecolampadio, Cayetano, Clario, Gagny, Calvino, Zegers, Sasbout, Flacio Ilírico, Beza, Arecio, Ribera, Sa, Salmerón, Tena, Giustiniani, Lapide, Cappel, Cameron, Menochio, Gordon, Tirino, Grocio, Crell, Schlichting, Hammond, Owen, Picquigny, Whitby, J. Braun, Limborch, Peirce, Erhard, Carpzov, Rosenmüller, Weitenauer, Ernesti, Dindorf, Kuinoel, Klee, Bleek, Bloomfield, Delitzsch, Brown, Pánek, Davidson, Farrar, Schaefer, Padovani, Steenkiste, Huyghe, Fi-

---

[91] Cf. RASCO, 755; KELLY, 35.

llion, Dods, Bauer, Vosté, Robinson, Médebielle, Ungeheuer, Javet, Bonsirven, Ketter, Teodorico, Spicq, Neil, Hewitt, Vanhoye, Romaniuk, Leonardi, Bourgin, H. Braun).[92]

Gregorio de Nacianzo es el primero que explica nuestro texto como un aprendizaje por experiencia. Cristo «experimenta» (πειρᾶται) la obediencia por los dolores que padece. Quiere experimentar nuestras debilidades, para saber qué auxilio ha de prestarnos: «Quiere darse cuenta (δοκιμάζει) de lo que es para nosotros la obediencia, y mide todo con sus propios sufrimientos, por una invención de su amor; así puede saber, según lo que experimenta, lo que nosotros experimentamos (τοῖς ἑαυτοῦ, τὰ ἡμέτερα), cuánto nos es pedido, cuánto nos es perdonado, calculando nuestras debilidades, según sus padecimientos».[93]

Para los antioquenos, el progreso real de Cristo en ciencia, su apredizaje de obediencia y sus sufrimientos, demuestran «la verdad de la encarnación». Así para Teodoreto de Ciro.[94] En su tratado «De Incarnatione Domini», después de invocar Hb 5,8, afirma que Cristo aprendió por experiencia y que esto debe atribuirse a la humanidad asumida: «¿Quién es el que aprendió, por lo que padeció, la obediencia, y tuvo a la experiencia como maestra, no conociéndola antes de experimentarla (τὴν πεῖραν λαβὼν διδάσκαλον καὶ ταύτης ἀγνοῶν πρὸ τῆς πείρας)? ¿Quién el que alcanzó la perfección poco a poco (κατὰ μέρος)? No ciertamente el Verbo

---

[92] GREGORIO DE NACIANZO, *Or. 30*, Theol. 4; PG 36, 108-112; ed. Barbel, 180-182; TEODORETO DE CIRO, *Ad Hebraeos*, PG 75, 1457; 76, 436-437; ACO 1, 1, 6, 136-137; FOCIO, 644; AIMON D'AUXERRE, PL 117, 856; SEDULIO, PL 103, 258; LANFRANCO, PL 150, 387; BRUNO EL CARTUJO, 448; ANSELMO, *Cur Deus homo*, PL 158, 371; SC 91, 248; ed. SCHMITT, 2, 62; GLOSA INTERLINEAL, 843-844; ESCUELA DE ABELARDO, 727; HERVEO DE BOURG-DIEU, *Ad Hebraeos*, PL 181, 1567; BERNARDO DE CLARAVAL, *De gradibus*, 483-485; PEDRO LOMBARDO, PL 192, 438; ROBERTO DE MELUN, 299; *Quaestiones super Epistolas Pauli*, PL 175, 621; HUGO DE SAN CARO, 248; TOMÁS DE AQUINO, *Ad Hebraeos*, 392-393; S.Th. 3, q.9, a.4; q. 12, a. 2; PEDRO DE TARENTASIA, 196; NICOLÁS DE LIRA, 844; DIONISIO EL CARTUJO, 490; LUTERO, *glosa interlineal*, 23; TITELMANS, 177; ECOLAMPADIO, 55; CAYETANO, 161; CLARIO, 1341-1342; GAGNY, 134; CALVINO, *Ad Hebraeos*, 63; ZEGERS, 1342; ŞASBOUT, 550; FLACIO ILÍRICO, 1132; BEZA, 350; ARECIO, 428; RIBERA, 209; SA, 440; SALMERÓN, 709; LUIS DE TENA, 218; GIUSTINIANI, 481; A LAPIDE, 396; CAPPEL, 1350; CAMERON, 1346; MENOCHIO, 241; GORDON, 610; TIRINO, 762; GROCIO, 865; CRELL, 241; SCHLICHTING, 118-119; HAMMOND, 316; OWEN, 3,76; PICQUIGNY, 298; WHITBY, 903 (paraphr.); J. BRAUN, 296-298; LIMBORCH, 592; PEIRCE, 223; EBRARD, 290; CARPZOV, 234; ROSENMÜLLER, 203; WEITENAUER, 432; ERNESTI, 405; DINDORF, 407-408; KUINOEL, 162; KLEE, 114; BLEEK, 238-239; BLOOMFIELD, 489; DELITZSCH, 185. 187; J. BROWN, 307-308. 316; PÁNEK, 92; DAVIDSON, 111; FARRAR, 76; SCHAEFER, 153, n. 1; PADOVANI, 192; VAN STEENKISTE, 532; HUYGHE, 122; FILLION, 570; DODS, 289; BAUER, 888; VOSTÉ, *Studia Paulina*, 115; ROBINSON, 62-63; MÉDEBIELLE, 312; UNGEHEUER, 131; JAVET, 50; BONSIRVEN, 271-272; KETTER, 41; TEODORICO, *Ebrei*, 103; SPICQ, *Hébreux*, 2, 117; NEIL, 63; HEWITT, 98; VANHOYE, *Textus de sacerdotio*, 117; ROMANIUK, 138; LEONARDI, 180; BOURGIN, 19; H. BRAUN, 144.

[93] GREGORIO DE NACIANZO, ibid.

[94] PG 82, 713; cf. también ERANISTES, 2 (PG 83, 152); *In Ps 15,7* (PG 80, 961); *In Ep. ad Hebraeos*, 2,18 (PG 82, 696-697); *Ep 151* (PG 83, 1425).

de Dios, que es perfecto, que conoce todas las cosas antes de que existan y no aprende por experiencia (οὐ τῇ πείρᾳ μανθάνων)... Sólo queda pues que esto sea propio de la humanidad asumida».[95] Esta interpretación de Teodoreto es citada por Cirilo de Alejandría en su carta a Euopcio con términos semejantes: «¿Quién es el que fue perfeccionado con los trabajos de la virtud (πόνοις ἀρετῆς) y no era perfecto por naturaleza? ¿Quién el que aprendió la obediencia por experiencia y no la conocía antes de experimentarla (ὁ πείρᾳ μαθὼν τὴν ὑπακοὴν καὶ ταύτης ἀγνοῶν πρὸ τῆς πείρας)? No Dios el Verbo... el que conoce todas las cosas antes de que existan (Dn 13,42), el que tiene todo lo que es del Padre (Jn 16,15) y es imagen inmutable del Padre (Col 1,15), el que en sí mismo muestra al Padre (Jn 14,7-11), sino lo que fue asumido por él de la descendencia de David».[96]

Focio formula la pregunta: ¿Acaso quiere decir que Cristo tuvo por experiencia el conocimiento de obedecerlo? (πείρᾳ τὴν γνῶσιν ἔσχε τοῦ πειθαρχεῖν αὐτῷ). Y responde: «aprendió por lo que padeció y por experiencia» (δι' ὧν ἔπαθεν καὶ πείρᾳ).[97]

La mayoría de los comentadores latinos medievales responden que Cristo aprendió por experiencia en el tiempo, lo que sabía por naturaleza desde la eternidad.

Bernardo de Claraval, en su tratado «Sobre los grados de la humildad», 3,6-12[98] comenta así el texto: «El Hijo de Dios, en la forma en que no juzgó como usurpación ser igual al Padre, antes de que se hubiese abatido a sí mismo tomando la forma y naturaleza de siervo (Flp 2,6-7), era bienaventurado e impasible; no habiendo experimentado («expertus non erat») lo que era la miseria y la sujeción, no conocía por experiencia («experimento») ni la obediencia ni la compasión. Las conocía por naturaleza, mas no por experiencia («sciebat autem per naturam, non autem sciebat per experientiam»)». «Pero después de que se abatió no solamente debajo de sí mismo, sino aun debajo de los ángeles... hasta esa forma en que fue capaz de padecer y ser esclavo..., experimentó («expertus est») la compasión en sus propios sufrimientos y la obediencia en la sujeción». Cristo conoció, pues, «de una manera en la eternidad por su esencia divina y de otra en el tiempo por la carne».[99]

Pero aun como hombre: «Si se reconoce que Cristo tiene dos naturalezas en una misma persona: una por la que ha sido siempre, y otra por la que comenzó a ser, y que, según su ser eterno, ha tenido siempre conoci-

---

[95] PG 75, 1457.
[96] PG 76, 436-437; ACO, 1, 1, 6, 136-137.
[97] FOCIO, ibid.
[98] BERNARDO DE CLARAVAL, De gradibus, 483-485.
[99] BERNARDO DE CLARAVAL, De gradibus, 484.

miento de todas las cosas, y, según su ser temporal, recibió en el tiempo la experiencia de muchas de ellas («multa temporaliter expertum fuisse»); ¿por qué se tendrá dificultad en confesar que, así como comenzó a ser por la carne, del mismo modo también comenzó a aprender las miserias de la carne por este género de conocimiento que se adquiere en la flaqueza misma de la carne».[100]

Roberto de Melun y el autor de Quaestiones in Epistulas Pauli [101] aportan la misma solución, distinguiendo, como S. Agustín,[102] un doble conocimiento («duplex cognitio») en Cristo: uno «de comprensión» («comprehensionis») y otro «de experiencia» («experientiae»). El conocimiento de comprensión lo tuvo desde la eternidad; antes de haber asumido la carne, no ignoraba nada, conocía muy bien la debilidad y miseria del hombre, y no pudo padecer nada. El conocimiento de experiencia no pudo tenerlo sino habiendo asumido al hombre, lo aprendió en el tiempo; asumida la carne, experimentó («expertus est») cansancio, hambre, sed y las demás debilidades humanas.

La interpretación exegética que los escolásticos de los siglos XIII a XV hacen de nuestro pasaje está en dependencia de la posición teológica que adoptan respecto a la ciencia de Cristo. Algunos consideran la ciencia «adquirida» una imperfección indigna de Cristo y no quieren atribuírsela; no admiten más que un progreso «puramente» experimental.[103] Otros reconocen un progreso real en la ciencia humana de Cristo.[104]

Nicolás de Lira y Dionisio el Cartujo [105] distinguen entre conocimiento habitual («notitia habitualis») y experimental («notitia experimentalis»). En el conocimiento habitual Cristo nunca progresó, a no ser que se ponga en él ciencia adquirida, distinta de la ciencia infusa; desde el instante de la encarnación tuvo la plenitud de la ciencia. Cristo aprendió sólo por conocimiento experimental, en cuanto que la virtud de la obediencia que conocía habitualmente la experimentó sufriendo.

En Tomás de Aquino se registra un cambio de opinión.

En su «Comentario sobre el tercer libro de las Sentencias», enseña que Cristo conoció todas las cosas por ciencia infusa, y sólo aplicaba las ideas que poseía a las cosas manifestadas por su experiencia sensible. En la Dist, 14, a. 3, qla. 5, sobre el progreso de la ciencia en Cristo, nuestro texto encabeza la serie de las «objeciones»: Cristo «'aprendió, por lo que padeció, la obediencia'; aprender es progresar en ciencia, luego, Cristo

---

[100] BERNARDO DE CLARAVAL, De gradibus, 485.
[101] ROBERTO DE MELUN, 199; Quaestiones super Epistolas Pauli, PL 175, 621.
[102] AGUSTÍN, De libero arbitrio, 1, 7, n. 17; PL 32, 1231.
[103] Tal es la opinión de ALBERTO MAGNO, 3 Sent., dist. 13, a. 10; ALEJANDRO DE HALES, S.Th., p. 3, q. 13, m. 2, ad obi.; BUENAVENTURA, 3 Sent., dist. 14, a. 3, q. 2.
[104] Cf. páginas siguientes, 280-281.
[105] NICOLÁS DE LIRA, 844; DIONISIO EL CARTUJO, 490.

progresó en ciencia». Pero en el «sed contra», S. Tomás argumenta con la autoridad de Juan Damasceno: «'Los que dicen que Cristo progresó en sabiduría y edad recibiendo incremento, no veneran la unión según la hipóstasis';[106] pero ésta debe ser venerada; por tanto, no debemos decir que progresó en ciencia». Y añade: «Progresar no es propio del perfecto; Cristo fue perfecto en cuanto a su alma; luego, no progresó». En la «solución» a la cuestión, expone: «La ciencia de Cristo nunca creció ni en cuanto al género de conocimiento, pues este género de conocimiento sigue a la naturaleza humana; ni en cuanto al número de las cosas conocidas, porque desde el primer instante de su concepción conoció todo lo que pertenece a esta ciencia. Pero creció en cuanto al modo de certeza». Distingue dos modos de certeza: «Por la luz del entendimiento» («ex lumine intellectus») y «por los sentidos» («ex sensu») o «experimental» («experimentalis»). Y concluye: «En cuanto a ésta creció la ciencia de Cristo, puesto que cada día veía sensiblemente algo que antes no conocía, pero no creció en cuanto a la esencia». Por tanto, respecto a nuestro texto, responde: «Aprendió se debe referir a la experiencia». Cf también Dist 18, a. 3, ad 5 um: «Cristo no tenía la ciencia recibida por los sentidos».

En la Suma Teológica, en cambio, Tomás de Aquino admite que Cristo podía verdaderamente adquirir ideas por el ejercicio de su entendimiento agente: ya que poseía una inteligencia humana, convenía que se sirviera de ella humanamente.

En la 3, q. 9, a. 4, sobre la ciencia adquirida de Cristo, Hb 5,8 inicia ya no las objeciones, sino el «sed contra»: «Aprendió por lo que padeció la obediencia»; la Glosa dice: «esto es, experimentó»; luego, se dio en Cristo una ciencia experimental o adquirida. En el «corpus» del artículo se retracta expresamente de su opinión anterior: «Aunque en otro lugar escribí de otra manera». Y afirma: «Hay que decir que en Cristo hubo ciencia adquirida».

La razón que aduce es la siguiente: «Esta ciencia es propiamente según el modo humano, no sólo por parte del sujeto que la recibe, sino también por parte de la causa que la produce, pues tal ciencia se atribuye a Cristo por razón de su entendimiento agente, el cual es connatural a la naturaleza humana».

En la 3, q. 12, a. 2 demuestra igualmente que en el alma de Cristo hubo un «hábito» de ciencia que pudo aumentarse por abstracción de las especies. «Puesto que abstraer de las imágenes sensibles las especies inteligibles es una acción natural al hombre ejercida por el entendimiento agente, parece lógico colocarla también en el alma de Cristo, pues sería inaceptable que careciera de una acción natural de la inteligencia. De aquí se sigue que hubo en Cristo algún hábito de ciencia que, merced a esta abstracción, pudo evolucionar; en efecto, el entendimiento, abstra-

---

[106] JUAN DAMASCENO, De fide orthodoxa, 3, 22; PG 94, 1088.

ídas las primeras especies inteligibles de las imágenes de los sentidos, pudo seguir obteniendo otras». El progreso de la ciencia adquirida fue real y conforme a las leyes del desarrollo intelectual del hombre. Esta adquisición de conocimientos nuevos fue normal en Cristo. S. Tomás expresa muy netamente este pensamiento en el «ad lum»: «La ciencia adquirida es debida al entendimiento agente que no puede hacerlo todo de una vez, sino sucesivamente. Por ello, según esta ciencia, Cristo no conoció todas las cosas desde un principio, sino paulatinamente, y después de cierto tiempo, esto es, en la edad perfecta». En todo caso, observa en la respuesta a la segunda objeción: «La ciencia adquirida de Cristo fue siempre perfecta en relación a su edad, aunque no lo fuera en absoluto».[107]

En su comentario «Super Epistolam ad Hebraeos»,[108] finalmente, S. Tomás distingue entre ciencia «simplemente cognoscitiva» («simplicis notitiae») y ciencia «experimental» («experientiae»). En cuanto a la ciencia de experiencia, Cristo aprendió la obediencia. Por eso, se dice: «aprendió por lo que padeció», e.d., «experimentó» («expertus est»).

* * *

Esta interpretación se continúa de la época de la Reforma hasta nuestro tiempo. El verbo «aprendió» es entendido por muchos del conocimiento experimental, que se opone a la ciencia de simple conocimiento.

Hay dos maneras de aprender algo: διανοίᾳ = por actividad del espíritu y πείρᾳ = por experiencia. Muchas cosas tenemos en la mente que no hemos aprendido por experiencia; cuando a este conocimiento se une la experiencia, se añade una nueva especie o modo de conocimiento. P. ej.: un alma piadosa conoce muy bien qué es ser mártir y no rehuye el martirio, pero cuando sufre el martirio, aprende la obediencia por experiencia.

Es propio del hombre que la ciencia especulativa se aumente y confirme por la experiencia. Pero ninguna experiencia hunde en nuestros corazones raíces más profundas que la que va unida al sufrimiento. Las dificultades por que atravesamos, las penas que sufrimos son como el cincel y el buril que esculpen en nosotros el conocimiento profundo de lo que experimentamos.

Por eso, se dice, con razón, que la experiencia es maestra: παθήματα μαθήματα. La fórmula ἐξ ὧν ἔπαθες ἔμαθες, que corresponde a la de nuestro autor: ἔμαθεν ἀφ' ὧν ἔπαθεν es una expresión popular[109] para

---

[107] Cf. también 3, 1. 15, a. 8: en el «sed contra» cita Mt 8,30: «Al oír esto (las palabras del centurión) quedó admirado»; y explica: «La admiración tiene por objeto una cosa nueva e insólita». En Cristo «podía algún nuevo acontecimiento ser objeto de su ciencia experimental, y así causarle admiración».

[108] TOMÁS DE AQUINO, Ad Hebraeos, 392-393.

[109] Cf. infra, p. 296.

denotar la ciencia que se alcanza por experiencia personal, por oposición a la ciencia que se transmite por palabras o escritos.

El verbo μανθάνω en el NT, donde ocurre 25 veces, significa de ordinario, propiamente, «aprender» por instrucción; algunas veces «enterarse»; pero ocurre también con el significado de «apropiarse por experiencia»:[110] «He aprendido (ἔμαθον) a contentarme con las situaciones en que me encuentro» (Flp 4,11).

Es claro que, en el contexto general de Hb 5,8, μανθάνω tiene no sólo el sentido de «aprender», sino también el de experimentar.

Aprender la obediencia por mero conocimiento y estar dispuesto a obedecer es algo muy distinto a conocer por propria experiencia. El Hijo poseyó siempre la disposición de la obediencia, pero necesitó el conocimiento práctico que sólo puede adquirirse por experiencia real. Hay algo que no pudo adquirir sino sólo en los días de su carne y esto es el conocimiento directo de la experiencia del sufrimiento. En su naturaleza humana, aprendió Cristo la obediencia, no en forma teorética, sino existencial.

A esto se refiere el autor. El Padre había determinado para Cristo una vida de sufrimiento y sacrificio. Esto repugnaba a la naturaleza humana de Jesús. En cuanto él puso en el sufrimiento todos sus sentidos y capacidad, experimentó en sí mismo la obediencia. En cuanto hombre, puesto en contacto con las dificultades de la obediencia, sobre todo en la prueba suprema, Jesús adquirió una experiencia psicológica enriquecedora, una comprensión práctica y una apreciación del sufrimiento, que le era indispensable para compadecer como sumo sacerdote el de sus hermanos.

Hb 5,8 habla, pues, a favor de una «ciencia adquirida» en Jesús en su humana capacidad de experimentar, que le permite un «aprender por experiencia».

Y en su ciencia humana experimental Cristo progresó; tuvo una experiencia cada vez más profunda. Pudo aprender cada vez tanto más la obediencia por experiencia, cuanto mayor oportunidad tenía de demostrar su entrega incondicional a la voluntad de Dios. La disposición de la obediencia tuvo que mantenerse frente a demandas cada vez mayores. Cristo entró cada vez más profundamente en la experiencia de lo que era la obediencia. Continuó aprendiendo obediencia, hasta que no hubo ya más que aprender, hasta la muerte de cruz. Sólo hasta que el sacrificio fue realizado, conoció experimentalmente toda la extensión de la obediencia requerida de él.

De esta ciencia experimental se entienden las palabras de Lc 2,52: «Jesús progresaba en sabiduría». Este pasaje atribuye claramente a Cristo un progreso del conocimiento por experiencia.

---

[110] BAUER, s.v. μανθάνω: «sich aneigen durch Erleben, Erfahrem».

a. *El valor y fruto de la obediencia*

Para algunos comentadores, Cristo aprendió por experiencia, pero este conocimiento experimental está relacionado al gran valor y fruto de la obediencia. Proponen esta explicación: Focio, Gagny, Sasbout, Ribera, Salmerón, Giustiniani, Lapide, Menochio. Crisóstomo, Teofilacto, Eutimio no precisan respecto al aprendizaje por experiencia, pero, por su insistencia en el valor de la obediencia, abren el camino para esta opinión.[111]

Lo que Cristo aprendió por experiencia fue: cuál era la grandeza de la obediencia — ἡλίκη καὶ ὅση [112] —, el valor y la excelencia, el mérito, el premio, cuán grata es a Dios, cuántos bienes procura, pues lo que se le debía como Hijo lo alcanzó por la obediencia de su pasión.

Aquí muestra el autor cuánta es la ganancia (τὸ κέρδος) de los padecimientos. Pues el Hijo ganó (ἐκέρδανεν) [113] por sus padecimientos la obediencia y fue perfeccionado. Por su obediencia fue escuchado por el Padre: fue crucificado y murió, su alma fue arrancada de la muerte, resucitó, fue llevado al cielo y colocado a la derecha del Padre, trasladado al sumo grado de gloria; Dios lo exaltó y le dio el Nombre que está sobre todo nombre. Y así Cristo salvó al género humano.

Esta interpretación concuerda perfectamente con el asunto tratado por el autor. Poco antes dijo que es propio del oficio sacerdotal ofrecer sacrificios por el pueblo. Ahora declara que Cristo, por la obediencia de su pasión, verdaderamente satisfizo a Dios y alcanzó la libertad del género humano. Explicando esto más claramente, añade luego: «Y llevado a la perfección, llegó a ser causa de salvación eterna para todos los que lo obedecen» (5,9).

Crisóstomo, Teofilacto, Eutimio observan que el autor de Hebreos expone esto para exhortar a la obediencia. Parece que algunos «constantemente sacudían el freno y no obedecían a lo que se les decía. Esto insinúa, cuando dice: 'Os habéis hecho lentos para las instrucciones'» (Hb 5,11).[114] Por eso, el autor «dice estas cosas humildes del Hijo de Dios para persuadirlos a obedecer y someterse a la voluntad de Dios, y no abandonarse a las tribulaciones, sino esperar el auxilio de lo alto».[115] Cristo nos da ejemplo de cómo apreciar nuestros padecimientos: «Si él que era Hijo ganó por sus padecimientos, ¡cuánto más nosotros!» [116] Igualmente,

---

[111] Focio, ibid.; Gagny, ibid.; Sasbout, ibid.; Ribera, ibid.; Salmerón, ibid.; Giustiniani, ibid,; A Lapide, ibid.; Menochio, ibid.; Crisóstomo, *Ad Hebraeos*, PG 63, 70; Teofilacto, PG 125, 245; Eutimio, 374.

[112] Focio, ibid.

[113] Crisóstomo, ibid.; Teofilacto, ibid.; Eutimio, ibid.

[114] Crisóstomo, ibid.

[115] Teofilacto, ibid.

[116] Crisóstomo, ibid.; Teofilacto, ibid.

Ribera y Giustiniani[117] señalan que la pasión y obediencia de Cristo son mencionadas, para mostrar el valor de la muerte de Cristo que debe ser honrada por los fieles, y para que éstos permanezcan en su fe y obediencia.

Esta solución pragmática y exhortatoria parece un tanto forzada.[118]

b. *La dificultad de la obediencia*

El conocimiento experimental es relacionado por la mayoría de los representantes de esta opinión a la dificultad de la obediencia.

La lección aprendida por Cristo fue la obediencia. Por amarga experiencia Cristo aprendió qué es la obediencia, su plena significación, todo el alcance, toda la extensión, toda la amplitud de la obediencia requerida de él como nuestro sumo sacerdote, la plenitud de la obediencia, hasta dónde llega la perfecta obediencia, hasta qué punto debe guardarse, cuánta es su dificultad, qué desagradable y penosa a la naturaleza humana, qué arduo es satisfacer a Dios por los pecados de los hombres, qué paga tan rígida exige Dios por el pecado, qué es el verdadero amor que lleva a la máxima abnegación de sí mismo, qué pide la ley de la perfecta caridad.

En la escuela de la obediencia por la que Cristo pasó, su instructor fue el sufrimiento. «¿Por qué maestro aprendió Cristo?» — pregunta Hugo de S. Caro; y responde: «Por el látigo. Tal maestro es duro, pero enseña muy bien».[119]

La preposición ἀπό está en lugar de ἐκ, como en Mt 24,32. De los propios males y sufrimientos Cristo aprendió qué es tener un Padre a quien obedecer, cuánta dificultad había en obedecer a su Padre que lo entregó a la muerte en favor nuestro (Rom 8,33).

Cristo tuvo que aprender la perfecta sumisión que se adquiere solamente en circunstancias penosas. «Los que no han experimentado la obediencia y no la han aprendido en las cosas difíciles creen que es muy fácil obedecer. Pero para saber qué es la obediencia es necesario aprender en cosas difíciles».[120] La obediencia es fácil cuando ella y sus resultados son agradables, pero el hombre probado sólo así, conoce relativamente poco de ella. Sólo cuando la obediencia se hace difícil, penosa, descubrimos verdaderamente su significación. Necesitamos saber cuánto cuesta, necesitamos ir con ella hasta las profundidades, antes de poder decir que verdaderamente la conocemos. El hijo ideal es siempre obediente, pero puede mostrar obediencia en su plenitud, sólo cuando la obediencia envuelve el más terrible sufrimiento.

---

[117] RIBERA, ibid.; GIUSTINIANI, ibid.
[118] Cf. supra, pp. 267-268; también ESTIO, 109-110; BONSIRVEN, 271.
[119] HUGO DE SAN CARO, ibid.
[120] TOMÁS DE AQUINO, *Ad Hebraeos*, 392.

La experiencia real de lo que implicaba la obediencia la pudo obtener Cristo únicamente yendo hasta el extremo del sufrimiento, en el cumplimiento de la voluntad de su Padre, que le pedía la obediencia hasta la muerte de cruz. La experiencia decisiva, la prueba suprema de su obediencia estaba ligada a la concreta misión de sufrimiento y de muerte, para la cual Dios había fijado una hora determinada. Mientras la hora no llegaba y la misión no era cumplida, faltaba a la actitud de la obediencia de Cristo la última experiencia y prueba en la más difícil superación de sí mismo. Sólo cuando el dolor y la muerte se le presentaron con plena realidad, aprendió, por su humana experiencia, la obediencia en su plena dificultad y encontró la posibilidad de ejecutarla. Entonces mostró Jesús al mundo que conocía por propia experiencia qué significaba la obediencia en su forma más terrible.

La obediencia de Cristo no se refiere aquí a la ley de Dios en general ni a la obediencia practicada durante toda la vida. Es la obediencia al mandato del Padre de morir por los pecados de los hombres. Es la obediencia observada en las circunstancias más difíciles para él como verdadero hombre, tolerando los máximos tormentos bajo la mano poderosa de Dios. Es la obediencia de su pasión y de su muerte. Es la obediencia de la cruz.

Así se deduce del texto. Los tiempos históricos (aoristos) empleados parecen referir este aprendizaje de obediencia a un momento determinado de la vida de Jesús, a su pasión y muerte. El verbo πάσχω, que evoca el sufrimiento de Cristo descrito en el v. 7, es término técnico para designar la muerte dolorosa de Cristo; equivale a nuestra palabra «pasión». Es empleado ordinariamente en este sentido: Hb 2,18; 9,26; 13,12;[121] Lc 22,15; 24,26.46; Hch 1,3; 3,18; 17,3; 1 Pe 2,21.23; 3,18 v. 1., 4,1.

A esto conduce también el contexto. El autor habla aquí de Cristo sacerdote; y en la pasión y muerte que soportó por obediencia, Cristo se ofreció a sí mismo en sacrificio a Dios.

Este sentido es confirmado por otros pasajes del NT:

Jn 10,18: «Tengo poder para darla (su vida) y para recobrarla de nuevo; ésa es la orden que he recibido de mi Padre».

Hb 10,10: «En esta voluntad hemos sido santificados, por la ofrenda del cuerpo de Jesucristo una vez por todas».

Flp 2,8: «Se hizo obediente hasta la muerte, y muerte de cruz».

Asi realizó Cristo la obra encomendada por su Padre.

---

[121] Cf. supra, pp. 33-34.

Esta interpretación corresponde muy bien a la intención del autor en este pasaje: mostrar que en Cristo existió en máximo grado la misericordia que debe tener un pontífice. Se trata de la semejanza que hay entre Cristo y nosotros, por la que se hizo más pronto para compadecer.

Hijo de Dios, en cuanto tal, no podía sufrir. Pero por su piedad y misericordia asumió una naturaleza humana pasible, para poder sufrir por nosotros y por la experiencia del sufrimiento hacerse en cierto modo más apto para compadecerse de nosotros.

En 4,15-16, el autor habla de Jesús, sumo sacerdote, probado en todo a semejanza nuestra, por lo cual puede compadecer nuestras debilidades. La misericordia de los sacerdotes de la antigua alianza se aumentaba por la conciencia de los pecados (5,2-3). Cristo está libre de pecado, pero obedeciendo, soportando los padecimientos y la muerte, se hizo más adecuado para ser nuestro compasivo sumo sacerdote.

«El que no aprendió por la obediencia a permanecer en un grado inferior, no sabrá nunca mandar bien, como conviene a un superior», dice Tomás de Aquino.[122] No puede conocer las penas de los que sufren, quien no ha tenido la experiencia del sufrimiento. Cristo, por lo que padeció, fue hecho capaz de compadecer a los que se esfuerzan por obedecer a Dios en medio de las dificultades.

La gran unión de Cristo con Dios, el gran amor de Dios hacia él, como hijo único, parecía ser un obstáculo a probarlo en el dolor. Pero no fue así. Por esto se manifestó el amor de Dios al género humano, pues quiso tratar tan duramente a su Unigénito, a fin de que, no ignorante de los males, aprendiera a socorrer a los miserables.[123]

* * *

Esta explicación es válida. Ciertamente el autor de Hebreos muestra un interés particular por las reacciones íntimas del alma de Cristo. Hb 5,7 hace ver la resonancia profunda que el sufrimiento encuentra en la psicología de Cristo: «con clamor poderoso y lágrimas». Así lo demuestran también las declaraciones del autor sobre la semejanza total de Cristo con sus hermanos (2,14.18; 4,15) o sobre sus sentimientos frente a la cruz (12,2). No se puede negar que las vivencias dolorosas de su pasión fueron para Cristo, como para todos los hombres, una fuente de conocimientos que sólo el dolor hace propios. Pero no se debe restringir el sentido de μανθάνειν a un mero experimentar. Hebreos no habla de aprender en un sentido predominantemente cognoscitivo. No se debe dar a μανθάνω un carácter meramente psicológico.[124]

---

[122] Tomás de Aquino, *Ad Hebraeos*, 393; cf. Cic, *Leg.* 3, 2: «Qui bene imperat, paruerit aliquando necesse est, et qui modeste paret, videtur qui aliquando imperet dignus esse».
[123] Cf. Vergil, Aen, 1, 63.
[124] Cf. Wette, 170; Tholuck, 251; Maier, 159; Coste, 521; Rasco, 752. 755.

4. *«Aprender» con sentido de desarrollo moral*

En los últimos tiempos se ha insistido en que con «aprender» se piensa aquí en un acrecentamiento o fortalecimiento de la obediencia de Jesús, en una maduración de Cristo para el cumplimiento de su misión, en una disciplina, en un proceso o desarrollo moral. Así Wette, Ebrard, Riehm, Maier, Moll, Reuss, Zill, B. Weiss, Westcott, Vaughan, Kübel, A. B. Bruce, Peake, Riggenbach, Windisch, Graf, Büchsel, Moffatt, Strathmann, Héring, Cerfaux, Cullmann, Grässer, Vanhoye.[125]

La opinión de que Cristo, desde el principio de su vida terrestre, fue, en el aspecto moral religioso, de tal manera perfecto que poseyó la santidad en sentido absoluto, como propiedad divina y, por tanto, era incapaz de todo progreso, no puede ser aceptada. Tiene visos de docetismo y es incompatible con la doctrina de la Epístola a los Hebreos. El autor presenta a Cristo como verdadero hombre. Especialmente en nuestro pasaje, insiste en la plena realidad de la humanidad de Jesús, que ilustra drásticamente con dos motivos: con la ordinaria angustia humana de Jesús ante la muerte (v. 7) y con el deber del Jesús terrestre de aprender obediencia por el sufrimiento (v. 8). Precisamente, esta afirmación de que Cristo «aprendió por lo que padeció la obediencia» ofrece la confirmación más importante de la enseñanza de la epístola sobre la plena humanidad de Jesús.

Una de las consecuencias de su encarnación fue que debía pasar por una disciplina humana, por cierto desarrollo ético y religioso. La vida de Jesús no sería verdaderamente humana, si no se mostrara en ella un desarrollo. En cuanto a su naturaleza humana, «en los días de su carne», Jesús, igual que nosotros, estuvo sometido a las leyes del desarrollo. Esto es afirmado claramente en otros lugares del NT. «Jesús crecía (προέκοπτεν) en sabiduría, en estatura y en gracia ante Dios y ante los hombres» (Lc 2,52). En este sentido se debe entender la frase ἔμαθεν ...: de un aprendizaje práctico que cae dentro del punto de vista de la formación y del desarrollo. La expresión presupone un desarrollo interior humano en la persona de Cristo. Se trata de un crecimiento en la obediencia.

En vista de la absoluta impecabilidad de Jesús, que permaneció libre del pecado y de la tendencia de nuestra naturaleza al pecado (4,15; 7,26; 9,14; Jn 8,46), no se debe pensar en un desprendimiento paulatino de los brazos del pecado, en un desarrollo que parte de lo contrario de la obediencia a Dios, como si Cristo hubiera ofrecido resistencia y sólo forzado

---

[125] WETTE, 170; EBRARD, 183; RIEHM, 327-329; MAIER, 158-159; MOLL, 96; REUSS, 52; ZILL, 228-230; B. WEISS, *Hebräer,* 138; WESTCOTT, 128; VAUGHAN, 95; KUBEL, 110; A.B. BRUCE, *Hebrews,* 187; PEAKE, 135; RIGGENBACH, *Hebräer,* 135-136; WINDISCH, 28, 44-45; GRAF, 107-108; BÜCHSEL, *Die Christologie,* 56-59; MOFFATT, 67; STRATHMANN, 100; HÉRING, 54; CERFAUX, 56; CULLMANN, *Die Christologie,* 96-97; GRÄSSER, *Der Hebräerbrief,* 219; VANHOYE, *Textus de sacerdotio,*117; *Situation du Christ,* 322-323.

por la necesidad de sufrir, hubiera aprendido la lección. El aprendizaje de obediencia no implica necesariamente un paso de la desobediencia a la obediencia. Y Cristo demostró la obediencia desde el principio, ininterrumpidamente, en su disposición y en los hechos.

Sólo puede tratarse aquí de un desarrollo de la virtud de la obediencia misma. Aunque siempre existió en Cristo, la obediencia fue en él, como en cada uno de nosotros, un proceso moral, no concluido de una sola vez, de modo que ya no tuviera que dominar nuevamente el peligro de desobediencia, sino que la obediencia tenía que ser aprendida siempre de nuevo. Cristo tuvo que aprender paso a paso, en la lucha contra el sufrimiento, la actitud de la obediencia, tuvo que luchar por ella una y otra vez para alcanzarla.

Cristo fue desde el principio obediente, pero su obediencia no fue desde el principio absolutamente perfecta. La humanidad del Señor era, negativamente, sin pecado y, positivamente, perfecta, pero perfecta relativamente, en cada etapa. Humanamente, Cristo se desarrolló, fue cada vez más fuerte, y pudo por eso resistir pruebas cada vez más difíciles. Progresó verdaderamente en el aprendizaje de la obediencia, mientras crecían paso a paso las facultades de su naturaleza humana. La obediencia, como una virtud moral, pasó por diversos momentos y grados, a medida que las condiciones de su existencia terrestre se desarrollaban.

El progreso de la obediencia fue paralelo a la dificultad de la situación en que Jesús estuvo colocado. Por cada nuevo acto de completa sumisión de la propia voluntad a la de Dios, a pesar de toda la resistencia del sentimiento natural que huye del dolor, la obediencia de Cristo fue nuevamente probada. Cada prueba de una virtud tiene como consecuencia un ulterior desarrollo moral. Así también cada prueba de la obediencia tiene como resultado un crecimiento en la misma.

A medida que la elección de Jesús, entre ser infiel a la voluntad de su Padre o afrontar firmemente el sufrimiento ineludible, se hizo más definitiva y crítica, se decidió con creciente firmeza y claridad de conciencia por el lado del sufrimiento, contra el de la desobediencia. Cuantos más pasos ha dado alguno en el camino de la obediencia, tanto más lejos está de la desobediencia, tanto más fácil es para él continuar en el camino emprendido, y tanto más capaz es también de las más grandes pruebas de la obediencia. Así, para Jesús, cada paso sucesivo fue hecho más fácil por el precedente. «Cuando al inicio de su ministerio público se presentó ante él, en la tentación (Mt 4), la posibilidad de ceder a la expectación carnal de los judíos respecto al Mesías, la elección que él hizo entonces fue externamente más fácil (en cuanto que ningún sufrimiento definitivo lo amenazaba todavía), pero interiormente más difícil que la que hizo en la tentación de Getsemaní, cuando ciertamente su pasión inminente se le apareció en su forma más amenazadora, pero cuando ya había hecho tales progresos en el camino de la obediencia, que, si hubiera escogido el camino de la desobediencia, tenía que haber rechazado y negado toda su historia pasada».[126]

Con cada paso que él dio en el camino de la obediencia ésta llegó a ser cada vez más una parte de su naturaleza, una ley de su ser. La disposición de la obediencia, que ya existía en él, se avivaba aún más por cada acto de obediencia. Las múltiples pruebas lo impulsaron cada vez más a los brazos del Padre. Las pruebas fueron crecientemente severas; y las lecciones finales, de una dificultad sin paralelo. Pero cada lección en su educación moral fue perfectamente dominada. Su crecimiento en la obediencia fue constante y se elevó a la más alta perfección, a una fuerza invencible y a una prontitud de acción contra la cual no pudo ya nada ningún obstáculo. Y sólo cuando Cristo fue consumado en la más amarga de todas las pruebas, en su muerte de cruz, su obediencia alcanzó su punto culminante. Terminó el aprendizaje.

La frase ἀφ' ὧν ἔπαθεν se refiere a las diversas experiencias del sufrimiento, al tiempo de la pasión, que comenzó con la agonía de Jesús en Getsemaní y terminó con su muerte en la cruz, concentración y culminación de todo el sufrimiento que él tuvo que soportar. El aprendizaje de obediencia en el sufrimiento tuvo su raíz en la oración de Getsemaní, cuando Jesús se sometió a Dios con temor reverente, en plena unificación con la voluntad divina; pero llegó a su término sólo con la muerte en la cruz.

Ὑπακοή no denota aquí la obediencia a los mandatos de Dios en general. El concepto de ὑπακοή es determinado más precisamente y limitado por la expresión ἀφ' ὧν ἔπαθεν. Se trata de la obediencia que Cristo demostró en su pasión. El sufrimiento fue el medio por el cual fue impulsado el desarrollo ético de Jesús, la escuela en que aprendió la obediencia.

Windisch [127] considera que el penoso aprendizaje de obediencia, como aparece en Hb 5,8 y es insinuado en Flp 2,8 y Rom 5,19, es una interpretación ulterior de la tradición sinóptica de Getsemaní, que contrasta con la imagen juánica de Cristo, donde la obediencia es algo natural: Jn 4,34; 5,30; 6,38; 8,29; 14,31.

Sin embargo, el contraste es solo aparente. La Epístola a los Hebreos habla de la vida terrestre de Jesús, y así es justificado introducir la idea de desarrollo. En la expresión «aún siendo Hijo, aprendió, por lo que padeció, la obediencia», la abnegación voluntaria, lejos de ser negada, es, indirectamente, puesta de relieve.[128]

Esta interpretación, que tiene su fundamento en la naturaleza humana de Jesús, se confirma con el empleo del verbo τελειοῦν, que aparece en

---

[126] EBRARD, ibid.
[127] WINDISCH, 44.
[128] Cf. GRAF, 108.

el verso siguiente. El sentido de este verbo es importante para la comprensión exacta del pensamiento del autor acerca del desarrollo humano de Jesús. Τελειοῦν es aplicado a Cristo tres veces: 2,10; 5,9; 7,28. En estos pasajes, los sufrimientos son presentados como el medio escogido por Dios para el perfeccionamiento.

En 2,10: «Convenía... llevar al pionero de la salvación por sufrimiento a la perfección», no se trata sólo de la cualidad del mediador de la salvación que lleva a término su misión, sino se refiere también al ser interno de Jesús; está implicado un desarrollo moral que encuentra su coronación en la muerte.

En 7,28: «A un Hijo, que, para la eternidad, ha llegado a la perfección», el τετελειωμένον está en claro contraste con ἔχοντας ἀσθένειαν; designa al que, por exclusión de toda debilidad (cf 4,15), llegó a ser una personalidad madura y fue confirmado en una inconmovible obediencia hacia Dios. Cristo es τετελειωμένος sólo cuando ya ha pasado por la muerte.

En 5,9 τελειωθείς se debe unir a ἔμαθεν ... Sólo porque el Hijo se entregó a la voluntad de Dios, e.d., al sufrimiento, fue perfeccionado. Mientras Jesús tenía todavía que aprender obediencia, no era perfecto. Sólo por su obediencia hasta la muerte «fue llevado a la perfección». Cf 4 Mac 7,15 acerca del mártir Eleazar: «Vida consagrada a la Ley, que el sello indiscutible de la muerte consumó» (ἐτελείωσεν).

La obediencia de Cristo es descrita en los relatos evangelicos de la pasión. Pablo habla de la obediencia de Cristo en Rom 5,19 y Flp 2,8. En Rom 5,19 la ὑπακοή de Jesús aparece en contraste con la παρακοή de Adán. La caída del hombre se debió a la desobediencia del primer hombre; su restauración viene por la obediencia de Cristo. El paralelo más cercano a Hb 5,8 es Flp 2,8. Cristo «se humilló a sí mismo y se hizo obediente hasta la muerte» (γενόμενος ὑπήκοος μέχρι θανάτου). La gradación expresada aquí en μέχρι presupone también un cierto desarrollo en el camino de la obediencia.

Rissi[129] rechaza todo perfeccionamiento cualitativo, pues la obediencia de Cristo es ya perfecta a su entrada en el mundo (10,5-10) y Jesús permanece sin pecado (7,26).

A esta dificultad ya se ha respondido antes. En Cristo hubo una aceptación más total de la voluntad de Dios, en cuanto que cada vez exigía una donación más plena de sí mismo.

La interpretación que encuentra testimoniado en Hb 5,8 un desarrollo interior humano de Jesús o un perfeccionamiento moral es para varios exégetas inaceptable y errónea.[130]

---

[129] RISSI, 43.
[130] KÄSEMANN, 82-90; M. DIBELIUS, Der himmlische Kultus, 165; RENGSTORF, μανθάνω, 413-414; COSTE, 518. 521; SCHIERSE, Verheissung, 154; RASCO, 753; KELLY, 34; cf. también BORNHÄUSER, 14; KÖGEL, 64, n. 1; MICHEL, Die Lehre, 344, n. 14.

Käsemann[131] explica Hb 5,7-9, como Flp 2,7-8, a partir del mito gnóstico helenístico del «primer hombre salvador» («Urmensch Erlöser»). El carácter del pasaje no es ético, sino soteriológico y escatológico. Obediencia y perfección no son dos polos de una evolución terrestre, sino dos esferas diversas (terrestre y celeste) en el camino del hombre.

Pero la frase ἔμαθεν... no armoniza bien con la imagen mítica de Cristo. No se trata sólo de un acontecimiento escatológico, sino también de una situación de Jesús hombre en su tentación. «El modo de ser («So-Sein») de esta persona en su sufrimiento en el mundo tiene su propia relevancia, que no puede entenderse sólo como consecuencia de un esquema presupuesto».[132] Cristo alcanza la perfección por sufrimientos reales, por sufrimientos en su existencia hummana. El hecho histórico es acentuado fuertemente por el autor, porque reconoce su valor religioso pedagógico.[133]

Contra la expresión «ético-religioso» Dibelius polemiza con especial violencia: «Es tanto formal como objetivamente extraña al NT, introduce en el texto un pensamiento humanístico moderno; sería ya la hora de desterrarla definitivamente de todas las discusiones sobre el pensamiento cristiano primitivo».[134]

La explicación orientada hacia un modelo ético — señala Rengstorf — «pasa por alto que el μανθάνειν, para el griego bíblico, se cumple en el ámbito de la Escritura, como voluntad revelada de Dios. No observa, además, que en toda la tradición evangélica, la conciencia que Jesús tiene de sí mismo y de su vocación está informada por la Escritura».[135]

La epístola misma no ofrece motivos para afirmar que el autor haya querido decir que hubo en Cristo crecimiento en su conocimiento o buena voluntad. Por el contrario, la significación de εὐλάβεια parece excluirlo; el pasivo τελειωθείς elimina la idea de un desarrollo moral; el οὐχ ἑαυτὸν ἐδόξασεν excluye una actitud autónoma de Jesús.

Pero el progreso está no en la plenitud de la sumisión a la voluntad del Padre, sino en el hecho de que las pruebas fueron crecientemente severas y Cristo respondió en cada una de ellas en plena conformidad con la voluntad de Dios.

El perfeccionamiento, la transformación profunda y completa, que Dios realiza, no se opera sin una adhesión personal a la acción renovadora de Dios. Hb 5,7-9 muestra en el mismo acontecimiento la acción de Dios por Cristo (εἰσακουσθείς, τελειωθείς) y la acción de Cristo por Dios (προσενέγκας..., ἔμαθεν ...). Dios perfeccionó a Cristo por sus su-

---

[131] KÄSEMANN, 86-87.
[132] LUCK, 197.
[133] Cf. WINDISCH, 28; GRÄSSER, *Der historische Jesus*, 78.
[134] M. DIBELIUS, *Der himmlische Kultus*, ibid.; cf. también RASCO, ibid.
[135] RENGSTORF, μανθάνω, ibid.

frimientos, y Cristo ofreció a Dios una oblación perfecta. El camino de la τελείωσις de Cristo es definido en 7,27b con las palabras ἑαυτὸν ἀνενέγκας. La τελείωσις de Cristo consiste en su oblación personal, en la elevación sacrificial de sí mismo por la muerte y resurrección. La naturaleza humana, arrancada de Dios por el pecado, fue restaurada por la ofrenda que Cristo hizo de sí mismo en la obediencia y en el amor.

C. *Aprendizaje por el sufrimiento*

La frase «aprendió, por lo que padeció, la obediencia», encierra en sí la idea de ejercicio, conocimiento por experiencia, desarrollo moral. Nos preguntamos ahora: ¿es éste verdaderamente el pensamiento fundamental del autor de Hebreos? Para poder responder a esta cuestión es necesario examinar los diversos matices que el tema del aprendizaje por el sufrimiento y la fórmula ἔμαθεν ἀφ' ὧν ἔπαθεν han revestido en la tradición literaria.

El hecho del aprendizaje por el sufrimiento es una experiencia universal tan vieja como el hombre. El sufrimiento, inseparable de toda vida humana — quien no ha sufrido, no es verdaderamente hombre — es el gran educador de la humanidad. Su profunda lección no puede ser sustituida por ninguna otra enseñanza.

1. *En la literatura griega*

Esta verdad es un principio clásico de la sabiduría antigua, expresado particularmente en la literatura griega, con distintas variaciones.

Wettstein [136] ofrece numerosos testimonios, de donde están tomados la mayor parte de los paralelos citados en los comentarios. La lista es completada principalmente por Coste y Dörrie, quienes han investigado la historia de la idea del sufrimiento educador y la del juego de palabras ἔμαθον – ἔπαθον [137]

Las más antiguas expresiones de la idea del sufrimiento educador en Grecia se encuentran en los proverbios.

1. Homero, en dos pasajes de la Ilíada, aporta un antiguo refrán. La invectiva de Menelao a Euforbo y la de Aquiles a Eneas terminan con estas punzantes palabras: «Te aconsejo que vuelvas a tu ejército y no te quedes frente a mí, antes que padezcas algún daño; el hecho aun el necio lo comprende»: ῥεχθὲν δέ τε νήπιος ἔγνω (Il, 17, 31-32; 20, 197-198). Cf Plat, Symp, 222 b, escolio; Zenob, 2, 34;[138] Eusth Thesaal, Comm in Il, 17,30.[139]

---

[136] WETTSTEIN, 401-402.
[137] COSTE, 481-522; DÖRRIE, 309-343; cf. también MÖLLER, 162-228.
[138] CPG, 1, 35.
[139] Ed. Rom., 1093, 22.

Muy semajante a las invectivas homéricas es un verso de «Las Obras y los Días» de Hesíodo, donde el poeta da a su hermano Perses esta regla: «La Justicia triunfa sobre la desmesura, cuando ha llegado su hora. Sufriendo, el necio aprende»: παθὼν δέ τε νήπιος ἔγνω (v. 217-218).

Platón, en el Banquete, 222b, recoge el mismo proverbio con una formulación cercana a la de Hesíodo. Alcibiades, que ha narrado los sufrimientos que le ocasionó Sócrates, al final de su discuso, advierte: «Por eso te doy también a ti este consejo, Agatón: no te dejes engañar por este hombre; sacando la moraleja de nuestros padecimientos (ἀπὸ τῶν ἡμετέρων παθημάτων γνόντα), ponte en guardia, y no escarmientes, según el refrán (κατὰ τὴν παροιμίαν), como el necio que sólo sufriendo aprende»: ὥσπερ νήπιον παθόντα γνῶναι.

Sófocles, Edipo Rey, 402-403 parece referirse también a este proverbio: «Si no parecieras ser un viejo, sufriendo conocerías (παθὼν ἔγνως ἄν) en cuáles cosas eres sensato». Cf Diogenian, 2, 31;[140] Greg Cypr, 1,54;[141] Philo, Her, 73; Mos, 1, 102;[142] Aeschin, Ep, 5, 5.

2. El Escolio a Platón, Banquete, 222 b, reúne tres adagios emparentados en cuanto al sentido. Después del refrán del necio, sobre los que después de sufrir comprenden su error, cita el proverbio del pescador imprudente: ἁλιεὺς πληγεὶς νοῦν φύσει. «El pescador, herido, pondrá más atención». Y narra la fábula: Un pescador, que llevaba rutinariamente sus manos a los peces recogidos en la red, fue picado por un escorpión, y se dijo: en adelante seré más atento. Y desde entonces ya no tocaba los peces. Cf Macar, 3, 44.[143]

Con formulaciones un poco diversas aparece este refrán en Sófocles, Amphiareos Satyricos, fr 115 (ed. A. G. Pearson) ἁλιεὺς πληγεὶς... φρενῶν διδάσκαλος.[144] Zenob, 2,14;[145] Diogenian, 2,31[146] Greg Cypr, 1, 54:[147] ἁλιεὺς πληγεὶς νοῦν οἴσει.

3. Otra conocida locución proverbial, consignada por Plutarco (Apophth, 172 f; Praec Ger Reip, 16, 792 c) reza: παρὰ τὰ δεινὰ φρονιμώτερος, «En los males se llega a ser más prudente. Darío, padre de Jerjes, elogiándose a sí mismo, decía que él en las batallas y en los males se hacía más prudente. Cf Apostol, 13, 90;[148] Stob, Ecl, 7, 27.

---

[140] CPG, 1, 200.
[141] CPG, 1, 354.
[142] Cf. infra, p. 303.
[143] CPG, 2, 159.
[144] Para los intentos de reconstrucción del texto, cf. PEARSON, 74.
[145] CPG, 1, 35.
[146] CPG, 1, 200.
[147] CPG, 1, 354.
[148] CPG, 2, 600.

4. La estrecha unión entre experiencia y aprendizaje es expresada en forma de proverbio en Alcman, fr 109;[149] πεῖρά τοι μαθήσιος ἀρχά, «La experiencia es el principio del aprendizaje».

La doctrina moral de que el sufrimiento aporta enseñanza al hombre se halla expresada no únicamente en formas gnósticas, sino también en los diversos géneros literarios, a todo lo largo de la literatura griega.

Hesíodo, en «Las Obras y los Días», 89, refiere que Epimeteo, a pesar de las advertencias de su hermano Prometeo, acogió a Pandora, causa de todos los males, mandada como castigo por Zeus. «Y habiendo aceptado el don, se dio cuenta sólo cuando ya tenía el mal»: ὅτε δὴ κακὸν εἶχ᾿, ἐνόησεν.

Pindaro, en Isthmia 1, 40-41, en honor de Herodoto de Tebas, vencedor en las carreras de carros, señala el motivo del éxito con esta sentencia: ὁ πονήσας δὲ νόῳ καὶ προμάθειαν φέρει, «El que se esfuerza con inteligencia reporta como recompensa previsión y astucia».

El Coro de las Euménides, 520-521, de Esquilo enuncia el principio: ξυμφέρει σωφρονεῖν ὑπὸ στένει.

Al final de la Antígona de Sófocles, el coro recuerda que el hombre comprende siempre demasiado tarde. Haciendo eco a estas palabras, Creonte exclama: «¡Ay de mí, infeliz! (δείλαιος). Finalmente he comprendido (μαθών). Un dios me ha herido con su peso enorme, me llevó por atroces caminos, ¡ay de mí!, pisoteando mi alegría. ¡Ay, ay!, ¡oh penosos sufrimientos de los hombres!»: πόνοι βροτῶν δύσπονοι (v. 1270-1276). Luego el coro desprende la gran enseñanza: «Las palabras soberbias de los arrogantes hacen pagar con grandes golpes (del destino) y en la vejez enseñan a ser sabios»: μεγάλας πληγὰς ... ἀποτείσαητες γήρᾳ τὸ φρονεῖν ἐδίδαξαν (v. 1350-1353).

Una idea cercana a la de los antiguos refranes del necio y del pescador imprudente se encierra en la Electra de Sófocles, en las advertencias de Crisotemis: «Cuando te encuentres en la desgracia (ἐν κακοῖς), alabarás (ἐπαινέσεις) mis palabras» (v. 1056-1057); y de Egisto: «A fin de que nadie, forzado, llegue a ser juicioso (φύσῃ φρένας) por mi castigo» (ἐμοῦ κολαστοῦ; v. 1462-3). Al principio de Edipo en Colono, el anciano rey ciego resume así las lecciones aprendidas en la desgracia: στέργειν γὰρ αἱ πάθαι με χὠ χρόνος ξυνὼν μακρὸς διδάσκει καὶ τὸ γενναῖον τρίτον, «Los sufrimientos, el largo tiempo que he vivido y en tercer lugar la nobleza de ánimo me han enseñado a estar contento» (v. 7-8).[150]

En Eurípides, Alcestis, 145, la sierva anuncia a Admeto la muerte inminente de la esposa. El príncipe es incapaz de medir, en toda su grave-

---

[149] Anth Lyr Gr, ed. Diehl, 2, 38.
[150] Cf. Coste, 495.

dad, esa pérdida, antes de haberlo experimentado: οὔπω τόδ᾽ οἶδε δεσπότης, πρὶν ἂν πάθῃ, «Mi señor no puede saber esto, antes de sufrirlo».

El sufrimiento, como condición pedagógica, aparece en Menandro, Monosticha, 422: ὁ μὴ δαρεὶς ἄνθρωπος οὐ παιδεύεται.

Dionisio de Halicarnaso, Ant Rom, 8, 33,3. Coriolano es invitado a volver a Roma. Por medio de los volscos ha alcanzado su grandeza; su caída es segura, si se aparta de ellos. No quisiera que su desgracia fuera un ejemplo aleccionador para otros. τἀμὰ παθήματα παιδεύγματα γενήσεται τοῖς ἄλλοις; «¿Mis sufrimientos serán lecciones para los demás?»

Plutarco, Fab Max, 13 (181 d). Minucio, después de la batalla, saca la lección: «Es propio del hombre virtuoso y sensato que, habiendo errado, aproveche sus errores como enseñanzas (πταίσμασι διδάγμασι) para el futuro».

Appiano, Hist Rom: De Bello Mithridatico, 87. Tigranes colocó al frente del ejército a Mitridates vencido: «pensando que sus desgracias habían sido para él lecciones»: τὰ παθήματα διδάγματα.

Aunque no es tema predilecto de la filosofía griega, no faltan, sin embargo, algunos textos que presentan el carácter positivo del sufrimiento.

Demócrito formula el principio general:

τὰ μὲν καλὰ χρήματα τοῖς πόνοις ἡ μάθησις ἐξεργάζεται τὰ δε αἰσχρὰ ἄνευ πόνων αὐτόματα καρποῦται.

«Las cosas nobles sólo con esfuerzo las alcanza el aprendizaje; las innobles, en cambio, se recogen sin esfuerzo por sí mismas».[151]

Platón reconoce el valor educativo del sufrimiento en Resp, 2, 380 c: ὠνίναντο κολαζόμενοι, «Los que son castigados, sacan provecho».

Entre los autores latinos se encuentra expresado el mismo pensamiento.

Caes, Bell civ, 3, 10, 4, indica a Pompeyo que ambos partidos han sufrido tantos males, que debieran servirles de enseñanza: «Satis esse utrimque magna incommoda accepta, quae pro disciplina et praeceptis habere possent ut reliquos casus timerent».

Liv, A.U.C., 22, 39, 1, pone en labios de Fabio Máximo, célebre por su circunspección, la frase: «el acontecimiento es maestro de los necios»: «stultorum iste (eventus) magister est».

Curtius, Hist Alex, 8, 2, 1: «Male humanis ingeniis natura consuluit, quod plerumque non futura, sed transacta perpendimus».

---

[151] Fr. der Vorsokratiker, ed. Diels, 2, 182.

Vergil, Aen, 1, 630. Dido dice a Eneas y sus compañeros: «Non igna-
ra mali, miseris succurrere disco».

* * *

Pero, para expresar el valor educador del sufrimiento, los antiguos
solían utilizar la rima fonética παθ – μαθ. La asociación de vocablos con
las raices παθ – μαθ dio origen a bellos, elegantes, sonoros juegos de palabras y aliteraciones, fáciles de memorizar, que los gramáticos llaman «parechesis» (παρήχησις): asonancia fonética de palabras de diversa raíz, o
«paronomasia» (παρονομασία): repetición de la misma palabra o de palabra de la misma raíz a poca distancia.[152]
De esta fórmula retórica la literatura griega suministra numerosos
ejemplos.
Esta combinación de palabras, vinculada a la idea de que el
aprendizaje viene por el sufrimiento, pasó muy pronto a ser de uso
proverbial.
El Escolio a Platón, Banquete, 222 b, ya mencionado, ofrece, como
tercera y última referencia, el adagio: ἐὰν μὴ πάθῃς, οὐ μὴ μάθῃς, «si no
sufres, no aprendes». Así se decía acerca de Timón el misántropo que temía acercarse a los aduladores. Cf Macarius, 3, 44.[153]
Este aforismo es expresado también en forma positiva: ἐξ ὧν ἔπαθες
ἔμαθες: «Por lo que sufriste, aprendiste». Así se lee en Apostol, 13, 90 .[154]

El proverbio vaciado en este juego de palabras aparece con tres modalidades.

1. Sólo el necio necesita sufrir para aprender.

Anecdota, 1, 11.12 (ed. Boissonade): μαθεῖν μὲν ἐκ τοῦ παθεῖν καὶ
τῶν πάντῃ ἐστὶν ἀμαθῶν · μαθεῖν δὲ χωρὶς τοῦ παθεῖν τῶν φρονίμων.
«Aprender por el padecer es propio de los ignorantes; aprender sin padecer, de los sensatos».[155]
Demóstenes, 51 (Cor Trierarch), 15 (1232), parece hacer eco al refrán
popular, cuando declara: τοὺς μετὰ τοῦ παθεῖν μανθάνοντας ἀπροσκέπ-
τους ὀνομάζομεν. «A los que no aprenden más que a costa suya los llamamos imprevisores».

2. Muchos hombres son tan necios que sin sufrir daño no aprenden;
los hombres, por tanto, necesitan sufrir, para aprender.

---

[152] BLASS-DEBRUNNER-REHKOPF, 488.
[153] CPG, 2, 159.
[154] CPG, 2, 600.
[155] Ed. BOISSONADE, citado por DÖRRIE, 312, n. 5.

Gnomologium Vaticanum, 511:[156] ὁ αὐτὸς (Σιμονίδης) ἔφη τὰ παθήματα τοῖς ἀνθρώποις μαθήματα εἶναι περὶ τὸν βίον πολλοὶ γὰρ οὐ δυνάμενοι τῷ λόγῳ προορᾶν τὸ μέλλον, τῷ πασχειν ᾔσθοντο τὰ πράγματα.

La Fábula de Esopo 134[157] «el perro y el carnicero», se cierra con esta moraleja: «La fábula muestra que las desgracias son lecciones para los hombres»: τὰ παθήματα τοῖς ἀνθρώποις μαθήματα γίνονται. Cf Apostol, 17, 91;[158] Mantiss Prov, 2, 92.[159]

3. Sólo el inteligente se hace prudente sufriendo daños. Esopo, Fábula, 223,[160] «el pastor y el mar»: «Así muchas veces los sufrimientos son lecciones para los sensatos» (τὰ παθήματα τοῖς φρονίμοις γίνεται μαθήματα).

En latín se ha tratado de imitar este juego de palabras, traduciendo a manera de adagio: «nocumenta, documenta»; «quae nocent, docent».

La enseñanza general que esta rima aforística tansmite puede sintetizarse así: Prudente o necio, el hombre necesita sufrir daño, del cual por·lo menos el prudente saca las consecuencias. Así el sufrimiento aparece como medio pedagógico para la educación del hombre.[161]

El motivo tradicional «por el sufrimiento se aprende» es tratado admirablemente en la tragedia griega.

Esquilo lo recoge y lo transforma en eje ideológico de toda su obra. «Sufrir para comprender es ley de la condición humana». Este principio ha sido inmortalizado en los famosos versos del Agamenón, que ofrecen la expresión más vigorosa e impresionante del tema. El coro hace el elogio de Zeus, «que condujo a los mortales por el camino de la sabiduría, haciendo valer la ley: por el sufrimiento, el aprendizaje»

τὸν φρονεῖν βροτοὺς ὁδώ —
σαντα, τὸν πάθει μάθος
θέντα κυρίως ἔχειν (v. 176-178).

El sufrimiento existe para que el hombre aprenda y llegue a ser sabio. «En el sueño mismo, el penoso (πόνος) recuerdo de nuestros males está destilando en el corazón y, aun sin quererlo, llega el pensar con cordura (σωφρονεῖν)» (v. 179-181). Y esto — agrega el poeta — es una exigencia y un don de los dioses que gobiernan el mundo: δαιμώνων δέ που χάρις βίαιος σέλμα σεμνὸν ἡμένων, «violencia bienhechora de los dioses sentados en el bajel sagrado».

---

[156] Ed. L. STERNBACH, 2, 188.
[157] Ed. HAUSRATH; 232, HALM; 184, CHAMBRY.
[158] CPG, 2, 713-714.
[159] CPG, 2, 772.
[160] Ed. HAUSRATH; 370, HALM; 312, CHAMBRY.
[161] Cf. DÖRRIE, 312-313.

Un poco más adelante, reaparece el mismo motivo. Nuevamente habla el coro. Agamenón ha sacrificado a su hija. Tal acto no puede permanecer impune. Los golpes del destino enseñarán la sabiduría. Δίκα δὲ τοῖς μὲν παθοῦσιν μαθεῖν ἐπιρρέπει. «La Justicia sólo a los que han sufrido concede comprender» (v. 250-251).

En las Traquinias, 142-143, de Sófocles, Deyanira es la única que conoce el oráculo que anuncia la muerte cercana de su esposo Hércules. Nadie puede medir toda la extensión de su dolor. Al coro expresa el deseo de que nunca llegue a tener tal experiencia: ὡς δ᾽ἐγὼ θυμοφθορῶ μήτ᾽ἐκμάθοις παθοῦσα, νῦν δ᾽ἄπειρος εἶ. «Como yo me torturo el espíritu, puedas tú nunca saberlo por experiencia; ahora, en efecto, eres inexperta».

Sotades, poeta de la comedia ática media, ofrece el más notable juego de palabras con los verbos παθεῖν – μαθεῖν. Presenta a un viejo, que filosofa, en un soliloquio, sobre la conveniencia de aprender la astrología. Parodiando el método dialéctico, repite, con virtuosismo, la combinación παθεῖν – μαθεῖν en una gran variedad de frases:

(καλῶς ἃ εἶχε τὸ πρᾶγμα) εἰ μετὰ τὸ μαθεῖν οὐκ ἦν παθεῖν, ἃ δεῖ παθεῖν, δεῖ γὰρ μαθεῖν · εἰ δεῖ παθεῖν με, κἂν μάθω, τί δεῖ μαθεῖν; οὐ δεῖ μαθεῖν ἄρ᾽ ἃ δεῖ παθεῖν · δεῖ γὰρ παθεῖν. διὰ τοῦτ᾽οὐ θέλω μαθεῖν · παθεῖν με γὰρ δεῖ.

(«¡Qué buena cosa sería) si, después de haber aprendido, no se tuviera que sufrir lo que hay que sufrir! Entonces si hay que aprender. Pero si tengo que sufrir, aunque aprenda, ¿por qué aprender? No hay que aprender lo que se debe sufrir. Pues hay que sufrir. Por eso no quiero aprender. Porque tengo que sufrir».[162]

El tema, expresado con la asonancia παθ – μαθ, se encuentra también, finalmente, en los historiadores.

En Herodoto, 1, 207, Creso, rey de Lidia, caído en las manos de Ciro, aconseja a su vencedor atacar a los Masagetas del otro lado del río. Es célebre[163] el argumento que utiliza para convencerlos: τὰ δέ μοι παθήματα ἐόντα ἀχάριτα μαθήματα γέγονε, «Mis sufrimientos, aunque son desagradables, han sido para mí enseñanzas... Si te das cuenta de que eres hombre..., aprende (μάθε), en primer lugar, que las cosas humanas son como una rueda que gira y no permite que sean felices siempre los mismos». La derrota en el Halis, la prisión, todas las adversidades se convirtieron para Creso en lecciones. Y quiere evitar al rey persa los infortunios que él mismo experimentó.

---

[162] Texto conservado por JULIANO DE HALICARNASO, Exc. sobre Job 38,7; ed. USENER, 328-329; DEMIANCZUK, 83-84.
[163] Este pasaje de HERODOTO es el paralelo de Hebr 5,8 más citado por los comentaristas.

En las Antigüedades Romanas, 8, 52, de Dionisio de Halicarnaso, la matrona romana Veturia, se llena de temor por los éxitos de su hijo Marco, pues «por muchos relatos y sufrimientos ha aprendido — ἐκ πολλῶν ... παθημάτων μαθούσῃ — que a los hombres famosos se opone una divina venganza o una envidia humana lucha contra ellos».

El táctico Onosander, 36, a propósito del ánimo que debe infundir el general a los soldados después de una derrota, enseña: «Frecuentemente los éxitos dañan más que las desgracias. Porque el infortunado aprende por lo que sufrió (ἐδιδάχθη ... ἐξ ὧν ἔπαθεν) a guardarse para el porvenir; pero el que ignora (ἄπειρος) la desgracia no ha aprendido (οὐδ'... ἔμαθεν) que es necesario cuidarse de los éxitos».

Entre los filósofos, después de que Gorgias formuló su doctrina de los afectos, se produjo un cambio notable. Πάθος o πάθημα que significaba, generalmente, desgracia, castigo, mal que viene de fuera, pasó a la significación muy restringida de «estado de alma», «afecto», «impresión». Παθεῖν, que designaba principalmente «sufrir» un infortunio, un mal, fue usado para indicar «encontrarse en un estado de ánimo, «experimentar un sentimiento o emoción».[164] Igualmente, μαθεῖν fue reducido por este tiempo definitivamente al aspecto racional de aprendizaje.[165]

Por eso, aunque el juego de palabras παθ – μαθ aparece en los escritos filosóficos de Jenofonte,[166] Platón,[167] Aristóteles,[168] Plotino,[169] las connotaciones de los términos son, por lo general, muy diversas: μαθεῖν es algo predominantemente lógico en contraste con la disposicón afectiva. El πάθος, reducido a lo emocional, no puede «enseñar» nada.

En el estoicismo, según la célebre definicón de Zenón, su fundador, el πάθος («pasión») es algo negativo: «un movimiento del alma irracional

---

[164] Cf. Passow, s.v. πάσχω, 3 b; Lidell-Scott, s.v., 2, 1; W. Michaelis, πάσχω, 904; Dörrie, 309. 311. 330.

[165] Cf. Rengstorf, μανθάνω, 395-400; Dörrie, 332.

[166] Xenoph, Cyrop, 3, 1, 17: «Dices que la discreción es una afección (πάθημα) del alma, como la tristeza, y no una ciencia» (μάθημα).

[167] Plat, Ap, 36b: «¿Qué cosa merezco sufrir (παθεῖν) o pagar, porque (ὅτι μαθών: expresión que literalmente significa 'qué cosa habiendo aprendido', usada frecuentemente en el sentido de 'porque'; cf. Lidell-Scott, s.v. μανθάνω V: 'because') no estaba tranquilo durante la vida».

[168] Aristot, Περὶ φιλοσοφίας, fr. 15 en las ed. de Rose, Walzer, Ross: «Los iniciados (en los misterios) no deben aprender (οὐ μαθεῖν, es decir, acumular conocimientos racionales), sino experimentar (ἀλλὰ παθεῖν, es decir estar abiertos a la experiencia de Dios, dejar obrar) y ser dispuestos (διατεθῆναι, es decir, alcanzar la disposición apropiada para ello). Texto conservado por Synesius de Cirene, en Dion, 8, PG 66, 1133-1136; ed. N. Terzaghi, Synesii Cyrenensis Opuscula, Romae, 1944, 254.

[169] Plot, Enn, 4, 3, 25: «Si la memoria es memoria de una cosa adquirida o conocimiento (μαθήματος)o impresión (παθήματος), no podría existir en seres impasibles e intemporales». Cf. también Plut, Gen Socr, 7 (579d).

y contra la naturaleza», ἄλογος καὶ παρὰ φύσιν (Diog L, 7,110; Cic, Tusc, 4, 11.75; Off, 1, 136; Stob, Ecl, 2, 7, 10).[170] No puede ser medio del conocimiento. Por el contrario, el ideal del estoico consiste en la ἀπάθεια o ἀταραξία: en la negación de los πάθη encuentra su libertad. De manera semejante, en el hermetismo no se pretende aprender por el sufrimiento, sino ser substraido al πάσχειν mediante la redención y la apoteosis.[171]

* * *

En el pensamiento y en la formulación de Hb 5,8, el autor se revela profundo teólogo y consumado humanista. Es notable la elegancia, concisión y vigor de la frase.

Para poner de relieve la afirmación principal, se sirvió de la «parechesis» ἔμαθεν – ἔπαθεν. El autor no inventó esta, sino recogió, al parecer no sin intención, una figura de estilo que tenía ya una larga historia; pero dio a la fórmula un toque original.[172] El empleo de este género de tropo, no raro en el NT,[173] es frecuente en Hebreos, «uno de los signos más constantes y reveladores de la preocupación literaria»[174] del autor; p.ej., 5,14: καλοῦ τε καὶ κακοῦ; 9,10: βρώμασιν καὶ πόμασιν; 13,14: μένουσαν ... μέλλουσαν; 12,18: γνόφῳ καὶ ζόφῳ.

Para unir lo más estrechamente posible los miembros de la «parechesis», recurre a la elipsis. En lugar de expresarse con una oración demasiado lánguida: ἔπαθεν καὶ ἐκ τούτου ἔμαθεν o ἔμαθεν ἀπ' ἐκείνων (o ἀπὸ τούτων) ἃ ἔπαθεν dice, enfáticamente, ἔμαθεν ἀφ' ὧν ἔπαθεν. Así subraya la íntima unión que existe entre sufrimiento y aprendizaje. Elegantemente emplea además la conocida atracción del relativo por su antecedente: ἀφ' ὧν en vez de ἀπ' ἐκείνων (o ἀπὸ τούτων ἃ); como en 2,18, también con πάσχω: ἐν ᾧ por ἐν ἐκείνῳ (o ἐν τούτῳ) ὃ πέπονθεν. La preposición ἀπό designa punto de partida, origen de un resultado obtenido. Ἀφ' ὧν tiene el mismo sentido que ἐξ ὧν. Como en Mt 11,29; μάθετε ἀπ' ἐμοῦ; 24,32: ἀπὸ δὲ τῆς συκῆς μάθετε, ἀπό es usado aquí con μανθάνειν, para indicar aquello de donde proviene la instrucción. Es también análogo al ἀπό de Hb 5,7. «De (ἀπό) lo que padeció, aprendió la obediencia». Cristo, Hijo

---

[170] VON ARNIM, 1, 50 (Zen, fr. 205).
[171] W. MICHAELIS, πάσχω, 905-906. Para otros testimonios de la paronomasia παθ-, μαθ- cf. DÖRRIE, 340-343.
[172] Cf. infra, p. 302.
[173] Lc 21,11: λιμοὶ καὶ λοιμοί, v. 1. λοιμοὶ καὶ λιμοί; cf. HES, Op. 243: λιμὸν ὁμοῦ καὶ λοιμόν; Hch 17,25: ζωὴν καὶ πνοήν; Rom 1,29: φθόνον, φόνον (cf. Gál 5,21 v.1.); v. 31: ἀσυνέτους, ἀσυνθέτους; 1 Cor 14,39: κτηνῶν, πτηνῶν. Cf. BLASS-DEBRUNNER-REHKOPF, 488.
[174] Cf. SPICQ, Hébreux, 1, 362 quien ofrece una lista de parechesis y paronomasias de la Epístola a los Hebreos. Cf., sin embargo, DELITZSCH, 185, n. 1, para quien en toda la epístola no se encuentra un juego de palabras semejante, pues en otros pasajes falta el rasgo gnómico (Pointe) esencial a un juego de palabras.

de Dios, quiso ser hombre en una humanidad total, hasta conformarse a esta regla: aprender por el sufrimiento. Así ilustró supremamente en su persona la verdad del adagio griego.

* * *

En sus estudios sobre los diversos sentidos que la expresión παθεῖν – μαθεῖν revistió en la literatura griega, Coste y Dörrie [175] llegan, fundadamente, a la conclusión de que la contribución de esta fórmula para la comprensión de nuestro pasaje es relativamente escasa. Cf también Moffat, Rengstorf, Romaniuk, Spicq, Rasco, Vanhoye.[176]

En los autores griegos, la locución παθεῖν – μαθεῖν tiene más bien un sentido negativo. Se aplica prevalentemente al irreflexivo y necio, que sólo puede aprender sufriendo, o al sensato que, mediante experiencias dolorosas, se hace más prudente. Se trata siempre no de acopio de sabiduría ni de profundización de la inteligencia, sino de ciencia que se alcanza por experiencia. Se encuentra también en los textos griegos una significación más profunda: el sufrimiento es una necesidad de la existencia humana; sin el dolor, el hombre no aprende la verdadera sabiduría. Así aparece el sufrimiento como un medio para la educación del hombre, y el aprendizaje como una maduración del ser humano.

Sin embargo, cuando el autor de Hebreos aplica, audazmente, a Cristo, Hijo de Dios, la fórmula ἔμαθεν – ἔπαθεν, el sentido no puede ser: Cristo, a través de sus sufrimientos, comprendió finalmente la necesidad de la obediencia y aprendió así a someterse a la voluntad de Dios. Esta interpretación es excluida netamente por la cristología de Hebreos. El autor presenta a Cristo, sin pecado (4,15), santo, inocente, inmaculado (7,26), sin tacha (9,14).

No se trata tampoco de pedagogía humana, de muduración en el sentido del idealismo griego. Entre esta concepción y lo que el autor de Hebreos afirma se abre un abismo infranqeable. Esto aparece claramente por el sentido especializado que tiene el verbo πάσχω no sólo en Hb 5,8, sino en toda la epístola (2,18; 9,26; 13,12); no expresa, como en la literatura griega, la recepción de influjos externos que conmueven el πάθος humano, sino designa siempre la pasión de Cristo, el sufrimiento único e irrepetible impuesto por Dios al Hijo en el cumplimiento de su oficio.

Esquilo llegó a expresar la idea de que un alto poder quiere enseñar algo al hombre. Pero — como observa Dörrie [177] — no hay nada de que el dolor ennoblece al hombre, nada de prueba querida por Dios, de justi-

---

[175] COSTE, 518; DÖRRIE, 342.
[176] MOFFATT, 67; RENGSTORF, μανθάνω, 413; ROMANIUK, 136; SPICQ, *Hébreux*, 1, 46; RASCO, 752-753, con n. 100; VANHOYE, *Textus de sacerdotio*, 115.
[177] DÖRRIE, 338-339.

ficación, sino que el sufrimiento es siempre penoso y horrible, despiada-
damente duro, que empuja hasta los límites del aniquilamiento. Una sabiduría más misteriosa que la sabiduría antigua somete a Cristo al sufrimiento. El sufrimiento que Cristo toma en sí es del Siervo de Yahvéh. Si
el Hijo sufre, es porque Dios, en su designio de salvación así lo quiere
(2,10).

Hay que notar, por último, el complemento directo del verbo
«aprender»: τὴν ὑπακοήν, que hace el giro original. Los escritores griegos
señalan simplemente que el sufrimiento importa conocimiento por experiencia. El autor de Hebreos, en cambio, precisa que Cristo, por medio
del sufrimiento, aprendió «la obediencia». El sufrimiento que Cristo soportó fue conforme a la voluntad del Padre. Por su pasión, en su obediencia hasta la muerte, fue transformado por Dios y elevado hasta él.

2. En Filón

Entre todos los escritores griegos es Filón de Alejandría el que emplea más frecuentemente el juego de palabras παθ – μαθ. Su influencia en
el autor de Hebreos es discutida. Conviene, por tanto, examinar el pensamiento del filósofo alejandrino sobre el valor educador del sufrimiento, y
su posible influjo en este punto sobre el autor de Hebreos.[178]

Este tema es expresado por Filón seis veces con la fórmula παθ –
μαθ: Her, 73; Fug, 138; Somn, 2,107; Mos, 2,55.280; Spec, 4,29;[179] y
cuatro veces con frases equivalentes: Leg, 3,155; Migr, 34; Mos, 1,102;
Prob, 40.

1. En dos textos se designa con la fórmula παθὼν εἰδέναι, el conocimiento por experiencia, sin implicar necesariamente un carácter doloroso.

Migr, 34: Lo que el alma engendra en su dolor es por lo general defi-
ciente, pero lo que Dios anima es perfecto. Filón lo ha experimentado en
sí mismo mil veces y no se avergüenza de referirlo: τὸ ἐμαυτοῦ πάθος ὃ
μυριάκις παθὼν οἶδα, διηγούμενος οὐκ αἰσχύνομαι.

Leg, 3,155: Sobre la necesidad del dominio propio en los banquetes
observa: ἐγὼ γοῦν αὐτὸ πολλάκις παθὼν οἶδα, «lo sé por múltiples experiencias».

La idea de experiencia dolorosa es evocada, con la misma expresión,
en Prob, 40: Si los leones vuelven sus ojos hacia su dueño, éste, «inmediatamente experimentará y conocerá (αὐτίκα παθὼν εἴσεται) su rudeza y fe-
rocidad».

---

[178] Cf. CARPZOV, 234; SPICQ, *Hébreux*, 1, 39-91; COSTE, 509-520.

[179] Los otros dos empleos de esta asonancia no tienen relación con nuestro tema:
Migr, 151: ἀπομαθεῖν τὰ πάθη σπουδάσαντες, «Esforzándonos por desaprender las pasiones»; Her 252: θηρεύει μὴ μαθὼν, ἀλλὰ φύσει κινούμενος τὸ πάθος, Jacob «persigue la
pasión, no habiendo aprendido esta caza, sino siguiendo el instinto de su naturaleza».

Y con el juego de palabras παθ – μαθ en Spec, 4, 29: «El autor del incendio deberá resarcir el daño» (Ex 22,5), «a fin de que, a costa suya, aprenda (ἵν' ἐκ τοῦ παθεῖν μάθῃ) a velar» sobre las causas.

2. La fórmula παθ – μαθ se aplica también a las experiencias del alma en su camino hacia Dios, a tres niveles sucesivos.

En Her, 73, donde resuena el viejo adagio del νήπιος, se trata de los primeros esfuerzos para desprenderse de lo sensible. El alma confiesa: παθοῦσα δ'ὡς ἄφρων καὶ νήπιος παῖς ἔμαθον, «A costa mía, como un insensato y un niño sin reflexión, he aprendido cuánto era preferible escapar de todo eso (carne, sensibilidad, discurso o λόγος) y referir los atributos de cada cosa a Dios».

En Somn, 2, 207, mediante la alegoría de José, el soñador, se describe, en un largo período hipotético, el descubrimiento del alma de su pertenencia a Dios: «Si cambia su vida..., si se arranca a su profundo sueño..., si se vuelve hacia la continencia y la piedad..., si va paso a paso, de mejora en mejora, y, establecido como sobre la cima y la perfección de su vida, grita lo que ha cuidadosamente aprendido de la experiencia — ὃ παθὼν ἀκριβῶς ἔμαθεν —: 'Yo pertenezco a Dios' (Gn 50,19) y de ninguna manera a una realidad sensible y creada..., entonces sus hermanos lo recibirán de nuevo en su amistad».

Y en Fug, 138, a propósito de Ex 16 (episodio del maná), se habla de la plenitud que el alma siente, cuando es alimentada por la Palabra Divina: «Dios dispensa desde lo alto la sabiduría celeste a los espíritus que están bien dispuestos y deseosos de contemplación. Estos, viendo, gustando, sintiendo fuertemente, conocen lo que sienten — ἔμαθον μὲν ὃ ἔπαθον —, pero ignoran de dónde procede». Este paralelo filoniano es el más cercano en su formulación a Hb 5,8.

3. En tres pasajes del «De vita Mosis» se expresa el valor educador del castigo, con la asonancia παθ – μαθ o con términos equivalentes.

En Mos, 2, 55, el autor explica por qué Dios envió, después del diluvio, el fuego que destruyó Sodoma y Gomorra: τὸ περὶ τοὺς προγόνους πάθος, οἱ ἀπόγονοι μάθημα σωφροσύνης οὐκ ἐποιήσαντο, «lo que habían sufrido sus antepasados, los descendientes no lo convirtieron en lección de prudencia». El substantivo σωφροσύνη da al pasaje un carácter auténticamente griego.

En Mos, 1, 102, se escucha de nuevo el eco del adagio del νήπιος, pero también hay una resonancia del tema bíblico «Y conocerán que yo soy Yahvéh», varias veces repetido en el pasaje del Exodo (plagas de Egipto) que el autor comenta (Ex 7,5; cf 7,17; 8,6; 9,14): παθόντες δ'ἀνεδιδάσκοντο νηπίων παίδων τρόπον μὴ καταφρονεῖν, «por el sufrimiento, aprendieron (los egipcios), como niños sin reflexión, a no tomar las cosas a la ligera».

En Mos, 2, 280, se evocan las palabras de Moisés al pueblo sobre el castigo de los rebeldes Coré, Datán y Abirón, de sus familiares y amigos: «En esto conoceréis (ידע) que Yahvéh me ha enviado ...: si la tierra abre su boca y los traga con todo lo que les pertenece ..., sabréis que esos hombres han rechazado a Yahvéh» (Nm 16,28-30). El autor parafrasea así: παθόντες εἴσονται τὸ ἐμὸν ἀψευθές, ἐπεὶ μαθόντες οὐκ ἔγνωσαν. «por su sufrimiento, conocerán mi veracidad, ya que, no la han sabido aprender». La tonalidad del pasaje es aquí típicamente bíblica: los impíos reconocerán por propia experiencia (παθὼν εἰδέναι = ידע) la verdad del testimonio de Dios, que la palabra de Moisés no logró acreditar ante ellos.

* * *

Es posible que el autor de Hebreos haya sido influenciado, en el plano literario, por el uso frecuente que Filón hace de la asonancia παθ - μαθ; ambos escritores, en efecto, «manifiestan un gusto muy desarrollado por este género de tropo».[180] Resulta, en cambio, menos claro en cuanto al sentido dado por Filón a la fórmula παθ - μαθ y a sus equivalentes.

Los textos filonianos que hablan del castigo educador del impío no pueden ser aplicados a Cristo.

Los pasajes que tratan de las experiencias del alma en su camino hacia la perfección están cargados de una tonalidad filosófica extraña a la Epístola a los Hebreos. Una influencia de la mística filoniana en Hb 5,8-9 es excluida por Coste[181] con dos razones:

— Por la significación muy especial que el autor da a la τελείωσις de Cristo, que se debe entender ante todo en función de su misión sacerdotal.[182] Para Filón, en cambio, la τελείωσις es el término de la pedagogía divina (Leg, 1, 10; 3, 244-245).[183]

— Por la consecuencia inaceptable que implicaría para Cristo. Las palabras de las raíces τελ — y νηπ — son contrapuestas por Filón (Migr, 27.29; Somn, 2, 10), Pablo (1 Cor 13,10-11; Ef 4,13-14) y Hb 5,13-14. Siguiendo una alta tradición literaria, Filón aplica al νήπιος el juego de palabras παθ - μαθ (Her, 73) y una forma equivalente (Mos, 1, 102). Si se interpretara Hb 5,8-9 según el pensamiento filoniano, Cristo aparecería como un νήπιος que aprende (ἔμαθεν) a costa suya (ἀφ' ὧν ἔπαθεν) y así llega a la perfección del adulto (τελειωθείς). Pero «esta idea de Cristo νήπιος en el sentido peyorativo del término no puede, evidente-

---

[180] Spicq, *Hébreux*, 1, 47. Cf. p. ej., en Filón, *Leg.* 3, 170: νοῆσαι τε καὶ νοηθῆναι; *Mos,* 2, 16: μὴ λιμός, ἢ λοιμός, ἢ πόλεμος. Para las «parechesis» y paronomasias en Hebreos, cf. Spicq, *Hébreux,* 1, 362.

[181] Coste, 519-520.

[182] Cf. J. Kögel, 62, 65-66; Spicq, *Hébreux,* 2, 221-222.

[183] Cf. Spicq, *Hébreux,* 1, 64-65.

mente, haber cruzado por el espíritu del autor de Hebreos».[184] Lo atestiguan varios pasajes de la epístola, como 4,15; 7,26; 9,14; 10,5-10.

Spicq, por «la extraordinaria frecuencia de esta paronomasia en Filón», concluye que llegó a ser para él «un principio fundamental de educación».[185] Pero esta afirmación es un tanto apresurada.[186] La preocupación principal de Filón en estos textos, no es ahondar en el problema del sufrimiento educador, sino subrayar el valor del conocimiento por la experiencia. No se trata de instrucción, sino de reconocimiento de la verdad de Dios en la perspectiva bíblica. Si hay alguna influencia de Filón en el autor de Hebreos, ésta es en cuanto que el tropo clásico, como un equivalente del ידע hebreo, sirve a ambos para hacer resaltar la idea de experiencia más bien que la de instrucción.

3. *En el Antiguo Testamento*

Si ni la literatura griega ni Filón dan la clave para la interpretación de nuestro pasaje, conviene examinar ahora el AT.

En el texto hebreo no existe un vocablo específico que indique el sufrimiento.[187] Para hablar del sufrimiento como un medio del cual Dios se sirve para enseñar algo al hombre se emplean frecuentemente términos de la raíz יסר.

Sanders[188] ha hecho un estudio lexicográfico detallado de todos los usos de יסר, en su forma nominal verbal, en la Biblia hebrea, con el fin de establecer su significación fundamental y sus diversas connotaciones.

La raíz יסר aparece en la Biblia 94 veces: en los libros históricos 15 x (Dt 6 x, 1 Re 4 x, Lv 3 x, 2 Cr 2 x), en los profetas 27 x (Jr 15 x, Is 4 x, Os 4 x), en la literatura sapiencial 52 x (Prov 35 x, Sal 10 x, Job 7 x).[189]

La significación básica de יסר es el aprendizaje o enseñanza de una lección. La lección puede ser aprendida de tres maneras:

— por la experiencia del sufrimiento;
— por la recepción de una instrucción verbal;
— por la observación del sufrimiento de otros.[190]

---

[184] Coste, 520; cf. también H. Braun, 145.
[185] Spicq, *Hébreux*, 1, 47.
[186] Cf. Coste, 517.
[187] Cf. W. Michaelis, πάσχω, 906. 910.
[188] Sanders, *Suffering as Divine Discipline*.
[189] En Job 12,18 y Prov 7,22, el TH ofrece מוּסָר de la raíz יסר, pero debe leerse con Tg y Vg מוֹסֵר = «banda», «insignia» de la raíz אָסַר; cf. Zorell, *Lexicon Hebraicum,* s.v. מוּסָר; Beer en BHS; Sanders, 29. Están duplicados Jr 30,11 = 46,28; 1 Re 12,11.44 = 2 Cr 10,11.44.
[190] A este esquema hay que añadir los 14 empleos del מוּסָר en Prov, donde el término significa instrucción o educación en general.

El maestro que imparte la lección puede ser Dios o el hombre o una situación dada. El receptor es siempre el hombre, como nación, grupo o individuo, con excepción de Job 40,2, donde Dios llama a Job su «censor»: מוֹכִיחַ.

En los LXX, los vocablos griegos que sirven para traducir יסר y מוּסָר son παιδεύειν y παιδεία.

En la literatura rabínica, mucho más frecuentemente que el verbo יַסֵּר, se usa el substantivo יִסּוּרִין, sobre todo en expresiones perifrásticas: dar o recibir יִסּוּרִין.[191] A יַסֵּר, מוּסָר están estrechamente relacionados יכח, תוֹכַחַת = ἐλέγχω, ἔλεγχος. La raíz יכח aparece en los libros históricos 11x, en los profetas 18 x, en la literatura sapiencial 55 x (11 x en los salmos, 18 x en Job, 26 x en Prov, aquí siempre en relación con יסר, con sólo seis excepciones).

Pero no todo acto disciplinar de Dios es llamado יסר o יכח en el AT. Hay otros muchos pasajes que, sin contener estas raíces, expresan la misma idea.

Examinaremos a continuación los textos bíblicos que presentan el sufrimiento como una lección impartida por Dios, poniendo especial atención en los que aparecen las raíces יסר o יכח.[192]

Ya los libros históricos sitúan toda la historia del pueblo de Israel en una perspectiva de divina pedagogía.

Para expresar el amor que acompaña la educación que Dios imparte a su pueblo se emplea la figura del padre.

Dt 8,5 dice: «Como un hombre corrige (יְיַסֵּר, παιδεύσῃ) a su hijo, así el Señor tu Dios te corrige» (מְיַסְּרֶךָ, παιδεύσει). Dios, desde el cielo, ha guiado y educado a su pueblo (Dt 4,36) con las maravillosas hazañas realizadas durante la travesía del desierto (Dt 11,2), o con repetidos castigos, a causa de sus pecados (Lv 26,18.23.28).

2 Sm 7,14 declara lo mismo que Dt 8,5, utilizando el verbo y refiriéndose al rey como representante del pueblo: «Yo seré para él un padre, y él será para mí un hijo. Y si hace mal, lo reprenderé (וְהֹכַחְתִּיו, ἐλέγξω) con vara de hombres y con golpes de hijos de hombres».

Sin emplear la imagen de la relación paterna, también se dice que Dios educa a sus fieles: los sufrimientos que él les envía no son valorados como castigo, sino como prueba y advertencia. Jdt 8,25: «Demos gracias al Señor Dios nuestro, que nos prueba (πειράζει) como a nuestros padres. V. 26: Recordad lo que hizo con Abraham, cómo probó (ἐπείρασε) a Isaac y lo que pasó a Jacob... V. 27: Dios no nos trata como a ellos,

---

[191] Cf. JASTROW, s.v.
[192] Cf. STRACK-BILLERBECK, 3,445; WICKHAM, 1, 51; MICHEL, *Hebräer*, 439-440; *Zur Auslegung*, 190-191; BERTRAM, 603-611; W. MICHAELIS, πάσχω, 906-908; COSTE, 497-508; BORNKAM, 189-192; SANDERS, 6-104.

que los purificó con el fuego para sondear sus corazones; no nos castiga (ἡμᾶς οὐκ ἐξεδίκησεν), sino para advertencia hiere el Señor a los que se acercan a él»: ἀλλ᾽εἰς νουθέτησιν μαστιγοῖ κύριος τοὺς ἐγγίζοντας αὐτῷ.

Del sufrimiento como instrumento de la pedagogía divina se habla especialmente a partir de la época de los Macabeos. La desgracia que irrumpe sobre el pueblo no es para ruina, sino para corrección. El castigo inmediato de los pecados de Israel es un signo del amor de predilección de Dios hacia su pueblo. Con las otras naciones, en cambio, Dios espera hasta que han colmado la medida de sus pecados, para luego aniquilarlas.

2 Mac 6,12: «Estos castigos son no para ruina (μὴ πρὸς ὄλεθρον), sino para corrección (ἀλλὰ πρὸς παιδείαν) de nuestra raza. V. 13: Pues el no tolerar por mucho tiempo a los impíos, sino darles inmediatamente el castigo es señal de gran bondad. V. 14: Pues el Señor soberano determinó tratarnos no como a las otras naciones, que, para castigarlas (κολάσαι), espera pacientemente hasta que han llegado al colmo de sus pecados... V. 16: Por eso no retira nunca de nosotros su misericordia, y, aunque corrige (παιδεύων) a su pueblo con desgracias (μετὰ συμφορᾶς), no lo abandona».

La idea de que el castigo de Dios a su pueblo por sus pecados es limitado, de que no significa total destrucción sino oportunidad para volver a él asume entonces gran importancia.

2 Mac 7,32: «Nosotros sufrimos (πάσχομεν) por nuestros pecados. V. 33: Si nuestro Señor, que vive, se ha enojado un momento para castigo y corrección (χάριν ἐπιπλήξεως καὶ παιδείας), también se reconciliará de nuevo con sus siervos». Cf 2 Mac 10,4.

Frecuentemente se pensó que el valor y la eficacia de los sufrimientos divinamente infligidos se extendía más allá de los que experimentaron las aflicciones. El justo con sus sufrimientos expía por la comunidad entera, y obtiene para ella el perdón y el favor de Dios.

4 Mac 1,11: Eleazar, los siete hermanos y su madre. «Admirados, a causa de su fortaleza y perseverencia, no sólo por los hombres en general, sino por sus mismos verdugos, promovieron el derrocamiento de la tiranía en nuestra nación, al vencer al tirano con su perseverancia, de modo que nuestra patria fue purificada por ellos»: ὥστε καθαρισθῆναι δι᾽αὐτῶν τὴν πατρίδα.

4 Mac 6,28-29: El sacerdote Eleazar, a punto de morir, elevó los ojos a Dios Y dijo: «Ten misericordia de tu pueblo y acepta nuestra muerte como satisfacción por ellos»: ὑπὲρ αὐτῶν. V. 29: «Haz que mi sangre los purifique (καθάρσιον αὐτῶν) y recibe mi alma como rescate por ellos» (ἀντίψυχον αὐτῶν).

4 Mac 17,20-22. En la conclusión de la obra, el autor comenta: «Y ellos, que se santificaron por causa de Dios, no sólo fueron honrados con

tal honor, sino también con el de lograr que los enemigos no dominaran a nuestro pueblo; v. 21: que el tirano fuera castigado y nuestra patria purificada (καθαρισθῆναι); sirvieron de rescate por los pecados de nuestro pueblo (ὥσπερ ἀντίψυχον γεγονότας τῆς τοῦ ἔθνους ἁμαρτίας). V. 22: Por la sangre de aquellos justos y por su muerte propiciatoria (τοῦ ἱλαστηρίου τοῦ θανάτου αὐτῶν), la divina providencia salvó al antes malvado Israel».

En los profetas, el pueblo elegido y todas las naciones aparecen bajo la disciplina de Dios.

Ya en Oseas hay claro testimonio de que el sufrimiento enviado por Dios conduce a la justicia, a una estrecha adhesión a Dios y a sus mandamientos: 10,10; cf 10,12.

En el lamento de Sofonías contra Jesusalén, los dos empleos de מוּסָר tienen la connotación de que los sufrimientos son para que el pueblo vuelva a su Dios; 3,2.7: «Quizá me temerás y aceptarás la corrección» (סָר , παιδείαν).

Jeremías expone ampliamente la doctrina de que el sufrimiento es un medio drástico de Dios para enseñar a su pueblo la conversión. En varios pasajes afirma que el pueblo, aunque ha sido herido por Dios en el pasado, no ha aprendido, por su sufrimiento, a convertirse. 2,30: «En vano herí a vuestros hijos, no aceptaron corrección (מוּסָר , παιδείαν); 5,8: «Los heriste, pero no les dolió, los consumiste, pero rehusaron aceptar corrección (מוּסָר , παιδείαν); endurecían sus caras más que la roca y se negaban a convertirse» (לָשׁוּב).

Sin embargo, era convicción de Jeremías que el sufrimiento llevaría al pueblo a la conversión. En Jr 31,18-19, Efraim se arrepiente amargamente y renueva su profesión de fe en el Dios que ha ofendido; v. 18: «Me corregiste (יִסַּרְתַּנִי,ἐπαίδευσας) y me dejé corregir (וָאִוָּסֵר, ἐπαιδεύθην), como novillo no domado (לֹא לֻמָּד); hazme volver (הֲשִׁיבֵנִי) y volveré (וְאָשׁוּבָה), porque tú eres Yahvéh mi Dios. V. 19: Pues, después de haberme apartado, me arrepentí (נִחַמְתִּי) y, cuando comprendí (הִוָּדְעִי) me di golpes de pecho».

Es notable en este texto la estrecha unión entre el vocabulario de la educación (למד יסר) y el de la conversión (שׁוּב, נחם). Todo culmina en el verbo ידע que designa la comprensión que produce de inmediato frutos de penitencia. Con una lenta pedagogía, en la que el sufrimiento tiene un lugar de elección, Dios trabaja el alma de sus fieles y los lleva a su conocimiento. El profeta de Anatot experimentó en sí mismo la dolorosa disciplina infligida por Dios, y nos dejó, sobre todo en sus «confesiones», un testimonio personal impresionante de su fe en el profundo sentido del sufrimiento y en el amor de Dios que puede encontrarse en las penas. Ge--lin [193] presenta así la experiencia del profeta: «encontró en sus sufri-

---

[193] Gelin, 115-116.

mientos un trampolín hacia Dios y el secreto de un diálogo sin igual...;
por la dialéctica del fracaso, Jeremías tuvo acceso a una forma más profunda de la religión. Jeremías experimentó el ἔμαθεν ἀφ' ὧν ἔπαθεν».

Frecuentemente aparece en la Biblia la frase estereotipada: «Y sabrán que yo soy Yahvéh», o una fórmula equivalente. Cf Ex 7,5: 14,18; Is 60,16; Job 19,29.

En el libro de Ezequiel ocurre unas 70 veces, ordinariamente como conclusión de oráculo. Es usada indistintamente para Israel o para las naciones extranjeras.

En muchos casos se expresa la idea de que, experimentando un sufrimiento venido de la mano de Dios, se aprenderá una lección. Por la desgracia que caerá sobre él, Israel conocerá que Yahvéh es Dios: Ez 6,7.10.13.14; 7,4.9.27; 12,16.20; 13,14; 20,38; 22,22; 23,49; 33,29. La misma lección aprenderán por el castigo los demás pueblos, según los «Oráculos contra las naciones»: 25,7.11.17; 26,6; 28,22.23.24.26; 29,6.9.16; 30,8.19.25.26; 32,15; 39,6.28.

Pero en muchos otros casos, la fórmula «Y sabrán que yo soy Yahvéh» acompaña oráculos de promesas y bendiciones. Israel conocerá que el Señor es Dios, cuando presencie su grandeza y poder, sus hechos maravillos; cuando Dios restaure a su pueblo: Ez 16,62; 36,38.

Castigo o beneficio manifiestan el juicio de Dios sobre el mundo o el cumplimiento de sus promesas. Lo importante es el reconocimiento de Yahvéh. El acento no está en lo que el hombre adquiere para sí mismo, sino en el hecho de que finalmente Dios es reconocido.

La idea de un sufrimiento excesivo llevó a la concepción de que el sufrimiento podía tener un alcance mayor que el de la educación del que sufría. Un pasaje fundamental es Is 53,5, en los Cantos del Siervo de Yahvéh, donde se trata del sufrimiento vicario: «Fue herido por nuestras rebeldías, molido por nuestras iniquidades. La corrección (מוּסָר, παιδεία) de nuestra paz estaba sobre él, y con sus cardenales hemos sido curados».

La literatura sapiencial también entiende el sufrimiento como acción salvadora de Dios.

Prov 3,11-12 desarrolla más ampliamente lo que afirma Dt 8,5; presenta la corrección, bajo la imagen de la relación padre-hijo, como un signo del amor divino: «Hijo mío, no desprecies la corrección del Señor (מוּסַר יְהֹוָה, único ejemplo en Prov de מוּסַר construido con יְהֹוָה, παιδείας κυρίου), no te enfades por su reprensión (תּוֹכַחַת, ἐλεγχόμενος) v. 12: pues, al que ama, el Señor lo reprende (יוֹכִיחַ, παιδεύει), como un padre al hijo querido».

Los LXX, en su traducción, acentúan el aspecto doloroso de la pedagogía divina. En la última frase del v. 12, en lugar de וּכְאָב = «y como un padre», del TH, leen וַיַּכְאֵב (hi de כָּאַב; cf Job 5,18), μαστιγοῖ δέ

= «y castiga». Por el paralelismo existente entre παιδεύει y μαστιγοῖ (v. 12), también la παιδεία κυρίου del v. 11 es claramente entendida como una disciplina dolorosa. Este texto es de gran importancia para la teología judía y cristiana del dolor. Cf Ber, 5a; Hb 12,5-6; Ap 3,19; 1 Clem 56,4.

El salterio recoge la misma doctrina; habla frecuentemente de la corrección divina por el sufrimiento. Tanto la nación, como los individuos, experimentan el fuerte impacto del amor de Dios. Sal 118,18: «El Señor me corrigió duramente (יַסֹּר יִסְּרַנִּי, παιδεύων ἐπαίδευσεν), pero no me entregó a la muerte». Sal 94,12: «Dichoso el hombre, a quien corriges (תְּיַסְּרֶנּוּ, παιδεύσῃς), Señor; a quien enseñas (תְּלַמְּדֶנּוּ) con tu ley».

Las duras lecciones de la divina disciplina enseñan al hombre fiel a acercarse más a Dios, a conocerlo más profundamente, a aprender y vivir mejor la palabra de Yahvéh. Sal 119,67: «Antes de sufrir (אֶעֱנֶה), yo andaba extraviado, pero ahora guardo tu palabra. V. 71: Es bueno para mí haber sufrido (עֻנֵּיתִי), a fin de que aprenda (אֶלְמַד) tus preceptos» (cf v. 64). No se podría caracterizar mejor esta actitud de total fidelidad que con la palabra misma de Hebreos: «obediencia».

En Job 5, Elifaz de Temán desarrolla la idea de que los males son una lección dolorosa pero saludable dada por Dios. V. 17: «Dichoso el hombre a quien reprende (יוֹכִחֶנּוּ, ἤλεγξεν) Dios; no desprecies la corrección (מוּסַר, νουθέτημα) del Todopoderoso; v. 18: porque él hiere y venda la herida, golpea y cura con su mano; v. 19: de seis peligros te salva y al séptimo no sufrirás ningún mal».

Entre los amigos de Job es sobre todo el joven Elihú quien expone esta doctrina. Además de las revelaciones, hay otra manera de hablar Dios al hombre. Job 33,19: «Lo corrige (וְהוּכַח, GSV וְהוֹכַח, ἤλεγξεν) por el dolor sobre su lecho» (cf v. 24.18).

Y en Job 36,15, con un intencional juego de palabras חָלַץ (= salvar) — לַחַץ (= «sufrimiento»), que evoca la aliteración ἔμαθεν-ἔπαθεν, explica Elihú el verdadero sentido del sufrimiento: יְחַלֵּץ עָנִי בְעָנְיוֹ וְיִגֶל בַּלַּחַץ אָזְנָם: «Salva al afligido por su aflicción y por el sufrimiento le abre el oído».

En el Libro de la sabiduría, Dios aparece con la misericordia del padre y la ira del juez y rey. Para los fieles, los sufrimientos son una correccón que educa y una pena que purifica. Para los impíos, un castigo que anticipa la condena escatológica. Sab 11,9: Los israelitas «cuando fueron probados (ἐπειράσθησαν), aunque corregidos con misericordia (καίπερ ἐν ἐλέει παιδευόμενοι), comprendieron (ἔγνωσαν) cómo los impíos eran juzgados con ira y atormentados; v 10: pues a los tuyos los probaste, como padre que amonesta (ὡς πατὴρ νουθετῶν ἐδοκίμασας), a los otros los castigaste como rey severo que condena».

Dios corrige a los suyos, pero lo hace como un padre que impone a sus hijos una disciplina severa. Sab 12,20: «Si a los enemigos de tus hijos, reos de muerte, los castigaste con tanto miramiento e indulgencia ... v. 21: ¿con cuánta consideración no has juzgado a tus hijos ...? V. 22: A nosotros nos corriges (παιδεύων), mientras castigas mil veces a nuestros enemigos, para que, al juzgar, pensemos en tu bondad, y, al ser juzgados, esperemos misericordia».

Israel es herido y curado por Dios, a fin de que aprenda a observar la palabra del Señor. Sab 16,10: «A tus hijos... tu misericordia vino en su socorro y los sanó. V. 11: Las picaduras les recordaban tus palabras ... V. 12: Porque no los curó hierba ni emplasto, sino tu palabra, Señor, que sana a todos».

Para expresar la idea de la disciplina amorosa de Dios a su pueblo, el Sirácida utiliza la imagen del pastor. Sir 18,13: ἐλέγχων καί παιδεύων καί διδάσκων καὶ ἐπιστρέφων ὡς ποιμὴν τὸ ποίμνιον αὐτοῦ, «Reprende, y corrige, y enseña, y hace volver, como un pastor a su rebaño. V. 14: Se compadece (ἐλεᾷ) de los que reciben la corrección (παιδείαν), y de los que se esfuerzan por cumplir sus mandamientos».

«El que teme al Señor acepta la corrección» (παιδείαν) Sir 32,14; más aún, la implora: «¿Quién aplicará el látigo a mis pensamientos y a mi corazón la corrección (παιδείαν) de la sabiduría, para que no se perdonen mis ignorancias ni se pasen por alto mis pecados?»: Sir 23,2.

En los Salmos de Salomón se elabora la literatura sapiencial. El hombre justo no rechaza el sufrimiento divinamente infligido, sino lo acepta. 3,4: «El justo no se enoja por la corrección del Señor (παιδευόμενος ὑπὸ κυρίου); más aún, desea y pide la divina disciplina: 7,3: «Corrígenos (παίδευσον) según tu voluntad».

Ps Sal 13,7-10 presupone Prov 3,11-12. A la caída de los pecadores se contrapone la corrección del justo: Dios corrige al justo como a un hijo predilecto. V. 7: «No es semejante la corrección (παιδεία) del justo, por su ignorancia, a la ruina del pecador. V. 8: Con moderación es corregido (παιδεύται) el justo ... V. 9: Reprenderá al justo, como a un hijo amado; su corrección como la de un primogénito: νουθετήσει δίκαιον ὡς υἱὸν ἀγαπήσεως καὶ παιδεία αὐτοῦ ὡς πρωτοτόκου. V. 10: Perdonará el Señor a sus santos, y con la corrección (ἐν παιδεία) borrará sus transgresiones».

Así el justo puede estar seguro, aun en la corrección, de ser objeto del agrado de Dios. 14,1: «Fiel es el Señor con los que lo aman, con los que aceptan su corrección» (παιδείαν).

La referencia a Prov 3, 11-12 es también clara en 18,4: «Tu corrección nos llega como a hijo primogénito (ἡ παιδεία σου ἐφ'ἡμᾶς ὡς υἱὸν πρωτότοκον μονογενῆ), para apartar al alma dócil (εὐήκοον) de la necia ignorancia (ἀπὸ ἀμαθίας ἐν ἀγνοίᾳ; cf 5,8; 5,2: ἀγνοοῦσιν). V. 5: Purifique Dios a Israel para el día de la misericordia y de la bendición».

El «problema de teodicea», atestiguado ya en la literatura sapiencial, es formulado agudamente en la apocalíptica del judaísmo tardío. Las promesas hechas por Dios a su pueblo, en terrible contraste con las desgracias venidas sobre Israel, mantienen abierta y palpitante la cuestión sobre la misericordia y la justicia divinas.

El libro 4 Esd es, en esto, el documento más importante. En 3,28-31, el autor se lamenta: «¿Tratan mejor los habitantes de Babilonia? ¿Por eso ha arrojado a Sión? V. 29: Cuando vine aquí y vi las impiedades sin número, y mi alma vio pecar a muchos, ya treinta años, entonces se estremeció mi corazón; v. 3; pues vi cómo tú toleras a los pecadores, y perdonas a los impíos, cómo has aniquilado a tu pueblo y conservado a tus enemigos; v. 31: y nadie ha manifestado cómo este camino pueda encontrar un fin».

Dios no debió permitir que su pueblo fuera humillado por sus enemigos, sino debió haberlo castigado con su propia mano. 4 Esd 5,28: «Pero, ahora, Señor, ¿por qué has abandonado al único a los muchos, repudiado a la raíz ante los otros, esparcido tu única propiedad entre los muchos? V. 29: ¿Por qué los que han contradicho tus promesas han pisoteado a los que han creído en tus alianzas? V. 30: Aunque tú guardaras rencor contra tu pueblo, debías corregirlo con tu propia mano». Ante tales quejas, Dios pregunta al vidente: «¿Amas tú a Israel más que su Creador?» (v. 33). El hombre tiene que reconocer su impotencia para comprender los caminos del Altísimo (v. 34-35).

También el Ap de Sedrac, afín a 4 Esd, se plantea el problema de teodicea. Dios dice: «El hombre es obra mía y hechura de mis manos, y lo educo como me agrada» (3,7). Y Sedrac responde: «En fuego y pena consiste tu corrección» (4,1).

En el mismo sentido confiesa el autor de Ap Bar sir 14,8-15.

Una respuesta al problema de teodicea se expresa en Ap Bar sir 13,1-12. Al final de los tiempos, Baruc aparecerá como testigo contra las ciudades paganas (v. 1-3), para que no se lamenten (v. 4), y proclamará su mensaje. Dios es el padre, que, en su bondad, ha castigado por un tiempo a sus hijos (v. 9), e.d., al pueblo elegido, para librarlos de sus pecados (v. 10); los impíos, en cambio. e.d., los otros pueblos, por sus crímines, son castigados completamente y para siempre (v. 5-8.11-12).

El juicio de Dios debe ser reconocido como justo, pues los castigos han sido menores de lo que los pecados podían pedir: 78,5. Dios no destruirá nunca a sus hijos; si los sufrimientos han venido sobre el pueblo, ha sido para su bien. Los que han sufrido en la tierra pueden estar seguros de eterna paz y liberación de toda turbación y pena en la vida futura: «Si pensáis que habéis sufrido ahora para vuestro bien, a fin de no ser finalmente condenados y atormentados, recibiréis eterna esperanza»: 78,6.

En los documentos de Qumrán aparece también el motivo de la educación salvadora de Dios por el sufrimiento. 1 Q H 9, 10: «Yo escogí el juicio sobre mí y acepté mi pena; pues espero en tu misericordia. V. 23:

... en el misterio de tu sabiduría me reprendiste (תּוֹכַחְתָּה). V. 24: ... Y fue tu reprensión (תּוֹכַחְתְּךָ) para mí, alegría y gozo, v. 25: y mis penas salvación ... el desprecio de mis enemigos corona de gloria».

En el judaísmo helenístico se recoge igualmente el tema de la teología del sufrimiento. Filón, Deter, 144-146: «Se debe desear el castigo (εὔξασθαι ἂν κολασθῆναι) que corrige (ἡ δὲ κόλασις ἐπανορθώσεται), y pedirlo a Dios (ἱκετεύωμεν οὖν τὸν θεόν ... κολάσαι); si él nos castiga (κολάζων), está en su bondad corregir nuestras faltas con dulzura e indulgencia» (ἐπιεικῶς τε καὶ πράως). Congr, 172: «La expresión 'maltrató' (Dt 8,2-3) equivale a educó, reprendió, corrigió»: ἐκάκωσε ἴσον ἐστὶ τῷ ἐπαίδευσε καὶ ἐνουθέτησε καὶ ἐσωφρόνισε.

En la literatura rabínica, después de la destrucción del Templo de Jerusalén, cuando cesó la posibilidad de expiación ofrecida por el culto sacrificial, se desarrolló notablemente y adquirió gran importancia la llamada «teología del dolor».[194]

1. Se afirmó el principio de que el pecado causa un sufrimiento punitivo proporcionado (Shab 55a). Por los diferentes males se puede deducir, por tanto, el tipo de culpa (Shab 33a).[195] Estos sufrimientos tienen como fin específico enseñar el arrepentimiento, poseen valor expiatorio, alcanzan el perdón de los pecados ya aquí en la tierra y disminuyen o anulan los castigos del más allá.[196]

Los sufrimientos que afligen al pueblo judío no significan un rechazo de parte de Dios, sino más bien son una confirmación de la elección divina: Dios ofrece a Israel la posibilidad de una expiación purificadora. Los otros pueblos, en cambio, no sufren, porque Dios no les ofrece la ocasión de expiar sus pecados. Así acuñó la tradición rabínica una solución fija al problema de teodicea.

2. Pero existen otros sufrimientos que son debidos a una culpa, que son infligidos por Dios a los que ama. Ber 5a: «Aquel, en quien Dios ha encontrado su complacencia, es a quien aflige con sus castigos». Estos sufrimientos son llamados יִסּוּרִין שֶׁל אַחֲבָה = «disciplina de amor».[197]

El justo debe aceptar siempre el sufrimiento enviado por Dios (Ta'anith 21 a: Najum de Gimzo), en silencio y oración (Ber 62a), amorosamente ('Er, 41b), con alegría y agradecimiento (cf Mek Ex 20,23, 79b).[198] No raras veces el justo implora la divina disciplina (GnR 65,9). Y los rabinos enseñan que las aflicciones son «preciosas»: חֲבָבִים (cf S Dt 6,5 § 32, 73b: R. Aquiba).[199]

---

[194] Cf. Wickham, 51-80; Bertram, 615-617; W. Michaelis, πάσχω, 909-910; Sanders, 105-116.
[195] Cf. Strack-Billerbeck, 1, 444-446. 495. 815; 2, 193-197. 527-529.
[196] Cf. Strack-Billerbeck, 1, 169. 417-418. 636; 2, 274-278; 4, 847.
[197] Cf. Strack-Billerbeck, 2, 193-194. 275.
[198] Cf. Strack-Billerbeck, 2, 274-277; 3, 221-222.
[199] Cf. Strack-Billerbeck, 2, 274. 276.

Estos sufrimientos sirven para probar al hombre y purificarlo. Si son fielmente soportados, aumentan el mérito y el premio.[200] Producen una más estrecha relación con Dios (Mek Ex 20,23, 79b). Acarrean especiales dones divinos: la Torá, la tierra de Israel, el mundo futuro (S Dt 6,5, § 32, 73b).[201]

El dolor inocentemente sufrido puede tener también carácter representativo, vicario: se sufre en lugar de otros y en favor de otros. De muchos, sobre todo de los justos y de los mártires, se dice que, por sus aflicciones y por su muerte, efectuaron una purificación de las iniquidades de Israel. Especialmente los grandes jefes religiosos de Israel sufren para expiación de los pecados y salvación de todo el pueblo: patriarcas y profetas, Moisés, David, Jonás (Mek 12,1, 2a), Ezequiel (San 39a), Job (Ex R 21, 84a).[202]

* * *

El mensaje del AT sobre el valor del sufrimiento es muy diverso al del paganismo, supera con mucho lo que decían los griegos.[203] No pone el énfasis en el aspecto instructivo del sufrimiento, en la lección aprendida, en la propia adquisición del hombre. La perspectiva bíblica no es antropocéntrica, ni meramente ética, sino esencialmente religiosa.

El sufrimiento adquiere una dimensión nueva, muy positiva: es enviado por Dios, para bien del hombre; es un testimonio del amor divino. La actitud de Dios respecto al hombre es presentada bajo la imagen de una pedagogía fundada en la relación familiar de padre a hijo. El acento está en la relación personal con Dios, que se establece por medio del sufrimiento. En la tribulación, Dios se revela al hombre no sólo somo juez severo que condena, sino también como padre bondadoso que educa a sus hijos.

Por el sufrimiento, el hombre comprende los eternos interes divinos, aprende a vivir los caminos y las leyes del Señor, da a su vida un nuevo centro de gravedad, se une estrechamente a Dios.

«Por el sufrimiento, Dios purifica al hombre y lo transforma y lo penetra de su santidad (12,10), de manera de poder introducirlo en su intimidad. Pone en él la docilidad, la disponibilidad verdadera, condición de la unión perfecta en el amor. Tal es el camino del hombre: sufriendo, aprende la obediencia que lo une a Dios».[204]

Esta interpretación se confirma con otro pasaje de la misma epístola: 12,4-11. Aunque es el único texto del NT que trata temáticamente de la

---

[200] Cf. STRACK-BILLERBECK, 2, 193. 275.
[201] Cf. STRACK-BILLERBECK, 2, 274.
[202] Cf. STRACK-BILLERBECK, 2, 275-276. 279-282; LOHSE, *Märtyrer*, 29-32.
[203] Cf. COSTE, 520-522; VANHOYE, *Textus de sacerdotio*, 115-116; *Prêtres anciens*, 150.
[204] VANHOYE, *Prêtres anciens*, ibid.

παιδεία, no se debe explicar según la concepción griega de la educación a un ideal ético. Se trata más bien de παιδεία en el sentido de la literatura sapiencial judía veretotestamentaria, a la que pertenece Prov 3,11-12, citado en Hb 12,5-6. Hebreos está en estrecha relación con la teología del dolor del judaísmo: el sufrimiento es una corrección de Dios y expresión de su amor hacia sus hijos. El autor de la epístola, interpretando Prov 3,11-12, muestra que la corrección es una condición para que se lleve a cabo nuestra filiación.

Hb 12,4-11 está ligado igualmente al problema de teodicea, como en el judaísmo.[205]

Bornkamm cree que, en Hb 12,5-11, el problema de teodicea y el modo de hablar bíblico de padre e hijo, no obstante su nexo con la literatura sapiencial tardía y con la teología judía del sufrimiento, no tiene absolutamente ninguna importancia («überhaupt keine Rolle spielt»)[206] y está admirablemente superado («in einem erstaunlichen Masse überwunden»).[207]

El problema de teodicea fue trasladado exclusivamente a la cristología. El título de hijo se debe endender sólo a partir de la cristología. La filiación cristológica determina la condición de hijo de los creyentes. «Su filiación vale porque fue procurada y establecida por el Hijo, por cuyos sufrimientos Dios quiso conducir muchos hijos a la gloria» (2,10).[208] En el texto citado de Prov se trata de una mera comparación entre la relación Dios-hombre y la terrestre padre-hijo. En Hebreos, en cambio, la filiación divina significa la admiranble situación escatológica de gracia de los creyentes, que fue procurada a los hijos por el Hijo.

Esta interpretación es confirmada, según Bornkamm, por el contexto: antes de las explicaciones sobre la filiación y el sufrimiento dirige el autor la mirada a Jesús pionero y perfeccionador de la fe (12,2). Jesús es más que un modelo para la aceptación del sufrimiento enviado por Dios; él es el que abre un nuevo horizonte de la παιδεία divina. La corección divina ya no es tratada aquí en el horizonte de la cuestión sobre la justicia de Dios, que tan sensiblemente agobia al judío piadoso. Jesús dio un nue-

---

[205] MICHEL, *Hebräer* (440) habla de pensamiento «bíblico antiguo» («altbiblisch»). BORNKAMM (192) protesta contra esta expresión, porque el problema de teodicea de desarrolló sólo desde la época del judaísmo. En realidad, ambos autores, con diversa formulación, se refieren a lo mismo. Para MICHEL, en efecto, «altbiblisch» no es idéntico a «antiguo estrato» del AT; para el concepto de tradición bíblica antigua remite MICHEL a STAUFFER, 5: «En suma, los hombres del NT con su pensamiento exegético y teológico arraigan en una viva tradición, que, a través de los 'Apócrifos', llega hasta los libros apocalípticos de su tiempo. Necesitamos para esta tradición teológica tan ramificada un término complexivo práctico, y lo llamamos por eso brevemente 'tradición bíblica antigua'».

[206] BORNKAMM, 195.
[207] BORNKAMM, 194.
[208] BORNKAMM, 196.

vo sentido a la filiación de los creyentes. Por tanto, «ya no puede darse aquí el viejo problema de teodicea» («kann es hier auch das alte Problem der Theodizee nicht mehr geben».[209]

Michel[210] opina de diversa manera y rebate convincentemente la argumentación de Bornkamm.

1. Hb 12,1-3 es una afirmación cristológica. Pero 12,4-11 no está estructurado, y menos aun pensado, cristológicamente. En 12,1-3, además, no aparece el término «hijo».

2. Objetivamente, se debe negar que el problema de teodicea del pensamiento bíblico antiguo haya sido sencillamente resuelto por la referencia a la cristología. El problema de teodicea recibe por la cristología su máxima culminación, su realización histórica única, y el inicio escatológico de una solución, pero no más que un inicio. Como paralelo, Michel menciona Ap 3,19, donde Cristo mismo, con Prov 3,12, pone a la comunidad bajo juicio para llamarla a la conversión: «Yo, a los que amo, reprendo y corrijo».

Conclusión

Por todo esto, somos llevados a la conclusión de que es el AT la fuente en que se inspiró el autor de Hebreos, al describir en 5,7-8 la experiencia dolorosa de la obediencia de Cristo.

No basta la explicación psicológica y moral de nuestro texto. El autor se refiere en 5,7-8, como en 2,10, a la muerte de Cristo, expresa un aspecto más profundo. Quiere mostrar, además de la transformación del acontecimiento, la transformación de Cristo mismo, y, en él, de la naturaleza humana.

Cristo es transformado por el sufrimiento. «No había asumido una naturaleza humana esencialmente diferente de la nuestra, sino una humanidad de carne y de sangre... (2,14). S. Pablo habla aún más audazmente de una «carne semejante a la carne pecadora» (Rom 8,3). Esto no significa, ciertamente, que Jesús haya tenido alguna vez la menor complicidad con el pecado (cf. 4,15). Su naturaleza, sin embargo, llevaba las consecuencias del pecado: era débil (cf. 2 Cor 13,4), sujeta al sufrimiento, destinada a la muerte. En este estado no podía ser entronizada en el cielo, pues «la carne y la sangre no pueden heredar el Reino de Dios» (1 Cor 15,50).

La humanidad de Cristo, solidaria de la nuestra, tenía pues necesidad de ser perfeccionada por una transformación profunda. Debía pasar de un modo de existencia carnal a un modo de existencia perfectamente

---

[209] BORNKAMM, 198.
[210] MICHEL, *Hebräer*, 440; *Zur Auslegung*, 190-191.

espiritual. Se trata, como se ve, de algo diverso de un simple progreso en la virtud. Se trata de una refundición completa. De allí la necesidad de la muerte...

Sufriendo, como lo hizo, Cristo «aprendió la obediencia» (5,8; 10,9-10) y llevó al extremo su solidaridad con sus hermanos (2,14-18; 4,15). Su naturaleza fue así «perfeccionada»: fue establecida en una nueva relación con Dios, que corona a Jesús de gloria y de honor (2,9) y en una nueva relación con los hombres, de los cuales es en adelante el salvador (5,9; 7,25)».[211]

Pero la transformación de Cristo significa al mismo tiempo una transformación radical de la naturaleza humana. «Nuestra naturaleza de sangre y de carne» que había aceptado compartir (2,14) estaba deformada por la desobediencia y tenía necesidad de una rectificación. Era preciso que fuera refundida en el crisol del sufrimiento y transformada por la acción de Dios. Ningún hombre, sin embargo, estaba en condición de acoger como era debito esta acción divina terriblemente dura. Sólo Cristo, que no lo necesitaba para sí mismo, fue capaz de ello y se sometió efectivamente a la prueba en el drama de su pasión. Por consiguiente, en él fue creado un hombre nuevo, que corresponde perfectamente a la intención divina, porque se constituyó aceptando la obediencia más total».[212] Arrancada de Dios a causa del pecado, la naturaleza humana es restaurada, bajo la acción de Dios, por la ofrenda que Cristo hace de sí mismo en la obediencia y en el amor. Intimamente renovado, el hombre obtiene una nueva relación con Dios y es admitido en su presencia.

Así, por la obediencia de la cruz y la consiguiente glorificación, Cristo se convierte para nosotros en víctima ofrecida y aceptada, en «causa de salvación eterna» (5,9) y perfecto sacerdote (5,10).

---

[211] VANHOYE, *Situation du Christ*, 323-324.
[212] VANHOYE, *Prêtres anciens*, 151.

CONCLUSION GENERAL

Al término de nuestro estudio, sinteticemos nuestro pensamiento, recojamos las ideas fundamentales.

1. El autor de Hebreos en su descripción de la oración de Cristo no se refiere a toda la vida terrena de Jesús, sino a una situación de particular angustia, en la inminencia de la muerte. No parece tampoco aludir únicamente a la agonía de Jesús en Getsemaní, como afirma la opinión tradicional, ni exclusivamente a la muerte de Jesús en la cruz; prueba de ello es la divergencia de vocabulario entre Hebreos y los relatos evangélicos de la pasión. Más bien quiere el autor presentar la pasión de Cristo, globalmente, como una oración sacerdotal intensa. Así es sugerido por texto y contexto.

Las particularidades de lenguaje del cuadro de la oración de Cristo trazado por el autor en Hb 5,7 encuentran su mejor explicación en el AT, principalmente en los salmos de lamentación. No un salmo en particular ni la combinación artificiosa de determinadas frases de diversos salmos son la fuente de nuestro pasaje. Se trata más bien de una influencia general de los salmos y de otros libros del AT. Los términos empleados en el verso 7 son técnicos para designar la oración hecha en profunda necesidad, sobre todo en la inminencia de la muerte. No hay necesidad de suponer, como base de nuestro texto, un antiguo himno cristológico.

2. Al pintar a Cristo hombre en mortal angustia y en oración ante Dios, el autor lo presenta en la realidad de su humanidad; en el ejercicio de su sacerdocio, cuya gloria está muy lejos de atribuirse a sí mismo; en acto de oblación por sí mismo y por el pueblo; «tentado en todo a semejanza nuestra»; «capaz de compadecer», «porque también él está rodeado de debilidad».

Pero el autor no pretende hacer una serie de paralelos entre el sacerdocio de Cristo y el aarónico, sino establecer una semejanza en un aspecto particular: el de la misericordia sacerdotal. Así se deduce de la estructura de nuestra perícopa y del contexto próximo y remoto.

3. El ofrecimiento de oraciones es realizado por Cristo, según el autor de Hebreos, en calidad de sacerdote y de víctima. A esta conclusión nos llevan el sentido sacerdotal y sacrificial del verbo προσφέρω en el AT y en el NT, particularmente en la Epístola a los Hebreos; y el contexto sacrificial de nuestro pasaje. Cristo sumo sacerdote se ofrece a sí mismo en su oración.

4. No se puede aceptar nunguna opinión que vea explícitamente indicado en 5,7 el objeto de la oración de Cristo.

La explicación que encuentra sugerida en nuestro pasaje una dolorosa transformación de la persona de Jesús y de su oración, un progreso interior del deseo natural de ser librado de la muerte hacia la plena conformidad con la voluntad divina, merece la preferencia, pues guarda mejor la intencional ambigüedad del texto.

5. Consiguientemente, la escucha de la oración de Cristo consistió en el cumplimiento de la voluntad de Dios: en la victoria sobre la muerte por la muerte de Cristo. La traducción de εἰσακουσθείς ἀπὸ τῆς εὐλαβείας como «escuchado a causa de su reverencia», «temor de Dios» o «piedad» corresponde mejor al sentido normal de la raíz εὐλαβ- y al frecuente uso causal de la preposición ἀπό en el NT.

6. En su pasión, Cristo, aunque era Hijo, aprendió la obediencia, la perfecta unión con la voluntad divina, para la salvación de los hombres. Fue transformado, y por él, con él y en él, la naturaleza humana. Así Cristo llegó a ser para nosotros sacerdote perfecto ante Dios.

BIBLIOGRAFIA*

I. *Comentarios*

A. Griegos y sirios: s. IV-XII

1 EFRÉN SIRIO, *Commentarii in Epistolas D. Pauli* nunc primum ex armenio in latinum sermonem a Patribus Mekitharistis translati, Venetiis 1893, 200-242.

2 JUAN CRISÓSTOMO, *Homiliae XXXIV in Epistolam ad Hebraeos*, PG 63, 9-236: reproducción de la ed. B. de Montfaucon, Paris 1834-1839. Compuestas en el último año de su oficio episcopal en Constantinopla (403-404). El título hace constar que fueron publicadas después de su muerte a base de apuntes taquigráficos (ἀπὸ σημείων), por Constantino, sacerdote de Antioquía (cf. PG 63, 4-5, 9-10; Bardenhewer, *Geschichte*, 3, 338). Traducidas al latín por Muciano (PL 63, 237-456), a instancias de Casiodoro (cf. Casiodoro, *Institutiones*, 1,8; PL 70, 1120; ed. Mynors, 29).

3 TEODORETO DE CIRO, *Interpretatio Epistolae ad Hebraeos*, PG 82, 673-786: texto de J.L. Schultze y J.A. Noesselt, Halle 1769-1774, tomo 3, parte 1, que es, a su vez, simple revisión de la edición «princeps» de Simmond, 3, Paris 1642.

4 GENADIO DE CONSTANTINOPLA, *Fragmenta in Hebraeos*, PG 85, 1731-1734; Staab, Pauluskommentare, 420-422*.

5 ECUMENIO, *Commentarius in Epistolam ad Hebraeos*, PG 119, 271-452; Staab, *Pauluskommentare*, 462-469*. Ecumenio es sólo uno de los autores utilizados por los compiladores de la cadena que lleva su nombre, editada por B. Donato, Verona 1532, según el ms Paris gr 219 (s. XI), reimpresa por J. Hentenius con una traducción latina en 1545 y por F. Morel en Paris, en 1631, ed. que se encuentra en Migne. Pero desde el artículo de Bardenhewer, en *WWKL*, 9, 708-711, la mayoría de los estudiosos no defiende ya la atribución de esta cadena a Ecumenio. Lo que realmente le pertenece, que es bien poco, ha sido publicado por Staab (cf. Staab, *Pauluskatenen*, 93-99; contra Turner, *DB(H)* 5, 485.523).

6 JUAN DAMASCENO, *In Ep. Hebraeos*, PG 95, 929-998.

7 ISHO'DAD DE MERV, *Hebrews*, ed. M.D. Gibson, *The Commentaries of Isho-'dad de Merv, Bishop of Hadatha (c. 858 A.D.) in Syriac and English*, Vol. V, Part I, *The Epistles of Paul the Apostle in Syriac*, Part, II, *The Epistle of Paul Apostle in English*, en *HSem*, 11, Cambridge 1916: Hebr.: Texto siriaco, 148-178, versión inglesa, 101-120.

---

* Para completar la bibliografía puede consultarse: Keil, 18-22; Teodorico, La Chiesa, VIII-XV. 13-71; Spicq, Hébreux 1, 379-411; Paul, DBS 7, 272-279; McGrath, 105-116; Hagen, 99-111. Cuando mencionamos varias ediciones de una obra, señalamos con asterisco la edición que utilizamos.

8 Focio, *In Ep. ad Hebr.*, STAAB, Pauluskommentare, 637-652.
9 TEOFILACTO DE BULGARIA, *Expositio in Epist. ad Hebraesos,* PG 125, 185-404. La primera ed. del texto griego apareció, acompañada de una traducción latina de J. Lonicerus — Ph. Montanus, como obra póstuma de A. Lindsell, obispo de Hereford, en Londres, 1636. Este texto, reimpreso en Venecia en 1755, es el que se encuentra en Migne.
10 EUTIMIO ZIGABENO, *Commentarius in XIV Epistolas Sancti Pauli et VII Catholicas,* ed. N. Calogeras, 2, Athenis 1887, 349-472.

B. Latinos: s. VIII-XV

1. Antiguos (s. VIII-X)

11 ALCUINO, *Tractatus in epistolam ad Hebraeos,* PL 100, 1031-1084. Termina en 10,39. Aparece en la mayoría de los manuscritos del Ambrosiaster, después del comentario de las trece epístolas paulinas. Riggenbach, *Die ältesten,* 18-25, ha demostrado la pertenencia de esta obra a Alcuino.
12 RÁBANO MAURO, *Expositio in Epistolam ad Hebraeos,* PL 112, 711-834. Reproduce el comentario de Alcuino.
13 CLAUDIO DE TURÍN, *Expositio in epistolam ad Hebraeos,* PL 134, 725-834. Impresa posteriormente bajo el nombre de Atón de Vercelli (PL 134, 725-834. Sobre la cuestión Claudio de Turín — Atón de Vercelli, cf. Riggenbach, *Die ältesten* 25-33). Trascribe «ad litteram» la interpretación de Alcuino.
14 AIMON D'AUXERRE, *Expositio in Epistolam ad Hebraeos,* PL 117, 819-938. Atribuida a Primasio, obispo de Adrumeto (J. Gagney, Lyon 1537; PL 68, 685-794. Contra la paternidad de Primasio, cf. J. Haussleiter, 24-25), a Remigio, obispo de Reims (Villalpando, 1079-1124), al monje Remigio d'Auxerre (*HLF,* 3, 162; 5, 120-121; 6, 102. 110-113), a Aimon, obispo de Halberstadt (PL 117, 819-938; Tritemius, 69-70; Sixtus Senensis, 243), y a otros más, es obra del monje Aimon d'Auxerre, según ha demostrado Riggenbach (*Geschichte,* 5, 334; Souter, 210).
15 SEDULIO SCOT, *Collectanea in epistolas S. Pauli,* PL 103, 251-270.
16 ANÓNIMO DE SAINT-GALL, *Epistola ad Hebraeos,* ed. H. Zimmer, *Pelagius in Irland,* Berlin 1901, 420-448 (según el *Codex St. Gallensis* 73, del s. IX). Glosas atribuidas en otro tiempo a Pelagio. Cf. H. Zimmer, op. cit., 271-273: Argumentos contra la paternidad de Pelagio; Riggenbach, *Die ältesten,* 202-205.
17 CÓDICE DE WÜRZBURG, ed. H. Zimmer, *Glossae Hibernicae,* Berlin 1881; W. Stokes — J. Strachan, *Thesaurus Palaehibernicus,* a collection of old irish glosses, Scholia prose and verse, Vol. I: *Biblical glosses and scholia,* Cambridge 1901, 705-712* El Códice M.th.f. 12 contiene, en latín, las trece Epístolas de San Pablo y la Epístola a los Hebreos hasta 12,24 (*melius loquentem quam Abel*). El texto bíblico, desde el principio hasta Hb 7,9, va acompañado de breves explicaciones en latín, en antiguo irlandés o en una mezcla de ambas lenguas. Según Zimmer, Pelagius in Irland, 11, el códice pertenece al s. VIII o IX.

18 Codex latinus medii aevii 1 de la Biblioteca del Museo nacional húngaro de Budapest, ed. H.J. Frede, *Ein neuer Paulustext und Kommentar*, 2 vols., en VL. AGLB, 7-8, Freiburg 1973-1974. Según Frede (1,15; 238-242; 2,7), el códice fue escrito hacia 800 d.C., y los breves fragmentos del comentario anónimo añadidos al texto tuvieron su origen entre 396-405 en Aquilea.

19 Pseudo-Jerónimo, *Ad Hebraeos*, ed. E. Riggenbach, *Die Ältesten*, 205-212, según el códice 486 de la Biblioteca de Troyes (s. XII) y el códice 6 de la Biblioteca de Epinal (s. IX). Comentario atribuido falsamente a S. Jerónimo (cf. Riggenbach, ibid., 11-15).

2. Escolásticos (s. XI-XV)

20 Lanfranco de Canterbury, *Commentarii in omnes Pauli epistolas*, PL 150, 375-406.

21 Bruno el Cartujo, *Expositio in epistolas Pauli*, PL 153, 487-566; Monstrolii 1891-1892*. Acerca de la autenticidad de la obra, las opiniones de los especialistas se hallan dividadas. Para Riggenbach, *Die ältesten*, 229: *dessen Echteit unbezweifelt ist*. Para Landgraf, *Probleme*, 542-590, en cambio, el Comentario de las cartas de S. Pablo no procede de Bruno sino de su escuela; sus autores podrían ser Raúl de Laon o Juan de Tours.

22 Anselmo de Laon, *Glossa interlinearis, Glossa marginalis o Glossa ordinaria, In epistolam Pauli ad Hebraeos*, en *Biblia sacra cum glossa* 7, Antuerpiae 1617, 783-962.* Anselmo de Laon es el principal autor de la *Glossa interlinearis*. Igualmente parece bien establecido hoy — aunque no absolutamente resuelto — que la *Glossa marginalis*, llamada también *Glossa ordinaria* por su uso común en las escuelas, no pertenence a Walafrido Strabon, como aparece en Migne (PL 114,643-670), sino, como han probado Berger, 134-136, y Smalley, *Gilbertus Universalis*, 7, 235-262; 8, 24-60; *La Glossa ordinaria*, 365-400, a Anselmo de Laon, quien utilizó trabajos más antiguos y fue ayudado por otros colaboradores, principalmente por su hermano Raúl y por Gilberto el Universal; cf. Vaccari, 493. 495-496; Landgraf, *Einführung*, 59; Spicq, *Esquisse*, 44. 110-113. Riggenbach, *Die ältesten*, 37-39, retiene todavía a Strabon como autor.

23 Escuela de Abelardo, *Commentarius Contebrigiensis in epistolas Pauli e schola Petri Abelardi*, 4, *In Epistolam ad Hebraeos*, Notre Dame, Indiana, 1945, 653-865. Redactado, a más tardar, en 1147: editado por A.M. Landgraf, según el único manuscrito existente B.I. 39 del Trinity College de Cambridge.

24 Herveo de Bourg-Dieu, *Enarrationes in epistolam ad Hebraeso*, PL 181, 1519-1692. Publicadas varias veces bajo el nombre de Anselmo de Canterbury (Parisiis 1544; 1549², Coloniae 1545), no pertenecen a este doctor (cf. *HLF* 9, 446-447; 12, 347-348) ni a Anselmo de Laon (Glunz, 204-205), sino a Herveo de Bourg-Dieu. Así es reconocido hoy generalmente por los críticos (cf. Denifle, 54; Riggenbach, *Die ältesten*, 229-233; Landgraf, *Der Paulinenkommentar*, 113-132).

25 Pedro Lombardo, *Collectanea in omnes S. Pauli apostoli epistolas*, PL 192, 399-530, reproducción del texto de J. Bade, Paris 1535. Gozó en la Edad

Media de una gran difusión. Recibió en las escuelas el nombre de *Maior* o *Magna glossatura* o simplemente *Glossa,* pues sustituyó a la Glosa de Anselmo de Laon, demasiado breve. Pedro Lombardo mismo fue llamado *Glossator* o *Expositor.* Cf. Denifle, 57, 65, 72, n. 2, 90, 94, etc.; de Ghellinck, 1951-1959.

26 ROBERTO DE MELUN, *Quaestiones theologicae de epistulis Pauli,* ed. R.M. Martin, *Oeuvres de Robert de Melun,* tome II, *Quaestiones (theologicae) de epistulis Pauli,* en SSL, fasc. 18, Louvain 1938, 283-318.

27 *Quaestiones super epistolas Pauli,* PL 175, 607-634. Impresas en Migne bajo el nombre de Hugo de San Victor (+ 1141), no son seguramente obra suya (cf. Haureau, 27-32), pues hacen referencia a la enseñanza de Acardo de San Victor (+ 1171) y citan los comentarios a las epístolas paulinas y a las Sentencias de Pedro Lombardo (cf. Denifle, 65-74, espec. 65-67; Riggenbach, *Die ältesten,* 234-236; Vernet, 248; Spicq, *Esquisse,* 121). Pertenecen probablemente al círculo de Roberto de Melun. Cf. Landgraf, *Familienbildung,* 169-182; Martin, o.c., XLVI-XLVIII.

28 HUGO DE SAN CARO, *Postillae in Epistolas D. Pauli,* en *Opera omnia,* 7, Venetiis 1754, 237-277.

29 TOMÁS DE AQUINO, *Super Epistolas S. Pauli Lectura,* ed. R. Cai, Taurini-Romae 1953[8], 2, 335-506. Dos veces comentó el Doctor Angélico las epístolas paulinas. 1º: Durante su estancia en Italia: 1259 a 1268. Expuso entonces todas las epístolas de S. Pablo; Reginaldo de Piperno consignó por escrito *(reportatio)* sus lecciones *(lectura).* 2º: En Nápoles: octubre 1272 a diciembre 1273. Aquí redactó el comentario con su propia mano *(expositio),* pero a causa de su pronta muerte, sólo llegó a 1 Cor 10 inclusive. El resto, desde 1 Cor 11 hasta la Epístola a los Hebreos, fue completado por Fr. Reginaldo con sus *reportationes* de las anteriores lecciones del maestro. Cf. Mandonnet, 222-245; Vosté, *Sanctus Thomas,* 257-276; Grabmann, 266-271.

30 PEDRO DE TARENTASIA, *In epistolam B. Pauli ad Hebraeos enarratio,* en *In omnes Divi Pauli epistolas enarratio,* 2, Lugduni 1692, 160-282. Comienza con el texto de Is 49,6: *Dedi te in lucem gentium.* De este comentario se conservan dos recensiones. La primera, ciertamente auténtica, redactada por Pedro de Tarentasia mismo, permanece hasta hoy inédita. La segunda, que es una reelaboración más amplia de la obra primitiva, con interpolaciones, fue editada varias veces, desde el siglo XV, bajo el nombre de Nicolás de Gorrán. Así aparece en la edición que hemos citado. El comentario auténtico de Nicolás de Gorrán, que comienza con las palabras del Apocalipsis: *Vidi alterum angelum,* está todavía inédito. Cf. Denifle, 144-146; Forget, 1977; Simonin, 213-235; Vosté, *Beatus Petrus de Tarentasia Epistularum,* 337-412; *Beatus Petrus de Tarentasia in epistulam,* 3-28; Spicq, *Esquisse,* 316-318.

31 NICOLÁS DE LIRA, *In epistolam Pauli ad Hebraeos,* en *Biblia sacra cum glossa ordinaria,* 6, Antuerpiae 1617, 783-962. Para otras ediciones, cf. E.A. Gosselin, *A listing of the printed editions of Nicolaus de Lyra,* en Trad 26 (1970), 399-426.

32 PABLO DE BURGOS, *Additiones ad postillas Nicolai Lyrani in totam Scripturam,* 6, Antuerpiae 1617, 783-962.

33 DIONISIO EL CARTUJO, *In omnes B. Pauli epistolas*, en *Opera omnia*, 13, Monstrolii, 1901, 467-531.

C. Del Renacimiento al s. XVIII

34 LEFÈVRE D'ETAPLES, J. (Faber Stapulensis), *Commentariorum in epistolas beati Pauli apostoli liber quartusdecimus qui est in epistolam ad Hebraeos*, en *Epistolae Pauli Apostoli*, Parisiis 1512, 230-262*; 1515, 1531; Basileae 1527; Coloniae 1515, 1531; Antuerpiae 1540.

35 ERASMO, D., *In epistolam ad Hebraeos annotationes*, en *Novum Testamentum*, Basileae (I. Frobenius) 1516, 1519^2, 1522^3, 1527^4, 1535^5; también en *Opera omnia*, 6, Lugduni Batavorum 1705, reimpr. 1962, 981-1024*.

36 ———, *In epistolam ad Hebraeos paraphrasis*, Basileae (I. Frobenius) 1521; también en *Opera omnia*, 7, Lugduni Batavorum 1706, reimpr. 1962, 1165-1198*. Para las ediciones véase F. van der Haegen, *Bibliotheca Erasmiana*, Nieuwkoop 1961; 1re série: *Paraphrasis in epistolas Pauli*, 143-146; 2e série: *Novum Testamentum*, 57-66.

37 LUTERO, M., *Vorlesung über den Hebräerbrief 1517-18*, ed. J. Ficker, en *Anfänge reformatorischer Bibelauslegung*, Band 2, Erster Teil: *Die Glosse;* Zweiter Teil: *Die Scholien*, Leipzig 1929*; *Luthers Vorlesung über den Hebräerbrief*. Nach der vatikan. Handschr., ed. E. Hirsch - H. Rückert, Berlin 1929; *Divi Pauli apostoli ad Hebraeos epistola*, en WA, 57, 3, 1-258.

38 TITELMANS, Fr., *Elucidatio in epistolam ad Hebraeos beati Pauli apostoli*, en *In omnes epistolas apostolicas .... elucidatio*, Antuerpiae 1528, 1529, 1532, 1540, Parisiis 1532, 1543, 1551, 168-196*; 1553; Lugduni 1553.

39 CAYETANO, T. de V., *Epistolae Pauli et aliorum apostolorum ad Graecam veritatem castigatae et ... iuxta sensum literalem enarratae*, Venetiis 1531, 156-172*, Parisiis 1532, 1537, 1540, 1542.

40 ECOLAMPADIO, J., *In epistolam ad Hebraeos ... explanationes, ut ex ore praelegentis exceptae, per quosdam ex auditoribus digestae sunt*, Argentorati 1534.

41 ZUINGLIO, U., *In evangelicam historiam de domino nostro Jesu Christo, per Matthaeum, Marcum, Lucam et Joannem conscriptam, epistolasque aliquot Pauli, annotationes D. Huldrychi Zwingli per Leonem Iudae exceptae et aeditae. Adjecta est epistola Pauli ad Hebraeos, et Joannis Apostoli epistola per Gasparem Megandrum*, Turici 1539.
———, *In epistolam beati Pauli ad Hebraeos expositio brevis Huldrychi Zwingli. Per Megandrum ab ore ejus excepta et edita*, en *Zwinglii Opera*, ed. Schuler-Schultess, Turici 1838, 6, 2, 291-319*.

42 CLARIO, I., *Epistola Beati Pauli Apostoli ad Hebraeos*, en *Novi Testamenti Vulgata quidem aeditio, sed quae ad vetustissimorum utriusque linguae exemplarium fidem, nunc demum emendata est diligentissime, ut nova non desideretur, adiectis scholiis, et doctis et piis...* 2 vols., Venetiis 1541, 2, 327-380.
———. *Annotata in epistolam ad Hebraeos*, en *Critici sacri*, 5, Francofurti 1695, sparsim*.

43 GAGNY, J. de (Gagnaeius), *Brevissima et facillima in omnes Divi Pauli epistolas scholia, ultra priores editiones ex antiquissimis Graecorum authoribus, abunde locupletata*, Parisiis 1543, pp. 125-154*, 1547, 1550.

44 VATABLE, Fr., *Biblia sacra cum annotationibus*, Parisiis 1545; Genevae 1557; Basileae 1564; Salmanticae 1584; Lugduni Batavorum 1599. También en *Critici Sacri*, 5, Francofurti 1695*.

45 CALVINO, J., *Commentarii in Epistolam ad Hebraeos*, Genevae 1549, 1551, 1558.

────, *Commentarius in epistolam ad Hebraeos*, en *Opera quae supersunt omnia*, 55, CR 83, ed. G. Baum - E. Cunitz - E. Reuss, Brunsvigae 1896, 1-198*.

46 CATARINO, A., (Politi L.), *Commentaria ... in omnes divi Pauli, et alias septem canonicas epistolas*, Venetiis 1551, 484-557.

47 ZEGERS, N.T., *Scholion in omnes Novi Testamenti Libros*, Coloniae 1553; también en *Critici sacri*, 5, Francofurti 1695, sparsim*.

48 SASBOUT, Ad., *In omnes fere Pauli, et quorundam aliorum Apostolorum, epistolas explicatio*, Lovaniae 1556; Antuerpiae 1561.

────, *In omnes divi Pauli et quorundam aliorum Apostolorum epistolas*, en *Opera omnia*, Coloniae Agrippinae 1568, 553-580*, 1575.

49 BEZA, Th., *Epistola Pauli ad Hebraeos*, en *Novum Domini Nostri Jesu Christi Testamentum. Latine iam olim a Veteri interprete, nunc denuo a Theodoro Beza versum: cum eiusdem annotationibus, in quibus ratio interpretationis redditur*, Genevae 1556, 284-299.

────, *Jesu Christi Domini Nostri Testamentum sive Novum Foedus*, Genevae 1566², 1582³, 235-382*, 1588⁴, 1598⁵,

50 FLACIO ILÍRICO (Vlacich M.), *In Epistolam Pauli Apostoli ad Hebraeos*, en *Novum Testamentum Jesu Christi Filii Dei ex versione Erasmi, innumeris in locis ad Graecam veritatem, genuinumque sensum emendata. Glossa compendiaria M.M. Fl. Ill. Albonensis in Novum Testamentum*, Basileae 1570, 1101-1196.

51 BRENZ, J., *In epistolam quam Paulus Apostolus ad Hebraeos scripsit de persona et officio Domini nostri Jesus Christi Commentarius*, Tubingae 1571.

52 ARECIO, B., *In Epistolam ad Hebraeos Commentarii*, en *Commentarii in omnes epistolas Divi Pauli, et Canonicas, itemque in Apocalypsin Divi Ioannis*, Morgiis 1596², 404-469.

53 CASAUBON, I., *In Novi Testamenti Libros Notae*, Genevae 1587; también en *Critici Sacri*, 5, Francofurti 1695, sparsim*.

54 RIBERA, F. de, *Commentarius in epistolam Beati Pauli ad Hebraeos*, Salmanticae 1598; *In Epistolam B. Pauli ad Hebraeos commentarii*, Turoni 1601, 1605*.

55 SA, M., *Notationes in totam scripturam sacram*, Antuerpiae 1598, 439-444.

56 SALMERÓN, A., *Disputationum in Epistolas divi Pauli tomus tertius. In quo alii duo libri continentur. Septimus... Octavus in Epistolam ad Hebraeos*, Matriti 1602.

────, *Disputationes in epistolas divi Pauli*, en *Opera Omnia*, 8, Coloniae Agrippinae 1604, 646-790*.

57 TENA, Luis de, *Commentaria et Disputationes in Epistolam D. Pauli ad Hebraeos*, Toleti 1611; Londini 1661*.

58 GIUSTINIANI, B., *In omnes B. Pauli Apostoli epistolas explanationum*, 2, Lugduni 1613, 606-880.

59 ESTIO, G. (van Est, W.), *In omnes D. Pauli Apostoli item in catholicas Commentarii*, Douai 1614-1616; Moguntiae 1859, 3, 1-181*.

60 A LAPIDE, C., *Commentaria in omnes D. Pauli epistolas*, Antuerpiae 1614; Parisiis 1868, 19, 347-524.

61 MARIANA, J., *Scholia in Vetus ac Novum Testamentum*, Parisiis 1620, 861-869.

62 ESCALIGERO, J.J., *Novum Jesus Christi D.N. Testamentum cum notis*, Genevae 1620; también en *Critici Sacri*, 5, Francofurti 1695, sparsim*.

63 MENOCHIO, St., *Brevis explicatio sensus litteralis Sacrae Scripturae*, Coloniae Agrippinae 1630; Lugduni 1631, 1655; Venetiis 1722, 2, 236-253*.

64 CAMERON, J., *Myrothecium Evangelicum*, Genevae 1632, 286-337; también en *Critici sacri*, 5, Francofurti 1695, sparsim*.

65 GORDON, G., *Novum Testamentum latine et graece cum commentariis ad sensum litterae et explicatione temporum, locorum, rerum omnium quae in sacris codicibus habent obscuritatem*, Lutetiae Parisiorum 1632, 601-632.

66 TIRINO, J., *Commentarius in Vetus et Novum Testamentum*, 3, Antuerpiae 1632, 465-491; Taurini 1883, 4, 751-791*.

67 HEINSIO, D., *Exercitationes Sacrae*, Cantabrigiae 1640.

68 GROCIO, H. (van Groot, H.), *Annotationes in Acta Apostolorum et in epistolas catholicas*, Parisiis 1646, 787-896; Erlangae-Lipsiae 1757, 2,2, 837-947*.

69 CRELL, J., *In Epistolam ad Hebraeos*, en *Bibliotheca Fratrum Polonorum quos Unitarios vocant*, 7, Irenopoli 1656.

70 SCHLICHTING, J., *Commentarius in Epistulam ad Hebraeos*, Rakau 1634; también en *Bibliotheca Fratrum Polonorum quos Unitarios vocant*, 7, Irenopoli 1656*.

71 CAPPEL, J., *Observationes in Epistolam ad Hebraeos*, Amstelodami 1657; también en *Critici Sacri*, 5, Francofurti 1695, sparsim*.

72 POOLE, M. (Polus), *Synopsis criticorum aliorumque S. Scripturae interpretum*, Londini 1676, 4, 1173-1411.

73 HAMMOND, H., *Epistolae Sanctorum Apostolorum et Apocalypsis S. Joannis*, ed. J. Clericus (Le Clerc), 2, Amstelodami 1699, 305-348*; 1ª ed. London 1663.

74 OWEN, J., *An exposition of the Epistle to the Hebrews*, 4 vols., London 1668-1680, 1840*.

75 PICQUIGNY, B. de, *Epistolarum B. Pauli triplex expositio*, Parisiis 1703, 1295-1486; también en CSS 25, Parisiis 1840, 235-470*.

76 ALEXANDRE, N., *Commentarius litteralis et moralis in omnes epistolas Sancti Pauli Apostoli*, 2, Parisiis 1703; Venetiis 1772*.

77 WHITBY, D., *Paraphrase and Commentary on the New Testament*, London 1703; «The Epistle to the Hebrews with annotations» en *A Critical Commentary and Paraphrase in the Old and New Testament*, 4, London 1846, 881-938*.

78 BRAUN, J., *Commentarius in Epistolam ad Hebraeos*, Amstelodami 1705.

79 LIMBORCH, Ph., *Commentarius in acta apostolorum et in epistolas ad Romanos et ad Hebraeos*, Roterodami 1711.

80 CALMET, A., *Commentaire littéral sur les Epîtres de saint Paul*, Paris 1716, 2, 552-789.

————, «Commentaire littéral sur l'Epître de saint Paul aux Hébreux», en *Commentaire littéral sur tous les livres de l'Ancien et du Nouveau Testament*, 8, Paris 1726, 627-724*.

81 PEIRCE, J., *A Paraphrase and Notes on the Epistle of S. Paul to the Colossians, Philippians and Hebrews*, London 1725-1727; 1733².

————, *In Epistolam ad Hebraeos*, ed. J.D. Michaelis, Halae Magdeb. 1747*.

82 SCHÖTTGEN, Chr., *Horae hebraicae et talmudicae in universum Novum Testamentum*, Dresdae-Lipsiae 1731, 904-1008.

83 WOLF, Chr., *Curae Philologicae et Criticae in X Posteriores S. Pauli Epistolas*, Hamburgi 1734; 1737², 583-805*.

84 ERHARD, T., *Isagoge et commentarius in Universa Biblia Sacra*, Ratisbonae, 1735.

85 BENGEL, J.A., *Gnomon Novi Testamenti*, Tubingae 1742, 891-980*; 1773³; 1915⁸.

86 CARPZOV, J.B., *Sacrae exercitationes in S. Pauli Epistolam ad Hebraeos ex Philone Alexandrino*, Helmstadii 1750.

87 WETTSTEIN, J.J., *Novum Testamentum graecum*, 2, Amstelodami 1752, 383-446*; 1962.

88 PALAIRET, E., *Observationes philologico-criticae in sacros Novi Foederis libros*, Lugduni Batavorum 1752, 478-497.

89 MICHAELIS, J.D., *Erklärung des Briefes an die Hebräer*, Frankfurt-Leipzig 1762-1764*; 1780².

90 ROSENMÜLLER, J.G., *Scholia in Novum Testamentum*, Norimbergae 19777-1782; 4ª ed., última aparecida en vida del autor, Norimbergae 1808, 5, 142-316*.

91 WEITENAUER, I., *Die Apostel Geschichte und Sendschreiben*, 14, Augsburg 1781.

92 HEINRICHS, J.H., *Novum Testamentum graece perpetua annotatione illustratum*, 8, ed. Koppe, Gottingae 1792*; 1823².

93 ERNESTI, J.A., *Lectiones academicae in Epistolam ad Hebraeos*, Lipsiae 1795.

94 DINDORF, G.I. notas adicionales a J.A. Ernesti, *Lectiones academicae in Epistolam ad Hebraeos*, Lipsiae, 1795.

D. Siglos XIX-XX

95 BÖHME, Chr.F., *Epistola ad Hebraeos, latine vertit atque commentario instruxit perpetuo*, Lipsiae 1825.

96 KUINOEL, Chr.Th., *Commentarius in Epistolam ad Hebraeos*, Lipsiae 1831.

97 BLOOMFIELD, S.T., *The greek Testament with english Notes, critical, philological and explanatory*, 2, London 1832; 1839³, 462-552*.

98 KLEE, H., *Auslegung des Briefes an die Hebräer*, Mainz 1833.

99 THOLUCK, F.A.G., *Kommentar zum Brief an die Hebräer*, Hamburg 1836; 1850³*.

100 BLEEK, Fr., *Der Brief an die Hebräer erläutert durch Einleitung, Übersetzung und fortlaufenden Kommentar*, 3 Theile, Berlin 1828, 1836, 1840; compendiado en K.A. Windrath, *Der hebräerbrief*, Elberfeld 1868*.

101 LOMB, C., *Commentarius in D. Pauli Apostoli Epistolam ad Hebraeos*, Ratis-
     bonae 1843.
102 WETTE, W.M.L. *Kurze Erklärung der Briefe an Titus, Timotheus und die
     Hebräer*, en *KEH.NT*, 5,2, Leipzig 1844; 1847²*.
103 EBRARD, J.H.A., «Der Brief an die Hebräer», en *Biblischer Kommentar über
     sämtliche Schriften des Neuen Testaments*, ed. H. Olshausen, 5, Königs-
     berg 1850; trad. ingl.: *Biblical Commentary on the Epistle to the Hebrews*,
     en CFTL, 32, Edinburgh 1853*.
104 BISPING, A., *Erlärung des Briefes an die Hebräer*, en *EH.NT.*, 7,2, Münster
     1854*; 1864².
105 LÜNEMANN, G., *Kritisch-exegetisches Handbuch über den Hebräerbrief*, en
     KEK, 13, Göttingen 1855; 1861²*.
106 DELITZSCH, F., *Commentar zum Briefe an die Hebräer*, Leipzig 1857.
107 MAIER, A., *Commentar über den Brief an die Hebräer*, Freiburg i.Br. 1861.
108 MOLL, C.B., «Der Brief an die Hebräer», en *THBW, N.T.*, 12, Bielefeld
     1861; 1877³*.
109 BROWN, J., *An Exposition of the Epistle of the Apostle Paul to the Hebrews*,
     2, Edinburg 1862.
110 DRACH, P.A., *Epîtres de saint Paul. Introduction critique et commentaires*,
     24, Paris 1871; 1901², 681-801*.
111 HOFMANN, J.Ch.K. von, «Der Brief an die Hebräer, en *Die heilige Schrift
     des neuen Testaments*, 5, Nördlingen 1873, 53-561.
112 DAVIDSON, A.B., *The Epistle to the Hebrews*, London 1877; Edinburgh
     1882*.
113 REUSS, E., «L'Epître aux Hébreux», en *La Bible, N.T.*, 5, Paris 1878, 7-106.
114 ZILL, L., *Der Brief an die Hebräer*, Mainz 1879.
115 KÄHLER, M., *Der Hebräerbrief in genauer Wiedergabe seines Gedankengan-
     ges dargestellt*, Halle 1880.
116 KAY, W., «Hebrews: Introduction, Commentary and critical Notes» en *The
     Holy Bible, N.T.*, 4, ed. F.C. Cook, London 1881, 1-103.
117 PÁNEK, J., *Commentarius in Epistolam B. Pauli Apostoli ad Hebraeos*, Oeni-
     ponte 1882.
118 FARRAR, F.W., «The Epistle of Paul the Apostle to the Hebrews», en *Cam-
     bridge Bible*, Cambridge 1883 y en *Cambridge Greek Testament*, Cam-
     bridge 1912*.
119 HOLTZHEUER, O., *Der Brief an die Hebräer*, Berlin 1883.
120 MOULTON, W.F., «The Epistle to the Hebrews», *NewTestCom*, 3, Lon-
     don-Paris-New York 1883, 275-384.
121 KEIL, C.F., *Kommentar über den Brief an die Hebräer*, Leipzig 1885.
122 EDWARDS, Th.Ch., «The Epistle to the Hebrews», en *ExpB*, London 1888².
123 WEISS, B., «Der Brief an die Hebräer», en *KEK*, 13, Göttingen 1888;
     1897²*.
124 WESTCOTT, B.F., *The Epistle to the Hebrews. The Greek Text with Notes
     and Essays*, London 1889; 1892²; reimpr. Michigan 1974*.
125 VAUGHAN, C.J., *The Epistle to the Hebrews with Notes*, London 1890.
126 SODEN, H. von, «Hebräerbrief», en *HC*, 3, 2, Freiburg i.Br. 1892², 1893³*.
127 SCHAEFER, A., «Erklärung des Hebräerbriefes», en *Die Bücher des N.T.*, 5,
     Münster 1893.

128	ALFORD, H., *The Greek Testament,* 4, London 1894, 1-273.

129	PADOVANI, A., *In Sancti Pauli epistolas commentarius,* 6, Parisiis 1896, 73-386.

130	KÜBEL, R., «Der Brief an die Hebräer», en *KK,N.T.,* 5, München 1898, 75-153.

131	BRUCE, A.B., *The Epistle to the Hebrews, the first apology for Christianity,* Edinburg 1899.

132	VAN STEENKISTE, J.A., *Sancti Pauli epistolae breviter explicatae ad usum seminariorum et cleri,* 2, Brugis 1899[6], 470-639.

133	HUYGHE, C., *Commentarius in Epistolam ad Hebraeos,* Gandavi 1901.

134	FILLION, L.Cl., *La Saint Bible,* 8, Paris 1904, 538-623.

135	LEMONNYER, A., *Epître de Saint Paul,* Paris 1907, 197-260.

136	HOLLMANN, G., «Der Hebräerbrief», en *SNT,* Göttingen 1908; 1917[3]. 157-218*.

137	DODS, M., «The Epistle to the Hebrews» en *Expositor's Greek Testament,* 4, London 1910, 218-382.

138	PEAKE, A.S., *The Epistle of Paul the Apost. to the Hebrews.* Introduction, authorized version, revised version with notes, en *CeB,* 16, London s.d.

139	SCHLATTER, A., «Der Brief an die Hebräer». en *EzNT,* 3, Stuttgart 1910, 1964, reimpr. 1983, 217-429*.

140	SEEBERG, A., *Der Brief an die Hebräer,* en *ETB,* Leipzig 1912.

141	WICKHAM, E.C., *The Epistle to the Hebrews with Introduction and Notes,* en *WC,* London 1910.

142	RIGGENBACH, E., *Der Brief an die Hebräer,* en *KNT,* 14, Leipzig 1913*; 1922[2]-[3].

143	WINDISCH, H., *Der Hebräerbrief,* en *HNT,* 14, Tübingen 1913; 1931[2]*.

144	ROHR I., *Der Hebräerbrief und die geheime Offenbarung des heiligen Johannes,* en *HSNT,* 10, Bonn 1916; 1932[4]*.

145	GRAF, J., *Der Hebräebrief.* Wissenschaftlich-praktische Erklärung, Freiburg i.Br. 1918.

146	LOISY, A., *Les livres du Nouveau Testament,* Paris 1922.

147	MOFFATT, J., *A Critical and Exegetical Commentary on the Epistle to the Hebrews,* en *ICC,* Edinburgh 1924; reimpr. 1968.

148	HAERING, Th., *Der Brief an die Hebräer,* Stuttgart 1925.

149	ROBINSON, Th.H., *The Epistle to the Hebrews,* en *MNTC,* London 1933.

150	MICHEL, O., *Der Brief an die Hebräer,* en *KEK,* 13, Göttingen 1936; 1960[5]. 1975[7]*.

151	STRATHMANN, H., *Der Brief an die Hebräer,* en *NTD,* 9, Göttingen, 1937[3]; 1968[9]*.

152	MÉDEBIELLE, A., «Epître aux Hébreux», en *SB (PC),* 12, Paris 1938; 1951[3], 269-372*.

153	BONSIRVEN, J., *Saint Paul. Epître aux Hébreux,* en *VSal,* 12, Paris 1943.

154	JAVET, J.S., *Dieu nous parla, Commentaire sur l'épître aux Hébreux,* en Collection *L'actualité protestante,* Neuchâtel-Paris 1945.

155	LENSKI, R.Ch.H., *The Interpretation of the Epistle to the Hebrews,* Columbus, Ohio 1946.

156	KETTER, P., *Hebräerbrief,* en *HBK,* 16,1, Freiburg i.Br. 1950.

157 TEODORICO DA CASTEL S. PIETRO, *L'Epistola agli Ebrei*, en *SB(T)*, Torino-Roma 1952.

158 SPICQ, C., *L'Epître aux Hébreux*, en *EtB*, 2 vols., Paris 1952-1953³.

159 KUSS, O., *Der Brief an die Hebräer*, en *RNT*,8,1, Regensburg 1953; 1966²*.

160 HÉRING, J., *L'Epître aux Hébreux*, en *CNT(N)*, 12, Neuchâtel-Paris 1954.

161 PURDY, A.C. - COTTON, J.H., «The Epistle to the Hebrews», en *IntB*, 11, New York 1955; Nashville 1978²², 575-763*.

162 NEIL, W., *The Epistle to the Hebrews*, en *TBC*, London 1955; 1959²*.

163 HEWITT, Th., *The Epistle to the Hebrews*, en *TNTC*, London 1960.

164 NICOLAU, M., «Carta a los Hebreos», en *La Sagrada Escritura*, *BAC*, Madrid 1962; 1967², 1-193*.

165 BRUCE, F.F., *The Epistle to the Hebrews*, en *NIC*, London 1964; 1977⁷*.

166 MONTEFIORE, H.W., *The Epistle to the Hebrews*, en *BNTC*, London 1964, reimpr. 1975.

167 HILLMANN, W., *Der Brief an die Hebräer*, en *WB*, Düsseldorf 1965.

168 TURRADO, L., «Epístola a los Hebreos», en *Biblia comentada*, 6, *BAC*, 243, Madrid 1965, 722-790.

169 LAUBACH, F., *Der Brief an die Hebräer*, en *Wuppertaler Studienbibel*, Wuppertal 1967; 1979⁶*.

170 BOURKE, M.M., «The Epistle to the Hebrews», en *JBC*, Englewood Cliffs, N.J., 1968, §61, 1-69, vol. 2, 381-403.

171 SCHIERSE, F.J., *Der Brief an die Hebräer*, en *Geistliche Schriftlesung*, 18, Düsserldorf 1968.

172 CODY, A., «Hebrews», en *A New Catholic Commentary on Holy Scripture*, London 1969, §930a - 945d (1219-1239).

173 BUCHANAN, G.W., *To the Hebrews*, Translation, comment and Conclusions, en *AncB*, 36, Garden City, New York 1972.

174 STROBEL, A., *Der Brief an die Hebräer*, en *NTD*, 9, Göttingen 1975.

175 HUGHES, P.E., *A Commentary on the Epistle to the Hebrews*, Michigan 1977.

176 BRAUN, H., *An die Hebräer*, en *HNT*, 14, Tübingen 1984.

II. *Obras que tratan sobre Hb 5,7-8*

177 ORÍGENES, *In Psalmun 68*, ed. J.B. Pitra, *Analecta sacra spicilegio solesmensi parata*, vol. 3, *Patres Antenicaeni*, Venetiis 1883, 85,7-87,38.

178 GREGORIO DE NACIANZO, *Oratio XXX. Theologica Quarta. De Filio*, PG 36, 103-134, reproducción de la edición de los Benedictinos de S. Mauro, Parisiis 1778; A.J. Manson, *The five Theological Orations of Gregory of Nazianzus*, Cambridge 1899; J.J. Barbel, *Gregor von Nazianz. Die fünf theologischen Reden*, en *Test* 3, Düsseldorf 1963*; trad. franc. P. Gallay, *Gregoire de Naziance. Les discours théologiques*, SC 250, Paris 1978.

179 TEODORO DE MOPSUESTIA, *Contra Apollinarem*: Fragmento; conservado en las *Actas del Quinto Concilio Ecuménico Constantinopolitano II*, sesión 4. cap. 4 (PL 66, 995; Mansi 9, 67-68. 204-205) y en el *Constitutum* del Papa Vigilio, cap. 4 (O. Günther, *Collectio Avellana*, CSEL 35, 1, 240-241); ed. H.B. Swete, *Theodori episcopi Mopsuesteni in epistolas B. Pauli commentarii*, 2, Cambridge 1880, 315*.

180   NESTORIO, *Homilia in Hebraeos* 3,1, salvada gracias a una falsa atribución a
      Crisóstomo.(PG 64, 479-492), pero desde 1905 restituida por F. Loofs
      (*Nestoriana*, Halle a.S. 1905, 230-242*) y Heidacher (192-195) a su ver-
      dadero autor.

181   ———, *Bazar de Heráclides de Damasco*, conservado en una traducción si-
      riaca, ed. por primera vez por P. Bedjan (*Nestorius, Le Livre d'Héraclide
      de Damas*, Paris 1910), según el único ms. existente (s. XI-XII), de la Bi-
      blioteca Patriarcal de Kotchanes, en el Kurdistán turco; traducido al
      francés por F. Nau (*Nestorius, Le Livre d'Héraclide de Damas*, Paris
      1910*) y al inglés por G.R. Driver - L. Hodgson, (*Nestorius, The Bazaar
      of Heracleides*, Oxford 1925).

182   TEODORETO DE CIRO, *De Incarnatione Domini*, PG 75, 1419-1478*, tratado
      dogmático, publicado por primera vez con el nombre de Cirilo de Ale-
      jandría por Mai (*SVNC*, 8, 27-103; *NPB*, 2, 32-74) según el Cod. Vatic.
      Gr. 801, reimpreso por Migne, pero recuperado para Teodoreto por A.
      Ehrhard (59-61), y enriquecido con nuevo fragmentos por E. Schwartz
      («Zur Schriftstellerei Theodorets», en *SBAW* 1 (1922), 30-40) y J. Lebon
      («Restitutions à Théodoret de Cyr, *RHE* 26 (1930) 524-536).

183   CIRILO DE ALEJANDRÍA, *Quod unus sit Christus*, PG 75, 1253-1361; P. Pusey,
      *Sancti Patris nostri Cyrilli Archiepiscopi Alexandrini De recta fide ad im-
      peratorem, De incarnatione Unigeniti dialogus, De recta fide ad principis-
      sas, De recta fide ad augustas, Quod unus Christus dialogus Apologeticus
      ad imperatorem*, Oxford 1877, 334-424*; G.M. Durand, «Deux dialogues
      christologiques», *SC* 97, Paris 1964, 302-315.

184   ———, *De Incarnatione Unigeniti*, PG 75, 1189-1254; P.E. Pusey, op. cit.,
      11-153*; G.M. Durand, op. cit., 188-301.

185   ———, *De recta fide: Ad imperatorem*, PG 76, 1133-1200; P.E. Pusey, op.
      cit., 1-152; E. Schwartz, *ACO* 1, 1, 1, 42-72*.

186   ———, *De recta fide: Ad augustas*, PG 76, 1335-1420; P.E. Pusey, op. cit.,
      263-333; R. Schwartz, *ACO* 1, 1, 5, 26-61*.

187   ———, *Adversus orientales episcopos*, PG 76, 315-385; anathematismus X:
      359-368; P.E. Pusey, *Sancti Patris nostri Cyrilli Archiepiscopi Alexandri-
      ni Epistolae tres oecumenicae, Libri V contra Nestorium, XII capitum ex-
      planatio, XII capitum defensio utraque, Scholia de Incarnatione Unigeniti*,
      Oxford 1875, 259-381; anathematismus X: 336-351; E. Schwartz, *ACO*
      1, 1, 7, 33-65; anathematismus X: 53-57*.

188   ———, *Contra Theodoretum = Epistola ad Euoptium*, PG 76, 385-452;
      anathematismus X: 435-446; P.E. Pusey, op. cit., 384-497; anathematis-
      mus X: 464-485; E. Schwartz, *ACO* 1, 1, 6, 107-146; anathematismus X:
      135-142*.

189   AMBROSIO de Milán, *Explanatio psalmi 61*, PL 14, 1165-1180: ed. L. Pets-
      chenig, *CSEL* 64 (1919) 378-397*; L.F. Pizzolato, *Explanatio Psalmorum
      XII*, Milano 1980, 280-315.

190   ———, *Epistola LXIII*, PL 16, 1189-1220.

191   VIGILIUS THAPSENSIS (ps.), *Contra Varimadum*, PL 62, 351-434; CChr.SL 90,
      9-134, ed. Schwank*.

192   ANSELMO DE CANTERBURY, *Cur Deus homo*, PL 158, 359-432, reproducción
      de la ed. de G. Gerberon, Paris 1675, 1721. Ed. crítica: F.S. Schmitt, *S.*

Anselmi Cantuariensis Archiepiscopi Opera Omnia, 2, Edinburgh 1946, 37-133*; Id. *Cur Deus homo*, en *FlorPatr* 18, Bonn 1929; trad. esp. J. Alameda, *Obras completas de S. Anselmo*, Madrid 1942-1943; trad. franc. R. Roques, *Pourquoi Dieu s'est fait homme*, *SC* 91, Paris 1963. Sobre la atribución a S. Anselmo de las *Enarrationes in epistolas Pauli*, ver Herveo de Bourg-Dieu.

193   BERNARDO DE CLARAVAL, *Tractatus de gradibus humilitatis et superbiae*, 3, 6-12, en *S. Bernardi abbatis primi Clarae Vallensis opera*, 1, Venetiis 1781, 483-485; PL 182, 942-972.

194   CALVINO, J., *Institutio Religionis Christianae* (1559), en *Ioannis Calvini opera quae supersunt omnia*, 2, *CR* 30, ed. G. Baum-E. Cunitz-E. Reuss, Brunsvigae 1864.

————, *L'Institution de la Religion chrétienne*, (1560), ed. Société Calviniste de France sous les auspices de l'International Society for Reformed Faith and Action, 5 vols., Genève 1955-1958*.

195   BELARMINO, R., *Disputationes de controversiis christianae fidei adversus huius temporis haereticos: De Christo*, lib. 4, cap. 8 en *Opera omnia*, 1, Neapoli 1856, 271-275*, 1ª ed. Ingolstadt 1586.

196   HOFMANN, J.C.K. von, *Der Schriftbeweiss. Ein theologischer Versuch*, Nördlingen 1852-1855.

197   RIEHM, E.K.A., *Der Lehrbegriff des Hebräerbriefes*, 1, Ludwigsburg 1858, 312-331.

198   MÉNÉGOZ, E., *La théologie de l'Epître aux Hébreux*, Paris 1894, 77-101.

199   ZAHN, Th., *Einleitung in das NT*, Leipzig 1897; 1906-1907³, 2, 159-160*.

200   MILLIGAN, G., *The Theology of the Epistle to the Hebrews*, Edinburgh 1899, 101-111.

201   DIBELIUS, F., *Der Verfasser des Hebräerbriefes*, Strassburg 1910, 14-23.

202   SCHMITZ, O., *Die Opferanschauung des späteren Judentums und die Opferaussagen des N.T.*, Tübingen 1910, 259-299.

203   GARVIE, A.E., «The Pioneer of Faith and of Salvation. A Study of the personal experience of Jesus as presented in the Epistle to the Hebrews, *ET* 26 (1914-15), 546-550.

204   BÜCHSEL, Fr., *Die Christologie des Hebräerbriefs*, en *BFChTh*, 27, 2, Gütersloh 1922.

205   DAECHSEL, M., «Zum Verständnis von Hebräer 5,7-10, en *DtPfrBl* 32, 47 (1928) 737-738.

206   VOSTÉ, J.M., *Studia Paulina*, en *Opuscula Biblica Pontificii Collegii Angelici*, Romae 1928, 104-118.

207   HARNACK, A. von, *Zwei alte dogmatische Korrekturen im Hebräerbrief*, en *SPAW.PH*, 5, Berlin 1929, 62-73*, o en *Studien zur Geschichte des Neuen Testaments und der alten Kirche*, 1, *Zur neutestamentlichen Textkritik*, en *AKG*, 19, Berlin-Leipzig 1931, 242-252.

208   DIBELIUS, M., «Das historische Problem der Leidensgeschichte», *ZNW* 30 (1931) 193-201.

209   VITTI, A.M., «Didicit... obedientiam (Hebr 5,8)», *VD* 12 (1932) 264-272.

210   WENSCHKEWITZ, H., «Die Spiritualisierung der Kultusbegriffe Tempel, Priester und Opfer im Neuen Testament», *Angelos* 4 (1932) 71-230, espec. 136.

211 DIBELIUS, M., *Die Formgeschichte des Evangeliums*, Tübingen 1933, 1971⁶, 212-214*.

212 KITTEL, G., Art. ἀκούω κτλ, *ThWNT* 1 (1933) 216-225, espec. 223. 225.

213 VITTI, A.M., Exauditus est pro sua reverentia (Hebr. 5,7)», *VD* 14 (1934) 86-92; 108-114.

214 BULTMANN, R., Art. εὐλαβής, εὐλάβεῖσθαι, εὐλάβεια, *ThWNT* 2 (1935) 945-956, espec. 953.

215 DELLING, G., Art. ἡμέρα, *ThWNT* 2 (1935) 945-956, espec. 953.

216 DIBELIUS, M., «Gethsemane», *CrozQ* 12 (1935) 254-265; o en *Botschaft und Geschichte*, 1, Tübingen 1953, 258-271*.

217 GREEVEN, H., Art. δέομαι, δέησις, προσδέομαι, *ThWNT* 2 *(1935) 39-42*.

218 KEULENAER, J. de, «De Epistola ad Hebraeos 5,7-10», *CMech* 9 (1935) 404-406.

219 BÜCHSEL, F., Art. ἱκετηρία, *ThWNT* 3 (1938) 297-298.

220 GRUNDMANN, W., Art. ἰσχύω κτλ, *ThWNT* 3 (1938) 400-405.

221 ——, Art. κράζω κτλ, *ThWNT* 3 (1935) 898-904.

222 SCHRENK, G., Art. ἱερός κτλ, *ThWNT* 3 (1938) 221-284, espec. 280-281.

223 KÄSEMANN, E., *Das wandernde Gottesvolk. Eine Untersuchung zum Hebräerbrief*, *FRLANT* N.S. 37, Göttingen 1939, passim.

224 UNGEHEUER, J., *Der Grosse Priester über dem Hause Gottes, Die Christologie des Hebräerbriefes*, Würzburg 1939, 127-131.

225 DIBELIUS, M., «Der himmlische Kultus nach dem Hebräerbrief», *ThBl* 21 (1942) 1-11; o en *Botschaft und Geschichte*, 2, Tübingen 1956, 160-176*.

226 RENGSTORF, K.H., Art. μανθάνω κτλ, *ThWNT* 4 (1942) 392-465, espec. 412-414.

227 MICHAELIS, W., *Einleitung in das Neue Testament. Die Entstehung, Sammlung und Überlieferung der Schriften des Neuen Testaments*, Bern 1946, 1961³, *ErgH*, 33-34*.

228 LINTON, O., Hebreerbrevet och 'den historiske Jesus'. En studie till Hebr 5,7, *SvTK* 26 (1950) 335«345.

229 MANSON, T.W., *The Epistle to the Hebrews. An historical and thelogical Reconsideration*, Edinburgh 1950, 109-111. 189.

230 JEREMIAS, J., *«Hbr 5,7-10»*, *ZNW* 44 (1953) 107-111*; reimpr. en Abba, *Studien zur neutestamentlichen Theologie und Zeitgeschichte*, Göttingen 1964, 319-323.

231 BERTRAM, G., Art. παιδεύω κτλ, *ThWNT* 5 (1954) 596-624, espec. 620-622.

232 MICHAELIS, W., Art. πάσχω κτλ, *ThWNT* 5 (1954) 903-939, espec. 915-917.

233 STROBEL, A., «Die Psalmengrundlage der Gethsemane-Parallele Hbr 5,7ff.», *ZNW* 45 (1954) 252-266.

234 COSTE, J., «Notion grecque et notion biblique de la 'souffrance éducatrice' (A propos d'Hébreux, V 8)», *RSR* 43 (1955) 481-523.

235 RISSI, M., «Die Menschlichkeit Jesu nach Hebr 5,7-8», *ThZ* 11 (1955) 28-45.

236 SANDERS, J.A., «Suffering as Divine Discipline in the Old Testament and Post-Biblical Judaism», en *CRDSB*, 28, Rochester, New York 1955.

237 SCHEIDWEILER, F., «Καίπερ, nebst einem Exkurs zum Hebräerbrief», *Hermes* 83 (1955) 220-230.

238 SCHIERSE, F.J., *Verheissung und Heilsvollendung. Zur theologischen Grundlage des Hebräerbriefes*, *MThS* 1, 9, München 1955.

239 SCHILLE, G., «Erwägungen zur Hohepriesterlehre des Hebräerbriefs, *ZNW* 46 (1955) 81-109.

240 CAMPBELL, J.C., «In a Son. The Doctrine of the Incarnation in the Epistle to the Hebrews», *Interp* 10 (1956) 24-38.

241 DÖRRIE, H., *Lied und Erfahrung. Die Wort — und Sinn — Verbindung παθεῖν - μαθεῖν im griechischen Danken,* en *AAWLMG.* n. 5, Wiesbaden 1956.

242 CULLMANN, O., *Die Christologie des Neuen Testament,* Tübingen 1957, 1963³, reimpr. 1975⁵, 88-100*.

243 CERFAUX, L., «Le sacre du grand prêtre (selon Hébr 5,5-10)», *BVC* 21 (1958) 54-58*; o en *BiLi* 26 (1958-59) 17-21.

244 OMARK, R.E., «The Saving of the Savior. Exegesis and Christology in Hebrews 5,7-10», *Interp* 12 (1958) 39-51.

245 O. CULLMANN, *Immortalité de l'âme ou Résurrection des morts,* Neuchâtel-Paris 1959, 23-26.

246 KOSMALA, H., *Hebräer, Essener, Christen, Studien zur Vorgeschichte der frühchristlichen Verkündigung, StPB* 1, Leiden 1959, 296-298.

247 LYONNET, S., «Expiation et intercession. A Propos d'une traduction de saint Jerôme», *Bib* 40 (1959) 885-901, sobre todo las cinco últimas páginas.

248 BORNKAM, G., *Sohnschaft und Leiden FsJeremias, BZNW* 26, Berlin 1960, 188-198.238

249 HILLMANN, W., «Der Hohepriester der zukünftigen Güter», *BiLe* 1 (1960) 157-178.

250 BRAUMANN, G., «Hebr 5,7-10», *ZNW* 51 (1960) 278-280.

251 ROMANIUK, K., *L'amour du Père et du Fils dans la sotériologie de Saint Paul, AnBib* 15 A, Roma 1961, 1974², 135-138*.

252 FRIEDRICH, G., «Das Lied vom Hohenpriester im Zusammenhang von Hebr. 4,14-5,10», *ThZ* 18 (1962) 95-115*; también en *Auf das Wort kommt es an. Gesammelte Aufsätze, Göttingen 1978, 279-299.*

253 RASCO, E., «La oración sacerdotal de Cristo en la tierra según Hebr. 5,7», *Gr* 43 (1962) 723-755.

254 BOMAN, Th., «Der Gebetskampf Jesus», *NTS* 10 (1963-64) 261-273.

255 DODD, C.H., *Historical Tradition in the Fourth Gospel,* Cambridge 1963; 1979, 70-71.

256 LUCK, U., «Himmlisches und irdisches Geschehen im Hebräerbrief. Ein Beitrag zum Problem des 'historischen Jesus' im Urschristentum», *NT* 6 (1963) 192-215.

257 MICHEL, O., «Zur Auslegung des Hebräerbriefes», *NT* 6 (1963) 189-191.

258 VANHOYE, A., *La structure littéraire de l'épître aux Hébreux,* en *SN,* 1, Paris 1963; 1976², 105-113*.

259 FOESTER, W., Art. σώζω κτλ, *ThWNT* 7 (1964) 966-1024, espec. 989-999.

260 GRÄSSER, E., «Der Hebräerbrief 1938-1963», *ThR N.S.* 30 (1964) 138-236, espec. 188-190. 214-223.

261 LEONARDI, G., «Le tentazioni di Gesù nel Nuovo Testamento, prescindendo da quelle sinottiche nel deserto», *StPat* 11 (1964) 169-200.

262 SCHWEIZER, E., Art. σάρξ κτλ, *ThWNT* 7 (1964) 98-151, espec. 141-143.

263 ZIMMERMANN, H., *Die Hohepriester-Christologie des Hebräerbriefes,* Paderborn 1964, 26-33.

264 GRÄSSER, E., «Der historische Jesus im Hebräerbrief», *ZNW* 56 (1965) 63-91.

265 DEICHGRÄBER, R., *Gotteshymnus und Christushymnus in der frühen Christenheit. Untersuchungen zu Form, Sprache und Stil der Frühchristlichen Hymnen,* en *StUNT* 5, Göttingen 1967, 174-178.

266 LESCOW, Th., «Jesus in Gethsemane bei Lukas und im Hebräerbrief», *ZNW* 58 (1967) 215-239.

267 SCHRÖGER, F., *Der Verfasser des Hebräerbriefes als Schriftausleger, BU* 4, Regensburg 1968, 120-127.

268 VANHOYE, A., *Epistolae ad Hebraeos textus de sacerdotio Christi* (ad usum auditorum), Romae 1968-1969, 100-124.

269 BOURGIN, C., «La Passion du Christ et la nôtre, He 4,14-16; 5,7-9», *ASeign* 2, 21 (1969) 15-20.

270 BRANDENBURGER, E., «Text und Vorlagen von Hebr. V, 7-10. Ein Beitrag zur Christologie des Hebräerbriefs», *NT* 11 (1969) 190-224.

271 SCHWEIZER, E., Art. υἱός κτλ, *ThWNT,* 8 (1969) 364-395, espec. 390-391.

272 VANHOYE, A., *Le Christ est notre prêtre, Vie Chrétienne,* Supplément n. 118, Paris 1969, 23-26.

273 ANDRIESSEN, P. - Lenglet, A., «Quelques passages difficiles de l'Epître aux Hébreux (5,7.11; 10,20; 12,2)», *Bib* 51 (1970) 207-220.

274 WILLIAMSON, R., *Philo and the Epistle to the Hebrews,* en *ALGHL* 4, Leiden 1970, 51-64.

275 WREGE, H.T., «Jesusgeschichte und Jüngergeschick nach Joh 12,20-33 und Hebr 5,7-10», en *Der Ruf Jesu und die Antwort der Gemeinde,* Festschrift für J. Jeremias, Göttingen 1970, 259-288.

276 THURÉN, J., «Gebet und Gehorsam des Erniedrigten (Hebr. V, 7-10 noch einmal)», *NT* 13 (1971) 136-146.

277 GALIZZI, M., *Gesù nel Getsemani (Mc 14,32-42; Mt 26,36-46; Lc 22,39-46),* Zürich 1972, 222-240.

278 MAURER, C., «Erhört wegen der Gottesfurcht, Hebr 5,7», en *Neues Testament und Geschichte,* Festschrift für O. Cullmann, Zürich-Tübingen 1972, 275-284.

279 SABOURIN, L., *Priesthood. A comparative Study,* en *SHR* 25, Leiden 1973, 190-192.

280 WEISS, K., Art. φέρω κτλ, *ThWNT* 9 (1973) 57-84, espec. 69-70.

281 ANDRIESSEN, P., «Angoisse de la mort dans l'Epître aux Hébreux», *NRTh* 96 (1974) 282-292.

282 KELLY, J., «The meaning of πάσχειν πάθημα of Christ's suffering in its setting in the Epistle to the Hebrews», Extract from thesis 236, Pontificium Athenaeum Antonianum 1974.

283 DEY, L.K.K., *The Intermediary World and Patterns of Perfection in Philo and Hebrews,* en Society of Biblical Literature Dissertation Series 25, Missoula, Montana 1975, 222-225.

284 FEUILLET, A., «L'évocation de l'agonie de Jésus dans l'épître aux Hébreux», *EeV* 86 (1976) 49-57; o en *L'agonie de Gethsemani,* Paris 1977, 176-185.

285 VANHOYE, A., «Situation et signification de Hébreux V, 1-10», *NTS* 23 (1976-77) 445-456.

286 ———, *Le message de l'épître aux Hébreux,* CahEv 19, Paris 1977, 43-45.

287 ATTRIDGE, H.W., «Heard because of His Reverence», *JBL* 98 (1979) 90-93.
288 SCHENK, W., «Hebräerbrief 4,14.16 Textlinguistik als Kommentierungsprinzip, *NTS* 26 (1980) 242-252.
289 VANHOYE, A., *Prêtres anciens, prêtre nouveau selon le Nouveau Testament*, Paris 1980, 144-166.
290 DUSSAUT, L., *Synopse structurelle de l'épître aux Hébreux. Aproche d'analyse structurelle*, Paris 1981, 39-43.
291 SWETNAM, J., *Jesus and Isaac. A Study of the Epistle to the Hebrews in the Light of the Aqedah*, en *AnBib* 94, Rome 1981, 178-188.
292 VANHOYE, A., «La preghiera di Cristo, sommo sacerdote (Eb 5,7-9)», *ParSpV* 3 (1981) 183-196.
293 RINALDI, G., «L'uomo del Getsemani (Eb 5,7-10)», *BeO* 131 (1982) 15-17.

III. *Instrumentos de trabajo*

A. Textos

   1. Bíblicos

      a) Ediciones críticas

         1) Antiguo Testamento

294 ELLIGER, K. - RUDOLPH, W., *Biblia hebraica stuttgartensia*, Stuttgart, 1967-1977.
295 FIELD, F. *Origenis Hexaplorum quae supersunt; sive veterum interpretum graecorum in totum Vetus Testamentum fragmenta*, 2 vols., Oxonii 1875.
296 KITTEL, R. - KAHLE, P., *Biblia hebraica*, Stuttgart 1968[15].
297 RAHLFS, A., *Septuaginta*, 2 vols., Stuttgart 1965[8].
298 *Septuaginta: Vetus Testamentum graece auctoritate Societatis Göttingensis editum*, Göttingen 1931 ss.

         2) Nuevo Testamento

299 ALAND, K. - BLACK, M. - MARTINI, C.M. - METZGER, B.M. - WIKGREN, A., *The Greek New Testament*, New York-London- Edinburgh-Amsterdam-Stuttgart 1975[3].
300 MERK, A., *Novum Testamentum graece et latine apparatu critico instructum*, Romae 1933. 1984[10]*.
301 NESTLE, E. - ALAND, K. y otros, *Novum Testamentum Graece*, Stuttgart 1979[26].
302 SODEN, H.Fr. von, *Die Schriften des Neuen Testaments in ihrer ältesten erreichbaren Textgestalt hergestellt auf Grund ihrer Textgeschichte*, 2 vols., Göttingen 1911-1913[2].
303 TISCHENDORF, C., *Novum Testamentum graece*. Ed. octava critica major, 3 vols., Leipzig 1869, 1872, 1894; reed. anast. Gras 1965.
304 WESTCOTT, B.F. - Hort, F.J.A. *The New Testamenti in the Original Greek*, 2 vols., Cambridge-London 1890-1896.

      b) Sinopsis

305 ALAND, K., *Synopsis quattuor evangeliorum: Locis parallelis evangeliorum apochryphorum et patrum adhibitis*, Stuttgart 1979[9].

c) Concordancias

1) Antiguo Testamento

306 LISOWSKY, G., *Konkordanz zum Hebräischen Alten Testament*, Stuttgart 1958².

307 MANDELKERN, S., *Veteris Testamenti concordantiae hebraicae atque chaldaicae*, Berlin 1925²; reprod. anast. Graz 1955; rev. M.H. Gottstein, Jerusalem -Tel Aviv 1971⁹.

308 HATCH E. - REDPATH, H.A., *A Concordance to the Septuaginta and the Other Greek Versions of the Old Testamenti (Including the Apocryphal Books)*, 3 vols., Oxford 1891-1906; reed. anast. Graz 1954.

2) Nuevo Testamento

309 MOULTON, W.F. - GEDEN, A.S., *A Concordance to the Greek Testament according to the texts of Westcott and Hort, Tischendorf and the English Revisers*, Edinburgh 1897; rev. H.K. Moulton, with a supplement 1978⁵.

310 ALAND, K., *Vollständige Konkordanz zum griechischen Neuen Testament: Unter Zugrundelegung aller kritischen Textausgaben und des Textus Receptus*, Berlin-New York 1975 ss.

311 MORGENTHALER, R., *Statistik des neutestamentlichen Wortschatzes*, Zürich-Frankfurt a.M. 1958, reimpr. Zürich 1982.

d) Versiones

1) Antiguas

a) Arameas del A.T.

312 BERLINER, A., *Targum Onqelos*, 2 vols., Berlin 1884.

313 DÍEZ MACHO, A., *Neophyti 1, Targum palestinense*, Ms de la Biblioteca Vaticana, 5 tomos, Madrid-Barcelona 1968-1978.

314 SPERBER, A., *The Bible in Aramaic. Based on Old Manuscripts and Printed Texts*, 4 vols., Leiden 1959-1973.

b) Latinas

315 SABATIER, P., *Bibliorum Sacrorum latinae versiones antiquae seu vetus italica et ceterae quaecumque in codicibus mss. et antiquorum libris reperiri potuerunt*, 3 vols., Remis 1735-1743; Parisiis 1751*.

316 WEBER, R., *Biblia sacra iuxta vulgatam versionem*, 2 vols., Stuttgart 1975.

c) Siriacas

317 WALTON, B. (ed.), *Peshitta. Biblia Plyglotta Londinensia*, Londini 1657.

d) Coptas

318 HORNER, G., *The Coptic version of the New Testament in the northern dialect otherwise called memphitic and bohairic*, 4 vols., Oxford 1898-1905.

319 ———, *The Coptic version of the New Testament in the southern dialect otherwise called sahidic and thebaic*, 7 vols., Oxford, 1911-1924.

2) Modernas

a) En alemán

320 *Die Bibel oder die ganze Heilige Schrift des Alten und Neuen Testaments, nach der Übersetzung Martin Luthers* (rev. ed. 1956 y 1964), Deutsche Bibelgesellschaft, Stuttgart 1967.
321 *Zürcher Bibel. Die Heilige Schrift des Alten und des Neuen Testaments,* Zürich 1978.
322 *Die Gute Nachricht. Das Neue Testamenti in heutigem Deutsch,* Stuttgart 1976.
323 *Die Bibel. Altes und Neues Testament. Einheitsübersetzung,* Stuttgart 1980.

b) En español

324 BOVER, J.M. - CANTERA, F., *Sagrada Bíblia,* en *BAC* 20, Madrid 1951².
325 *Nueva Biblia Española.* Traducción de los textos originales dirigida por L. Alonso Schökel - J. Mateos, Madrid 1977².

c) En francés

326 OSTY, E., *Le Nouveau Testament.* Traduction nouvelle, Paris 1950.
327 *La Bible de Jérusalem:* La Sainte Bible traduite en français sous la direction de l'Ecole Biblique de Jérusalem, Paris 1973.
328 *Traduction Oecuménique de la Bible.* Ed. intégrale, 2 vols., Paris 1972, 1975.

d) En inglés

329 *The Bible. Authorized Version* (1611), Oxford.
330 *The Holy Bible.* Revised Standard Version, containing the Old and New Testaments. Translated from the original tongues, being the version set forth A.D. 1611, revised A.D. 1881-1885 and A.D. 1901, compared with the most ancient authorities and revised A.D. 1952, New York 1952.
331 *The New American Bible.* Translated from the Original Languages with Critical Use of All the Ancient Sources, by Members of the Catholic biblical Association of America, New York 1970.
332 *The New English Bible with Apocrypha,* Oxford-Cambridge 1970.
333 *The New Testament Octapla.* Eight English Versions of the New Testament in the Tyndale - King James Tradition. Ed. L.A. Weigle, New York 1962.
334 *The Septuaginta with Apocrypha: Greek and English,* tr. L. Breton, London 1851; Michigan 1980*.

e) En Italiano

335 *La Sacra Bibbia tradotta dai testi originali con note a cura del Pontificio Istituto Biblico,* 9 vols., Firenze 1942-1957.
336 *La Sacra Bibbia.* Ed. ufficiale della Conferenza Episcopale Italiana, Roma 1974.

2. Intertestamentarios

337 CHARLES, R.H., *The Apocrypha and Pseudoepigrapha of the Old Testament*, 2 vols., Oxford 1913.

338 COHN, L. - WENDLAND, P., *Philonis alexandrini opera quae supersunt*, ed. maior, 7 vols., Berlin 1896-1930; reimpr. Berlin 1962. El vol. 7, 1-2 contiene los índices preparados por J. Leisegang.

339 MARCUS, R., *Philo Supplement*, 2 vols., Cambridge 1953.

340 DÍEZ MACHO, A. y otros, *Apócrifos del Antiguo Testamento*, Madrid 1982.

341 KAUTZSCH, E., *Die Apokryphen und Pseudoepigraphen des Alten Testaments*, 2 vols., Darmstads 1962.

342 LOHSE, E., *Die Texte aus Qumran*. München 1964, 1971², reimpr, Darmstadt, 1981.

343 NIESE, B., *Flavii Josephi opera*, 7 vols., Berlin 1888-1897; reimpr. Berlin 1955.

3. Rabínicos

344 BRAUDE, W.G., *Pesiqta Rabbati. Discourse for feasts, fasts and special sabbaths*, 2 vols., New Haven 1968.

345 DANBY, H., *The Mishna*. Translated from the Hebrew with Introduction and Brief Explanatory Notes, Oxford 1933; reimpr. 1954.

346 FREEDMAN, H. - SIMON, M., *Midrash Rabbah*, 10 vols., e índice, London 1939, 1951².

347 PAULY, J. de, *Sepher Ha-Zohar* (Le livre de la splendeur). Doctrine ésotérique des Israélites, Paris 1908.

348 RENGSTORF, K.H. - ROST, L., *Die Minschna: Text, Übersetzung und ausführliche Erklärung*, Berlin 1910.

349 STRACK, H. - BILLERBECK, P., *Kommentar zum Neuen Testament aus Talmud und Midrash*, 6 vols., München 1922-1961; reimpr. 1978-1983.

350 SCHWAB, M., *Le Talmud de Jérusalem*, Paris 1871-1890; reimpr. 1960.

351 GOLDSCHMIDT, L., *Der babylonische Talmud*, Berlin 1897-1935.

352 *Yalkut Shimoni*, Warsaw 1876.

4. Patrísticos

353 CRAMER, J.A.,*Catenae graecorum Patrum in Novum Testamentum*, Oxford 1844, 7, 112-598.

354 *Corpus Christianorum seu nova Patrum collectio*, cura monachorum abbatiae S. Petri Steenbrugis, Turnholti, Series Latina 1, 1953-

355 *Corpus Scriptorum Ecclesiasticorum latinorum*, Wien 1866ss.

356 FUNK, F.X. - BIHLMEYER, K., *Die Apostolischen Väter*, Tübingen 1924.

357 GOODSPEED, E.J., *Die ältesten Apologeten*, Göttingen 1914.

358 *Die Griechischen christlichen Schriftsteller der ersten drei Jahrhunderte*, Berlin 1897-

359 LIGHFOOT, J.B., *Apostolic Fathers*, London 1898.

360 MAI, A., *Scriptorum veterum nova collectio e vaticanis codicibus edita*, 10 vols., Roma 1825-1838.

361 ——, *Nova Patrum Bibliotheca*, 7 vols., Roma 1844.

362 MATTHAEI, Ch. F., *D. Pauli Epistolae ad Hebraeos et Colossenses graece et latine. Variae lectiones ... scholia graeca ... et animadversiones criticas adiecit,* Rigae 1784.

363 MIGNE, J.P., *Patrologiae Cursus Completus, Series Prima Latina,* Paris 1844-1864; *Series Graeca,* Paris 1857-1866.

364 OTTO, J.C.T. De, *Corpus apologetarum,* 9 vols., Ienae 1847-1872.

365 RUÍZ BUENO, D., *Padres Apologetas Griegos* (s. II), en *BAC* 116, Madrid, 1979².

366 ———, *Padres Apostólicos,* en *BAC* 65, Madrid 1950; 1979⁴.

367 *Sources Chrétiennes,* ed. H. de Lubac - J. Daniélou, Paris 1941-

368 STAAB, K., *Pauluskommentare aus der griechischen Kirche aus Katenen-handschtiften gesammelt,* en *NTA* 15, Münster 1933.

5. Clásicos griegos y latinos*

369 ACHILLIS TATII ALEXANDRINI, *De Clitophontis et Leucippes amoribus libri octo,* ed. G.A. Hirschig, en *Erotici Scriptores,* 1, 27-127, Parisiis 1856.

370 AELIANI, *De Natura Animalium libri XVII, Varia Historia, Epistulae, Fragmenta,* ed. R. Hercher, 2 vols., Lipsiae 1864-1887.

371 *Aelii Aristidis Smyrnaei quae supersunt omnia, Orationes,* ed. B. Keil, 2 vols., Berlin 1898, 1958².

372 AESCHINES, *Orationes,* ed. F. Blass, Lipsiae 1896, 1908², corr. U. Schindel, Stutgardiae 1978.

373 AESCHYLI, *Septem quae supersunt tragoediae,* ed. D. Page, Oxonii 1972, reimpr. 1982.

374 *Aesopicae fabulae,* ed. C. Halm, Lipsiae 1852, 1889.

———, *Aesopi fabulae,* ed. E. Chambry, 2 vols., Paris 1925, 1967³.

———, AESOPUS *Corpus fabularum Aesopicarum,* ed. A. Hausrath - H. Hunger, Lipsiae, 1, 1: 1940. reimpr. 1957: 1, 2: 1956.

375 ALCMAN, ed. E. Diehl, *AnthLyrGr,* Lipsiae 1925, 2, 27-38.

376 ANDOCIDIS *Orationes,* ed. F. Blass - C. Fuhr, Lipsiae 1913⁴, 1966.

377 *Anthologia Lyrica Graeca,* ed. E. Diehl, 2 vols., Lipsiae 1925.

378 ANTIPHONTIS *orationes et fragmenta,* ed. F. Blass - Th. Thalheim, Lipsiae 1914, reimpr. Stutgardiae 1982.

379 *Apostolius,* en *CPG* 2, 231-744.

380 APPIANI *Historia Romana,* ed. P. Viereck - A.G. Roos, 2 vols., Lipsiae 1905-1939.

381 ARISTOPHANIS *Comoediae,* ed. F.W. Hall - W.M. Geldart, 2 vols., Oxonii, 1, 1906², reimpr. 1980¹⁴; 2, 1901¹, 1907², reimpr. 1982.

382 ARISTOTELIS *Opera,* ed. I. Bekker, Berolini 1831-1870.

383 ———, *Fragmenta,* ed. V. Rose, Lipsiae 1886, reimpr. 1967; ed. R. Walzer, Firenze 1934; ed. W.D. Ross, Oxonii 1955, reimpr. 1979.

340 ARRIANI FLAVII, *quae exstant omnia,* ed. A.G. Roos, 2 vols., Lipsiae 1907-1928.

---

* Los autores clásicos, griegos y latinos, son citados según la edición de Oxford Classical Texts. Para las obras no publicadas en esta serie se ha recurrido a la Bibliotheca Teubneriana, a la Budé o a otras colecciones.

385 CAESARIS C. IULII, *Commentarii, Belli Civilis,* ed. A. Klotz, Lipsiae 1969.
386 CICERO M. TULLIUS, *De Legibus,* ed. K. Ziegler, Heidelberg 1950.
387 ———, *De Natura Deorum,* ed. O. Plasberg - W. Ax, 1917, 1933², reimpr. 1980.
388 ———, *De Officiis,* ed. C. Atzert, Lipsiae 1923, 1949³.
389 ———, *Tusculanae Disputationes,* ed. L. Pohlenz, Lipsiae 1918, reimpr. 1976.
390 *Corpus Paraemiographorum Graecorum,* ed. E.L. a Leutsch - F.G. Schneidewin, 2 vols., Göttingen 1839, 1851, reimpr. Hildesheim 1965.
391 CURTI RUFI O. *Historiarum Alexandri Magni Macedonis libri quae supersunt,* ed. E. Hedicke, Lipsiae 1908.
392 DEMOCRITUS, fr., ed. H. Diels, *Fragmente der Vorsokratiker, 2, 130-207.*
393 DEMOSTHENIS *orationes,* ed. S.H. Butcher - W. Rennie, 4 vols., Oxonii 1, 1903, reimpr. 1966; 2, 1 - 2,2 1921, reimpr. 1966; 3, 1931, reimpr. 1978.
394 DIODORI *bibliotheca historica,* ed. I. Bekker - L. Dindorf - F. Vogel - C.Th Fischer, 6 vols., Lipsiae 1857-1868, 1888-1906³, reimpr. 1964-1970.
395 DIOGENIS LAERTII *de clarorum philosophorum vitis ... libri decem,* ed. C.G. Cobet, Parisiis 1929.
396 DIOGENIANUS, en *CPG* 1, 177-320.
397 DIONYSII HALICARNASEI *Antiquitatum Romanarum quae supersunt,* ed. C. Jacoby, 4 vols., Lipsiae 1885-1925, reimpr. Stutgardiae 1967.
398 EPICTETI *dissertationes ab Arriano digestae,* ed. H. Schenkl. *Accedunt Fragmenta, Enchiridion ex recensione Schweighaeuseri, Gnomologiorum Epicteteorum reliquiae, Indices.* Ed. Maior, Lipsiae 1894, 1916², reimpr. Stutgardiae 1965.
399 EURIPIDIS *Fabulae,* ed. G. Murray - J. Diggle, 3 vols., Oxonii, 1, 1902, reimpr. 1978; 2, 1981; 3, 1909, 1913², reimpr. 1969.
400 EUSTATHIUS THESSALONICENSIS, *Commentarii ad Homeri Iliadem et Odysseam,* ad fidem exempli romani, ed. G. Stallbaum, 7 vols., Lipsiae 1825-1830.
401 *Fragmente der Vorsokratiker,* ed. H. Diels, 3 vols., Berlin, 1, 1903, 1951⁶, ed. W. Kranz, reimpr. 1974¹⁷; 2, 1903, 1952⁶, ed. W. Kranz, reimpr. 1972¹⁶; 3, 1952⁶, ed. W. Kranz, reimpr. Zürich-Hildesheim 1984¹³.
402 *Gnomologium Vaticanum e codice vaticano graeco 743,* ed. L. Sternbach, Berlin 1963.
403 GREGORIUS CYPRIUS, en *CPG* 1, 349-378.
404 HARPOCRATION, *Dictionarium in decem rhetores,* Parisiis 1614; ed. W. Dindorf, 2 vols., Oxford 1853.
405 HELIODORI *Aethiopicarum libri decem,* ed. G.A. Hirschig, en *Erotici scriptores,* 1, Parisiis 1856, 225-412.
406 HERODIANI *ab Excessu Divi Marci Libri Octo,* ed. C. Stavenhagen, Lipsiae 1922, reimpr. Stutgardiae 1967.
407 HERODOTI *Historiae,* ed. C. Hude, 2 vols., Oxonii, 1, 1908, 1920², 1927³, reimpr. 1979; 2, 1908, 1913², 1927³, reimpr. 1982.
408 HESIODI *Carmina,* ed. A. Rzach, Stutgardiae 1902, 1913³, reimpr. 1967.
409 HESYCHIUS ALEXANDRINUS, *Lexicon,* ed. K. Latte, 2 vols., Hauniae 1953-1966.

410 HOMERI *Opera,* ed. D.B. Monro - Th.W. Allen, 5 vols., Oxonii, 1-2, 1902, 1908^2, 1920^3, reimpr. 1978; 3, 1908, 1917^2, reimpr. 1979; 4, 1908, 1919^2, reimpr. 1980; 5, 1912, reimpr. 1983.

411 ISIDORI HISPALENSIS Episcopi, *Etymologiarum sive originum libri XX,* ed. W.M. Lindsay, 2 vols., Oxonii 1911.

412 ISOCRATIS *Orationes,* ed. F. Blass, 2 vols., Lipsiae 1889-1898, 1910-1913^2.

413 LIBANII *Opera,* ed. R. Foester, 12 vols., Lipsiae 1903-1927, reimpr. Hildesheim 1963.

414 LONGUS, *Pastorales (Daphnis et Chloé),* ed. G. Dalmeyda, Paris 1934, reimpr. 1971.

415 LUCIANI *Opera,* ed. M.D. Macleod, 3 vols., Oxonii 1972, 1974, 1979.

416 MACARIUS, en *CPG* 2, 135-227.

417 *Mantissa Proverbiorum,* en *CPG* 2, 745-779.

418 MENANDRI Monosticha, en *Fragmenta Comicorum Graecorum,* ed. A. Meineke, 4, Berolini 1841, 352.

419 MOERIDIS ATTICISTAE, *Lexicon Atticum,* ed. J. Pierson, Lipsiae 1830.

420 ONOSANDER, ed. W.A. Oldfather, with an English traduction by members of The Illinois Greek Club, London-Cambridge, Mass. 1948.

421 OVIDIUS NASO P., *Tristia, Ibis, Epistulae ex Ponto, Halieutica, Fragmenta,* ed. S.G. Owen, 1915.

422 PHOTII PATRIARCHAE *Lexicon,* ed. S.A. Naber, Leidae 1864-1865.

423 PINDARI *Carmina cum fragmentis,* ed. C.M. Bowra, Oxonii 1935, 1947^2, reimpr. 1968.

424 PLATONIS *Opera,* ed. I. Burnet, 5 vols., Oxonii 1, 1900, reimpr. 1979; 2, 1901, reimpr. 1979; 3, 1903, reimpr. 1961; 4, 1902, reimpr. 1962; 5, 1907, reimpr. 1962.

425 ———, *Scholia,* en *Platonis dialogi,* ed C.F. Hermann, 6, Lipsiae 1907.

426 PLOTIN, *Enneades,* ed. E. Bréhier, 6 vols., Paris 1924-1938, reimpr. 1963; ed. P. Henry - H.R. Schwyzer, Oxonii 1, 1964; 2, 1977; 3, 1982*.

427 PLUTARCHI, *Vitae Parallelae,* ed. C. Lindskog - K. Ziegler, Lipsiae, 1914-1939; 1957-1980^2*.

428 ———, *Moralia,* ed. K. Ziegler - M. Pohlenz y otros, Lipsiae 1925.

429 POLYBII *historiae,* ed. Th. Büttner-Wobst, 5 vols., Lipsiae 1882-1905, reimpr. 1964-1967.

430 PORPHYRII Philosophi Platonici *Opuscula selecta,* ed. A. Nauck, Lipsiae 1886^2, reimpr. Hildesheim-New York 1977.

431 SOPHOCLIS *Fabulae,* ed. A.C. Pearson, Oxonii 1924, reimpr. 1971.

432 ———, *The Fragments of Sophocles,* ed. A.C. Pearson, 3 vols., Cambridge 1917.

433 SOTADES, *Fragmentum* ed. H. Usener, en *Kleine Schriften,* Leipzig-Berlin, y en *Supplementum Comicum,* ed. I. Demianczuk, Kraków 1912, 83-84.

434 STATIUS, *Thebais,* ed. A. Klotz - T.C. Klinnert, Lipsiae 1908, 1973.

435 STOBAEI IOANNIS *Anthologium,* ed. C. Wachsmuth - O. Hense, 5 vols., Berolini, 1884-1912.

436 *Stoicorum Veterum fragmenta,* ed. H. von Arnim, 4 vols., Lipsiae, 1, 1905, reimpr. Stutgardiae 1978; 2, 1903, reimpr. Stutgardiae 1979; 3, 1903, reimpr. Stutgardiae 1967; 4, 1924, reimpr. Stutgardiae 1978.

437 SUIDAE *Lexicon,* ed. A. Adler, 5 vols., Lipsiae 1931-1938; reimpr. Stutgardiae 1967-1971.

438 TERENTII P. AFRI *Comoediae*, ed. R. Kauser - W.M. Lindsay, Oxonii, 1926, reimpr. 1961.
439 THEMISTII *Orationes quae supersunt*, ed H. Schenkl - G. Downey - A.F. Norman, 3 vols., Lipsiae 1965-1974.
440 THEOPHRASTI *Characteres*, ed. F. Dübner, Parisiis 1842.
441 THUCYDIDIS *Historiae*, ed. H. Stuart Jones - J.E. Powell, 2 vols., Oxonii, 1, 1900, reimpr. 1942 (con aparato crítico, corregido y aumentado) 1974; 2, 1901, 1902², reimpr. 1942 (con aparato crítico corregico y aumentado), 1979.
442 TITI LIVII PATAVini *opera quae exstant omnia*, ed. C.H. Weise, 4 vols., Augustae Taurinorum 1851.
443 *Tragicorum Graecorum Fragmenta*, ed. A. Nauck (Lipsiae 1889²). Supplementum continens nova fragmenta Euripidea et adespota apud scriptores veteres reperta adiecit B. Snell, Hildesheim 1964.
444 VERGILI MARONIS *Opera*, ed. R.A.B. Mynors, Oxonii 1969, reimpr. 1976.
445 XENOPHONTIS *Opera Omnia*, ed. E.C. Marchant, 5 vols., Oxonii, 1, 1900, reimpr. 1961; 2, 1901, 1921², reimpr. 1967; 3, 1904, reimpr. 1969; 4, 1910, reimpr. 1974; 5, 1920, reimpr. 1969.
446 ZENOBIUS, en *CPG* 1, 1-175*.

6. Inscripciones y papiros

447 *Ägyptische Urkunden aus den könglichen Museen zu Berlin: Griechische Urkunde*, 9 vols., Berlin 1895-1937.
448 BRUNET DE PRESLE, W., *Notices et Extraits des Manuscrits Grecs de la Bibliothèque Impériale*, XVIII, 2, Paris 1865.
449 DITTENBERG, W., *Sylloge Inscriptionum Graecarum*, Lipsiae, 3 vols., 1898-1901², 4 vols., 1915-1924³.
450 GRENFELL, B.P. - Hunt, A.S., *Fayûm towns and their papyri*, London 1900.
451 ———, *The Oxyrhyncus Papyri*, London 1898-1941.
452 ———, *The Tebtunis Papyri*, London 1902-1938.
453 MAHAFFY, J.P. - SMYLY, J.G., *The Flinders Petrie Papyri*, 3 vols., Dublin 1891-1905.
454 MITTEIS, L., *Griechische Urkunden der Papyrussammlung zu Leipzig*, Leipzig 1906.
455 PREISIGKE, F., *Sammelbuch griechischer Urkunden aus Ägypten*, 5 vols., Strassburg-Berlin 1915-1950.
456 WESSELY, C., *Corpus Papyrorum Hermopolitanorum* en *Studien zur Papyruskunde*, Leipzig 1905.
457 WILCKEN, U., *Urkunden der Ptolemäerzeit*, Berlin-Leipzig 1922-1937.

B. Léxicos

1. Hebreos y arameos

458 BAUMGARTNER, W., *Hebräisches und aramäisches Lexikon zum Alten Testament*, Leiden 1967, 1974.
459 BUXTORF, J., *Lexicon Chaldaicum, Talmudicum et Rabbinicum*, Basileae 1639; Lipsiae 1875².

460 GESENIUS, W., *Hebräisches und aramäisches Handwörterbuch über das Alte Testament*, Berlin-Göttingen-Heidelberg 1962, reimpr. de la 17ª ed., de 1915.

461 JASTROW, M., *A Dictionary of the Targumim, the Talmud Babli and Yerushalmi, and the Midrashic Literature*, New York 1950.

462 KOEHLER, L. - BAUMGARTNER, W., *Lexicon in Veteris Testamenti libros*, Leiden 1967³.

463 VOGT, E., *Lexicon linguae aramaicae Veteris Testamenti documentis antiquis illustratum*, Roma 1971.

464 ZORELL, F., *Lexicon hebraicum et aramicum Veteris Testamenti*, Romae 1968.

2. Griegos

465 ALLEN, J.T. - ITALIE, G., *A Concordance to Euripides*, London 1954.

466 AST, F., *Lexicon platonicum sive vocum platonicarum index*, 3 vols., Lipsiae 1835-1838.

467 BAILLY,A., *Dictionnaire grec-français*, rev. L. Séchan - P. Chantraine, Paris 1950.

468 BAUER, W., *Griechisch-deutsches Wörterbuch zu den Schriften des Neuen Testament und der übrigen urchristlichen Literatur*, Berlin 1936⁶.

469 BOISACQ, E., *Dictionnaire étymologique de la langue grecque*, Heidelberg-Paris 1938.

470 BONITZ, H., *Index Aristotelicus*, Berolini 1870.

471 BRANWOOD, L., *A Word Index to Plato*, Leeds 1976.

472 CHANTRAINE, P., *Dictionnaire étymologique de la langue grecque: Histoire des mots*, 2 vols., Paris 1968-1980.

473 CLEEF, F.L. van, *Index Antiphonteus, en CSCP*, 5, 1895.

474 CREMER, H., *Biblisch-theologisches Wörterbuch der neutestamentlichen Gräcität*, Gotha 1866-1868, 1893⁷.

475 ELLENDT, F., *Lexicon Sophocleum*, Berlin 1872; reimpr. Hildesheim 1965.

476 FRISK, H., *Griechisches etymologisches Wörterbuch*, en *Indogermanische Bibliothek*, 2. Reihe, 3 vols., Heidelberg 1960-1972.

477 GOODSPEED, E.J., *Index apologeticum sive clavis Iustini martyris operum aliorumque apologetarum pristinorum*, Leipzig 1912.

478 GRIMM, C.L.W., *Lexicon Graeco-Latinum in Libros N.T.*, Lipsiae 1862-1868, 1903⁴.

479 KRAFT, H., *Clavis Patrum Apostolicorum*, München 1963.

480 LAMPE, G.W.H., *A Patristic Greek Lexicon*, Oxford 1978⁵.

481 LIDELL, H.G. - SCOTT, R., *A Greek-English Lexicon*: A New Edtion Revised and Augmented throughout by H.S. Jones - R. McKenzie, Oxford 1966⁹.

482 MAUERBERGER A., *Polybios-Lexikon*, Berlin 1956.

483 MAYER, G., *Index Philoneus*, Berlin-New York 1974.

484 MOULTON, J.H. - MILLIGAN, G., *The Vocabulary of the Greek Testament, Illustrated from the Papyri and Other Non-Literary Sources*, London 1930, reimpr. Michigan 1980.

485 PAPE, W., *Griechisch-Deutsches Handwörterbuch*, Braunschweig 1849², 1880³.

486 Passow, F., *Handwörterbuch der griechischen Sprache*, Darmstadt 1983, reimpr. de Leipzig 1852⁵.
487 Preuss, S., *Index Aeschineus*, Lipsiae 1926, reimpr. 1965.
488 ———, *Index Demosthenicus*, Lipsiae 1892; reimpr. Hildesheim 1963.
489 ———, *Index Isocrateus*, Lipsiae 1904; reimpr. 1963.
490 Rengstorf, K.H., *A Complete Concordance to Flavius Josephus*, 4 vols., Leiden 1975.
491 Spicq, C., *Notes de lexicographie néo-testamentaire*, 3 vols., en *Orbis biblicus et orientalis*, 22,1-3, Fribourg - Göttingen 1978-1982.
492 Stephanus, H., *Thesaurus linguae graecae*, 8 vols., Paris 1572; reimpr. por C.B. Hase - L. Dindorf, Paris 1831-1896; reed. anast. Graz 1954.
493 Stürz, F.W., *Lexicon Xenophonteum*, 4 vols., Lipsiae 1801-1804.
494 Todd, O.J., *Index Aristophaneus*, Cantabrigiae 1932.
495 Trench, R.Ch., *Synonyms of the New Testament*, London 1880⁹; reimpr. Michigan 1980.
496 Zorell, F., *Lexicon Graecum Novi Testamenti*, Parisiis 1931, 1961³.

C. Gramáticas

   1. Hebreas y arameas

497 Gesenius, W., *Hebräische Grammatik*, rev. G. Bergsträsser, 2 vols., Leipzig 1918, 1929²⁹; reimpr. en un vol., Hildesheim 1965.
498 Joüon, P., *Grammaire de l'hébreu biblique*, Roma 1947²; reimpr. 1965.

   2. Griegas

499 Abel, F.M., *Grammaire du grec biblique suivie d'un choix de papyrus*, Paris 1927.
500 Blass, F., *Grammatik des neutestamentlichen Griechisch*, Göttingen 1896, 1913⁴, rev. A. Debrunner: 1965¹², ErgH de D. Tabachovitz; 1976¹⁴, rev. F. Rehkopf; 1979¹⁵.
501 Kühner, R. - Gerth, B., *Ausführliche Grammatik der griechischen Sprache*, 4 vols., Hannover - Leipzig 1890-1904³; reimpr. Hannover 1976.
502 Moulton, J.H., - Howard, F.W., *A Grammar of New Testament Greek*, 4 vols., Edinburgh 1929-1976.
503 Robertson, A.T., *A Grammar of the Greek New Testament in the Light of Historical Research*, New York 1914; London 1923⁴.
504 Winer, G.B., *Grammatik des neutestamentlichen Sprachidioms*, Leipzig 1825², 1867⁷.
505 Zerwick, M., *Graecitas Biblica Novi Testamenti exemplis illustratur*, Parisiis 1931; rev. Romae 1966⁵.

D. Diccionarios

506 Balz, H. - Schneider, G., *Exegetisches Wörterbuch zum Neuen Testament*, 3 vols., Stuttgart y otros lugares, 1980-1983.
507 *Encyclopedia Judaica*, 16 vols., Jerusalem 1971.
508 Hastings, J., *Dictionary of the Bible*, 5 vols., Edinburgh 1898-1904.

509 KITTEL, G., *Theologisches Wörterbuch zum Neuen Testament*, 10 vols., Stuttgart 1933-1973.

510 PAULY, *Real Encyclopedie der classischen Altertumswissenschaft*, ed. G. Wissowa, Stuttgart 1983 ss.

511 PIROT, L. - ROBERT, A. - CAZELLES, A. - FEUILLET, A., *Supplément au Dictionnaire de la Bible*, Paris 1928 ss.

512 VACANT, A. - MANGENOT, E. - AMANN, E., *Dictionnaire de Théologie Catholique*, 15 vols. dobles, Paris 1903-1950.

513 VIGOUROUX, F., *Dictionnaire de la Bible*, 5 vols., Paris 1895-1912.

514 *Wetzer und Weltes Kirchenlexicon*, 13 vols., Freiburg i.Br., 1882-1903[2].

E. Historia de la Exégesis

515 ALTANER, B. - STUIBER, A., *Patrologie: Leben, Schriften und Lehre der Kirchenväter*, Freiburg-Basel-Wien 1978[8]; trad. esp. de la 5ª ed. por E. Cuevas y U. Domínguez del Val, Madrid 1962.

516 BARDENHEWER, O., *Geschichte der altkirchlichen Literatur*, 5 vols., Freiburg i.Br., 1913-1932; reed. anast. Darmstadt 1962.

517 *Biblia patristica. Index des citations et allusions bibliques dans la litterature patristique*, 4 vols., Paris 1975-1982.

518 *Clavis Patrum Graecorum*, ed. M. Geerard, en *CCh*, 4 vols., Brepols- Turnhout, 1974-1983.

519 *Clavis Patrum Latinorum*, ed. E. Dekkers, en *SE* 3, Steenbrugis 1951, 1961[2].

520 CORNELY, R., *Historica et critica Introductio in U.T. libros sanctos, 1, Introductio generalis, Dissertatio 3, Sectio 2: Conspectus historiae exegeseos*, Parisiis 1894[2]; reimpr. 1925.

521 CORNELY, R. - MERK, A., *Introductionis in S. Scripturae libros Compendium*, Paris 1927.

522 DE LUBAC, H., *Exégèse médiévale. Les quatre sens de l'Ecriture*, 3 vols., en *Theol (P)* 41-42.59, Paris 1959-1964.

523 DENIFLE, H., *Die abendländischen Schriftausleger bis Luther über Justitia Dei (Rom 1,17) und Justificatio*, Mainz 1905.

524 DEVRESSE, R., *Chaînes exégétiques grecques*, *DBS* 1, 1209-1231.

525 GREER, R.A., *The Captain of our Salvation. A Study in the Patristic Exegesis of Hebrews*, en *BGBE* 15, Tübingen 1973.

526 HAGEN, K., *Hebrews Commenting from Erasmus to Bèze 1516-1598*, en *BGBE*, 23, Tübingen 1981.

527 HÖPFL, H., *Introductio generalis in Sacram Scripturam*, Neapoli-Romae, 1958[6].

528 HURTER, H., *Nomenclator literarius Theologiae Catholicae*, 5 vols., Oeniponte 1903-1911, 1926[4].

529 KARO, G. - LIETZMANN, I., *Catenarum graecarum catalogus*, Göttingen 1902.

530 LANDGRAF, A.M., *Einführung in die Geschichte der theologischen Literatur der Frühscholastik*, Regensburg 1948.

531 QUASTEN, J., *Patrology*, 3 vols., Utrecht-Antwerp-Westminster 1950, 1953, 1960; trad. esp. *BAC* 206, 217, Madrid 1977-1978[3].

532 RIGGENBACH, E., *Die ältesten lateinischen Kommentare zum Hebräerbrief*, en *FGNK*, 8, Historische Studien zum Hebräerbrief, 1, Leipzig 1907.

533 SOUTER, A., *The Earliest Latin Commetaries on the Epistle of St. Paul*, Oxford 1927.

534 SPICQ, C., *Esquisse d'une Histoire de l'Exégèse Latine au Moyen Age*, en *BiblThom* 26, Paris 1944.

535 STAAB, K., *Die Pauluskatenen nach den handschriftlichen Quellen untersucht*, Roma 1926.

536 STEGMÜLLER, F., *Repertorium Biblicum Medii Aevi*, Matriti 1940-1955.

537 TURNER, C.H., *Greek Patristic Commentaries on the Pauline Epistles*, *DB(H)*, 5, Edinburgh 1904, 484-531.

538 VACCARI, A., *De Interpretatione*, Pars, 2: «Historia exegeseos», en *Institutiones Biblicae*, Romae 1951[6], 510-567.

IV. *Obras citadas ocasionalmente*

539 AGUSTÍN, *De consensu evangelistarum*, PL 34, 1041-1230; CSEL 43,1, ed. F. Weihrich.

540 ———, *De libero arbitrio*, PL 32, 1221-1310; CSEL 74; CChr.SL 29, 211-321.

541 ———, *Enarrationes in Psalmos*, PL 36-37; CChr.SL 38-40, ed. E. Dekkers - J. Fraipont.

542 ———, *Epistulae*, PL 33; CSEL 34, 44, 57-58.

543 ALBERTO MAGNO, *Commentarii in III Sententiarum*, en *Opera Omnia*, 28, ed. L. Vives, Parisiis 1894.

544 ALEJANDRO DE HALES, *Summa Theologica*, ed. Quaracchi, 4 vols., 1914- 1948.

545 AMANN, E., Art. «Théodore de Mopsueste»DThC 15 (1943) 235-279, espec. 255-266.

546 AMBROSIO, *De Sacramentis*, PL 16, 417-462; CSEL 73, 13-116, ed. O. Faller; SC 25 bis, 60-136.

547 ATANASIO, *Ep. ad Jovianum*, 1, PG 26, 813-824.

548 ATANASIO (Ps.), *Expositio fidei*, PG 25, 199-208; R.P. Casey, en StD 15. Atribuida a Atanasio. Según Schwartz su autor sería Eustacio de Antioquía, mientras que Scheidweiler piensa en Marcelo de Ancira.

549 ———, *Sermo maior de fide*, PG 26, 1263-1294; ed. E. Schwartz, *Der s.g. sermo maior de fide des Athanasius*, en SBAW.PPH, 1924, 6; R.P. Casey, *The Armenian Version of the Pseudo-Athanasian Letter to the Antiochenes and of the Expositio fidei*, p. 13, en StD 15. Obra atribuida erróneamente a S. Atanasio. Schwartz (op. cit.) sugirió el nombre de Eustacio de Antioquía como autor del tratado. Scheidweiler (*Wer ist der Verfasser*, 333-357; Καίπερ, 220-222) opina que fue cómpuesto, hacia el año 358, por Marcelo de Ancira.

550 BARDENHEWER, O., *Oecumenius*, en WWKL 9 (1985) 708-711.

551 BERGER, S., *Histoire de la Vulgate pendant les premiers siècles du Moyen Age*, Nancy 1893.

552 BERNABÉ, *Epistula*, ed. F.X. Funk - K. Bihlmeyer, 10-34.

553 BERNARDO DE CLARAVAL, *Dominica Palmarum, Sermo Tertius*, en *S. Bernardi abbatis primi Clarae-Vallensis opera*, 2, Venetiis, 1781.

554 BERTETTO, D., *La natura del sacerdozio secondo Ebr 5,1-4 e le sue realizza-zioni nel Nuovo Testamento*, 26, SET, Madrid, 1969.
555 BORNHÄUSER, K., *Die Versuchungen Jesu nach dem Hebräerbriefe*, Leipzig 1905.
556 BOUSSET, W., NGWG, 1915, 473-474.
557 BROWN, R.E., *The Gospel according to John*, 2 vols., New York 1966, 1970.
558 BRUCE, A.B., *The Humiliation of Christ*, Edinburgh, 1905.
559 BRUN, L., *Engel und Blutschweiss, Lc 22,43-44*, en ZNW 32 (1933) 265-276.
560 BUENAVENTURA, *Opera theologica selecta*, t. III, *Liber III Sententiarum*, ed. Quaracchi-Firenze, 1951.
561 BULTMANN, R., *Das Evangelium des Johannes*, en KEK, Göttingen 1950[11].
562 ———, *Die Geschichte der synoptischen Tradition*, Göttingen 1921, 1979[9]; ErgH. 1979[5].
563 CALVINO, *Harmonia evangelica*, en *Ioannis Calvini opera quae supersunt om-nia*, 45, CR 73, ed. G. Baum - E. Cunitz - F. Reuss, Brunsvigae 1891.
564 CASIODORO M.A., *Expositio Psalmorum*, PL 70, 25-1056. CChr.SL 97-98 ed. L. Adriaen.
565 ———, *Institutiones divinarum et humanarum lectionum*, PL 70, 1105-1150; ed. R.A.B. Mynors, *Cassiodori senatoris Institutiones*, edited from the manuscripts, Oxford 1936.
566 CLEMENTE ALEJANDRINO, *Stromata*, PG 8-9; GCS 52 (15), 17[2], ed. O. Stählin.
567 CLEMENTE ROMANO, *Epistula ad Corinthios*, PG 1, 201-328; ed. F.X. Funk - K. Bihlmeyer, 35-70.
568 CULLMANN, O., *Der johanneische Gebrauch doppeldeutiger Ausdrücke als Schlüssel zum Verständnis des vierten Evangeliums*, en ThZ 5 (1948) 360-372.
569 ———, *Der Staat im Neuen Testament*, Tübingen 1961[2].
570 DAUBE, D., *A Prayer Pattern in Judaism*, en TU 78 (1959) 539-545.
571 DEVRESSE, R., *Essai sur Théodore de Mopsueste*, en StT, 141, Città del Vati-cano 1948, espec. 109-118.
572 *Didache XII Apostolorum*, ed. F.X. Funk - K. Bihlmeyer, 1-9.
573 DIOGNETO *(Epístola a)*, PG 2, 1168-1186; ed. F.X. Funk - K. Bihlmeyer, 141-149.
574 DUPONT, J., *Etudes sur les Actes des Apôtres*, en LeDiv 45, Paris 1967.
575 ———, *«Filius meus es tu». L'interprétation du Ps 2,7 dans le Nouveau Tes-tament*, en RSR 35 (1948) 522-543.
576 DURRWELL, F.X., *La résurrection de Jésus, mystère de salut*, Le Puy 1955.
577 ELÍAS DE CRETA, *In S. Gregorii Nazianzani Orationes XIX*, PG 36, 757-898.
578 EPIFANIO, *Ancoratus*, PG 43, 11-236; GCS 25, ed. K. Holl.
579 ERHARD, A., *Die Cyrill von Alexandrien zugeschriebene Schrift* Περὶ τῆς τοῦ Κυρίου ἐνανθρωπήσεως, *ein Werk des Theodoret von Cyrus*, Tübin-gen 1888.
580 FORGET, J., *Innocent V*, DThC 7, 2, 1996-1997.
581 FRIEDRICH, G., «Beobachtungen zur messianischen Hohepriestererwartung in den Synoptikern», *ZThK* 53 (1956) 265-311.
582 GELIN, A., *Jérémie*, en TeDi 13, Paris 1952.
583 GHELLINCK, J. de, «Pierre Lombard», *DThC* 12, 2, 1941, 2019.

584 GINZBERG, L., *The Legends of the Jews*, 7 vols., Philadelphia 1968.
585 GLUNZ, E., *History of the Vulgate in England from Alcuin to Roger Bacon*, Cambridge 1933.
586 GNILKA, J., «Die Erwartung des messianischen Hohenpriesters in den Schriften von Qumran und im Neuen Testament», *RdQ* 2 (1960) 395-426.
587 GRABMANN, M., *Die Werke des Hl. Thomas von Aquin*, Münster 1967.
588 GRATH, J.J.Mc, *Through the Eternal Spirit. An Historical Study of the Exegesis of Hebrews, 9,13-14*, Roma 1961.
589 GREGORIO MAGNO, *Ep 39, Ad Eulogium patriarcham alexandrinum: «sicut aqua frigida»*, PL 77, 1097.
590 GREGORIO NACIANZENO, *Ep 84*, PG 37, 157.
591 ——, *Ep 102*, PG 37, 193-201.
592 ——, *Oratio 43, In laudem Basilii*, PG 36, 493-605.
593 GRILLMEIER, A., *Le Christ dans la tradition chrétienne. De l'âge apostolique à Chalcédoine (451)*, Paris 1973.
594 GYLLENBERG, R., «Die Komposition des Hebräerbriefes, *SEA* 22-23 (1957-1958) 137-147.
595 HAHN, F., «Christologische Hoheitstitel. Ihre Geschichte im frühen Christentum, *FRLANT* 83, Göttingen 1963.
596 HAIDACHER, S., «Rede des Nestorius über Heb 3,1 überliefert unter dem Namen des Hl. Chrysostomus», *ZKTh* 29 (1905) 192-195.
597 HAUREAUX, J.B., *Les Oeuvres du Hugues de S. Victor*, Paris 1886.
598 HAUSSLEITER, J., *Die lateinische Apokalypse der alten afrikanischen Kirche*, en *FGNK* 4, Erlangen-Leipzig 1891.
599 HERMAS. Mandata, Similitudines, Visiones pastoris, ed. J.B. Lighfoot, 297; GCS 48^2, ed. M. Whittaker.
600 HERRMANN, J., Art. εὔχομαι κτλ, *ThWNT* 2, 782-799.
601 HERVEO DE BOURG-DIEU, *De epistulis Pauli apostoli, Ad Romanos*, PL 181, 591-814.
602 HILARIO DE POITIERS, *De Trinitate*, 10, 40-41, PL 10, 9-472; CChr.SL 62A, ed. P. Smulders.
603 ——, *Tractatus super psalmos*, PL 9, 221-908; CSEL 22, ed. A. Zingerle.
604 HIPOLITO DE ROMA, *Contra haeresim Noeti*, PG 10, 803-830.
605 *Histoire littéraire de la France*, 40 vols., Paris 1733-1962.
606 HOLTZMANN, H.J., *Die Synoptiker*, Tübingen 1901.
607 HOSKYNS, E. - DAVEY, F.N., *Das Rätsel des Neuen Testaments*, Stuttgart 1938.
608 IGNACIO DE ANTIOQUÍA, *Epistulae*, PG 5, 644-728; ed. F.X. Funk - K. Bihlmeyer, 82-113.
609 IRENEO, *Adversus haereses*, PG 7, 437-1223, ed. W.W. Harvey, Cantabrigiae 1857*.
610 JERÓNIMO, *Dialogus adversus Pelagianos*, PL 23, 485-590.
611 JOHANNESSOHN, M., *Der Gebrauch der Präpositionen in der Septuaginta*, en *MSU* 3,3, Berlin 1926.
612 JUAN CRISÓSTOMO, *Ep. Innocentio episcopo Romae*, 1, PG 52, 529-536.
613 ——, *Ep. 85 Lucio episcopo*, PG 52, 653.
614 JUAN DAMASCENO, *De fide orthodoxa*, PG 94, 789-1228.
615 JUSTINUS, *Apologia*, PG 6, 328-469, ed. Goodspeed, 26-77*.

616 ———, *Dialogus cum Triphone Judaeo*, PG 6, 472-800; ed. Goodspeed, 90-265*.

617 KLOSTERMANN, E., *Das Lukasevangelium*, en *HNT*, Tübingen 1919.

618 KÖGEL, J., «Der Begriff τελειοῦν im Hebräerbrief», en *Theologische Studien für M. Kähler dargebracht*, Leipzig 1905, 35-68.

619 LAGRANGE, M.J., *Evangile selon Saint Jean*, en *EtB*, Paris 1948[8].

620 ———, *Evangile selon Saint Luc*, en *EtB*, Paris 1927[4].

621 LANDGRAF, A.M., «Familienbildung bei Paulinenkommentaren des 12. Jahrhunderts», *Bib* 13 (1932) 161-182.

622 ———, «Der Paulinenkommentar des Herveus von Bourg-Dieu», *Bib.* 21 (1940) 113-132.

623 ———, «Probleme de Schriftums Brunos des Kartäusers», *CFr* 8 (1938) 542-590.

624 LE DÉAUT, R., *La Nuit pascale. Essai sur la signification de la Pâque juive à partir du Targum d'Exode XII, 42*, en *AnBib* 22, Rome 1963.

625 ———, «La présentation targumique du sacrifice d'Isaac et la sotériologie paulinienne», *SPCIC*, 2, Roma 1963, 563-574.

626 LOHSE, E., *Märtyrer und Gottesknecht. Untersuchungen zur urchristlichen Verkündingung vom Sühntod Jesu Christi*, Göttingen 1963[2].

627 LOISY, A., *Les évangiles synoptiques*, 2 vols., Ceffards, 1907, 1908.

628 LYONNET, S., «Conception paulinienne de la Rédemption», *LV(L)* 36 (1958) 35-66.

629 LYONNET, S. - SABOURIN, L., *Sin, Redemtion and Sacrifice. A Biblical and Patristic Study*, AnBib 48, Roma 1970.

630 MALDONADO, J. de, *Commentarii in quattuor Evangelistas*, Lutetiae Parisiorum 1639.

631 MANDONNET, P., «Chronologie des Ecrits scripturaires de S. Thomas d'Aquin», *RThom* 33 (1928) 222-245.

632 *Martirio de Policarpo*, ed. F.X. Funk - K. Bihlmeyer, 120-123.

633 MICHEL, O., «Die Lehre von der christlichen Vollkommenheit nach der Anschauung des Hebräerbriefes», *ThStKr* 106 (1934-5) 333-355.

634 MOELLER, Ch., *Sagesse grecque et paradoxe chrétien. Témoignages littéraires*, Tournai-Paris 1948.

635 MOORE, G.F., *Judaism in the First Centuries of the Christian Era*, 2 vols., Cambridge 1966.

636 ORÍGENES, *Commentarii in Joannem*, PG 14, 21-830; GCS 10, ed. E. Preuschen.

637 PLUMMER, A., *A critical and exegetical Commentary on the Gospel according to S. Luke*, 1908, en ICC, 1901[4], reimpr. 1908.

638 POLICARPO DE ESMIRNA, *Epistula ad Philipenses*, ed F.X. Funk - K. Bihlmeyer, 114-120.

639 PRAT, F., *La théologie de saint Paul*, en *BTH*, 2 vols., Paris 1925[10].

640 RENGSTORF, K.H., Art. διδάσκω κτλ, en *ThWNT* 2 (1935) 137-168.

641 SCHEIDWEILER, F., «Wer ist der Verfasser des sogenannten Sermo maior de fide?», *ByZ* 47 (1954) 333-357.

642 SCHMID, J., *Das Evangelium nach Lukas*, en *RNT*, Regensburg 1951[2].

643 SIMONIN, H.D., «Les écrits de Pierre de Tarentaise», en *Beatus Innocentius PP. V. Petrus Tarentasia O.P. Studia et Documenta*, Romae 1943, 213-235.

644 SIXTUS SENENSIS, *Bibliotheca Sancta*, Coloniae 1586[3].

645 SMALLEY, B., «La Glossa Ordinaria. Quelques prédecesseurs d'Anselme de Laon», *RThAM* 9 (1937) 365-400.

646 ———, «Gilbertus Universalis, Bishop of London (1128-1134) and the Problem of the 'Glossa ordinaria'», *RThAM* 7 (1935) 235-262; 8 (1936) 24-60.

647 SPICQ, C., «Paul,Epître aux Hébreux», DBS 7, 272-279.

648 STAUFFER, E., *Die Theologie des Neuen Testaments*, Stuttgart 1948[4].

649 SUÁREZ, F., *Commentaria ac disputationes in IIIam partem (q. 27-59) D. Thomae*, en *Opera Omnia*, 19, ed. L. Vivès, Parisiis 1860; Disput 33, sect. 1: pp. 530-532.

650 SULLIVAN, F.A., *The Christology of Theodore of Mopsuestia*, AnGr 82, Roma 1956.

651 TEODORETO DE CIRO, *Eranistes seu Polymorphus*, PG 83, 27-336.

652 ———, *Epistulae*, PG 83, 1173-1409.

653 ———, *Haereticarum fabularum compendium*, PG 83, 335-556.

654 ———, *Interpretatio in Psalmos*, PG 80, 857-1998.

655 TEODORICO DA CASTEL SAN PIETRO, *La Chiesa nella Lettera agli Ebrei*, Torino-Roma 1945.

656 *Testamentum XII Patriarcharum*, ed. R.H. Charles, *The Greek Versions of the Testaments of the Twelve Patriarchs*, Oxford 1908; ed. De Jonge M., *Testamenta XII Patriarcharum*, en PVTG 1, Leiden 1964*.

657 THURÉN, J., *Das Lobopfer der Hebräer. Studien zum Aufbau und Anliegen von Hebräerbrief 13*, en *AAAboH* 47,1, Abo 1973.

658 TOMÁS DE AQUINO, *Scriptum super Sententiis magistri Petri Lombardi*, ed. M.F. Moos, t. 3, Parisiis 1933.

659 ———, *Summa Theologiae*, Taurini-Romae 1956.

660 TRITEMIUS, J., *De ecclesiasticis scriptoribus*, en A. Fabricius, *Bibliotheca ecclesiastica*, Hamburg 1718.

661 VAGANAY, L., «Le plan de l'Epître aux Hébreux», en *Memorial Lagrange*, Paris 1940, 269-277.

662 VANHOYE, A., «Discussions sur la structure de l'Epître aux Hébreux», *Bib* 55 (1974) 349-380.

663 ———, *Situation du Christ. Hébreux 1-2*, en *LeDi* 58, Paris 1969.

664 VERMES, G., *Scripture and Tradition in Judaism*, Leiden 1961.

665 VERNET, F., «Hugues de Saint-Victor», *DThC* 7, 1, 240-308.

666 VILLALPANDO, J.B., en *MBP* 8, Romae 1598, Lugduni 1677, 1079-1124.

667 VOSTÉ, I.M., «Beatus Petrus de Tarentasia Epistularum S. Pauli interpres», en *Beatus Innocentius PP V*, Romae 1943, 337-412.

668 ———, «Beatus Petrus de Tarentasia in epistulam ad Hebraeos», *DT(P)* (1943) 3-28.

669 ———, «Sanctus Thomas Aquinas Epistularum S. Pauli interpres», *Ang* 19 (1942) 257-276.

670 WEISS, B., *Die Evangelien des Markus und Lukas*, en KEK, Göttingen 1901.

671 WEISS, J., *Das Lukas Evangelium*, en *SNT*, Göttingen 1907[2].

672 WELLHAUSEN, J., *Das Evangelium Lucae*, Berlin 1904.

673 WICHMANN, W., *Leidenstheologie. Eine Form der Leidensdeutung in Spätjudentum*, BWANT, 4 F, 2 H., 1930.

674 WIKENHAUSER, A., *Das Evangelium nach Johannes*, en RNT, Regensburg 1961[3].

675 ZAHN, Th., *Das Evangelium des Lucas*, en KNT, Leipzig 1913[1-2].

ELENCO DE AUTORES POR ORDEN ALFABETICO

Los números que preceden a los nombres remiten a la bibliografía (pp. 321-352), donde se encuentran los datos completos.

INDICES

Indice de Pasajes Biblicos

28,23	309
28,26	309
29,6	309
29,9	309
29,16	309
30,8	309
30,19	309
30,25	309
30,26	309
32,15	309
33,29	309
36,29	163
36,38	309
39,6	309
39,28	309
44,15	129
44,27	129
46,4	129

Daniel

3,17	163
3,24-25	53
3,38-40	140
3,51	53
3,88	164
4,5	180
6,23	53
9,23	118
13,42	278

Oseas

6,6	140, 273, 275
8,2	53
8,6	195
10,10	308
10,12	308
12,5	11, 36
13,14	165
14,3	91

Joel

1,14	53
1,19	54
2,17	54

Amós

5,22-25	140
5,25	130, 131

Jonás

2,3	10, 33, 53
2,5	151
3,8	54
4,8	147
4,9	147

Miqueas

3,4	53
4,3	271
5,1	254
6,6-8	140
7,2	229

Nahún

1,7	229, 230

Habacuc

2,20	230

Sofonías

1,7	230
3,2	308
3,7	308
3,12	230

Ageo

1,1	107
1,12	107

Zacarías

2,17	230
9,11	172

Malaquías

1,13	130
2,13	33
3,16	230

NUEVO TESTAMENTO

Indice de Pasajes no Biblicos

Apocalipsis de Baruc

13,1-12	312
14,8-15	312
78,5-6	312

Apocalipsis de Sedrac

3,7	312
4,1	312

3 Esdras

4,28	180
5,60	33, 55, 73

4 Esdras

3,28-31	312
5,28-30	312
5,33-35	312

3 Macabeos

1,16	33, 55
1,18	55
2,1	118
2,31	237
5,7	33, 55
5,12	208
5,17	73
5,25	55

6,9-15	151
6,14	33, 55
11,16	73

4 Macabeos

1,11	307
3,10	207
3,15	207
4,13	207, 231
6,7	237
6,28-29	307
15,23	207
15,24	207
17,20-22	307
17,21	308
17,22	308

Salmos de Salomon

3,4	311
7,3	311
13,7-10	311
14,1	311
18,4-5	311

Testamentos de los XII Patriarcas

Test Gad 7,2	127, 140
Test Jos 10,5	208
Test Leví 3,6	127, 140
3,8	127

1QH

9,10	312
9,23	312

9,23-25	313

Berakhot

5a	310, 313
62a	313

Kerubin

41b	313

LITERATURA CRISTIANA ANTIGUA Y MEDIEVAL

PAPIROS E INSCRIPCIONES

Autores y Obras de la Antiguedad Clasica

AUTORES MODERNOS

Milligan, G., 23 nn. 161, 162, 166; 25 nn. 189, 190; 98 n. 103; 128 n. 9; 135 n. 22; 149 n. 19; 151 n. 24; 168 n. 69; 212 n. 111; 268 n. 65

Möller, Ch., 292 n. 137

Moffatt, J., 1 n. 2; 3 n. 10; 12 nn. 87, 88; 14 n. 107; 17 n. 124; 36 nn. 212, 214; 40 n. 230; 53 n. 261; 59 n. 269; 89 n. 83; 117 n. 1; 125 nn. 4, 5; 158 n. 43; 206 n. 96; 212 n. 111; 233 n. 69; 243 n. 181; 249 nn. 197, 198; 257 n. 27; 287 n. 125; 301 n. 176

Moll, C.B., 9 n. 56; 10 n. 66; 11 n. 79; 22 nn. 155, 159; 27 n. 197; 29 n. 204; 36 nn. 212, 213; 42 n. 237; 44 n. 244; 61 n. 284; 117 n. 1; 125 n. 5; 133 n. 14; 135 n. 22; 153 n. 30; 212 n. 111; 253 n. 4; 257 nn. 24, 27; 287 n. 125

Montefiore, H.W., 4 n. 10; 11 n. 81; 13 n. 97; 36 n. 214; 37 n. 217; 38 n. 220; 40 n. 230; 59 n. 269; 99 n. 108; 106 n. 127; 117 n. 1; 128 n. 9; 146 n. 12; 176 n. 17; 206 n. 95

Moore, G.F., 140 n. 35

Moulton, J.H.-Milligan, G., 117 n. 1; 195 n. 63; 267 n. 61

Moulton, W.F., 9 n. 55; 20 n. 145; 22 nn. 155, 156; 40 n. 230; 99 n. 108; 128 n. 9; 149 n. 19; 166 n. 54; 212 n. 111; 244 n. 184; 246 n. 190; 256 nn. 14, 18; 257 n. 27; 268 n. 65; 270 n. 74

Neil, W., 4 n. 10; 13 n. 95; 14 n. 105; 99 n. 108; 212 n. 111; 250 n. 202; 277 n. 92

Nestle, E.-Aland, K., 15 n. 110

Omark, R.E., 4 n. 10; 12 n. 84; 13 nn. 93, 94, 97, 101; 14 nn. 103, 107; 14 n. 107; 98 n. 103; 146 n. 12; 158 n. 45; 160 n. 46; 166 n. 54; 169 n. 63; 198 n. 69; 212 n. 111; 248 n. 195

Owen, J., 22 n. 155; 128 n. 9; 176 n. 17; 277 n. 92

Padovani, A., 18 nn. 130, 134; 19 nn. 136, 137, 139, 140; 20 nn. 142, 145, 147; 21 n. 151; 26 n. 194; 93 n. 91; 117 n. 1; 149 nn. 19, 20; 156 n. 40; 201 n. 85; 212 n. 111; 244 n. 184; 257 nn. 24, 27; 268 n. 65; 277 n. 92

Palairet, E., 117 n. 1; 125 n. 5

Pánek, J., 10 n. 61; 11 nn. 73, 80; 18 n. 132; 20 n. 145; 21 n. 151; 22 nn. 155, 160; 98 n. 103; 117 n. 1; 149 n. 19; 156 n. 40; 212 n. 111; 244 n. 184; 277 n. 92

Passow, F., 299 n. 164

Peake, A.S., 3 n. 10; 11 n. 81; 36 n. 21; 37 n. 217; 96 n. 101; 125 nn. 5, 6; 146 n. 12; 158 nn. 42, 45; 158 n. 45; 212 n. 111; 243 n. 181; 247 n. 191; 287 n. 125

Peirce, J., 8 n. 47; 18 n. 132; 22 n. 155; 42 n. 237; 44 n. 242; 68 n. 294; 98 n. 104; 117 n. 1; 125 n. 5; 196 n. 66; 277 n. 92

Picquigny, B. de, 18 n. 130; 19 n. 138; 20 n. 145; 99 n. 108; 106 n. 128; 128 n. 9; 149 nn. 19, 20; 152 n. 29; 201 n. 85; 212 n. 111; 213 n. 117; 217 n. 147; 244 n. 184; 277 n. 92

Plummer, A., 15 n. 110

Prat, F., 148 n. 16

Purdy, A.C.-Cotton, J.H., XXV; 1 n. 2; 4 n. 10; 13 n. 95; 15 n. 112; 20 n. 114; 22 n. 155; 37 nn. 217, 218; 38 n. 222; 99 n. 108; 205 n. 93; 206 n. 95; 212 n. 111; 243 n. 181; 247 n. 191; 264 n. 41

Rasco, E., 26 n. 194; 28 nn. 198, 199, 201; 29 nn. 203, 204; 30 n. 205; 37 nn. 217, 219; 48 n. 259; 53 nn. 261, 263; 55 n. 264; 59 n. 269; 108 n. 138; 128 n. 9; 133 n. 16; 134 n. 17; 138 n. 33; 141 n. 36; 148 n. 17; 158 n. 43; 160 n. 47; 170 n. 68; 206 n. 95; 212 n. 111; 247 n. 192; 268 n. 65; 271 n. 78; 276 n. 91; 286 n. 124; 290 n. 130; 291 n. 134; 301 n. 176

Rengstorf, K.H., 206 n. 95; 268 nn. 63, 64; 271 n. 78; 274 nn. 84-86; 301 n. 176

Rengstorf, K.H.-Rost, L., 290 n. 130; 291 n. 135

Reuss, E., 3 n. 10; 99 n. 106; 108 n. 138; 197 n. 69; 212 n. 111; 244 n. 184; 246 n. 190; 287 n. 125

Ribera, F., 3 n. 10; 7 n. 35; 8 nn. 44, 46; 76 n. 3; 95 n. 97; 99 n. 108; 117 n. 1; 153 n. 30; 212 n. 111; 213 n. 117; 217 n. 147; 244 n. 185; 257 n. 17; 277 n. 92; 283 n. 111; 284 n. 117

Riehm, E.K.A., 1 n. 1; 3 n. 10; 10 nn. 60, 62, 67; 146 n. 12; 197 n. 69; 199 n. 74; 212 n. 111; 287 n. 125

Riggenbach, E., 3 n. 10; 12 n. 90; 14 n. 107; 16 n. 114; 27 n. 197; 28 n. 201; 37 nn. 217, 219; 38 n. 220; 44 nn. 245, 248; 96 n. 101; 105 n. 125; 117 n. 1; 125 n. 5; 133 n. 15; 137 n. 3; 158 n. 15; 166 n. 55; 167 n. 58; 183 n. 23; 198 n. 69; 212 n. 111; 213 n. 118; 233 n. 169; 234 n. 171; 250 n. 202; 256 n. 13; 257 nn. 24, 27; 287 n. 125

Rinaldi, G., 4 n. 10; 166 n. 55; 206 n. 95; 212 n. 111; 250 n. 202

TIPOGRAFIA POLIGLOTTA DELLA PONTIFICIA UNIVERSITÀ GREGORIANA
PIAZZA DELLA PILOTTA, 4 - ROMA